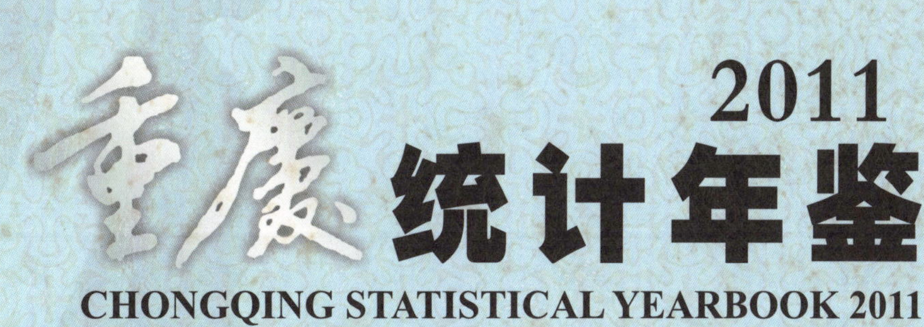
2011
重庆统计年鉴
CHONGQING STATISTICAL YEARBOOK 2011

U0920965

CHONGQING STATISTICAL YEARBOOK 2011

重庆市统计局　国家统计局重庆调查总队　编

CHONGQING MUNICIPAL BUREAU OF STATISTICS

NBS SURVEY OFFICE IN CHONGQING

中国统计出版社

China Statistics Press

（京）新登字041号

图书在版编目（CIP）数据

重庆统计年鉴. 2011 ：汉英对照/ 重庆市统计局,国家统计局重庆调查总队编.
--北京：中国统计出版社，2011.8
ISBN 978-7-5037-6253-6

Ⅰ. ①重…
Ⅱ. ①重…②国…
Ⅲ. ①统计资料－重庆市－2011－年鉴－汉、英
Ⅳ. ①C832.719-54

中国版本图书馆CIP数据核字(2011)第135452号

重庆统计年鉴　2011

作　　者/ 重庆市统计局 国家统计局重庆调查总队
责任编辑/ 佘竞雄 王立群
责任校对/ 何相莹
封面设计/ 奥博广告公司
版面制作/ 海耐特
出版发行/ 中国统计出版社
通信地址/ 北京市西城区月坛南街57号
邮　　编/ 100826
办公地址/ 北京市丰台区西三环南路甲6号
电　　话/ (010)63376907
E-mail / yearbook@gj.stats.cn
印　　刷/ 重庆三联商和包装印务有限公司
经　　销/ 新华书店
开　　本/ 880×1230毫米 1/16
字　　数/ 170万字
印　　张/ 36.75
版　　别/ 2011年7月第1版
版　　次/ 2011年7月第1次印刷
书　　号/ ISBN978-7-5037-6253-6/C·2487
定　　价/ 350.00元

闪光数据见证重庆嬗变

——《重庆统计年鉴》序

通常而言，大到一个国家、一个城市，小到一个人，但凡睿智者，都会通过审视自己的成长历程，来不断提高和升华。

岁月倥偬，重庆直辖已有十余个年头。这十多年，坚毅果敢的重庆人民爬坡上坎，负重前进，成功战胜了亚洲金融风暴、非典疫情、国际金融危机和特大洪涝旱灾，基本完成了中央交办的百万移民、扶贫攻坚、生态环保和老工业基地改造振兴等四件大事，全市综合经济实力和可持续发展能力显著增强，城乡面貌日新月异，三次产业协调发展，国有民营外资并肩发力，社会事业全面进步，生态环境持续改善，民生实惠愈来愈多，全市上下呈现出心齐气顺、风正劲足的良好局面。这些荡气回肠的往事和令人瞩目的成就，都通过真实客观的数据，镌刻在《重庆统计年鉴》之中。

当前的重庆，肩负胡锦涛总书记“314”总体部署和全国统筹城乡综合配套改革试验区的历史使命，坐拥国家中心城市、西部综合交通枢纽、金融商贸物流中心等“黄金定位”，正在全面建设“五个重庆”，着力打造内陆开放高地，加速推进城镇化、工业化和城乡统筹一体化，昂首阔步在率先实现全面小康的征程上。这些奋发之为和创意之举，必将为《重庆统计年鉴》增添更加闪光的数据，增添更加华美的篇章。

统计数字是量化的历史，是各级党委、政府科学决策的重要基础，是城乡居民和工商企业生产消费的重要依据。编纂《重庆统计年鉴》，就是为了给关心支持重庆的海内外朋友提供方便，让他们更直观、更真实地了解重庆、掌握重庆；更是为了给投身于重庆改革发展大业的全体市民以启迪，让他们从中把握规律性、体现时代性、富于创造性。所以，广大统计工作者务必守护好统计工作的生命线，确保统计数字的真实性和公信力，使之成为服务发展不可或缺的教科书、工具书。

我相信，重庆，这个富有活力和理性的年轻直辖市，定能在鉴往知来中茁壮成长！

是为序。

重庆市市长

7.15

《重庆统计年鉴2011》
编辑委员会

CHONGQING STATISTICAL YEARBOOK 2011
EDITORIAL BOARD

编者说明

EDITOR'S NOTE

一、《重庆统计年鉴—2011》是由重庆市统计局和国家统计局重庆调查总队编纂、中国统计出版社公开出版发行的一部全面记录重庆市经济建设和社会发展情况的大型资料性年刊。本书收录了重庆市历史重要年份和2010年经济和社会各方面的统计数据，以及各区县（自治县）主要统计资料。

二、全书共二十二章，包括1.综合;2.国民经济核算;3.人口与就业;4.固定资产投资;5.能源消费;6.财政;7.人民生活与物价;8.城镇建设;9.资源和环境;10.要素市场;11.农业和农村经济;12.工业;13.建筑业;14.运输和邮电;15.国内贸易;16.对外经济贸易和旅游业;17.金融业;18.教育、科技和文化业;19.卫生、体育和其他社会活动;20.区县;21.三峡工程重庆库区移民;22.基本单位名录库。同时附录一个篇章：全国及各省（自治区、直辖市）主要统计资料。每章前设《简要说明》，介绍本章节的主要内容和资料，章末附有《主要统计指标解释》。

三、本年鉴统计资料：大部分来自统计年报，部分来自抽样调查。

四、本年鉴所使用的度量衡单位均采用国际统一标准计量单位；各种分类标准均采用国家统一分类标准。

五、本年鉴部分数据的合计数或相对数，由于计量单位取舍不同而产生的计算误差未作机械调整。

六、本年鉴各表的部分指标注解位于该表下方或最后一张续表的下方。

七、符号使用说明：年鉴各表中的“空格”表示该项统计指标数据不足本表最小单位数、数据不详或无该项数据；“＃”表示其中的主要项。

八、本年鉴在编辑、翻译过程中得到诸多单位和同志的大力支持，在此深表谢意。限于我们的水平，加之时间仓促，各界人士在使用资料时如发现错误和不足，恳请提出批评指正。

编者说明
EDITOR'S NOTE

Ⅰ. *Chongqing Statistical Yearbook 2011* is a large statistical yearbook compiled by Chongqing Municipal Bureau of Statistics and NBS Survey Office in Chongqing and published by China Statistics Press, which records the economic construction and social development of Chongqing in an all-round way. The yearbook covers the comprehensive data on Chongqing's social and economic development in 2010 and some major years in the history, as well as the major statistics on all the districts and counties (autonomous counties).

Ⅱ. The yearbook contains 22 chapters, namely 1. Comprehensive Statistics;2. National Economic Accounting;3. Population and Employment;4. Investment in Fixed Assets;5. Energy Consumption;6. Government Finance;7. People's Livelihood and Prices;8. Urban Construction;9. Resources and Environment;

10. Markets of Key Factors;11. Agriculture and Rural Economy;12. Industry;13. Construction;14. Transport, Postal and Telecommunication Services;15. Domestic Trade;16. Foreign Economic Relations, Trade and Tourism;17. Financial Intermediation;18. Education, Science & Technology and Culture;19. Public Health, Sports and Other Social Activities;20. Districts;21. Resettlement of Chongqing Reservoir Area of Three Gorges Project and 22. Statistics on Basic Units. There is also an Appendix which covers the main data of the whole nation and other provinces, autonomous regions and municipalities. There is a Brief Introduction at the beginning of each chapter, which introduces the main contents of the chapter and the sources of data. The Explanatory Notes on Main Statistical Indicators is provided at the end of each chapter.

Ⅲ. Most of the data in this publication are obtained from the annual statistical reports, while some others are obtained from sample surveys.

Ⅳ. The units of measurement used in this yearbook are international standard measurement units; and the basis of classification of this book complies with the national uniform standard.

Ⅴ. The statistical discrepancies of the total values or relative values due to rounding are not adjusted in this yearbook.

Ⅵ. The notes concerning individual indicators are placed at the lower part of the table or the lower part of the last page.

Ⅶ. Notations used in this yearbook: (blank space)indicates that the figure is not large enough to be measured with the smallest unit in the table, or data are unknown, or are not available; "#" indicates a major breakdown of the total.

Ⅷ. We'd like to send our sincere acknowledgement various units and comrades for their vigorous assistances during the edition and translation of this yearbook. Due to our limited ability and the hasty time, faults and shortage are unavoidable. Any criticism or suggestion is appreciated.

目录 CONTENTS

第一篇 CHAPTER 1 综 合 COMPREHENSIVE STATISTICS

第二篇 CHAPTER 2 国民经济核算 NATIONAL ECONOMIC ACCOUNTING

第三篇 CHAPTER 3 人口与就业 POPULATION AND EMPLOYMENT

目录 CONTENTS

第四篇 CHAPTER 4 固定资产投资 INVESTMENT IN FIXED ASSETS

第五篇 CHAPTER 5 能源消费 ENERGY CONSUMPTION

目录 CONTENTS

第六篇 CHAPTER 6 财政 GOVERNMENT FINANCE

第七篇 CHAPTER 7 人口生活与物价 PEOPLE'S LIVING CONDITIONS AND PRICE OF GOODS

第八篇 CHAPTER 8 城镇建设 URBAN CONSTRUCTION

第九篇 CHAPTER 9 资源和环境 RESOURCES AND ENVIRONMENT

第十篇 CHAPTER 10 要素市场 MARKETS OF KEY FACTORS

第十一篇 CHAPTER 11 农业和农村经济 AGRICULTURE AND RURAL ECONOMY

第十二篇 CHAPTER 12 工 业 INDUSTRY

第十三篇 CHAPTER 13 建筑业 CONSTRUCTION

目录 CONTENTS

第十四篇 CHAPTER 14 运输和邮电 TRANSPORT, POSTAL AND TELECOMMUNICATION SERVICES

第十五篇 CHAPTER 15 国内贸易 DOMESTIC TRADE

第十七篇 CHAPTER 17 金融业 FINANCIAL INTERMEDIATION

第十九篇 CHAPTER 19 卫生、体育和其他社会活动 PUBLIC HEALTH, SPORTS AND OTHER SOCIAL ACTIVITIES

第二十篇 CHAPTER 20 区 县 DISTRICTS, COUNTIES

第二十一篇 CHAPTER 21 三峡工程重庆库区移民情况 RESETTLEMENT OF THE RESIDENTS IN CHONGQING RESERVOIR AREA OF THREE GORGES PROJECT

第二十二篇 CHAPTER 22 基本单位名录库 STATISTICS ON BASIC UNITS

附 录 APPENDIX

1

综　合

COMPREHENSIVE STATISTICS

简要说明 Brief Introduction

本章主要包括重庆市行政区划、国民经济和社会发展综合资料，由市统计局综合处根据有关部门资料进行整理和编辑。

行政区划资料由市民政局提供。

This chapter mainly covers the data of Chongqing's administrative divisions and national economic and social development. The data of this chapter are sorted and compiled by Division of Comprehensive Statistics, Chongqing Municipal Bureau of Statistics on the basis of the information provided by the relevant departments.

The data of administrative divisions are provided by Chongqing Civil Affairs Bureau.

表1.1 行政区划（2010年）
ADMINISTRATIVE DIVISIONS(2010)

单位：个(unit)

地 区	Region	乡 Townships	镇 Towns	街道办事处 Urban Sub--district Offices	居委会 Neighborhood Committees	村委会 Village Committees
全市总计	**Total**	**252**	**587**	**175**	**2308**	**8605**
万州区	Wanzhou District	12	29	11	187	448
涪陵区	Fuling District	6	12	8	83	334
渝中区	Yuzhong District			12	76	
大渡口区	Dadukou District		3	5	44	32
江北区	Jiangbei District		3	9	71	50
沙坪坝区	Shapingba District		11	14	119	86
九龙坡区	Jiulongpo District		11	7	91	107
南岸区	Nan'an District		7	7	83	62
北碚区	Beibei District		12	5	58	118
万盛区	Wansheng District		8	2	32	57
双桥区	Shuangqiao District		2	1	9	12
渝北区	Yubei District		12	14	126	218
巴南区	Ba'nan District		14	8	80	198
黔江区	Qianjiang District	12	12	6	77	141
长寿区	Changshou District		14	4	26	223
江津区	Jiangjin District		22	4	81	184
合川区	Hechuan District		23	7	56	331
永川区	Yongchuan District		16	7	50	209
南川区	Nanchuan District	16	15	3	58	185
綦江县	Qijiang County		17	3	56	308
潼南县	Tongnan County	3	17	2	21	281
铜梁县	Tongliang County		25	3	57	269
大足县	Dazu County		22	2	71	220
荣昌县	Rongchang County		15	6	75	92
璧山县	Bishan County		9	6	37	150
梁平县	Liangping County	8	24	2	24	316
城口县	Chengkou County	17	6	2	22	184
丰都县	Fengdu County	7	21	2	53	277
垫江县	Dianjiang County	4	21		57	244
武隆县	Wulong County	14	12		24	186
忠 县	Zhongxian County	6	22		46	319
开 县	Kaixian County	7	26	7	72	437
云阳县	Yunyang County	16	22	4	83	396
奉节县	Fengjie County	11	19		54	332
巫山县	Wushan County	14	11		30	308
巫溪县	Wuxi County	15	15	2	26	298
石柱土家族自治县	Shizhu County	15	17		27	214
秀山土家族苗族自治县	Xiushan County	18	14		32	235
酉阳土家族苗族自治县	Youyang County	23	15		8	270
彭水苗族土家族自治县	Pengshui County	28	11		26	274

表1.2 国民经济和社会发展总量与速度指标

PRINCIPAL AGGREGATE AND GROWTH RATE INDICATORS OF NATIONAL ECONOMIC AND SOCIAL DEVELOPMENT

指　标	Item	总量指标 Aggregate Indicators	
		1995	1996
人口与就业	**Population and Employment**		
人　口（万人）	**Population (10 000 persons)**		
年末常住人口	Year-end Resident Population		2875.30
#城镇人口	Urban		848.21
乡村人口	Rural		2027.09
#男性人口	Male		
女性人口	Female		
就　业（万人）	**Employment (10 000 persons)**		
就业人员数	Employed Persons	1709.26	1719.43
#职工人数	Staff and Workers	294.25	294.63
城镇登记失业人数	Regitered Unemployment in Urban Areas	10.47	10.95
宏观经济	**Macroeconomic Indicators**		
国民经济核算（亿元）	**National Economic Accounting (100 million yuan)**		
本市生产总值	Gross Domestic Product	1123.06	1315.12
第一产业	Primary Industry	264.19	287.56
第二产业	Secondary Industry	492.67	568.99
#工　业	Industry	436.21	502.06
第三产业	Tertiary Industry	366.20	458.57
固定资产投资（亿元）	**Investment in Fixed Assets (100 million yuan)**		
全社会固定资产投资总额	Total Investment in Fixed Assets	270.97	320.73
城　镇	Urban		228.60
建设项目	Construction Projects		172.98
房地产开发	Real Estate Development		55.62
农　村	Rural		92.13
农村非农户	Non-Rural Households		40.06
农　户	Rural Households		52.07
财　政（亿元）	**Government Finance (100 million yuan)**		
地方财政收入	Revenue of Local Government	46.01	54.94
地方财政支出	Expenditure of Local Government	66.22	79.42
物价总指数（上年=100）	**Price Indices (preceding year=100)**		
居民消费价格总指数	Consumer Price Index	119.4	109.7
工业品出厂价格指数	Producer Price Indices for Manufactured Goods		104.1
原材料、燃料、动力购进价格指数	Purchasing Price Indices of Raw Material, Fuel and Power		106.3
商品零售价格总指数	Retail Price Index	116.3	106.1
产　业	**Industry**		
农　业	**Agriculture**		
乡村从业人员（万人）	Rural Employment (10 000 persons)	1349.34	1330.44
农林牧渔业总产值（亿元）	Gross Output Value of Farming, Forestry, Animal Husbandry and Fishery (100 million yuan)	377.83	424.99
#农　业	Farming	227.89	271.38
林　业	Forestry	10.67	11.55
牧　业	Animal Husbandry	130.42	131.17
渔　业	Fishery	8.84	10.89
主要农产品产量（万吨）	Output of Major Farm Products (10 000 tons)		
粮　食	Grain	1153.68	1172.14
油　料	Oil-bearing Crops	25.12	23.60
烟　叶	Tobacco	7.80	13.24

注：本表数据本市生产总值、工业增加值速度指标按可比价计算，其余指标均为自然增长。

总量指标 Aggregate Indicators				速度指标（%） Growth Rate							
				指 数（2010为以下各年） Index (2010 as percentage of the following years)					平均增长速度 Average Annual Growth Rate		
2000	2005	2009	2010	1995	1996	2000	2005	2009	1996-2000	2001-2005	1997-2010
2848.82	2798.00	2859.00	2884.62		100.3	101.3	103.1	100.9		-0.4	
1013.88	1265.95	1474.92	1529.55		180.3	150.9	120.8	103.7		4.5	4.3
1834.94	1532.05	1384.08	1355.07		66.8	73.8	88.4	97.9		-3.5	-2.8
1479.06	1409.83	1445.75	1459.59			98.7	103.5	101.0		-1.0	
1369.76	1388.17	1413.25	1425.03			104.0	102.7	100.8		0.3	
1690.00	1611.57	1668.83							-0.2	-0.9	
208.87	209.66	234.90	250.22	117.6	117.7	83.5	83.8	93.9	-6.6	0.1	-1.2
10.15	16.89	13.44	13.02	2389.9	118.9	128.3	77.1	96.9	-0.6	10.7	1.2
1791.00	3467.72	6530.01	7925.58	535.4	480.6	339.6	200.7	117.1	9.5	11.1	11.9
284.87	463.40	606.80	685.38	169.3	161.6	150.6	123.7	106.1	2.4	4.0	3.5
760.03	1564.00	3448.77	4359.12	795.0	708.6	479.4	242.1	122.7	10.6	14.6	15.0
633.98	1293.81	2917.40	3697.83	814.3	725.1	501.3	250.3	122.9	10.2	14.9	15.2
746.10	1440.32	2474.44	2881.08	505.7	441.7	289.3	181.6	112.4	11.8	9.8	11.2
655.81	2006.32	5317.92	6934.80	1962.5	1658.1	810.9	265.1	130.4	19.3	25.1	24.6
531.38	1838.42	4958.74	6342.98		2169.2	933.2	269.7	127.9		28.2	26.8
391.75	1320.69	3719.83	4722.73		2150.4	949.5	281.7	127.0		27.5	26.6
139.63	517.73	1238.91	1620.26		2227.5	887.3	239.3	130.8		30.0	27.2
124.43	167.90	359.18	591.81		389.9	288.7	213.9	164.8		6.2	14.2
59.52	96.09	268.93	497.17		671.3	451.8	279.9	184.9		10.1	19.7
64.91	58.29	90.24	94.64		173.3	139.0	154.8	104.9	5.7	2.0	4.4
104.46	394.96	1165.71	1990.59						17.8	30.5	29.2
202.46	625.35	1806.07	2746.79						25.0	25.3	28.8
96.7	100.8	98.4	103.2								
98.6	103.0	95.5	103.1								
105.6	108.2	95.0	106.9								
95.5	98.7	97.3	101.7								
1352.60	1366.91	1379.94	1379.35	102.2	103.7	102.0	100.9	100.0		0.2	0.3
412.63	662.19	913.11	1021.13	270.3	240.3	247.5	154.2	111.8	1.9	3.8	6.5
244.74	358.30	522.84	623.33	273.5	229.7	254.7	174.0	116.9	1.3	2.6	6.1
10.82	19.97	34.14	30.40	284.9	263.2	281.0	152.2	117.8	-5.7	8.0	7.2
141.99	249.50	319.42	326.55	250.4	249.0	230.0	130.9	102.2	2.8	5.0	6.7
15.08	23.80	24.27	27.21	307.8	249.8	180.4	114.3	112.1	11.4	5.7	6.8
1131.21	1168.19	1137.20	1156.13	100.2	98.6	102.2	99.0	101.7	-0.4	0.6	-0.1
31.06	42.71	40.54	44.45	177.0	188.3	143.1	104.1	109.6	4.3	6.6	4.6
10.41	9.02	9.99	8.10	103.8	61.2	77.8	89.8	81.1	5.9	-2.8	-3.4

Note: The indicators of GDP and growth rate of value-added of industry are calculated at constant prices, while the other indicators are the value of natural growth.

表1.2 续表1 continued1

指　标	Item	总量指标 Aggregate Indicators 1995	1996
茶　叶	Tea	1.75	1.55
水　果	Fruit	59.29	56.62
肉　类	Meat	127.22	133.22
#猪　肉	Pork	112.27	114.18
水产品	Aquatic Products	12.13	14.07
工　业（规模以上）	**Industry (above Desingated Size)**		
工业总产值（亿元）	Gross Output Value of Industry (100 million yuan)		730.41
工业增加值（亿元）	Value-added of Industry (100 million yuan)		199.72
#主城九区	9 Central Urban Districts		
主营业务收入（亿元）	Revenue from Principal Business (100 million yuan)		711.34
利税总额（亿元）	Total Pre-tax Profits (100 million yuan)		48.04
经济效益综合指数（%）	Comprehensive Index of Economic Benefit (%)		63.8
产品销售率（%）	Sales as Percentage of Output (%)		96.5
全员劳动生产率（元/人年）	Overall Labor Productivity (yuan/person-year)		13546
主要工业产品产量	Output of Major Industrial Products		
原　煤（万吨）	Coal (10 000 tons)		1498.72
天然气（亿立方米）	Natural Gas (100 million cu.m)		26.10
发电量（亿千瓦时）	Electricity (100 million kwh)		128.73
钢　材（万吨）	Steel Products (10 000 tons)		117.55
铝　材（万吨）	Aluminum Products (10 000 tons)		7.36
微型计算机设备（台）	Micro-computers (units)		
水　泥（万吨）	Cement (10 000 tons)		648.76
汽　车（万辆）	Motor Vehicles (10 000 vehicles)		12.41
#轿　车（万辆）	Cars (10 000 vehicles)		1.34
摩托车（万辆）	Motorcycles (10 000 vehicles)		177.36
啤　酒（万千升）	Beer (10 000 kiloliters)		28.54
卷　烟（亿支）	Cigarettes (100 million units)		453.91
建筑业（资质等级四级以上）	**Construction (grade 4 and above)**		
建筑业总产值（亿元）	Gross Output Value of Construction (100 million yuan)		205.30
建筑业增加值（亿元）	Value-added of Construction (100 million yuan)		56.43
房屋施工面积（万平方米）	Floor Space Under Construction (10 000 sq.m)		4065
房屋竣工面积（万平方米）	Floor Space Completed (10 000 sq.m)		2277
交通运输业	**Transportation**		
客运量（万人）	Passenger Traffic (10 000 persons)	39731	42370
铁　路	Railway	1962	972
公　路	Highway	34379	37410
水　运	Waterway	3352	3900
民　航	Civil Aviation	38	88
货运量（万吨）	Freight Traffic (10 000 tons)	22796	24339
铁　路	Railway	2960	1633
公　路	Highway	18253	20214
水　运	Waterway	1582	2491
民　航	Civil Aviation	0.70	1.20
港口货物吞吐量（万吨）	Cargo Throughput of Ports (10 000 tons)	853	1076

注：1）工业总产值的绝对值和指数按现价计算；工业增加值的绝对值按现价计算，指数按可比价计算。
2）建筑业2003年起的所有数据均不包括劳务分包企业；其增加值2003年前按工程结算利润计算，从2003年起按营业利润计算（以下各表同）。
3）从2000年起民航货运量按新制度统计，旅客行李不再计入货运。
4）1996年起铁路数据按重庆现地域进行了调整（以下各表同）。
5）2008年公路、水路数据按部门专项调查作了调整。

总量指标 Aggregate Indicators				速度指标（%） Growth Rate							
				指　数（2010为以下各年） Index (2010 as percentage of the following years)					平均增长速度 Average Annual Growth Rate		
2000	2005	2009	2010	1995	1996	2000	2005	2009	1996-2000	2001-2005	1997-2010
1.45	1.65	2.26	2.52	144.0	162.6	173.8	152.7	111.5	-3.7	2.6	3.5
81.68	154.63	212.87	238.47	402.2	421.2	292.0	154.2	112.0	6.6	13.6	10.8
143.91	178.39	187.72	192.46	151.3	144.5	133.7	107.9	102.5	2.5	4.4	2.2
122.45	144.46	146.52	147.56	131.4	129.2	120.5	102.1	100.7	1.8	3.4	1.5
20.03	25.06	20.39	22.43	184.9	159.4	112.0	89.5	110.0	10.6	4.6	3.4
962.32	2525.87	6772.90	9143.55					128.4		21.3	19.8
287.50	716.36	2189.39	2682.51					123.7		19.5	17.4
								117.8			
959.36	2515.17	6624.71	9039.03		1270.7	942.2	359.4	136.4		21.3	19.9
85.57	256.48	710.50	1011.88		2106.3	1182.5	394.5	142.4		24.6	24.3
87.1	139.4	204.4	226.0								
99.1	98.8	98.3	98.1								
31081	77511	159484	183031		1351.2	588.9	236.1	114.8		20.1	20.4
1149.90	1957.79	4290.79	4547.03		303.4	395.4	232.3	106.0		11.2	8.3
38.98	57.09	75.70	67.48		258.5	173.1	118.2	89.1		7.9	7.0
167.90	234.03	428.26	456.71		354.8	272.0	195.2	106.6		6.9	9.5
156.98	294.70	477.44	699.92		595.4	445.9	237.5	146.6		13.4	13.6
13.98	39.36	75.15	102.79		1396.7	735.3	261.2	136.8		23.0	20.7
		0.21	189.19					90519.8			
1402.78	2100.69	3610.99	4598.04		708.7	327.8	218.9	127.3		8.4	15.0
24.59	42.15	118.65	161.58		1302.0	657.1	383.3	136.2		11.4	20.1
4.82	15.33	63.30	85.17		6355.7	1766.9	555.6	134.5		26.0	34.5
191.07	420.84	761.74	849.23		478.8	444.5	201.8	111.5		17.1	11.8
50.42	53.87	72.77	75.19		263.4	149.1	139.6	103.3		1.3	7.2
343.50	396.08	476.00	501.00		110.4	145.9	126.5	105.3		2.9	0.7
348.66	783.57	1915.25	2534.32		1234.4	726.9	323.4	132.3		17.6	19.7
94.52	171.61	506.01	649.98		1151.8	687.7	378.8	128.5		12.7	19.1
6088	10723	16476	19489		479.4	320.1	181.8	118.3		12.0	11.8
3084	5155	7473	8292		364.2	268.9	160.8	111.0		10.8	9.7
56969	60436	114598	126804	319.16	299.3	222.6	209.8	110.7	7.5	1.2	8.1
1442	1224	2603	2663	135.74	274.0	184.7	217.6	102.3	-6.0	-3.2	7.5
53170	57600	110150	122125	355.23	326.5	229.7	212.0	110.9	9.1	1.6	8.8
2240	1388	1226	1277	38.10	32.7	57.0	92.0	104.1	-7.7	-9.1	-7.7
117	224	619	739	1944.13	839.5	631.4	329.8	119.4	25.2	13.9	16.4
26852	39200	68491	81385	357.02	334.4	303.1	207.6	118.8	3.3	7.9	9.0
1812	1923	2182	2280	77.01	139.6	125.8	118.5	104.5	-9.3	1.2	2.4
23646	33378	58532	69438	380.42	343.5	293.7	208.0	118.6	5.3	7.1	9.2
1392	3896	7771	9660	610.62	387.8	694.0	247.9	124.3	-2.5	22.8	10.2
2.40	2.88	6.12	7.49	1070.00	624.2	312.1	260.1	122.4	27.9	3.7	14.0
2448	5251	8612	9668	1133.46	898.6	395.0	184.1	112.3	23.5	16.5	17.0

Note: a) The value and index of gross output value of industry are calculated at current price; the value-added of industry is calculated at current price while the index is calculated at constant price.
b) All the data of construction has not included labor subcontractors since 2003. The value-added is calculated upon the settled profit before 2003 and upon the operation profit since 2003 (the same for the tables below).
c) Since 2000, the cargo turnover of civil aviation has been calculated by the new statistic system, and the luggage of passengers is no longer accounted in.
d) The data of railway has been modified based on the present administrative division of Chongqing since 1996 (the same for the tables below).
e) The data of highway and waterway has been modified according to the specialized survey by the related departments since 2008.

表1.2 续表2 continued2

指　标	Item	总量指标 Aggregate Indicators 1995	1996
邮电通信业	**Postal and Telecommunication Services**		
邮电业务总量（亿元）	Business Volume (100 million yuan)	10.96	15.99
本地电话用户（万户）	Local Telephone Subscribers (10 000 subscribers)	37.24	66.50
移动电话用户（万户）	Mobile Telephone Subscribers (10 000 subscribers)	3.62	9.00
互联网络用户（万户）	Internet Subscribers (10 000 subscribers)		0.03
国内贸易（亿元）	**Domestic Trade(100 million yuan)**		
社会消费品零售总额	Retail Sales of Consumer Goods	416.13	498.63
#批发零售贸易业	Wholesale and Retail Trade	367.52	438.07
餐饮业	Catering Trade	43.88	54.45
对外贸易（亿美元）	**Foreign Trade(USD 100 million)**		
进出口总值	Total Imports and Exports	14.19	15.85
进口总值	Imports	5.71	9.92
出口总值	Exports	8.48	5.93
利用内外资	**Utilization of Domestic and Foreign Capital**		
实际利用外资额（亿美元）	Foreign Capital Actually Utilized (USD 100 million)	6.16	4.42
#外商直接投资额	Foreign Direct Investment	3.79	2.19
实际利用内资额（亿元）	Domestic Capital Actually Utilized (100 million yuan)		34.11
国际旅游	**International Tourism**		
国际旅游人数（万人次）	International Tourists (10 000 person-time)	14.29	16.18
旅游外汇收入（万美元）	Foreign Exchange Earnings from International Tourism (USD 10 000)	6333	7090
金融保险业（亿元）	**Finance and Insurance (100 million yuan)**		
金融机构人民币存款年末余额	Deposit Balance of RMB of Financial Institutions	676.70	846.43
#城乡居民储蓄存款	Saving Deposits of Urban and Rural Residents	401.45	500.71
金融机构人民币贷款年末余额	Loan Balance of RMB of Financial Institutions	755.39	913.93
股票筹资额（亿元）	Raised Capital of Shares (100 million yuan)	5.30	10.41
保险公司保费收入	Insurance Premium of Insurance Companies		12.82
保险公司赔款及给付	Indemnity Expenditure and Payment of Insurance Companies		6.48
教育、科技、文化	**Education, Science & Technology and Culture**		
教　育	**Education**		
专任教师（人）	Full-time Teachers (person)		
#普通高等学校	Regular Institutions of Higher Education	9409	9400
普通中等专业学校	Specialized Secondary Schools	4542	4505
普通中学	Regular Secondary Schools	67498	69503
小　学	Primary Schools	117497	117711
在校学生数（万人）	Student Enrollment (10 000 persons)		
#普通高等学校	Regular Institutions of Higher Education	7.34	7.99
普通中等专业学校	Specialized Secondary Schools	6.27	6.95
普通中学	Regular Secondary Schools	97.71	101.27
小　学	Primary Schools	263.86	273.71
教育经费支出（亿元）	Expenditure on Education (100 million yuan)		
科　技	**Science and Technology**		
技术市场成交额（万元）	Transaction Value of Technology Market (10 000 yuan)	26360	34344

注：1）邮电业务总量2001年前为1990年不变价，2001年及以后为2000年不变价口径（以下各表同）。
2）普通高等学校数据含研究生。
3）2009年的批发零售贸易业零售额数据按照2010的口径进行了调整。
4）实际利用外资2004年起均不包括对外借款；2010年“外商直接投资”数据口径为“外商投资”。

总量指标 Aggregate Indicators				速度指标（%） Growth Rate							
				指　数（2010为以下各年） Index (2010 as percentage of the following years)					平均增长速度 Average Annual Growth Rate		
2000	2005	2009	2010	1995	1996	2000	2005	2009	1996-2000	2001-2005	1997-2010
85.82	210.15	489.84	590.50	7342.1	5032.5	937.7	288.3	122.7	50.9	19.6	32.3
268.43	688.91	627.73	582.70	1564.7	876.2	217.1	84.6	92.8	48.4	20.7	16.8
160.00	943.40	1440.92	1664.40	45977.9	18493.3	1040.3	176.4	115.5	113.3	42.6	45.2
10.00	128.66	203.80	263.10		876985.3	2631.0	204.5	129.1		66.7	91.3
719.95	1227.80	2479.01	2938.60	706.2	589.3	408.2	239.3	118.5	11.6	11.0	13.5
627.36	1052.92	2048.96	2430.75	661.4	554.9	387.5	230.9	118.6	11.3	10.7	13.0
84.16	163.57	381.27	447.29	1019.3	821.5	531.5	273.5	117.3	13.9	14.0	16.2
17.85	42.93	77.09	124.26	875.7	784.0	696.1	289.4	161.1	4.7	19.2	15.8
7.90	17.72	34.29	49.37	864.6	497.7	624.9	278.6	143.9	6.7	17.5	12.1
9.95	25.21	42.80	74.89	883.1	1262.9	752.7	297.1	175.0	3.3	20.4	19.9
3.45	5.21	40.44	63.70	1034.1	1441.2	1846.4	1222.6	157.5	-10.9	15.3	21.0
2.44	5.16	40.16	63.44	1673.9	2896.8	2600.0	1229.5	158.0	-8.4	16.2	27.2
43.04	205.90	1468.02	2638.29		7734.5	6130.0	1281.4	179.7		36.8	36.4
26.61	52.39	104.81	137.02	958.9	846.8	514.9	261.5	130.7	13.2	14.5	16.5
13837	26436	53721	70320	1110.4	991.8	508.2	266.0	130.9	16.9	13.8	17.8
1904.71	4727.72	10933.00	13454.98	1988.3	1589.6	706.4	284.6	123.1	23.0	19.9	21.8
1085.36	2545.85	4908.68	5839.66	1454.6	1166.3	538.0	229.4	119.0	22.0	18.6	19.2
1881.29	3719.52	8766.06	10888.15	1441.4	1191.4	578.8	292.7	124.2	20.0	14.6	19.4
22.63		15.80	148.70	2805.7	1428.4	657.1		941.1	33.7		20.9
27.71	73.10	244.70	321.08		2504.5	1158.7	439.2	131.2		21.4	25.9
8.27	17.59	56.63	62.10		958.3	750.9	353.0	109.7		16.3	17.5
10449	20184	29883	31070	330.2	330.5	297.3	153.9	104.0	2.1	14.1	8.3
4125	2333	2035	2179	48.0	48.4	52.8	93.4	107.1	-1.9	-10.8	-4.7
81766	93997	106544	109303	161.9	157.3	133.7	116.3	102.6	3.9	2.8	3.1
119014	114326	117460	116057	98.8	98.6	97.5	101.5	98.8	0.3	-0.8	-0.1
13.25	35.79	52.33	56.59	771.0	708.3	427.1	158.1	108.1	12.5	22.0	13.9
8.45	9.69	11.06	10.32	164.6	148.5	122.1	106.5	93.3	6.1	2.8	2.7
147.79	173.52	192.02	190.82	195.3	188.4	129.1	110.0	99.4	8.6	3.3	4.3
276.13	260.98	208.14	199.94	75.8	73.0	72.4	76.6	96.1	0.9	-1.1	-2.1
		327.71	390.21					119.1			
296594	357059	456190	1475256	5596.6	4295.5	497.4	413.2	323.4	62.3	3.8	28.5

Note: a) The business volumes of postal and telecommunication services before 2001 are calculated at the constant price of 1990, while the data after 2001 are calculated at the constant price of 2001 (the same for the tables below).
b) The data of regular institutions of higher education include the postgraduates.
c) The data of total sales of wholesale and retail trade in 2009 is adjusted in accordance with the statistic scope of 2010 .
d) Since 2001,foreign loans have been exclude from actual utilized foreign capital.In 2010,the statistic scope of "Foreign Direct Investment" equals to "Foreign Investment" .

表1.2 续表3 continued3

指 标	Item	总量指标 Aggregate Indicators 1995	1996
文 化	**Culture**		
图书出版数量（万册、万张）	Books Published (10 000 copies)	15219	13023
杂志出版数量（万册）	Magazines Published (10 000 copies)		
报纸出版数量（万份）	Newspaper Published (10 000 copies)		
电视人口覆盖率（%）	Television Coverage of Population (%)	75.00	78.90
广播人口覆盖率（%）	Radio Coverage of Population (%)	85.00	86.30
家庭、生活	**Family and Living Standards**		
家 庭	**Family**		
城市居民平均每户家庭人口（人）	Population per Urban Household (person)	3.01	3.08
农村居民平均每户家庭人口（人）	Population per Rural Household (person)	3.90	3.85
婚 姻	**Marital Statistics**		
内地居民登记结婚对数（万对）	Marriages of Inland Residents (10 000 couples)		26.44
内地居民登记离婚对数（万对）	Divorces of Inland Residents (10 000 couples)		1.68
居 住	**Residence**		
城市居民人均房屋建筑面积（平方米）	Per Capita Residential Space of Urban Residents (sq.m)	8.13	8.00
农村居民人均住房面积（平方米）	Per Capita Residential Space of Rural Residents (sq.m)	23.50	24.44
工资和收入	**Wages and Income**		
城镇非私营单位职工工资总额（亿元）	Total Wages of Staff and Workers of Urban Nonprivate Units (100 million yuan)	130.93	145.49
城镇非私营单位在岗职工平均工资（元）	Average Annual Wages of Staff and Workers of Urban Non-private (Yuan)	4508	5010
城镇居民人均可支配收入（元）	Per Capita Disposable Income of Urban Residentss (yuan)		
城市居民人均可支配收入（元）	Per Capita Disposable Income of Metropolitan Residents (yuan)	4375.43	5022.96
农村居民人均纯收入（元）	Per Capita Net Income of Rural Residents (yuan)	1270.41	1479.05
城乡居民人均人民币储蓄存款余额（元）	Per Capita Saving Deposits of Urban and Rural Residents (yuan)	1337	1656
卫 生	**Public Health**		
医院、卫生院（个）	Hospitals and Health Centers (unit)	2505	2567
卫生技术人员（人）	Medical Technical Personnel (person)	86041	87542
#执业（助理）医师	Licensed (Assistant) Doctors	31169	30733
卫生机构床位数（张）	Number of Beds in Health Care Institutions (bed)	67243	66339
市政建设	**Municipal Construction**		
供水总量（万立方米）	Water Supply (10 000 cu.m)		84548
天然气供气总量（万立方米）	Natural Gas Supply (10 000 cu.m)		111980
排水管道长度（公里）	Length of Draining Pipelines (km)		1857
道路长度（公里）	Length of Urban Roads (km)		2652
公共绿地面积（公顷）	Public Green Areas (hectare)		1104
环 境	**Environment**		
化学需氧量排放量（万吨）	Discharged Volume of COD (10 000 tons)		
二氧化硫排放量（万吨）	Discharged Volume of SO_2 (10 000 tons)		

注：1）“城市居民人均房屋建筑面积”2002年前数据为“人均房屋居住面积”。
2）2002年起卫生统计指标名称变更，统计口径变化，不可与往年同比；2002年起卫生技术人员和床位不包括医学院校、卫生学校和计生站；执业（助理）医师2002年以前统计口径为“医生”（以下各表同）。

总量指标 Aggregate Indicators				速度指标（%） Growth Rate							
				指　数（2010为以下各年） Index (2010 as percentage of the following years)					平均增长速度 Average Annual Growth Rate		
2000	2005	2009	2010	1995	1996	2000	2005	2009	1996-2000	2001-2005	1997-2010
11198	11320	13185	15694	103.1	120.5	140.2	138.6	119.0	-6.0	0.2	1.3
3480	4082	6356	5409			155.4	132.5	85.1		3.2	
48674	54731	59862	76484			157.1	139.7	127.8		2.4	
93.70	95.96	96.46	97.39	129.9	123.4	103.9	101.5	101.0		0.5	1.5
89.90	92.49	92.89	95.71	112.6	110.9	106.5	103.5	103.0		0.6	0.7
3.05	3.13	2.93	2.91	96.7	94.5	95.4	93.0	99.3	0.3	0.5	-0.4
3.70	3.71	3.61	3.63	93.1	94.3	98.1	97.8	100.6	-1.0	0.1	-0.4
19.02	18.32	30.01	31.25		118.2	164.3	170.6	104.1		-0.7	1.2
2.07	5.65	8.31	9.49		564.9	458.5	168.0	114.2		22.2	13.2
10.72	22.17	27.41	27.55	338.9	344.4	257.0	124.3	100.5	7.6	19.9	9.2
29.58	32.91	35.73	37.56	159.8	153.7	127.0	114.1	105.1	4.7	2.2	3.3
173.23	345.82	716.14	862.95	659.1	593.1	498.2	249.5	120.5	5.8	14.8	14.7
8020	16630	30965	35326	783.6	705.1	440.5	212.4	114.1	9.9	15.7	16.2
		15748.67	17532.43					111.3			
6176.30	10243.99	17191.10	19099.73	436.5	380.2	309.2	186.4	111.1	7.1	10.6	10.0
1892.44	2809.32	4478.35	5276.66	415.4	356.8	278.8	187.8	117.8	8.3	8.2	9.1
3511	8033	14986	17677	1322.1	1067.5	503.5	220.1	118.0	21.3	18.0	18.4
2250	1463	1404	1449	57.8	56.4	64.4	99.0	103.2			
88619	78780	97199	107805	125.3	123.1	121.6	136.8	110.9			
44940	37321	41943	44844	143.9	145.9	99.8	120.2	106.9			
65666	64674	92689	103624	154.1	156.2	157.8	160.2	111.8			
70722	82751	92321	103949		122.9	147.0	125.6	112.6		2.6	1.5
75257	204679	256569	309480		276.4	411.2	151.2	120.6		22.8	7.5
2806	7095	9033	9663		520.4	344.4	136.2	107.0		14.8	12.5
3299	5547	6335	6733		253.9	204.1	121.4	106.3		6.9	6.9
1588	7977	12960	17762		1608.9	1118.5	222.7	137.1		26.8	21.9
		23.98	23.45					97.8			
		74.61	71.94					96.4			

Note: 1) The data of "per capita residential space of urban residents" was formerly "per capital residential space" before 2002.
2) Due to the change of names and statistic scopes of the indicators of public health in 2002, the indicators are not comparable with the data in previous years: since 2002, the medical technical personnel and the number of beds have no longer included the data of medical universities, health schools and family plan service stations; the indicator of licensed (assistant) doctor was formerly "doctor" before 2002 (the same for the tables below).

表1.3 国民经济和社会发展结构指标
STRUCTURAL INDICATORS OF NATINAL ECONOMIC AND SOCIAL DEVELOPMENT

单位：% (%)

指　标	Item	1995	1996	2000	2009	2010
人口与就业	**Population and Employment**					
人　口	**Population**					
城镇乡村人口结构	By Urban and Rural Areas		100.0	100.0	100.0	100.0
城　镇	Urban		29.5	35.6	50.00	
乡　村	Rural		70.5	64.4	48.40	
性别结构	By Sex			100.0	100.0	100.0
男	Male			51.9	50.6	51.8
女	Female			48.1	49.4	48.2
就　业	**Employment**					
产业结构	By Industry	100.0	100.0	100.0	100.0	100.0
第一产业	Primary Industry	59.6	58.3	55.5	44.0	
第二产业	Secondary Industry	18.2	18.6	17.3	21.3	
第三产业	Tertiary Industry	22.2	23.1	27.2	34.7	
登记注册类型结构	By Status of Registration		100.0	100.0	100.0	100.0
国有经济	State-owned		11.5	8.8	7.2	
集体经济	Collective-owned		71.5	66.7	47.0	
私营和个体	Private and Individuals		16.3	22.3	38.7	
其他经济	Others		0.7	2.2	7.1	
宏观经济	**Macroeconomic Indicators**					
国民经济核算	**National Economic Accounting**					
本市生产总值结构	GDP by Industry	100.0	100.0	100.0	100.0	100.0
第一产业	Primary Industry	23.5	21.9	15.9	9.3	8.6
第二产业	Secondary Industry	43.9	43.3	42.4	52.8	55.0
#工　业	Industry	38.8	38.2	35.4	44.7	46.7
第三产业	Tertiary Industry	32.6	34.8	41.7	37.9	36.4
固定资产投资	**Investment in Fixed Assets**					
城乡结构	By Urban and Rural Areas		100.0	100.0	100.0	100.0
城　镇	Urban		71.3	81.0	93.2	91.5
建设项目	Construction Projects		53.9	59.7	69.9	68.1
房地产开发	Real Estate Development		17.4	21.3	23.3	23.4
农　村	Rural		28.7	19.0	6.8	8.5
农村非农户	Non-Rural Households		12.5	9.1	5.1	7.1
农　户	Rural Households		16.2	9.9	1.7	1.4
产业结构	By Industry	100.0	100.0	100.0	100.0	100.0
第一产业	Primary Industry	0.6	0.7	1.4	3.7	3.8
第二产业	Secondary Industry	39.4	36.1	21.7	35.6	34.9
第三产业	Tertiary Industry	60.0	63.2	76.9	60.7	61.3

表1.3 续表1 continued1　单位：% (%)

指　标	Item	1995	1996	2000	2009	2010
财　政	**Government Finance**					
财政收入结构	By Level of Government	100.0	100.0	100.0	100.0	100.0
中　央	Central	45.1	41.7	36.0	24.1	20.6
地　方	Local	54.9	58.3	64.0	75.9	79.4
产　业	**Industry**					
农　业	**Agriculture**					
农林牧渔业产值结构	Gross Output Value of Farming, Forestry, Animal Husbandry and Fishery	100.0	100.0	100.0	100.0	100.0
农　业	Farming	60.3	63.9	59.3	57.3	61.0
林　业	Forestry	2.8	2.7	2.6	3.7	3.0
牧　业	Animal Husbandry	34.5	30.9	34.4	35.0	32.0
渔　业	Fishery	2.4	2.5	3.7	2.7	2.7
农林牧渔服务业	Agricultural Services				1.4	1.3
工　业	**Industry**					
规模以上工业增加值结构	Value-added of Industrial Enterprises above Designated Size		100.0	100.0	100.0	100.0
轻工业	Light Industry		28.9	36.1	31.0	30.1
重工业	Heavy Industry		71.1	63.9	69.0	69.9
运输业	**Transportation**					
货运量结构	Freight Traffic	100.0	100.0	100.0	100.0	100.0
#铁　路	Railway	13.0	6.7	6.7	3.2	2.8
公　路	Highway	80.1	83.1	88.1	85.5	85.3
水　运	Waterway	6.9	10.2	5.2	11.3	11.9
国内商业	**Domestic Trade**					
社会消费品零售总额结构	Retail Sales of Consumer Goods	100.0	100.0	100.0	100.0	100.0
#市	City	58.6	58.9	57.0	61.4	
县	County	12.9	12.3	13.2	13.4	
县以下	Below County Level	28.5	28.8	29.8	25.2	
#城　镇	Urban					94.5
乡　村	Village					5.5
对外经济贸易	**Foreign Economic Relations and Trade**					
实际利用外资结构	Actual Utilization of Foreign Capital	100.0	100.0	100.0	100.0	100.0
对外借款	Foreign Loans	33.2	47.0	28.8	3.5	
外商直接投资	Foreign Direct Investment	61.6	49.6	70.8	95.8	99.6
外商其他投资	Other Foreign Investment	5.2	3.4	0.4	0.7	0.4
进出口总值结构	Imports and Exports	100.0	100.0	100.0	100.0	100.0
进　口	Imports	40.3	62.6	44.3	44.5	39.7
出　口	Exports	59.7	37.4	55.7	55.5	60.3
旅　游	**Tourism**					
国际旅游人数结构	International Tourists	100.0	100.0	100.0	100.0	100.0
#外国人	Foreigners	65.5	66.9	72.5	80.9	75.9
港澳台同胞	Compatriots from Hongkong, Macao and Taiwan	34.3	32.9	27.5	19.1	24.1

表1.3 续表2 continued2

单位：% (%)

指　标	Item	1995	1996	2000	2009	2010
生活、环境	**Living Standards and Environment**					
生　活	**Living Standards**					
城市居民消费结构	Consumption of Urban Households	100.0	100.0	100.0	100.0	100.0
#服务性消费支出	Expenditure for Services				26.3	27.1
#食　品	Food	48.7	49.0	40.4	37.2	37.5
衣　着	Clothing	14.0	14.5	10.1	12.5	12.8
居　住	Residence	5.5	5.5	9.0	8.7	11.1
农村居民生活消费结构	Consumption for Living of Rural Households	100.0	100.0	100.0	100.0	100.0
#食　品	Food	64.7	63.2	53.6	49.1	35.0
衣　着	Clothing	5.3	5.5	4.4	6.3	7.9
居　住	Residence	12.7	13.2	14.3	12.9	18.3
卫　生	**Public Health**					
卫生技术人员结构	Medical Technical Personnel (person)	100.0	100.0	100.0	100.0	100.0
#执业（助理） 医师	Licensed (Assisstant) Doctors	36.2	35.1	50.7	35.0	33.9
注册护士	Registered Nurses	21.7	22.0	23.4	26.6	28.3
卫生机构床位结构	Beds in Health Care Institutions			100.0	100.0	100.0
#医　院	Hospitals			59.0	63.0	62.6
环　境	**Environment**					
治理工业污染资金使用结构	Uses of Fund in Industrial Pollution Control			100.0	100.0	100.0
治理废水	Waste Water Control			48.1	40.7	48.7
治理废气	Waste Gas Control			41.9	53.0	35.3
治理固体废物	Solid Waste Control			3.8	0.8	4.1
治理噪声	Noise Control			0.8	1.0	0.6
其　他	Others			5.4	4.4	11.2

表1.4 人均主要社会经济活动水平
PER CAPITA MAIN SOCIAL AND ECONOMIC ACTIVITIES

单位：元(yuan)

指　标	Item	1995	1996	2000	2009	2010
国民经济核算	**National Economic Accounting**					
本市生产总值	Gross Domestic Product	3931	4574	6274	22920	27596
主要农产品产量（公斤）	**Output of Major Farm Products (kg)**					
粮　食	Grain	385	389	367	347	350
油　料	Oil-bearing Crops	8	11	10	12	13
肉　类	Meat	42	44	47	57	58
#猪　肉	Pork	38	38	40	45	45
水产品	Aquatic Products	4	5	6	6	7
水　果	Fruit	20	19	27	65	12
主要工业产品产量（规模以上工业）	**Output of Major Industrial Products (Industrial Enterprises over Designated Size)**					
原　煤（公斤）	Coal (kg)		498	373	1310	1376
天然气（立方米）	Natural Gas (cu.m)		87	126	231	204
发电量（千瓦时）	Electricity (kwh)		427	545	1307	1383
钢　材（公斤）	Steel Products (kg)		39	51	146	212
铝　材（公斤）	Aluminum Products (kg)		2	5	23	31
水　泥（公斤）	Cement (kg)		215	455	1102	1392
啤　酒　（升）	Beer (liter)		9	16	22	23
卷　烟（支）	Cigarettes (unit)		1507	1115	1453	1517
国内商业	**Domestic Trade**					
社会消费品零售总额	Retail Sales of Consumer Goods	1242	1479	2088	7568	8896
财政、金融	**Government Finance and Financial Intermediation**					
地方财政收入	Revenue of Local Government	153	182	339	3559	9006
城乡居民储蓄存款余额	Saving Deposits of Urban and Rural Residents	1337	1656	3511	14986	17677
职工工资、居民收入	**Wages and Income**					
城镇经济单位职工平均工资	Average Annual Wages of Staff and Workers Of Urban Economic Units	4508	5010	8020	30965	35326
城市居民人均可支配收入	Per Capita Disposable Income of Urban Residents	4375	5023	6176	17191	19100
农村居民人均纯收入	Per Capita Net Income of Rural Residents	1270	1479	1892	4478	5277

注：本市人均生产总值按常住人口计算，城市、农村居民收入为抽样调查数，其他人均指标均按户籍人口计算。
Note: The Per capita GDP is calculated by permanent population; the per capita income of urban and rural residents is the data of sample survey; and other per capita indicators in this talbe are based on registered population.

表1.5 平均每天主要社会经济活动
AVERAGE DAILY SOCIAL AND ECONOMIC ACTIVITIES

指 标	Item	1995	1996	2000	2009	2010
每天创造的财富	**Daily Production**					
本市生产总值（万元）	Gross Domestic Product (10 000 yuan)	30769	36031	49068	178904	217139
第一产业	Primary Industry	7238	7878	7805	16625	18777
第二产业	Secondary Industry	13498	15589	20823	94487	119428
#工 业	Industry	11951	13755	17369	79929	101310
第三产业	Tertiary Industry	10033	12564	20441	67793	78934
地方财政收入（万元）	Revenue of Local Government (10 000 yuan)	1254	1500	2862	31937	54537
粮 食（吨）	Grain (ton)	31608	32113	30992	31156	31675
油 料（吨）	Oil-bearing Crops (ton)	688	647	851	1111	1218
肉 类（吨）	Meat (ton)	3485	3560	3943	4014	5273
#猪 肉	Pork	3076	3128	3355	5143	4042
水产品（吨）	Aquatic Products (ton)	332	385	549	559	615
原 煤（吨）	Coal (ton)		41061	31504	117556	124576
天然气（万立方米）	Natural Gas (10 000 cu.m)		715	1068	2074	1849
发电量（万千瓦小时）	Electricity (10 000 kwh)		3527	4600	11733	12513
钢 材（吨）	Steel Products (ton)		3221	4301	13081	19176
水 泥（吨）	Cement (ton)		17774	38432	98931	125974
汽 车（辆）	Motor Vehicles (unit)		340	674	3251	4427
#轿 车	Cars		37	132	1734	2333
摩托车（辆）	Motorcycles (unit)		4859	5235	20870	23267
每天消费量	**Daily Consumption**					
最终消费（万元）	Final Consumption Expenditures(10 000 yuan)	16235	20421	27340	87242	104434
居民消费	Household Consumption Expenditure	13375	16691	21157	64852	76502
农 村	Rural Households	5529	6962	8159	12072	13708
城 镇	Urban Households	7846	9729	12998	52780	62795
政府消费	Government Consumption Expenditure	2860	3731	6183	22390	27932
地方财政支出（万元）	Expenditure of Local Government (10 000 yuan)	1814	2176	5547	49481	75225
社会消费品零售总额（万元）	Total Retail Sales of Consumer Goods(10 000 yuan)	11401	13661	19725	67918	80510
每天其他经济活动	**Other Daily Economic Activities**					
资本形成总额（万元）	Gross Capital Formation (10 000 yuan)	9669.59	11478.90	19202.47	104619.45	125384.93
固定资产形成	Fixed Assets Formation		8660.27	17205.75	99540.27	119979.73
存货增加	Changes in Inventory		2818.63	1996.71	5079.18	5405.21
客运量（万人）	Passenger Traffic (10 000 persons)	108.85	116.08	156.08	313.97	347.41
货运量（万吨）	Freight Traffic (10 000 tons)	62.45	66.68	73.57	187.65	222.97
港口货物吞吐量（万吨）	Cargo Throughput of Ports (10 000 tons)	2.34	2.95	6.71	23.59	26.49
邮电业务总量（万元）	Business Volume of Postal and Tele-communication Services (10 000 yuan)	300	438	2351	13420	16178
进出口总额（万美元）	Total Imports and Exports (USD 10 000)	388.77	434.25	489.04	2112.05	3404.38
进口总额	Imports	156.44	271.78	216.44	939.45	1352.60
出口总额	Exports	232.05	162.74	272.60	1172.60	2051.78
实际利用外资（万美元）	Actual Utilization of Foreign Capital (USD 10 000)	168.77	121.10	94.52	1148.49	1745.21
国际旅游人数（人）	International Tourists (person)	392	443	729	2872	3754
居民新增储蓄额（万元）	Newly Increased Amount of Saving Deposits (10 000 yuan)	3179	2719	4829	25198	25506

注：1）本表价值指标除邮电业务总量按不变价计算外，其余均按当年价计算。
2）2006年以前工业产品产量为国有及规模以上非国有工业企业数，2007年起为规模以上工业企业数（下表同）。

Note: a) All the value indicators in this table are calculated at current prices except the total business volumeof postal and telecommunication services, which is calculated at constant prices.
b) The output of industrial products before 2006 is based on the state-owned industrial enterprises and non-state-owned industrial enterprises above designated size; while it is based on the industrial enterprises above designated size since 2007(the same below).

表1.6 各部门机构数（2009－2010年）
GRASSROOTS UNITS IN VARIOUS SECTORS (2009-2010)

单位：个(unit)

指 标	Item	2009	2010
农村基层单位	**Rural Grassroots Units**		
乡政府	Township Governments	267	252
镇政府	Town Governments	578	587
村民委员会	Village Committees	8803	8605
工 业（规模以上）	**Industry (above Designated Size)**	**6412**	**7130**
#国有及国有控股	State-owned and State-holding	518	547
建筑业	**Construction Enterprises**	**2465**	**2467**
邮政局所	**Postal Offices**	**1838**	**1775**
批发零售业和餐饮业（限额以上）	**Wholesale & Retail and Catering Trade (above Designated Size)**		
批发业企业	Wholesale Enterprises	1104	1341
零售业企业	Retail Enterprises	980	1244
餐饮业企业	Catering Enterprises	686	554
教育事业	**Education**		
普通高等学校	Regular Institutions of Higher Education	51	53
普通中学	Regular Secondary Schools	1304	1273
小 学	Primary Schools	7096	5544
幼儿园	Kindergartens	3700	4105
特殊教育	Special Education	36	36
文化机构数	**Cultural Institutions**	**1428**	**1656**
#艺术业	Art Institutions	203	427
文物事业	Cultural Relic Institutins	89	89
图书馆事业	Public Libraries	43	43
群众文化事业	Mass Cultural Institutions	1035	1041
出版、发行事业	**Publishing and Distribution Establishments**		
出版社	Publishing Houses	3	3
书刊印刷厂	Printing Houses	45	41
国有书店	State-owned Book Stores	265	271
卫生事业	**Health Care**	**2425**	**2693**
#医院、卫生院	Hospitals Health Centers	1404	1449
社会福利	**Social Welfare**	**3560**	**3398**
#收养性单位	Residential Institutions	2414	2196
社会福利企业单位	Social Welfare Enterprises	764	748

重/庆/统/计/年/鉴

主要统计指标解释

行政区划

指国家对行政区域的划分。根据宪法规定，我国的行政区划分如下：(1)全国分为省、自治区、直辖市；(2)省、自治区分为自治州、县、自治县、市；(3)自治州分为县、自治县、市；(4)县、自治县分为乡、民族乡、镇；(5)直辖市和较大的市分为区、县；(6)国家在必要时设立的特别行政区。

可比价格

指计算各种总量指标所采用的扣除了价格变动因素的价格，可进行不同时期总量指标的对比。按可比价格计算总量指标有两种方法：一种是直接用产品产量乘某一年的不变价格计算；另一种是用价格指数进行缩减。

不变价格

指以同类产品某年的平均价格作为固定价格，用于计算各年的产品价值。按不变价格计算的产品价值消除了价格变动因素，不同时期对比可以反映生产的发展速度。新中国成立后，随着工农业产品价格水平的变化，国家统计局先后五次制定了全国统一的工业产品不变价格和农业产品不变价格。从1952年到1957年使用1952年工（农）业产品不变价格，从1957年到1970年使用1957年不变价格，从1971年到1980年使用1970年不变价格，从1981年到1990年使用1980年不变价格，从1991年开始使用1990年不变价格。

平均增长速度

平均增长速度表明社会经济现象在一个较长的时期内逐期平均增长变化的程度，它不能根据各个环比增长速度直接求得，但与平均发展速度之间存在着一定的数量关系：平均增长速度＝平均发展速度－1。

平均发展速度是一种根据环比发展速度计算的序时平均数，由于各时期对比的基础不同，所以计算平均发展速度不能采用一般的序时平均数的计算方法，计算方法分为水平法和累计法。水平法，又称几何平均法，即将环比发展速度按连乘法用几何平均数公式计算。累计法，也称方程法，根据一段时期内各年发展水平总和与基期水平的关系，列出方程式计算平均发展速度。水平法着重考虑最后一年所达到的发展水平；累计法着重考虑整个时期累计发展水平的总量。

本《年鉴》内所列的平均增长速度，除固定资产投资用“累计法”计算外，其余均用“水平法”计算。从某年到某年平均增长速度的年份，均不包括基期年在内。如建国四十三年以来的平均增长速度是以1949年为基期计算的，则写为1950-1992年平均增长速度，其余类推。

国民经济行业分类

自2003年定期报表开始使用新的《国民经济行业分类》（GB/T4754-2002）该分类是由国家统计局组织修订，经国家质量监督检验检疫总局批准，于2002年5月10日发布实施。这次修订是在1994年分类标准的基础上，参照联合国《全部经济活动的国际标准产业分类》（ISIC/Rev.3）进行的。修订后的《国民经济行业分类》（GB/T4754-2002）共有门类20个，大类95个，中类396个，小类913个。新增门类4个，大类增加3个，中类增加28个，小类增加67个。

企业（单位）登记注册类型

是以在工商行政管理机关登记注册的各类企业为划分对象，以工商行政管理部门对企业登记注册的类型为依据，将企业登记注册类型分为内资企业、港澳台商投资企业和外商投资企业三大类。内资企业包括国有企业、集体企业、股份合作企业、联营企业、有限责任公司、股份有限公司、私营公司和其他企业，港澳台商投资企业和外商投资企业分别包括合资经营企业、合作经营企业、独资经营企业和股份有限公司。对不在工商行政管理部门进行登记注册的行政机关、事业单位和社会团体，主要按其经费来源和管理方式进行划分。

国有企业

指企业全部资产归国家所有，并按《中华人民共和国企业法人登记管理条例》规定登记注册的非公司制的经济组织。不包括有限责任公司中的国有独资公司。

主要统计指标解释

■ 集体企业

指企业资产归集体所有，并按《中华人民共和国企业法人登记管理条例》规定登记注册的经济组织。

■ 股份合作企业

指以合作制为基础，由企业职工共同出资入股，吸收一定比例的社会资产投资组建，实行自主经营，自负盈亏，共同劳动，民主管理，按劳分配与按股份红相结合的一种集体经济组织。

■ 联营企业

指两个及两个以上相同或不同所有制性质的企业法人或事业单位法人，按自愿、平等、互利的原则，共同投资组成的经济组织。联营企业包括国有联营企业、集体联营企业、国有与集体联营企业和其他联营企业。

■ 有限责任公司

指根据《中华人民共和国公司登记管理条例》规定登记注册，由两个以上、五十个以下的股东共同出资，每个股东以其所认缴的出资额对公司承担有限责任，公司以其全部资产对其债务承担责任的经济组织。有限责任公司包括国有独资公司以及其他有限责任公司。

■ 股份有限公司

指根据《中华人民共和国公司登记管理条例》规定登记注册，其全部注册资本由等额股份构成并通过发行股票筹集资本，股东以其认购的股份对公司承担有限责任，公司以其全部资产对其债务承担责任的经济组织。

■ 私营企业

指由自然人投资设立或由自然人控股，以雇用劳动为基础的营利性经济组织。包括按照《公司法》、《合伙企业法》、《私营企业暂行条例》规定登记注册的私营有限责任公司、私营股份有限公司、私营合伙企业和私营独资企业。

■ 其他企业

指上述企业之外的其他内资经济组织。

■ 与港澳台商合资经营企业

指港澳台地区投资者与内地企业依照《中华人民共和国中外合资经营企业法》及有关法律的规定，按合同规定的比例投资设立、分享利润和分担风险的企业。

■ 与港澳台商合作经营企业

指港澳台地区投资者与内地企业依照《中华人民共和国中外合作经营企业法》及有关法律的规定，依照合作合同的约定进行投资或提供条件设立、分配利润和分担风险的企业。

■ 港澳台商独资经营企业

指依照《中华人民共和国外资企业法》及有关法律的规定，在内地由港澳台地区投资者全额投资设立的企业。

■ 港澳台商投资股份有限公司

指根据国家有关规定，经外经贸部依法批准设立，其中港、澳、台商的股本占公司注册资本的比例达25%以上的股份有限公司。凡其中港、澳、台商的股本占公司注册资本的比例小于25%的，属于内资企业中的股份有限公司。

■ 中外合资经营企业

指外国企业或外国人与中国内地企业依照《中华人民共和国中外合资经营企业法》及有关法律的规定，按合同规定的比例投资设立、分配利润和分担风险的企业。

■ 中外合作经营企业

指外国企业或外国人与中国内地企业依照《中华人民共和国中外合作经营企业法》及有关法律的规定，依照合作合同的约定进行投资或提供条件设立、分配利润和分担风险的企业。

■ 外资企业

指依照《中华人民共和国外资企业法》及有关法律的规定，在中国内地由外国投资者全额投资设立的企业。

主要统计指标解释

外商投资股份有限公司

指根据国家有关规定，经外经贸部依法批准设立，其中外资的股本占公司注册资本的比例达25%以上的股份有限公司。凡其中外资股本占公司注册资本的比例小于25%的，属于内资企业中的股份有限公司。

行政机关、事业单位和社会团体

参照企业登记注册类型，主要按其经费来源和管理方式划分。具体规定如下：

(1)行政机关：包括国家机关和政党机关，原则上均列为“国有”。但有特殊规定的，如供销社等，列为“集体”。

(2)事业单位：包括经国家机构编制部门和有关业务主管部门批准成立的各类事业单位，不包括实行企业化管理的事业单位。事业单位的划分办法如下：

① 由国家财政预算拨款或列入财政预算外资金管理以及经费主要来源于国有主管部门或国有上级单位的事业单位，列为“国有”。

② 经费主要来源于集体单位的事业单位，列为“集体”。

③ 公民个人（或个人合伙）开办的事业单位，列为“私营”。

④ 上述以外的其他事业单位，如果其经费来源不明确，按管理方式进行归类。

(3)社会团体：包括经民政部门批准成立以及未纳入社会团体管理条例范围的工会、妇联等各类社会团体。社会团体的划分办法如下：

①未纳入民政部社会团体管理条例范围的工会、妇联、共青团、青联、工商联、科协、侨联等社会团体，国家拨款设立的基金会或基金管理组织以及经费主要来源于国有业务主管部门或国有上级单位的社会团体，列为“国有”。

②经费主要来源于集体单位的社会团体，列为“集体”。

③公民个人（或个人合伙）开办的社会团体，划为“私营”。

④上述以外的其他社会团体，如果其经费来源不明确，改按管理方式进行归类。

CHONGQING STATISTICAL YEARBOOK

Explanatory Notes on Main Statistical Indicators

□ Division of Administrative Areas

Refers to the division of administrative areas by the state. The relative laws stipulate that:1) the whole country is divided into provinces, autonomous regions and municipalities directly under the Central Government; 2) provinces and autonomous regions are further divided into autonomous prefectures, counties, autonomous counties and cities; 3) autonomous prefectures are divided into counties, autonomous counties and cities; 4) counties and autonomous counties are further divided into townships, ethnic townships and towns; 5) municipalities and large cities are divided into districts and counties; 6) the state shall, when necessary, establish special administrative regions.

□ Comparable Prices

Refer to prices that are used to remove the factors of price change in calculating economic aggregates, so as to facilitate comparison of aggregates over time. Two methods are used for calculating economic aggregates at comparable prices: (a) Multiplying the output of products by their constant prices of certain year. (b) Deflation of data at current prices by relevant price index.

□ Constant Price

Refers to the average price of a given product in certain year, which is used for comparison of output value over time. As the output value at constant prices removers the factor of price changes, it reflects the trend of production development over time. Since 1949,with the changes in general price level, the State Statistical Bureau has issued nationally unified constant prices five times: the 1952 constant prices for 1949-1957;the 1957 constant prices for 1957-1971;the 1970 constant prices for 1971-1981;the 1980 constant prices for 1981-1990; and the 1990 constant prices have been used since 1991.

□ Average Annual Growth Rate

Shows the average growth rate of social and economic development during a longer period. It can not be directly calculated by chain based growth rate. The relation is:

Average Annual Growth Rate = Average Speed of Development – 1

Average speed of development is the time series average of speed which calculated by chain based. Because the reference bases during the different periods are not same, average speed of development can not be calculated by the general method. Level approach and accumulative approach for calculating average speed of development rate are applied. The "level approach", or the method of calculating the geometric average, is derived by the formula of geometric average of the chain-based speeds of development, or comparing the level of the last year of the interval with that of the beginning year; the other is called the "accumulative approach" or the "algebraic average", "equation" method, which is derived by the summation of the actual figure of each year in the interval divided by the figure in the base year. The level approach focuses on the level of the last year, while the accumulative approach emphasizes the aggregate development in the duration.

The average annual growth rates listed in the Yearbook are calculated by the level approach except for the growth rate of investment in fixed assets. The base year is not listed in the duration for which average annual growth rates are computed. For instance, the average annual growth rate of the 43 years since 1949 is shown as the average annual growth rate of 1950-1992 without showing the base year 1949.

□ Industrial Classification of the National Economy

The new Industrial Classification of the National Economy (GB/T 4754-2002) is introduced starting from the compilation of 2003 annual statistics. The revision of the 1994 classification was organized by the National Bureau of Statistics taking into consideration of the International Standards of the Industrial Classification of All Economic Activities (ISIC/Rev.3) of the United Nations, and the new Classification was promulgated by the National Administration of Quality Supervision, Inspection and Quarantine on May 10, 2002. The revised version of the Industrial Classification of the National Economy (GB/T 4754-2002) is composed of 20 major divisions, 95 divisions, 396 major groups and 913 groups, including 4 new major divisions, 3 new divisions, 28 major groups and 67 groups.

EXPLANATORY NOTES TO MAJOR STATISTICAL INDICATORS

Registration Status of Enterprises

Is classified into 3 categories, namely domestic-funded enterprises, enterprises with foreign investment, in the light of the registration status of an enterprise in industrial and commercial administration agencies. Domestic-funded enterprises include state-owned enterprises, collective-owned enterprises, cooperative enterprises, joint ownership enterprises, limited liability corporations, share-holding corporations Ltd., private enterprises and other enterprises. Included in the enterprises with investment from Hong Kong, Macao and Taiwan and enterprises with foreign investment are joint-venture enterprises, cooperative enterprises, sole investment enterprises and share-holding corporations Ltd. For government agencies, institutions and social organizations that are not requested to register in industrial and commercial administration agencies, they are classified mainly by their sources of funds and way of management.

State-owned Enterprises

Refer to non-corporation economic units where the entire assets are owned by the state and which have registered in accordance with the Regulation of the People's Republic of China on the Management of Registration of Corporate Enterprises. Excluded from this category are sole state-funded corporations in the limited liability corporations.

Collective-owned Enterprises

Refer to economic units where the assets are owned collectively and which have registered in accordance with the Regulation of the People's Republic of China on the Management of Registration of Corporate Enterprises.

Cooperative Enterprises

Refer to a form of collective economic units (enterprises) where capitals come mainly from employees as their shares, with certain proportion of capital from the outside, where production is organized on the basis of independent operation, independent accounting for profits and losses, joint work, democratic management, and a distribution system that integrates remuneration according to work with dividend according to capital share.

Joint Ownership Enterprises

Refer to economic units established by two or more corporate enterprises or corporate institutions of the same or different ownership, through joint investment on the basis of equality, voluntary participation and mutual benefits. They include state joint ownership enterprises, collective joint ownership enterprises, joint state-collective enterprises, other joint ownership enterprises.

Limited Liability Corporations

Refer to economic units established with investment from 2-50 investors and registered in accordance with the Regulation of the People's Republic of China on the Management of Registration of Corporations, each investor bearing limited liability to the corporation depending on its share of investment, and the corporation bearing liability to its debt to the maximum of its total assets. Limited liability corporations include exclusive state-funded limited liability corporations and other limited liability corporations.

Share holding Corporations Ltd.

Refer to economic units registered in accordance with the Regulation of the People's Republic of China on the Management of Registration of Corporations, with total registered capitals divided into equal shares and raised through issuing stocks. Each investor bears limited liability to the corporation depending on the holding of shares, and the corporation bears liability to its debt to the maximum of its total assets.

Private Enterprises

Refer to profit-making economic units invested and established by natural persons, or controlled by natural persons using employed labor. Included in this category are private limited liability corporations, private share-holding corporations Ltd., private partnership enterprises and private-funded enterprises registered in accordance with the Corporation Law, Partnership Enterprises Law and Interim Regulations on Private Enterprise.

Other Domestic-funded Enterprises

Refer to domestic-funded economic units other than those mentioned above.

CHONGQING STATISTICAL YEARBOOK

□ Joint-venture Enterprises with Funds from Hong Kong, Macao and Taiwan

Refer to enterprises jointly established by invertors from Hong Kong, Macao and Taiwan with enterprises in the mainland of China in accordance with the Law of the People's Republic of China on Sino-foreign Joint Venture Enterprises and other relevant laws, where the share of investment, profits and risks is stipulated in the contract.

□ Cooperative Enterprises with Funds from Hong Kong Macau and Taiwan

Established by investors from Hong Kong, Macau and Taiwan with enterprises in the mainland of China in accordance with the Law of the People's Republic of China on Sino-foreign Cooperative Enterprises and other relevant laws, where the investment or provision of facilities, and the share of profits and risks is stipulated in the cooperative contract.

□ Enterprises with Sole (exclusive) Investment from Hong Kong, Macau and Taiwan

Refer to enterprises established in the mainland of China with exclusive investment from investors from Hong Kong, Macau and Taiwan in accordance with the Law of the People's Republic of China on Foreign-Funded Enterprises and other relevant laws.

□ Share-holding Corporations Ltd. with Investment from Hong Kong, Macau and Taiwan

Refer to share-holding corporations Ltd. established with the approval from the former Ministry of Foreign Trade and Economic Relations in line with relevant state regulations, where the share of investment from Hong Kong, Macau or Taiwan businessmen exceeds 25% of the total registered capital of the corporation. In case the share of investment from Hong Kong, Macau or Taiwan is less than 25% of the total registered capital, the enterprise is to be classified as domestic-funded share-holding corporation Ltd.

□ Joint-venture Enterprises with Foreign Investment

Refer to enterprises jointly established by foreign enterprises or foreigners with enterprises in the mainland of China in accordance with the Law of the People's Republic of China on Sino-foreign Joint Venture Enterprises and other relevant laws, where the share of investment, profits and risks is stipulated in the contract.

□ Cooperation Enterprises with Foreign Investment

Refer to enterprises jointly established by foreign enterprises or foreigners with enterprises in the mainland of China in accordance with the Law of the People's Republic of China on Sino-foreign Cooperative Enterprises and other relevant laws, where the investment or provision of facilities, and the share of profits and risks is stipulated in the cooperative contract.

□ Enterprises with Sole (exclusive) Foreign Investment

Refer to enterprises established in the mainland of China with exclusive investment from foreign investors in accordance with the Law of the People's Republic of China on Foreign-Funded Enterprises and other relevant laws.

□ Share-holding Corporations Ltd. with Foreign Investment

Refer to share-holding corporations Ltd. established with the approval from the Ministry of Foreign Trade and Economic Relations in line with relevant state regulations, where the share of investment from foreign investors exceeds 25% of the total registered capital of the corporation. In case the share of foreign investment is less than 25% of the total registered capital, the enterprise is to be classified as domestic-funded share-holding corporation Ltd.

EXPLANATORY NOTES TO MAJOR STATISTICAL INDICATORS

□ Government Agencies, Institutions and Social Organizations

Are classified into following categories by source of funds and way of management taking reference of the registration status of enterprises:

(I) Government agencies: include state and party agencies, classified in principle as "state-owned". There are exceptions, such as supply and marketing cooperatives, which are classified, as "collective".

(II) Institutions: include institutions of various types established with the approval by organization and staffing departments of the government, but exclude institutions where enterprise management system is introduced. Institutions are further classified as follows:

(a) Institutions whose main budget is listed in the government budget appropriations or extra-budget funds, or allocated from the budget of their competent government agencies. Such institutions are classified as "state-owned".

(b) Institutions whose budget mainly comes from collective units. Such institutions are classified as "collective".

(c) Institutions other than those mentioned above whose source of budget are not clear. Such institutions are classified by way of management.

(III) Social organizations: include social organizations established with the approval from the Ministry of Civil Affairs, and organizations that are not covered by social organization management regulations such as trade unions, women's federations etc. Social organizations are further classified as follows:

(a) Social organizations that are not covered by social organization management regulations of the Ministry of Civil Affairs such as trade unions, women's federations, communist youth leagues, youth associations, industrial and commerce associations, scientists associations, overseas Chinese associations, etc., foundations and fund management organizations established with founds from the state, and social organizations whose funds mainly come from the budget of their competent government agencies. Such institutions are classified as "state-owned".

(b) Social organizations whose budget mainly comes from collective units. Such institutions are classified as "collective".

(c) Social organizations established by individual or a group of citizens, which are classified as "private".

(d) Social organizations other than those mentioned above whose source of budget are not clear. Such organizations are classified by way of management.

2

国民经济核算

NATIONAL ECONOMIC ACCOUNTING

简要说明 Brief Introduction

本章本市生产总值资料包括各年度地区生产总值的绝对值、构成和指数，三次产业贡献率，三次产业拉动力，地区生产总值收入法构成项目结构、支出法地区生产总值以及重庆市“一圈两翼”及三大经济区生产总值的绝对值和指数。

经济普查后，为保持GDP数据的历史可比性，按照国际惯例，对2008年以前的年度GDP历史数据进行了修订。本章所有数据是根据全市第二次经济普查结果修订后的数据，与以往年份年鉴数据有出入，请以本年度年鉴数据为准。

本章资料由市统计局核算处提供。

The data of Gross Domestic Product (GDP) in this chapter includes the values, composition and indices of GDP in all the years, the share of the contributions of the growth of three strata of industry to the increase of the GDP, the contribution of the three strata of industry to GDP growth, the composition of GDP in income approach, the GDP by expenditure approach, and the value and indices of the GDP of the “one circle and two wings” and the three major economic zones of Chongqing.

After the economic census, to remain the comparability of GDP in all the years and according to the international practice, the GDPs of the years before 2008 are modified. All the data in this chapter have been modified according to the result of the Second Economic Census of Chongqing, and have some difference with the data in the year books of the previous years. The data in this year book shall prevail.

All the data in this chapter are provided by Division of National Economic Accounting, Chongqing Municipal Bureau of Statistics.

表2.1 地区生产总值（1949－1978年）
GROSS DOMESTIC PRODUCT (1949-1978)

单位：亿元(100 million yuan)

年　份 Year	本　市 生产总值 Gross Domestic Product	其 中 of which			
		第一产业 Primary Industry	第二产业 Secondary Industry	其 中 of which	
				工　业 Industry	建筑业 Construction
1949	13.89	9.74	2.71	2.50	0.21
1950	15.02	10.23	3.00	2.77	0.23
1951	15.97	10.72	3.37	3.11	0.26
1952	17.97	11.86	3.94	3.59	0.35
1953	21.26	13.57	5.63	4.96	0.67
1954	22.79	13.89	6.52	6.00	0.52
1955	23.32	13.86	7.04	6.61	0.43
1956	26.37	15.01	8.33	7.70	0.63
1957	26.56	13.12	10.03	9.45	0.58
1958	34.81	15.43	14.53	13.52	1.01
1959	38.03	12.02	20.40	18.90	1.50
1960	38.82	11.10	21.38	19.89	1.49
1961	28.96	10.35	12.52	11.90	0.62
1962	25.12	9.92	9.67	9.42	0.25
1963	27.92	12.08	10.30	9.91	0.39
1964	32.58	13.37	13.07	12.49	0.58
1965	38.29	16.21	15.79	14.74	1.05
1966	39.61	16.18	17.75	16.52	1.23
1967	34.70	15.21	13.76	12.96	0.80
1968	28.25	15.18	7.81	7.41	0.40
1969	32.79	14.75	11.96	11.23	0.73
1970	39.96	15.96	17.41	16.10	1.31
1971	45.97	16.71	22.18	20.81	1.37
1972	45.37	16.67	20.82	19.67	1.15
1973	46.32	18.14	19.66	18.24	1.42
1974	45.70	18.43	18.00	16.85	1.15
1975	53.37	18.81	24.00	22.49	1.51
1976	53.43	19.07	23.44	22.00	1.44
1977	60.22	21.74	26.99	24.98	2.01
1978	71.70	24.81	34.46	31.53	2.93

表2.1 续表 continued

单位：亿元(100 million yuan)

年 份 Year	其 中 of which							本市人均生产总值（元） Per Capita GDP (yuan)
	第三产业 Tertiary Industry	其 中 of which						
		交通运输、仓储及邮政业 Transport, Storage, Post	批发和零售业 Wholesale and Retail Trades	住宿和餐饮业 Hotels and Catering Services	金融业 Financial Intermediation	房地产业 Real Estate	其他服务业 Others	
1949	1.44	0.61	0.44	0.26	0.03	0.02	0.08	87
1950	1.79	0.70	0.50	0.28	0.06	0.05	0.20	91
1951	1.88	0.74	0.56	0.29	0.09	0.07	0.13	94
1952	2.17	0.83	0.64	0.31	0.06	0.08	0.25	103
1953	2.06	0.78	0.65	0.32	0.07	0.09	0.15	120
1954	2.38	0.87	0.70	0.34	0.10	0.11	0.26	124
1955	2.42	0.88	0.69	0.37	0.10	0.13	0.25	125
1956	3.03	1.08	0.81	0.44	0.13	0.14	0.43	135
1957	3.41	1.23	0.97	0.44	0.14	0.15	0.48	131
1958	4.85	1.75	1.53	0.46	0.21	0.14	0.76	170
1959	5.61	2.04	1.81	0.52	0.34	0.17	0.73	185
1960	6.34	2.04	1.82	0.53	0.57	0.16	1.22	193
1961	6.09	1.82	1.54	0.53	0.57	0.18	1.45	154
1962	5.53	1.61	1.23	0.66	0.46	0.18	1.39	139
1963	5.54	1.47	1.21	0.58	0.35	0.19	1.74	151
1964	6.14	1.70	1.52	0.52	0.58	0.18	1.64	169
1965	6.29	1.71	1.55	0.52	0.86	0.21	1.44	191
1966	5.68	1.41	1.33	0.50	0.35	0.22	1.87	191
1967	5.73	1.35	1.44	0.48	0.41	0.25	1.80	164
1968	5.26	1.22	1.18	0.46	0.56	0.30	1.54	131
1969	6.08	1.37	1.40	0.49	0.72	0.36	1.74	147
1970	6.59	1.41	1.52	0.50	0.85	0.40	1.91	172
1971	7.08	1.47	1.56	0.60	1.09	0.45	1.91	192
1972	7.88	1.61	1.72	0.66	0.96	0.52	2.41	185
1973	8.52	1.76	1.79	0.66	1.06	0.55	2.70	183
1974	9.27	1.83	1.81	0.64	1.23	0.62	3.14	177
1975	10.56	2.04	2.02	0.69	1.45	0.71	3.65	201
1976	10.92	1.94	2.04	0.67	1.59	0.78	3.90	199
1977	11.49	2.11	2.21	0.69	1.90	0.87	3.71	221
1978	12.43	2.38	2.34	0.78	2.00	0.88	4.05	287

注：本表人均生产总值按户籍人口计算。
Note: The per capita GDP hereof is calculated by registered population.

表2.2 地区生产总值构成（1949－1978年）

COMPOSITION OF GROSS DOMESTIC PRODUCT (1949-1978)

单位：%（%）

年 份 Year	本 市 生产总值 Gross Domestic Product	其 中 of which			
		第一产业 Primary Industry	第二产业 Secondary Industry	其 中 of which	
				工 业 Industry	建筑业 Construction
1949	100.0	70.1	19.5	18.0	1.5
1950	100.0	68.1	20.0	18.4	1.6
1951	100.0	67.1	21.1	19.5	1.6
1952	100.0	66.0	21.9	20.0	1.9
1953	100.0	63.8	26.5	23.3	3.2
1954	100.0	60.9	28.6	26.3	2.3
1955	100.0	59.4	30.2	28.3	1.9
1956	100.0	56.9	31.6	29.2	2.4
1957	100.0	49.4	37.8	35.6	2.2
1958	100.0	44.3	41.7	38.8	2.9
1959	100.0	31.6	53.6	49.7	3.9
1960	100.0	28.6	55.1	51.2	3.9
1961	100.0	35.7	43.2	41.1	2.1
1962	100.0	39.5	38.5	37.5	1.0
1963	100.0	43.3	36.9	35.5	1.4
1964	100.0	41.0	40.1	38.3	1.8
1965	100.0	42.3	41.2	38.5	2.7
1966	100.0	40.8	44.8	41.7	3.1
1967	100.0	43.8	39.7	37.3	2.4
1968	100.0	53.7	27.6	26.2	1.4
1969	100.0	45.0	36.5	34.2	2.3
1970	100.0	39.9	43.6	40.3	3.3
1971	100.0	36.3	48.2	45.3	2.9
1972	100.0	36.7	45.9	43.4	2.5
1973	100.0	39.2	42.4	39.4	3.0
1974	100.0	40.3	39.4	36.9	2.5
1975	100.0	35.2	45.0	42.1	2.9
1976	100.0	35.7	43.9	41.2	2.7
1977	100.0	36.1	44.8	41.5	3.3
1978	100.0	34.6	48.1	44.0	4.1

表2.2 续表 continued

单位：% (%)

年 份 Year	第三产业 Tertiary Industry	其中 of which: 交通运输、仓储及邮政业 Transport, Storage, Post	批发和零售业 Wholesale and Retail Trades	住宿和餐饮业 Hotels and Catering Services	金融业 Financial Intermediation	房地产业 Real Estate	其他服务业 Others
1949	10.4	4.4	3.2	1.9	0.2	0.1	0.6
1950	11.9	4.7	3.3	1.9	0.4	0.3	1.3
1951	11.8	4.6	3.5	1.8	0.6	0.4	0.9
1952	12.1	4.6	3.6	1.7	0.3	0.4	1.5
1953	9.7	3.7	3.1	1.5	0.3	0.4	0.7
1954	10.5	3.8	3.1	1.5	0.4	0.5	1.2
1955	10.4	3.8	3.0	1.6	0.4	0.6	1.0
1956	11.5	4.1	3.1	1.7	0.5	0.5	1.6
1957	12.8	4.6	3.7	1.7	0.5	0.6	1.7
1958	14.0	5.0	4.4	1.3	0.6	0.4	2.3
1959	14.8	5.4	4.8	1.4	0.9	0.4	1.9
1960	16.3	5.3	4.7	1.4	1.5	0.4	3.0
1961	21.1	6.3	5.3	1.8	2.0	0.6	5.1
1962	22.0	6.4	4.9	2.6	1.8	0.7	5.6
1963	19.8	5.3	4.3	2.1	1.3	0.7	6.1
1964	18.9	5.2	4.7	1.6	1.8	0.6	5.0
1965	16.5	4.5	4.0	1.4	2.2	0.5	3.9
1966	14.4	3.6	3.4	1.3	0.9	0.6	4.6
1967	16.5	3.9	4.1	1.4	1.2	0.7	5.2
1968	18.7	4.3	4.2	1.6	2.0	1.1	5.5
1969	18.5	4.2	4.3	1.5	2.2	1.1	5.2
1970	16.5	3.5	3.8	1.3	2.1	1.0	4.8
1971	15.5	3.2	3.4	1.3	2.4	1.0	4.2
1972	17.4	3.5	3.8	1.5	2.1	1.1	5.4
1973	18.4	3.8	3.9	1.4	2.3	1.2	5.8
1974	20.3	4.0	4.0	1.4	2.7	1.4	6.8
1975	19.8	3.8	3.8	1.3	2.7	1.3	6.9
1976	20.4	3.6	3.8	1.3	3.0	1.5	7.2
1977	19.1	3.5	3.7	1.1	3.2	1.4	6.2
1978	17.3	3.3	3.3	1.1	2.8	1.2	5.6

表2.3 地区生产总值指数（1949－1978年）（上年=100）
INDICES OF GROSS DOMESTIC PRODUCT (1949-1978) (PRECEDING YEAR =100)

年 份 Year	本 市 生产总值 Gross Domestic Product	其 中 of which			
		第一产业 Primary Industry	第二产业 Secondary Industry	其 中 of which	
				工 业 Industry	建筑业 Construction
1949	100.0	100.0	100.0	100.0	100.0
1950	105.7	103.0	112.5	112.0	118.2
1951	103.4	104.0	110.9	111.2	107.7
1952	109.3	107.0	115.4	113.7	135.7
1953	111.2	103.4	135.2	131.1	177.1
1954	110.6	106.0	120.1	125.1	82.3
1955	102.7	100.2	109.6	111.9	82.4
1956	113.5	105.1	127.4	125.5	157.1
1957	102.3	97.3	108.3	110.3	83.4
1958	118.9	100.7	137.4	135.7	165.6
1959	97.4	67.8	123.9	123.4	130.3
1960	111.0	74.7	133.6	134.2	127.0
1961	64.8	83.7	58.2	59.4	41.4
1962	100.0	135.4	83.3	85.4	44.7
1963	114.9	124.0	109.3	108.1	154.4
1964	115.0	106.1	124.0	123.3	144.0
1965	114.5	109.8	122.2	119.2	185.6
1966	105.9	101.9	113.3	113.0	118.1
1967	90.2	99.4	82.9	83.9	70.5
1968	84.4	106.4	66.3	66.9	57.4
1969	112.1	91.4	135.8	134.3	163.7
1970	120.7	102.6	138.9	136.8	170.1
1971	111.9	100.4	125.2	127.0	102.3
1972	100.1	101.6	95.4	96.0	85.0
1973	103.2	109.5	96.3	94.5	127.1
1974	101.6	101.6	98.8	99.6	87.4
1975	111.8	92.8	130.4	130.6	128.4
1976	95.1	98.5	89.1	89.3	86.7
1977	120.0	111.8	134.2	132.4	162.3
1978	117.1	109.9	125.8	124.6	141.3

注：本表按可比价格计算（下表同）。
Note: The indices hereof are calculated at constant prices (the same below).

表2.3 续表 continued

年 份 Year	其 中 of which							本市人均生产总值 Per Capita GDP
	第三产业 Tertiary Industry	其 中 of which						
		交通运输、仓储及邮政业 Transport, Storage, Post	批发和零售业 Wholesale and Retail Trades	住宿和餐饮业 Hotels and Catering Services	金融业 Financial Intermediation	房地产业 Real Estate	其他服务业 Others	
1949	100.0	100.0	100.0	100.0	100.0	100.0	100.0	100.0
1950	118.6	127.6	105.6	107.4	197.3	250.4	102.5	102.2
1951	94.9	93.2	98.7	103.4	148.0	140.2	9.0	100.5
1952	120.1	113.0	116.0	106.7	65.9	114.5	380.3	106.3
1953	111.4	110.3	125.3	103.1	113.5	115.1	164.5	109.5
1954	112.4	109.3	106.4	106.1	140.1	122.2	112.6	109.1
1955	98.7	94.7	99.1	105.7	99.1	120.9	95.1	100.7
1956	118.4	118.0	113.9	118.9	130.0	111.9	132.9	109.1
1957	105.6	112.4	104.6	100.0	107.7	111.2	115.1	98.3
1958	134.9	139.0	138.0	104.5	146.7	91.6	218.4	118.6
1959	103.2	107.3	103.7	110.9	161.1	115.2	115.4	98.1
1960	101.1	102.3	102.6	102.0	163.1	90.4	122.4	113.4
1961	70.8	69.4	61.7	100.0	86.3	111.3	44.1	68.2
1962	105.1	92.0	91.9	123.1	77.8	98.5	101.0	102.8
1963	112.6	103.5	113.2	89.1	79.7	107.9	149.5	112.7
1964	109.0	102.5	97.7	89.5	173.1	95.7	124.2	110.8
1965	100.5	102.5	110.3	100.0	153.1	117.7	69.6	111.2
1966	85.3	96.8	107.2	98.0	40.8	105.2	104.2	102.8
1967	102.9	96.7	102.7	96.0	117.4	114.3	76.2	87.6
1968	101.6	98.3	84.3	95.8	136.1	121.9	76.5	81.9
1969	105.7	117.4	115.5	106.5	130.9	121.7	98.7	109.3
1970	101.9	109.6	108.1	102.0	118.5	111.6	131.7	117.2
1971	104.7	104.1	105.0	118.0	129.6	111.6	84.5	108.2
1972	111.9	110.4	110.1	108.5	88.7	114.1	111.5	97.3
1973	108.8	104.7	102.2	100.0	107.8	106.0	141.5	100.6
1974	109.0	107.3	100.5	96.9	115.8	112.8	112.7	99.1
1975	110.0	108.4	109.9	106.5	118.2	113.3	172.7	109.0
1976	104.4	105.3	100.5	98.5	109.9	108.4	80.5	94.0
1977	103.8	107.3	107.1	103.1	117.8	110.8	41.8	118.9
1978	105.1	101.7	103.5	116.4	103.7	100.4	150.8	117.2

注：本表人均生产总值按户籍人口计算。
Note: The per capita GDP hereof is calculated by registered population.

表2.4 地区生产总值指数（1949－1978年）（1949年=100）
INDICES OF GROSS DOMESTIC PRODUCT (1949-1978) (1949=100)

年份 Year	本市生产总值 Gross Domestic Product	其中 of which 第一产业 Primary Industry	第二产业 Secondary Industry	其中 of which 工业 Industry	建筑业 Construction
1949	100.0	100.0	100.0	100.0	100.0
1950	105.7	103.0	112.5	112.0	118.2
1951	109.3	107.1	124.8	124.5	127.3
1952	119.5	114.6	144.0	141.6	172.7
1953	132.9	118.5	194.7	185.6	305.9
1954	147.0	125.6	233.8	232.2	251.8
1955	151.0	125.9	256.2	259.8	207.5
1956	171.4	132.3	326.4	326.0	326.0
1957	175.3	128.7	353.5	359.6	271.9
1958	208.4	129.6	485.7	488.0	450.3
1959	203.0	87.9	601.8	602.2	586.7
1960	225.3	65.7	804.0	808.2	745.1
1961	146.0	55.0	467.9	480.1	308.5
1962	146.0	74.5	389.8	410.0	137.9
1963	167.8	92.4	426.1	443.2	212.9
1964	193.0	98.0	528.4	546.5	306.6
1965	221.0	107.6	645.7	651.4	569.0
1966	234.0	109.6	731.6	736.1	672.0
1967	211.1	108.9	606.5	617.6	473.8
1968	178.2	115.9	402.1	413.2	272.0
1969	199.8	105.9	546.1	554.9	445.3
1970	241.2	108.7	758.5	759.1	757.5
1971	269.9	109.1	949.6	964.1	774.9
1972	270.2	110.8	905.9	925.5	658.7
1973	278.8	121.3	872.4	874.6	837.2
1974	283.3	123.2	861.9	871.1	731.7
1975	316.7	114.3	1123.9	1137.7	939.5
1976	301.2	112.6	1001.4	1016.0	814.5
1977	361.4	125.9	1343.9	1345.2	1321.9
1978	423.2	138.4	1690.6	1676.1	1867.8

注：本表按可比价格计算（下表同）。
Note: The indices hereof are calculated at constant prices (the same below).

表2.4 续表 continued

年 份 Year	其 中 of which							本市人均生产总值 Per Capita GDP
	第三产业 Tertiary Industry	其 中 of which						
		交通运输、仓储及邮政业 Transport, Storage, Post	批发和零售业 Wholesale and Retail Trades	住宿和餐饮业 Hotels and Catering Services	金融业 Financial Intermediation	房地产业 Real Estate	其他服务业 Others	
1949	100.0	100.0	100.0	100.0	100.0	100.0	100.0	100.0
1950	118.6	127.6	105.6	107.4	197.3	250.4	102.5	102.2
1951	112.6	118.9	104.2	111.1	292.0	351.1	9.2	102.7
1952	135.2	134.4	120.9	118.5	192.4	402.0	35.0	109.2
1953	150.6	148.2	151.5	122.2	218.4	462.7	57.6	119.6
1954	169.3	162.0	161.2	129.7	306.0	565.4	64.9	130.5
1955	167.1	153.4	159.7	137.1	303.2	683.6	61.7	131.4
1956	197.8	181.0	181.9	163.0	394.2	764.9	82.0	143.4
1957	208.9	203.4	190.3	163.0	424.6	850.6	94.4	141.0
1958	281.8	282.7	262.6	170.3	622.9	779.1	206.2	167.2
1959	290.8	303.3	272.3	188.9	1003.5	897.5	238.0	164.0
1960	294.0	310.3	279.4	192.7	1636.7	811.3	291.3	186.0
1961	208.2	215.3	172.4	192.7	1412.5	903.0	128.5	126.9
1962	218.8	198.1	158.4	237.2	1098.9	889.5	129.8	130.5
1963	246.4	205.0	179.3	211.3	875.8	959.8	194.1	147.1
1964	268.6	210.1	175.2	189.1	1516.0	918.5	241.1	163.0
1965	269.9	215.4	193.2	189.1	2321.0	1081.1	167.8	181.3
1966	230.2	208.5	207.1	185.3	947.0	1137.3	174.8	186.4
1967	236.9	201.6	212.7	177.9	1111.8	1299.9	133.2	163.3
1968	240.7	198.2	179.3	170.4	1513.2	1584.6	101.9	133.7
1969	254.4	232.7	207.1	181.5	1980.8	1928.5	100.6	146.1
1970	259.2	255.0	223.9	185.1	2347.2	2152.2	132.5	171.2
1971	271.4	265.5	235.1	218.4	3042.0	2401.9	112.0	185.2
1972	303.7	293.1	258.8	237.0	2698.3	2740.6	124.9	180.2
1973	330.4	306.9	264.5	237.0	2908.8	2905.0	176.7	181.3
1974	360.1	329.3	265.8	229.7	3368.4	3276.8	199.1	179.7
1975	396.1	357.0	292.1	244.6	3981.4	3712.6	343.8	195.9
1976	413.5	375.9	293.6	240.9	4375.6	4024.5	276.8	184.1
1977	429.2	403.3	314.4	248.4	5154.5	4459.1	115.7	218.9
1978	451.1	410.2	325.4	289.1	5345.2	4476.9	174.5	256.6

注：本表人均生产总值按户籍人口计算。
Note: The per capita GDP hereof is calculated by registered population.

表2.5 地区生产总值（1978－2010年）
GROSS DOMESTIC PRODUCT (1978-2010)

单位：亿元(100 million yuan)

年份 Year	本市生产总值 Gross Domestic Product	其中 of which				
		第一产业 Primary Industry	第二产业 Secondary Industry	其中 of which		第三产业 Tertiary Industry
				工业 Industry	建筑业 Construction	
1978	71.70	24.81	34.46	31.53	2.93	12.43
1979	80.98	28.79	38.21	35.00	3.21	13.98
1980	90.68	32.57	42.42	38.89	3.53	15.69
1981	97.20	36.32	43.69	40.07	3.62	17.19
1982	108.08	40.62	47.14	43.26	3.88	20.32
1983	120.01	45.44	50.56	46.20	4.36	24.01
1984	141.64	50.66	60.63	55.46	5.17	30.35
1985	164.32	53.73	73.49	66.16	7.33	37.10
1986	184.60	60.06	81.38	72.52	8.86	43.16
1987	206.73	62.69	90.77	79.66	11.11	53.27
1988	261.27	75.00	117.61	104.79	12.82	68.66
1989	303.75	81.99	135.84	123.86	11.98	85.92
1990	327.75	100.40	135.62	117.60	18.02	91.73
1991	374.18	109.49	154.00	135.14	18.86	110.69
1992	461.32	117.28	194.40	171.42	22.98	149.64
1993	608.53	141.99	272.17	241.15	31.02	194.37
1994	833.60	196.19	376.75	339.59	37.16	260.66
1995	1123.06	264.19	492.67	436.21	56.46	366.20
1996	1315.12	287.56	568.99	502.06	66.93	458.57
1997	1509.75	307.21	650.40	567.88	82.52	552.14
1998	1602.38	300.89	675.64	574.41	101.23	625.85
1999	1663.20	286.16	697.81	589.52	108.29	679.23
2000	1791.00	284.87	760.03	633.98	126.05	746.10
2001	1976.86	294.90	841.95	695.44	146.51	840.01
2002	2232.86	317.87	958.87	787.94	170.93	956.12
2003	2555.72	339.06	1135.31	933.75	201.56	1081.35
2004	3034.58	428.05	1376.91	1132.70	244.21	1229.62
2005	3467.72	463.40	1564.00	1293.81	270.19	1440.32
2006	3907.23	386.38	1871.65	1566.83	304.82	1649.20
2007	4676.13	482.39	2368.53	2004.51	364.02	1825.21
2008	5793.66	575.40	3057.78	2607.15	450.63	2160.48
2009	6530.01	606.80	3448.77	2917.40	531.37	2474.44
2010	7925.58	685.38	4359.12	3697.83	661.29	2881.08

表2.5 续表 continued　　单位：亿元(100 million yuan)

年 份 Year	其 中 of which 其 中 of which 交通运输、仓储及邮政业 Transportation, Storage, Postal Services	批发和零售业 Wholesale and Retail Trade	住宿和餐饮业 Hotels and Catering Trade	金融业 Financial Intermediation	房地产业 Real Estate	其他服务业 Other Services	本市人均生产总值（元） Per Capita GDP (yuan)
1978	2.38	2.34	0.78	2.00	0.88	4.05	287
1979	2.69	2.59	0.92	2.21	0.99	4.58	321
1980	3.08	2.90	1.02	2.46	1.11	5.12	357
1981	3.39	3.22	1.07	2.73	1.12	5.66	379
1982	4.18	3.89	1.11	2.99	1.28	6.87	419
1983	5.94	4.49	1.24	3.83	1.44	7.07	461
1984	6.50	5.73	1.52	6.63	1.81	8.16	542
1985	6.97	8.90	1.80	7.40	2.09	9.94	624
1986	6.59	10.08	2.17	8.71	2.64	12.97	694
1987	6.82	12.30	2.71	14.91	3.59	12.94	766
1988	8.67	17.10	3.29	17.92	4.47	17.21	958
1989	12.18	21.61	3.89	24.78	4.95	18.51	1103
1990	11.93	17.19	5.41	26.21	5.73	25.26	1181
1991	12.34	20.33	6.35	31.65	7.23	32.79	1338
1992	21.59	33.03	7.23	40.30	7.30	40.19	1641
1993	22.68	49.63	9.37	52.91	9.12	50.66	2156
1994	27.43	64.66	12.78	74.91	11.03	69.85	2935
1995	47.22	85.53	19.00	97.77	17.43	99.25	3931
1996	63.40	110.22	23.46	103.84	25.22	132.43	4574
1997	81.14	130.86	30.91	116.53	32.60	160.10	5253
1998	87.08	142.99	31.68	126.66	45.00	192.44	5579
1999	94.39	151.89	33.62	120.18	50.69	228.46	5804
2000	101.25	163.38	35.93	118.53	65.45	261.56	6274
2001	128.26	178.39	38.46	125.90	76.38	292.62	6963
2002	151.54	195.64	42.36	134.52	90.48	341.58	7912
2003	167.22	216.35	47.11	147.04	113.69	389.94	9098
2004	190.62	246.52	57.67	162.38	129.12	443.31	10845
2005	218.97	277.68	66.56	185.18	143.88	548.05	12404
2006	259.59	314.33	77.24	213.70	158.20	626.14	13939
2007	265.74	366.19	91.85	247.46	196.06	657.91	16629
2008	309.59	449.32	111.63	303.01	191.21	795.72	20490
2009	347.98	524.36	132.88	389.97	229.09	850.16	22920
2010	389.55	624.33	142.11	496.56	266.38	962.15	27596

注：本表人均地区生产总值按常住人口计算。
Note: The per capita GDP hereof is calculated by resident population.

表2.6 地区生产总值构成（1978－2010年）
COMPOSITION OF GROSS DOMESTIC PRODUCT (1978-2010)

单位：% (%)

年 份 Year	本 市 生产总值 Gross Domestic Product	其 中 of which				
		第一产业 Primary Industry	第二产业 Secondary Industry	其 中 of which		第三产业 Tertiary Industry
				工 业 Industry	建筑业 Construction	
1978	100.0	34.6	48.1	44.0	4.1	17.3
1979	100.0	35.6	47.2	43.2	4.0	17.2
1980	100.0	35.9	46.8	42.9	3.9	17.3
1981	100.0	37.4	44.9	41.2	3.7	17.7
1982	100.0	37.6	43.6	40.0	3.6	18.8
1983	100.0	37.9	42.1	38.5	3.6	20.0
1984	100.0	35.8	42.8	39.2	3.6	21.4
1985	100.0	32.7	44.7	40.3	4.4	22.6
1986	100.0	32.5	44.1	39.3	4.8	23.4
1987	100.0	30.3	43.9	38.5	5.4	25.8
1988	100.0	28.7	45.0	40.1	4.9	26.3
1989	100.0	27.0	44.7	40.8	3.9	28.3
1990	100.0	30.6	41.4	35.9	5.5	28.0
1991	100.0	29.3	41.2	36.1	5.1	29.5
1992	100.0	25.4	42.1	37.2	4.9	32.5
1993	100.0	23.3	44.7	39.6	5.1	32.0
1994	100.0	23.5	45.2	40.7	4.5	31.3
1995	100.0	23.5	43.9	38.8	5.1	32.6
1996	100.0	21.9	43.3	38.2	5.1	34.8
1997	100.0	20.3	43.1	37.6	5.5	36.6
1998	100.0	18.8	42.2	35.8	6.4	39.0
1999	100.0	17.2	42.0	35.4	6.6	40.8
2000	100.0	15.9	42.4	35.4	7.0	41.7
2001	100.0	14.9	42.6	35.2	7.4	42.5
2002	100.0	14.2	42.9	35.3	7.6	42.9
2003	100.0	13.3	44.4	36.5	7.9	42.3
2004	100.0	14.1	45.4	37.3	8.1	40.5
2005	100.0	13.4	45.1	37.3	7.8	41.5
2006	100.0	9.9	47.9	40.1	7.8	42.2
2007	100.0	10.3	50.7	42.9	7.8	39.0
2008	100.0	9.9	52.8	45.0	7.8	37.3
2009	100.0	9.3	52.8	44.7	8.1	37.9
2010	100.0	8.6	55.0	46.7	8.3	36.4

表2.6 续表 continued

单位：% (%)

年 份 Year	其 中 of which 其 中 of which 交通运输、仓储及邮政业 Transportation, Storage, Postal Services	批发和零售业 Wholesale and Retail Trade	住宿和餐饮业 Hotels and Catering Trade	金融业 Financial Intermediation	房地产业 Real Estate	其他服务业 Other Services
1978	3.3	3.3	1.1	2.8	1.2	5.6
1979	3.3	3.2	1.1	2.7	1.2	5.7
1980	3.4	3.2	1.1	2.7	1.2	5.7
1981	3.5	3.3	1.1	2.8	1.2	5.8
1982	3.9	3.6	1.0	2.8	1.2	6.3
1983	4.9	3.7	1.0	3.2	1.2	6.0
1984	4.6	4.0	1.1	4.7	1.3	5.7
1985	4.2	5.4	1.1	4.5	1.3	6.1
1986	3.6	5.5	1.2	4.7	1.4	7.0
1987	3.3	5.9	1.3	7.2	1.7	6.4
1988	3.3	6.5	1.3	6.9	1.7	6.6
1989	4.0	7.1	1.3	8.2	1.6	6.1
1990	3.6	5.2	1.7	8.0	1.7	7.8
1991	3.3	5.4	1.7	8.5	1.9	8.7
1992	4.7	7.2	1.6	8.7	1.6	8.7
1993	3.7	8.2	1.5	8.7	1.5	8.4
1994	3.3	7.8	1.5	9.0	1.3	8.4
1995	4.2	7.6	1.7	8.7	1.6	8.8
1996	4.8	8.4	1.8	7.9	1.9	10.0
1997	5.4	8.7	2.0	7.7	2.2	10.6
1998	5.4	8.9	2.0	7.9	2.8	12.0
1999	5.7	9.1	2.0	7.2	3.0	13.8
2000	5.7	9.1	2.0	6.6	3.7	14.6
2001	6.5	9.0	1.9	6.4	3.9	14.8
2002	6.8	8.8	1.9	6.0	4.1	15.3
2003	6.5	8.5	1.8	5.8	4.4	15.3
2004	6.3	8.1	1.9	5.4	4.3	14.5
2005	6.3	8.0	1.9	5.3	4.1	15.9
2006	6.6	8.0	2.0	5.5	4.0	16.1
2007	5.7	7.8	2.0	5.3	4.2	14.0
2008	5.3	7.8	1.9	5.2	3.3	13.8
2009	5.3	8.0	2.0	6.0	3.5	13.1
2010	4.9	7.9	1.8	6.3	3.4	12.1

表2.7 地区生产总值指数（1978－2010年）（上年=100）
INDICES OF GROSS DOMESTIC PRODUCT (1978-2010)(PRECEDING YEAR=100)

年 份 Year	本 市 生产总值 Gross Domestic Product	其 中 of which				
		第一产业 Primary Industry	第二产业 Secondary Industry	其 中 of which		第三产业 Tertiary Industry
				工 业 Industry	建筑业 Construction	
1978	117.1	109.9	125.8	124.6	141.3	105.1
1979	111.1	109.1	112.2	112.3	111.7	112.1
1980	107.7	104.4	109.1	109.0	110.0	109.9
1981	106.2	105.8	105.5	105.2	108.1	110.3
1982	108.9	107.5	107.6	107.7	107.1	115.8
1983	110.3	107.3	110.2	110.2	111.8	117.3
1984	115.9	106.5	121.0	121.1	119.8	121.4
1985	108.6	109.3	105.6	104.0	121.9	112.3
1986	108.6	110.3	106.5	105.4	115.9	110.4
1987	105.3	96.7	108.6	107.3	119.3	111.9
1988	109.5	103.5	113.3	114.2	106.2	109.9
1989	104.9	104.6	102.5	103.7	91.5	109.5
1990	107.0	107.8	108.0	104.0	144.2	104.8
1991	109.2	106.7	109.4	110.8	100.2	111.5
1992	116.5	101.8	121.9	122.3	118.7	124.2
1993	115.6	105.0	122.0	122.4	118.8	115.5
1994	113.5	102.9	116.4	117.7	105.8	117.6
1995	112.3	104.5	114.2	114.1	114.3	115.0
1996	111.4	104.8	112.2	112.3	111.3	114.5
1997	111.2	103.2	112.5	111.8	118.5	114.1
1998	108.6	102.1	107.2	105.2	122.8	114.0
1999	107.8	100.4	110.6	111.0	107.7	107.6
2000	108.7	101.4	110.8	110.8	110.7	109.1
2001	109.2	102.2	112.2	111.7	114.7	109.0
2002	110.5	104.2	114.3	114.2	114.7	108.9
2003	111.7	104.4	116.6	116.9	115.1	109.0
2004	112.4	104.8	116.9	117.3	114.9	109.8
2005	111.7	104.5	113.3	114.5	107.2	112.1
2006	112.4	94.5	117.1	118.2	111.9	113.2
2007	115.9	109.5	120.9	122.4	113.4	112.1
2008	114.5	106.8	118.2	119.9	109.2	112.2
2009	114.9	105.5	117.9	117.4	121.2	113.5
2010	117.1	106.1	122.7	122.9	121.4	112.4

注：本表按可比价格计算（下表同）。
Note: The indices hereof are calculated at constant prices (the same below).

表2.7 续表 continued

年 份 Year	其 中 of which 其 中 of which 交通运输、仓储及邮政业 Transportation, Storage, Postal Services	批发和零售业 Wholesale and Retail Trade	住宿和餐饮业 Hotels and Catering Trade	金融业 Financial Intermediation	房地产业 Real Estate	其他服务业 Other Services	本市人均生产总值 Per Capita GDP
1978	101.7	103.5	116.4	103.7	100.4	150.8	117.2
1979	111.8	110.6	115.8	111.4	111.6	115.2	110.4
1980	105.9	106.3	113.6	107.4	106.8	122.4	107.1
1981	107.6	108.7	107.3	109.9	99.1	117.1	105.4
1982	115.5	115.3	107.0	108.3	111.4	120.9	108.0
1983	130.2	115.1	107.1	130.1	121.2	100.8	109.5
1984	108.1	124.0	124.2	171.5	122.6	112.7	115.5
1985	96.9	137.2	117.4	103.1	105.3	116.7	108.0
1986	99.7	106.6	117.4	111.9	118.5	117.5	107.5
1987	108.3	110.0	114.3	157.4	123.3	84.8	103.9
1988	105.9	122.8	119.1	104.0	105.9	112.5	108.2
1989	116.6	108.2	112.8	122.0	96.4	94.1	104.0
1990	100.7	83.5	133.5	108.6	116.8	134.7	106.1
1991	102.4	108.5	116.6	113.9	117.2	117.9	108.4
1992	133.5	142.3	116.4	120.4	96.4	123.3	115.8
1993	102.8	138.5	124.4	109.3	109.4	112.7	115.1
1994	109.1	104.1	133.3	115.3	102.8	139.8	112.8
1995	123.1	111.2	137.0	116.5	114.5	117.5	111.7
1996	115.6	115.9	120.3	104.0	131.5	121.3	110.7
1997	114.7	113.5	126.3	109.6	124.5	114.6	111.2
1998	104.1	115.0	104.4	110.4	122.4	120.8	108.7
1999	101.9	108.3	108.2	89.7	110.2	121.7	108.1
2000	104.0	112.2	108.1	101.8	111.6	114.5	109.1
2001	116.2	108.9	106.2	101.5	112.6	109.2	109.7
2002	105.2	110.1	109.5	107.9	113.8	110.8	111.1
2003	104.8	109.3	110.1	107.9	116.1	109.6	112.2
2004	114.6	110.8	118.0	105.9	103.7	111.2	112.8
2005	112.4	114.0	113.7	109.9	109.8	113.0	111.8
2006	120.3	111.4	115.2	112.4	107.7	112.6	112.2
2007	112.5	112.3	112.0	109.7	116.8	111.5	115.5
2008	113.7	116.9	113.0	112.9	89.1	114.8	113.9
2009	103.3	119.9	115.6	131.2	120.3	107.2	114.1
2010	113.8	117.5	101.4	119.8	107.3	108.4	116.2

注：本表人均地区生产总值按常住人口计算。

Note: The per capita GDP hereof is calculated by resident population.

表2.8 地区生产总值指数（1978－2010年）（1978年=100）
INDICES OF GROSS DOMESTIC PRODUCT (1978-2010) (1978=100)

年 份 Year	本 市 生产总值 Gross Domestic Product	其 中 of which				
		第一产业 Primary Industry	第二产业 Secondary Industry	其 中 of which		第三产业 Tertiary Industry
				工 业 Industry	建筑业 Construction	
1978	100.0	100.0	100.0	100.0	100.0	100.0
1979	111.1	109.1	112.2	112.3	111.7	112.1
1980	119.7	113.9	122.4	122.4	122.9	123.2
1981	127.1	120.5	129.1	128.8	132.9	135.9
1982	138.4	129.5	138.9	138.7	142.3	157.4
1983	152.7	139.0	153.1	152.8	159.1	184.6
1984	177.0	148.0	185.3	185.0	190.6	224.1
1985	192.2	161.8	195.7	192.4	232.3	251.7
1986	208.7	178.5	208.4	202.8	269.2	277.9
1987	219.8	172.6	226.3	217.6	321.2	311.0
1988	240.7	178.6	256.4	248.5	341.1	341.8
1989	252.5	186.8	262.8	257.7	312.1	374.3
1990	270.2	201.4	283.8	268.0	450.0	392.3
1991	295.1	214.9	310.5	296.9	450.9	437.4
1992	343.8	218.8	378.5	363.1	535.2	543.3
1993	397.4	229.7	461.8	444.4	635.8	627.5
1994	451.0	236.4	537.5	523.1	672.7	737.9
1995	506.5	247.0	613.8	596.9	768.9	848.6
1996	564.2	258.9	688.7	670.3	855.8	971.6
1997	627.4	267.2	774.8	749.4	1014.1	1108.6
1998	681.4	272.8	830.6	788.4	1245.3	1263.8
1999	734.5	273.9	918.6	875.1	1341.2	1359.8
2000	798.4	277.7	1017.8	969.6	1484.7	1483.5
2001	871.9	283.8	1142.0	1083.0	1703.0	1617.0
2002	963.4	295.7	1305.3	1236.8	1953.3	1760.9
2003	1076.1	308.7	1522.0	1445.8	2248.2	1919.4
2004	1209.5	323.5	1779.2	1695.9	2583.2	2107.5
2005	1351.0	338.1	2015.8	1941.8	2769.2	2362.5
2006	1518.5	319.5	2360.5	2295.2	3098.7	2674.4
2007	1759.9	349.9	2853.8	2809.3	3513.9	2998.0
2008	2015.1	373.7	3373.2	3368.4	3837.2	3363.8
2009	2315.3	394.3	3977.0	3954.5	4650.7	3817.9
2010	2711.2	418.4	4879.8	4860.1	5645.9	4291.3

注：本表按可比价格计算（下表同）。
Note: The indices hereof are calculated at constant prices (the same below).

表2.8 续表 continued

年 份 Year	其 中 of which 其 中 of which 交通运输、仓储及邮政业 Transportation, Storage, Postal Services	批发和零售业 Wholesale and Retail Trade	住宿和餐饮业 Hotels and Catering Trade	金融业 Financial Intermediation	房地产业 Real Estate	其他服务业 Other Services	本市人均生产总值 Per Capita GDP
1978	100.0	100.0	100.0	100.0	100.0	100.0	100.0
1979	111.8	110.6	115.8	111.4	111.6	115.2	110.4
1980	118.4	117.6	131.5	119.6	119.2	141.0	118.2
1981	127.4	127.8	141.1	131.4	118.1	165.1	124.6
1982	147.1	147.4	151.0	142.3	131.6	199.6	134.6
1983	191.5	169.7	161.7	185.1	159.5	201.2	147.4
1984	207.0	210.4	200.8	317.4	195.5	226.8	170.2
1985	200.6	288.7	235.7	327.2	205.9	264.7	183.8
1986	200.0	307.8	276.7	366.1	244.0	311.0	197.6
1987	216.6	338.6	316.3	576.2	300.9	263.7	205.3
1988	229.4	415.8	376.7	599.2	318.7	296.7	222.1
1989	267.5	449.9	424.9	731.0	307.2	279.2	231.0
1990	269.4	375.7	567.2	793.9	358.8	376.1	245.1
1991	275.9	407.6	661.4	904.3	420.5	443.4	265.7
1992	368.3	580.0	769.9	1088.8	405.4	546.7	307.7
1993	378.6	803.3	957.8	1190.1	443.5	616.1	354.2
1994	413.1	836.2	1276.7	1372.2	455.9	861.3	399.5
1995	508.5	929.9	1749.1	1598.6	522.0	1012.0	446.2
1996	587.8	1077.8	2104.2	1662.5	686.4	1227.6	493.9
1997	674.2	1223.3	2657.6	1822.1	854.6	1406.8	549.2
1998	701.8	1406.8	2774.5	2011.6	1046.0	1699.4	597.0
1999	715.1	1523.6	3002.0	1804.4	1152.7	2068.2	645.4
2000	743.7	1709.5	3245.2	1836.9	1286.4	2368.1	704.1
2001	864.2	1861.6	3446.4	1864.5	1448.5	2586.0	772.4
2002	909.1	2049.6	3773.8	2011.8	1648.4	2865.3	858.1
2003	952.7	2240.2	4155.0	2170.7	1913.8	3140.4	962.8
2004	1091.8	2482.1	4902.9	2298.8	1984.6	3492.1	1086.0
2005	1227.2	2829.6	5574.6	2526.4	2179.1	3946.1	1214.1
2006	1476.3	3152.2	6421.9	2839.7	2346.9	4443.3	1362.2
2007	1660.8	3539.9	7192.5	3115.2	2741.2	4954.3	1573.3
2008	1888.3	4138.1	8127.5	3517.1	2442.4	5687.5	1792.0
2009	1950.6	4961.6	9395.4	4614.4	2938.2	6097.0	2044.7
2010	2219.8	5829.9	9526.9	5528.1	3152.7	6609.1	2375.9

注：本表人均地区生产总值按常住人口计算。
Note: The per capita GDP hereof is calculated by resident population.

表2.9 三次产业贡献率（1990－2010年）

SHARE OF THE CONTRIBUTIONS OF THE GROWTH OF THREE STRATA OF INDUSTRY TO THE INCREASE OF THE GDP(1990-2010)

单位：%（%）

年 份 Year	本 市 生产总值 Gross Domestic Product	其 中 of which			
		第一产业 Primary Industry	第二产业 Secondary Industry	其 中 of which 工 业 Industry	第三产业 Tertiary Industry
1990	100.0	33.9	46.8	21.2	19.3
1991	100.0	22.5	42.2	42.1	35.3
1992	100.0	3.2	54.9	49.2	41.9
1993	100.0	8.5	61.2	55.0	30.3
1994	100.0	5.0	55.3	53.0	39.7
1995	100.0	7.8	53.8	48.1	38.4
1996	100.0	8.3	50.7	45.7	41.0
1997	100.0	5.3	53.2	45.0	41.5
1998	100.0	4.3	40.3	26.2	55.4
1999	100.0	0.8	64.4	58.5	34.8
2000	100.0	2.4	60.3	53.0	37.3
2001	100.0	3.7	55.9	44.7	40.4
2002	100.0	5.9	58.9	48.6	35.2
2003	100.0	5.2	63.5	53.7	31.3
2004	100.0	5.0	63.7	54.2	31.3
2005	100.0	4.6	55.1	50.2	40.3
2006	100.0	-6.0	62.1	54.6	43.9
2007	100.0	6.7	61.6	55.1	31.7
2008	100.0	4.9	61.3	56.5	33.8
2009	100.0	3.6	60.7	50.5	35.7
2010	100.0	3.2	68.6	59.1	28.2

表2.10 三次产业拉动力（1990－2010年）

CONTRIBUTION OF THE THREE STRATA OF INDUSTRY TO GDP GROWTH (1990-2010)

单位：%（%）

年份 Year	本市生产总值 Gross Domestic Product	其中 of which 第一产业 Primary Industry	第二产业 Secondary Industry	其中 of which 工业 Industry	第三产业 Tertiary Industry
1990	7.0	2.4	3.3	1.5	1.3
1991	9.2	2.1	3.9	3.9	3.2
1992	16.5	0.5	9.1	8.1	6.9
1993	15.6	1.3	9.5	8.6	4.8
1994	13.5	0.7	7.5	7.2	5.3
1995	12.3	1.0	6.6	5.9	4.7
1996	11.4	0.9	5.8	5.2	4.7
1997	11.2	0.6	6.0	5.0	4.6
1998	8.6	0.4	3.5	2.3	4.7
1999	7.8	0.1	5.0	4.6	2.7
2000	8.7	0.2	5.2	4.6	3.3
2001	9.2	0.3	5.1	4.1	3.8
2002	10.5	0.6	6.2	5.1	3.7
2003	11.7	0.6	7.4	6.3	3.7
2004	12.4	0.6	7.9	6.7	3.9
2005	11.7	0.5	6.4	5.9	4.8
2006	12.4	-0.7	7.7	6.8	5.4
2007	15.9	1.1	9.8	8.8	5.0
2008	14.5	0.7	8.9	8.2	4.9
2009	14.9	0.5	9.0	7.5	5.4
2010	17.1	0.5	11.7	10.1	4.9

表2.11 地区生产总值收入法构成项目结构（2010年）
COMPOSITION OF GROSS DOMESTIC PRODUCT IN INCOME APPROACH (2010)

单位：亿元(100 million yuan)

项 目	Item	增加值 Value-added	其 中 of which			
			劳动者报酬 Compensation of Employees	生产税净额 Net Product Tax	固定资产折旧 Depreciation of Fixed Assets	营业盈余 Earned Surplus
本市生产总值	**Gross Domestic Product**	**7925.58**	**3901.69**	**1183.97**	**850.58**	**1989.34**
第一产业	Primary Industry	685.38	668.95	2.32	14.11	
第二产业	Secondary Industry	4359.12	2030.72	780.41	502.52	1045.47
工业	Industry	3697.83	1653.98	687.52	473.98	882.35
建筑业	Construction	661.29	376.74	92.89	28.54	163.12
第三产业	Tertiary Industry	2881.08	1202.02	401.24	333.95	943.87
交通运输、仓储和邮政业	Transport, Storage and Post	389.55	146.25	39.87	62.91	140.52
信息传输、计算机服务和软件业	Data Transmission, Computer Services and Software	157.82	33.23	16.40	52.75	55.44
批发和零售业	Wholesale and Retail Trades	624.33	177.62	163.59	34.51	248.61
住宿和餐饮业	Hotels and Catering Services	142.11	101.08	9.03	12.35	19.65
金融业	Financial Intermediation	496.56	124.33	80.48	13.88	277.87
房地产业	Real Estate	266.38	53.78	59.58	77.24	75.78
租赁与商务服务业	Leasing and Business Services	107.22	38.28	17.39	19.09	32.46
科学研究、技术服务与地质勘查业	Scientific Research, Technical Services and Geological Prospecting	81.02	39.25	5.14	6.02	30.61
水利、环境和公共设施管理业	Administration of Water Conservancy, Environment and Public Utilities	31.66	13.46	1.63	8.84	7.73
居民服务和其他服务业	Household Services and Other Services	73.38	60.28	3.72	3.17	6.21
教 育	Education	189.00	152.90	1.11	19.99	15.00
卫生、社会保障和社会福利业	Public Health, Social Security and Social Welfare	102.92	74.11	0.71	8.47	19.63
文化、体育与娱乐业	Culture, Sports and Entertainment	34.63	17.87	2.30	2.30	12.16
公共管理与社会组织	Public Administration and Social Organizations	184.50	169.58	0.29	12.43	2.20

表2.12 支出法地区生产总值（2009－2010年）
GROSS DOMESTIC PRODUCT BY EXPENDITURE APPROACH (2009-2010)

单位：亿元(100 million yuan)

项 目	Item	2009	2010
本市生产总值	**Gross Domestic Product**	**6530.01**	**7925.58**
最终消费支出	Final Consumption Expenditures	3184.33	3811.85
居民消费支出	Household Consumption Expenditures	2367.09	2792.34
食品类支出	Foods	878.40	1022.39
衣着类支出	Clothing	245.40	287.15
居住类支出	Residence	192.38	238.10
家庭设备、用品及服务类支出	Household Appliances, Articles and Services	180.28	216.78
医疗保健类支出	Medical and Health Care	176.21	211.05
交通和通信类支出	Traffic and Telecommunications	208.55	247.00
文教娱乐用品及服务类支出	Culture, Education and Entertainment Articles and Services	228.90	259.02
间接计算的金融中介服务支出	Indirect Financial Intermediation Services	45.72	54.58
直接付费的金融服务支出	Directly Payed Financial Intermediation Services	28.05	33.10
保险服务消费支出	Consumption of Insurance Services	31.58	39.94
自有住房服务虚拟支出	Imaginary Expenditure of Freeform Resident Services	60.09	68.40
实物消费支出	Reality Consumption	30.61	38.37
其他商品和服务类支出	Other Goods and Services	60.92	76.46
#农村居民支出	Rural Households Expenditure	440.61	500.34
食品类支出	Food	216.21	244.74
衣着类支出	Clothing	27.84	31.20
居住类支出	Residence	30.23	39.46
家庭设备、用品及服务类支出	Household Appliances, Articles and Services	29.35	35.72
医疗保健类支出	Medical and Health Care	34.01	37.63
交通和通信类支出	Traffic and Telecommunications	36.50	39.10
文教娱乐用品及服务类支出	Culture, Education and Entertainment Articles and Services	33.28	33.55
间接计算的金融中介服务支出	Indirect Financial Intermediation Services	1.27	1.46
直接付费的金融服务支出	Directly Payed Financial Intermediation Services	6.68	7.79
保险服务消费支出	Consumption of Insurance Services	8.50	11.08
自有住房服务虚拟支出	Imaginary Expenditure of Freeform Resident Services	10.38	11.66
其他商品和服务类支出	Other Goods and Services	6.36	6.95

表2.12 续表 continued 单位：亿元(100 million yuan)

项　目	Item	2009	2010
#城镇居民支出	Urban Households Expenditure	1926.48	2292.00
食品类支出	Foods	662.19	777.65
衣着类支出	Clothing	217.56	255.95
居住类支出	Residence	162.15	198.64
家庭设备、用品及服务类支出	Household Applianccs, Articles and Services	150.93	181.06
医疗保健类支出	Medical and Health Care	142.20	173.42
交通和通信类支出	Traffic and Telecommunications	172.05	207.90
文教娱乐用品及服务类支出	Culture, Education and Entertainment Articles and Services	195.62	225.47
间接计算的金融中介服务支出	Indirect Financial Intermediation Services	44.45	53.12
直接付费的金融服务支出	Directly Payed Financial Intermediation Services	21.37	25.31
保险服务消费支出	Consumption of Insurance Services	23.08	28.86
自有住房服务虚拟支出	Imaginary Expenditure of Freeform Resident Services	49.71	56.74
实物消费支出	Reality Consumption	30.61	38.37
其他商品和服务类支出	Other Goods and Services	54.56	69.51
政府消费支出	Government Consumption	817.24	1019.51
资本形成总额	Gross Capital Formation	3818.61	4576.55
固定资本形成总额	Gross Fixed Capital Formation	3633.22	4379.26
住宅	Residential Buildings	512.32	841.29
非住宅建筑物	Non-residential Buildings	1859.39	2110.39
机器和设备	Machinery and Equipment	461.06	513.94
土地改良支出	Land Improvement	5.54	6.46
矿藏勘探费	Mine Exploration	3.51	1.27
计算机软件	Computer Software	23.61	32.13
其他	Others	767.79	873.78
存货增加	Increase of Inventories	185.39	197.29
第一产业	Primary Industry	0.76	0.77
第二产业	Secondary Industry	111.09	119.03
第三产业	Tertiary Industry	73.54	77.49
货物和服务净流出	Net Exports of Goods and Services	-472.93	-462.82
流出	Exports (Outflow)	864.03	913.51
流入	Imports (Inflow)	1336.96	1376.33

表2.13 分区域地区生产总值（2009－2010年）
GROSS DOMESTIC PRODUCT BY REGION (2009-2010)

单位：亿元(100 million yuan)

指 标	Item	2009	2010	指 数 上年=100 Index Preceding Year=100
本市生产总值	**Gross Domestic Product**	**6530.01**	**7925.58**	**117.1**
#一小时经济圈	One-Hour Economic Circle	5074.00	6145.32	117.0
渝东北翼	Northeast of Chongqing	1099.79	1347.53	117.7
渝东南翼	Southeast of Chongqing	356.22	432.73	116.8
#都市发达经济圈	Developed Metropolitan Economic Circle	2901.58	3490.83	116.3
渝西经济走廊	West Chongqing Economic Corridor	1636.46	1984.65	117.6
三峡库区生态经济区	Ecological Economic Zone in Three Gorges Reservoir Area	1991.97	2450.10	118.1
第一产业	**Primary Industry**	**606.80**	**685.38**	**106.1**
#一小时经济圈	One-Hour Economic Circle	357.63	403.17	106.0
渝东北翼	Northeast of Chongqing	184.69	209.27	106.3
渝东南翼	Southeast of Chongqing	64.48	72.94	106.1
#都市发达经济圈	Developed Metropolitan Economic Circle	68.17	75.19	104.8
渝西经济走廊	West Chongqing Economic Corridor	243.65	276.23	106.3
三峡库区生态经济区	Ecological Economic Zone in Three Gorges Reservoir Area	294.98	333.96	106.3
第二产业	**Secondary Industry**	**3448.77**	**4359.12**	**122.7**
#一小时经济圈	One-Hour Economic Circle	2738.51	3450.40	122.4
渝东北翼	Northeast of Chongqing	540.22	691.31	123.9
渝东南翼	Southeast of Chongqing	170.04	217.41	123.2
#都市发达经济圈	Developed Metropolitan Economic Circle	1502.95	1870.61	121.3
渝西经济走廊	West Chongqing Economic Corridor	914.12	1154.53	123.3
三峡库区生态经济区	Ecological Economic Zone in Three Gorges Reservoir Area	1031.70	1333.98	124.2
第三产业	**Tertiary Industry**	**2474.44**	**2881.08**	**112.4**
#一小时经济圈	One-Hour Economic Circle	1977.86	2291.75	111.8
渝东北翼	Northeast of Chongqing	374.88	446.95	114.8
渝东南翼	Southeast of Chongqing	121.70	142.38	113.5
#都市发达经济圈	Developed Metropolitan Economic Circle	1330.46	1545.03	111.5
渝西经济走廊	West Chongqing Economic Corridor	478.69	553.89	112.6
三峡库区生态经济区	Ecological Economic Zone in Three Gorges Reservoir Area	665.29	782.16	114.0

表2.14 分经济类型地区生产总值（1996－2010年）

GROSS DOMESTIC PRODUCT BY STATUS OF REGISTRATION(1996-2010)

单位：亿元(100 million yuan)

年 份 Year	本市生产总值 Gross Domestic Product	公有制经济 Public-owned Economy	非公有制经济 Non-public-owned Economy	其中 of which 个体私营经济 Individual and Private	其中 of which 外商港澳台经济 Funded by HK, Macao, Taiwan & Foreign
1996	1315.12	987.66	327.46	286.70	40.76
1997	1509.75	1111.18	398.57	341.20	57.37
1998	1602.38	1104.04	498.34	442.26	56.08
1999	1663.20	1111.02	552.18	487.32	64.86
2000	1791.00	1156.99	634.01	560.58	73.43
2001	1976.86	1209.84	767.02	682.02	85.00
2002	2232.86	1295.06	937.80	799.36	138.44
2003	2555.72	1385.20	1170.52	955.84	214.68
2004	3034.58	1574.95	1459.63	1271.49	188.14
2005	3467.72	1719.99	1747.73	1511.93	235.80
2006	3907.23	1836.40	2070.83	1734.81	336.02
2007	4676.13	2099.58	2576.55	2118.29	458.26
2008	5793.66	2386.99	3406.67	2827.31	579.36
2009	6530.01	2613.93	3916.08	3197.94	718.14
2010	7925.58	3079.02	4846.56	3851.89	994.67

表2.14 续表 continued

单位：% (%)

年 份 Year	生产总值构成 Compositon of Gross Domestic Product	公有制经济 Public-owned Economy	非公有制经济 Non-public-owned Economy	其 中 of which	
				个体私营经济 Individual and Private	外商港澳台经济 Funded by HK, Macao, Taiwan & Foreign
1996	100.0	75.1	24.9	21.8	3.1
1997	100.0	73.6	26.4	22.6	3.8
1998	100.0	68.9	31.1	27.6	3.5
1999	100.0	66.8	33.2	29.3	3.9
2000	100.0	64.6	35.4	31.3	4.1
2001	100.0	61.2	38.8	34.5	4.3
2002	100.0	58.0	42.0	35.8	6.2
2003	100.0	54.2	45.8	37.4	8.4
2004	100.0	51.9	48.1	41.9	6.2
2005	100.0	49.6	50.4	43.6	6.8
2006	100.0	47.0	53.0	44.4	8.6
2007	100.0	44.9	55.1	45.3	9.8
2008	100.0	41.2	58.8	48.8	10.0
2009	100.0	40.0	60.0	49.0	11.0
2010	100.0	38.8	61.2	48.6	12.6

年 份 Year	生产总值指数（上年=100） Compositon of Gross Domestic Product (Preceding Year =100)	公有制经济 Public-owned Economy	非公有制经济 Non-public-owned Economy	其 中 of which	
				个体私营经济 Individual and Private	外商港澳台经济 Funded by HK, Macao, Taiwan & Foreign
1996	111.4	107.3	126.1	127.8	115.1
1997	111.2	109.0	117.9	115.3	136.3
1998	108.6	101.7	127.9	132.6	100.1
1999	107.8	104.5	115.1	114.4	120.1
2000	108.7	105.1	115.9	116.1	114.3
2001	109.2	103.5	119.7	120.4	114.5
2002	110.5	104.7	119.6	114.7	159.3
2003	111.7	104.4	121.8	116.7	151.3
2004	112.4	107.6	118.0	125.9	83.0
2005	111.7	106.7	117.0	116.2	122.5
2006	112.4	106.6	118.2	114.5	142.2
2007	115.9	110.8	120.5	118.3	132.1
2008	114.5	105.1	122.2	123.4	116.9
2009	114.9	111.6	117.3	115.4	126.4
2010	117.1	113.5	119.6	116.4	133.9

重/庆/统/计/年/鉴

主要统计指标解释

■ 国内（地区）生产总值（GDP）

是按市场价格计算的一个国家（或地区）所有常住单位在一定时期内生产活动的最终成果。国内（地区）生产总值有三种表现形态，即价值形态、收入形态和产品形态。从价值形态看，它是所有常住单位在一定时期内所生产的全部货物和服务价值超过同期中间投入的全部非固定资产货物和服务价值的差额，即所有常住单位的增加值之和；从收入形态看，它是所有常住单位在一定时期内所创造并分配给常住单位和非常住单位的初次收入之和；从产品形态看，它是所有常住单位在一定时期内最终使用的货物和服务价值减去货物和服务进口价值。在实际核算中，国内（地区）生产总值的三种表现形态表现为三种计算方法，即生产法、收入法和支出法。三种方法分别从不同的方面反映国内（地区）生产总值及其构成。

■ 三次产业

三次产业的划分是世界上较为常用的产业结构分类，但各国的划分不尽一致。我国的三次产业划分是：

第一产业是指农业、林业、畜牧业、渔业和农林牧渔服务业。

第二产业是指采矿业，制造业，电力、煤气及水的生产和供应业，建筑业。

第三产业是指除第一、二产业以外的其他行业。

■ 收入法国内（地区）生产总值

是从常住单位从事生产活动形式收入的角度来反映一个国家（或地区）一定时期内生产活动最终成果的一种方法，包括劳动者报酬、生产税净额、固定资产折旧、营业盈余四部分。计算公式为：

收入法国内（地区）生产总值=劳动者报酬+生产税净额+固定资产折旧+营业盈余

（1）劳动者报酬：指劳动者因从事生产活动所获得的全部报酬。包括劳动者获得的各种形式的工资、奖金和津贴，既包括货币形式的，也包括实物形式的，还包括劳动者所享受的公费医疗和医药卫生费、上下班交通补贴和单位支付的社会保险费、住房公积金等。对于个体经济来说，其所有者所获得的劳动报酬和经营利润不易区分，这两部分统一作为劳动者报酬处理。

（2）生产税净额：指生产税减生产补贴后的差额。生产税指政府对生产单位生产、销售和从事经营活动以及因从事生产活动使用某些生产要素（如固定资产、土地、劳动力）所征收的各种税、附加费和规费。生产补贴与生产税相反，是政府对生产单位的单方面转移支出，因此视为负生产税，包括政策亏损补贴、价格补贴等。

（3）固定资产折旧：指一定时期内为弥补固定资产损耗按照规定的固定资产折旧率提取的固定资产折旧，或按国民经济核算统一规定的折旧率虚拟计算的固定资产折旧。它反映了固定资产在当期生产中的转移价值。各类企业和企业化管理的事业单位的固定资产折旧指实际计提的折旧费；不计提折旧的政府机关、非企业化管理的事业单位和居民住房的固定资产折旧是按照统一规定的折旧率和固定资产原值计算的虚拟折旧。原则上，固定资产折旧应按固定资产当期的重置价值计算，但是我国目前尚不具备对全社会固定资产进行重估价的基础，所以暂时只能采用上述方法。

（4）营业盈余：指常住单位创造的增加值扣除劳动者报酬、生产税净额和固定资产折旧后的余额。它相当于企业的营业利润加上生产补贴，但要扣除从利润中开支的工资和福利等。

■ 支出法国内（地区）生产总值

是从最终使用的角度反映一个国家（或地区）一定时期内生产活动最终成果的一种方法，包括最终消费支出、资本形成总额及货物和服务净流出三部分。计算公式为：

支出法国内(地区)生产总值=最终消费支出+资本形成总额+货物和服务净流出

■ 最终消费支出

指常住单位为满足物质、文化和精神生活的需要，从本国经济领土和国外购买的货物和服务的支出。

主要统计指标解释

它不包括非常住单位在本国经济领土内的消费支出。最终消费支出分为居民消费支出和政府消费支出。

（1）居民消费支出：指常住住户在一定时期内对于货物和服务的全部最终消费支出。居民消费支出除了直接以货币形式购买的货物和服务的消费支出外，还包括以其他方式获得的货物和服务的消费支出，即所谓的虚拟消费支出。居民虚拟消费支出包括如下几种类型：单位以实物报酬及实物转移的形式提供给劳动者的货物和服务；住户生产并由本住户消费了的货物和服务，其中的服务仅指住户的自有住房服务；金融机构提供的金融媒介服务；保险公司提供的保险服务。

（2）政府消费支出：指政府部门为全社会提供的公共服务的消费支出和免费或以较低的价格向居民住户提供的货物和服务的净支出，前者等于政府服务的产出价值减去政府单位所获得的经营收入的价值，后者等于政府部门免费或以较低价格向居民住户提供的货物和服务的市场价值减去向住户收取的价值。

■ 资本形成总额

指常住单位在一定时期内获得的减去处置的固定资产和存货的净额，包括固定资产形成总额和存货增加。

（1）固定资产形成总额：指常住单位在一定时期内获得的固定资产减处置的固定资产的价值总额。固定资产是通过生产活动生产出来的，且其使用年限在一年以上、单位价值在规定标准以上的资产，不包括自然资产。可分为有形固定资本形成总额和无形固定资本形成总额。有形固定资本形成总额包括一定时期内完成的建筑工程、安装工程和设备工器具购置(减处置)价值，以及土地改良、新增役、种、奶、毛、娱乐用牲畜和新增经济林木价值。无形固定资本形成总额包括矿藏的勘探、计算机软件等获得减处置。

（2）存货增加：指常住单位在一定时期内存货实物量变动的市场价值，即期末价值减期初价值的差额，再扣除当期由于价格变动而产生的持有收益。存货增加可以是正值，也可以是负值，正值表示存货上升，负值表示存货下降。存货包括生产单位购进的原材料、燃料和储备物资等存货，以及生产单位生产的产成品、在制品和半成品等存货。

■ 货物和服务净流出

指货物和服务流出减货物和服务流入的差额。流出包括常住单位向非常住单位出售或无偿转让的各种货物和服务的价值；流入包括常住单位从非常住单位购买或无偿得到的各种货物和服务的价值。由于服务活动的提供与使用同时发生，一般把常住单位从本地区外得到的服务作为流入，非常住单位从本地区得到的服务作为流出。

■ 产业部门贡献率

是各产业部门增加值可比价增量与国内生产总值可比价增量之比。

■ 产业部门拉动力

拉动力是指总的经济增长率中带动的百分点数，产业部门拉动力是指在GDP增长中各产业部门拉动的百分点数。其计算公式为：

拉动力（%）＝贡献率（%）×GDP增长率（%）

CHONGQING STATISTICAL YEARBOOK

Explanatory Notes on Main Statistical Indicators

□ Gross Domestic Product (GDP)

Refers to the final products at market prices produced by all resident units in a country (or a region) during a certain period of time. Gross domestic product is expressed in three different perspectives value added, income, and products respectively. The form of value added refers to the total value of all products and services produced by all resident units during a certain period of time minus total value of intimidate input of materials and services of the nature of non-fixed assets or the summation of the value added of all resident units; the form of income includes all the income created by all resident units and distributed primarily to all resident and non-resident units; the form of products refers to all final goods and services of final use by all resident units plus the value of net exports of goods and services. In the practice of national accounting, gross domestic product is calculated with three approaches, i.e. product approach, income approach and expenditure approach, which reflect gross domestic product and its composition from different aspects.

□ Three Strata of Industry

Classification of economic activities into three strata of industry is a common practice in the world, although the grouping varies to some extent form country to country. In China economic activities are categorized into the following three strata of industry:

Primary industry refers to agriculture, forestry, animal husbandry and fishery and services in support of these industries.

Secondary industry refers to mining and quarrying, manufacturing, production and supply of electricity, water and gas, and construction.

Tertiary industry refers to all other economic activities not included in the primary or secondary industries.

□ GDP by Income Approach

Refers to the method of measuring the final results of production activities of a country (region) during a given period from the income items produced by all resident units. It includes laborers' remuneration, net taxes on production, depreciation of fixed assets and operating surplus, i.e.:

GDP by income approach =compensation of employee + net taxes on production + depreciation of fixed assets + operating surplus

(I)Compensation of Employee refers to the total payment of various forms to employees for the productive activities they are engaged in. It includes wages, bonuses and allowances, which the employees earn in cash or in kind. It also includes the free medical services provided to the employees and the medicine expenses, transport subsidies and social insurance, and housing fund paid by the employers. As regards the individual economy, since compensation of employees is not easily distinguishable from the operating surplus, both parts are treated as compensation of employees.

(II)Net Taxes on Production refers to the difference of the taxes on production minus the subsidies on production. The taxes on production refers to the various taxes, extra charges and fees levied on the production units on their production, sale and business activities as well as on some factors of production, such as fixed assets, land and labor force, used in the production activities they are engaged in. In contrast to the taxes on production, the subsidies on production is the unilateral transfer of part of the government's revenue to the production units and is therefore treated as the negative taxes on production, They include subsidies on the loss due to implementation of government policies, price subsidies, etc.

(III)Depreciation of Fixed Assets refers to the depreciation of fixed assets drawn in accordance with the stipulated depreciation rate for the purpose of compensating the wear loss of the fixed assets or the depreciation of fixed assets calculated in a fictitious way in accordance with the stipulated unified depreciation rate in the national economic accounting system. It reflects the value of transfer of the fixed assets in the production of the current period. The depreciation of fixed assets in various enterprises and institutions managed as enterprises refers to the depreciation expenses actually drawn and calculated as part of the cost. In the units, which do not draw the depreciation expenses, such as government agencies, institutions not managed as enterprises as well as the houses of residents, the depreciation of fixed assets is the fictitious depreciation, which is calculated in accordance with the stipulated unified depreciation rate. In principle, the depreciation of fixed assets should be calculated on the basis of the re-purchased value of the fixed assets. However, there is no actual

EXPLANATORY NOTES TO MAJOR STATISTICAL INDICATORS

condition to re-evaluate all the fixed assets in China. Therefore, the above-mentioned methods are temporarily adopted at present.

(IV)Operating Surplus refers to the balance of the value added created by the resident units deducting the laborers' remuneration, net taxes on production ant the depreciation of fixed assets. It is equivalent to the business profit of the enterprises plus subsidies on production, but the wages and welfare expenses paid from the profits should be deducted.

□ GDP by Expenditure Approach

Refers to the method of measuring the final results of production activities of a country (region) during a given period from the perspective of final use. It includes final consumption expenditure, total capital formation and net export of goods and services, i.e.:

GDP by expenditure approach = final consumption expenditure + gross capital formation + net export of goods and services

□ Final Consumption Expenditure

Refers to the total expenditure of resident units on final consumption of goods and services from domestic economic territory and abroad to meet the requirements of material, cultural and spiritual life. It excludes the expenditure of non-resident units on consumption in the economic territory of the country. The final consumption expenditure is broken down into household consumption expenditure and government consumption expenditure.

(I) Household consumption Expenditure refers to the total expenditure of resident households on the final consumption of goods and services. In addition to the consumption of goods and services bought by the households directly with money, the households consumption expenditure also includes expenditure on goods and services obtained by the households in other ways, i.e. the so-called fictitious consumption expenditure, which includes the following types: (a) the goods and services provided to the households by the employer in the form of payment in kind and transfer in kind; (b) the goods and services produced and consumed by the households themselves, in which the services refer only to the owner-occupied housing and domestic and individual services provided by the paid household workers; (c) financial intermediate services provided by the financial institutions; (d) the insurance services provided by insurance companies.

(II) Government consumption Expenditure refers to the expenditure on the consumption of the public services provided by the government to the whole society and the net expenditure on the goods and services provided by the government to the households for free charge or at lower prices. The former equals to the output value of the government services minus the value of operating in come obtained by the government departments. The latter equals to the market value of the goods and services provided by the government to the households minus the value received by the government from the households.

□ Gross Capital Formation

Refers to the net amount of the fixed assets and stock acquired minus those disposed, including the gross fixed assets formation and changes in inventories.

(I) Gross fixed capital formation refer to the value of fixed assets purchased, transferred in by the resident units and those produced and used by themselves deducting the value of fixed assets sold and transferred out. It can by classified into total tangible assets formation and total intangible assets formation. The total tangible assets formation include the value of the construction projects, installation projects completed and the equipment, apparatus and instruments purchased as well as the value of land improved, the value of draught animals, breeding stock, milk, wool and recreational animals and the newly increased economic forest in a certain period. The total intangible assets formation includes the prospecting of minerals, the acquisition of computer software, the originals of recreational works and works of literature and arts minus the disposal of them.

(II) Changes in Inventories refers to the market value of the change in the physical volume of inventory of resident units during a given period, i.e. the difference between the values at the beginning and the end of the period minus the gains due to the change in prices. The changes in inventories can have a positive or a negative value. A positive value indicates an increase in inventory while a negative value indicates a decrease in inventory. The inventory includes raw materials, fuels and reserve materials purchased by the production units as well as the inventory of finished products, semi-finished products and work-in-progress.

□ Net Export of Goods and Services

Refers to the difference of the exports of goods and services minus the imports of goods and services. The imports include the value of various goods and services sold or gratuitously transferred by the resident units to the non-resident units. The imports include

EXPLANATORY NOTES TO MAJOR STATISTICAL INDICATORS

the value of various goods and services purchased or gratuitously acquired by the resident units from the non-resident units. Because the provision of services and the use of them happen simultaneously, the import and export of services by the resident units from abroad is usually treated as import while the acquisition of services by non-resident units in this country is usually treated as export. The export and import of goods are calculated at FOB.

□ Share of the contributions of the Industry

Refers to the proportion of the increment of the value-added of each industry to the increase of GDP.

□ Contribution of the Industry

Contribution is the driven percentage points to GDP growth. Contribution of the industry is the driven percentage points of each industry to GDP growth. Its calculation formula is:

Contribution (%) = share of contribution (%) × GDP growth rate (%)

3

人口与就业

POPULATION AND EMPLOYMENT

简要说明 Brief Introduction

本章内容主要包括全市的户籍人口、常住人口、五次人口普查的主要数据，以及计划生育、就业、工资等情况，由市统计局人口就业处整理编辑。

户籍统计人口资料由市公安局提供；计划生育资料由市人口计划生育委员会提供；失业资料由市社会劳动保障局提供；常住人口、人口普查主要数据、就业和工资资料由市统计局人口就业处提供。

The data in this chapter include the basic statistics on the registered population, resident population and the main indicators in 5 population censuses, as well as the statistics on family planning, employment and wages. All the data are prepared and compiled by Division of Population and Employment Statistics, Chongqing Municipal Bureau of Statistics.

The data on registered population are provided by Chongqing Municipal Public Security Bureau; the data on family planning are provided by Chongqing Population and Family Planning Commission; the data on unemployment are provided by Chongqing Municipal Human Resources and Social Security Bureau and the main indicators of resident population, population censuses, employment and wages are provided by Division of Population and Employment Statistics, Chongqing Municipal Bureau of Statistics.

表3.1 主要年份总户数、总人口（户籍统计）
TOTAL HOUSEHOLDS AND TOTAL POPULATION IN MAJOR YEARS (HOUSEHOLD REGISTRATION)

单位：万人 (10 000 persons)

年 份 Year	总户数 (万户) Total Households (10 000 households)	总人口 Total Population	按性别分 By Sex		按农业、非农业分 By Agriculture and Non-agriculture		按年龄组分 By Age			
			男 Male	女 Female	农 业 Agriculture	非农业 Non-agriculture	18岁以下 Aged 0-18	18-35岁 Aged 18-35	35-60岁 Aged 35-60	60岁以上 Aged 60 and Over
1952	401.93	1776.52	927.91	848.61						
1957	434.66	2005.18	1040.82	964.36	1692.77	312.41				
1962	442.01	1797.19	916.99	880.20	1528.95	268.24				
1965	455.55	1974.89	1010.19	964.70	1685.08	289.81				
1970	518.02	2289.64	1173.57	1116.07	1989.66	299.98				
1975	579.36	2592.59	1332.89	1259.70	2280.39	312.20				
1978	601.07	2635.56	1357.98	1277.58	2304.66	330.90				
1980	610.19	2664.79	1376.22	1288.57	2291.51	373.28				
1985	684.46	2768.26	1437.35	1330.91	2310.89	457.37				
1986	716.53	2807.60	1458.75	1348.85	2343.23	464.37				
1987	751.96	2845.14	1478.88	1366.26	2370.06	475.08				
1988	784.83	2873.34	1494.20	1379.14	2390.36	482.98				
1989	812.65	2897.01	1507.74	1389.27	2405.25	491.76				
1990	833.78	2920.90	1520.83	1400.07	2427.92	492.98				
1991	844.66	2938.99	1531.11	1407.88	2439.61	499.38				
1992	849.77	2950.78	1538.46	1412.32	2438.94	511.84				
1993	855.75	2964.92	1546.50	1418.42	2438.27	526.65				
1994	870.20	2985.59	1558.05	1427.54	2440.41	545.18				
1995	879.35	3001.77	1566.86	1434.91	2442.33	559.44				
1996	888.56	3022.77	1577.97	1444.80	2445.65	577.12				
1997	897.78	3042.92	1588.10	1454.82	2448.34	594.58				
1998	907.17	3059.69	1596.88	1462.81	2445.66	614.03				
1999	922.73	3072.34	1602.42	1469.92	2437.18	635.16				
2000	938.87	3091.09	1611.68	1479.41	2430.20	660.89				
2001	950.56	3097.91	1614.91	1483.00	2408.39	689.52				
2002	961.69	3113.83	1623.13	1490.70	2392.38	721.45				
2003	977.01	3130.10	1631.66	1498.44	2376.18	753.92				
2004	988.59	3144.23	1637.18	1507.05	2358.40	785.83				
2005	1010.41	3169.16	1649.26	1519.90	2351.88	817.28				
2006	1030.66	3198.87	1662.77	1536.10	2353.44	845.43				
2007	1056.97	3235.32	1681.10	1554.22	2358.35	876.97				
2008	1080.15	3257.05	1690.56	1566.49	2349.67	907.38				
2009	1110.70	3275.61	1697.69	1577.92	2326.92	948.69				
2010	1154.83	3303.45	1709.03	1594.42	2196.45	1107.00	661.46	721.51	1382.37	538.11

表3.2 主要年份人口自然变动（户籍统计）

POPULATION NATURAL CHANGES IN MAJOR YEARS (HOUSEHOLD REGISTRATION)

单位：万人、‰ (10 000 persons，‰)

年 份 Year	出 生 Birth		死 亡 Mortality		自然增长 Natural Growth	
	人 口 Population	出生率 Birth Rate	人 口 Population	死亡率 Mortality Rate	人 口 Population	自然增长率 Natural Growth Rate
1957	54.20	27.32	21.78	10.98	32.42	16.34
1962	43.72	24.36	27.87	15.53	15.85	8.83
1965	74.01	38.03	21.43	11.01	52.58	27.02
1970	87.78	38.99	22.11	9.82	65.67	29.17
1975	72.03	28.06	21.33	8.31	50.70	19.75
1978	26.09	9.91	17.18	6.52	8.91	3.39
1980	29.68	11.16	17.19	6.46	12.49	4.70
1985	36.13	13.10	18.76	6.80	17.37	6.30
1986	54.47	19.54	18.36	6.59	36.11	12.95
1987	48.72	17.24	18.42	6.52	30.30	10.72
1988	38.58	13.49	19.43	6.79	19.15	6.70
1989	39.79	13.79	19.99	6.93	19.80	6.86
1990	42.53	14.62	19.59	6.73	22.94	7.89
1991	37.61	12.83	19.20	6.55	18.41	6.28
1992	35.62	12.09	20.89	7.09	14.73	5.00
1993	35.75	12.09	20.23	6.84	15.52	5.25
1994	40.05	13.46	19.95	6.70	20.10	6.76
1995	39.39	13.16	21.45	7.17	17.94	5.99
1996	41.06	13.63	21.62	7.18	19.44	6.45
1997	36.99	12.20	20.95	6.91	16.04	5.29
1998	35.51	11.64	21.64	7.09	13.87	4.55
1999	30.68	10.01	20.68	6.74	10.00	3.27
2000	35.22	11.43	24.59	7.98	10.63	3.45
2001	26.26	8.48	18.76	6.06	7.50	2.42
2002	28.65	9.20	18.07	5.80	10.58	3.40
2003	30.00	9.61	18.05	5.78	11.95	3.83
2004	33.72	10.74	23.44	7.47	10.28	3.27
2005	30.66	9.71	13.88	4.40	16.78	5.31
2006	36.57	11.49	14.89	4.68	21.68	6.81
2007	44.66	13.88	16.56	5.15	28.10	8.73
2008	43.26	13.33	24.56	7.57	18.70	5.76
2009	40.82	12.50	26.13	8.00	14.69	4.50
2010	62.83	19.10	38.97	11.85	23.86	7.25

表3.3 常住人口及城镇化率（1996－2010年）
RESIDENT POPULATION AND RATE OF URBAN POPULATION (1996-2010)

单位：万人 (10 000 persons)

年 份 Year	常住人口 Resident Population	其 中 of which		城镇化率 (%) Rate of Urban Population(%)
		城 镇 Urban	乡 村 Rural	
1996	2875.30	848.21	2027.09	29.5
1997	2873.36	890.74	1982.62	31.0
1998	2870.75	935.86	1934.89	32.6
1999	2860.37	981.11	1879.26	34.3
2000	2848.82	1013.88	1834.94	35.6
2001	2829.21	1058.12	1771.09	37.4
2002	2814.83	1123.12	1691.71	39.9
2003	2803.19	1174.55	1628.64	41.9
2004	2793.32	1215.42	1577.90	43.5
2005	2798.00	1265.95	1532.05	45.2
2006	2808.00	1311.29	1496.71	46.7
2007	2816.00	1361.35	1454.65	48.3
2008	2839.00	1419.09	1419.91	50.0
2009	2859.00	1474.92	1384.08	51.6
2010	2884.62	1529.55	1355.07	53.0

表3.4 1%人口抽样调查（2009－2010年）
1% SAMPLE SURVEY OF POPULATION (2009-2010)

单位：万人 (10 000 persons)

项　目	Item	2009	2010
常住人口	Resident Population	2859.00	2884.62
#城　镇	Urban	1474.92	1529.55
乡　村	Rural	1384.08	1355.07
#男　性	Male	1445.75	1459.59
女　性	Female	1413.25	1425.03
#0-14岁	Age 0-14	544.93	489.80
15-64岁	Age 15-64	1988.72	2061.41
65岁及以上	Age 65 and Over	325.35	333.41
外出人口	Population Going outside Residential Area	782.98	985.34
#外出至市外	Going outside Chongqing	468.65	522.54
市外外来人口	Population Going to Chongqing	96.33	94.52
城镇化率（%）	Rate of Urban Population (%)	51.59	53.02
一小时经济圈	One Hour Economic Sphere	60.30	61.17
渝东南翼	Northeast of Chongqing	9.90	9.83
渝东北翼	Southeast of Chongqing	29.80	29.00
出生人口	Birth Population	28.21	29.43
出生率（‰）	Birth Rate (‰)	9.90	10.25
死亡人口	Mortality Population	17.66	18.55
死亡率（‰）	Mortality Rate (‰)	6.20	6.46
自然增长人口	Natural Growing Population	10.54	10.88
自然增长率（‰）	Natural Growth Rate (‰)	3.70	3.79

注：2010年数据为第六次人口普查快速汇总数。
Note:The data of 2010 is the quick sum-up data of the 6th National Population Census.

表3.5 第五次人口普查基本情况
BASIC STATISTICS ON POPULATION CENSUSES IN 2000

指　标	Item	2000
总人口（万人）	**Total Population (10 000 persons)**	**3051.28**
男	Male	1584.15
女	Female	1467.13
性别比（女=100）	Sex Ratio (female=100)	107.98
家庭户户数（万户）	**Family Households (10 000 households)**	**914.16**
家庭户规模（人/户）	**Average Family Size (person/household)**	**3.23**
各年龄组人口（万人）	**Population by Age Group (10 000 persons)**	
0-14岁	Age 0-14	666.29
15-64岁	Age 15-64	2140.45
65岁及以上	Age 65 and Over	244.54
预期寿命（岁）	**Life Expectancy (years old)**	**71.9**
城乡人口（万人）	**Population by Residence (10 000 persons)**	
城镇人口	Urban Population	1009.55
乡村人口	Rural Population	2041.73
民族人口（万人，%）	**Nationality Population (10 000 persons, %)**	
汉　族	Han Nationality	2853.92
占总人口比重	Percentage as Total Population	93.5
少数民族	Minority Nationalities	197.36
占总人口比重	Percentage as Total Population	6.5
每十万人拥有的各种受教育程度人口（人）	**Population with Various Education Attainment Per 100 000 Population (person)**	
大专及以上	Junior College and Above	2819
高中和中专	Senior Secondary/Secondary Technical School	8600
初　中	Junior Secondary School	29474
小　学	Primary School	43357
文盲人口及文盲率	**Illiterate Population and Illiterate Rate**	
文盲人口（万人）	Illiterate Population (10 000 persons)	212.24
文盲率（%）	Illiterate Rate (%)	8.9

表3.6 五次人口普查主要指标
MAIN INDICATORS OF FIVE POPULATION CENSUSES

单位：万人、% (10 000 persons，%)

普查时间	Census Time	总人口 Total Population 合计 Total	男 Male	女 Female	性别比(女=100) Sex Ratio (female =100)	年平均增长率 Annual Average Growth Rate
第一次人口普查（1953年7月1日）	First Population Census (July 1, 1953)	1766.39	924.56	841.83	109.83	
第二次人口普查（1964年7月1日）	Second Population Census (July 1, 1964)	1889.17	969.02	920.15	105.31	0.61
第三次人口普查（1982年7月1日）	Third Population Census (July 1, 1982)	2705.89	1402.46	1303.43	107.60	2.02
第四次人口普查（1990年7月1日）	Fourth Population Census (July 1, 1990)	2886.62	1499.83	1386.79	108.15	0.81
第五次人口普查（2000年11月1日）	Fifth Population Census (November 1, 2000)	3051.28	1584.15	1467.13	107.98	0.66

表3.7 计划生育基本情况（1986－2010年）
BASIC STATISTICS ON FAMILY PLANNING (1986-2010)

单位：万人、% (10 000 persons，%)

年份 Year	政策性生育率 Birth Policy Rate	已婚育龄妇女人数 Married Women at Childbearing Age	领独生子女证人数 Women with Only-child Certificates	领证率 Coverage of Only-child Certificates	采取节育措施人数 Women under Contraception	避孕率 Contraception Rate
1986	90.88	481.28	109.56	68.74	424.89	88.28
1987	90.16	503.67	126.44	71.91	451.19	89.58
1988	93.83	523.17	141.28	72.14	480.27	91.80
1989	92.78	540.80	151.72	70.35	491.35	90.86
1990	94.15	560.09	166.56	70.53	512.38	91.48
1991	95.11	577.54	178.27	69.31	527.88	91.40
1992	95.83	589.35	188.00	68.34	538.37	91.35
1993	93.23	599.23	199.97		548.27	91.50
1994	86.58	611.48	206.76		559.62	91.52
1995	89.22	625.71	220.32		573.38	91.64
1996	88.73	637.31	227.59	65.45	587.93	92.25
1997	91.94	644.56	230.99	64.11	588.75	91.34
1998	85.06	644.68	219.05	59.69	589.28	91.40
1999	94.09	640.70	214.79	57.43	587.94	91.77
2000	91.26	639.20	217.43	57.11	589.95	92.29
2001	91.05	632.25	203.30	53.04	583.65	92.31
2002	92.19	620.38	180.36	47.65	571.18	92.07
2003	92.39	622.26	195.38	51.11	571.87	91.90
2004	92.95	615.20	200.49	52.42	564.60	91.77
2005	92.57	618.97	212.37	55.08	569.74	92.05
2006	90.93	626.73	203.23	52.07	572.73	91.38
2007	75.62	637.95	198.86	51.62	579.79	90.88
2008	85.05	501.74	131.84	43.54	454.63	90.61
2009	89.91	494.34	138.22	46.04	449.13	90.85
2010	89.06	500.02	133.28	43.93	454.08	90.81

表3.8 就业人员基本情况（1985－2009年）
BASIC STATISTICS ON EMPLOYMENT (1985-2009)

单位：万人 (10 000 persons)

年 份 Year	就业人员总计 Total Employment	其 中 of which #城 镇 Urban	按经济类型分 By Ownership 国 有 State-owned	集 体 Collective-owned	私营和个体 Private and Individuals	其 他 Others
1985	1432.03	269.37				
1986	1469.13	275.35				
1987	1507.33	282.39				
1988	1512.49	288.70				
1989	1540.03	291.29				
1990	1569.34	296.92				
1991	1620.67	307.87				
1992	1662.58	313.51				
1993	1658.95	310.05				
1994	1729.55	326.75				
1995	1709.26	347.06				
1996	1719.43	463.98	198.16	1228.60	280.24	12.43
1997	1715.40	483.74	189.07	1201.03	307.29	18.01
1998	1710.97	505.22	175.52	1176.65	334.24	24.56
1999	1699.06	518.40	161.15	1151.98	354.15	31.78
2000	1690.00	547.97	149.28	1127.80	376.86	36.06
2001	1680.38	570.80	136.63	1095.40	406.86	41.49
2002	1654.51	579.17	130.66	1031.06	443.56	49.23
2003	1634.77	590.28	125.88	971.28	479.81	57.80
2004	1623.85	603.97	124.72	934.99	497.18	66.96
2005	1611.57	620.27	123.50	900.39	515.08	72.60
2006	1605.45	633.99	123.90	868.10	529.52	83.93
2007	1620.86	663.65	115.79	831.18	570.88	103.01
2008	1646.44	688.74	119.83	807.55	607.89	111.17
2009	1668.83	717.88	119.79	784.82	645.66	118.56

表3.8 续表 continued

年 份 Year	按产业分 By Industry			分产业比重（%） Compositon By Industry		
	第一产业 Primary Industry	第二产业 Secondary Industry	第三产业 Tertiary Industry	第一产业 Primary Industry	第二产业 Secondary Industry	第三产业 Tertiary Industry
1985	1042.22	223.37	166.44	72.8	15.6	11.6
1986	1048.32	241.66	179.15	71.4	16.4	12.2
1987	1064.06	258.93	184.34	70.6	17.2	12.2
1988	1056.49	262.83	193.17	69.8	17.4	12.8
1989	1082.41	263.81	193.81	70.3	17.1	12.6
1990	1103.04	263.86	202.44	70.3	16.8	12.9
1991	1130.47	275.72	214.48	69.8	17.0	13.2
1992	1118.59	277.77	266.22	67.3	16.7	16.0
1993	1088.70	287.88	282.37	65.6	17.4	17.0
1994	1062.90	301.13	365.52	61.5	17.4	21.1
1995	1018.30	310.88	380.08	59.6	18.2	22.2
1996	1001.89	320.31	397.23	58.3	18.6	23.1
1997	989.07	313.77	412.56	57.6	18.3	24.1
1998	979.48	303.18	428.31	57.3	17.7	25.0
1999	959.71	296.12	443.23	56.5	17.4	26.1
2000	938.12	292.94	458.94	55.5	17.3	27.2
2001	912.30	293.38	474.70	54.3	17.5	28.2
2002	873.79	295.02	485.70	52.8	17.8	29.4
2003	838.33	299.43	497.01	51.3	18.3	30.4
2004	817.91	302.30	503.64	50.4	18.6	31.0
2005	794.81	304.87	511.89	49.3	18.9	31.8
2006	776.56	308.23	520.66	48.4	19.2	32.4
2007	753.67	325.99	541.20	46.5	20.1	33.4
2008	747.30	338.78	560.36	45.4	20.6	34.0
2009	733.68	355.69	579.46	44.0	21.3	34.7

表3.9 就业人员年末数（1999－2010年）
TOTAL EMPLOYMENT AT YEAR-END (1999-2010)

单位：万人 (10 000 persons)

指　标	Item	1999	2000	2001	2002	2003	2004
就业人员总计	**Total Employment**	**1699.06**	**1690.00**	**1680.38**	**1654.51**	**1634.77**	**1623.85**
城　镇	Urban	518.40	547.97	570.80	579.17	590.28	603.97
乡　村	Rural	1180.66	1142.03	1109.58	1075.34	1044.49	1019.88
按经济类型分	**By Ownership**						
国有经济	State-owned	161.15	149.28	136.63	130.66	125.88	124.72
集体经济	Collective-owned	1151.98	1127.80	1095.40	1031.06	971.28	934.99
私　营	Private	66.43	72.92	80.44	89.22	97.95	102.91
个　体	Individual	287.72	303.94	326.42	354.34	381.86	394.27
其他经济	Others	31.78	36.06	41.49	49.23	57.80	66.96
#联　营	Joint Ownership	0.63	0.86	4.11	4.93	5.78	6.84
股份制	Share Holding	10.95	11.49	13.21	15.55	15.72	16.71
外商投资	Foreign-funded	2.42	2.74	2.86	2.91	3.23	4.16
港澳台投资	Funded by Hong Kong, Macao and Taiwan	2.50	2.44	2.66	2.25	2.55	2.33
按行业分	**By Sector**						
第一产业	Primary Industry	959.71	938.12	912.30	873.79	838.33	817.91
第二产业	Secondary Industry	296.12	292.94	293.38	295.02	299.43	302.30
采矿业	Mining and Quarrying	17.89	16.59	15.72	15.14	14.00	14.14
制造业	Manufacturing	160.07	158.73	158.66	159.84	164.98	165.80
电力、燃气及水的生产和供应业	Electricity, Gas & Water Production and Supply	6.18	6.20	6.22	6.26	6.27	6.32
建筑业	Construction	111.98	111.42	112.78	113.78	114.18	116.04
第三产业	Tertiary Industry	443.23	458.94	474.70	485.70	497.01	503.64
交通运输、仓储及邮政业	Transportation, Storage, Postal Services	40.02	40.23	41.39	42.14	45.13	45.41
信息传输、计算机服务和软件业	Data Transmission, Computer Service and Software	5.60	5.91	6.03	6.14	6.34	6.58
批发与零售业	Wholesale and Retail Trade	113.05	117.96	120.23	124.00	125.47	127.10
住宿和餐饮业	Hotels and Restaurants	70.18	70.52	71.14	72.03	73.36	74.27
金融业	Financing	6.38	6.41	6.46	6.53	6.61	6.65
房地产业	Real Estate	4.88	5.03	5.11	5.22	5.45	5.61
租赁与商务服务业	Renting and Business Activities	16.09	16.62	17.62	18.69	19.87	21.33
科学研究、技术服务与地质勘查业	Scientific Research, Technical Services and Geological Prospecting	7.58	8.05	8.48	8.80	8.90	9.00
水利、环境和公共设施管理业	Administration of Water Conservancy,Environment and Public Utilities	5.26	5.31	5.40	5.50	5.56	5.71
居民服务和其他服务业	Personal Services and Other Services	108.75	116.16	124.59	127.05	128.23	129.36
教　育	Education	29.79	30.59	31.69	32.09	33.33	33.68
卫生、社会保障和社会福利业	Public Health, Social Security and Social Welfare	12.98	13.00	13.08	13.18	13.41	13.50
文化、体育与娱乐业	Culture, Sports and Entertainment	2.73	2.74	2.79	2.84	2.88	2.94
公共管理与社会组织	Public Administration and Social Organizations	19.94	20.41	20.69	21.49	22.47	22.50

表3.9 续表 continued

单位：万人 (10 000 persons)

指　标	Item	2005	2006	2007	2008	2009	2010
就业人员总计	**Total Employment**	**1611.57**	**1605.45**	**1620.86**	**1646.44**	**1668.83**	
城　镇	Urban	620.27	633.99	663.65	688.74	717.88	
乡　村	Rural	991.30	971.46	957.21	957.70	950.95	
按经济类型分	**By Ownership**						
国有经济	State-owned	123.50	123.90	115.79	119.83	119.79	125.29
集体经济	Collective-owned	900.39	868.10	831.18	807.55	784.82	
私　营	Private	107.84	114.28	145.49	170.00	195.50	213.10
个　体	Individual	407.24	415.24	425.39	437.89	450.16	
其他经济	Others	72.60	83.93	103.01	111.17	118.56	130.30
#联　营	Joint Ownership	5.57	4.62	2.03	1.95	2.56	2.36
股份制	Share Holding	14.84	12.86	16.47	21.04	22.48	24.91
外商投资	Foreign-funded	4.86	5.01	7.06	7.33	8.47	9.43
港澳台投资	Funded by Hong Kong, Macao and Taiwan	2.32	2.33	2.80	2.40	3.89	5.20
按行业分	**By Sector**						
第一产业	Primary Industry	794.81	776.56	753.67	747.30	733.68	
第二产业	Secondary Industry	304.87	308.23	325.99	338.78	355.69	
采矿业	Mining and Quarrying	14.66	14.77	17.83	19.77	21.11	
制造业	Manufacturing	166.05	167.44	176.37	184.35	193.82	
电力、燃气及水的生产和供应业	Electricity, Gas & Water Production and Supply	6.72	6.90	7.66	8.31	8.66	
建筑业	Construction	117.44	119.12	124.13	126.35	132.10	
第三产业	Tertiary Industry	511.89	520.66	541.20	560.36	579.46	
交通运输、仓储及邮政业	Transportation, Storage, Postal Services	45.57	46.40	48.57	51.05	53.28	
信息传输、计算机服务和软件业	Data Transmission, Computer Service and Software	7.03	7.39	8.09	8.58	8.85	
批发与零售业	Wholesale and Retail Trade	131.19	134.23	137.15	141.72	146.73	
住宿和餐饮业	Hotels and Restaurants	75.40	77.38	81.39	85.25	89.83	
金融业	Financing	6.76	6.90	8.03	9.09	9.76	
房地产业	Real Estate	5.83	5.94	7.21	7.74	8.41	
租赁与商务服务业	Renting and Business Activities	21.72	21.72	23.63	24.82	26.04	
科学研究、技术服务与地质勘查业	Scientific Research, Technical Services and Geological Prospecting	9.04	9.07	9.28	9.43	9.63	
水利、环境和公共设施管理业	Administration of Water Conservancy,Environment and Public Utilities	5.76	5.94	6.50	6.72	6.86	
居民服务和其他服务业	Personal Services and Other Services	130.75	132.15	134.62	135.21	135.76	
教　育	Education	33.91	34.20	35.01	36.02	36.61	
卫生、社会保障和社会福利业	Public Health, Social Security and Social Welfare	13.51	13.65	13.94	15.17	16.15	
文化、体育与娱乐业	Culture, Sports and Entertainment	2.96	3.05	3.69	4.11	4.43	
公共管理与社会组织	Public Administration and Social Organizations	22.46	22.64	24.09	25.45	27.12	

表3.10 城镇就业人员年末数（2009－2010年）
TOTAL URBAN EMPLOYMENT AT YEAR-END (2009-2010)

单位：万人 (10 000 persons)

指　标	Item	2009	2010
就业人员总计	**Total Employment**	**717.88**	
按经济类型分	**By Ownership**		
国有经济	State-owned	119.79	125.29
集体经济	Collective-owned	67.43	
私　营	Private	152.09	
个　体	Individual	260.01	
其他经济	Others	118.56	130.30
#联　营	Joint Ownership	2.56	2.36
股份制	Share Holding	22.48	24.91
外商投资	Foreign-funded	8.47	9.43
港澳台投资	Funded by Hong Kong, Macao and Taiwan	3.89	5.20
按行业分	**By Sector**		
第一产业	Primary Industry	67.07	
第二产业	Secondary Industry	255.50	
采矿业	Mining and Quarrying	16.43	
制造业	Manufacturing	143.43	
电力、燃气及水的生产和供应业	Electricity, Gas & Water Production and Supply	8.66	
建筑业	Construction	86.98	
第三产业	Tertiary Industry	395.31	
交通运输、仓储及邮政业	Transportation, Storage, Postal Services	31.71	
信息传输、计算机服务和软件业	Data Transmission, Computer Service and Software	8.39	
批发与零售业	Wholesale and Retail Trade	98.76	
住宿和餐饮业	Hotels and Restaurants	62.72	
金融业	Financing	9.76	
房地产业	Real Estate	8.41	
租赁与商务服务业	Renting and Business Activities	15.89	
科学研究、技术服务与地质勘查业	Scientific Research, Technical Services and Geological Prospecting	7.89	
水利、环境和公共设施管理业	Administration of Water Conservancy, Environment and Public Utilities	4.87	
居民服务和其他服务业	Personal Services and Other Services	70.09	
教　育	Education	33.80	
卫生、社会保障和社会福利业	Public Health, Social Security and Social Welfare	14.47	
文化、体育与娱乐业	Culture, Sports and Entertainment	4.08	
公共管理与社会组织	Public Administration and Social Organizations	24.47	

表3.11 主要年份城镇非私营单位职工人数
NUMBER OF STAFF AND WORKERS OF URBAN NON-PRIVATE UNITS IN MAJOR YEARS

单位：万人 (10 000 persons)

年 份 Year	合 计 Total	按产业分 By Industry			按经济类型分 By Registration		
		第一产业 Primary Industry	第二产业 Secondary Industry	第三产业 Tertiary Industry	国 有 State-owned	集 体 Collective-owned	其 他 Others
1949	5.34				5.34		
1952	47.62				47.62		
1957	71.19				71.19		
1962	80.79				80.79		
1965	91.96				91.96		
1970	109.98				109.98		
1975	127.99				127.99		
1978	154.44				154.44		
1980	220.06				162.97	57.09	
1985	257.63	4.80	144.90	107.93	186.74	70.81	0.08
1986	264.01	4.79	151.13	108.09	191.47	72.43	0.11
1987	270.46	5.39	153.80	111.27	196.79	73.36	0.31
1988	277.70	5.45	157.28	114.97	201.88	75.42	0.40
1989	280.69	5.66	158.65	116.38	205.98	74.01	0.70
1990	285.68	5.68	159.47	120.53	209.61	75.16	0.91
1991	293.59	5.68	163.94	123.97	215.78	76.58	1.23
1992	297.07	5.46	165.35	126.26	218.41	76.94	1.72
1993	290.02	4.16	164.74	121.12	215.05	70.79	4.18
1994	293.23	4.24	162.90	126.09	212.02	71.03	10.18
1995	294.25	4.35	160.58	129.32	212.34	69.85	12.06
1996	294.63	4.43	159.37	130.83	214.01	67.47	13.15
1997	289.29	4.13	153.73	131.43	211.13	61.64	16.52
1998	236.61	3.83	115.89	116.89	172.24	40.91	23.46
1999	222.34	3.58	106.07	112.69	158.64	35.54	28.16
2000	208.87	3.43	96.01	109.43	146.91	29.74	32.22
2001	201.23	2.94	91.73	106.56	134.79	23.77	42.67
2002	199.93	2.64	92.63	104.66	128.41	20.82	50.70
2003	204.99	2.46	97.56	104.97	121.27	18.94	64.78
2004	208.04	2.35	100.50	105.19	120.85	16.85	70.34
2005	209.66	2.14	101.00	106.52	120.09	13.66	75.91
2006	212.97	2.12	102.22	108.63	120.37	12.22	80.38
2007	220.84	1.80	104.87	114.17	112.55	10.63	97.66
2008	229.59	1.80	108.92	118.87	115.19	10.23	104.17
2009	234.90	1.68	111.88	121.34	114.32	9.88	110.70
2010	250.22	1.79	121.20	127.23	118.76	10.26	121.20

注：“城镇非私营单位”与原“城镇经济单位”口径相同（以下各表同）。
Note:The scope of "urban economic units" is as same as "urban non-private units"(the same for the tables below).

表3.12 主要年份城镇非私营单位职工工资总额

TOTAL WAGES OF STAFF AND WORKERS OF NON-PRIVATE ECONOMIC UNITS IN MAJOR YEARS

单位：万元 (10 000 yuan)

年份 Year	合计 Total Wages	按产业分 By Industry			按经济类型分 By Registration		
		第一产业 Primary Industry	第二产业 Secondary Industry	第三产业 Tertiary Industry	国有 State-owned	集体 Collective-owned	其他 Others
1949	1368				1368		
1952	18577				18577		
1957	37710				37710		
1962	45532				45532		
1965	51159				51159		
1970	60866				60866		
1975	74645				74645		
1978	91615				91615		
1980	159426				125305	34121	
1985	259688	4528	149468	105692	195684	63939	65
1986	300882	4960	177126	118796	233311	67396	175
1987	349808	5802	206458	137548	271210	78190	408
1988	435140	6771	256248	172121	340494	94048	598
1989	497553	7713	294228	195612	392179	104065	1309
1990	573310	8232	335056	230022	454776	116718	1816
1991	637968	9313	373271	255384	501204	134105	2659
1992	728780	10757	415886	302137	577638	146315	4827
1993	831520	8623	489684	333213	664939	152705	13876
1994	1144546	12990	618503	513053	902585	190980	50981
1995	1309344	15878	715405	578061	1016056	222720	70568
1996	1454905	18116	782060	654729	1132834	237510	84561
1997	1580484	17286	828011	735187	1225441	244245	110798
1998	1588049	18478	815904	753667	1223697	201028	163324
1999	1606804	19304	760591	826909	1207329	184757	214718
2000	1732318	20606	777295	934417	1290215	176693	265410
2001	1941508	21510	833110	1086888	1381940	158228	401340
2002	2196175	21857	921105	1253213	1520518	159655	516002
2003	2535070	22059	1104724	1408287	1661336	160049	713685
2004	2939800	23358	1291498	1624944	1904154	164332	871314
2005	3458237	23019	1503886	1931332	2224886	157943	1075408
2006	4034057	26173	1757357	2250527	2542465	165315	1326277
2007	4998743	27226	2111205	2860312	2814125	160900	2023718
2008	6137760	30232	2592679	3514849	3390954	177772	2569034
2009	7161387	31720	2989883	4139784	3855720	198908	3106759
2010	8629547	37250	3690436	4901861	4435431	242086	3952030

表3.13 主要年份城镇非私营单位在岗职工平均工资

AVERAGE WAGES OF STAFF AND WORKERS OF URBAN NON-PRIVATE UNITS IN MAJOR YEARS

单位：元 (yuan)

年 份 Year	平均工资 Average Wages	按产业分 By Industry			按经济类型分 By Registration		
		第一产业 Primary Industry	第二产业 Secondary Industry	第三产业 Tertiary Industry	国 有 State-owned	集 体 Collective-owned	其 他 Others
1949	284				284		
1952	330				330		
1957	535				535		
1962	448				448		
1965	588				588		
1970	581				581		
1975	588				588		
1978	632				632		
1980	737				783	606	
1985	1038				1110	930	861
1986	1154	1034	1197	1100	1234	941	1842
1987	1309	1140	1354	1254	1397	1073	1943
1988	1588	1249	1647	1522	1708	1264	1685
1989	1782	1388	1863	1691	1923	1393	2380
1990	2025	1452	2106	1942	2189	1565	2256
1991	2203	1640	2308	2089	2356	1768	2485
1992	2468	1931	2526	2415	2661	1906	3273
1993	2833	1793	2967	2694	3068	2067	4704
1994	3925	3093	3776	4151	4227	2693	7100
1995	4508	3657	4423	4527	4789	3162	6346
1996	5010	4127	4889	5033	5352	3603	6607
1997	5502	4188	5412	5649	5828	4016	6845
1998	6433	4713	6529	6394	6732	4891	6907
1999	7182	5296	7184	7240	7541	5200	7641
2000	8020	5884	7704	8372	7431	4534	7450
2001	9523	6521	8925	10053	10035	6614	9503
2002	10960	7587	9905	11905	11745	7601	10339
2003	12440	8877	11425	13462	13616	8552	11316
2004	14357	9871	13125	15624	15847	9839	12831
2005	16630	10676	14962	18345	18614	11614	14373
2006	19215	12279	17434	21031	21402	13522	16805
2007	23098	14852	20703	25401	25365	15149	21336
2008	26985	16571	24134	29736	29761	17444	24864
2009	30965	18864	27445	34313	34023	20337	28723
2010	35326	20894	31555	39043	38075	24205	33552

表3.14 城镇非私营单位职工人数（2009－2010年）
NUMBER OF STAFF AND WORKERS IN NON-PRIVATE ECONOMIC UNITS (2009-2010)

单位：万人 (10 000 persons)

指　标	Item	合　计 Total		其　中 of which #国　有 State-owned		#集　体 Collective-owned	
		2009	2010	2009	2010	2009	2010
总　计	**Total**	**234.90**	**250.22**	**114.32**	**118.76**	**9.88**	**10.26**
按企业、事业、机关分	**By Enterprise, Institution and Agency**						
企　业	Enterprises	159.63	171.83	41.72	43.24	8.31	8.56
事　业	Institutions	55.63	57.74	53.16	54.96	1.56	1.66
机　关	Agencies	19.64	20.65	19.44	20.56	0.01	0.04
按行业分	**By Sector**						
第一产业	Primary Industry	1.68	1.79	1.37	1.37	0.11	0.11
第二产业	Secondary Industry	111.88	121.20	24.37	24.70	6.52	6.81
采矿业	Mining and Quarrying	9.41	9.25	3.44	3.54	0.6	0.64
制造业	Manufacturing	55.22	59.62	12.60	12.96	2.48	2.37
电力、燃气及水的生产和供应业	Electricity, Gas & Water Production and Supply	6.32	6.46	2.04	2.08	0.14	0.13
建筑业	Construction	40.93	45.87	6.29	6.12	3.30	3.67
第三产业	Tertiary Industry	121.34	127.23	88.58	92.69	3.25	3.34
交通运输、仓储及邮政业	Transportation, Storage, Postal Services	12.64	13.28	8.55	8.96	0.27	0.29
信息传输、计算机服务和软件业	Data Transmission, Computer Service and Software	2.47	2.68	1.27	1.00	0.01	0.01
批发与零售业	Wholesale and Retail Trade	10.86	10.77	2.54	2.68	0.60	0.59
住宿和餐饮业	Hotels and Restaurants	4.19	4.19	0.82	0.79	0.19	0.19
金融业	Financing	6.01	6.35	2.30	2.31	0.32	0.32
房地产业	Real Estate	4.23	4.88	1.04	1.29	0.13	0.13
租赁与商务服务业	Renting and Business Activities	4.12	5.11	1.71	2.38	0.11	0.11
科学研究、技术服务与地质勘查业	Scientific Research, Technical Services & Geologic Prospecting	4.95	5.05	2.51	2.80	0.03	0.02
水利、环境和公共设施管理业	Administration of Water Conservancy, Environment and Public Utilities	3.04	3.38	2.47	2.68	0.19	0.26
居民服务和其他服务业	Personal Services and Other Services	0.76	0.89	0.14	0.16	0.05	0.05
教　育	Education	32.90	33.57	31.89	32.45	0.04	0.05
卫生、社会保障和社会福利业	Public Health, Social Security and Social Welfare	10.39	11.16	9.03	9.77	1.26	1.27
文化、体育与娱乐业	Culture, Sports and Entertainment	2.36	2.53	1.94	2.06	0.02	0.02
公共管理与社会组织	Public Administration and Social Organizations	22.42	23.39	22.37	23.36	0.03	0.03

表3.15 城镇非私营单位职工工资总额（2009－2010年）
TOTAL WAGES OF STAFF AND WORKERS OF NON-PRIVATE ECONOMIC UNITS (2009-2010)

单位：万元 (10 000 yuan)

指 标	Item	合 计 Total		其 中 of which #国 有 State-owned		#集 体 Collective-owned	
		2009	2010	2009	2010	2009	2010
总 计	**Total**	**7161387**	**8629547**	**3855720**	**4435431**	**198908**	**242086**
按企业、事业、机关分	**By Enterprise, Institution and Agency**						
企 业	Enterprises	4605398	5740106	1373786	1639238	161369	195325
事 业	Institutions	1839542	2104600	1769362	2014073	37137	45043
机 关	Agencies	716447	784841	712572	782120	402	1718
按行业分	**By Sector**						
第一产业	Primary Industry	31720	37250	25947	29737	2900	2387
第二产业	Secondary Industry	2989883	3690436	752342	862774	120086	149551
采矿业	Mining and Quarrying	259371	291609	104291	126960	11084	14713
制造业	Manufacturing	1512137	1865017	402764	472073	44315	48869
电力、燃气及水的生产和供应业	Electricity, Gas & Water Production and Supply	282252	330075	78922	93353	2367	2372
建筑业	Construction	936123	1203735	166365	170388	62320	83597
第三产业	Tertiary Industry	4139784	4901861	3077431	3542920	75922	90148
交通运输、仓储及邮政业	Transportation, Storage, Postal Services	366129	450707	269058	314706	4435	5929
信息传输、计算机服务和软件业	Data Transmission, Computer Service and Software	123005	173876	40104	37160	237	236
批发与零售业	Wholesale and Retail Trade	274556	314399	92106	109473	8821	9427
住宿和餐饮业	Hotels and Restaurants	64746	89091	14380	16027	2469	2659
金融业	Financing	375491	475483	127584	147140	15362	19167
房地产业	Real Estate	132725	170553	25773	33003	1979	2286
租赁与商务服务业	Renting and Business Activities	99935	127691	41749	54174	2079	2252
科学研究、技术服务与地质勘查业	Scientific Research, Technical Services & Geologic Prospecting	242513	284448	107723	144629	713	557
水利、环境和公共设施管理业	Administration of Water Conservancy, Environment and Public Utilities	60371	73240	50400	59272	3067	4139
居民服务和其他服务业	Personal Services and Other Services	16930	22402	4200	5778	974	1029
教 育	Education	1125648	1271465	1097812	1234289	630	949
卫生、社会保障和社会福利业	Public Health, Social Security and Social Welfare	388474	490721	352080	447224	34340	40493
文化、体育与娱乐业	Culture, Sports and Entertainment	73257	86551	59231	69415	391	508
公共管理与社会组织	Public Administration and Social Organizations	796004	871234	795231	870630	425	517

表3.16 城镇非私营单位在岗职工平均工资（2009－2010年）

AVERAGE WAGES OF STAFF AND WORKERS OF NON-PRIVATE ECONOMIC UNITS (2009-2010)

单位：元 (yuan)

指 标	Item	合 计 Total		其 中 of which #国 有 State-owned		#集 体 Collective-owned	
		2009	2010	2009	2010	2009	2010
总 计	**Total**	**30965**	**35326**	**34023**	**38075**	**20337**	**24205**
按企业、事业、机关分	**By Enterprise, Institution and Agency**						
企 业	Enterprises	29436	34331	33396	38791	19624	23460
事 业	Institutions	33188	37014	33394	37224	24190	27637
机 关	Agencies	37101	38857	37104	38858	20167	38403
按行业分	**By Sector**						
第一产业	Primary Industry	18864	20894	18839	21617	25351	21719
第二产业	Secondary Industry	27445	31555	31858	36165	18611	22642
采矿业	Mining and Quarrying	28128	31769	30974	36113	19021	22583
制造业	Manufacturing	27752	31960	31753	36348	17467	20617
电力、燃气及水的生产和供应业	Electricity, Gas & Water Production and Supply	44952	51172	38924	45063	16700	18777
建筑业	Construction	24032	28014	30048	32261	19532	24183
第三产业	Tertiary Industry	34343	39043	34839	38822	23622	27428
交通运输、仓储及邮政业	Transportation, Storage, Postal Services	28804	34321	31309	35725	16445	20781
信息传输、计算机服务和软件业	Data Transmission, Computer Service and Software	50426	64592	31548	36218	16116	16164
批发与零售业	Wholesale and Retail Trade	26102	30054	36028	40057	14892	16447
住宿和餐饮业	Hotels and Restaurants	17097	21380	17637	20555	13210	14311
金融业	Financing	64430	78593	56782	65962	48100	60371
房地产业	Real Estate	28912	32674	25344	26530	15603	18493
租赁与商务服务业	Renting and Business Activities	22370	25547	19982	23141	19408	20439
科学研究、技术服务与地质勘查业	Scientific Research, Technical Services & Geologic Prospecting	48329	55793	43879	52838	20418	24017
水利、环境和公共设施管理业	Administration of Water Conservancy, Environment and Public Utilities	20084	22883	20544	23386	16368	16472
居民服务和其他服务业	Personal Services and Other Services	22628	26171	28668	35621	19243	21517
教 育	Education	34337	38251	34566	38431	16038	20592
卫生、社会保障和社会福利业	Public Health, Social Security and Social Welfare	38191	44828	39830	46757	27825	32212
文化、体育与娱乐业	Culture, Sports and Entertainment	30796	34544	30618	34074	17917	22762
公共管理与社会组织	Public Administration and Social Organizations	35852	37911	35894	37945	14689	17934

表3.17 城镇非私营单位就业人员劳动报酬（2009－2010年）
EARNINGS OF EMPLOYMENT OF URBAN NON-PRIVATE UNITS (2009-2010)

单位：万元 (10 000 yuan)

指 标	Item	合 计 Total		其 中 of which #国 有 State-owned		#集 体 Collective-owned	
		2009	2010	2009	2010	2009	2010
总 计	**Total**	**7430544**	**8977192**	**3952491**	**4564096**	**205187**	**249685**
按企业、事业、机关分	**By Enterprise, Institution and Agency**						
企 业	Enterprises	4829313	6025022	1428894	1708300	166420	201700
事 业	Institutions	1874427	2151938	1800761	2058287	38338	46267
机 关	Agencies	726804	800232	722836	797509	429	1718
按行业分	**By Sector**						
第一产业	Primary Industry	32031	38133	26086	29957	2931	2423
第二产业	Secondary Industry	3097425	3822277	784342	900113	124621	154894
采矿业	Mining and Quarrying	261670	294601	104659	127265	11325	14880
制造业	Manufacturing	1571436	1949555	418285	490435	45580	50470
电力、燃气及水的生产和供应业	Electricity, Gas & Water Production and Supply	284523	332857	79058	93834	2382	2383
建筑业	Construction	979796	1245264	182340	188579	65334	87161
第三产业	Tertiary Industry	4301088	5116782	3142063	3634026	77635	92368
交通运输、仓储及邮政业	Transportation, Storage, Postal Services	380687	473705	279760	332872	4489	6031
信息传输、计算机服务和软件业	Data Transmission, Computer Service and Software	124466	179441	40937	37967	244	243
批发与零售业	Wholesale and Retail Trade	278541	320547	93111	111151	8948	9554
住宿和餐饮业	Hotels and Restaurants	65598	90322	14756	16616	2476	2664
金融业	Financing	454696	574129	134360	155124	15553	19811
房地产业	Real Estate	136486	174778	26432	33780	1996	2313
租赁与商务服务业	Renting and Business Activities	104159	131909	43209	54869	2191	2395
科学研究、技术服务与地质勘查业	Scientific Research, Technical Services & Geologic Prospecting	254372	296798	112649	148912	713	558
水利、环境和公共设施管理业	Administration of Water Conservancy, Environment and Public Utilities	62964	76819	52612	62575	3349	4166
居民服务和其他服务业	Personal Services and Other Services	17248	22712	4352	5933	1061	1100
教 育	Education	1138525	1295524	1108626	1256538	656	973
卫生、社会保障和社会福利业	Public Health, Social Security and Social Welfare	401260	503917	364033	459302	35124	41530
文化、体育与娱乐业	Culture, Sports and Entertainment	73865	87680	59808	70495	391	508
公共管理与社会组织	Public Administration and Social Organizations	808221	888501	807418	887892	444	522

表3.18 城镇非私营单位就业人员变动情况（2009－2010年）
VARIATION OF EMPLOYMENT IN URBAN NON-PRIVATE UNITS (2009-2010)

单位：万人、% (10 000 persons, %)

项　目	Item	就业人员变动情况 Variation of Employment 2009	2010	构　成 Composition 2009	2010
总　计	**Total**	**39.29**	**46.66**	**100.0**	**100.0**
按来源分	**By Source**				
城　镇	Urban	14.74	11.82	37.5	25.3
农　村	Rural	7.99	18.24	20.4	39.1
大中专技校毕业生	Graduates from Universities Specialized Secondary Schools and Technical Training Schools	6.88	9.28	17.5	19.9
其　他	Others	9.68	7.32	24.6	15.7
按去向分	**By Assignment**				
国有经济单位	State-owned Units	11.30	13.88	28.8	29.8
集体经济单位	Collective-owned Units	1.64	1.74	4.1	3.7
其他经济单位	Other Types of Urban Ownership	26.35	31.04	67.1	66.5

表3.19 城镇登记失业人数（1985－2010年）
NUMBER OF REGISTERED UNEMPLOYMENT IN URBAN AREAS (1985-2010)

单位：万人、% (10 000 persons, %)

年　份 Year	登记失业人数 Registered Unemployment	其　中 of which #女　性 Female	按失业时间分 By Unemployment Period 6个月以上 Over 6 Months	6个月以下 Less than 6 Months	登记失业率 Rate of Registered Unemployment
1985	6.46				2.3
1986	6.00				2.1
1987	6.29				2.2
1988	6.25				2.1
1989	8.43				2.8
1990	8.81				2.9
1991	9.42				3.0
1992	10.01				3.1
1993	10.23				3.2
1994	10.80				3.2
1995	10.47				2.9
1996	10.95				3.0
1997	10.85	6.18	6.92	3.93	3.5
1998	10.10	5.71	6.46	3.64	3.5
1999	10.08	5.48	6.15	3.93	3.5
2000	10.15	5.26	5.30	4.85	3.5
2001	13.72	7.24	7.72	6.00	3.9
2002	16.18	7.70	7.79	8.39	4.1
2003	16.16	8.20	8.62	7.54	4.1
2004	16.76	8.19	9.44	7.32	4.12
2005	16.89	8.27	9.67	7.22	4.12
2006	15.41	8.12	8.98	6.43	4.00
2007	14.13	7.60	8.01	6.12	3.98
2008	13.02	6.94	6.27	6.75	3.96
2009	13.44	6.55	6.02	7.42	3.96
2010	13.02	6.20	4.06	8.96	3.90

重/庆/统/计/年/鉴

主要统计指标解释

■ 人口数

指一定时点、一定地区范围内的有生命的个人的总和。年度统计的年末人口数是指每年12月31日24时的人口数。

■ 出生率（又称粗出生率）

指在一定时期内（通常为一年）一定地区内出生人数与同期内平均人数（或期中人数）之比，一般用千分率表示。本资料中的出生率指年出生率。计算公式为：

出生率=年出生人数/年平均人数×1000‰

式中：出生人数是指活产婴儿，即胎儿脱离母体时（不管怀孕月数）有过呼吸或其他生命现象。年平均人数是年初、年底人口数的平均数，也可用年中人口数代替。

■ 死亡率（又称粗死亡率）

指在一定时期内（通常为一年）一定地区的死亡人数与同期平均人数（或期中人数）之比，一般用千分率表示。本资料中的死亡率指年死亡率。计算公式为：

死亡率=年死亡人数/年平均人数×1000‰

■ 人口自然增长率

指在一定时期内（通常为一年）人口自然增加数（出生人数减死亡人数）与该时期内平均人数（或期中人数）之比，一般用千分率表示。计算公式为：

人口自然增长率=(本年出生人数-本年死亡人数)/年平均人数×1000‰=人口出生率-人口死亡率

■ 常住人口

常住人口在人口调查中的定义为下列几款：（1）户口在本乡镇（街道），居住在本乡镇（街道）的人口；（2）户口在外乡镇（街道），居住在本乡镇（街道）半年以上的人口；（3）户口在外乡镇（街道），在本乡镇（街道）居住不满半年，离开户口登记地半年以上的人口；（4）居住在本乡镇（街道），户口待定的人口。

■ 城镇人口和乡村人口

城镇人口是指居住在城镇范围内的全部人口；乡村人口是除上述人口以外的全部人口。

历年城乡人口数据是按照当时国家《关于统计上划分城乡的规定》计算的。

三次普查之间年份的城乡人口根据1990年和2000年人口普查数据进行了调整。

■ 就业人员

指在16周岁及以上，从事一定社会劳动并取得劳动报酬或经营收入的人员。这一指标反映了一定时期内全部劳动力资源的实际利用情况，是研究我国基本国情国力的重要指标。

■ 职工

指在国有、城镇集体、联营、股份制、外商和港、澳、台投资、其他单位（不包括私营单位和个体经营户）及其附属机构工作，并由其支付工资的各类人员。不包括离休、退休、退职人员；再就业的离、退休人员；在城镇单位中工作的外方及港、澳、台人员；其他按有关规定不列入职工统计范围的人员。（1998年及以后的数据均为在岗职工数据，其他相关指标如职工工资总额，职工平均工资等指标也从1998年按此口径进行了相应调整）。

■ 国有单位

指资产归国家所有的经济组织。包括按《中华人民共和国企业法人登记管理条例》规定登记注册的非公司制的经济组织，以及中央、地方各级国家机关、事业单位和社会团体。

■ 集体单位

指生产资料归集体所有，并按《中华人民共和国企业法人登记管理条例》规定登记注册的经济组织。

■ 职工工资总额

指各单位在一定时期内直接支付给本单位全部职工的劳动报酬总额。工资总额的计算原则应以直接支付给

主要统计指标解释

职工的全部劳动报酬为根据。各单位支付给职工的劳动报酬以及其他根据有关规定支付的工资，不论是计入成本的还是不计入成本的，不论是以货币形式支付的还是以实物形式支付的，均包括在工资总额内。

■ 职工平均工资

指企业、事业、机关单位的职工在一定时期内平均每人所得的工资额。它表明一定时期职工工资收入的高低程度，是反映职工工资水平的主要指标，计算公式为：

职工平均工资=报告期实际支付的全部职工工资总额/报告期全部职工平均人数

■ 就业人员劳动报酬

指各单位在一定时期内直接支付给本单位全部就业人员的劳动报酬总额。包括职工工资总额和其他就业人员劳动报酬总额。

■ 城镇登记失业人员

指在劳动年龄（16周岁至退休年龄）内，有劳动能力，有就业要求，处于无业状态并在公共就业服务机构进行失业登记的城镇常住人员。其中，没有就业经历的城镇户籍人员，在户籍所在地登记；农村进城务工人员和其他非本地户籍人员在常住地稳定就业满6个月的，失业后可以在常住地登记。

■ 城镇登记失业率

指报告期末，登记失业人数占期末城镇就业人员总数与期末实有城镇登记失业人数之和的比重。计算公式为：

城镇登记失业率=期末实有登记失业人数/(期末就业人员总数+期末实有登记失业人数)×100%

CHONGQING STATISTICAL YEARBOOK

Explanatory Notes on Main Statistical Indicators

□ Total population

Refers to the total number of people alive at a certain point of time within a given area.The annual statistics on total population is taken at midnight, the 3lst of December.

□ Birth Rate (or Crude Birth Rate)

Refers to the ratio of the number of births to the average population during a certain period of time (usually a year), which is often expressed in ‰. Birth rate in the chapter refers to annual birth rate. The following formula is used:

Birth Rate = Number of Births / Average Number of Population × 1000‰

Number of Births refers to live births, i.e. the births when babies had showed any vital phenomena regardless of the length of pregnancy.

Annual Average Number of Population is the average of the number of population at the beginning of the year and that at the end of the year. Sometimes it is substituted for with the mid-year population.

□ Death Rate (or Crude Death Rate)

Refers to the ratio of the number of deaths to the average population (or mid-year population) during a certain period of time (usually a year), which is often expressed in ‰. Death rate in the chapter refers to annual death rate. The following formula is used:

Death Rate = Number of Deaths / Annual Average Number of Population × 1000‰

□ Natural Growth Rate of Population

Refers to the ratio of natural increase in population (number of births minus number of deaths) in a certain period of time (usually a year) to average population (or mid-year population) of the same period, which is often expressed in ‰. The following formulas are applied:

Natural Growth of Population = Number of Births - Number of Deaths / Average number of Population × 1000‰

Natural Growth Rate of Population = Birth Rate - Death Rate

□ Resident Population

According to survey of population, it includes the following main items: 1) population with residence registered in this township or town (street) and reside in this area; 2) population with residence registered in other area, but having actually resided in this township or town (street) over half a year; 3) population with residence registered in other area and having resided in this townships or towns (streets) under half a year, but leaving the area where they registered residence over half a year; 4) population reside in this township or town (street), but haven't registered residence temporarily.

□ Urban Population and Rural Population

Urban population refer to all people, while rural population refer to population other than urban population.

Statistics on urban and rural population over the years are compiled in line with the regulations of statistical classification on urban and rural population stipulated by the government, which were in effect at different times.

Figures on urban/rural population for the years between the 3 censuses are adjusted in accordance with the 1990 and 2000 population census data.

□ Employees

Refer to the persons aged 16 and over who are engaged in social working and receive remuneration payment or earn business income. This indicator reflects the actual utilization of total labor force during a certain period of time and is often used for the research on China's economic affairs and national power.

□ Staff and Workers

Refer to persons working in, and receive payment from units of state ownership, collective ownership, joint ownership, share holding ownership, foreign ownership, and ownership by entrepreneurs from Hong Kong, Macao, and Taiwan, and other types of ownership and their affiliated units(excluding private enterprises and owners of self-employed). They exclude: retirees; re-employed retirees; foreigners and persons from Hong Kong, Macao and Taiwan who work in urban units; 8) other persons not to be included by relevant regulations. (Data of 1998 and afterward

EXPLANATORY NOTES TO MAJOR STATISTICAL INDICATORS

refer to fully employed staff and workers. Other related statistics such as total wage bill and average wage are adjusted since 1998 accordingly).

□ State-owned Units

Refer to economic units whose assets are owned by the state. Included are non-corporation units registered according to Regulation of the People's Republic of China on the Registration of Enterprises and Corporations, state organs, institutions and social organizations at the central and local levels.

□ Collective Units

Refer to economic units registered according to Regulation of the People's Republic of China on the Registration of Enterprises and Corporations where the means of production are collectively owned.

□ Total Wages of Bill

Refers to total remuneration payment to staff and workers in various units during a certain period of time. The calculation of total wages is based on the total remuneration payment to the staff and workers. Therefore, all the wages and salaries and other payments to staff and workers are included in the total wage bill regardless of sources, reckoning the cost of production or not, category, listing as items of premium taxation or not, and forms, paying in cash or in kind.

□ Average Earning

Refers to average earning level in money terms per employee in the enterprise, institutions, and government agencies, which reflects the general level of wage income during a certain period of time and is calculated as follows:

Average Earning of Employees=Total Earning of Employees at Reference Period/Average Number of Employees at Reference Period

□ Earning

Refer to total remuneration payment to all employees in various units in urban areas(did not include urban private units and self-employed individuals) during a certain period of time, including staff and workers and other employee(i.e.,reemployed retirees or those who are from Hong Kong, Macao, Taiwan province or other countries).

□ Registered Unemployed Persons in Urban Areas

Refers to the unemployed urban resident population at the labor age (from 16 to the age of retirement), with labor capability and employment demand, who have been registered at the public employment service institutions. Among whom, the urban resident population without employment experience shall be registered at the place of household registration; the off-farm workers and other persons with the household registration at other places who have been employed for 6 consecutive months may be registered at the place of their usual residence.

□ Registered Unemployment Rate in Urban Areas

Refers to the ratio of the number of the registered unemployed persons at the end of the reference period to the sum of total employment and the number of the registered unemployed persons at the end of the reference period. The formula is as the follows:

Registered urban unemployment rate = number of registered urban unemployed persons at the end of reference period / (total employment+ number of registered urban unemployed persons at the end of reference period) × 100%

4

固定资产投资

INVESTMENT IN FIXED ASSETS

简要说明 Brief Introduction

本章内容主要包括全社会固定资产投资、城镇建设项目投资、房地产开发和商品房销售、重点项目完成情况，由市统计局固定资产投资处整理提供。

The data in this chapter cover total investment in fixed assets, investment in urban construction, real estate development, sales of commercialized buildings and completed investment in key projects. All the data are prepared and provided by Division of Statistics of Investment in Fixed Assets, Chongqing Municipal Bureau of Statistics.

表4.1 主要年份全社会固定资产投资
TOTAL INVESTMENT IN FIXED ASSETS IN MAJOR YEARS

单位：万元(10 000 yuan)

年　份 Year	固定资产投资额总计 Total Investment in Fixed Assets	新增固定资产 Newly Increased Fixed Assets	固定资产投资按构成分 Investment in Fixed Assets by Use of Funds		
			建筑安装工程 Construction and Installation	设备工具器具购置 Purchase of Equipment and Instruments	其他费用 Others
1949	39	37	39		
1952	9535	7107	7027	1751	757
1957	21330	20591	12563	6636	2131
1962	7769	7650	5853	1654	262
1965	37677	32844	24658	10280	2739
1970	62448	44331	26528	31658	4262
1975	64359	29973	26446	26539	11374
1978	59026	46834	37630	16958	4438
1980	102789	101499	71220	26265	5304
1985	364822	265993	238027	101461	25334
1986	420675	343008	265430	124895	30350
1987	482445	345528	329053	114844	38548
1988	558331	378150	374833	148913	34585
1989	547540	405769	370687	140033	36820
1990	693140	462056	450344	192115	50681
1991	851614	636525	548518	234255	68841
1992	1063852	871892	703962	261333	98557
1993	1550546	1036205	1008107	389367	153072
1994	2029178	1377025	1336181	509362	183635
1995	2709663	1886888	1707448	737819	264396
1996	3207278	2306996	2076949	733537	342156
1997	3709485	3143528	2418273	879477	411735
1998	4981452	3693019	3248271	1083808	649373
1999	5628679	3706704	3860379	1080062	688238
2000	6558116	4364464	4599909	1055220	902987
2001	8018228	4722181	5460064	1435621	1122543
2002	9956645	6868792	6961365	1482391	1512889
2003	12693544	7244753	8608006	1594910	2490628
2004	16219203	8377655	10155324	2512064	3551815
2005	20063180	15268045	12487360	2990736	4585084
2006	24518351	13817208	15250559	3530668	5737124
2007	31615147	18087476	20238311	4438013	6938823
2008	40452509	16147872	26504524	5793319	8154666
2009	53179185	28027347	35607657	6552634	11018894
2010	69347966	35223421	47667591	7271738	14408637

表4.1 续表1 continued1

单位：万元(10 000 yuan)

年 份 Year	固定资产投资按城乡分 Investment in Fixed Assets by Urban and Rural Areas					
	城 镇 Urban	其 中 of which		农 村 Rural	其 中 of which	
		建设项目 Construction Projects	房地产开发 Real Estate Development		农 户 Rural Households	非农户 Non-Rural Households
1949						
1952						
1957						
1962						
1965						
1970						
1975						
1978						
1980						
1985						
1986						
1987						
1988						
1989						
1990						
1991						
1992						
1993						
1994						
1995						
1996	2286027	1729842	556185	921251	520639	400612
1997	2747402	2072380	675022	962083	518255	443828
1998	4012210	3039196	973014	969242	509535	459707
1999	4504619	3379484	1125135	1124060	589147	534913
2000	5313816	3917489	1396327	1244300	649150	595150
2001	6720308	4753624	1966684	1297920	707500	590420
2002	8568780	6109650	2459130	1387865	722554	665311
2003	11375600	8096719	3278881	1317944	666529	651415
2004	14771164	10720373	4050791	1448039	715951	732088
2005	18384226	13206935	5177291	1678954	718040	960914
2006	22914581	16618281	6296300	1603770	771833	831937
2007	29713639	21214673	8498966	1901508	740000	1161508
2008	37815574	27905604	9909970	2636935	824161	1812774
2009	49587435	37198310	12389125	3591750	902424	2689326
2010	63429833	47227262	16202571	5918133	946416	4971717

表4.1 续表2 continued2

单位：万元(10 000 yuan)

年 份 Year	固定资产投资按登记注册类型分 Investment in Fixed Assets by Status of Registration						
	国 有 State - owned	集 体 Collective -owned	联 营 Joint- owned	股份制 Share- holding	港澳台及外商投资 Foreign- funded	私营个体 Individuals	其 他 Others
1949	39						
1952	9535						
1957	21330						
1962	7769						
1965	37662	15					
1970	62447	1					
1975	64355	4					
1978	56823	2203					
1980	91150	4718				3692	
1985	243927	66862				44712	9321
1986	301256	60497				48260	10662
1987	345509	58155				67033	11748
1988	410106	56588				78012	13625
1989	405239	46813				82058	13430
1990	528648	49525				92235	22732
1991	639554	69943				120515	21602
1992	739230	137945				165300	21377
1993	979597	276425	2798	32512	25320	206511	27383
1994	1364920	353815	2598	8013	13340	243119	43373
1995	1433244	424399	5834	101846	232079	370479	141782
1996	1597680	513195	6857	100805	278214	598918	111609
1997	1763147	550970	11428	354040	154602	669117	31148
1998	2598535	599304	7963	691371	402084	637275	44920
1999	2839011	664552	9951	612007	353199	1097082	52877
2000	3132534	730555	31555	877503	319730	1381098	85141
2001	3849113	821206	65544	1077977	432826	1715384	56178
2002	4603442	884409	45739	1678915	731767	1989250	23123
2003	5517224	845591	30177	3055216	648829	2514803	81704
2004	6625116	958051	30942	4199655	1174341	3114906	116192
2005	7978697	698801	75405	5902555	1176890	4063795	167037
2006	10219239	383345	62156	7208381	1420900	4939191	285139
2007	12551060	497937	92315	8796251	2293560	7036673	347351
2008	16091842	489458	158560	10398474	3026064	9663932	624179
2009	23241164	513318	149177	12949452	3052163	12497309	776602
2010	30610270	741840	203204	16450400	4120685	15949286	1272281

表4.1 续表3 continued3

单位：万元、万平方米 (10 000 yuan, 10 000 sq.m)

年 份 Year	固定资产投资按三次产业分 Investment in Fixed Assets by Three Strata of Industry			本年房屋施工面积 Floor Space under Construction	其 中 of which	本年房屋竣工面积 Floor Space Completed	其 中 of which
	第一产业 Primary Industry	第二产业 Secondary Industry	第三产业 Tertiary Industry		#住 宅 Residential Buildings		#住 宅 Residential Buildings
1949						1	
1952	37	4616	4882			5	1
1957	203	15421	5706			153	84
1962	314	6080	1375			18	7
1965	5130	25482	7065			103	43
1970	1291	56173	4984			121	49
1975	2716	54692	6951			95	39
1978	3790	45516	9720			121	39
1980	2101	69188	31500			323	166
1985	4848	184918	175056	2536		1341	680
1986	3359	238569	178747	2596		2141	1445
1987	4794	282515	195136	2752		2169	1474
1988	5490	346847	205994	2632		1970	1478
1989	5919	314655	226966	2400		1851	706
1990	13220	413776	266144	2522		2057	1620
1991	19966	487813	343835	2753		2258	1756
1992	20329	558021	485502	3228		2473	1947
1993	14208	701890	834448	3619		2631	1994
1994	14449	839691	1175038	4045		2926	2119
1995	17117	1066810	1625736	4964		3306	2503
1996	23128	1156837	2027313	6026	4164	4209	3313
1997	33820	1309109	2366556	6145	4198	4302	3363
1998	44133	1418980	3518339	6587	4474	4285	3267
1999	65652	1217277	4345750	7170	4799	4660	3527
2000	89657	1423981	5044478	8494	5931	5337	4087
2001	108038	1462479	6447711	8812	6055	4939	3664
2002	191128	1956665	7808852	10643	7305	6403	4665
2003	264249	3033987	9395308	10962	7398	5959	4293
2004	360891	4301999	11556313	11797	7835	5560	3962
2005	441953	5860896	13760331	13300	8792	6385	4341
2006	519301	7553189	16445861	14993	9693	5979	4098
2007	597371	10850790	20166986	16278	10912	5523	3810
2008	890989	14370570	25190950	17629	12091	5456	3990
2009	1991057	18914538	32273590	20131	13816	4961	3208
2010	2647737	24231237	42468992	25068	17698	6559	4983

表4.2 全社会固定资产投资（2009－2010年）
TOTAL INVESTMENT IN FIXED ASSETS (2009-2010)

指 标	Item	投资额 Investment		构 成（%） Composition(%)	
		2009	2010	2009	2010
投资总额（万元）	**Total Investment (10 000 yuan)**	**53179185**	**69347966**	**100.0**	**100.0**
按隶属关系分	**By Jurisdiction of Administration**				
中央项目	Central Investment	4403685	5259713	8.3	7.6
地方项目（包括无隶属关系的）	Local Investment (including non-governmental investment)	48775500	64088253	91.7	92.4
按登记注册类型分	**By Status of Registration**				
内 资	Domestic-funded	50127022	65227281	94.3	94.1
#国 有	State-owned	23241164	30610270	43.7	44.1
集 体	Collective-owned	513318	741840	1.0	1.1
联 营	Joint-owned	149177	203204	0.3	0.3
股份制	Share-holding	12949452	16450400	24.4	23.7
私营个体	Individual	12497309	15949286	23.5	23.0
其 他	Others	776602	1272281	1.5	1.8
港澳台投资经济	Funded by Entrepreneurs from Hong Kong, Macao and Taiwan	1865035	2573832	3.5	3.7
外商投资经济	Foreign-funded	1187128	1546853	2.2	2.2
按城乡分	**By Rural and Urban Areas**				
城 镇	Urban	49587435	63429833	93.2	91.5
#房地产开发	Real Estate Development	12389125	16202571	23.3	23.4
农 村	Rural	3591750	5918133	6.8	8.5
#农 户	Rural Households	902424	946416	1.7	1.4
按构成分	**By Use of Funds**				
建筑工程	Construction	32665434	43710073	61.4	63.0
安装工程	Installation	2942223	3957518	5.5	5.7
设备工具器具购置	Purchase of Equipment and Instruments	6552634	7271738	12.3	10.5
其他费用	Others	11018894	14408637	20.7	20.8
新增固定资产（万元）	**Newly Increased Fixed Assets (10 000 yuan)**	**28027347**	**35223421**		
固定资产交付使用率（%）	**Rate of Fixed Assets Put into Use (%)**	**53**	**51**		
房屋建筑面积（万平方米）	**Floor Space of Buildings (10 000 sq.m)**				
施工面积	Floor Space under Construction	18401	23714		
#住 宅	Residential Buildings	12245	16353		
竣工面积	Floor Space Completed	4961	5170		
#住 宅	Residential Buildings	3208	3610		

表4.3 按行业分的全社会固定资产投资（2009－2010年）
TOTAL INVESTMENT IN FIXED ASSETS BY SECTOR (2009-2010)

单位：万元(10 000 yuan)

行　业	Sector	2009	2010
总　计	**Total**	**53179185**	**69347966**
第一产业	Primary Industry	1991057	2647737
第二产业	Secondary Industry	18914538	24231237
工　业	Industry	17930742	22336924
采矿业	Mining	1558543	1763630
制造业	Manufacturing	13805280	17662897
电力、燃气及水的生产和供应业	Electricity, Gas & Water Production and Supply	2566919	2910397
建筑业	Construction	983796	1894313
第三产业	Tertiary Industry	32273590	42468992
交通运输、仓储及邮政业	Transport, Storage, Post	6902408	7911280
信息传输、计算机服务和软件业	Information Transmission, Computer Services and Software	533316	766908
批发与零售业	Wholesale and Retail Trades	376477	920755
住宿和餐饮业	Hotels and Catering Services	184368	368653
金融业	Financial Intermediation	88368	37258
房地产业	Real Estate	15415766	19978425
租赁与商务服务业	Leasing and Business Services	302123	607368
科学研究、技术服务与地质勘查业	Scientific Research, Technical Services and Geological Prospecting	185353	110342
水利、环境和公共设施管理业	Administration of Water Conservancy, Environment and Public Facilities	5652015	7850011
居民服务和其他服务业	Household Services and Other Services	23300	127677
教　育	Education	1095766	1215463
卫生、社会保障和社会福利业	Health, Social Security and Social Welfare	312278	453625
文化、体育与娱乐业	Culture, Sports and Entertainment	382295	536903
公共管理与社会组织	Public Administration and Social Organizations	819757	1584324

表4.4 全社会固定资产投资资金来源（2009－2010年）

TOTAL INVESTMENT IN FIXED ASSETS BY SOURCE OF FUNDS (2009-2010)

单位：万元(10 000 yuan)

指 标	Item	总 计 Total		其 中 of which：农 村 Rural		其 中 of which：#农 户 Rural Households	
		2009	2010	2009	2010	2009	2010
本年资金来源合计	**Total Investment from All Sources in This Year**	**66367714**	**92951031**	**2853889**	**6257299**	**902424**	**946416**
上年末结余资金	Balance of the Previous Year	5843748	7371418	61171	90417		
本年资金来源小计	Subtotal of Funds Invested in This Year	60523966	85579613	2792718	6166882	902424	946416
国家预算内资金	State Budgetary Appropriation	3969932	6511479	401564	883299		
国内贷款	Domestic Loans	12043518	17477058	158001	377860		
债 券	Bonds	723071	332344				
利用外资	Foreign Investment	744087	1492287	8202	15657		
自筹资金	Self-raised Funds	28819283	38201511	1896921	3373694	902424	946416
其他资金来源	Others	14224075	21564934	328030	1516372		

指 标	Item	其 中 of which：城 镇 Urban		其 中 of which：建设项目 Construction Investment		其 中 of which：房地产开发 Real Estate Development	
		2009	2010	2009	2010	2009	2010
本年资金来源合计	**Total Investment from All Sources in This Year**	**62611401**	**86693732**	**40584740**	**52300060**	**22026661**	**34393672**
上年末结余资金	Balance of the Previous Year	5782577	7281001	2238964	1482593	3543613	5798408
本年资金来源小计	Subtotal of Funds Invested in This Year	56828824	79412731	38345776	50817467	18483048	28595264
国家预算内资金	State Budgetary Appropriation	3568368	5628180	3568368	5628180		
国内贷款	Domestic Loans	11885817	17099198	8563443	11252038	3322374	5847160
债 券	Bonds	722771	332344	722771	332344		
利用外资	Foreign Investment	735885	1476630	365711	637365	370174	839265
自筹资金	Self-raised Funds	26922362	34827817	21519232	27977851	5403130	6849966
其他资金来源	Others	12993621	20048562	3606251	4989689	9387370	15058873

表4.5 按行业分建设项目投资和建设总规模（2010年）

INVESTMENT IN CONSTRUCTION BY SECTOR AND TOTAL INVESTMENT IN CONSTRUCTION (2010)

指　标	Item	建设总规模 Total Investment in Construction	在建总规模 Total Investment in Projects under Construction
总　计	**Total**	**157697135**	**156490057**
第一产业	Primary Industry	5419226	5396897
第二产业	Secondary Industry	70282733	70109358
工　业	Industry	67164718	66823899
采矿业	Mining	2752714	2791166
制造业	Manufacturing	53881126	53546343
电力、燃气及水的生产和供应业	Electricity, Gas & Water Production and Supply	10530878	10486390
建筑业	Construction	3118015	3285459
第三产业	Tertiary Industry	81995176	80983802
交通运输、仓储及邮政业	Transport, Storage, Post	32376109	32429260
信息传输、计算机服务和软件业	Information Transmission, Computer Services and Software	1051793	930485
批发与零售业	Wholesale and Retail Trades	2369071	2369135
住宿和餐饮业	Hotels and Catering Services	829362	710262
金融业	Financial Intermediation	78143	78143
房地产业	Real Estate	6595169	6267673
租赁与商务服务业	Leasing and Business Services	1795117	1818441
科学研究、技术服务与地质勘查业	Scientific Research, Technical Services and Geological Prospecting	347078	333133
水利、环境和公共设施管理业	Administration of Water Conservancy, Environment and Public Facilities	26896601	26599453
居民服务和其他服务业	Household Services and Other Services	154173	153773
教　育	Education	3325423	3204991
卫生、社会保障和社会福利业	Health, Social Security and Social Welfare	926148	879444
文化、体育与娱乐业	Culture, Sports and Entertainment	2970399	2803845
公共管理与社会组织	Public Administration and Social Organizations	2280590	2405764

单位：万元(10 000 yuan)

在建净规模 Net Investment in Projects under Construction	投资额 Investment	其中 of which					
		#新　建 New Constuction	#扩　建 Expansion	#改　建 Reconstruction	建筑安装工程投资 Construction and Installation	设备工器具购置 Purchase of Equipment and Instruments	其他费用 Other Expenses
86628056	**47227262**	**31762634**	**6043963**	**7284159**	**32417586**	**6622985**	**8186691**
3615494	1698835	1094952	195223	385428	1231166	59122	408547
39897734	22285187	13672469	3444538	3881929	14383735	5060746	2840706
38218143	20801172	12641579	3235593	3705695	13149168	5000358	2651646
1311586	1430069	435038	444610	503178	1048661	252486	128922
32676217	16705653	10413159	2462210	2674231	10183406	4306443	2215804
4230340	2665450	1793382	328773	528286	1917101	441429	306920
1679591	1484015	1030890	208945	176234	1234567	60388	189060
43114828	23243240	16995213	2404202	3016802	16802685	1503117	4937438
15957828	7424830	5612286	784438	828633	5536607	585048	1303175
99012	766594	108611	643283	12175	347673	407604	11317
1681662	903935	700692	76417	93433	628916	63321	211698
312308	340907	243209	52958	32240	280821	20124	39962
49387	37258	7466			6741	29994	523
3555449	2515161	1862259	33097	544275	1826237	13732	675192
854486	593087	415632	5930	148200	252323	19845	320919
194729	105492	93222	1813	4118	76627	14106	14759
14481935	7165047	5715715	499492	902818	5209676	89446	1865925
103246	84951	69649	6210	8154	73127	6946	4878
1558070	1170308	731853	198974	73216	1002159	74920	93229
545119	382312	227121	54208	48250	322454	24142	35716
2088252	520754	434412	2518	68319	371166	29913	119675
1633345	1232604	773086	44864	252971	868158	123976	240470

表4.6 按行业分城镇建设项目施工、投产项目个数（2010年）

NUMBER OF URBAN CONSTRUCTION PROJECTS UNDER CONSTRUCTION AND COMPLETED PROJECTS BY SECTOR (2010)

行 业	Sector	施工项目（个） Number of Projects under Construction (unit)	其中 of which #新开工 Started This Year	全部建成投产项目(个) Number of Projects Completed and Put into Use (unit)	项目建成投产率(%) Rate of Projects Completed& Put into Use(%)
总 计	**Total**	**10206**	**6869**	**6143**	**60.2**
第一产业	Primary Industry	449	300	281	62.6
第二产业	Secondary Industry	4877	3246	2854	58.5
工 业	Industry	4483	2932	2591	57.8
采矿业	Mining	426	320	305	71.6
制造业	Manufacturing	3572	2324	2020	56.6
电力、燃气及水的生产和供应业	Electricity, Gas & Water Production and Supply	485	288	266	54.8
建筑业	Construction	394	314	263	66.8
第三产业	Tertiary Industry	4880	3323	3008	61.6
交通运输、仓储及邮政业	Transport, Storage, Post	704	443	437	62.1
信息传输、计算机服务和软件业	Information Transmission, Computer Services and Software	126	53	18	14.3
批发与零售业	Wholesale and Retail Trades	255	218	200	78.4
住宿和餐饮业	Hotels and Catering Services	132	101	83	62.9
金融业	Financial Intermediation	11	7	5	45.5
房地产业	Real Estate	639	432	438	68.5
租赁与商务服务业	Leasing and Business Services	60	42	33	55.0
科学研究、技术服务与地质勘查业	Scientific Research, Technical Services and Geological Prospecting	85	67	48	56.5
水利、环境和公共设施管理业	Administration of Water Conservancy, Environment and Public Facilities	1544	1018	858	55.6
居民服务和其他服务业	Household Services and Other Services	58	50	41	70.7
教 育	Education	361	234	224	62.0
卫生、社会保障和社会福利业	Health, Social Security and Social Welfare	209	122	136	65.1
文化、体育与娱乐业	Culture, Sports and Entertainment	187	129	106	56.7
公共管理与社会组织	Public Administration and Social Organizations	509	407	381	74.9

表4.7 全社会房屋施工面积（2009－2010年）
TOTAL FLOOR SPACE OF BUILDINGS UNDER CONSTRUCTION (2009-2010)

单位：万平方米(10 000 sq.m)

指　标	Item	房屋施工面积 Floor Space of Buildings under Construction		其　中 of which #住　宅 Residential Buildings	
		2009	2010	2009	2010
总　计	**Total**	**20131**	**25068**	**13816**	**17698**
建设项目	Construction	4516	5272	1604	1884
房地产开发	Real Estate Development	13053	17138	10338	13745
农村非农户	Non-Rural Households	832	1303	302	724
农　户	Rural Households	1730	1354	1571	1345

表4.8 全社会房屋竣工面积（2009－2010年）
TOTAL FLOOR SPACE OF BUILDINGS COMPLETED (2009-2010)

单位：万平方米(10 000 sq.m)

指　标	Item	房屋竣工面积 Floor Space of Buildings Completed		其　中 of which #住　宅 Residential Buildings	
		2009	2010	2009	2010
总　计	**Total**	**4961**	**6559**	**3208**	**4983**
建设项目	Construction	1558	1701	624	941
房地产开发	Real Estate Development	2907	2627	2385	2180
农村非农户	Non-Rural Households	495	842	200	490
农　户	Rural Households	3127	1389	2868	1373

表4.9 全社会房屋造价（2009－2010年）
COST OF COMPLETED BUILDINGS (2009-2010)

单位：元/平方米(yuan/sq.m)

指　标	Item	每平方米造价 Cost of Buildings Completed per Sq.m		其　中 of which #住　宅 Residential Buildings	
		2009	2010	2009	2010
总　计	**Total**				
建设项目	Construction	1203	1174	976	1018
房地产开发	Real Estate Development	2111	2467	2030	2340
农村非农户	Non-Rural Households	888	504	767	580
农　户	Rural Households				

表4.10 城镇建设项目投资（2009－2010年）
INVESTMENT IN URBAN CONSTRUCTION (2009-2010)

指　标	Item	2009	2010
投资总额（万元）	**Total Investment (10 000 yuan)**	**37198310**	**47227262**
#住　宅	Residential Buildings	1250178	1543014
按隶属关系分	By Jurisdiction of Administration		
中央项目	Central Investment	3800724	4558783
地方项目	Local Investment	33397586	42668479
按构成分	By Use of Funds		
建筑工程	Construction	22251889	29559174
安装工程	Installation	2133890	2858412
设备、工具、器具购置	Purchase of Equipment and Instruments	6034963	6622985
其他费用	Others	6777568	8186691
按建设性质分	By Type of Construction		
#新　建	New Construction	24879461	31762634
扩　建	Expansion	5559057	6043963
改建和技术改造	Reconstruction and Technical Transformation	4761300	7284159
按国民经济行业分	By Sector		
第一产业	Primary Industry	1446986	1698835
第二产业	Secondary Industry	17793653	22285187
#工　业	Industry	16996141	20801172
第三产业	Tertiary Industry	17957671	23243240
新增固定资产（万元）	**Newly Increased Fixed Assets (10 000 yuan)**	**19197690**	**23904286**
建设项目（个）	**Construction Project (unit)**		
施工项目	Project under Construction	11515	10206
本年投产项目	Project Completed in This Year	7474	6143
房屋建筑面积（万平方米）	**Floor Space of Buildings (10 000 sq.m)**		
施工面积	Floor Space under Construction	4516	5272
#住　宅	Residential Buildings	1604	1884
竣工面积	Floor Space Completed	1558	1701
#住　宅	Residential Buildings	624	941

表4.11 按行业分的城镇建设项目投资（2010年）
INVESTMENT IN CONSTRCTION IN URBAN AREA BY SECTOR (2010)

单位：万元(10 000 yuan)

行　业	Sector	施工项目个数（个） Project under Construction (unit)	计　划总投资 Planned Total Investment	本年完成投　资 Investment Completed in Current Year
总　计	**Total**	**10206**	**163402007**	**47227262**
第一产业	Primary Industry	449	5430996	1698835
第二产业	Secondary Industry	4877	73741807	22285187
工　业	Industry	4483	69693743	20801172
采矿业	Mining	426	2866069	1430069
#石油和天然气开采业	Extraction of Petroleum and Natural Gas	16	660839	431545
制造业	Manufacturing	3572	56090284	16705653
#化学原料及化学制品制造业	Manufacture of Raw Chemical Materials And Chemical Products	191	8418545	1405246
医药制造业	Manufacture of Medicines	93	974666	408148
通用设备制造业	Manufacture of General Purpose Machinery	256	2640375	962923
专用设备制造业	Manufacture of Special Purpose Machinery	116	1303014	525023
交通设备制造业	Manufacture of Transport Equipment	645	10807875	3173924
电力、燃气及水的生产和供应业	Production and Supply of Electricity, Gas and Water	485	10737390	2665450
电力、热力的生产和供应业	Production and Supply of Electric Power and Heat Power	190	8444998	1928953
燃气生产和供应业	Production and Supply of Gas	85	1109552	359988
水的生产和供应业	Production and Supply of Water	210	1182840	376509
建筑业	Construction	394	4048064	1484015
第三产业	Tertiary Industry	4880	84229204	23243240
交通运输、仓储及邮政业	Transport, Storage and Post	704	32857976	7424830
#邮政业	Post	1	13242	3083
信息传输、计算机服务和软件业	Data Transmission, Computer Services and Software	126	1058193	766594
#电信和其他信息传输服务业	Telecommunications and Other Information Transmission Services	121	1019743	762369
批发与零售业	Wholesale and Retail Trades	255	2458611	903935
住宿和餐饮业	Hotels and Catering Services	132	832362	340907
金融业	Financial Intermediation	11	79586	37258
房地产业	Real Estate	639	7044740	2515161
租赁与商务服务业	Leasing and Business Services	60	1818441	593087
科学研究、技术服务与地质勘查业	Scientific Research, Technical Services and Geological Prospecting	85	365508	105492
水利、环境和公共设施管理业	Administration of Water Conservancy, Environment and Public Utilities	1544	27842391	7165047
居民服务和其他服务业	Household Services and Other Services	58	154173	84951
教　育	Education	361	3341850	1170308
卫生、社会保障和社会福利业	Public Health, Social Security and Social Welfare	209	939646	382312
#卫　生	Public Health	163	728320	298982
文化、体育与娱乐业	Culture, Sports and Entertainment	187	2988149	520754
公共管理与社会组织	Public Administration and Social Organizations	509	2447578	1232604

表4.12 城镇建设项目新增主要产品生产能力（2009－2010年）
NEWLY INCREASED PRODUCTION CAPACITY OF THE MAJOR PRODUCTS IN URBAN CONSTRUCTION (2009-2010)

能力名称	Item	2009	2010
铁合金（万吨/年）	Iron Alloy (10 000 tons/year)		3
原煤开采（万吨/年）	Coal Mining (10 000 tons/year)	673	330
发电机组容量（万千瓦）	Capacity of Power Generating Sets (10 000 kw/year)	297	260
火　电	Thermal Power	87	2
水　电	Hydropower	210	258
汽车制造（万辆/年）	Motor Vehicles (10 000 units/year)	2	11
水泥（万吨/年）	Cement (10 000 tons/year)	1967	2121
机制纸及纸板（万吨/年）	Machine-made Paper and Paperboards (10 000 tons/year)	1	2
新（扩）建港口码头年吞吐量（万吨）	Annual Handling Capacity of Newly Built (Expanded) Ports (10 000 tons)		
泊　位（个）	Berths (unit)	7	4
新建公路（公里）	Length of New Highways (km)	5114	3489
改建公路（公里）	Length of Reconstructed Highways (km)	4945	3122
各类院校：学生席位（个）	Students Capacity of Universities and Colleges (unit)		
医院病床床位（张）	Number of Hospital Beds (bed)		
城市自来水供水能力（万吨/日）	Tap Water Supply Capacity (10 000 tons/day)	23	34

表4.13 基础设施建设投资额（2009－2010年）
INVESTMENT IN INFRASTRUCTURE CONSTRUCTION (2008-2009)

单位：万元(10 000 yuan)

指　标	Item	2009	2010
合　计	**Total**	**15425726**	**19114457**
电力、燃气及水的生产和供应业	Production and Supply of Electricity, Gas and Water	2566919	2910397
#电力、热力的生产和供应业	Production and Supply of Electric Power and Heat Power	1897873	2060850
燃气生产和供应业	Production and Supply of Gas	188243	368078
水的生产和供应业	Production and Supply of Water	480803	481469
交通运输及邮政业	Transport, Storage and Post	6689284	7591366
#交通运输业	Transport	6682335	7587893
#城市公共交通业	City Public Transport	717915	1228189
邮政业	Post	6949	3473
电信和其他信息传输服务业	Telecommunications and Other Information Transmission Services	517508	762683
水利、环境和公共设施管理业	Administration of Water Conservancy, Environment and Public Facilities	5652015	7850011
#水利管理业	Administration of Water Conservancy	902157	1072883
环境管理业	Administration of Environment	419424	521877
公共设施管理业	Administration of Public Facilities	4330434	6255251

表4.14 房地产开发基本情况（1990－2010年）
BASIC STATISTICS ON REAL ESTATE DEVELOPMENT (1990-2010)

年 份 Year	企业数（个） Number of Enterprises (unit)	从业人员（人） Number of Employees (person)	本年完成土地开发面积 Land Space Developed in This Year	本年土地购置面积 Land Space Purchased in This Year	本年完成投资总额（万元） Investment Completed in This Year (10 000 yuan)	其中 of which #住宅 Residential Buildings	资金来源（万元） Sources of Funds (10 000 yuan)	房屋施工面积 Floor Space under Construction	其中 of which #住宅 Residential Buildings
1990					17503	10600	17568	107.80	65.48
1991					19185	14040	18042	112.57	83.54
1992					33868	21239	33148	160.91	94.56
1993					123151	66833	107210	437.73	293.03
1994					279089	196411	377959	650.71	394.43
1995					468845	252085	612121	1267.96	810.36
1996	635	22512	93.84	588.65	556185	259881	836655	1424.35	855.64
1997	622	24911	183.31	259.49	675022	282592	1060761	1652.32	904.18
1998	991	50088	205.98	521.48	973014	440889	1391253	2058.35	1223.66
1999	1073	50526	211.12	624.53	1125135	523357	1504042	2103.76	1285.41
2000	1339	63925	384.68	619.21	1396327	728125	1784950	2833.42	1896.18
2001	1474	78961	518.00	870.34	1966684	1107126	2373982	3653.71	2508.30
2002	1559	76582	661.94	1320.26	2459130	1306998	3148171	4414.96	3081.57
2003	1597	54148	842.35	1637.19	3278881	1774341	4793499	5287.80	3747.34
2004	1828	70711	852.02	1137.61	4050791	2171303	6220133	6247.86	4544.54
2005	1862	70563	916.26	1385.40	5177291	3004026	8819371	7487.36	5514.75
2006	1936	70094	804.10	1467.69	6296300	3767847	9985438	8864.37	6655.00
2007	2039	87606	1191.82	1737.74	8498966	5218209	15546697	10578.84	8179.29
2008	2280	86094	974.41	1164.41	9909970	6195250	15595559	11639.27	9166.21
2009	2359	87818	1050.88	1227.79	12389125	7890183	22026661	13052.60	10338.12
2010	2391	86602	649.07	1354.93	16202571	10914854	34393672	17138.50	13744.78

单位：万平方米(10 000 sq.m)

年 份 Year	房屋新开工面积 Floor Space Started This Year	其中 of which #住宅 Residential Buildings	房屋竣工面积 Floor Space Completed	其中 of which #住宅 Residential Buildings	商品房销售面积 Floor Spaces of Commercialized Buildings Sold	其中 of which #住宅 Residential Buildings	商品房销售额（万元） Sales of Commercialized Buildings (10 000 yuan)	其中 of which #住宅 Residential Buildings
1990			46.16	34.16	23.29		17648	
1991			37.33	28.61	27.48		20007	
1992			45.90	30.48	32.87		29583	
1993			81.05	66.01	37.39		42221	
1994			141.27	115.05	46.32		55336	
1995			258.25	208.70	114.61		116657	
1996	348.68	220.54	351.76	275.62	166.21	142.98	189856	145507
1997	470.34	299.69	459.92	358.36	260.78	215.33	313111	222376
1998	914.23	596.44	600.04	422.61	416.82	359.73	554786	417609
1999	847.51	608.43	619.56	438.56	429.98	364.56	591992	393569
2000	1290.05	969.26	849.42	622.08	579.96	491.09	783709	528698
2001	1661.19	1259.38	1020.63	738.41	746.05	635.04	1076534	719196
2002	1709.47	1277.55	1390.73	1033.60	1016.58	870.41	1581505	1111929
2003	2098.24	1580.04	1676.97	1231.75	1316.83	1132.95	2102260	1499915
2004	2191.00	1692.00	1585.98	1227.66	1329.32	1157.95	2327978	1817280
2005	2335.00	1825.00	2209.82	1713.55	2017.66	1792.41	4307679	3406768
2006	2709.28	2176.75	2224.84	1700.05	2228.46	2011.70	5056850	4186980
2007	3555.87	2903.82	2253.07	1769.19	3552.92	3310.13	9673125	8567327
2008	3508.62	2857.70	2367.94	1951.35	2872.19	2669.93	8000006	7048198
2009	3813.68	2989.72	2907.05	2384.51	4002.89	3771.22	13777615	12317053
2010	6312.64	5268.76	2626.59	2179.81	4314.39	3986.31	18469396	16106444

表4.15 房地产开发主要指标（2009－2010年）
MAIN INDICATORS OF REAL ESTATE DEVELOPMENT (2009-2010)

指　标	Item	2009	2010
企业个数（个）	**Number of Enterprises (unit)**	**2359**	**2391**
内资企业	Domestic Funded	2235	2275
#国　有	State-owned	124	101
有限责任	Limited Liability	646	721
私　营	Private	1381	1374
港、澳、台投资企业	Enterprises with Funds from Hong Kong, Macao and Taiwan	84	77
外商投资企业	Foreign-Funded	40	39
从业人员（人）	**Number of Employees (person)**	**87818**	**86602**
内资企业	Domestic Funded	82377	80748
#国　有	State-owned	4189	4573
有限责任	Limited Liability	30257	28741
私　营	Private	44210	44730
港、澳、台投资企业	Enterprises with Funds from Hong Kong, Macao and Taiwan	3983	4135
外商投资企业	Foreign-Funded	1458	1719
土地开发及购置（万平方米）	**Land Development and Purchase (10 000 sq.m)**		
本年完成土地开发面积	Land Space Developed in This Year	1050.88	649.07
本年土地购置面积	Land Space Purchased in This Year	1227.79	1354.93
本年完成投资总额(万元)	**Investment Completed in This Year (10 000 yuan)**	**12389125**	**16202571**
#土地开发投资	Investment in Land Development	469958	737120
按工程用途分	By Purpose of Projects		
住　宅	Residential Buildings	7890183	10914854
#别墅、高档公寓	Villas and High-Grade Flats	894443	1044474
经济适用房屋	Economically Affordable Housing	655887	589870
办公楼	Office Buildings	220840	315305
商业营业用房	Buildings for Commercial Use	1167561	1344039
其　他	Others	3110541	3628373
资金来源（万元）	**Total Funds by Source (10 000 yuan)**	**22026661**	**34393672**
#国内贷款	Domestic Loans	3322374	5847160
利用外资	Foreign Investment	370174	839265
自筹资金	Self-raised Fund	5403130	6849966
房屋建筑面积(万平方米)	**Floor Space of Buildings (10 000 sq.m)**		
施工面积	Floor Space under Construction	13052.60	17138.50
#住　宅	Residential Buildings	10338.12	13744.78
竣工面积	Floor Space Completed	2907.05	2626.59
#住　宅	Residential Buildings	2384.51	2179.81
本年新开工面积	Floor Space Started in This Year	3813.68	6312.64
#住　宅	Residential Buildings	2989.72	5268.76
商品房销售	**Sales of Commercialized Buildings**		
商品房销售面积（万平方米）	Floor Space of Sales (10 000 sq.m)	4002.89	4314.39
#住　宅	Residential Buildings	3771.22	3986.31
商品房销售额（万元）	Total Sales of Commercialized Buildings (10 000 yuan)	13777615	1846.94
#住　宅	Residential Buildings	12317053	1610.64
实收资本合计（万元）	**Total Capital Hold (10 000 yuan)**	**9335151**	**11120610**
#国家资本金	State Capital	1005367	1348264
资产负债率（%）	Ratio of Liabilities to Assets (%)	68.0	68.6
房地产开发经营情况（万元）	**Real Estate Development and Operation (10 000 yuan)**		
经营总收入	Total Business Revenue	11526341	14823560
#土地转让收入	Land Transferred	548146	254129

表4.16 商品房施工、竣工和销售面积情况（2009－2010年）
FLOOR SPACE COMMERCIALIZED BUILDINGS UNDER CONSTRUCTION, COMPLETED AND SOLD (2009-2010)

单位：万平方米(10 000 sq.m)

指　标	Item	2009	2010
商品房施工面积	**Floor Space of Commercialized Buildings under Construction**	**13052.60**	**17138.50**
#主城九区	9 Central Urban Districts	8035.94	10281.95
#住　宅	Residential Buildings	10338.12	13744.78
#别墅、高档公寓	Villas and High-Grade Flats	672.47	834.36
经济适用房屋	Economically Affordable Housing	974.00	1031.03
办公楼	Office Buildings	210.29	247.56
商业营业用房	Buildings for Commercial Use	1344.49	1549.77
商品房竣工面积	**Floor Space of Commercialized Buildings Completed**	**2907.05**	**2626.59**
#主城九区	9 Central Urban Districts	1736.10	1486.99
#住　宅	Residential Buildings	2384.51	2179.81
#别墅、高档公寓	Villas and High-Grade Flats	60.45	93.64
经济适用房屋	Economically Affordable Housing	154.02	244.18
办公楼	Office Buildings	46.36	30.03
商业营业用房	Buildings for Commercial Use	258.40	229.44
商品房销售面积	**Floor Space of Commercialized Buildings Sold**	**4002.89**	**4314.39**
#主城九区	9 Central Urban Districts	2119.67	2014.96
#住　宅	Residential Buildings	3771.22	3986.31
#别墅、高档公寓	Villas and High-Grade Flats	271.20	222.96
经济适用房屋	Economically Affordable Housing	186.50	252.60
办公楼	Office Buildings	29.15	62.60
商业营业用房	Buildings for Commercial Use	157.15	194.25

表4.17 房地产开发企业资产负债情况（2009－2010年）
Asset Balance of Enterprises for Real Estate Development (2009-2010)

单位：万元(10 000 yuan)

指　标	Item	2009	2010
实收资本合计	Total Capital Hold	9335151	11120610
#国家资本金	State Capital	1005367	1348264
资产总计	Total Assets	53095024	69379522
累计折旧	Total Depreciation	423186	527388
#本年折旧	Depreciation in This Year	81146	145033
负债总计	Total Liabilities	36094074	47600719
所有者权益	Owners' Equity	17000950	21778803
资产负债率（%）	Asset-Liability Ratio (%)	68.0	68.6

表4.18 房地产开发企业经营情况（2009－2010年）
STATISTICS ON THE OPERATION OF THE ENTERPRISES FOR REAL ESTATE DEVELOPMENT (2009-2010)

单位：万元(10 000 yuan)

指　标	Item	2009	2010
经营总收入	Total Revenue	11526341	14823560
主营业务收入	Revenue from Major Business	11351941	14732183
土地转让收入	Land Transferred	548146	254129
商品房屋销售收入	Commercialized Buildings Sold	10419090	13792490
房屋出租收入	Houses Leased	90251	250326
其他收入	Others	294454	435239
其他业务收入	Revenue from Other Business	174400	91377
经营税金及附加	Business Tax and Extra Charges	690546	967134
利润总额	Total Profits	1052619	1588098

表4.19 重点项目完成情况（2010年）
COMPLETED INVESTMENT IN KEY PROJECTS (2010)

单位：亿元(100 million yuan)

指　标	Item	计划总投资 Total Planned Investment	完成投资 Total Investment Completed	完成计划(%) Percentage of Completion(%)
重点项目完成情况	**Completed Investment in Key Projects**	**1850**	**1932**	**104.4**
交通运输	Transport	450	422	93.8
能　源	Energy	90	82	91.0
城市基础设施	Urban Infrastructure	250	245	98.0
园区基础设施	Infrastructure of Industria parks	50	138	276.0
节能减排及生态建设	Energy saving,Emission Reduction and Ecologic Construction	80	132	164.7
水利基础设施	Water Conservancy Infrastructure	40	36	91.0
社会民生	People's livelihood	185	270	145.9
科　技	Science and Technology	5	4	80.0
工　业	Industry	550	415	75.4
社会文化旅游	Society, Culture and Tourism	50	39	78.0
农业产业化	Agriculture	30	24	80.3
商贸流通	Commerce and Trade	20	40	200.5
房地产	Real Estate	50	85	169.6

重/庆/统/计/年/鉴

主要统计指标解释

■ 固定资产投资

以货币形式表现的在一定时期内全社会建造和购置固定资产的工作量以及与此有关的费用的总称。该指标是反映固定资产投资规模、结构和发展速度的综合性指标，又是观察工程进度和考核投资效果的重要依据。

■ 城镇固定资产投资

包括建设项目投资和房地产开发投资。

■ 建设项目

指城镇各种登记注册类型的企业、事业、行政单位及个体户进行的计划总投资（或实际需要总投资）50万元及50万元以上的建设项目。

■ 房地产开发投资

指各种登记注册类型的房地产开发公司、商品房建设公司及其他房地产开发法人单位和附属于其他法人单位实际从事房地产开发或经营的活动单位统一开发的包括统代建、拆迁还建的住宅、厂房、仓库、饭店、宾馆、度假村、写字楼、办公楼等房屋建筑物和配套的服务设施，土地开发工程（如道路、给水、排水、供电、供热、通讯、平整场地等基础设施工程）的投资；不包括单纯的土地交易活动。

■ 农村投资

包括在农村区域范围内进行固定资产活动的企业、事业、行政单位及个人投资，包括农村非农户投资、农村农户投资。

■ 农村非农户投资

指农村各种登记注册类型的企业、事业、行政单位及个体户进行的计划总投资（或实际需要总投资）50万元及50万元以上的固定资产投资。

■ 建设总规模

是指在报告期内所有施工项目的计划总投资。这个指标和施工项目相对应。

■ 在建总规模

是指在报告期末所有在建项目的计划总投资。

■ 在建净规模

是指报告期末所有在建项目建成投产尚需的投资总量。

在建净规模＝在建总规模－未投产项目（期末在建）累计完成投资。

■ 新增固定资产

指报告期内交付使用的固定资产价值。包括本年内建成投入生产或交付使用的工程投资和达到固定资产标准的设备、工具、器具的投资及有关应摊入的费用。该指标是反映固定资产投资成果的价值指标，也是反映建设进度，计算固定资产投资效果的重要指标。

■ 固定资产投资按构成分

固定资产投资活动按其工作内容和实现方式分为建筑安装工程，设备、工具、器具购置，其他费用三个部分。

（1）建筑安装工程（建筑工作量）：指各种房屋、建筑物的建造工程和各种设备、装置的安装工程。在安装工程中，不包括被安装设备本身的价值。

（2）设备、工具、器具购置：指把工业企业生产的产品转为固定资产的购置活动，包括建设单位或企业、事业单位购置或自制达到固定资产标准的设备、工具、器具的价值。新建单位及扩建单位的新建车间，按照设计或计划要求购置或自制的全部设备、工具、器具，不论是否达到固定资产标准均计入“设备、工具、器具购置”中。

（3）其他费用：指在固定资产建造和购置过程中发生的，除建筑安装工程和设备、工器具购置投资完成额以外的费用，不指经营中财务上的其他费用。

■ 固定资产投资按资金来源

根据固定资产投资的资金来源不同，分为国家预

主要统计指标解释

算内资金、国内贷款、利用外资、自筹资金和其他资金。

（1）本年资金来源合计：指固定资产投资单位在本年内收到的可用于固定资产建造和购置的各种资金，包括上年末结余资金、本年度内拨入或借入的资金以及各种方式筹集的资金。

（2）上年末结余资金：指上年资金来源中没有形成固定资产投资额而结余的资金。包括尚未用到工程上的材料价值、未开始安装的需要安装的设备价值及结存的现金和银行存款等。

（3）本年资金来源小计：指固定资产投资单位在报告期收到的，用于固定资产投资的各种货币资金。包括国家预算内资金、国内贷款、债券、利用外资、自筹资金和其他资金。

①国家预算内资金：分为财政拨款和财政安排的贷款两部分，包括中央财政的基本建设基金（分经营性基金和非经营性基金两部分），专项支出、收回再贷、贴息资金，财政安排的挖潜改造和新产品试制支出、城建支出、商业部门简易建筑支出，不发达地区发展基金等资金中用于固定资产投资的资金；地方财政中由国家统筹安排的资金等。

②国内贷款：指报告期固定资产投资单位向银行及非银行金融机构借入的用于固定资产投资的各种国内借款，包括：银行利用自有资金以及吸收的存款发放的贷款，上级主管部门拨入的国内贷款、国家专项贷款（包括煤代油贷款、劳改煤矿专项贷款等），地方财政专项资金安排的贷款、国内储备贷款、周转贷款等。

③债券：指企业（公司）或金融机构通过发行各种债券，筹集用于固定资产投资的资金。包括由银行代理国家专业投资公司发行的重点企业债券和基本建设债券。

④利用外资：指报告期收到的用于固定资产投资的境外资金（包括设备、材料、技术在内）。包括外商直接投资、对外借款（外国政府、国际金融组织贷款、出口信贷、外国银行商业贷款、对外发行债券和股票）以及外商其他投资（包括补偿贸易和加工装配由外商提供的设备价款、国际租赁）。

⑤自筹资金：指固定资产投资单位报告期收到的，由各地区、各部门及企事业单位筹集用于固定资产投资的预算外资金。

⑥其他资金来源：指在报告期收到的除以上各种资金以外其他用于固定资产投资的资金，包括社会集资，个人资金、无偿捐赠的资金及其他单位拨入的资金等。

固定资产投资按建设性质分

（1）新建：一般是指从无到有、“平地起家”开始建设的企、事业和行政或独立的工程单位。有的单位原有的基础很小，经过建设后其新增加的固定资产价值超过原有固定资产价值（原值）三倍以上的也算新建。

（2）扩建：是指为扩大原有产品的生产能力、在厂内或其他地点增建主要生产车间（或主要工程）、独立的生产线或总厂之下的分厂的企业；事业单位和行政单位在原单位增建业务用房（如学校增建教学用房、医院增建门诊部或病床用房、行政机关增建办公楼等）也作为扩建。

（3）改建和技术改造：指现有企业、事业单位，对原有设施进行技术改造或更新（包括相应配套的辅助性生产、生活福利设施）的建设项目。现有企业、事业单位为适应市场变化的需要，而改变企业的主要产品种类（如军工企业转产民用品等）的建设项目，应作为改建。原有产品生产作业线由于各工序（车间）之间能力不平衡，为填平补齐充分发挥原有生产能力而增建不增加本企业主要产品设计能力的车间，也应作为改建。技术改造是指企业、事业单位在现有基础上，用先进的技术代替落后的技术，用先进的工艺和装备代替落后的工艺和装备，以改变企业落后的技术经济面貌，实现以内涵为主的扩大再生产，达到提高产品质量、促进产品更新换代、节约能源、降低消耗、扩大生产规模、全面提高社会经济效益的目的。技术改造具体包括以下内容：机器设备和工具的更新改造；生产工艺改革、节约能源和原材料的改造；厂房建筑和公共设施的改造；劳动条件和生产环境的改造等。

新增生产能力（或工程效益）

指在本年度内按照新增生产能力（或工程效益）的计算条件和标准，实际建成投入生产或交付使用的生产能力（或工程效益），即通过固定资产投资活动而增加的设计能力。

计算新增生产能力（或工程效益）是以能独立发

主要统计指标解释

挥生产能力（或工程效益）的工程为对象，如一座矿井、一座转炉、一套化工装置、一条铁路专用线等。当工程建成，经有关部门验收鉴定合格，正式移交投入生产，即应计算新增生产能力（或效益）。

新增生产能力的数量，原则上应按设计（计划）能力计算。设计能力指设计中规定的主体工程（或主体设备）及相应配套的辅助工程（或配套设备）在正常情况下能够达到的生产能力。在建设过程中需要调整设计能力时，必须经原有设计的管理机关批准后，才能按批准修改后的能力计算。如尚未批准，仍按原设计能力计算，并加以说明。无设计（或计划）能力的，可根据验收时鉴定能力计算。

建成投产的工程，各生产环节的设备已经配齐，符合计算新增生产能力条件的，应该按工程的全部设计能力计算。各生产环节的设备虽未按设计全部配套建成，但保证生产所需的主体设备、配套设备、主体工程、附属工程都已部分完成，形成生产作业线，经负荷试运转交付使用单位正式投入生产的，只计算设备配齐部分的能力。这部分建成投入生产的工程，填报新增生产能力时，需附有计算依据，并说明工程或主要设备配齐部分的情况，以及尚未建成的工程主要内容或尚缺的设备情况。

■ 施工项目个数

指报告期内所有施工的建设项目个数，包括本年新开工的项目和以前年度开工在本年继续施工的建设项目。

■ 本年投产项目个数

按设计文件规定的全部生产能力（或效益）在本年内全部建成投产，经验收合格交付使用的建设项目个数。

■ 本年房屋施工面积

指报告期内施工的全部房屋建筑面积。包括本期新开工的面积和上期开工跨入本期继续施工的房屋面积，以及上期已停建在本期复工的房屋面积。本期竣工和本期施工后又停缓建的房屋，其建筑面积仍计入本期施工房屋面积中。

■ 本年房屋竣工面积

指在报告期内房屋建筑按照设计要求已全部完工，达到住人和使用条件，经验收鉴定合格（或达到竣工验收标准），可正式移交使用的各栋房屋建筑面积的总和。

■ 本年竣工房屋价值

指在报告期内竣工房屋本身的建造价值。竣工房屋价值按房屋设计和预算规定的内容计算。竣工房屋本身的基础、结构、房屋、装修以及水、电、卫等附属工程的建造价值，也包括作为房屋建筑组成部分而列入房屋建筑工程预算内的设备（如电梯、通风设备等）的购置和安装费用。不包括厂房内的工艺设备、工艺管线的购置和安装，工艺设备基础的建造，室外的水、暖、电、卫、道路工程、挡土墙等环境工程的费用，办公及生活用家具的购置等费用，购置土地的费用，迁移补偿费和场地平整的费用等。

■ 固定资产交付使用率

指一定时期新增固定资产与同期完成投资额的比率。该指标是反映固定资产动用速度，衡量建设过程中宏观投资效果的综合指标。由于新增固定资产是较长时期内形成的结果，而投资额则是当年完成的，因此，该指标一般适宜于反映较长时期内固定资产的动用情况。

■ 别墅、高档公寓

指建筑造价和销售价格明显高于一般商品住宅的商品住宅。别墅一般指地处郊区，独立成栋的商品住宅；高档公寓一般指地处市内高尚社区，高层或多层的商品住宅。别墅、高档公寓的确定标准：一是经有房地产投资计划审批权的主管部门审批建设的别墅、高档公寓开发项目；二是销售价格高于当地同等地段商品住宅平均销售价格一倍以上的别墅、公寓开发项目。该指标可以分析房地产投资结构，反映高收入家庭商品住宅的供求平衡情况。

■ 经济适用房

指根据国家经济适用房计划安排建设的政策性住宅。经济是指房屋建筑造价和销售价格低于一般商品住宅；适用是指适合中低收入家庭购买使用。经济适用房主要是由国家统一下达投资计划，房地产公司

主要统计指标解释

开发，对外销售；用地一般采用行政划拨或招标投标方式，免收土地出让金；对各种经批准的收费减半征收，开发利润不超过3%；销售价格实行政府指导价。该指标可以分析房地产投资结构，反映中低收入家庭商品住宅的供求平衡情况。

■ 商品房销售面积

指报告期内出售商品房屋的合同总面积(即双方签署的正式买卖合同中所确定的建筑面积)。由现房销售建筑面积和期房销售建筑面积两部分组成。

（1）现房销售面积：是指在报告期内正式签订买卖合同、已经竣工达到入住条件的商品房屋建筑面积。包括以一次性付款方式和分期付款方式销售的现房建筑面积。

（2）期房销售面积：是指在报告期内正式签订买卖合同、正在建设尚未竣工交付使用的商品房屋建筑面积。包括以一次性付款方式和分期付款方式销售的商品房屋建筑面积。期房销售建筑面积竣工后不再结转为现房销售建筑面积。

■ 空置面积

指报告期末已竣工的可供销售或出租的商品房屋建筑面积中，尚未销售或出租的商品房屋建筑面积，包括以前年度竣工和本期竣工的房屋面积，但不包括报告期已竣工的拆迁还建、统建代建、公共配套建筑、房地产公司自用及周转房等不可销售或出租的房屋面积。按照商品房空置时间的长短可以划分为空置一年以下、空置一到到三年（含一年）和空置三年以上（含三年）。空置时间在一年以内的为待销商品房；空置时间在一年到三年（含一年）的为滞销商品房；空置时间在三年以上（含三年）的为积压商品房。

■ 完成开发土地面积

指报告期内对土地进行开发并已完成七通一平等前期开发工程，具备进行房屋建筑物施工或达到出让条件的土地面积。

■ 本年购置土地面积

指在本年内通过各种方式获得土地使用权的土地面积。

CHONGQING STATISTICAL YEARBOOK

Explanatory Notes on Main Statistical Indicators

□ Total Investment in Fixed Assets

Refers to the volume of activities in construction and purchases of fixed assets and related fees, expressed in monetary terms. It is a comprehensive indicator which shows the size, structure and growth of the investment in fixed assets, providing basis for observing the progress of construction projects and evaluating results of investment.

□ Urban Investment in Fixed Assets

Refers to investment in construction and investment in real estate development.

□ Investment of Construction

Refers to construction projects involving a total planned(or required)investment of 500,000 yuan and over by enterprises of various types of ownership, institutions, administrative units and individuals in urban areas,investment in real estate development,and private investment.

□ Investment in Real Estate Development

Refers to investment by real estate development companies, commercialized buildings construction companies and other real estate development units of various types of ownership in the construction of buildings, such as residential buildings, factory buildings, warehouses, hotels, guesthouses, holiday villages, office buildings, and the complementary service facilities and land development projects, such as roads, water supply, water drainage, power supply, heating supply, telecommunications, land leveling and other infrastructural projects. It does not include activities in pure land transactions

□ Investment in Rural Areas

Refers to investment in fixed assets by enterprises, institutions, administrative units and individuals in rural areas, including rural household and non-rural household in rural areas.

□ Investment of non-rural household in Rural Assets

Refers to investment in fixed assets involving a total planned(or required) investment of 500,000 yuan and over by enterprises of various types of ownership,institutions,administra tive units and individuals in urban areas,investment in real estate development,and private investment.

□ Total Size of Construction

Refers to the planned total investment for all construction projects during the reference period. This item should correspond with projects under work.

□ Total Size of Investment in Projects under Construction

Refers to the planned total investment of all projects under construction at the end of the reference period.

□ Net Size of Investment in Projects under Construction

Refers to the outstanding requirement of investment of all projects under construction at the end of the reference period.

Net size of investment in projects under construction= Total size of investment – Accumulated completed investment of projects under construction

□ Newly Increased Fixed Assets

Refers to the newly increased value of fixed assets, constructed or purchased, that have been transferred to the investor and have been including equipment and instruments.This is an indicator that demnstrates the results of investment in fixed assets in monetary terms, and an important indicator to reflect the speed of construction and to calculate the efficiency of investment.

□ Investment in Fixed Assets by Structure

By their contents, investment activities are classified into 3 categories, i.e. construction and installation, purchase of equipment and instrument, and other expenses.

(I) Construction and installation (work volume of construction): refers to the construction of various houses and buildings and installation of various kinds of equipment and instruments. The value of equipment installed is not included in the value of installation projects.

(II) Purchase of equipment and instruments: refers to the

EXPLANATORY NOTES TO MAJOR STATISTICAL INDICATORS

purchase converting products produced by industrial enterprises to the purchase of fixed assets, including the total value of equipment, tools, and vessels purchased or self - produced. Equipment, tools and vessels purchased or self - produced for new workshops by newly established or expanded units are categorized as "purchase of equipment and instruments" no matter whether they come up to the standards for fixed assets or not.

(III) Other expenses: refer to expenses occurring during the construction or purchase of fixed assets other than construction, installation or purchase of equipment and instruments, excluding other expenses in financial management.

□ Sources of Funds for Investment in Fixed Assets

Are categorized as funds from the State budget, domestic loans, foreign investment, self-raised funds, and others, depending on the sources of investment.

(I) Total of source of funds in this year: refers to the various funds received by investing enterprises in this year for the purpose of construction and purchase of investment in fixed assets. It includes balance of funds brought forward from the previous year, funds appropriated and brought in this year, and funds collected by various ways.

(II) Balance of funds brought forward from the previous year: refers to the surplus funds which didn't form the investment in fixed assets in the sources of funds in previous year. It includes material values that will be used in the projects, facilities values that must be and will be installed, and surplus cashes and deposits in bank.

(III) Subtotal of source of funds in this year: refers to the monetary funds received by investing enterprises during the reference period for the purpose of investment in fixed assets. It includes funds from state budgetary appropriation, domestic loans, bonds, foreign investment, self-raised funds, and others.

(a) State budgetary appropriation consists of budgetary appropriation and loans from state budget. More specifically, it includes, from the budget of the central government, capital construction fund (operation fund and non-operational fund), special expenses (e.g. expenses on substituting petroleum with coal), loans from repayment, discount fund, expenses on innovation and trial production of new products, expenses on urban construction, expenses on temporary construction by trade departments, development fund for less developed areas, as well as local budgetary fund transferred from the central budget.

(b) Domestic loans refer to loans of various forms borrowed by investing units from banks and non-bank financial institutions during the reference period, including loans issued by banks from their self-owned funds and deposit, loans appropriated by higher responsible authorities, special loans by government (including loan for substituting petroleum with coal, special loan for reform-through-labour coal mines), loans arranged by local government from special funds, domestic reserve loan, and working loan, etc.

(c) Bonds refer to the funds collected by enterprises or financial institutions by bonds issuance for the purpose of investment in fixed assets. It includes emphasis enterprises bonds issued by banks substituting special nation investment enterprises and capital construction bonds.

(d) Foreign Investment refers to foreign funds received during the reference period for investment in fixed assets (covering equipment, materials and technology), including foreign direct investment, foreign borrowings (loans from foreign governments and international financial institutions, export credit, commercial loans from foreign banks, issuance of bonds and stocks overseas), and other foreign investment (covering facilities' funds provided by foreign investment by compensation trade and processing & assembly, as well as international lease).

(e) Self-raised funds refer to extra-budgetary funds for investment in fixed assets received by investing units from central government ministries, local governments, enterprises and institutions during the reference period.

(f) Others refer to funds for investment in fixed assets received from the sources other than those listed above, including funds raised from social and individuals, through donations, and funds transferred from other units.

□ Investment in Fixed Assets by Type of Construction

(I) New construction in general: refers to newly constructed enterprises, institutions, administrative agencies or independent projects from scratch. In case the asset of the existing unit is quite small, and the value of newly added fixed assets exceeds the original value of assets by three times, the expansion will be considered as new construction.

(II) Expansion: refers to construction of new major production workshop, branch factory or independent production line within a factory or in other locations, for the purpose of increasing the production capacity (or improving efficiency) of the original products. Newly constructed houses for the operation of

EXPLANATORY NOTES TO MAJOR STATISTICAL INDICATORS

institutions and administrative organizations (such as the newly constructed buildings for teaching in schools, buildings for clinics or wards in hospitals, buildings for administrative agencies, etc.) are also classified as expansion.

(III) Reconstruction and Technical Transformation: refer to construction projects by existing enterprises or institutions in innovation or technical transformation of the old facilities (including auxiliary production equipment and welfare facilities). Also considered as reconstruction is the construction of new workshops by the existing enterprises or institutions to change the variety of products to meet the market demand (such as the production of civil products by defence industries), or to bring the designed production capacity into full play through a more balanced production process on production lines. Technical transformation refers to replacement of old technology or equipment by new technology or equipment, in order to expand the reproduction through improvement of technology contents in production, to improve product quality, to promote new products, to save energy and reduce consumption and to improve overall social-economic efficiency. Contents of technical transformation include: updating of machinery, equipment and tools; reforming production process by using energy or materials saving technology; construction of factory workshops and transformation of public facilities; improvement of working conditions and environment, etc.

□ Newly Increased Production Capacity (or Project Efficiency)

Refers to the production capacity put into produce or put into use actually according to calculation conditions and standards of newly increased production capacity (or project efficiency) in the reference period, that is increase of designed capacity (or project efficiency) through investment in fixed assets.

The target of calculation of newly increased production capacity (project efficiency) is project can produce production capacity (or project efficiency) independently, such as a mineral well, a turn kiln, a set of chemical appliance, a special rail line, etc. When the project completes and has been checked, accepted and formally put into production, it can be calculate as newly increased production capacity (or project efficiency).

Newly increased production capacity is calculated according to design capacity (or plan capacity). Design capacity refers to the production capacity of major projects (or major facilities) and subsidiary projects (or subsidiary facilities) which can be come true in normal situation. When there are some changes in construction process of design capacity, the new capacity can be calculated after the approval of management. If it didn't have the approval, it must be calculated by original design capacity and give a explanation. If it hasn't design capacity, it can be calculated by the capacity according to checkout and verification.

Newly increased production capacity of projects completed and put into produce, whose facilities are assorted in every part and correspond with conditions of calculation is calculated by total design capacity. If the total facilities aren't assorted while a part of major and subsidiary facilities and projects complete that can meet the need of production and put into produce, the newly increased production capacity is calculated by capacity of assorted part. When newly increased production capacity is infilled and reported the projects put into produce must have calculation warranty and give an explanation of situation of projects and major parts assorted, major content of projects uncompleted and missing facilities.

□ Number of Projects under Construction

Refers to the number of projects having construction in the reference period, including new projects in current year and projects started in the reference period and continued in current year.

□ Number of Projects Put into Produce

Refers to the number of projects completed and have been checked, accepted and formally put into use in this year according to total production capacity (or efficiency) prescribed in design document.

□ Floor Space under Construction in this Year

Rrefers to total floor space of all buildings under construction during the reference period, including floor space of newly started buildings during the reference period, floor space of construction extended from the previous period to the current period, and floor space of construction suspended during the previous period and resumed in the current period. Floor space of construction completed in the current period, and floor space of construction started and then suspended in the current period are also included in the floor space under construction of the current year.

EXPLANATORY NOTES TO MAJOR STATISTICAL INDICATORS

□ Floor Space of Buildings Completed in this Year

Refers to the floor space of all buildings completed in the reference period, which have been appraised and accepted (or come up to the designed standards) and have been transferred to the owners for use.

□ Value of Buildings Completed in this Year

Refers to the intrinsic construction value of buildings completed in the reference period. It is figured by the rules of buildings design and budget, which not only includes the construction value of foundations, structure, furnishings, subsidiary projects such as water, electricity, toilet, etc. but also includes purchase and installation expenditures of facilities (such as lift, ventilation, etc.) listed into buildings budget as component of building construction. It excludes the purchase and installation of technical facilities, leads and lines in factories, construction of technical facilities' basis, expenditures of environment projects such as water, eructate, electricity, toilet, road projects, wall fended to earth outside, purchase of furniture in office or house, purchase of lands, as well as expenditures of move compensation and land leveling etc.

□ Rate of Projects of Fixed Assets Completed and Put into Operation

Refers to the ratio of the newly increased fixed assets to the total investment made in the same period. This is a comprehensive indicator reflecting the speed of the employment of fixed assets and the investment efficiency at the macro-level. As the newly increase fixed assets is the result of a long period while the investment is completed in the current year, this indicator is expected to be used to reflect the employment of fixed assets over a long period of time.

□ Villas, High-Grade Apartments

Refer to commercial houses whose construction costs and marketing prices are significantly higher than ordinary housing. Villas are independent structures generally located in the suburbs; high-grade apartments are multi-story buildings located in elegant urban neighborhoods. Criteria for villas and high-grade apartments include: 1) projects for the construction of villas or high-grade apartments have to be approved by competent departments in charge of real estate development and investment plans, and 2) prices for projects on villas or high-grade apartments are higher by over 100% compared with the average prices of ordinary commercial housing projects in similar location. This indicator helps to analyze the investment structure of the real estate industry and the demand and supply of housing for high-income households.

□ Economically Affordable Housing

Refers to housing constructed according to the state plan for economically affordable housing. Houses of this category featured in low cost in construction and low prices, and therefore are affordable to mid-income or low income households. Economically affordable housing projects are developed by real estate companies under the state investment plan, with the land provided through government allocation or tendering procedures. Developers are exempted from land utilization fees and enjoy another 50% exemption of all other legitimate fees, while their profits are limited to less than 3%, and the completed houses are sold under the government-guided prices. This indicator helps to analyze the investment structure of the real estate industry and the demand and supply of housing for mid or low income households.

□ Floor Space of Commercial Buildings Actually Sold

Refers to the total contracted floor space of commercial buildings actually sold in reporting period(the floor space provided in the formal contract),which consists of the floor space of the sold completed buildings and the floor space of the sold forward-delivery buildings.

(I) Floor Space of Sold Completed Buildings refers to the floor space of the completed commercial buildings prepared for occupancy with the formally signed sales contract in the reporting period, including the floor space of the completed buildings purchased by one-off payment and by installment.

(II)Floor Space of Sold Forward-Delivery Buildings refers to the floor space of the uncompleted commercial buildings still under construction with the formally signed sales contract in the reporting period, including the floor space of the commercial buildings purchased by one-off payment and by installment. The floor space of sold forward-delivery buildings,afer completion,will not be carried forward into the floor space of sold completed buildings.

□ Vacant Space

Refers to the floor space of the completed commercial

EXPLANATORY NOTES TO MAJOR STATISTICAL INDICATORS

buildings available for sale or lease but not sold or leased yet in the reporting period, including the vacant floor space of the commercial buildings completed in previous periods and in this period, but excluding the floor space of the building not for sale or lease such sa the buildings of compensation for demolition, the unified constructed or agency constructed buildings, the public auxiliary facilities, the buildings of self-use by real estate companies and the buildings of turnover, that have been completed in the reporting period. By the length of the vacant period, it is categorized as space vacant for less than a year, space vacant for a year to 3 years (including a year) and space vacant for 3 years or longer (including 3 years). Those vacant for less than a year are commercial buildings for sale; those vacant for a year to 3 year (including a year) are slow-moving commercial buildings; and those vacant for 3 years of longer (including 3 year) are overstocked commercial buildings.

□ Developed Land Area Completed

Refers to the land area of land development and prophase development projects completed, which can carry out construction or remise.

□ Purchased Land Area in Current Year

Refers to the land area accessible by various means in current year.

5

能源消费

ENERGY CONSUMPTION

简要说明 Brief Introduction

本章主要内容包括能源消费及品种构成，能源消费弹性系数，平均每万元GDP能源消费量及日均能源消费量，综合能源平衡表，按工业行业分的能源消费量和工业产值综合能耗。本章资料由市统计局能源处根据有关资料和调查结果编制。

The data in this chapter mainly cover energy consumption and its composition, the elasticity ratio of energy consumption, average energy consumption per 10,000 yuan of GDP, average daily energy consumption, overall energy balance sheet, energy consumption by industrial sector and comprehensive energy consumption per unit output value. This chapter is compiled by Division of Industry and Transport Statistics, Chongqing Municipal Bureau of Statistics on the basis of the related materials and the results of surveys.

表5.1 主要年份能源消费总量
TOTAL CONSUMPTION OF ENERGY IN MAJOR YEARS

单位：万吨标准煤(10 000 tons of SCE)

年 份 Year	能源消费总量 Total Consumption of Energy	其 中 of which			
		煤 炭 Coal	天然气 Natural Gas	油 料 Oil	电 力 Electricity
1949	91.71	88.97		2.06	0.68
1952	155.47	150.64		3.43	1.40
1957	263.73	247.95	3.41	7.00	5.37
1962	476.37	429.30	18.20	14.21	14.66
1965	342.88	295.00	19.65	9.85	18.38
1970	469.56	379.80	50.13	14.04	25.59
1975	651.21	514.03	78.58	21.99	36.61
1978	889.20	703.87	103.87	32.20	49.26
1980	985.59	752.60	129.08	40.53	63.38
1981	1004.30	766.33	137.82	33.83	66.32
1982	1050.33	794.01	138.62	48.30	69.40
1983	1110.05	838.14	148.22	51.06	72.63
1984	1160.49	872.47	151.97	60.05	76.00
1985	1241.40	938.21	160.83	62.83	79.53
1986	1271.14	938.66	173.38	75.61	83.49
1987	1395.65	1036.28	195.61	76.12	87.64
1988	1513.18	1157.08	183.73	80.37	92.00
1989	1565.46	1194.44	190.36	84.08	96.58
1990	1516.59	1130.76	196.44	88.00	101.39
1991	1558.56	1151.68	197.06	96.63	113.19
1992	1601.01	1172.98	198.32	103.34	126.37
1993	1644.85	1194.68	200.89	108.20	141.08
1994	1696.72	1216.78	216.74	105.70	157.50
1995	1776.91	1239.85	258.36	102.87	175.83
1996	1871.09	1317.32	260.86	97.39	195.52
1997	2030.13	1383.98	282.80	145.47	217.88
1998	2119.46	1393.43	291.30	183.62	251.11
1999	2278.42	1495.55	308.19	196.34	278.34
2000	2410.82	1599.80	312.20	202.17	296.65
2001	2573.68	1700.43	322.51	206.20	344.54
2002	2823.05	1928.90	331.87	213.84	348.44
2003	3137.90	2206.42	349.11	220.81	361.56
2004	3668.41	2505.08	403.52	379.97	379.84
2005	4464.58	3151.71	472.15	411.86	428.86
2006	4881.63	3381.87	532.67	469.11	497.98
2007	5512.44	3832.29	578.95	549.12	552.08
2008	5895.10	4048.95	648.38	600.57	597.20
2009	6431.63	4499.83	657.82	619.73	654.25
2010	7117.41	4857.64	750.39	741.20	768.18

注：本表各年能源品种均已折合为按当量值计算的吨标准煤。
Note: Each type of energy has been converted into tons of SCE calculated in equivalent value.

表5.2 规模以上工业按行业分能源消费量（2009－2010年）

ENERGY CONSUMPTION OF ENTERPRISES ABOVE DESIGNATED SIZE BY SECTOR (2009-2010)

行业	Sector	原煤（吨） Coal(ton)		焦炭（吨） Coke(ton)	
		2009	2010	2009	2010
工业消费总量	**Total Industry Consumption**	**40057172**	**47948023**	**1801797**	**2456017**
采矿业	**Mining**	**16505474**	**21689067**	**1917**	**7958**
#煤炭开采和洗选业	Mining and Washing of Coal	16226098	21183797	1237	7958
石油和天然气开采业	Extraction of Petroleum and Natural Gas				
黑色金属矿采选业	Mining and Processing of Ferrous Metal Ores	29854	44781		
有色金属矿采选业	Mining and Processing of Non-Ferrous Metal Ores	565	10		
非金属矿采选业	Mining and Processing of Non-metal Ores	248957	460480	680	
制造业	**Manufacturing**	**10949775**	**12569504**	**1799881**	**2447979**
农副食品加工业	Processing of Food from Agricultural Products	96168	112048	16	97
食品制造业	Manufacture of Foods	91873	101543	272	134
饮料制造业	Manufacture of Beverages	92842	86567	44	1164
烟草制品业	Manufacture of Tobacco	12558	11620		
纺织业	Manufacture of Textile	250433	255243		
纺织服装、鞋、帽制造业	Manufacture of Textile Wearing Apparel, Footware and Caps	746	48		
皮革、毛皮、羽毛（绒）及其制品业	Manufacture of Leather, Fur, Feather and Related Products	1207	6618		
木材加工及木、竹、藤、棕、草制品业	Processing of Timber, Manufacture of Wood, Bamboo, Rattan, Palm, and Straw Products	21820	24927		160
家具制造业	Manufacture of Furniture	503	1250		
造纸及纸制品业	Manufacture of Paper and Paper Products	982906	1031118		
印刷业、记录媒介的复制	Printing, Reproduction of Recording Media	3865	1590		
文教体育用品制造业	Manufacture of Articles For Culture, Education and Sport Activities		12		
石油加工、炼焦及核燃料加工业	Processing of Petroleum, Coking, Processing of Nuclear Fuel	552902	628628		

汽　油（吨） Gasoline(ton)		煤　油（吨） Kerosene(ton)		柴　油（吨） Diesel Oil(ton)		天然气（万立方米） Natural Gas(10 000 cu.m)		电　力（万千瓦时） Electricity(10 000 kw.h)	
2009	2010	2009	2010	2009	2010	2009	2010	2009	2010
87074	**97394**	**6981**	**7221**	**191026**	**220795**	**365156**	**416136**	**3674216**	**4334935**
5870	**5551**	**800**	**374**	**24365**	**28409**	**6478**	**4587**	**198353**	**230282**
5074	4403	214	173	12262	12356	1258	205	150626	169356
126	153			32	29	5007	4224	5087	5602
139	207			877	1373	199	138	4941	5088
17	59			10	93			335	1334
514	728	586	201	11184	14558	14	20	37364	48901
74983	**85271**	**6180**	**6822**	**153162**	**178381**	**358049**	**410923**	**2826899**	**3374850**
1893	1761	10		1808	1850	1740	1890	31348	38194
1265	1639			4657	7052	2395	2597	16273	16865
4198	3746	1	4	1504	1985	1920	2252	29793	26570
334	294			699	1341	799	699	6378	6329
1192	1432	13	2	818	855	2074	2241	60262	77093
560	779			152	247	198	388	2772	4922
611	856			67	49	142	233	4178	5434
209	231	9		449	286	50	6	4135	5986
523	767		4	423	706	94	35	4538	5818
828	968	2		3280	4222	1099	1447	90019	101121
1074	942	11	8	760	675	470	558	9425	10943
1	19			5	4	1		180	467
302	176		271	1241	898	221	224	10042	7018

表5.2 续表 continued

行业	Sector	原煤（吨） Coal(ton)		焦炭（吨） Coke(ton)	
		2009	2010	2009	2010
化学原料及化学制品制造业	Manufacture of Raw Chemical Materials and Chemical Products	2689001	3051990	26588	18155
医药制造业	Manufacture of Medicines	184086	247901		
化学纤维制造业	Manufacture of Chemical Fibres	1216	1091		
橡胶制品业	Manufacture of Rubber	113979	157120		401
塑料制品业	Manufacture of Plastics	26149	26207	85	77
非金属矿物制品业	Manufacture of Non-metallic Mineral Products	4687079	5664295	2279	7522
黑色金属冶炼及压延加工业	Smelting and Pressing of Ferrous Metals	670670	743254	1672094	2294953
有色金属冶炼及压延加工业	Smelting and Pressing of Nonferrous Metals	249764	224083	4707	24377
金属制品业	Manufacture of Metal Products	18051	26942	740	1302
通用设备制造业	Manufacture of General Purpose Machinery	49499	36388	37608	44156
专用设备制造业	Manufacture of Special Purpose Machinery	14923	4047	542	2878
交通运输设备制造业	Manufacture of Transport Equipment	120011	105144	52171	51492
电气机械及器材制造业	Manufacture of Electrical Machinery and Equipment	7382	8455	649	333
通信设备、计算机及其他电子设备制造业	Manufacture of Communication Equipment, Computers and Other Electronic Equipment	250	711		
仪器仪表及文化、办公用机械制造业	Manufacture of Measuring Instruments and Machinery for Cultural Activity and Office Work	805	1975	2035	780
工艺品及其他制造业	Manufacture of Artwork and Other Manufacturing	6073	7474		
废弃资源和废旧材料回收加工业	Recycling and Disposal of Waste	3012	1216	51	
电力、燃气及水的生产和供应业	**Electric Power, Gas and Water Production and Supply**	**12601923**	**13689452**		**80**
电力、热力的生产和供应业	Production and Supply of Electric Power and Heat Power	12601911	13689452		80
燃气生产和供应业	Production and Supply of Gas	11			
水的生产和供应业	Production and Supply of Water				

汽 油（吨） Gasoline(ton)		煤 油（吨） Kerosene(ton)		柴 油（吨） Diesel Oil(ton)		天然气（万立方米） Natural Gas(10 000 cu.m)		电 力（万千瓦时） Electricity(10 000 kw.h)	
2009	2010	2009	2010	2009	2010	2009	2010	2009	2010
10975	12485	382	566	6289	13251	187578	237207	485120	622059
1725	1594	19	85	1029	1373	5132	4091	56807	35917
96	42			71	46		300	2117	1854
2147	2067			461	503	696	918	21585	32475
1094	1550	14	4	1244	2128	126	172	33399	38305
4032	5010	253	119	55877	83908	67565	72914	490613	601911
1117	1510	39	67	25423	4449	25027	17918	370970	648419
912	1064	247	1	1427	2422	11008	12157	529143	342869
1878	2566	54	92	1766	1770	3996	5666	35992	38384
5746	5437	1200	1499	7656	9047	10170	8295	94870	123001
2404	2531	173	100	1578	2439	1534	1596	31890	34918
24800	29485	3696	3868	31721	30666	30763	33303	343938	452728
2782	3286	17	14	1606	1474	1950	1628	35449	44838
572	591	5	7	158	272	365	719	8946	19885
1540	2161	37	109	703	1207	636	832	8494	22847
121	240			183	143	13	22	1595	2331
52	43			106	3113	286	616	6628	5349
6221	**6572**	**1**	**25**	**13499**	**14004**	**630**	**626**	**648964**	**729802**
5112	5302	1	25	12950	13452	445	405	588271	665014
642	749			288	339	183	219	6609	7246
467	521			261	214	2	2	54084	57542

表5.3 规模以上工业企业产值综合能耗（2009－2010年）

COMPREHENSIVE ENERGY CONSUMPTION OF INDUSTRIAL ENTERPRISES ABOVE DESIGNATED SIZE PER UNIT OUTPUT VALUE (2009-2010)

行　业	Sector	综合能源消费量（吨标准煤）Comprehensive Energy Consumption (ton of SCE)		工业总产值（万元）Gross Output Value of Industry (10 000 yuan)		产值能耗（吨标准煤/万元）Energy Consumption per Unit Output Value (ton of SCE/10 000 yuan)	
		2009	2010	2009	2010	2009	2010
工业消费总量	**Total Industry Consumption**	**27670093**	**32072663**	**67541109**	**91684125**	**0.41**	**0.35**
采矿业	**Mining**	**2476083**	**3026198**	**3656834**	**5020266**	**0.68**	**0.60**
#煤炭开采和洗选业	Mining and Washing of Coal	2211456	2688546	2390359	3236622	0.93	0.83
石油和天然气开采业	Extraction of Petroleum and Natural Gas	65617	57243	518438	734488	0.13	0.08
黑色金属矿采选业	Mining and Processing of Ferrous Metal Ores	43273	47641	126959	188412	0.34	0.25
有色金属矿采选业	Mining and Processing of Non-Ferrous Metal Ores	855	1859	29352	69674	0.03	0.03
非金属矿采选业	Mining and Processing of Non-metal Ores	154882	230909	591726	791071	0.26	0.29
制造业	**Manufacturing**	**18868548**	**22421286**	**59584380**	**81326281**	**0.32**	**0.28**
农副食品加工业	Processing of Food from Agricultural Products	134246	156389	2418833	3518659	0.06	0.04
食品制造业	Manufacture of Foods	128859	137857	739999	1016739	0.17	0.14
饮料制造业	Manufacture of Beverages	134120	131988	861596	1108173	0.16	0.12
烟草制品业	Manufacture of Tobacco	26180	25090	855625	1017971	0.03	0.02
纺织业	Manufacture of Textile	275510	304728	1349589	1686964	0.20	0.18
纺织服装、鞋、帽制造业	Manufacture of Textile Wearing Apparel, Footware and Caps	6759	11120	259982	393187	0.03	0.03
皮革、毛皮、羽毛（绒）及其制品业	Manufacture of Leather, Fur, Feather and Related Products	8335	14694	388947	556423	0.02	0.03
木材加工及木、竹、藤、棕、草制品业	Processing of Timber, Manufacture of Wood, Bamboo, Rattan, Palm, and Straw Products	23691	28134	104345	173603	0.23	0.16
家具制造业	Manufacture of Furniture	6654	9692	354255	436020	0.02	0.02
造纸及纸制品业	Manufacture of Paper and Paper Products	721692	768410	832963	1358530	0.87	0.57
印刷业、记录媒介的复制	Printing, Reproduction of Recording Media	21779	22693	435598	568626	0.05	0.04
文教体育用品制造业	Manufacture of Articles For Culture, Education and Sport Activities	229	596	6482	14679	0.04	0.04
石油加工、炼焦及核燃料加工业	Processing of Petroleum, Coking, Processing of Nuclear Fuel	232908	280074	388422	406088	0.60	0.69

表5.3 续表 continued

行 业	Sector	综合能源消费量（吨标准煤）Comprehensive Energy Consumption (ton of SCE)		工业总产值（万元）Gross Output Value of Industry (10 000 yuan)		产值能耗（吨标准煤/万元）Energy Consumption per Unit Output Value (ton of SCE/10 000 yuan)	
		2009	2010	2009	2010	2009	2010
化学原料及化学制品制造业	Manufacture of Raw Chemical Materials and Chemical Products	4970187	6103029	3844469	5346393	1.29	1.14
医药制造业	Manufacture of Medicines	256304	261450	1662398	1807186	0.15	0.14
化学纤维制造业	Manufacture of Chemical Fibres	6357	9902	54865	73133	0.12	0.14
橡胶制品业	Manufacture of Rubber	115876	161010	432770	735947	0.27	0.22
塑料制品业	Manufacture of Plastics	77906	110222	688390	891004	0.11	0.12
非金属矿物制品业	Manufacture of Non-metallic Mineral Products	5904577	7076654	3130103	4595129	1.89	1.54
黑色金属冶炼及压延加工业	Smelting and Pressing of Ferrous Metals	3173371	4151537	3004525	4851772	1.06	0.86
有色金属冶炼及压延加工业	Smelting and Pressing of Nonferrous Metals	979333	750733	3179502	4042324	0.31	0.19
金属制品业	Manufacture of Metal Products	112436	143383	1056006	1613108	0.11	0.09
通用设备制造业	Manufacture of General Purpose Machinery	325840	334830	3253203	4405950	0.10	0.08
专用设备制造业	Manufacture of Special Purpose Machinery	70714	70880	1573082	2201728	0.04	0.03
交通运输设备制造业	Manufacture of Transport Equipment	994371	1144538	23230575	29141858	0.04	0.04
电气机械及器材制造业	Manufacture of Electrical Machinery and Equipment	79695	86945	3414958	5031868	0.02	0.02
通信设备、计算机及其他电子设备制造业	Manufacture of Communication Equipment,Computers and Other Electronic Equipment	15946	33567	1064372	2251443	0.01	0.01
仪器仪表及文化、办公用机械制造业	Manufacture of Measuring Instruments and Machinery for Cultural Activity and Office Work	23244	45413	713527	1134308	0.03	0.04
工艺品及其他制造业	Manufacture of Artwork and Other Manufacturing	25887	23395	121502	167448	0.21	0.14
废弃资源和废旧材料回收加工业	Recycling and Disposal of Waste	15539	22333	163496	780019	0.10	0.03
电力、燃气及水的生产和供应业	**Electric Power, Gas and Water Production and Supply**	**6325462**	**6625179**	**4299895**	**5337578**	**1.47**	**1.24**
电力、热力的生产和供应业	Production and Supply of Electric Power and Heat Power	6246899	6540979	3670800	4523277	1.70	1.45
燃气生产和供应业	Production and Supply of Gas	11257	12664	483164	608677	0.02	0.02
水的生产和供应业	Production and Supply of Water	67306	71536	145932	205624	0.46	0.35

表5.4 能源消费弹性系数（1985－2010年）
ELASTICITY RATIO OF ENERGY CONSUMPTION (1985-2010)

年　份 Year	能源消费比上年增长% Growth Rate of Energy Consumption over Preceding Year (%)	本市生产总值比上年增长% Growth Rate of GDP over Preceding Year (%)	能源消费弹性系数 Elasticity Ratio of Energy Consumption
1985	7.0	8.6	0.81
1986	2.4	8.6	0.28
1987	9.8	5.3	1.85
1988	8.4	9.5	0.89
1989	3.5	4.9	0.71
1990	-3.1	7.0	-0.45
1991	2.8	9.2	0.30
1992	2.7	16.5	0.17
1993	2.7	15.6	0.18
1994	3.2	13.5	0.23
1995	4.7	12.3	0.38
1996	5.3	11.4	0.46
1997	8.5	11.2	0.76
1998	4.4	8.6	0.51
1999	7.5	7.8	0.96
2000	5.8	8.7	0.67
2001	6.8	9.2	0.73
2002	9.7	10.5	0.92
2003	11.2	11.7	0.95
2004	16.9	12.4	1.36
2005	21.7	11.7	1.85
2006	9.3	12.4	0.75
2007	12.9	15.9	0.81
2008	6.9	14.5	0.48
2009	9.1	14.9	0.61
2010	10.7	17.1	0.63

注：本市生产总值增长速度按可比价格计算。
Note:all the data hereof has been adjusted according to the result of the 2nd National Economic Census, and the growth rate of GDP is calculated at constant prices.

表5.5 平均每万元本市生产总值能源消费量（2009－2010年）
AVERAGE ENERGY CONSUMPTION PER 10 000 YUAN OF GDP (2009-2010)

单位：吨标煤/万元（ton of SCE/10 000 yuan）

品　种	Type	2009	2010
单位生产总值能源消费量	**Energy Consumption per Unit of GDP**	**1.181**	**1.127**
#煤　炭	Coal	0.76	0.70
天然气	Natural Gas	0.11	0.09
油　料	Oil	0.10	0.09
电　力	Electricity	0.35	0.34

注：本表GDP按2005年价计算；能源品种均已折合为按等价值计算的吨标准煤。
Note: The data of energy consumption and GDP in 2008 have been adjusted according to the result of the 2nd National Economic Census, and calculated at the prices of 2005; each type of energy has been converted into tons of SCE calculated in equivalent value.

表5.6 平均每天主要能源消费量（2009－2010年）
AVERAGE DAILY ENERGY CONSUMPTION (2009-2010)

单位：万吨标煤/天 (10 000 tons of SCE/day)

品　种	Type	2009	2010
每天能源消费量	**Average Daily Energy Consumption**	**19.26**	**21.52**
#煤　炭	Coal	12.33	13.31
天然气	Natural Gas	1.80	2.06
油　料	Oil	1.70	2.03
电　力	Electricity	5.66	6.49

注：本表能源品种均已折合为按等价值计算的吨标准煤。
Note: Each type of energy has been converted into tons of SCE calculated in equivalent value.

表5.7 主城九区主要能源消费量（2010年）
MAIN ENERGY CONSUMPTION OF 9 CENTRAL URBAN DISTRICTS(2010)

单位：万吨标准煤 (10 000 tons of SCE)

品　种	Type	2010
规模以上工业企业能源消耗总量	Total Energy Consumption of Industrial Enterprises above Designated Size	709.04
清洁能源使用量	Use of Clean Energy	1326.80
终端能源消费总量	Total End-User Energy Consumption	2263.49

表5.8 综合能源平衡表（2009－2010年）
OVERALL ENERGY BALANCE SHEET (2009-2010)

单位：万吨标准煤(10 000 tons of SCE)

项　目	Item	2009		2010	
		按当量值计算 Equivalent Weight	按等价值计算 Equivalent Value	按当量值计算 Equivalent Weight	按等价值计算 Equivalent Value
可供消费的能源总量	**Total Energy Available for Consumption**	**6431.63**	**7029.60**	**7117.41**	**7855.52**
#一次能源生产量	Primary Energy Output	4230.94	4549.20	4576.57	4952.17
调进量	Imports	3474.09	3961.43	4466.43	5021.97
调出量（-）	Exports (-)	-1916.70	-2131.20	-1839.30	-2032.33
能源消费总量	**Total Energy Consumption**	**6431.63**	**7029.60**	**7117.41**	**7855.52**
终端消费	End-use Consumption	5291.90	6652.67	5861.23	7388.26
第一产业	Primary Industry	228.73	232.26	258.43	262.01
第二产业	Secondary Industry	3983.74	4901.63	4359.64	5413.18
第三产业	Tertiary Industry	664.70	854.02	800.39	1017.68
生活消费	Household Consumption	414.72	664.76	442.77	695.39
城　镇	Urban	228.28	394.69	237.15	401.23
乡　村	Rural	186.44	270.07	205.62	294.16
加工转换投入（-）产出（+）量	Input (-) and Output (+) during the Process of Enery Conversion	-1101.40	-266.03	-1215.78	-352.02
损失量	Energy Losses	38.33	110.90	40.41	115.24

重/庆/统/计/年/鉴

主要统计指标解释

■ 能源消费总量

指一定时期内全国（地区）物质生产部门、非物质生产部门和生活消费的各种能源的总和，是观察能源消费水平、构成和增长速度的总量指标。能源消费总量包括：煤和原油及其制品、天然气、电力。不包括：低热值燃料、生物质能和太阳能等的利用。能源消费总量分为终端能源消费量、能源加工转换损失量和损失量三部分。

（1）终端能源消费量：指一定时期内全国（地区）生产和生活消费的各种能源在扣除了用于加工转换二次能源消费量和损失量以后的数量。

（2）能源加工转换损失量：指一定时期内全国（地区）投入加工转换的各种能源数量之和与产出各种能源产品之和的差额，是观察能源在加工转换过程中损失量变化的指标。

（3）能源损失量：指一定时期内能源在输送、分配、储存过程中发生的损失和由客观原因造成的各种损失量。不包括各种气体能源放空、放散量。

■ 能源消费弹性系数

是反映能源消费增长速度与国民经济增长速度之间比例关系的指标。计算公式为：

能源消费弹性系数=能源消费量平均增长速度/国民经济年平均增长速度

Explanatory Notes on Main Statistical Indicators

□ Total Energy Consumption

Refers to the total consumption of energy of various kinds by material production sectors, non-material production sectors and households in the country (region) in a given period of time. It is a comprehensive indicator to show the scale, composition and development of energy consumption. The total energy consumption includes that of coal, crude oil and their products, natural gas and electricity. However, it excludes the consumption of fuel of low calorific value, bio-energy and solar energy. Total domestic energy consumption can be divided into three parts:

(I) Final energy consumption: refers to the total energy consumption by material production sectors, non-material production sectors and households in the country (region) in a given period of time, but excludes the consumption in conversion of the primary energy into the secondary energy and the loss in the process of energy conversion.

(II) Loss during the process of energy conversion: refers to the total input of various kinds of energy for conversion, minus the total output of various kinds of energy in the country in a given period of time. It is an indicator to show the loss that occurs during the process of energy conversion.

(III) Loss: refers to the total of the loss of energy during the course of energy transport, distribution and storage and the loss caused by any objective reason in a given period of time. The loss of various kinds of gas due to gas discharges and stocktaking is excluded.

□ Elasticity Ratio of Energy Consumption

Is an indicator to show the relationship between the growth rate of energy consumption and the growth rate of the national economy. The formula is:

Elasticity Ratio of Energy Consumption=Average annual Growth Rate of Energy Consumption/ Average Annual Growth Rate of National Economy.

6

财政

GOVERNMENT FINANCE

简要说明 Brief Introduction

本章资料包括全市财政收入和支出情况、国税和地税税收收入情况，由市统计局综合处分别根据市财政局、市国税局和市地税局的有关资料整理编辑。

The data in this chapter include the revenue and expenditure of the municipal government, and the revenue from national taxation and local taxation. The data is sorted and compiled by Division of Comprehensive Statistics of Chongqing Municipal Bureau of Statistics on the basis of the materials from Chongqing Municipal Bureau of Finance, Chongqing Municipal Office of SAT and Chongqing Local Taxation Bureau.

表6.1 财政收入及支出（1994－2010年）
GOVERNMENT REVENUE AND EXPENDITURE (1994-2010)

单位：万元(10 000 yuan)

年 份 Year	财政收入 Government Revenue	其中 of which: #地方财政收入 Revenue of Local Government	其中 of which: #一般预算收入 General Budgetary Revenue	#中央两税（四税）收入 Revenue from the 2 (4) Taxes of Central Government	地方财政支出 Expenditure of Local Government	其中 of which: #一般预算支出 General Budgetary Expenditure
1994	716172	366325	366325	349847	560818	560818
1995	837748	460052	460052	377696	662235	662235
1996	942682	549412	549412	393270	794216	794216
1997	1180555	745296	593060	435259	1151627	1010110
1998	1338867	858046	711287	480821	1359474	1257608
1999	1402935	898912	767341	504023	1623685	1502365
2000	1632353	1044570	872442	587783	2024606	1876433
2001	1961761	1264090	1061243	697671	2555530	2375486
2002	2694610	1578651	1260674	991425	3450674	3058591
2003	3412781	2069315	1615618	1205457	3913564	3415775
2004	4629591	3024439	2006241	1435206	4851221	3957233
2005	5811921	3949624	2568072	1656599	6253516	4873543
2006	7421702	5294579	3177165	1944772	8201936	5942543
2007	10572948	7885604	4427000	2491920	11023545	7683886
2008	12901828	9633392	5775738	3023634	14485581	10160112
2009	15353975	11657132	6818189	3403122	18060672	13180913
2010	25063346	19905882	10182938	4687841	27467891	17691065

注：财政收入2002年前为地方财政收入与中央两税（增值税和消费税）之和，2002年起为地方财政收入、中央四税收入和其他中央收入之和。其中其他中央收入不含关税，自2003年起包含车辆购置税(以下各表同）。

Note: Government revenue before 2002 is the sum of revenue of local government and revenue from the 2 taxes of Central Government (value-added tax and consumption tax), whereas since 2002 it is the sum of revenue of local government, revenue from the 4 taxes of Central Government and other revenue of Central Government. Other revenue of Central Government does not include tariff, while since 2003 vehicle purchasing tax is included (the same applies to the following tables).

表6.2 财政收入占地区生产总值的比重（1994－2010年）
PERCENTAGE OF GOVERNMENT REVENUE TO GROSS DOMESTIC PRODUCT (1994-2010)

年 份 Year	财政收入（亿元） Government Revenue (100 million yuan)	地区生产总值（亿元） Gross Domestic Product (100 million yuan)	财政收入占本市生产总值的比重（%） Percentage of Government Revenue to GDP (%)
1994	71.62	833.60	8.59
1995	83.77	1123.06	7.46
1996	94.27	1315.12	7.17
1997	118.06	1509.75	7.82
1998	133.89	1602.38	8.36
1999	140.29	1663.20	8.43
2000	163.24	1791.00	9.11
2001	196.18	1976.86	9.92
2002	269.46	2232.86	12.07
2003	341.28	2555.72	13.35
2004	462.96	3034.58	15.26
2005	581.19	3467.72	16.76
2006	742.17	3907.23	18.99
2007	1057.29	4676.13	22.61
2008	1290.18	5793.66	22.27
2009	1535.40	6530.01	23.51
2010	2506.33	7925.58	31.62

表6.3 财政收入（2009－2010年）
GOVERNMENT REVENUE (2009-2010)

单位：万元(10 000 yuan)

项　目	Item	2009	2010	指数 上年同口径数=100 Index The Same-Scope Index of Previous Year=100
财政收入	**Government Revenue**	**15353975**	**25063346**	**163.2**
地方财政收入	**Revenue of Local Government**	**11657132**	**19905882**	**170.8**
#市　级	Municipal Level	5665899	9647322	170.3
一般预算收入	**General Budgetary Revenue**	**6818189**	**10182938**	**149.3**
#市　级	Municipal Level	2688918	4316008	160.5
工商各税	Industrial and Commercial Taxes	3845570	5342718	138.9
#增值税	Value-added Tax	620094	777167	125.3
营业税	Business Tax	1855470	2424493	130.7
企业所得税	Corporate Income Tax	414051	742484	179.3
个人所得税	Individual Income Tax	212433	262412	123.5
资源税	Resource Tax	51567	50244	97.4
城市维护建设税	City Maintenance and Construction Tax	275222	349435	127.0
房产税	House Property Tax	121291	140200	115.6
印花税	Stamp Tax	64311	96268	149.7
农业四税	4 Taxes on Agriculture	510658	872846	170.9
#农业税	Agricultural Tax			
契　税	Deed Tax	338513	546488	161.4
非税收入	Non-tax Revenue	2461961	3967374	161.1
#国有资产经营收入	Operating Revenue of State-owned Assets	377946	662057	175.2
国有资源（资产）有偿使用收入	Revenue from the Compensable Use of State-owned Resources (Assets)	310707	425284	136.9
行政性收费收入	Charge of Administrative and Institutional Units	1275512	2140124	167.8
罚没收入	Penalty Receipts	140149	214145	152.8
专项收入	Special Program Receipts	203330	384998	189.3
基金预算收入	**Budgetary Revenue of Funds**	**4838943**	**9722944**	**200.9**
#养路费	Road Toll			
国有土地使用权出让金	Transferring Fees of the Right to Use the State-owned Land	4242418	8893982	209.6
新增建设用地土地有偿使用费	Revenue from the Paid Use of the Increased Land for Construction Use	141964	221791	156.2
中央四税收入	**Revenue from 4 Taxes of Central Government**	**3403122**	**4687841**	**137.8**
增值税收入	Revenue from VAT	1860572	2331757	125.3
消费税收入	Revenue from Consumption Tax	610243	854895	140.1
企业所得税收入	Revenue from Corporate Income Tax	613661	1107565	180.5
个人所得税收入	Revenue from Individual Income Tax	318646	393624	123.5
其他中央收入	**Other Revenue of Central Government**	**293721**	**469623**	**159.9**
#车辆购置税	Vehicle Purchase Tax	209093	308848	147.7

注：其他中央收入不含关税。2009年基金预算收入科目调整。
Note: Other revenue of Central Government excludes tariff.The budgetary revenue of fund was adjusted in 2009.

表6.4 财政支出（2009－2010年）
GOVERNMENT EXPENDITURE (2009-2010)

单位：万元(10 000 yuan)

项 目	Item	2009	2010	指数 上年同口径数=100 Index The Same-Scope Index of Previous Year=100
地方财政支出	**Expenditure of Local Government**	**18060672**	**27467891**	**152.1**
#市 级	Municipal Level	6313272	10333428	163.7
一般预算支出	**General Budgetary Expenditure**	**13180913**	**17691065**	**134.2**
#市 级	Municipal Level	3718983	5344193	143.7
一般公共服务	Expenditure for General Public Services	1354305	1684896	124.4
公共安全	Expenditure for Public Security	751581	980176	130.4
教 育	Expenditure for Education	1902818	2404608	126.4
科学技术	Expenditure for Science and Technology	155544	178968	115.1
文化体育与传媒	Expenditure for Culture,Sport and Media	190375	240367	126.3
社会保障和就业	Expenditure for Social Security and Employment Effort	2043301	2369806	116.0
医疗卫生	Expenditure for Medical and Health Care	767295	948682	123.6
环境保护	Expenditure for Environment Protection	500481	690101	137.9
城乡社区事务	Expenditure for Urban and Rural Community Affairs	1743901	2512632	144.1
农林水事务	Expenditure for Agriculture, Forestry and Water Conservancy	1283280	1610349	125.5
交通运输	Expenditure for Transportation	647348	855835	132.2
工业商业金融等事务	Expenditure for Industry, Commerce and Banking	951716	1829616	192.2
地震灾后恢复重建支出	Expenditure for the Reconstruction after Earthquake	62556	67817	108.4
国土资源气象等事务	Expenditure for land Resources and Meteokology	214705	319918	149.0
住房保障支出	Expenditure for Housing Security	417547	799099	191.4
其他支出	Other Expenditure	194160	198195	102.1
基金预算支出	**Budgetary Expenditure of Fund**	**4879759**	**9776826**	**200.4**
#文体与传媒	Expenditure for Culture, Sport and Media	11265	10826	96.1
社会保障和就业	Expenditure for Social Security and Employment Effort	17552	65416	372.7
城乡社区事务	Expenditure for Urban and Rural Community Affairs	4432457	9149202	206.4
农林水事务	Expenditure for Agriculture, Forestry and Water Conservancy	94315	86578	91.8
交通运输	Expenditure for Transportation	133880	206637	154.3
工业商业等事务	Expenditure for Industry, Commerce and Banking	147485	195139	132.3
其他基金	Other Funds	6392	62966	985.1

表6.5 国税和地税税收收入（1996－2010年）

REVENUE FROM NATIONAL AND LOCAL TAXATION (1996-2010)

单位：万元(10 000 yuan)

年 份 Year	国税税收收入 Revenue from National Taxation	其 中 of which #增值税 Value-added Tax	#消费税 Consumption Tax	地税税收收入 Revenue from Local Taxation	其 中 of which #营业税 Business Tax	#企业所得税 Corporate Income Tax	#个人所得税 Individual Income Tax
1996	611211	455912	92966	266489	130952	33616	17748
1997	645914	489770	108411	324758	155607	47121	29468
1998	715077	529607	123846	382948	195747	41808	42562
1999	881410	692354	120696	436999	218101	52873	54910
2000	929759	680489	144660	500530	243476	68614	72133
2001	1128638	795789	164879	602387	278516	97553	105450
2002	1295409	915425	193646	732964	367458	91953	120326
2003	1559085	1112204	217868	894415	466393	100102	148386
2004	1900477	1366125	257385	1115549	585415	125572	168282
2005	2139060	1525267	278540	1356424	702018	152846	203950
2006	2559190	1803377	346133	1660513	858693	181691	224558
2007	3261800	2240634	424683	2245537	1171243	233743	308283
2008	3922674	2658088	489991	2861162	1450449	319964	386364
2009	4411106	2892068	610367	3461226	1855471	334508	504270
2010	6084441	3612557	855149	5586777	2424494	531854	649130

注：国税收入对外公布数据从2001年起均包含车辆购置税，故对以前年度数据进行了调整。
Note: The released data of national taxation has included vehicle purchasing tax since 2001, so the data of the previous years is adjusted.

表6.6 国税税收收入（2009－2010年）

REVENUE FROM NATIONAL TAXATION (2009-2010)

单位：万元(10 000 yuan)

项 目	Item	2009	2010
税收收入合计	**Total Revenue from Taxation**	**4411106**	**6084441**
按税种分	**By Tax Category**		
增值税收入	Value-added Tax	2892068	3612557
#一般纳税人	General Taxpayer	2470767	3052319
消费税收入	Consumption Tax	610367	855149
营业税	Business Tax		
企业所得税	Corporate Income Tax	672622	1299784
内 资	Domestic Enterprise	471615	736931
外 资	Foreign-Funded Enterprise	201007	562853
个人所得税	Individual Income Tax	26817	6903
城市维护建设税	City Maintenance and Construction Tax		1200
车辆购置税	Vehicle Purchasing Tax	209232	308848
按行业分	**By Sector**		
第一产业	Primary Industry	1543	3454
第二产业	Secondary Industry	3051012	4101544
工 业	Industry	3037580	4076854
建筑业	Construction	13432	24690
第三产业	Tertiary Industry	1358551	1979443
交通运输仓储及邮政业	Transport, Storage and Post	32553	43018
批发和零售业	Wholesale and Retail Trades	754221	1089614
金融业	Financial Intermediation	184310	249641
信息传输、计算机服务和软件业	nformation Transmission, Computer Services and Software	57776	69439
住宿和餐饮业	Hotel and Catering Services	5018	6927
文化、体育和娱乐业	Culture, Sports and Entertainment	1290	1842
租赁和商务服务业	Leasing and Business Services	12182	24860
房地产业	Real Estate	88410	213395
其他行业	Other Trades	222791	280707

表6.7 按企业类型分的国税税收收入（2010年）
REVENUE FROM NATIONAL TAXATION BY STATUS OF REGISTRATION (2010)

单位：万元(10 000 yuan)

项　目	Item	合　计 Total	内资企业 Domestic-funded				
			国有企业 State-owned	集体企业 Collective-owned	股份合作企业 Cooperative	联营企业 Joint Ownership	股份公司 Share-holding corporations
总　计	**Total**	**6084441**	**863358**	**35850**	**23619**	**12608**	**2300841**
增值税收入	Value-added Tax	3612557	567155	32294	11393	1694	1331283
消费税收入	Consumption Tax	855149	195650	35	165		379674
营业税	Business Tax						
企业所得税	Corporate Income Tax	1299784	83869	127	3026	386	562270
个人所得税	Individual Income Tax	6903					
资源税	Resource Tax						
固定资产投资方向调节税	Fixed Asset Investment Regulation Tax						
城市维护建设税	City Maintenance and Construction Tax	1200					1200
车辆购置税	Vehicle Purchasing Tax	308848	16684	3394	9035	10528	26414

项　目	Item	内资企业 Domestic-funded		港澳台投资企业 Funded By Hong Kong, Macao&Taiwan	外商投资企　业 Foreign -funded	个体经营 Individuals	附：乡镇企业 Township Enterprises
		私营企业 Private	其他企业 Others				
总　计	**Total**	**606295**	**17558**	**191453**	**1731925**	**300934**	**161047**
增值税收入	Value-added Tax	508313	2035	111552	972666	74172	152508
消费税收入	Consumption Tax	3642		4679	270836	468	1424
营业税	Business Tax						
企业所得税	Corporate Income Tax	85944	1309	74596	488257		7115
个人所得税	Individual Income Tax					6903	
资源税	Resource Tax						
固定资产投资方向调节税	Fixed Asset Investment Regulation Tax						
城市维护建设税	City Maintenance and Construction Tax						
车辆购置税	Vehicle Purchasing Tax	8396	14214	626	166	219391	

表6.8 地税税收收入（2009－2010年）
REVENUE FROM LOCAL TAXATION (2009-2010)

单位：万元(10 000 yuan)

项 目	Item	2009	2010
税收收入合计	**Total**	**3461226**	**5586777**
#中央级	Central Government	503260	708594
重庆市级	Chongqing Municipal Government	1381801	1781057
区县级	Distirct and County Governments	1576165	3097126
按税种分	**By Tax Category**		
营业税	Business Tax	1855471	2424494
企业所得税	Corporate Income Tax	334508	531854
个人所得税	Individual Income Tax	504270	649130
资源税	Resource Tax	51567	50244
固定资产投资方向调节税	Fixed Asset Investment Regulation Tax		
城市维护建设税	City Maintenance and Construction Tax	275367	348083
房产和城市房地产税	House Property and Urban Real Estate Tax	121294	140200
印花税	Stamp Tax	64311	96267
城镇土地使用税	Urban Land Use Tax	141379	185005
土地增值税	Land Appreciation Tax	75939	297957
车船税	Tax on Vehicles and Boat Operation	13878	17054
屠宰税	Slaughter Tax		
烟叶税	Tobacco Leaf Tax	23242	23239
耕地占用税	Farm Land Occupation Tax		302903
契 税	Deed Tax		520347
按行业分	**By Sector**		
第一产业	Primary Industry	958	4464
第二产业	Secondary Industry	973249	1604572
工 业	Industry	521215	751905
建筑业	Construction	452034	852667
第三产业	Tertiary Industry	2487019	3977741
交通运输仓储及邮政业	Transport, Storage and Post	229396	204380
批发和零售业	Wholesale and Retail Trades	181176	235957
金融业	Financial Intermediation	392103	501658
信息传输、计算机服务和软件业	Information Transmission, Computer Services and Software	64578	75327
住宿和餐饮业	Hotel and Catering Services	76174	102551
文化、体育和娱乐业	Culture, Sports and Entertainment	24953	29013
租赁和商务服务业	Leasing and Business Services	91655	201631
房地产业	Real Estate	915291	1783149
其他行业	Other Trades	511693	844075

表6.9 按企业类型分的地税税收收入（2010年）
REVENUE FROM LOCAL TAXATION BY STATUS OF REGISTRATION (2010)

单位：万元(10 000 yuan)

项 目	Item	合 计 Total	内资企业 Domestic-funded				
			国有企业 State-owned	集体企业 Collective-owned	股份合作企业 Cooperative	联营企业 Joint Ownership	股份公司 Share-holding corporations
总 计	**Total**	**5586777**	**554827**	**53423**	**39190**	**12480**	**2897945**
营业税	Business Tax	2424494	240356	22832	22360	6504	1364685
企业所得税	Corporate Income Tax	531854	28021	11190	4676	1086	364694
个人所得税	Individual Income Tax						
资源税	Resource Tax	649130	92485	4283	4486	1086	297627
固定资产投资方向调节税	Fixed Asset Investment Regulation Tax	50244	8523	2021	335	56	20921
城市维护建设税	City Maintenance and Construction Tax	348083	76302	3603	2695	825	197398
房产和城市房地产税	House Property and Urban Real Estate Tax	140200	19627	1974	1222	1027	71517
印花税	Stamp Tax	96267	8891	460	433	266	43655
城镇土地使用税	Urban Land Use Tax	185005	22383	1160	1028	527	110139
土地增值税	Land Appreciation Tax	297957	15437	3475	1930	1042	164855
车船税	Tax on Vehicles and Boat Operation	17054	835	717	21	61	3588
屠宰税	Slaughter Tax						
烟叶税	Tobacco Leaf Tax	23239	23239				
耕地占用税	Farm Land Occupation Tax	302903	15498	20	4		193296
契 税	Deed Tax	520347	3230	1688			65570

项 目	Item	内资企业 Domestic-funded		港澳台投资企业 Funded By Hong Kong, Macao &Taiwan	外商投资企业 Foreign -funded	个体经营 Individuals	附：乡镇企业 Township Enterprises
		私营企业 Private	其他企业 Others				
总 计	**Total**	**656710**	**580127**	**150158**	**275839**	**366078**	**7471**
营业税	Business Tax	320948	93947	89381	177707	85774	4258
企业所得税	Corporate Income Tax	108026	14161				992
个人所得税	Individual Income Tax						
资源税	Resource Tax	61401	78949	16473	38038	54302	644
固定资产投资方向调节税	Fixed Asset Investment Regulation Tax	9268	3233	11	974	4902	868
城市维护建设税	City Maintenance and Construction Tax	51538	8023			7699	404
房产和城市房地产税	House Property and Urban Real Estate Tax	13028	7598	9070	11325	3812	60
印花税	Stamp Tax	9025	8726	4297	19545	969	51
城镇土地使用税	Urban Land Use Tax	23151	2865	9985	12838	929	62
土地增值税	Land Appreciation Tax	45126	26797	20342	15082	3871	103
车船税	Tax on Vehicles and Boat Operation	1282	6087	79	68	4316	15
屠宰税	Slaughter Tax						
烟叶税	Tobacco Leaf Tax						
耕地占用税	Farm Land Occupation Tax	268	84394	260	168	8995	14
契 税	Deed Tax	13649	245347	260	94	190509	

重/庆/统/计/年/鉴

主要统计指标解释

财政收入

指国家财政参与社会产品分配所取得的收入，是实现国家职能的财力保证。主要包括：

（1）各项税收：包括国内增值税、国内消费税、进口货物增值税和消费税、出口货物退增值税和消费税、营业税、企业所得税、个人所得税、资源税、城市维护建设税、房产税、印花税、城镇土地使用税、土地增值税、车船税、船舶吨税、车辆购置税、关税、耕地占用税、契税、烟叶税等。

（2）非税收入：包括专项收入、行政事业性收费、罚没收入和其他收入。

财政支出

指国家财政将筹集起来的资金进行分配使用，以满足经济建设和各项事业的需要。主要包括：

（1）一般公共服务：指政府提供基本公共管理与服务的支出，包括人大事务、政协事务、政府办公厅（室）及相关机构事务、发展与改革事务、统计信息事务、财政事务、税收事务、审计事务、海关事务、人力资源事务、纪检监察事务、人口与计划生育事务、商贸事务、知识产权事务、工商行政管理事务、国土资源事务、海洋管理事务、测绘事务、地震事务、气象事务、民族事务、宗教事务、港澳台侨事务、档案事务、共产党事务、民主党派事务及工商联事务、群众团体事务、彩票事务等。

（2）外交：指政府外交事务支出，包括外交行政管理、驻外机构、对外援助、国际组织、对外合作与交流、边界勘界联检等方面的支出。

（3）国防：指政府用于国防方面的支出，包括用于现役部队、预备役部队、民兵、国防科研事业、专项工程、国防动员等方面的支出。

（4）公共安全：指政府维护社会公共安全方面的支出，包括武装警察、公安、国家安全、检察、法院、司法行政、监狱、劳教、国家保密、缉私警察等。

（5）教育：指政府教育事务支出，包括教育行政管理、学前教育、小学教育、初中教育、普通高中教育、普通高等教育、初等职业教育、中专教育、技校教育、职业高中教育、高等职业教育、广播电视教育、留学生教育、特殊教育、干部继续教育、教育机关服务等。

（6）科学技术：指用于科学技术方面的支出，包括科学技术管理事务、基础研究、应用研究、技术研究与开发、科技条件与服务、社会科学、科学技术普及、科技交流与合作等。

（7）文化教育与传媒：指政府在文化、文物、体育、广播影视、新闻出版等方面的支出。

（8）社会保障和就业：指政府在社会保障与就业方面的支出，包括社会保障和就业管理事务、民政管理事务、财政对社会保险基金的补助、补充全国社会保障基金、行政事业单位离退休、企业改革补助、就业补助、抚恤、退役安置、社会福利、残疾人事业、城市居民最低生活保障、其他城镇社会救济、农村社会救济、自然灾害生活救助、红十字事务等。

（9）医疗卫生：指政府医疗卫生方面的支出，包括医疗卫生管理事务支出、医疗服务支出、医疗保障支出、疾病预防控制支出、卫生监督支出、妇幼保健支出、农村卫生支出等。

（10）环境保护：指政府环境保护支出，包括环境保护管理事务支出、环境监测与监察支出、污染治理支出、自然生态保护支出、天然林保护工程支出、退耕还林支出、风沙荒漠治理支出、退牧还草支出、已垦草原退耕还草、能源节约利用、污染减排、可再生能源和资源综合利用等支出。

（11）城乡社区事务：指政府城乡社区事务支出，包括城乡社区管理事务支出、城乡社区规划与管理支出、城乡社区公共设施支出、城乡社区住宅支出、城乡社区环境卫生支出、建设市场管理与监督支出等。

（12）农林水事务：指政府农林水事务支出，包括农业支出、林业支出、水利支出、扶贫支出、农业综合开发支出等。

（13）交通运输：指政府交通运输和邮政业方面的支出，包括公路运输支出、水路运输支出、铁路运输支出、民用航空运输支出、邮政业支出等。

（14）工业商业金融等事务：指政府对工业、商

主要统计指标解释

业及金融等方面的支出，包括采掘业支出、制造业支出、建筑业支出、工业和信息产业监管支出、国有资产监管支出、商业流通事务支出、金融业监管支出、旅游业管理与服务支出等。

■ 中央财政收入和地方财政收入

指按现行分税制财政体制划分的中央本级收入和地方本级收入。属于中央财政的收入包括关税，进口货物增值税和消费税，出口货物退增值税和消费税，消费税，铁道部门、各银行总行、各保险公司总公司等集中交纳的营业税和城市维护建设税，增值税75%部分，纳入共享范围的企业所得税60%部分，未纳入共享范围的中央企业所得税、中央企业上交的利润，个人所得税60%部分，车辆购置税，船舶吨税，证券交易印花税97%部分，海洋石油资源税，中央非税收入等。属于地方财政的收入包括营业税（不含铁道部门、各银行总行、各保险公司总公司集中交纳的营业税），地方企业上交利润，城市维护建设税（不含铁道部门、各银行总行、各保险公司总公司集中交纳的部分），房产税，城镇土地使用税，土地增值税，车船税，耕地占用税，契税，烟叶税，印花税，增值税25%部分，纳入共享范围的企业所得税40%部分，个人所得税40%部分，证券交易印花税3%部分，海洋石油资源税以外的其他资源税，地方非税收入等。

■ 中央财政支出和地方财政支出

指根据政府在经济和社会活动中的不同职责，划分中央和地方政府的责权，按照政府的责权划分确定的支出。中央财政支出包括一般公共服务，外交支出，国防支出，公共安全支出，以及中央政府调整国民经济结构、协调地区发展、实施宏观调控的支出等。地方财政支出包括一般公共服务，公共安全支出，地方统筹的各项社会事业支出等。

CHONGQING STATISTICAL YEARBOOK

Explanatory Notes on Main Statistical Indicators

Government Revenue

Refers to income for the government finance through participating in the distribution of social products. It is the financial guarantee to ensure government functioning. The contents of government revenue include the following main items:

(1) Various tax revenues, including domestic value added tax (VAT), domestic consumption tax, VAT and consumption tax from imports, VAT and consumption tax rebate for exports, business tax, corporate income tax, individual income tax, resource tax, city maintenance and construct tax, house property tax, stamp tax, urban land use tax, land appreciation tax, tax on vehicles and boat operation, ship tonnage tax, vehicle purchase tax, tariffs, farm land occupation tax, deed tax, and tobacco leaf tax, etc.

(2) Non-tax revenue, including special program receipts, charge of administrative and institutional units, penalty receipts and others non-tax receipts.

Government Expenditure

Refers to the distribution and use of the funds which the government finance has raised, so as to meet the needs of economic construction and various causes. It includes the following main items:

(1) Expenditure for general public services: It refers to the spending on the basic public management and services which provided by governments, including the expense on affairs of People's Congress, affairs of People's Political Consultative Conference, affairs of government general office and relative institutions, affairs of development and reform, affairs of statistics, affairs of finance, affairs of taxation, affairs of audit, affairs of customs, affairs of human resources and social security, affairs of discipline inspection and supervision, affairs of population and family planning, affairs of commerce and trade, affairs of intellectual property, affairs of administration for industry and commerce, affairs of land and resources, affairs of oceanic administration, affairs of surveying and mapping, affairs of earthquake, ethnic affairs, religious affairs, affairs of Hong Kong, Macao, Taiwan, and Overseas Chinese, affairs of archives administration, affairs of Chinese Communist Party, affairs of democratic parties and federation of industry and commerce, affairs of mass organization, and affairs of lottery, etc.

(2) Expenditure for foreign affairs: It refers to the spending of government on foreign affairs, including the expense on administration of foreign affairs, missions overseas, external assistance, international organizations, foreign cooperation and communication, surveying and joint inspection on borderline, etc.

(3) Expenditure for national defence: It refers to the spending of government on national defence, including the expense on active force, reserve force, militia, scientific research on national defence, special projects, mobilization of national defence, etc.

(4) Expenditure for public security: It refers to the spending of government on maintaining social and public security, including the expense on armed police force, public security, state security, prosecution, courts, justice, prison, labour education and rehabilitation, protection of state secrecy, anti-smuggling police, etc.

(5) Expenditure for education: It refers to the spending of government on education, including the expense on the administration of education, pre-primary education, primary education, secondary education, high school education, regular higher education, primary vocational education, secondary vocational education, technical school education, vocational high school education and higher vocational education, radio and television education, student abroad education, special education, on the job training of cadres, education authorities services, etc.

(6) Expenditure for science and technology: It refers to the spending of government on science and technology (S&T), including the expense on the administration of S&T, basic research, applied research, research and development, conditions and services of S&T, popularization of social science, science and technology, exchanges and cooperation of S&T, etc.

(7) Expenditure for culture, sport and media: It refers to the spending of government on culture, cultural heritage, sports, radio, film, television, press and publication, etc.

(8) Expenditure for social safety net and employment effort: It refers to the spending of government on social safety net and employment, including the expense on administration of social safety net and employment, civil affairs, budgetary subsidy on the social insurance funds, subsidy on National Social Security Fund, retirees of administrative units and institutions, subsidy on enterprise reform, subsidy on employment effort, pension,

EXPLANATORY NOTES TO MAJOR STATISTICAL INDICATORS

placement of ex-serviceman, social welfare, the handicapped undertakings, the system of cost of living allowances for urban residents, other urban social relief, rural social relief, living relief of natural disasters, affairs of Red Cross Society, etc.

(9) Expenditure for medical and health care: It refers to the spending of government on medical and health care, including the expense on administration of medical and health care, medical services, health care, disease prevention and control, health inspection and supervision, women and children's health, rural health care, etc.

(10) Expenditure for environment protection: It refers to the spending of government on environment protection, including the expense on administration of environment protection, environment monitoring and supervision, pollution control, natural ecology protection, project of virgin forests protection, reforesting farmland, controlling the sources of dust storms, returning pastureland to grassland, returning pastureland to grassland, returning cultivated land to grassland, energy conservation, emissions reduction, comprehensive utilization of renewable energy and resources, etc.

(11) Expenditure for urban and rural community affairs: It refers to the spending of government on urban and rural community affairs, including the expense on administration of urban and rural community, planning and management of urban and rural community, public facilities of urban and rural community, housing of urban and rural community, sanitation of urban and rural community, management and supervision on the construction market, etc.

(12) Expenditure for agriculture, forestry and water conservancy: It refers to the spending of government on agriculture, forestry and water conservancy, including the expense on agriculture, forestry, water conservancy, poverty alleviation, comprehensive agricultural development, etc.

(13) Expenditure for transportation: It refers to the spending of government on transportation and postal services, including the expense on road transportation, waterway transportation, railway transportation, civil aviation transportation, and postal services.

(14) Expenditure for industry, commerce and banking: It refers to the spending of government on industry, commerce and banking, including the expense on mining, manufacturing, construction, industry and information technology supervision and administration, State-owned assets supervision and administration, commerce and circulation affairs, financial intermediation supervision and administration, tourism administration and service, etc.

□ Revenue of the Central Government and Revenue of the Local Governments

Refers to the revenue collected by the Central Government and that by the local governments as defined by the decentralized taxation system. In accordance with this system, the revenue of the Central Government includes tariff, VAT and consumption tax from imports, VAT and consumption tax rebate for exports, consumption tax, business tax and city maintenance and construct tax from the Ministry of Railways, head offices of banks, head offices of insurance company, which are handed over to the government in a centralized way, 75% of the value added tax, 60% the share part of the corporate income tax, unshared part of corporate income tax of the central enterprises, profit handed in by the central enterprises, 60% of individual income tax, vehicle purchase tax, ship tonnage tax, 97% of stamp tax on securities transactions, resource tax on the offshore petroleum resources. The revenue of the local governments includes business tax (excluding the part of the Ministry of Railways, head offices of banks, head offices of insurance company, which are handed over to the government in a centralized way), profit handed in by the local enterprises, city maintenance and construct tax (excluding the part of the Ministry of Railways, head offices of banks, head offices of insurance company, which are handed over to the government in a centralized way), house property tax, urban land use tax, land appreciation tax, tax on vehicles and boat operation, farm land occupation tax, deed tax, and tobacco leaf tax, stamp tax, 25% of the value added tax, 40% the share part of the corporate income tax, 40% of individual income tax, 3% of stamp tax on securities transactions, resource tax other than the tax on offshore petroleum resources, local non-tax revenue, etc.

□ Expenditure of the Central Government and Expenditure of the Local Governments

According to the different functions of the Central Government and local governments in economic and social activities, the rights of affairs administration are demarcated between those of the Central Government and those of local governments; and the classification of the expenditure between the Central Government and local governments are made on the basis of the classification of the rights of affairs administration between them. The expenditure of the Central Government includes the expenditure for general public services, expenditure for foreign affairs, expenditure for public security, and the expenditure of the Central Government for adjusting the national economic structure;

EXPLANATORY NOTES TO MAJOR STATISTICAL INDICATORS

coordinating the development among different regions; and exercising macroeconomic regulation. The expenditure of the local governments includes mainly the expenditure for general public services, expenditure for public security, and expenditures for social development which are planned by local governments, etc.

7

人民生活与物价

PEOPLE’S LIVING CONDITIONS AND
PRICE OF GOODS

简要说明

本章资料反映全市城乡居民生活状况，主要内容包括城乡居民家庭基本情况、恩格尔系数、居民储蓄、年收入支出及其构成、主要商品购买数量、耐用消费品的拥有量，以及居民消费价格指数、商品零售价格指数、原材料、燃料、动力购进价格指数和工业品出厂价格指数等。居民住户调查资料是抽样调查汇总的结果，价格调查资料采用直接调查方法取得。

城市居民、城镇居民和农村居民生活状况的数据来源于国家统计局重庆调查总队。城乡居民物质生活情况和居民储蓄由市统计局综合处整理编辑。

The data in this chapter present the living conditions of the urban and rural households in Chongqing, including basic conditions of urban and rural households, Engle's coefficient, saving deposits, annual income & expenditure and their compositions, purchases of major commodities, possession of durable consumer goods, as well as consumer price indices, retail price indices, purchasing price indices of raw material, fuel and power and PPI, etc. The data of urban and rural households are the results of sample survey, while the data of prices are collected by direct inquiry method.

The data about the living conditions of metropolitan, urban and rural residents are provided by NBS Survey Office in Chongqing. The data of material & cultural life and saving deposits of urban & rural residents are sorted and compiled by Division of Comprehensive Statistics, Chongqing Municipal Bureau of Statistics.

表7.1 城乡居民物质文化生活情况（2009－2010年）
MATERIAL AND CULTURAL LIFE OF URBAN & RURAL RESIDENTS (2009-2010)

指　标	Item	2009	2010
就　业	**Employment**		
每一城市就业者负担人数（人）	Number of Dependents per Metropolitan Employee (person)	1.84	1.88
每一城镇就业者负担人数（人）	Number of Dependents per Urban Employee (person)	1.86	1.88
每一农村劳动力负担人数（人）	Number of Dependents per Rural Laborer (person)	1.31	1.28
城镇登记失业率（%）	Registered Urban Unemployment Rate (%)	3.96	3.90
收入和支出	**Income and Expenditure**		
城镇非私营在岗职工平均工资（元）	Annual Average Wages of Staff and Workers of Urban Non-private Units (yuan)	30965	35326
城市居民人均可支配收入（元）	Annual per Capita Disposable Income of Metropolitan Households (yuan)	17191.10	19099.73
城镇居民人均可支配收入（元）	Annual per Capita Disposable Income of Urban Households (yuan)	15748.67	17532.43
农民人均纯收入（元）	Annual per Capita Net Income of Rural Households (yuan)	4478.35	5276.66
城市居民人均消费性支出（元）	Annual per Capita Consumption Expenditure of Metropolitan Households (yuan)	13507.30	14754.74
城镇居民人均消费性支出（元）	Annual per Capita Consumption Expenditure of Urban Households (yuan)	12144.06	13335.02
农村居民人均生活消费支出（元）	Annual per Capita Living Expenditure of Rural Households (yuan)	3142.14	3624.62
城市居民家庭恩格尔系数（%）	Engle's Coefficient of Metropolitan Households (%)	37.2	37.5
城镇居民家庭恩格尔系数（%）	Engle's Coefficient of Urban Households (%)	37.7	37.6
农村居民家庭恩格尔系数（%）	Engle's Coefficient of Rural Households (%)	49.1	48.3
人均储蓄存款余额（元）	Per Capita Balance of Saving Deposit (yuan)	14986	17677
住　房	**Housing**		
城市人均房屋建筑面积（平方米）	Per Capita Residential Floor Space in Metropolitan Areas (sq.m)	27.41	27.55
城镇人均房屋建筑面积（平方米）	Per Capita Residential Floor Space in Urban Residents (sq.m)	31.42	31.69
农村人均住房面积（平方米）	Per Capita Living Space in Rural Areas (sq.m)	35.73	37.56
交通邮电	**Traffic, Postal and Telecommunication Services**		
人均道路面积（平方米）	Per Capita Area of Paved Roads (sq.m)	9.29	9.09
每万人拥有电话（部）	Number of Telephones per 10 000 Population (unit)	7236	7790
每人平均交寄函件（件）	Number of Letters Mailed per Capita (unit)	1.83	1.71
城市公用事业	**City Public Utilities**		
用水普及率（%）	Percentage of Population with Access to Tap Water (%)	91.3	91.5
燃气普及率（%）	Percentage of Population with Access to Gas (%)	88.6	90.0
人均公共绿地面积（平方米）	Per Capita Public Green Area (sq.m)	10.57	12.72
教　育	**Education**		
学龄儿童入学率（%）	Enrollment Ratio of School-Aged Children (%)	99.93	99.94
每万人口中在校大学生（人）	Number of Undergraduates per 10 000 Population (person)	161	171
文　化	**Culture**		
每百户城市家庭拥有彩色电视机（台）	Number of Color TV Sets per 100 Metropolitan Households (unit)	149.39	151.27
每百户城镇家庭拥有彩色电视机（台）	Number of Color TV Sets per 100 Urban Households (unit)	144.61	147.33
每百户农村家庭拥有彩色电视机（台）	Number of Color TV Sets per 100 Rural Households (unit)	95.28	97.72
广播人口覆盖率（%）	Rate of Radio Broadcast Coverage of the Population (%)	92.89	95.71
电视人口覆盖率（%）	Rate of TV Coverage of the Population (%)	96.46	97.39
卫　生	**Public Health**		
每万人拥有医院、卫生院病床（张）	Number of Beds of Hospitals and Health Centers per 10 000 Population (bed)	26.50	29.16
每万人拥有执业（助理）医师（人）	Number of Licensed (Assistant) Doctors per 10 000 Population (person)	12.80	13.57

表7.2 城乡居民人民币储蓄存款年末余额（1980－2010年）
YEAR-END SAVINGS DEPOSIT OF RMB OF URBAN AND RURAL HOUSEHOLDS (1980-2010)

年 份 Year	城乡居民人民币储蓄存款年末余额（亿元） Year-end Savings Deposit of RMB of Urban and Rural Households (100 million yuan)	其 中 of which		人均人民币储蓄存款余额（元） Per Capita Balance of Savings Deposit of RMB (yuan)
		定 期 Time Deposits	活 期 Demand Deposits	
1980	6.22			23
1981	8.35			31
1982	10.56			39
1983	13.34			49
1984	18.39			67
1985	25.41			92
1986	34.79			124
1987	44.46			156
1988	50.50	40.65	9.85	176
1989	68.17	55.75	12.42	235
1990	92.17	77.63	14.54	316
1991	121.95	103.36	18.59	415
1992	154.45	128.64	25.81	523
1993	198.05	160.51	37.54	668
1994	285.40	231.23	54.17	956
1995	401.45	331.09	70.36	1337
1996	500.71	403.84	96.87	1656
1997	580.67	454.04	126.63	1908
1998	724.54	552.72	171.82	2368
1999	909.10	672.96	236.14	2959
2000	1085.36	774.38	310.98	3511
2001	1317.17	929.37	387.80	4252
2002	1595.01	1082.90	512.11	5122
2003	1896.56	1265.52	631.04	6059
2004	2189.73	1469.99	719.74	6964
2005	2545.85	1740.13	805.72	8033
2006	2949.05	1999.88	949.17	9219
2007	3228.15	2099.55	1128.60	9978
2008	3988.96	2640.70	1348.26	12247
2009	4908.68	3060.01	1848.67	14986
2010	5839.66	3475.19	2364.47	17677

表7.3 城乡居民家庭人均收入及恩格尔系数（1978－2010年）

PER CAPITA ANNUAL INCOME AND ENGLE'S COEFFICIENT OF URBAN AND RURAL HOUSEHOLDS (1978-2010)

年 份 Year	城市居民家庭人均可支配收入 Per Capital Annual Disposable Income of Metropolitan Households		城镇居民家庭人均可支配收入 Per Capital Annual Disposable Income of Urban Households		农村居民家庭人均纯收入 Per Capital Annual Net Income of Rural Households		城市居民家庭恩格尔系数（%） Engle's Coefficient of Metropolitan Households (%)	城镇居民家庭恩格尔系数（%） Engle's Coefficient of Urban Households (%)	农村居民家庭恩格尔系数（%） Engle's Coefficient of Rural Households (%)
	绝对数（元） Value (yuan)	指 数（1979=100） Index（1979=100）	绝对数（元） Value (yuan)	指 数（2007=100） Index（2007=100）	绝对数（元） Value (yuan)	指 数（1978=100） Index（1978=100）			
1978					126.01	100.0			74.0
1979	354.54	100.0			150.18	119.2	61.9		72.9
1980	411.47	116.1			163.33	129.6	52.8		68.1
1985	812.40	229.1			325.24	258.1	51.8		63.9
1986	983.99	277.5			358.86	284.8	53.1		63.4
1987	1108.71	312.7			385.82	306.2	52.4		62.2
1988	1277.89	360.4			457.54	363.1	51.6		60.5
1989	1448.98	408.7			510.09	404.8	57.4		61.7
1990	1691.13	477.0			586.73	465.6	54.6		63.6
1991	1891.90	533.6			628.89	499.1	52.9		63.8
1992	2195.33	619.2			677.46	537.6	54.3		62.8
1993	2780.62	784.3			748.08	593.7	52.9		61.3
1994	3634.33	1025.1			1018.24	808.1	53.7		63.5
1995	4375.43	1234.1			1270.41	1008.2	50.6		64.7
1996	5022.96	1416.8			1479.05	1173.8	50.2		63.2
1997	5302.05	1495.5			1692.36	1343.0	46.7		65.8
1998	5442.84	1535.2			1801.17	1429.4	45.6		61.3
1999	5828.43	1643.9			1835.54	1456.7	42.8		60.7
2000	6176.30	1742.1			1892.44	1501.8	42.2		53.6
2001	6572.30	1853.8			1971.18	1564.3	40.8		54.1
2002	7238.07	2041.5			2097.58	1664.6	38.0		55.8
2003	8093.67	2282.9			2214.55	1757.4	38.0		52.5
2004	9220.96	2600.2			2510.41	1992.2	37.8		56.0
2005	10243.99	2889.4			2809.32	2229.4	36.4		52.8
2006	11569.74	3263.3			2873.83	2280.6	36.3		52.2
2007	13715.25	3868.5	12590.78	100.0	3509.29	2784.9	37.0	37.2	54.5
2008	15708.74	4430.7	14367.55	114.1	4126.21	3274.5	39.1	39.6	53.3
2009	17191.10	4848.8	15748.67	125.1	4478.35	3554.0	37.2	37.7	49.1
2010	19099.73	5387.2	17532.43	139.2	5276.66	4187.5	37.5	37.6	48.3

表7.4 城市居民家庭基本情况（1985－2010年）
BASIC CONDITIONS OF METROPOLITAN HOUSEHOLDS (1985-2010)

年份 Year	平均每户家庭人口（人） Population Per Household (person)	平均每户就业人口（人） Average Number of Employed Persons per Household (person)	平均每一就业者负担人数（人） Number of Dependants per Employee (person)	平均每人可支配收入（元） Per Capita Disposable Income (yuan)	平均每人消费性支出（元） Per Capita Annual Consumption Expenditure (yuan)	平均每人房屋建筑面积（平方米） Per Capita Residential Floor Space (sq.m)
1985	3.49	2.01	1.73	812.40	711.13	6.58
1986	3.41	2.01	1.70	983.99	893.84	6.68
1987	3.40	2.00	1.70	1108.71	1043.86	7.28
1988	3.31	1.87	1.77	1277.89	1323.17	7.64
1989	3.18	1.71	1.86	1448.98	1382.66	8.40
1990	3.12	1.73	1.81	1691.13	1569.97	8.90
1991	3.10	1.88	1.65	1891.90	1754.20	7.06
1992	3.16	2.04	1.55	2195.33	1928.63	6.75
1993	3.11	1.94	1.61	2780.62	2397.08	6.98
1994	3.03	1.89	1.61	3634.33	3126.56	7.30
1995	3.01	1.87	1.61	4375.43	4051.53	8.13
1996	3.08	2.00	1.54	5022.96	4467.12	8.00
1997	3.06	1.92	1.60	5302.05	4919.63	8.65
1998	3.01	1.86	1.62	5442.84	4956.80	9.21
1999	3.03	1.77	1.71	5828.43	5376.69	9.51
2000	3.05	1.72	1.78	6176.30	5471.70	10.72
2001	3.05	1.69	1.80	6572.30	5724.90	11.47
2002	3.05	1.50	2.03	7238.07	6360.20	19.56
2003	2.97	1.62	1.83	8093.67	7118.06	21.29
2004	3.02	1.61	1.88	9220.96	7973.05	22.76
2005	3.13	1.63	1.92	10243.99	8623.29	22.17
2006	3.10	1.72	1.80	11569.74	9398.69	24.52
2007	2.98	1.70	1.75	13715.25	10876.12	27.31
2008	2.95	1.62	1.82	15708.74	12269.32	27.34
2009	2.93	1.59	1.84	17191.10	13507.30	27.41
2010	2.91	1.55	1.88	19099.73	14754.74	27.55

注：因统计制度变更，指标“平均每人房屋建筑面积”2002年前的数据为“平均每人房屋居住面积”数。
Note: Due to the change of statistic system, the data of "per capita residential floor space" before 2002 is the data of "per capita living space".

表7.5 城市居民家庭基本情况（2009－2010年）
BASIC CONDITIONS OF METROPOLITAN HOUSEHOLDS (2009-2010)

指　标	Item	2009	2010
平均每户就业人数（人）	**Average Number of Employed Persons per Household (person)**	**1.59**	**1.55**
#国有经济单位	State-owned Unit	0.72	0.69
城镇集体经济单位	Urban Collective-owned Unit	0.06	0.06
城镇个体私营经济	Urban Individual and Private Unit	0.48	0.50
平均每人全年总收入（元）	**Per Capita Annual Income (yuan)**	**18729.26**	**20824.70**
#可支配收入	Disposable Income	17191.10	19099.73
工薪收入	Income from Wages and Salaries	13214.37	14154.57
#工资及补贴收入	Salaries and Subsidies	12969.37	13872.38
经营净收入	Net Business Income	926.83	1066.26
财产性收入	Income from Properties	235.14	262.50
转移性收入	Income from Transfer	4352.92	5341.36
平均每人全年消费支出（元）	**Per Capita Annual Consumption Expenditure (yuan)**	**13507.30**	**14754.74**
#服务性消费支出	Consumption Expenditure of Services	3556.60	3999.95
食　品	Food	5020.22	5531.88
#粮　食	Grain	292.58	318.25
衣　着	Clothing	1690.57	1892.08
#服　装	Garments	1253.70	1401.43
家庭设备用品及服务	Household Facilities, Articles and Services	1101.43	1137.79
医疗保健	Health Care and Medical Services	1081.22	1150.18
交通和通讯	Transport and Communication	1366.52	1519.82
教育娱乐文化服务	Educational, Recreational and Cultural Services	1620.20	1644.58
#教　育	Education	628.42	485.75
居　住	Residence	1179.64	1328.67
#住　房	Housing	362.74	416.68
杂项商品与服务	Miscellaneous Goods and Services	447.50	549.75

表7.6 按可支配收入分组的城市居民家庭情况（2010年）

CONDITIONS OF METROPOLITAN HOUSEHOLDS BY DISPOSABLE INCOME (2010)

项　目	Item	合　计 Total	按平均每人每月可支配收入分组 By per Capita Monthly Disposable Income		
			200元以下 Below 200 yuan	200-400元 200-400 yuan	400-600元 400-600 yuan
比　重（%）	Percentage (%)	100.0	0.3	1.0	2.4
平均每户家庭人口数（人）	Average Household Size (person)	2.91	2.77	3.27	3.11
平均每户就业人口数（人）	Average Number of Employed Persons per Household (person)	1.55	1.35	0.76	1.10
平均每户就业面（%）	Percentage of Employment per Household (%)	53.3	48.7	23.2	35.4
平均每一就业者负担人数（人）	Number of Dependants per Employee (person)	1.88	2.05	4.30	2.83
平均每人每月总收入（元）	Per Capita Monthly Income (yuan)	1735.39	820.10	442.21	602.23
#可支配收入	Disposable Income	1591.64	-663.84	314.75	515.29
平均每人每月消费性支出（元）	Per Capita Monthly Consumption Expenditure (yuan)	1229.56	754.44	524.05	661.56
#服务性消费支出	Consumption Expenditure of Services	333.33	174.57	120.97	155.92

项　目	Item	按平均每人每月可支配收入分组 By per Capita Monthly Disposable Income			
		600-800元 600-800 yuan	800-1000元 800-1000 yuan	1000-1500元 1000-1500 yuan	1500元以上 Over 1500 yuan
比　重（%）	Percentage (%)	6.4	9.7	35.3	45.0
平均每户家庭人口数（人）	Average Household Size (person)	3.20	3.23	2.97	2.75
平均每户就业人口数（人）	Average Number of Employed Persons per Household (person)	1.43	1.49	1.51	1.66
平均每户就业面（%）	Percentage of Employment per Household (%)	44.7	46.1	50.8	60.4
平均每一就业者负担人数（人）	Number of Dependants per Employee (person)	2.24	2.17	1.97	1.66
平均每人每月总收入（元）	Per Capita Monthly Income (Yuan)	808.01	1018.27	1361.64	2484.72
#可支配收入	Disposable Income	708.22	905.61	1235.47	2314.51
平均每人每月消费性支出（元）	Per Capita Monthly Consumption Expenditure (yuan)	782.30	891.70	1031.68	1607.21
#服务性消费支出	Consumption Expenditure of Services	204.68	235.67	266.26	451.77

表7.7 城市居民家庭平均每人全年收入及构成（2010年）
PER CAPITA ANNUAL INCOME OF METROPOLITAN HOUSEHOLDS AND ITS COMPOSITION (2010)

项　目	Item	总平均 Overall Average	最低收入户（10%） Lowest Income Households (10%)	其中 of which #困难户（5%） Poor Households (5%)	低收入户（10%） Low Income Households (10%)	中等偏下户（20%） Lower Middle Income Households (20%)
全年总收入（元）	**Annual Total Income (yuan)**	**20824.70**	**10271.32**	**8485.23**	**13771.39**	**16773.75**
#可支配收入	Disposable Income	19099.73	9148.78	7635.28	12534.93	15287.82
工薪收入	Income from Wages and Salaries	14154.57	6850.30	5170.12	8383.63	10157.43
#工资及补贴收入	Salaries and Subsidies	13872.38	6729.21	5047.75	8214.06	9967.08
经营净收入	Net Business Income	1066.26	274.24	415.43	552.92	1189.75
财产性收入	Income from Properties	262.50	46.41	5.33	125.41	91.94
转移性收入	Income from Transfer	5341.36	3100.38	2894.35	4709.42	5334.64
全年总收入构成（%）	**Composition of Annual Income (%)**	**100.0**	**100.0**	**100.0**	**100.0**	**100.0**
工薪收入	Income from Wages and Salaries	68.0	66.7	60.9	60.9	60.6
#工资及补贴收入	Salaries and Subsidies	66.6	65.5	59.5	59.6	59.4
非工薪收入	Non-Salary Income	32.0	33.3	39.1	39.1	39.4

项　目	Item	中等收入户（20%） Middle Income Households (20%)	中等偏上户（20%） Upper Middle Income Households (20%)	高收入户（10%） High Income Households (10%)	最高收入户（10%） Highest Income Households (10%)
全年总收入（元）	**Annual Total Income (yuan)**	**19664.35**	**23631.47**	**28872.08**	**42138.85**
#可支配收入	Disposable Income	18065.51	21795.26	26554.25	38951.96
工薪收入	Income from Wages and Salaries	12424.35	16158.28	21813.68	32867.45
#工资及补贴收入	Salaries and Subsidies	12111.01	15805.24	21457.24	32307.34
经营净收入	Net Business Income	950.88	1279.31	671.47	2750.44
财产性收入	Income from Properties	263.93	185.78	420.74	1155.75
转移性收入	Income from Transfer	6025.19	6008.1	5966.19	5365.22
全年总收入构成（%）	**Composition of Annual Income (%)**	**100.0**	**100.0**	**100.0**	**100.0**
工薪收入	Income from Wages and Salaries	63.2	68.4	75.6	78.0
#工资及补贴收入	Salaries and Subsidies	61.6	66.9	74.3	76.7
非工薪收入	Non-Salary Income	36.8	31.6	24.4	22.0

表7.8 城市居民家庭平均每人全年消费支出及构成（2010年）
PER CAPITA ANNUAL LIVING EXPENDITURE OF METROPOLITAN HOUSEHOLDS AND ITS COMPOSITION (2010)

项目	Item	总平均 Overall Average	最低收入户（10%） Lowest Income Households (10%)	其中 of which #困难户（5%） Poor Households (5%)	低收入户（10%） Low Income Households (10%)	中等偏下户（20%） Lower Middle Income Households (20%)
消费支出（元）	**Total Consumption Expenditure (yuan)**	**14754.74**	**8469.24**	**6999.22**	**9787.28**	**12516.67**
#服务性消费支出	Consumption Expenditure of Services	3999.95	2178.65	1710.73	2524.64	3211.03
食　品	Food	5531.88	3892.41	3364.67	4159.82	5116.67
#粮油类	Grain and Oils	628.25	549.47	540.49	573.74	633.88
#粮　食	Grain	318.25	281.48	278.25	312.04	319.11
肉禽蛋水产品类	Meat, Poultry, Eggs and Aquatic Products	1527.55	1201.07	1127.01	1258.65	1541.60
#肉　类	Meat	814.67	677.78	664.95	711.15	834.59
蔬菜类	Vegetable	575.84	520.00	520.34	485.15	559.19
糖烟酒饮料类	Candy, Cigarette, Alcohol and Beverage	549.52	303.72	186.16	429.15	457.55
糕点、奶及奶制品	Cake, Milk and Dairy Products	384.73	308.02	259.80	300.86	343.74
衣　着	Clothing	1892.08	804.22	679.36	997.47	1564.89
#服　装	Garments	1401.43	556.07	470.32	731.80	1156.19
家庭设备用品及服务	Household Facilities, Articles and Services	1137.79	528.08	367.22	478.95	945.07
医疗保健	Health Care and Medical Services	1150.18	636.19	442.64	1056.39	1056.10
交通和通讯	Transport and Communications	1519.82	625.12	461.24	878.04	1147.07
教育娱乐文化服务	Education, Recreation and Cultural Services	1644.58	1106.34	930.40	1024.79	1149.00
#教　育	Education	485.75	648.53	657.27	421.52	346.38
居　住	Residence	1328.67	660.03	642.60	878.59	1140.02
#住　房	Housing	416.68	89.79	91.60	166.87	294.38
杂项商品与服务	Miscellaneous Goods and Services	549.75	216.85	111.09	313.25	397.83
消费支出构成（%）	**Composition of Living Expenditure (%)**	**100.0**	**100.0**	**100.0**	**100.0**	**100.0**
#服务性消费支出	Consumption Expenditure of Services	27.1	25.7	24.4	25.8	25.7
食　品	Food	37.5	46.0	48.1	42.5	40.9
衣　着	Clothing	12.8	9.5	9.7	10.2	12.5
家庭设备用品及服务	Household Facilities, Articles and Services	7.7	6.2	5.2	4.9	7.6
医疗保健	Health Care and Medical Services	7.8	7.5	6.3	10.8	8.4
交通和通讯	Transport and Communications	10.3	7.4	6.6	9.0	9.2
教育娱乐文化服务	Education, Recreation and Cultural Services	11.1	13.1	13.3	10.5	9.2
居　住	Residence	9.0	7.8	9.2	9.0	9.1
杂项商品与服务	Miscellaneous Goods and Services	3.7	2.6	1.6	3.2	3.2

表7.8 续表 continued

项 目	Item	中等收入户（20%）Middle Income Households (20%)	中等偏上户（20%）Upper Middle Income Households (20%)	高收入户（10%）High Income Households (10%)	最高收入户（10%）Highest Income Households (10%)
消费支出（元）	**Total Consumption Expenditure (yuan)**	**13879.32**	**16026.35**	**19553.70**	**29407.08**
#服务性消费支出	Consumption Expenditure of Services	3608.51	4310.80	5469.41	9018.21
食 品	Food	5597.48	5941.02	6860.98	8069.67
#粮油类	Grain and Oils	626.71	662.57	671.23	672.65
#粮 食	Grain	314.23	335.18	324.06	338.71
肉禽蛋水产品类	Meat, Poultry, Eggs and Aquatic Products	1619.65	1564.46	1720.95	1776.48
#肉 类	Meat	869.73	825.22	843.96	900.22
蔬菜类	Vegetable	605.21	606.68	612.73	633.48
糖烟酒饮料类	Candy, Cigarette, Alcohol and Beverage	520.50	698.68	677.74	860.34
糕点、奶及奶制品	Cake, Milk and Dairy Products	378.19	397.71	500.36	561.86
衣 着	Clothing	1996.92	2212.65	2681.74	3523.76
#服 装	Garments	1475.73	1647.47	1987.60	2666.97
家庭设备用品及服务	Household Facilities, Articles and Services	894.83	1352.18	1477.64	3053.60
医疗保健	Health Care and Medical Services	1118.82	996.83	1367.68	2382.79
交通和通讯	Transport and Communications	1163.32	1474.09	2524.28	4372.29
教育娱乐文化服务	Education, Recreation and Cultural Services	1515.94	1681.66	2130.84	4123.39
#教 育	Education	432.81	453.11	270.47	1137.72
居 住	Residence	1123.25	1696.04	1716.21	2539.41
#住 房	Housing	241.14	774.01	476.96	1044.02
杂项商品与服务	Miscellaneous Goods and Services	468.75	671.88	794.33	1342.17
消费支出构成（%）	**Composition of Living Expenditure (%)**	**100.0**	**100.0**	**100.0**	**100.0**
#服务性消费支出	Consumption Expenditure of Services	26.0	26.9	28.0	30.7
食 品	Food	40.3	37.1	35.1	27.4
衣 着	Clothing	14.4	13.8	13.7	12.0
家庭设备用品及服务	Household Facilities, Articles and Services	6.4	8.4	7.6	10.4
医疗保健	Health Care and Medical Services	8.1	6.2	7.0	8.1
交通和通讯	Transport and Communications	8.4	9.2	12.9	14.9
教育娱乐文化服务	Education, Recreation and Cultural Services	10.9	10.5	10.9	14.0
居 住	Residence	8.1	10.6	8.8	8.6
杂项商品与服务	Miscellaneous Goods and Services	3.4	4.2	4.1	4.6

表7.9 城市居民家庭平均每人全年购买的主要商品数量（2009－2010年）

PER CAPITA ANNUAL PURCHASES OF MAJOR COMMODITIES OF METROPOLITAN HOUSEHOLDS (2009-2010)

项　目	Item	2009	2010
粮　食（千克）	Grain (kg)	46.37	65.81
鲜　菜（千克）	Fresh Vegetables (kg)	128.79	127.75
食用植物油（千克）	Edible Vegetable Oil (kg)	14.83	13.76
猪　肉（千克）	Pork (kg)	29.56	30.67
牛羊肉（千克）	Beef and Mutton (kg)	3.78	3.83
家　禽（千克）	Poultry (kg)	13.27	15.57
鲜　蛋（千克）	Fresh Eggs (kg)	9.43	9.22
鱼　虾（千克）	Aquatic Products (kg)	10.86	10.89
鲜乳品（千克）	Fresh Dairy Products (kg)	22.65	23.20
酒　类（千克）	Liquor (kg)	7.21	6.52
茶　叶（千克）	Tea (kg)	0.36	0.37
鲜瓜果（千克）	Fresh Melons and Fruits (kg)	44.66	43.95
服　装（件）	Clothing (piece)	7.57	9.26
鞋　类（双）	Shoes (pair)	3.07	2.83

表7.10 城市居民家庭平均每百户年末耐用消费品拥有量（2009－2010年）

OWNERSHIP OF MAJOR DURABLE CONSUMER GOODS PER 100 METROPOLITAN HOUSEHOLDS AT YEAR-END (2009-2010)

项　目	Item	2009	2010
摩托车（辆）	Motorcycle (unit)	3.78	3.15
家用汽车（辆）	Automobile (unit)	5.90	6.33
电冰箱（台）	Refrigerator (unit)	101.89	102.35
洗衣机（台）	Washing Machine (unit)	98.46	99.07
彩色电视机（台）	Color TV Set (unit)	149.39	151.27
组合音响（套）	Hi-Fi Stereo Component System (set)	34.80	35.52
摄像机（架）	Video Camera (unit)	10.07	9.02
照相机（架）	Camera (unit)	40.92	41.89
钢　琴（架）	Piano (unit)	2.94	2.65
中高档乐器（件）	Medium and High-Grade Musical Instrument (piece)	2.05	2.27
微波炉（台）	Microwave Oven (unit)	78.51	81.79
空调器（台）	Air Conditioner (unit)	172.95	179.14
淋浴热水器（台）	Water Heater for Shower (unit)	101.11	101.41
健身器材（套）	Health Equipment (set)	4.51	4.27
家用电脑（台）	Computer (unit)	72.96	79.83
普通电话（部）	Telephone (unit)	86.26	82.82
移动电话（部）	Mobile Telephone (unit)	188.66	197.29

表7.11 城镇居民家庭基本情况（2009－2010年）
BASIC CONDITIONS OF URBAN HOUSEHOLDS (2009-2010)

项　目	Item	2009	2010
平均每户家庭人口（人）	**Average Household Size (person)**	**2.92**	**2.91**
平均每户就业人数（人）	**Average Number of Employed Persons per Household (person)**	**1.57**	**1.55**
#国有经济单位	State-owned Unit	0.61	0.61
城镇集体经济单位	Urban Collective-owned Unit	0.07	0.06
城镇个体私营经济	Urban Individual and Private Unit	0.56	0.56
平均每人全年总收入（元）	**Per Capita Annual Income (yuan)**	**16990.30**	**18990.54**
#可支配收入	Disposable Income	15748.67	17532.43
工薪收入	Income from Wages and Salaries	11824.00	12738.20
#工资及补贴收入	Salaries and Subsidies	11554.51	12444.75
经营净收入	Net Business Income	1018.76	1263.20
财产性收入	Income from Properties	253.98	312.64
转移性收入	Income from Transfer	3893.57	4676.51
平均每人全年消费支出（元）	**Per Capita Annual Consumption Expenditure (yuan)**	**12144.06**	**13335.02**
#服务性消费支出	Consumption Expenditure of Services	2997.67	3454.92
食　品	Food	4576.23	5012.56
#粮　食	Grain	293.78	311.81
衣　着	Clothing	1503.49	1697.55
#服　装	Garments	1103.76	1249.02
家庭设备用品及服务	Household Facilities, Articles and Services	1043.06	1072.38
医疗保健	Health Care and Medical Services	982.73	1021.48
交通和通讯	Transport and Communication	1189.03	1384.28
教育娱乐文化服务	Educational, Recreational and Cultural Services	1351.90	1408.02
#教　育	Education	538.88	472.43
居　住	Residence	1120.60	1275.96
#住　房	Housing	385.73	460.67
杂项商品与服务	Miscellaneous Goods and Services	377.02	462.79

表7.12 按可支配收入分组的城镇居民家庭情况（2010年）
CONDITIONS OF METROPOLITAN HOUSEHOLDS BY DISPOSABLE INCOME (2010)

项　目	Item	合　计 Total	按平均每人每月可支配收入分组 By per Capita Monthly Disposable Income		
			200元以下 Below 200 yuan	200-400元 200-400 yuan	400-600元 400-600 yuan
比　重（%）	Percentage (%)	100.00	0.30	1.76	5.06
平均每户家庭人口数（人）	Average Household Size (person)	2.91	2.99	3.30	3.17
平均每户就业人口数（人）	Average Number of Employed Persons per Household (person)	1.55	1.42	1.16	1.35
平均每户就业面（%）	Percentage of Employment per Household (%)	53.26	47.49	35.15	42.59
平均每一就业者负担人数（人）	Number of Dependants per Employee (person)	1.88	2.11	2.84	2.35
平均每人每月总收入（元）	Per Capita Monthly Income (yuan)	1582.55	774.45	427.51	582.21
#可支配收入	Disposable Income	1461.04	-501.39	322.76	509.15
平均每人每月消费性支出（元）	Per Capita Monthly Consumption Expenditure (yuan)	1111.25	668.58	529.92	621.63
#服务性消费支出	Consumption Expenditure of Services	287.91	135.49	151.86	147.10

项　目	Item	按平均每人每月可支配收入分组 By per Capita Monthly Disposable Income			
		600-800元 600-800 yuan	800-1000元 800-1000 yuan	1000-1500元 1000-1500 yuan	1500元以上 Over 1500 yuan
比　重（%）	Percentage (%)	9.15	12.33	33.43	37.97
平均每户家庭人口数（人）	Average Household Size (person)	3.26	3.17	2.92	2.70
平均每户就业人口数（人）	Average Number of Employed Persons per Household (person)	1.51	1.56	1.52	1.63
平均每户就业面（%）	Percentage of Employment per Household (%)	46.32	49.21	52.05	60.37
平均每一就业者负担人数（人）	Number of Dependants per Employee (person)	2.16	2.03	1.92	1.66
平均每人每月总收入（元）	Per Capita Monthly Income (yuan)	786.11	992.96	1337.25	2444.94
#可支配收入	Disposable Income	702.47	901.75	1228.17	2291.32
平均每人每月消费性支出（元）	Per Capita Monthly Consumption Expenditure (yuan)	716.08	799.66	975.53	1559.15
#服务性消费支出	Consumption Expenditure of Services	176.70	196.66	239.99	423.70

表7.13 城镇居民家庭平均每人全年收入及构成（2010年）
Per Capita Annual Income of Urban Households and Its Composition (2010)

项　目	Item	总平均 Overall Average	最低收入户（10%） Lowest Income Households (10%)	其中 of which #困难户（5%） Poor Households (5%)	低收入户（10%） Low Income Households (10%)	中等偏下户（20%） Lower Middle Income Households (20%)
全年总收入（元）	**Annual Total Income (yuan)**	**18990.54**	**8278.25**	**6988.37**	**11597.89**	**14638.93**
#可支配收入	Disposable Income	17532.43	7506.48	6201.10	10622.89	13424.88
工薪收入	Income from Wages and Salaries	12738.20	4567.21	3810.26	7725.85	9157.28
#工资及补贴收入	Salaries and Subsidies	12444.75	4368.53	3592.16	7614.43	8960.11
经营净收入	Net Business Income	1263.20	1692.16	1035.69	956.97	1005.47
财产性收入	Income from Properties	312.64	127.21	38.59	111.23	172.13
转移性收入	Income from Transfer	4676.51	1891.66	2103.84	2803.85	4304.05
全年总收入构成（%）	**Composition of Annual Income (%)**	**100.00**	**100.00**	**100.00**	**100.00**	**100.00**
工薪收入	Income from Wages and Salaries	67.08	55.17	54.52	66.61	62.55
#工资及补贴收入	Salaries and Subsidies	65.53	52.77	51.40	65.65	61.21
非工薪收入	Non-Salary Income	32.92	44.83	45.48	33.39	37.45

项　目	Item	中等收入户（20%） Middle Income Households (20%)	中等偏上户（20%） Upper Middle Income Households (20%)	高收入户（10%） High Income Households (10%)	最高收入户（10%） Highest Income Households (10%)
全年总收入（元）	**Annual Total Income (yuan)**	**17936.02**	**21978.28**	**27089.55**	**39419.16**
#可支配收入	Disposable Income	16561.54	20384.04	25070.62	36598.59
工薪收入	Income from Wages and Salaries	11341.68	14267.24	19641.73	30686.37
#工资及补贴收入	Salaries and Subsidies	11016.61	13934.64	19264.97	30066.29
经营净收入	Net Business Income	1431.89	1186.57	1026.73	1774.49
财产性收入	Income from Properties	221.46	358.47	324.88	1265.47
转移性收入	Income from Transfer	4940.99	6166.00	6096.20	5692.82
全年总收入构成（%）	**Composition of Annual Income (%)**	**100.00**	**100.00**	**100.00**	**100.00**
工薪收入	Income from Wages and Salaries	63.23	64.92	72.51	77.85
#工资及补贴收入	Salaries and Subsidies	61.42	63.40	71.12	76.27
非工薪收入	Non-Salary Income	36.77	35.08	27.49	22.15

表7.14 城镇居民家庭平均每人全年消费支出及构成（2010年）

PER CAPITA ANNUAL LIVING EXPENDITURE OF URBAN HOUSEHOLDS AND ITS COMPOSITION (2010)

项　目	Item	总平均 Overall Average	最低收入户（10%） Lowest Income Households (10%)	其中 of which #困难户（5%） Poor Households (5%)	低收入户（10%） Low Income Households (10%)	中等偏下户（20%） Lower Middle Income Households (20%)
消费支出（元）	**Total Consumption Expenditure (yuan)**	**13335.02**	**6457.70**	**5952.59**	**8759.48**	**10447.64**
#服务性消费支出	Consumption Expenditure of Services	3454.92	1395.04	1439.75	2140.13	2595.66
食　品	Food	5012.56	2972.51	2632.88	3777.87	4290.12
#粮油类	Grain and Oils	612.92	506.98	454.87	544.55	592.51
#粮　食	Grain	311.81	259.43	241.05	276.89	306.98
肉禽蛋水产品类	Meat, Poultry, Eggs and Aquatic Products	1435.13	1019.40	942.87	1180.57	1333.89
#肉　类	Meat	816.23	640.07	590.21	705.26	793.32
蔬菜类	Vegetable	559.89	456.84	389.48	491.69	519.81
糖烟酒饮料类	Candy, Cigarette, Alcohol and Beverage	489.09	210.22	178.19	329.24	425.85
糕点、奶及奶制品	Cake, Milk and Dairy Products	307.98	149.11	139.88	265.09	250.54
衣　着	Clothing	1697.55	644.96	468.42	1000.32	1173.76
#服　装	Garments	1249.02	453.77	321.40	723.82	850.44
家庭设备用品及服务	Household Facilities, Articles and Services	1072.38	496.11	437.84	559.26	780.58
医疗保健	Health Care and Medical Services	1021.48	409.26	341.60	808.21	898.21
交通和通讯	Transport and Communications	1384.28	472.60	401.01	813.74	970.53
教育娱乐文化服务	Education, Recreation and Cultural Services	1408.02	581.98	578.41	922.73	995.91
#教　育	Education	472.43	350.63	373.20	490.91	406.43
居　住	Residence	1275.96	791.20	1008.56	664.69	1030.87
#住　房	Housing	460.67	281.60	533.70	95.57	326.84
杂项商品与服务	Miscellaneous Goods and Services	462.79	89.09	83.88	212.65	307.65
消费支出构成（%）	**Composition of Living Expenditure (%)**	**100.0**	**100.0**	**100.0**	**100.0**	**100.0**
#服务性消费支出	Consumption Expenditure of Services	25.9	21.6	24.2	24.4	24.8
食　品	Food	37.6	46.0	44.2	43.1	41.1
衣　着	Clothing	12.7	10.0	7.9	11.4	11.2
家庭设备用品及服务	Household Facilities, Articles and Services	8.0	7.7	7.4	6.4	7.5
医疗保健	Health Care and Medical Services	7.7	6.3	5.7	9.2	8.6
交通和通讯	Transport and Communications	10.4	7.3	6.7	9.3	9.3
教育娱乐文化服务	Education, Recreation and Cultural Services	10.6	9.0	9.7	10.5	9.5
居　住	Residence	9.6	12.3	16.9	7.6	9.9
杂项商品与服务	Miscellaneous Goods and Services	3.5	1.4	1.4	2.4	2.9

表7.14 续表 continued

项　目	Item	中等收入户（20%）Middle Income Households (20%)	中等偏上户（20%）Upper Middle Income Households (20%)	高收入户（10%）High Income Households (10%)	最高收入户（10%）Highest Income Households (10%)
消费支出（元）	**Total Consumption Expenditure (yuan)**	**12964.89**	**14789.19**	**18560.75**	**26753.82**
#服务性消费支出	Consumption Expenditure of Services	3227.58	3804.00	5007.14	7909.35
食　品	Food	5099.69	5582.93	6839.54	7358.02
#粮油类	Grain and Oils	616.65	645.49	716.40	683.15
#粮　食	Grain	314.28	330.31	347.02	345.08
肉禽蛋水产品类	Meat, Poultry, Eggs and Aquatic Products	1469.74	1578.96	1785.21	1717.32
#肉　类	Meat	834.80	879.41	936.97	904.87
蔬菜类	Vegetable	571.42	610.52	651.25	625.32
糖烟酒饮料类	Candy, Cigarette, Alcohol and Beverage	486.42	573.86	749.00	719.91
糕点、奶及奶制品	Cake, Milk and Dairy Products	301.82	337.50	463.15	479.59
衣　着	Clothing	1814.98	2000.91	2521.19	3283.52
#服　装	Garments	1325.27	1502.78	1841.75	2458.02
家庭设备用品及服务	Household Facilities, Articles and Services	955.65	1245.06	1480.55	2620.34
医疗保健	Health Care and Medical Services	970.13	1176.17	1213.29	1918.52
交通和通讯	Transport and Communications	1220.22	1331.50	2099.48	4052.64
教育娱乐文化服务	Education, Recreation and Cultural Services	1353.54	1495.25	1957.82	3419.45
#教　育	Education	502.62	412.62	388.55	921.61
居　住	Residence	1106.97	1419.87	1674.90	2934.06
#住　房	Housing	292.35	526.85	568.05	1646.45
杂项商品与服务	Miscellaneous Goods and Services	443.72	537.51	773.97	1167.27
消费支出构成（%）	**Composition of Living Expenditure (%)**	**100.0**	**100.0**	**100.0**	**100.0**
#服务性消费支出	Consumption Expenditure of Services	24.9	25.7	27.0	29.6
食　品	Food	39.3	37.8	36.8	27.5
衣　着	Clothing	14.0	13.5	13.6	12.3
家庭设备用品及服务	Household Facilities, Articles and Services	7.4	8.4	8.0	9.8
医疗保健	Health Care and Medical Services	7.5	8.0	6.5	7.2
交通和通讯	Transport and Communications	9.4	9.0	11.3	15.1
教育娱乐文化服务	Education, Recreation and Cultural Services	10.4	10.1	10.5	12.8
居　住	Residence	8.5	9.6	9.0	11.0
杂项商品与服务	Miscellaneous Goods and Services	3.4	3.6	4.2	4.4

表7.15 城镇居民家庭平均每人全年购买的主要商品数量（2009－2010年）
PER CAPITA ANNUAL PURCHASES OF MAJOR COMMODITIES OF URBAN HOUSEHOLDS (2009-2010)

指　标	Item	2009	2010
粮　食（千克）	Grain (kg)	51.15	69.26
鲜　菜（千克）	Fresh Vegetables (kg)	134.91	133.91
食用植物油（千克）	Edible Vegetable Oil (kg)	14.19	13.26
猪　肉（千克）	Pork (kg)	31.37	31.64
牛羊肉（千克）	Beef and Mutton (kg)	3.21	3.45
家　禽（千克）	Poultry (kg)	12.35	14.42
鲜　蛋（千克）	Fresh Eggs (kg)	9.09	9.26
鱼　虾（千克）	Aquatic Products (kg)	9.97	9.98
鲜乳品（千克）	Fresh Dairy Products (kg)	17.36	17.83
酒　类（千克）	Liquor (kg)	7.17	6.78
茶　叶（千克）	Tea (kg)	0.30	0.33
鲜瓜果（千克）	Fresh Melons and Fruits (kg)	41.07	40.62
服　装（件）	Clothing (piece)	7.34	8.25
鞋　类（双）	Shoes (pair)	3.18	2.93

表7.16 城镇居民家庭平均每百户年末耐用消费品拥有量（2009－2010年）
OWNERSHIP OF MAJOR DURABLE CONSUMER GOODS PER 100 URBAN HOUSEHOLDS AT YEAR-END (2009-2010)

指　标	Item	2009	2010
摩托车（辆）	Motorcycle (unit)	10.97	12.49
家用汽车（辆）	Automobile (unit)	4.90	6.60
电冰箱（台）	Refrigerator (unit)	100.23	101.17
洗衣机（台）	Washing Machine (unit)	96.76	97.23
彩色电视机（台）	Color TV Set (unit)	144.61	147.33
组合音响（套）	Hi-Fi Stereo Component System (set)	33.69	34.05
摄像机（架）	Video Camera (unit)	7.32	7.02
照相机（架）	Camera (unit)	32.87	33.94
钢　琴（架）	Piano (unit)	1.76	1.68
中高档乐器（件）	Medium and High-Grade Musical Instrument (piece)	2.74	2.55
微波炉（台）	Microwave Oven (unit)	66.65	70.34
空调器（台）	Air Conditioner (unit)	151.13	158.35
淋浴热水器（台）	Water Heater for Shower (unit)	99.56	100.30
健身器材（套）	Health Equipment (set)	4.64	4.34
家用电脑（台）	Computer (unit)	62.03	69.03
普通电话（部）	Telephone (unit)	86.00	83.20
移动电话（部）	Mobile Telephone (unit)	180.50	190.48

表7.17 农村居民家庭基本情况（1985－2010年）
BASIC CONDITIONS OF RURAL HOUSEHOLDS (1985-2010)

年 份 Year	平均每户常住人口（人） Average Permanent Population per Household (person)	平均每户整半劳动力（人） Average Numberof Full/Semi Laborers per Household(person)	平均每个劳动力负担人口（人） Average Number of Dependants per Laborer (person)	平均每人纯收入（元） Per Capita Annual Net Income (yuan)	平均每人生活消费支出（元） Per Capita Annual Living Expenditure (yuan)	平均每人住房面积（平方米） Per Capita Residential Floor Space (sq.m)
1985	4.63	2.81	1.65	325.24	275.81	18.04
1986	4.58	2.85	1.61	358.86	312.34	18.06
1987	4.51	2.87	1.57	385.82	346.40	18.23
1988	4.40	2.89	1.53	457.54	427.19	19.03
1989	4.31	2.92	1.47	510.09	463.47	19.29
1990	4.21	2.93	1.44	586.73	519.26	19.37
1991	4.20	2.88	1.46	628.89	558.44	21.52
1992	4.12	2.88	1.43	677.46	573.65	21.94
1993	4.05	2.90	1.39	748.08	694.60	22.01
1994	3.98	2.88	1.38	1018.24	879.26	22.55
1995	3.90	2.83	1.38	1270.41	1097.52	23.50
1996	3.85	2.70	1.43	1479.05	1328.18	24.44
1997	3.82	2.69	1.42	1692.36	1389.99	24.74
1998	3.71	2.61	1.42	1801.17	1417.08	26.50
1999	3.68	2.59	1.42	1835.54	1388.64	26.67
2000	3.70	2.63	1.41	1892.44	1395.53	29.58
2001	3.66	2.56	1.43	1971.18	1475.16	31.00
2002	3.65	2.62	1.39	2097.58	1497.72	31.02
2003	3.65	2.69	1.36	2214.55	1583.31	31.45
2004	3.67	2.72	1.35	2510.41	1853.94	32.49
2005	3.71	2.80	1.32	2809.32	2142.12	32.91
2006	3.68	2.80	1.31	2873.83	2205.21	34.30
2007	3.67	2.80	1.31	3509.29	2526.70	34.56
2008	3.70	2.80	1.30	4126.21	2884.92	35.03
2009	3.61	2.78	1.31	4478.35	3142.14	35.73
2010	3.63	2.83	1.28	5 276.66	3 624.62	37.56

表7.18 农村居民家庭基本情况（2009－2010年）
BASIC CONDITIONS OF RURAL HOUSEHOLDS (2009-2010)

指　标	Item	2009	2010
调查户数（户）	**Number of Households Surveyed (household)**	**1800.0**	**1800.0**
调查户常住人口（人）	Number of Permanent Residents (person)	6560.0	6541.0
整半劳动力	Full/Semi Labor Force	5007.0	5093.0
平均每户常住人口	Average Number of Permanent Residents per Household	3.61	3.63
平均每户整半劳力	Average Number of Full/Semi Laborers per Household	2.78	2.83
平均每个劳动力负担人口（含本人）	Average Number of Dependents per Laborer (including the laborer himself or herself)	1.30	1.28
平均每人年收入（元）	**Per Capita Annual Income (yuan)**		
总收入	Total Income	5798.81	6726.70
纯收入	Net Income	4478.35	5276.66
现金收入	Cash Income	4624.85	5312.93
农村居民纯收入按五等分分组（元）	**Per Capita Net Income of Rural Households by Quintile (yuan)**		
低收入户	Low Income Households	1663.57	2161.77
中下收入户	Lower Middle Income Households	3037.99	3761.72
中等收入户	Middle Income Households	4162.10	5024.54
中上收入户	Upper Middle Income Households	5571.86	6586.06
高收入户	High Income Households	9133.02	10346.02
平均每人年支出（元）	**Per Capita Annual Expenditure (yuan)**		
总支出	Total Expenditure	4753.32	5495.62
现金支出	Cash Expenditure	3750.88	4313.91
平均每人经营耕地面积（亩）	**Per Capita Cultivated Area (mu)**	**1.09**	**1.19**
平均每人生产性固定资产原值（元）	**Per Capita Original Value of Productive Fixed Assets (yuan)**	**1266.11**	**1537.35**
第一产业	Primary Industry	1060.03	1241.83
#役畜、产品畜	Draught Animals and Commodity Animals	186.12	206.67
大中型铁木农具	Large and Medium Wood and Iron Farm Tools	54.41	71.57
农林牧渔机械	Machinery of Farming, Forestry, Animal Husbandry and Fishery	66.61	82.99
第二产业	Secondary Industry	23.36	19.89
第三产业	Tertiary Industry	182.72	275.63

表7.19 农村居民家庭平均每人收入情况（2009－2010年）
PER CAPITA ANNUAL INCOME OF RURAL HOUSEHOLDS (2009-2010)

单位：元 (yuan)

指 标	Item	2009	2010
总收入	**Total Income**	**5798.81**	**6726.70**
工资性收入	Income from Wages and Salaries	1919.68	2335.23
#在本地劳动得到收入	From Local Enterprises	578.80	756.92
外出从业得到收入	From Enterprises in Other Areas	1223.39	1435.86
家庭经营收入	Income from Household Business Operation	3298.28	3646.62
第一产业	Primary Industry	2948.72	3161.91
#农 业	Farming	1529.83	1747.37
牧 业	Animal Husbandry	1317.20	1284.60
第二产业	Secondary Industry	57.11	66.32
第三产业	Tertiary Industry	292.45	418.39
#交通运输、邮电业	Transportation, Postal and Telecommunication Services	94.48	134.36
批零贸易、餐饮业	Wholesale & Retail Trade and Catering Service	125.82	199.56
财产性收入	Income from Properties	67.80	90.50
转移性收入	Income from Transfer	513.05	654.35
纯收入	**Net Income**	**4478.35**	**5276.66**
工资性收入	Income from Wages and Salaries	1919.68	2335.23
#在本地劳动得到收入	From Local Enterprises	578.80	756.92
外出从业得到收入	From Enterprises in Other Areas	1223.39	1435.86
家庭经营收入	Income from Household Business Operation	2111.65	2323.51
第一产业	Primary Industry	1834.56	2003.03
#农 业	Farming	1167.69	1333.35
牧 业	Animal Husbandry	600.26	586.19
第二产业	Secondary Industry	35.28	33.13
第三产业	Tertiary Industry	241.80	287.36
#交通运输、邮电业	Transportation, Postal and Telecommunication Services	76.05	84.94
批零贸易、餐饮业	Wholesale & Retail Trade and Catering Service	105.34	127.09
财产性收入	Income from Properties	67.80	90.50
转移性收入	Income from Transfer	379.23	527.41
现金收入	**Cash Income**	**4624.85**	**5312.93**
工资性收入	Income from Wages and Salaries	1917.23	2334.82
#在本地劳动得到收入	From Local Enterprises	578.77	756.75
外出从业得到收入	From Enterprises in Other Areas	1222.88	1435.68
家庭经营收入	Income from Household Business Operation	2135.37	2244.52
第一产业	Primary Industry	1785.88	1760.72
#农 业	Farming	637.37	679.96
牧 业	Animal Husbandry	1051.51	964.19
第二产业	Secondary Industry	57.11	66.32
第三产业	Tertiary Industry	292.38	417.48
#交通运输、邮电业	Transportation, Postal and Telecommunication Services	94.48	134.36
批零贸易、餐饮业	Wholesale & Retail Trade and Catering Service	125.82	199.56
财产性收入	Income from Properties	61.74	81.32
转移性收入	Income from Transfer	510.52	652.27

表7.20 农村居民家庭平均每人支出情况（2009－2010年）
PER CAPITA ANNUAL EXPENDITURE OF RURAL HOUSEHOLDS (2009-2010)

单位：元 (yuan)

指　标	Item	2009	2010
总支出	**Total Expenditure**	**4753.32**	**5495.62**
家庭经营费用支出	Expenditure of Household Business Operation	1097.23	1217.85
第一产业	Primary Industry	1038.53	1073.46
第二产业	Secondary Industry	20.27	31.86
第三产业	Tertiary Industry	38.44	112.53
购置生产性固定资产支出	Expenditure of Purchasing Productive Fixed Assets	79.26	73.68
税费支出	Taxes and Fees	5.00	2.77
生活消费支出	Living Expenditure	3142.14	3624.62
食　品	Food	1542.12	1750.01
衣　着	Clothing	198.60	224.13
居　住	Residence	406.36	548.0
家庭设备、用品及服务	Household Facilities, Articles and Services	209.37	260.71
交通和通讯	Transport and Communications	260.33	281.73
文教娱乐用品及服务	Culture, Education, Recreation and Services	237.38	239.03
医疗保健	Health Care and Medical Services	242.60	270.31
其他商品和服务	Miscellaneous Goods and Services	45.38	50.70
财产性支出	Property Expenditure	2.27	0.68
转移性支出	Transfer Expenditure	418.08	564.37
现金支出	**Cash Expenditure**	**3750.88**	**4313.91**
家庭经营费用支出	Expenditure of Household Business Operation	779.36	823.82
第一产业	Primary Industry	720.67	679.46
第二产业	Secondary Industry	20.27	31.86
第三产业	Tertiary Industry	38.42	112.50
购置生产性固定资产支出	Expenditure of Purchasing Productive Fixed Assets	79.26	73.68
税费支出	Taxes and Fees	4.96	2.75
生活消费支出	Living Expenditure	2458.54	2 837.12
食　品	Food	895.62	994.70
衣　着	Clothing	198.55	224.12
居　住	Residence	369.71	518.09
家庭设备、用品及服务	Household Facilities, Articles and Services	208.97	258.43
交通和通讯	Transport and Communications	260.33	281.73
文教娱乐用品及服务	Culture, Education, Recreation and Services	237.38	239.03
医疗保健	Health Care and Medical Services	242.60	270.31
其他商品和服务	Miscellaneous Goods and Services	45.38	50.70
财产性支出	Property Expenditure	2.27	0.68
转移性支出	Transfer Expenditure	417.16	564.21

表7.21 不同收入组农村居民家庭收入支出情况（2010年）

PER CAPITA ANNUAL INCOME AND EXPENDITURES OF RURAL HOUSEHOLDS BY INCOME QUINTILE (2010)

单位：元 (yuan)

指 标	Item	总平均 Total Average	低收入户（20%） Low Income Households (20%)	中低收入户（20%） Lower Middle Income Households（20%）
平均每人总收入	**Per Capita Total Income**	**6726.70**	**3288.41**	**4959.20**
#现金收入	Cash Income	5312.93	2294.14	3795.31
平均每人纯收入	**Per Capita Net Income**	**5276.66**	**2161.77**	**3761.72**
工资性收入	Income from Wages and Salaries	2335.23	972.51	1804.49
家庭经营纯收入	Income from Family Business Operation	2323.51	874.67	1493.61
财产性收入	Income from Property	90.50	33.62	57.68
转移性收入	Income from Transfer	527.41	280.97	405.94
平均每人总支出	**Per Capita Total Expenditure**	**5495.62**	**3885.88**	**4408.96**
#现金支出	Cash Expenditure	4313.91	2897.50	3364.04
生活消费总支出	**Per Capita Living Expenditures**	**3624.62**	**2478.84**	**2934.27**
食 品	Food	1750.01	1362.29	1497.27
衣 着	Clothing	224.13	167.23	206.60
居 住	Residence	548.00	277.75	288.97
家庭设备用品及服务	Household Facilities, Articles and Services	260.71	155.89	229.68
交通通讯	Transport and Communications	281.73	175.70	260.97
文教娱乐用品及服务	Culture, Education, Recreation and Services	239.03	152.94	180.74
医疗保健	Health Care and Medical Services	270.31	157.50	218.50
其他商品及服务	Miscellaneous Goods and Services	50.70	29.54	51.55

指 标	Item	中等收入户（20%） Middle Income Households (20%)	中高收入户（20%） Upper Middle Income Households (20%)	高收入户（20%） High Income Households (20%)
平均每人总收入	**Per Capita Total Income**	**6263.47**	**8098.19**	**12755.82**
#现金收入	Cash Income	4837.35	6495.90	10670.45
平均每人纯收入	**Per Capita Net Income**	**5024.54**	**6586.06**	**10346.02**
工资性收入	Income from Wages and Salaries	2231.87	3068.99	4197.20
家庭经营纯收入	Income from Family Business Operation	2203.61	2804.57	4987.13
财产性收入	Income from Property	83.20	127.09	179.27
转移性收入	Income from Transfer	505.86	585.41	982.40
平均每人总支出	**Per Capita Total Expenditure**	**5282.55**	**5961.09**	**8843.01**
#现金支出	Cash Expenditure	4130.49	4638.73	7338.71
生活消费总支出	**Per Capita Living Expenditures**	**3657.55**	**3932.13**	**5696.70**
食 品	Food	1751.37	1986.47	2343.51
衣 着	Clothing	206.32	248.72	319.15
居 住	Residence	568.58	473.53	1306.36
家庭设备用品及服务	Household Facilities, Articles and Services	266.62	313.54	378.01
交通通讯	Transport and Communications	276.29	293.66	446.04
文教娱乐用品及服务	Culture, Education, Recreation and Services	292.93	239.00	364.63
医疗保健	Health Care and Medical Services	261.48	329.85	436.31
其他商品及服务	Miscellaneous Goods and Services	33.96	47.35	102.70

表7.22 农村居民家庭平均每人主要消费品消费量（2009－2010年）
Per Capita Consumption of Major Foods of Rural Households (2009-2010)

指　标	Item	2009	2010
粮　食（原粮）（千克）	Grain (unprocessed) (kg)	196.88	186.47
蔬　菜（千克）	Fresh Vegetables (kg)	122.74	126.44
食用植物油（千克）	Edible Vegetable Oil (kg)	5.22	5.62
肉　类（千克）	Meat (kg)	27.85	35.58
#猪　肉	Pork	27.72	28.53
牛羊肉	Beef and Mutton	0.14	0.32
家　禽（千克）	Poultry (kg)	4.09	4.71
鲜　蛋（千克）	Eggs (kg)	6.31	7.12
鱼　虾（千克）	Aquatic Products (kg)	3.36	3.46
鲜　奶（千克）	Fresh Milk (kg)	1.23	1.73
酒　类（千克）	Liquor (kg)	13.22	13.96

表7.23 农村居民家庭平均每百户年末耐用消费品拥有量（2009－2010年）
NUMBER OF DURABLE CONSUMER GOODS OWNED
PER 100 RURAL HOUSEHOLDS AT YEAR-END (2009-2010)

指　标	Item	2009	2010
洗衣机（台）	Washing Machine (unit)	42.11	48.56
电冰箱（台）	Refrigerator (unit)	43.61	58.00
空调机（台）	Air Conditioner (unit)	10.11	14.56
抽油烟机（台）	Exhaust Fan (unit)	1.50	2.44
微波炉（台）	Microwave Oven (unit)	5.50	7.22
热水器（台）	Water Heater for Shower (unit)	14.89	20.61
摩托车（辆）	Motorcycle (unit)	22.33	27.06
家用计算机（台）	Computer (unit)	1.83	4.06
移动电话（部）	Mobile Telephone (unit)	107.78	132.00
彩色电视机（台）	Color TV Set (unit)	95.28	97.72
轿　车（台）	Automobile (unit)	1.28	0.67

表7.24 主要年份居民消费价格总指数和商品零售价格总指数
GENERAL CONSUMER PRICE INDICES AND GENERAL RETAIL PRICE INDICES IN MAJOR YEARS

年 份 Year	以1950年为100 1950=100		以1978年为100 1978=100		以上年为100 Preceding Year=100	
	居民消费价格总指数 General Consumer Price Index	商品零售价格总指数 General Retail Price Index	居民消费价格总指数 General Consumer Price Index	商品零售价格总指数 General Retail Price Index	居民消费价格总指数 General Consumer Price Index	商品零售价格总指数 General Retail Price Index
1951						
1952	106.1	108.7			97.3	97.2
1957	114.0	116.5			104.6	103.9
1962	145.8	158.1			95.2	95.0
1965	125.1	133.1			98.0	98.2
1970	129.2	137.9			99.6	99.5
1975	131.2	140.2			100.3	100.3
1978	135.4	145.1	100.0	100.0	102.9	103.2
1980	148.3	160.1	109.5	110.3	107.9	108.6
1985	179.4	191.7	132.4	132.0	109.9	110.0
1986	186.9	199.8	138.0	137.5	104.2	104.2
1987	205.2	220.8	151.5	151.9	109.8	110.5
1988	251.8	272.2	185.9	187.3	122.7	123.3
1989	294.9	317.1	217.7	218.2	117.1	116.5
1990	299.0	317.4	220.7	218.4	101.4	100.1
1991	319.9	336.8	236.1	231.7	107.0	106.1
1992	355.7	369.8	262.5	254.4	111.2	109.8
1993	422.2	430.1	311.6	295.9	118.7	116.3
1994	547.6	544.1	404.1	374.3	129.7	126.5
1995	653.8	632.8	482.5	435.3	119.4	116.3
1996	717.2	671.4	529.3	461.9	109.7	106.1
1997	741.2	682.6	546.8	470.4	103.3	101.7
1998	714.5	645.1	527.1	444.5	96.4	94.5
1999	709.5	622.5	523.4	428.9	99.3	96.5
2000	686.1	594.5	506.1	409.6	96.7	95.5
2001	697.8	588.6	514.7	405.5	101.7	99.0
2002	695.0	582.1	512.6	401.0	99.6	98.9
2003	699.2	579.2	515.7	399.0	100.6	99.5
2004	725.1	587.3	534.8	404.6	103.7	101.4
2005	730.9	579.7	539.1	399.3	100.8	98.7
2006	748.4	589.0	552.0	405.7	102.4	101.6
2007	783.6	610.8	577.9	420.7	104.7	103.7
2008	827.5	641.3	610.3	441.7	105.6	105.0
2009	814.3	624.0	600.5	429.8	98.4	97.3
2010	840.3	634.6	619.8	437.1	103.2	101.7

表7.25 居民消费价格分类指数（2009－2010年）
CONSUMER PRICE INDICES BY CATEGORY (2009-2010)

上年＝100 (preceding year=100)

项　目	Item	2009	2010
居民消费价格总指数	**General Consumer Price Index**	**98.4**	**103.2**
食　品	Food	100.0	106.5
#粮　食	Grain	106.2	113.1
油　脂	Oil and Fat	80.9	105.2
肉禽及其制品	Meat, Poultry and Processed Products	86.7	104.7
蛋	Eggs	98.8	106.4
水产品	Aquatic Products	102.3	106.0
菜	Vegetables	115.0	109.3
#鲜　菜	Fresh Vegetables	116.6	108.7
茶及饮料	Tea and Beverages	100.7	104.4
干鲜瓜果	Dried and Fresh Melons and Fruits	113.2	114.9
#鲜　果	Fresh Fruits	115.2	119.4
液体乳及乳制品	Milk and Its Products	101.0	103.3
在外用膳食品	Dinning Out	103.9	104.2
其它食品	Other Foods	98.9	96.7
烟酒及用品	Tobacco, Liquor and Articles	101.6	104.3
#烟　草	Tobacco	100.0	101.4
酒	Liquor	105.3	112.7
衣　着	Clothing	94.7	98.4
#服　装	Garments	98.7	99.6
家庭设备用品及维修服务	Household Facilities, Articles and Service	97.2	100.2
#耐用消费品	Durable Consumer Goods	94.4	96.0
家庭服务及加工维修服务	Household Services and Maintenance and Renovation	100.5	107.4
医疗保健和个人用品	Health Care and Personnal Articles	99.4	102.5
#医疗保健	Health Care	99.8	103.4
个人用品及服务	Personal Articles and Services	97.9	101.0
交通和通信	Transportation and Communications	98.2	99.5
#交　通	Transportation	100.7	103.6
通　信	Telecommunication	96.5	96.4
娱乐教育文化用品及服务	Recreational, Educational and Cultural Articles and Services	98.5	102.7
#教　育	Education	102.8	105.9
居　住	Residence	95.9	105.4

表7.26 商品零售价格分类指数（2009－2010年）
RETAIL PRICE INDICES BY CATEGORY (2009-2010)

上年＝100 (preceding year=100)

项　目	Item	2009	2010
商品零售价格总指数	**General Retail Price Index**	**97.3**	**101.7**
食　品	Food	100.1	106.5
饮料、烟酒	Beverages, Tobacco and Liquor	101.6	104.5
服装、鞋帽	Garments, Shoes and Hats	94.7	98.4
纺织品	Textiles	96.9	100.6
家用电器及音像器材	Household Appliances and Video Materials	91.0	88.4
文化办公用品	Cultural and Office Appliances	96.3	95.0
日用品	Articles for Daily Use	100.5	99.5
体育娱乐用品	Sports and Recreation Articles	99.1	96.8
交通、通信用品	Transportation and Communication Articles	91.5	92.3
家　具	Furniture	96.8	101.0
化妆品	Cosmetics	100.6	100.1
金银珠宝	Gold, Silver and Jewelry	91.0	119.2
中西药品及医疗保健用品	Traditional Chinese & Western Medicines and Health Care Articles	99.7	104.3
书报杂志及电子出版物	Books, Newspaper, Magazines and Electronic Publications	103.4	100.6
燃　料	Fuels	95.3	109.2
建筑材料及五金电料	Building Materials and Hardware	99.7	103.1

表7.27 农产品生产价格指数(2004—2010年)
PRODUCERS' PRICE INDICES FOR AGRICULTURAL PRODUCTS (2004－2010)

上年＝100 (preceding year=100)

指　标	Item	2004	2005	2006	2007	2008	2009	2010
合　计	**Total**	**125.5**	**100.0**	**93.6**	**121.8**	**120.4**	**89.0**	**103.2**
农业产品	**Farm Products**	**120.3**	**102.2**	**100.4**	**108.6**	**108.9**	**104.2**	**109.1**
#谷　物	Cereal	139.6	101.3	97.3	108.2	108.5	100.4	108.4
#小　麦	Wheat	131.6	102.7	95.1	103.9	106.4	103.5	104.3
稻　谷	Rice	141.5	101.2	97.8	108.2	109.2	100.8	106.8
玉　米	Corn	130.4	101.7	94.9	109.0	106.2	97.9	113.4
大　豆	Beans	122.1	97.4	100.0	107.9	115.4	98.9	106.6
油　料	Oil-bearing Crops	123.2	93.1	102.8	120.1	118.9	80.3	108.8
蔬　菜	Vegetables	106.0	103.8	102.5	109.8	106.6	110.5	107.9
水果、坚果	Fruits and Nuts	103.0	103.4	101.3	104.5	109.2	107.0	111.2
牧　业（畜产品）	**Animal Husbandry Products**	**128.8**	**98.8**	**89.8**	**128.8**	**126.1**	**80.8**	**98.4**
#活　猪(毛重)	Pig (gross weight)	131.2	97.5	86.9	132.2	127.2	77.1	94.4
活　牛(毛重)	Cattle and Buffaloes (gross weight)	101.7	103.9	101.6	120.6	116.0	104.2	103.4
活　羊(毛重)	Sheep and Goats (gross weight)	111.1	102.8	101.2	108.0	128.9	100.7	100.0
肉　禽(毛重)	Poultry (gross weight)	117.2	104.3	100.2	116.2	111.7	102.8	105.6
禽　蛋	Eggs	111.9	103.9	98.9	110.1	112.1	101.9	104.2
渔业产品	**Fishery Products**	**107.8**	**105.7**	**101.7**	**105.9**	**110.3**	**104.7**	**102.2**
#淡水鱼类	Freshwater Fish	107.8	105.7	101.7	105.9	110.3	104.7	102.2

表7.28 原材料、燃料、动力购进价格指数（2009－2010年）
PURCHASING PRICE INDICES OF RAW MATERIALS, FUELS AND POWER (2009-2010)

上年＝100 (preceding year=100)

指 标	Item	2009	2010
原材料、燃料、动力购进价格指数	**Purchasing Price Indices of Raw Material, Fuel and Power**	**95.0**	**106.9**
燃料、动力类	Fuel and Power	100.5	108.7
黑色金属材料类	Ferrous Metals	86.3	107.1
有色金属材料和电线类	Nonferrous Metals and Wires	84.7	116.4
化工原料类	Raw Chemical Materials	89.6	108.6
木材及纸浆类	Timber and Paper Pulp	101.1	107.3
建筑材料及非金属矿类	Building Materials and Non-metal Minerals	98.9	103.5
其他工业原材料及半成品类	Other Industrial Raw Materials and Semi-products	97.3	103.0
农副产品类	Agricultural Products	101.1	112.4
纺织原料类	Textile Materials	98.5	113.5

表7.29 工业品出厂价格分类指数（2009－2010年）
PPI BY CATEGORY (2009-2010)

上年＝100 (preceding year=100)

指 标	Item	2009	2010
工业品出厂价格总指数	**General PPI**	**95.5**	**103.1**
轻工业	Light Industry	98.4	102.5
以农产品为原料	Farm Products as Raw Materials	99.1	107.0
以非农产品为原料	Non-farm Products as Raw Materials	98.1	100.6
重工业	Heavy Industry	93.4	103.5
采掘工业	Minming and Quarrying Industry	99.2	110.3
原材料工业	Raw Materials Industry	91.3	108.7
加工工业	Processing Industry	93.7	101.3
生产资料	Means of Production	94.2	103.9
采掘工业	Minming and Quarrying Industry	97.5	112.2
原材料工业	Raw Materials Industry	91.5	108.2
加工工业	Processing Industry	94.7	102.4
生活资料	Consumer Goods	99.0	100.5
食 品	Food	98.8	102.5
衣 着	Clothing	101.4	103.2
一般日用品	Articles for Daily Use	101.5	100.4
耐用消费品	Durable Consumer Goods	98.6	99.1

表7.30 按工业行业分工业品出厂价格指数（2009－2010年）
PPI BY SECTOR (2009-2010)

上年＝100 (preceding year=100)

行　业	Sector	2009	2010
工业品出厂价格指数	**PPI**	**95.5**	**103.1**
煤炭开采和洗选业	Mining and Washing of Coal	98.3	115.4
石油和天然气开采业	Extraction of Petroleum and Natural Gas	100.0	101.1
黑色金属矿采选业	Mining and Processing of Ferrous Metal Ores	94.9	102.9
有色金属矿采选业	Mining and Processing of Non-Ferrous Metal Ores	81.1	102.2
非金属矿采选业	Mining and Processing of Nonmetal Ores	93.4	105.9
农副食品加工业	Processing of Food from Agricultural Products	95.7	103.4
食品制造业	Processing of Foodstuff	101.4	105.3
饮料制造业	Manufacture of Beverages	100.0	101.2
烟草制品业	Manufacture of Tobacco	99.2	100.7
纺织业	Manufacture of Textile	98.8	125.5
纺织服装、鞋、帽制造业	Manufacture of Textile Wearing Apparel, Footware, and Caps	101.1	101.1
皮革、毛皮、羽毛(绒)及其制品业	Manufacture of Leather, Fur, Feather and Related Products	98.7	109.6
木材加工及木、竹、藤、棕、草制品业	Processing of Timber, Manufacture of Wood, Bamboo, Rattan, Palm and Straw Products	104.5	101.0
家具制造业	Manufacture of Furniture	102.9	102.8
造纸及纸制品业	Manufacture of Paper and Paper Products	97.2	104.2
印刷业和记录媒介的复制	Printing, Reproduction of Recording Media	99.5	102.1
文教体育用品制造业	Manufacture of Articles for Culture, Education and Sport Activities	100.0	100.5
石油加工、炼焦及核燃料加工业	Processing of Petroleum, Coking, Processing of Nuclear Fuel	87.5	116.2
化学原料及化学制品制造业	Manufacture of Raw Chemical Materials and Chemical Products	84.7	107.0
药　品	Manufacture of Medicines	101.8	102.5
化学纤维制造业	Manufacture of Chemical Fibers	80.6	101.3
橡胶制品业	Manufacture of Rubber	97.0	110.2
塑料制品业	Manufacture of Plastics	95.4	100.0
非金属矿物制品业	Manufacture of Non-metallic Mineral Products	100.1	98.3
黑色金属冶炼及压延加工业	Smelting and Pressing of Ferrous Metals	81.5	107.8
有色金属冶炼及压延加工业	Smelting and Pressing of Non-ferrous Metals	82.1	111.0
金属制品业	Manufacture of Metal Products	97.3	100.3
通用设备制造业	Manufacture of General Purpose Machinery	99.2	99.8
专用设备制造业	Manufacture of Special Purpose Machinery	102.0	100.2
交通运输设备制造业	Manufacture of Transport Equipment	98.2	99.0
电气机械及器材制造业	Manufacture of Electrical Machinery and Equipment	88.9	104.0
通信设备、计算机及其他电子设备制造业	Manufacture of Communication Equipment, Computers and Other Electronic Equipment	99.0	98.9
仪器仪表及文化、办公用机械制造业	Manufacture of Measuring Instruments and Machinery for Cultural Activity and Office Work	101.6	102.8
工艺品及其他制造业	Manufacture of Artwork and Other Manufacturing	96.5	109.3
废弃资源和废旧材料回收加工业	Recycling and Disposal of Waste		
电力、热力的生产和供应业	Production and Supply of Electric Power and Heat Power	102.1	104.6
燃气生产和供应业	Production and Supply of Gas	100.9	106.3
水的生产和供应业	Production and Supply of Water	100.3	106.4

表7.31 固定资产投资价格指数（1994－2010年）
PRICE INDICES OF INVESTMENT IN FIXED ASSETS (1994-2010)

上年＝100 (preceding year=100)

年　份 Year	固定资产投资 Investment in Fixed Assets	其　中 of which		
		建筑安装工程 Construction and Installation	设备工、器具 Purchase of Equipment and Instruments	其他费用 Others
1994	108.9	109.4	107.4	109.8
1995	104.2	101.2	107.8	114.0
1996	108.1	108.5	100.4	129.1
1997	101.7	103.2	97.6	103.4
1998	98.7	100.0	94.9	99.5
1999	100.5	100.7	97.7	104.4
2000	102.5	103.1	97.0	108.7
2001	100.8	101.4	96.8	103.3
2002	100.7	101.9	96.2	100.4
2003	102.9	104.7	96.7	101.3
2004	105.1	107.0	98.8	102.7
2005	102.3	102.2	99.7	104.6
2006	101.7	101.1	100.7	104.3
2007	105.5	106.0	100.2	107.8
2008	110.2	113.7	100.6	106.6
2009	97.8	97.0	97.7	100.2
2010	102.1	102.7	99.6	101.9

表7.32 房屋销售价格指数（2009－2010年）
SALES PRICE INDICES OF HOUSES (2009-2010)

上年＝100 (preceding year=100)

指　标	Item	2009	2010
房屋销售价格指数	Sales Price Indices of Houses	101.1	109.7
新建房屋	New Buildings	100.5	110.3
住　宅	Residential Buildings	101.3	110.8
非住宅	Non-residential Buildings	98.0	103.7
二手房	Second-hand House	103.3	106.7

表7.33 房屋销售价格指数（1998－2010年）
SALES PRICE INDICES OF HOUSES (1998-2010)

上年＝100 (preceding year=100)

年　份 Year	房屋销售价格指数 Sales Price Indices of Houses	其　中 of which	
		新建房屋 New Buildings	二手房屋 Second-hand House
1998	106.4	107.3	
1999	103.1	102.5	
2000	101.8	102.7	
2001	101.4	102.1	
2002	102.1	102.5	
2003	107.3	107.9	
2004	113.9	115.4	
2005	107.2	107.4	106.3
2006	103.1	103.3	102.0
2007	106.9	107.6	104.2
2008	106.3	106.7	103.5
2009	101.1	100.5	103.3
2010	109.7	110.3	106.7

重/庆/统/计/年/鉴

主要统计指标解释

■ 城乡居民储蓄存款余额

指某一时点城乡居民存入银行及农村信用社的储蓄金额，包括城镇居民储蓄存款和农民个人储蓄存款，不包括居民的手存现金和工矿企业、部队、机关、团体等单位存款。

■ 城市（城镇）居民家庭就业人口

指城市（城镇）居民从事社会劳动并取得劳动报酬或经营收入的人口。就业人口包括通过国家统筹规划和指导由劳动部门介绍就业，自愿组织起来就业和自谋职业等方式，在国有、集体所有制、中外合资、中外合作、外资在华独资的企事业单位和私营企业单位工作或从事个体劳动的有固定性职业或临时性职业的人口。被聘用和留用的离退休人员也计入就业人口。本指标可以反映城市居民的就业情况，是计算就业面，负担系数的重要资料。

■ 城市（城镇）居民家庭总收入

指家庭成员得到的工薪收入、经营净收入、财产性收入、转移性收入之和，不包括出售财物收入和借贷收入。

■ 城市（城镇）居民家庭可支配收入

指家庭成员得到可用于最终消费支出和其它非义务性支出以及储蓄的总和，即居民家庭可以用来自由支配的收入。它是家庭总收入扣除交纳的所得税、个人交纳的社会保障支出以及记账补贴后的收入。计算公式为：

可支配收入=家庭总收入-交纳所得税-个人交纳的社会保障支出-记帐补贴

■ 城市（城镇）居民家庭总支出

指除借贷支出以外的全部家庭支出。包括消费性支出、购房建房支出、转移性支出、财产性支出、社会保障支出。

■ 城市（城镇）居民家庭消费性支出

指家庭用于日常生活的支出，包括食品、衣着、家庭设备用品及服务、医疗保健、交通和通信、娱乐教育文化服务、居住、杂项商品和服务等八大类支出。

■ 城市（城镇）居民家庭人均服务性消费支出

指调查户用于本家庭支付社会提供的各种文化和生活方面的非商品性服务费用。服务性消费的特点在于其劳动过程和消费过程在时间与空间上的统一。在居民家庭八大类消费中，服务性消费支出包括： 1 、食品类中加工服务费和部分在外饮食费用；2 、衣着类中衣着加工服务费； 3 、家庭设备用品及服务类中家庭服务（如家政服务费用）； 4 、医疗保健类中医疗费（如诊疗费、上门出诊费、护工费用）； 5 、交通和通信类中交通工具服务费（如汽车使用、维修费用）、交通费中使用飞机、轮船、火车等交通工具费用、通信服务费（如电信费、邮费）； 6 、教育文化娱乐服务类中文化娱乐服务费（如参观、游览费用、健身活动费、团体旅游、其他文娱活动费）、文娱用品修理服务费、教育费（如义务、非义务教育支出）、成人教育支出、家教费、培训班费用、择校费； 7 、居住类中租赁费用、部分房屋装潢费用（人工费用）、居住服务费（如物业管理、维修费用）；8 、杂项商品和服务（如美容、洗澡、理发费用，旅馆住宿等费用）。

■ 城市（城镇）居民家庭收入分组方法

将所有调查户依户人均可支配收入由低到高排队，按10%，10%，20%，20%，20%，10%，10%的比例依次分成：最低收入户、低收入户、中等偏下收入户、中等收入户、中等偏上收入户、高收入户、最高收入户等七组。总体中最低5%的户为困难户。

■ 恩格尔系数

指食物支出金额在消费性总支出金额中所占的比例。计算公式为：

恩格尔系数 = 食物支出总额 / 消费性总支出总额×100%

主要统计指标解释

■ 农村居民家庭整半劳动力

整劳动力指男子18周岁到50周岁，女子18周岁到45周岁；半劳动力指男子16周岁到17周岁，51周岁到60周岁；女子16周岁到17周岁，46周岁到55周岁，同时具有劳动能力的人。虽然在劳动年龄之内，但已丧失劳动能力的人，不应算为劳动力；超过劳动年龄，但能经常参加劳动，计入半劳动力数内。常住人口中的职工，若这些职工为劳动力，就包括在本户的整半劳动力中。

■ 农村居民家庭总收入

指调查期内农村住户和住户成员从各种来源渠道得到的收入总和。按收入的性质划分为工资性收入、家庭经营收入、财产性收入和转移性收入。

■ 农村居民家庭现金收入

指农村住户和住户成员在调查期内得到以现金形态表现的收入。按来源分成工资性收入、家庭经营现金收入、财产性收入、转移性收入。

■ 农村居民家庭纯收入

指农村住户当年从各个来源得到的总收入相应地扣除所发生的费用后的收入总和。计算方法：

纯收入= 总收入-家庭经营费用支出-税费支出-生产性固定资产折旧-调查补贴-赠送农村内部亲友支出

纯收入主要用于再生产投入和当年生活消费支出，也可用于储蓄和各种非义务性支出。“农民人均纯收入”按人口平均的纯收入水平，反映的是一个地区或一个农户农村居民的平均收入水平。

■ 农村居民家庭总支出

指农村住户用于生产、生活和再分配的全部支出。家庭经营费用支出、购置生产性固定资产支出、生产性固定资产折旧、税费支出、生活消费支出、财产性支出和转移性支出。

■ 农村居民家庭生活消费支出

指农村住户用于物质生活和精神生活方面的支出。生活消费支出包括食品、衣着、居住、家庭设备用品及服务、医疗保健、交通和通讯、文化教育娱乐用品及服务、其他商品和服务等消费。

■ 农村居民家庭现金支出

指农村住户用于生产、生活和再分配所支付的现金。包括家庭经营费用支出、缴纳的税费、购买生产性固定资产、生活消费、财产性和转移性支出。

■ 居民消费价格指数

居民消费价格指数是度量一组代表性消费商品及服务项目价格水平随着时间而变动的相对数，反映居民家庭购买的消费品及服务价格水平的变动情况。它是宏观经济分析和决策、价格总水平监测和调控以及国民经济核算的重要指标。其按年度计算的变动率通常被用来作为反映通货膨胀（或紧缩）程度的指标。

■ 商品零售价格指数

商品的零售价格是商品在流通过程中最后一个环节的价格，是工业、商业、餐饮业和其他零售企业向城乡居民、机关团体出售生活消费品和办公用品的价格。通过系统地调查、搜集和整理市场商品零售价格资料，编制商品零售价格指数，以此反映市场商品零售价格的变动趋势和变动程度。其目的在于掌握商品价格的变动趋势，为国家宏观调控和国民经济核算提供参考依据。

■ 农产品生产价格指数

是反映一定时期内，农产品生产者出售农产品价格水平变动趋势及幅度的相对数。该指数可以客观反映全国农产品生产价格水平和结构变动情况，满足农业与国民经济核算需求。其中某代表品生产价格指数是通过对全部有出售该产品行为的调查单位的个体指数进行几何平均求得的，类价格指数是通过对其所属的类（或代表品）的价格指数进行加权平均求得的。季度累计价格指数的计算方法与分季指数的计算方法相同。

■ 原材料、燃料和动力购进价格指数

是反映工业企业作为生产投入，而从物资交易市场和能源、原材料生产企业购买原材料、燃料和动力产品时，所支付的价格水平变动趋势和程度的统计指标，是扣除工业企业物质消耗成本中的价格变动影响的重要依据。

主要统计指标解释

■ 工业品出厂价格指数

是反映工业产品价格变化趋势和变动幅度的统计指标，是工业品价格在不同时间和空间条件下平均变动的相对数。工业品价格包括工业品第一次出售时的出厂价格和企业作为中间投入的原材料、燃料和动力购进价格，是进行国民经济核算和经济管理的重要依据。

■ 固定资产投资价格指数

是反映一定时期内全社会及各类工程固定资产投资中涉及的各类投资品和取费项目价格的变动趋势和变动幅度的相对数。该指数可以观察按现价计算的固定资产投资指标中的价格变动因素。

■ 房屋销售价格指数

是反映一定时期内房产所有权转移时买卖双方实际成交价格（合同价格）的变化趋势和变化幅度的相对数。

CHONGQING STATISTICAL YEARBOOK

Explanatory Notes on Main Statistical Indicators

□ Saving Deposits of Urban and Rural Residents

Refer to the total value of savings deposits of urban and rural households in banks and rural credit cooperatives at a given point of time, including the saving deposits of urban residents and the saving deposits of rural residents. The cash in hand by residents and the deposits of organizations such as enterprises, military units, government agencies, institutions, etc. are not included.

□ Employed Population in Urban (Town) Households

Refers to urban (town) residents engaged in certain work and receiving payment for their labor or income from their business operation, including those who work in state-owned or collective units, joint ventures, foreign-owned units and private units with permanent or temporary jobs. The self - employed individuals and reemployed retirees are also basic data for calculating employment rate and dependency ratio.

□ Total Income of Urban (Town)Households

Refers to the sum of wage and salary, net business income, income from properties, and income from transfers of members of the households, excluding income from selling of properties and income from borrowings.

□ Disposable Income of Urban (Town) Households

Refers to the actual income at the disposal of members of the households which can be used for final consumption, other non-compulsory expenditure and savings. This equals to total income minus income tax, personal contribution to social security and sample household subsidy for keeping dairies. Following formula is used:

Disposable income = total household income - income tax - personal contribution to social security - sample household subsidy for keeping dairies

□ Total Expenditure of Urban (Town) Households

Refers to expenditure of households on services of various kinds provided by the society.

□ Consumption Expenditure of Urban (Town)Households

Refers to total expenditure of the sample households for consumption in daily life, including expenditure on eight categories such as food, clothing, household appliances and services, health care and medical services, transport and communications, recreation, education and cultural services, housing, miscellaneous goods and services.

□ Expenditure of Urban (Town) Households on Consumption of Services

Refers to expenditure of households on services of various kinds provided by the society. Services are offered and consumed at the same time and place. The service spending for an urban family falls into the following eight types: 1. Money paid for food processing and money spent while eating out; 2. Money paid for clothing processing; 3. Domestic services and services for home amenities; 4. Medical cost (including medical diagnosis and treatment, in-home medical services and nursing cost); 5. Transport tool service fees (such as for the use of a car and maintenance fee thereby arising), transport tools (plane, ship, train) fees, post and telecommunications fees; 6. Fees for culture and entertainment services (such as tour and fitness building), fees for repair of sports and entertainment items, education cost (spending on obligatory and non-obligatory education), adult education cost, tutor fees, training courses fees and extra money paid as sponsorship fee to a school a student outside his or her education community; 7. Housing rents, some interior decoration cost (for labor), residence service fees (such as for property management and repairs); 8. Fees for other services (such as at a beauty salon, bathhouse, hairdresser's and hotels).

□ Urban (Town) Households by Income Group

All households in the sample are grouped, by per capita disposable income of the household, into groups of lowest income, low income, lower middle income, middle income, upper middle income, high income and highest income, each group consisting of 10%, 10%, 20%, 20%, 20%, 10% and 10% of all households respectively. The lowest 5% of households are also referred to as poor households.

EXPLANATORY NOTES TO
MAJOR STATISTICAL INDICATORS

□ Engel Coefficient

Refers to the percentage of expenditure on food in the total consumption expenditure, using the following formula:

Engel Coefficient = (expenditure on food / total consumption expenditure) x 100%

□ Full/Semi Labour Force

Full labor force refers to persons capable of work, aged 18-50 for males and 18-45 for females. Semi labor force refers to persons capable of work, aged 16-17 and 51-60 for males and 16-17 and 46-55 for females. Persons at their working ages but not capable of work are not to be included as labor force. Persons not at working ages but participating regularly in work are included in semi labor force. For staff and workers as resident population of the household, they are included as full or semi labor force of the household if they are in the labor force.

□ Total Income of Rural Households

Refers to the sum of income earned from various sources by the rural households and their members during the reference period, and is classified as income from wages and salaries, income from household operations, income from properties and income from transfers.

□ Cash Income of Rural Households

Refers to income received by rural households and their members in the form of cash during the reference period. It is classified, by source of income, into income from wages and salaries, cash income from household operations, income from properties and income from transfers.

□ Net Income of Rural Households

Refers to the total income of rural households from all sources minus all corresponding expenses. The formula for calculation is as follows:

Net income = total income –household operation expenses – taxes and fees paid – depreciation of fixed assets for production – subsidy for participating in household survey – gifts to rural relatives

Net income is mainly used as input for reproduction and as consumption expenditure of the year, and also used for savings and non-compulsory expenses of various forms. “Per capita net income of farmers” is the level of net income averaged by population which reflects the average income level of rural households in a given area.

□ Total Expenditure of Rural Households

Refers to total expenses of rural households on production, consumption and redistribution, including expenditure on household operations, on purchase of productive fixed assets, depreciation of productive fixed assets, taxes and fees, expenses on household consumption, expenses on properties and expenses on transfers.

□ Expenditure on Household Consumption of Rural Households

Refers to expenditure by rural households on their material and cultural life, including expenditure on food; clothing; housing; household appliances, articles and services; health and medical service; transportation and communications; articles and services on culture, education and recreation; and other goods and services.

□ Cash Expenditure of Rural Households

Refers to cash expenditure by rural households for production, consumption and redistribution during the reference period, including cash expenses on household operations, taxes and fees, purchase of productive fixed assets, household consumption, and expenses on properties and transfers.

□ Consumer Price Index

Reflects the relative change in prices of consumer goods and services in a certain period of time, Formation of consumer price index aims to study the impact of consumer price changes on the actual living cost of urban and rural residents and to provide scientific basis for central government and relevant departments in drawing up consumer up consumer policy, price policy, wage policy and monetary policy and in accounting the nation economy. It is also a key index reflecting the fluctuation of inflation.

□ Retail Price Index

Refers to the prices at which industrial, commercial, catering and other retail enterprises sell daily consumer goods and products for office use to urban and rural residents and institutions and social organizations. It reflects the general change in prices of retail commodities in a certain period of time. Formation of retail price index aims to keep abreast of price fluctuation of retail commodities and provide the reference basis for the central government in working out economic policies.

EXPLANATORY NOTES TO MAJOR STATISTICAL INDICATORS

□ Producer Price Indices for Farm Products

Reflect the trend and degree of changes in producers' prices received by farmers when they sell farm products during a given period. These indices depict the change in the level and struture of producer prices for farm products of the country and meet the needs of agricultural statistics and national accounts statistics. The producer price index for a given product is calculated as the geometrical mean of individual indices for all surveyed units which sell such product, and the indices for a product category is obtained as the weighted mean of price indices for all products in the category. Method for calculating accumulative quarterly indices is the same as for calculating the individual quarterly indices.

□ Indices of Purchasing Prices of Raw Materials, Fuels and Power

Reflect changes in the level and degree of prices paid by industrial enterprises when they purchase production input such as raw materials, fuels and power from the market or from other energy or raw materials producing enterprises. These indices provide important basis for measuring the material consumption of industrial enterprises after removing influence of price changes.

□ Producer Price Indices for Manufactured Goods

Is a statistic indicator reflecting the fluctuating tendency and extent of the price of manufactured goods. It is a relative ratio of the average price fluctuation of manufactured goods in different times and places. The price of manufactured goods includes the factory price of the manufactured goods at the first sale and the price of the raw materials, fuel and power purchased by the enterprises as intermediate input, which is an important basis for national economic accounting and economic administration.

□ Price Indices of Investment in Fixed Assets

Reflect the trend and degree of changes in prices of investment goods and projects in fixed assets during a given period., This indicator is used to observe the removing the factor of price change in the aggregates of investment at current prices.

□ Price Index of Real Estate Sales

Refers to the transference of ownership of real estate through selling and buying. The Price Index of Real Estate Sales is an indicator of the general trend and variation degrees of the sales price of the real estate.

8

城镇建设

URBAN CONSTRUCTION

简要说明

本章资料反映全市城镇建设的基本情况。

城镇建设资料主要包括城镇建设用地、基础设施水平、市政设施、园林绿化、供水供气、公共交通、基础设施建设投资、房屋等，由市统计局固定资产投资处根据市建设委员会、市国土资源和房屋管理局资料整理提供。

The data in this chapter show the basic conditions of urban construction in Chongqing.

The statistics on urban construction mainly include the data of land for urban construction, urban infrastructure, municipal infrastructure, parks and green areas, tap water and gas supply, public traffic, investment in infrastructure construction and buildings and housing. The data concerned are provided by Chongqing Construction Commission and Chongqing Administration of Land, Resources and Housing, and sorted and compiled by Division of Statistics of Investment in Fixed Assets, Chongqing Municipal Bureau of Statistics.

表8.1 城镇建设用地（2009－2010年）
LAND FOR URBAN CONSTRUCTION (2009-2010)

单位：平方公里(sq.km)

项 目	Item	全 市 Total		其 中 of which #区合计 Total of Districts	
		2009	2010	2009	2010
建成区面积	**Developed Area**	**1026.84**	**1136.53**	**783.29**	**870.23**
建设用地面积	**Area of Land for Urban Construction**	**986.38**	**1091.67**	**769.58**	**855.67**
居住用地	Land for Residence	353.35	362.87	279.13	282.15
公共设施用地	Land for Public Utilities	105.50	117.78	78.12	88.63
工业用地	Land for Industry	209.14	240.03	173.68	200.94
仓储用地	Land for Storage	15.56	21.91	10.90	16.87
对外交通用地	Land for External Transport	35.71	38.75	24.93	27.43
道路广场用地	Land for Roads and Squares	146.39	161.68	117.74	131.55
市政公用设施用地	Land for Municipal Public Utilities	27.84	34.64	18.29	23.85
绿 地	Green Land	77.73	97.41	55.31	71.50
特殊用地	Land for Special Purpose	15.16	16.60	11.48	12.75

注：“区合计”数为19个市辖区合计（下表同）。
Note: "Total of Districts" refers to the total data of 19 districts (the same below).

表8.2 城镇基础设施水平（2009－2010年）
STATISTICS ON URBAN INFRASTRUCTURE (2009-2010)

项 目	Item	全 市 Total		其 中 of which #区合计 Total of Districts	
		2009	2010	2009	2010
人均日生活用水量（升）	Per Capita Daily Consumption of Tap Water for Residential Use (liter)	132.85	130.15	141.46	136.75
用水普及率（%）	Percentage of Population with Access to Tap Water (%)	91.28	91.47	94.60	94.05
燃气普及率（%）	Percentage of Population with Access to Gas (%)	88.56	90.03	91.83	92.02
人均道路面积（平方米）	Per Capita Area of Paved Roads (sq.m)	9.29	9.09	9.78	9.37
污水处理厂集中处理率（%）	Rate of Intensive Treatment by Wastewater Treatment Plant (%)	83.94	88.86	88.03	90.79
人均公共绿地面积（平方米）	Per Capita Public Green Land (sq.m)	10.57	12.72	11.25	13.24
建成区绿地率（%）	Green Land as Percentage of Developed Area (%)	33.44	36.19	35.42	37.59
建成区绿化覆盖率（%）	Green Covered Area as Percentage of Developed Area (%)	36.76	39.48	38.48	40.57

注：人均数为户籍人口口径。
Note: Data of average population refer to registration statistics.

表8.3 城镇市政设施（2009－2010年）
MUNICIPAL INFRASTRUCTURE (2009-2010)

项　目	Item	全市 Total		其中 of which #区合计 Total of Districts	
		2009	2010	2009	2010
道路长度（公里）	Length of Paved Roads (km)	6335	6733	4882	5130
道路面积（万平方米）	Area of Paved Roads (10 000 sq.m)	11390	12694	8953	9931
#人行道	Sidewalk	3468	3834	2715	2956
桥梁数（座）	Number of Bridges (unit)	1209	1444	918	1136
#立交桥	Overpasses	132	173	123	164
路灯盏数（盏）	Number of Street Lights (unit)	576167	350593	480080	243524
排水管道长度（公里）	Length of Drainpipes (km)	9033	9663	6651	7073
#污水管道	Sewage Pipes	3722	4384	2491	3089
污水年排放量（万立方米）	Annual Discharged Volume of Wastewater (10 000 cu.m)	73895	78498	61830	64622
污水处理厂处理总量（万立方米）	Total Volume of Wastewater Treated by Wastewater Treatment Plant (10 000 cu.m)	62027	69753	54427	58673
防洪堤长度（公里）	Length of Flood Protecting Embankment (km)	548	384	424	243

表8.4 城镇园林绿化（2009－2010年）
PARKS AND GREEN AREAS IN URBAN AREA (2009-2010)

指　标	Item	全市 Total		其中 of which #区合计 Total of Districts	
		2009	2010	2009	2010
绿化覆盖面积（公顷）	Green Covered Area (hectare)	44240	51895	35722	41244
#建成区	Developed Area	37744	44865	30143	35304
园林绿地面积（公顷）	Area of Parks and Green Area (hectare)	39955	47200	32451	37695
#建成区	Developed Area	34336	41134	27742	32715
公共绿地面积（公顷）	Area of Public Green Area (hectare)	12960	17762	10294	14032
动物园、公园个数（个）	Number of Parks and Zoos (unit)	207	273	138	175
动物园、公园面积（公顷）	Area of Parks and Zoos (hectare)	4626	6767	3746	5532

表8.5 城镇供水及供气情况（2009－2010年）
STATISTICS ON TAP WATER AND GAS SUPPLY IN URBAN AREA (2009-2010)

指 标	Item	全 市 Total		其 中 of which #区合计 Total of Districts	
		2009	2010	2009	2010
城镇供水	**Tap Water Supply in Urban Area**				
年末供水综合生产能力（万立方米/日）	Production Capacity of Tap Water Supply at Year-end (10 000 cu.m/day)	512.64	507.09	420.35	412.30
年末供水管道长度（公里）	Length of Water Supply Pipelines at Year-end (km)	11601	12574	8523	9190
供水总量（万立方米）	Total Volume of Water Supply (10 000 cu.m)	92321	103949	77146	86926
#生产运营用水	For Production Use	25391	25849	22326	22603
公共服务用水	For Public Services	9321	10364	7872	8840
居民家庭用水	For Residential Use	44769	50177	36705	40835
消防及其他用水	For Fire Fighting and Other Purposes	3475	3543	2804	2808
用水户数（户）	Households with Access to Tap Water (household)	2551647	3002601	1910712	2263592
#家庭用户	Residential Households	2313981	2736494	1734486	2069411
用水人口（万人）	Number of Residents with Access to Tap Water (10 000 persons)	1118.95	1276.97	865.54	996.55
城镇供气	**Gas Supply in Urban Area**				
天然气供气总量（万立方米）	Total Volume of Natural Gas Supply (10 000 cu.m)	256569	309480	205164	254021
#家庭用量	Used by Residential Households	94981	114173	66456	81412
天然气用气户数（户）	Households with Access to Natural Gas (household)	3183814	3938380	2610561	3282711
#家庭用户	Residential Households	3072649	3583151	2513642	2951653
天然气用气人口（万人）	Population with Access to Natural Gas (10 000 persons)	900.42	1062.53	729.84	861
天然气汽车加气站（个）	Number of CNG Stations for Motor Vehicles (unit)	63	63	48	47
液化石油气供气总量（吨）	Total Volume of Liquefied Petroleum Gas Supply (ton)	97088	124774	70066	92807
#家庭用量	Used by Residential Households	54492	59031	32569	35393
液化石油气用气户数（户）	Households with Access to Liquefied Petroleum Gas (household)	631149	562435	304497	311435
#家庭用户	Residential Households	514032	446120	236769	243572
液化石油气用气人口（万人）	Population with Access to Liquefied Petroleum Gas (10 000 persons)	185.25	194.29	110.38	114.41

表8.6 城镇公共交通情况（2010年）
PUBLIC TRAFFIC IN URBAN AREA (2010)

指 标	Item	全 市 Total	其 中 of which #区合计 Total of Districts
营运客车	**Public Vehicles**		
年末营运线路网长度（公里）	Year-end Length of Public Transport Network (km)	11183	11183
运营车数（辆）	Number of Public Vehicles (unit)	7552	7552
#天然气燃料车	CNG Vehicles	7164	7164
客运量（万人次）	Passenger Volume (10 000 person-times)	161932	161932
轻 轨	**Light Rail Transits**		
通车里程（公里）	Length of Light Rail Transits in Operation	17	17
车辆数（辆）	Number of Vehicles (unit)	108	108
客运量（万人次）	Passengers Traffic (10 000 person-times)	4576	4576
轮 渡	**Ferries**		
年末实有轮渡总数（艘）	Year-end Total Ferries (unit)	145	75
出租汽车	**Taxis**		
车辆数（辆）	Number of Vehicles (unit)	17098	14021

表8.7 公用事业和市政建设投资额（2009－2010年）
INVESTMENT IN PUBLIC UTILITIES AND MUNICIPAL CONSTRUCTION (2009-2010)

单位：万元 (10 000 yuan)

指 标	Item	2009	2010
公用事业	**Public Utilities**		
供 水	Tap Water Supply	72638	118017
燃 气	Gas Supply	86618	104911
轨道交通	Rail Transit	652656	1169406
市政建设	**Municipal Construction**		
园林绿化	Parks and Green Areas	602042	1320129
环境卫生	Environmental Sanitation	22477	32194

表8.8 城镇房屋及居住情况（2009－2010年）
STATISTICS ON BUILDINGS AND HOUSING IN URBAN AREA (2009-2010)

指　标	Item	全　市 Total		其　中 of which #区合计 Total of Districts	
		2009	2010	2009	2010
房屋状况（万平方米）	**Conditions of Buildings (10 000 sq.m)**				
年末实有房屋建筑面积	Total Floor Space of Buildings at Year-end	50080.35	56062.98	39258.49	42178.03
#住　宅	Residential Buildings	32831.68	36872.50	25130.98	27111.76
#自有（私有）住宅	Self-owned (private)	28684.61	32510.96	21938.28	23686.63
年末实有住宅套数（套）	Total Number of Residential Units at Year-end (set)	3452087	3683385	2708948	2773542
年末成套住宅建筑面积	Total Floor Space of Residential Buildings at Year-end	29366.25	32938.30	22457.80	24689.26
居住状况	**Conditions of Housing**				
居住户数（万户）	Households of Housing (10 000 households)	334.41	372.52	250.42	256.94
人均住宅建筑面积（平方米/人）	Per Capita Floor Space of Residential Buildings (sq.m/person)	34.61	34.77	37.99	36.66
户均住宅套数（套/户）	Average Number of Apartments Per Household (set/household)	1.03	0.99	1.08	1.08

注：表中的居住人口数据为2009年全市城镇人口数据加上2010年户籍改革中农转非的人口数据进行测算得出。
Note:The resident population in 2010 above equals to the sum of total urban population in 2009 and the population of the urban residents turnde from rural residents in the household vegistration reform in 2010.

重/庆/统/计/年/鉴

主要统计指标解释

供水综合生产能力

指按供水设施取水、净化、送水、出厂输水干管等环节设计能力计算的综合生产能力。包括在原设计能力基础上，经挖、革、改增加的生产能力。计算时，以四个环节中最薄弱的环节为主确定能力。

供水管道长度

指从送水泵到用户水表之间所有管道的长度。不包括新安装尚未使用的管道。

供水总量

指报告期供水企业（单位）供出的全部水量。包括有效供水量和漏损水量。

生活用水量

包括公共服务用水和居民家庭用水。公共服务用水指为城市社会公共生活服务的用水。包括行政事业单位、部队营区和公共设施服务、社会服务业、批发零售贸易业、旅馆饮食业及其他公共服务业等单位用水。居民家庭用水指城市范围内所有居民家庭的日常生活用水。包括城市居民、农民家庭、公共供水站用水。

城市人口用水普及率

指城市用水人口数与城市人口总数之比。计算公式为：

用水普及率=（城市用水人口数/城市人口数）×100%

全年供气总量

指全年燃气企业（单位）向用户供应的燃气数量，包括销售量和损失量。

城市用气普及率

指报告期末使用燃气的城市人口数与城市人口总数的比率。计算公式为：

用气普及率=城市用气人口数/城市人口总数×100%

道路长度

指年末道路长度和与道路相通的广场、桥梁、隧道的长度，按车行道中心线计算。在统计时只统计路面宽度在3.5米（含3.5米）以上的各种铺装道路，包括开放型工业区和住宅区道路在内。

道路面积

为车行道与人行道面积之和。

城市桥梁

指为跨越天然或人工障碍物而修建的构筑物。包括跨河桥、立交桥、人行天桥以及人行地下通道等。包括永久性桥和半永久性桥。

城市排水管道长度

指所有排水总管、干管、支管、检查井及连接井进出口等长度之和。

年末运营车数

指年末公交企业（单位）用于运营业务的全部车辆数。以企业（单位）固定资产台帐中已投入运营的车辆数为准。

城市园林绿地面积

指报告期末用作园林和绿化的各种绿地面积。包括公共绿地、居住区绿地、单位附属绿地、防护绿地、生产绿地、道路绿地和风景林地面积。不包括：

（1）屋顶绿化、垂直绿化、阳台绿化和室内绿化。

（2）以物质生产为主的林地、耕地、牧草地、果园和竹园等。

（3）城市总体规划中不列入绿地的水域。

公共绿地

指向公众开放的市级、区级、居住区级各类公园、街旁游园，包括其范围内的水域。其中居住区级公园应不小于1万平方米，街旁游园的宽度不小于8米，面积不小于400平方米。

CHONGQING STATISTICAL YEARBOOK

Explanatory Notes on Main Statistical Indicators

□ Production Capacity of Water Supply

Refers to the designed comprehensive production capacity of water facilities, covering the 4 links of water collection, purification, conveyance, and outflow through trunk pipelines. Increase capacity through transformation and innovation projects is included as well. The capacity is determined mainly on the weakest of the above-mentioned 4 links.

□ Length of Water Supply Pipelines at the Year-end

Refers to the total length of all the pipelines between the water pumps and the user's water meters, excluding pipelines newly installed but not used yet.

□ Annual Volume of Water Supply

Refers to the total volume of water supplied by water-works (units) during the reference period, including both the effective water supply and loss during the water supply.

□ Consumption of Water for Residential Use

Refers to the water consumption of households for daily life and the water consumption of public service facilities. The latter refers to water consumption for urban public services, including the consumption of government agencies and public institutions, military barracks, public facilities, wholesale and retail outlets, restaurants, hotels, and other units providing public services. Household water consumption refers to consumption of water for daily life of all households in the boundary of cities, including households of urban residents and farmers, and public water supply stations.

□ Percentage of Urban Population with Access to Tap Water

Refers to the ratio of the urban population with access to tap water to the total urban population. The formula is:

Percentage of Population with access to Tap Water = Urban Population with Access to Tap Water / Urban Population ×100%

□ Volume of Gas Supply

Refers to the total volume of gas provided to users by gas-producing enterprises (units) in a year, including the volume sold and the volume lost.

□ Percentage of Urban Population with Access to Gas

Refers to the ratio of the urban population with access to gas to the total urban population at the end of the reference period. The formula is:

Percentage of population with access to gas = (Urban population with access to gas / Urban population) ×100%

□ Length of Roads

Refers to the length of roads with paved surface including squares bridges and tunnels connected with roads by the end of the year. Length of the roads is measured by the central lines for vehicles for paved roads with a width of 3.5 meters and over, including roads in open-ended factory compounds and residential quarters.

□ Area of Roads

Is the summed of carriageway and sidewalk.

□ Urban Bridges

Refer to bridges built to cross over natural or man-made barriers, including bridges over rivers, overpasses for traffic and for pedestrian, underpasses for pedestrian, etc. Both permanent and semi-permanent bridges are included.

□ Length of Urban Sewage Pipes

Refers to the total length of general drainage, trunks, branch and inspection wells, connection wells, inlets and outlets, etc.

□ Number of Vehicles under Operation at the Year-end

Refers to the total number of vehicles under operation by public transport enterprises (units) at year-end, based on the records of operational vehicles by the enterprises (units).

□ Area of Urban Gardens and Green Areas

Refers to the total area occupied for green projects at the end

EXPLANATORY NOTES TO MAJOR STATISTICAL INDICATORS

of the reference period, including public green land, green land in residential quarters, green land attached to institutions, protection green land, production green land, roadside green land and forest in scenic spots. It does not include the following:

(I) Greenery and plants on roofs, balconies, indoors and vertical green areas;

(II) Forest, cultivated land, grassland, orchards and bamboo grooves that are for production purpose; and

(III) Water areas that are not included in urban master plan as green land.

□ Public Green Area

Refers to green areas open to the public such as municipal, community and neighborhood parks and roadside parks, including waters within parks. Neighborhood parks should occupy an area larger than 10,000 square meters, and the width of roadside parks should occupy an area larger than 400 square meters, with a width of more that 8 meters.

9

资源和环境

RESOURCES AND ENVIRONMENT

简要说明

资源主要内容包括自然资源、自然地理、气象状况。自然资源中土地、矿产资源数据由市国土资源和房屋管理局提供，林木资源数据由市林业局提供，水资源数据由市水利局提供。气象状况由市气象局提供。

自然地理、气象综合资料，由市统计局综合处根据有关部门资料进行整理和编辑。环境主要内容包括工业废水、废气、固体废物的排放处理和利用，工业污染治理投资，生活污染物排放等，由市统计局社会科技处根据市环境保护局、市水利局、市林业局等部门的资料整理提供。

The scope of resources mainly covers natural resources, natural geography and climate. The data of land and mineral resources in natural resources are provided by Chongqing Municipal Bureau of Land & Resources and House Administration; the data of forest resources are provided by Chongqing Forestry Administration; the data of water resources are provided by Chongqing Water Resources Bureau; and the data of climate are provided by Chongqing Meteorological Bureau.

The data of natural environment and climate are provided by the departments concerned and sorted and compiled by Division of Comprehensive Statistics of Municipal Bureau of Statistics. The statistics of environment mainly includes the discharge, treatment and utilization of industrial waste water, waste gas and solid wastes, the investment in industrial pollution treatment and the discharge of domestic pollutants, which are provided by Chongqing Environmental Protection Bureau, Chongqing Water Resources Bureau and Chongqing Forestry Administration, and sorted and compiled by Division of Social and Technology Statistics, Municipal Bureau of Statistics.

表9.1 自然资源（2009－2010年）
NATURAL RESOURCES (2009-2010)

项　目	Item	2009	2010
土地资源（万公顷）	**Land Resources (10 000 hectares)**	822.69	
#农用地	Agricultural Land	691.23	
#耕　地	Cultivated Land	223.76	
园　地	Garden Land	23.93	
林　地	Forest Land	328.81	
牧草地	Grassland	23.71	
建设用地	Construction Land	60.61	
未利用地	Unused Land	70.85	
林木资源	**Forest Resources**		
活立木总蓄积量（万立方米）	Total Standing Forest Stock (10 000 cu.m)	13019	13019
森林面积（万公顷）	Forest Area (10 000 hectares)	288.4	304.9
森林蓄积量（万立方米）	Stock Volume of Forest (10 000 cu.m)	12121	12121
森林覆盖率（%）	Forest Coverage Rate (%)	35.0	37.0
水资源（当年量）	**Water Resources (current quantity)**		
降水深（毫米）	Precipitation (mm)	1029.60	
地表径流量（亿立方米）	Surface Runoff (100 million cu.m)	455.91	
地下水量（亿立方米）	Groundwater Resources (100 million cu.m)	81.86	
水力资源蕴藏量（万千瓦）	Hydropower Resources (10 000 kw)	2296.43	
#技术可开发量	Technical Developable Resources	980.84	
主要矿产资源（保有基础储量）	**Major Mineral Resources (retained Basic Reserves)**		
天然气（亿立方米）	Natural Gas (100 million cu.m)	1559.00	1921.02
煤（万吨）	Coal (10 000 tons)	194372.70	224932.54
铁（矿石万吨）	Iron Ore (ore, 10 000 tons)	112.00	112.00
锰（矿石万吨）	Manganese Ore (ore, 10 000 tons)	1806.89	2252.62
锌（金属万吨）	Zinc Ore (metal, 10 000 tons)	15.00	14.80
铝　土（矿石万吨）	Aluminum Ore (ore, 10 000 tons)	3639.00	3639.00
汞（吨）	Mercury (ton)	1917	1917
锶（天青石万吨）	Strontium Ore (ore, 10 000 tons)	43.00	31.15
熔剂用灰岩（矿石万吨）	Limestone for Flux (ore, 10 000 tons)	10260.67	10287.10
冶金用白云岩（矿石万吨）	Dolomite for Metallurgy (ore, 10 000 tons)	4546.00	4546.10
冶金用石英砂岩（矿石万吨）	Quartzite for Metallurgy (ore, 10 000 tons)	382.00	382.00
陶瓷用砂岩（矿石万吨）	Sandstone for Ceramics (ore, 10 000 tons)	495.00	495.20
耐火粘土（矿石万吨）	Refractory Clay (ore, 10 000 tons)	169.00	169.00
重晶石（矿石万吨）	Barytes (ore, 10 000 tons)	185.00	185.00
毒重石（矿石万吨）	Witherite (ore, 10 000 tons)	491.00	487.30
盐　矿（矿石万吨）	Salt Mine (ore, 10 000 tons)	100296.00	100296.20

注：1）林木资源数据为2002年森林资源二类调查补充数，该调查一般五年一次。
2）天然气数据为剩余技术可采储量。
3）2010年土地资源数据待第二次土地调查核定后予以发布。

Note: a) The data of forest resources were surveried and readjusted according to Class II survey in 2002, which is carried out every 5 years ordinarily.
b) The data of natural gas are technical recoverable reserves.
c) The data of land resources in 2010 will be released after the result of the 2nd land survey is verified.

9.2 自然地理（2010年）
NATURAL ENVIRONMENT (2010)

位置：重庆位于北纬28度10分-32度13分，东经105度11分-110度11分之间，地处较为发达的东部地区和资源丰富的西部地区的结合部，东邻湖北、湖南，南靠贵州，西接四川，北连陕西，是长江上游最大的经济中心、西南工商业重镇和水陆交通枢纽。1997年3月14日，第八届全国人民代表大会第五次会议通过了设立重庆直辖市的决议，与北京、天津、上海同为四大直辖市。

面积：重庆幅员面积8.24万平方公里，南北长450公里，东西宽470公里。2010年全市共辖19个区：万州区、涪陵区、渝中区、大渡口区、江北区、沙坪坝区、九龙坡区、南岸区、北碚区、万盛区、双桥区、渝北区、巴南区、黔江区、长寿区、江津区、合川区、永川区、南川区；21个县（自治县）：綦江县、潼南县、铜梁县、大足县、荣昌县、璧山县、开县、忠县、梁平县、云阳县、奉节县、巫山县、巫溪县、城口县、垫江县、武隆县、丰都县、石柱县土家族自治县、彭水苗族土家族县、酉阳土家族苗族县、秀山土家族苗族县。

地势：重庆地势由南北向长江河谷逐级降低，西北部和中部以丘陵、低山为主，东南部靠大巴山和武陵山两座大山脉。

河流：主要河流有长江、嘉陵江、乌江、涪江、綦江、大宁河等。

气候：重庆属中亚热带湿润季风气候区，具有夏热冬暖，光热同季，无霜期长，雨量充沛，湿润多阴等特点。2010年平均气温18.7 ℃，年总降雨量1044.7毫米。

Location:

Chongqing is located at 28° 10'～32° 13' north latitude and 105° 11'～110° 11' east longitude. As a joint between the eastern areas with developed economy and the western areas with rich resources, with Hubei and Hunan on its east, Guizhou on its south, Sichuan on its west and Shaanxi on its north, Chongqing is the largest economic center in the upper reaches of the Yangtze River, an important industrial and commercial city in the southwest and a hub of land and water communications. On March 14, 1997, the resolution to establish Chongqing Municipality was passed on the 5th Session of the 8th National People's Congress, and Chongqing became the fourth municipality directly under the Central Government after Beijing, Tianjin and Shanghai.

Area:

Chongqing covers an area of 82,400 square kilometers, stretching 450 kilometers from north to south and 470 kilometers from east to west. In 2010, Chongqing has 19 districts, namely Wanzhou, Fuling Yuzhong, Dadukou, Jiangbei, Shapingba, Jiulongpo, Nan'an, Beibei, Wansheng, Shuangqiao, Yubei, Banan, Qianjiang, Changshou, Jiangjin, Hechuan, Yongchuan and Nanchuan, and 21 counties, namely Qijiang, Tongnan, Tongliang, Dazu, Rongchang, Bishan, Kaixian, Zhongxian, Liangping, Yunyang, Fengjie, Wushan, Wuxi, Chengkou, Dianjiang, Wulong, Fengdu, Shizhu Tujia Autonomous County, Pengshui Miao Autonomous County, Youyang Tujia Autonomous County and Xiushan Tujia Autonomous County.

Topography:

The altitude of Chongqing declines gradually from the north and the south to the valley of the Yangtze River. There are mainly hills and low mountains in the northwest and central areas of Chongqing, while the two large mountains of Daba and Wuling are in the southeast of Chongqing.

River:

The rivers stretching through Chongqing mainly include Yangtze River, Jialing River, Wujiang River, Fujiang River, Qijiang River and Daning River.

Climate:

Chongqing has a humid subtropical monsoon climate, hot in summer and warm in winter with the rainy season coinciding with the hot season. It has the characteristics of long frost-free period, plenty of rainfall and a lot of humid and cloudy days. The annual average temperature of 2010 is 18.7°C, with the annual precipitation of 1044.7mm.

表9.3 气象基本情况（1951－2010年）
BASIC STATISTICS ON CLIMATE (1951-2010)

年 份 Year	降水量（毫米） Precipitation (mm)	平均气温（℃） Average Temperature (℃)	日照时数（时） Sunshine Hours (hour)	平均相对湿度（%） Average Relative Humidity (%)	平均风速（米/秒） Average Wind Speed (m/s)	平均气压（百帕） Average Air Pressure (100 pa)
1951	1043.4	18.4		81	1.0	
1952	1227.9	18.5	1198.6	81	1.0	
1953	852.1	18.8	1245.6	80	0.9	
1954	1112.8	17.9	1061.2	81	0.9	981.2
1955	927.4	18.2	1388.6	77	0.8	982.0
1956	1497.4	18.2	1433.2	76	1.4	982.8
1957	1171.9	17.9	1094.2	80	1.3	983.3
1958	740.7	18.6	1260.7	77	1.4	983.3
1959	915.7	18.7	1378.3	76	1.4	983.0
1960	1026.0	18.4	1102.0	78	1.4	983.5
1961	787.7	18.7	1338.8	77	1.5	982.8
1962	1210.4	18.0	1323.9	80	1.4	983.3
1963	1072.8	18.9	1370.4	77	1.4	982.4
1964	1031.6	18.2	1170.4	80	1.5	982.9
1965	1318.9	18.1	1009.5	81	1.4	983.4
1966	958.9	18.6	1278.9	78	1.4	982.7
1967	1046.0	18.1	1216.3	79	1.4	983.4
1968	1384.5	17.7	1054.6	82	1.2	983.5
1969	1080.5	18.6	1357.1	76	1.2	982.8
1970	1097.5	18.1	1197.9	79	1.1	983.5
1971	854.3	18.6	1370.6	76	1.3	983.4
1972	1171.8	18.4	1284.1	78	1.3	982.9
1973	1092.3	18.9	1349.4	78	1.3	983.2
1974	1258.0	17.8	1068.3	79	1.3	983.0
1975	1025.4	18.5	1202.5	78	1.2	982.9
1976	1044.9	17.7	1129.2	79	1.1	983.5
1977	1151.2	18.1	1234.8	79	1.1	984.0
1978	1057.2	18.8	1495.7	77	1.2	983.5

注：此表为重庆市区资料。
Note: The table above shows the data of the downtown area of Chongqing.

表9.3 续表 continued

年 份 Year	降水量（毫米） Precipitation (mm)	平均气温（℃） Average Temperature (℃)	日照时数（时） Sunshine Hours (hour)	平均相对湿度（%） Average Relative Humidity (%)	平均风速（米/秒） Average Wind Speed (m/s)	平均气压（百帕） Average Air Pressure (100 pa)
1979	1160.0	18.4	1222.2	80	1.1	983.4
1980	1062.6	18.2	1071.8	79	1.4	983.6
1981	1157.9	18.1	1188.0	79	1.4	983.5
1982	1185.2	17.7	992.3	81	1.1	983.6
1983	1138.1	18.1	954.4	80	0.9	983.9
1984	1035.1	17.8	1028.7	79	1.1	983.1
1985	1004.0	17.9	997.1	79	1.3	983.3
1986	1141.4	17.8	946.1	80	1.3	984.2
1987	910.2	18.6	946.3	78	1.2	983.4
1988	1254.0	18.0	840.6	80	1.1	983.6
1989	1137.4	17.7	855.0	81	1.0	983.8
1990	956.7	18.7	1083.7	79	1.2	983.2
1991	1180.6	18.2	874.8	81	1.1	983.5
1992	987.4	18.1	975.0	78	1.6	984.0
1993	1164.3	17.8	894.6	81	1.5	984.0
1994	982.5	18.7	1063.8	80	1.4	983.2
1995	923.5	18.3	993.6	79	1.3	983.7
1996	1398.3	17.7	899.4	81	1.3	983.6
1997	898.8	18.5	943.0	79	1.4	983.8
1998	1508.0	19.2	941.9	79	1.5	983.0
1999	1305.6	18.5	833.6	81	1.5	983.2
2000	1010.9	18.2	961.1	80	1.4	983.0
2001	814.8	18.8	1050.4	78	1.6	983.3
2002	1430.6	18.8	1117.1	80	1.6	983.3
2003	1025.0	18.9	875.7	80	1.6	983.2
2004	1182.1	18.4	974.7	78	1.3	984.0
2005	1019.8	18.6	903.9	77	1.4	982.5
2006	839.6	19.2	1114.3	75	1.4	982.9
2007	1439.2	19.0	856.2	81	1.3	983.3
2008	985.3	18.6	703.8	82	1.3	983.9
2009	1198.9	19.0	943.9	79.8	1.4	982.8
2010	1044.7	18.7	910.6	77.6	1.3	983.0

表9.4 全年气象情况（2010年）
STATISTICS ON THE CLIMATE OF THE CURRENT YEAR (2010)

月　份 Month	降水量（毫米） Precipitation (mm)	平均气温（℃） Average Temperature (℃)	日照时数（时） Sunshine Hours (hour)	平均相对湿度（%） Average Relative Humidity (%)	平均风速（米/秒） Average Wind Speed (m/s)	平均气压（百帕） Average Air Pressure (100 pa)	雨日数（天） Days of Rain (day)
全　年 Total	1044.7	18.7	910.6	77.6	1.3	983.0	187
1	20.8	9.3	24.6	81.0	1.1	991.1	6
2	13.4	10.8	18.8	74.0	1.2	985.7	9
3	47.4	14.5	88.2	75.0	1.5	985.5	18
4	141.6	16.8	57.9	78.0	1.3	984.6	19
5	121.9	21.9	76.4	80.0	1.3	977.2	22
6	197.1	24.4	64.8	82.0	1.2	976.5	23
7	185.0	29.6	146.8	73.0	1.4	972.2	16
8	105.6	28.9	201.8	66.0	1.6	975.7	14
9	57.2	25.1	107.6	76.0	1.4	979.5	17
10	62.5	18.7	66.9	81.0	1.2	987.6	17
11	56.7	14.8	23.0	84.0	1.1	990.3	14
12	35.5	9.0	33.8	82.0	1.4	989.8	12

表9.5 环境保护情况（2009－2010年）
ENVIRONMENTAL PROTECTION (2009-2010)

项　目	Item	2009	2010
环保投资（亿元）	Investment in Environmental Protection (100 million yuan)	189.55	231.68
水资源总量（万立方米）	Total Water Resources (10 000 cu.m)		
用水总量（万立方米）	Total Use of Water (10 000 cu.m)		
生活污水排放量（万吨）	Discharged Volume of Domestic Sewage (10 000 tons)	81385	82933
化学需氧量排放量（万吨）	Discharged Volume of COD (10 000 tons)	23.98	23.45
二氧化硫排放量（万吨）	Discharged Volume of SO_2 (10 000 tons)	74.61	71.94
#生活二氧化硫排放量（万吨）	Discharged Volume of SO_2 from Daily Life (10 000 tons)	15.99	14.67
饮用水源水质达标率（%）	Rate of Drinking Water Sources up to Standard (%)	100.0	100.0
工业污染治理施工项目数（个）	On-going Projects of Industrial Pollution Treatment (unit)	148	116
工业污染治理项目完成投资（万元）	Completed Investment in Projects of Industrial Pollution Treatment (10 000 yuan)	70747	77502
工业污染治理竣工项目数（个）	Completed Projects of Industrial Pollution Treatment (unit)	118	89
工业废水排放达标率（%）	Rate of Waste Water up to Discharge Standard (%)	94.3	94.7
工业固体废物综合利用率（%）	Rate of Industrial Solid Wastes Comprehensively Utilized (%)	79.8	80.4
森林覆盖率(%)	Forest Coverage(%)	35.0	37.0
自然保护区数（个）	Number of Nature Reserves (unit)	49	58
自然保护区面积（万公顷）	Area of Nature Reserves (10 000 hectares)	83.86	89.23
保护区面积占土地总面积比重（%）	Percentage of Nature Reserves to Total Land Area (%)	10.2	10.8
主城区区域环境噪声平均值（分贝）	Average Noises in Downtown (db)	54.2	54.2
主城区道路交通噪声（分贝）	Traffic Noises in Downtown (db)	67.8	68.0
主城区大气可吸入颗粒年日均值（毫克/立方米）	Annual Average Daily Inhalable Motes in Atmosphere in Downtown (mg/cu.m)	0.105	0.102
主城区二氧化硫年日均值（毫克/立方米）	Annual Average Daily SO_2 Concentration in Downtown (mg/cu.m)	0.053	0.048
主城区二氧化氮年日均值（毫克/立方米）	Annual Average Daily NO_2 Concentration in Downtown (mg/cu.m)	0.037	0.039
主城区环境空气质量优良天数比例（%）	Proportion of High Air Quality Days in Downtown (%)	83.0	85.2

注：森林覆盖率数据为2002年森林资源二类调查基础上的推算数，该调查一般五年一次。
Note: The data of forest coverage is calculated on the basis of Class II survey of forest resources in 2002, which is carried out every 5 years ordinarily.

表9.6 工业"三废"排放处理及综合利用情况（1995－2010年）

DISCHARGE, TREATMENT AND COMPREHENSIVE UTILIZATION OF WASTE GAS, WASTE WATER AND SOLID WASTES (1995-2010)

年 份 Year	工业废水（万吨） Industrial Waste Water (10 000 tons)			工业废气（万吨） Industrial Waste Gas (10 000 tons)			
	排放总量 Total Volume of Discharge	排放达标量 Volum up to Discharge Standard	排放达标率（%） Rate of Discharge up to Standard（%）	工业废气排放总量（亿标立方米） Total Volume of Industrial Waste Gas Discharged (100 million cu.m)	工业二氧化硫排放量 Volume of SO_2 Discharged	工业粉尘排放量 Volume of Industrial Dusts Discharged	工业粉尘去除量 Volume of Industrial Dusts Removed
1995	95590	57000	55.4	1979.00	71.45	22.39	25.30
1996	93889	46879	62.4	1697.00	72.16	22.36	23.43
1997	101324	67766	80.2	1794.00	71.43	33.18	22.60
1998	93997	58396	77.8	1712.76	73.64	28.65	28.92
1999	90220	58380	82.3	1839.33	75.88	26.44	33.33
2000	84344	63612	82.6	1907.90	66.42	22.01	44.61
2001	81214	66920	91.0	1856.24	56.94	21.41	37.42
2002	79872	71372	89.4	1978.89	55.18	20.31	40.18
2003	81973	73663	89.9	2276.94	59.97	22.23	33.49
2004	83031	77559	93.4	3540.86	64.11	21.98	36.76
2005	84885	79507	93.7	3654.55	68.32	21.28	37.57
2006	85866	80645	93.9	5066.96	71.08	20.01	33.48
2007	69003	63533	92.1	7616.62	68.31	18.23	39.03
2008	67027	62648	93.5	7350.73	62.72	15.33	41.70
2009	65684	61925	94.3	12586.52	58.61	10.77	59.00
2010	45180	42798	94.7	10943.13	57.27	8.36	95.41

年 份 Year	工业废气（万吨） Industrial Waste Gas (10 000 tons)	工业固体废物（万吨） Industrial Solid Wastes (10 000 tons)					"三废"综合利用产品产值（万元） Output Value of Products from Comprehensive Utilization of "Three Wastes" (10 000 yuan)
	工业烟尘排放量 Volume of Industrial Fume Discharged	产生量 Produced Volume	排放量 Discharged Volume	处置量 Treated Volume	综合利用量 Comprehensively Utilized Volume	综合利用率（%） Rate of Comprehensive Utilization（%）	
1995	16.12	1092	230	68.34	467.79	50.37	31138
1996	15.76	1174	229	61.06	510.06	58.10	52037
1997	14.90	1279	273	49.16	623.00	54.27	44737
1998	14.42	1368	229	43.75	597.00	61.78	48945
1999	14.07	1512	291	42.40	655.47	64.32	80554
2000	12.18	1305	238	37.64	626.01	71.00	59593
2001	11.01	1300	168	87.85	881.64	65.30	74642
2002	11.08	1348	160	68.78	960.95	68.20	72459
2003	11.98	1336	142	73.54	967.98	68.43	71512
2004	12.53	1489	118	62.09	1093.35	70.93	79932
2005	13.13	1777	184	122.41	1329.39	72.07	81494
2006	12.76	1815	133	123.99	1367.71	73.70	108030
2007	11.59	2087	138	162.73	1623.36	76.71	165139
2008	10.10	2311	149	73.24	1850.57	79.07	238383
2009	10.87	2552	150	126.68	2076.74	79.80	274133
2010	10.21	2869	134	155.20	2348.27	80.40	291327

表9.7 重点调查工业废气排放及处理情况（2010年）

WASTE GAS DISCHARGE AND TREATMENT BY THE INDUSTRIAL ENTERPRISES UNDER MAJOR SURVEY (2010)

行业	Sector	汇总工业企业数（个）Number of Industrial Enterprises (unit)	废气治理设施数（套）Number of Facilities for Waste Gas Treatment (set)	工业废气排放总量（亿标立方米）Total Volume of Industrial Waste Gas Discharged (100 million cu.m)
总计	**Total**	**2489**	**3511**	**10943.13**
采矿业	**Mining and Quarrying**	**332**	**146**	**109.20**
煤炭开采和洗选业	Mining and Washing of Coal	298	119	56.95
石油和天然气开采业	Extraction of Petroleum and Natural Gas	10	6	11.60
黑色金属矿采选业	Mining and Processing of Ferrous Metal Ores	5	8	17.66
有色金属矿采选业	Mining and Processing of Non-Ferrous Metal Ores	7		1.05
非金属矿采选业	Mining and Processing of Nonmetal Ores	12	13	21.93
其他采矿业	Mining of Other Ores			
制造业	**Manufacturing**	**2121**	**3261**	**6192.73**
农副食品加工业	Processing of Food from Agricultural Products	198	33	30.40
食品制造业	Manufacture of Foods	67	37	99.22
饮料制造业	Manufacture of Beverages	80	32	21.45
烟草制品业	Manufacture of Tobacco	6	30	19.23
纺织业	Manufacture of Textile	83	59	90.08
纺织服装、鞋、帽制造业	Manufacture of Textile Wearing Apparel, Footware and Caps	3	1	0.17
皮革毛皮羽毛（绒）及其制品业	Manufacture of Leather, Fur, Feather and Related Products	10	3	1.69
木材加工及木竹藤棕草制品业	Processing of Timber, Manufacture of Wood, Bamboo, Rattan, Palm and Straw Products	9	14	16.97
家具制造业	Manufacture of Furniture	4	1	0.34
造纸及纸制品业	Manufacture of Paper and Paper Products	109	88	232.03
印刷业、记录媒介的复制	Printing, Reproduction of Recording Media	6		0.18
文教体育用品制造业	Manufacture of Articles For Culture, Education and Sport Activities			
石油加工、炼焦及核燃料加工业	Processing of Petroleum, Coking, Processing of Nuclear Fuel	15	13	53.71
化学原料及化学制品制造业	Manufacture of Raw Chemical Materials and Chemical Products	168	336	770.96
医药制造业	Manufacture of Medicines	64	45	42.77
化学纤维制造业	Manufacture of Chemical Fibers	3	3	81.15
橡胶制品业	Manufacture of Rubber	20	30	20.71
塑料制品业	Manufacture of Plastics	19	16	31.88
非金属矿物制品业	Manufacture of Non-metallic Mineral Products	733	1815	2679.65
黑色金属冶炼及压延加工业	Smelting and Pressing of Ferrous Metals	54	168	658.06
有色金属冶炼及压延加工业	Smelting and Pressing of Nonferrous Metals	34	78	501.61
金属制品业	Manufacture of Metal Products	100	33	9.79
通用设备制造业	Manufacture of General Purpose Machinery	75	85	48.40
专用设备制造业	Manufacture of Special Purpose Machinery	19	108	36.61
交通运输设备制造业	Manufacture of Transport Equipment	170	152	718.97
电气机械及器材制造业	Manufacture of Electrical Machinery and Equipment	37	43	9.53
通信设备、计算机及其他电子设备制造业	Manufacture of Communication Equipment, Computers and Other Electronic Equipment	13	22	13.81
仪器仪表及文化、办公用机械制造业	Manufacture of Measuring Instruments and Machinery for Cultural Activity and Office Work	13	13	2.85
工艺品及其他制造业	Manufacture of Artwork and Other Manufacturing	5	1	0.24
废弃资源和废旧材料回收加工业	Recycling and Disposal of Waste	4	2	0.30
电力、燃气及水的生产和供应业	**Production and Supply of Electric Power, Gas and Water**	**36**	**104**	**4641.20**
电力、热力的生产和供应业	Production and Supply of Electric Power and Heat Power	34	103	4641.02
燃气生产和供应业	Production and Supply of Gas	1	1	0.18
水的生产和供应业	Production and Supply of Water	1		
其他	**Others**			

其 中 of which		工业二氧化硫排放量（万吨） Volume of Sulphur Dioxide Discharged (10 000 ton)	工业二氧化硫去除量（万吨） Volume of Sulphur Dioxide Removed (10 000 ton)	工业烟尘排放量（万吨） Volume of Fume Discharged (10 000 ton)	工业烟尘去除量（万吨） Volume of Fume Removed (10 000 ton)	工业粉尘排放量（万吨） Volume of Dust Discharged (10 000 ton)	工业粉尘去除量（万吨） Volume of Dust Removed (10 000 ton)
燃料燃烧过程中废气排放量 Volume of Waste Gas Discharged during the Burning of Fuel	生产工艺过程中废气排放量 Volume of Waste Gas Discharged in the Process of Production						
7756.40	**3186.73**	**51.99**	**96.24**	**9.07**	**377.31**	**7.57**	**95.40**
71.96	**37.25**	**1.34**	**5.50**	**0.23**	**0.24**	**0.83**	**0.31**
49.85	7.10	0.66	0.50	0.13	0.05	0.59	0.07
10.14	1.47	0.16	5.00	0.02			
10.40	7.26	0.46		0.08	0.18		
1.05							
0.51	21.42	0.05			0.01	0.24	0.25
3043.42	**3149.31**	**27.00**	**17.78**	**5.78**	**94.62**	**6.73**	**95.09**
29.84	0.56	0.30	0.01	0.14	0.22		
98.88	0.33	0.84	0.83	0.09	14.35		
20.28	1.18	0.22	0.10	0.05	0.16		
2.61	16.62	0.06	0.01		0.09		0.07
90.08		0.77	0.37	0.19	0.56		
0.17							
0.29	1.40	0.01					
4.08	12.90	0.08		0.02	0.03		0.61
0.33	0.01						
231.91	0.12	1.23	1.46	0.37	2.57		
0.18							
16.11	37.59	0.78	0.05	0.02	0.04	0.10	0.18
405.72	365.24	2.99	2.59	0.60	9.55	0.18	0.18
41.76	1.00	0.48	0.41	0.14	1.07		
76.95	4.19	1.51	8.44	0.10	3.35		
17.25	3.46	0.42	0.25	0.05	3.54		
5.64	26.24	0.06	0.01	0.02	0.06		
1463.64	1216.01	13.74	2.63	3.41	53.32	5.98	84.56
96.51	561.55	2.80	0.26	0.32	1.93	0.30	8.63
364.84	136.76	0.46	0.32	0.08	3.41	0.03	0.65
7.58	2.21	0.03		0.01	0.10		
22.70	25.69	0.05	0.01	0.02	0.06	0.08	0.06
7.50	29.11	0.01				0.01	0.02
33.25	685.72	0.07	0.02	0.12	0.10	0.06	0.13
3.03	6.50	0.07		0.02	0.08		
0.14	13.67						
1.61	1.24	0.01		0.01	0.04		
0.24		0.01					
0.30							
4641.03	**0.17**	**23.66**	**72.96**	**3.06**	**282.45**		
4640.99	0.03	23.64	72.91	3.06	282.45		
0.04	0.14	0.01	0.05				

表9.8 重点调查工业固体废物产生及处理利用情况（2010年）

GENERATION, TREATMENT AND UTILIZATION OF SOLID WASTES OF THE INDUSTRIAL ENTERPRISES UNDER MAJOR SURVEY (2010)

行　业	Sector	企业数（个） Number of Enterprises (unit)	工业固体废物产生量（万吨） Volume of Industrial Solid Waste Produced (10 000 tons)
总　计	**Total**	**2489**	**2621.48**
采矿业	**Mining and Quarrying**	**332**	**625.78**
煤炭开采和洗选业	Mining and Washing of Coal	298	597.49
石油和天然气开采业	Extraction of Petroleum and Natural Gas	10	0.01
黑色金属矿采选业	Mining and Processing of Ferrous Metal Ores	5	4.24
有色金属矿采选业	Mining and Processing of Non-Ferrous Metal Ores	7	16.58
非金属矿采选业	Mining and Processing of Nonmetal Ores	12	7.46
其他采矿业	Mining of Other Ores		
制造业	**Manufacturing**	**2121**	**1187.43**
农副食品加工业	Processing of Food from Agricultural Products	198	4.29
食品制造业	Manufacture of Foods	67	19.41
饮料制造业	Manufacture of Beverages	80	16.61
烟草制品业	Manufacture of Tobacco	6	0.73
纺织业	Manufacture of Textile	83	6.12
纺织服装、鞋、帽制造业	Manufacture of Textile Wearing Apparel, Footware and Caps	3	0.01
皮革毛皮羽毛（绒）及其制品业	Manufacture of Leather, Fur, Feather and Related Products	10	0.04
木材加工及木竹藤棕草制品业	Processing of Timber, Manufacture of Wood, Bamboo, Rattan, Palm and Straw Products	9	0.66
家具制造业	Manufacture of Furniture	4	0.04
造纸及纸制品业	Manufacture of Paper and Paper Products	109	43.65
印刷业、记录媒介的复制	Printing, Reproduction of Recording Media	6	0.16
文教体育用品制造业	Manufacture of Articles For Culture, Education and Sport Activities		
石油加工、炼焦及核燃料加工业	Processing of Petroleum, Coking, Processing of Nuclear Fuel	15	7.03
化学原料及化学制品制造业	Manufacture of Raw Chemical Materials and Chemical Products	168	348.16
医药制造业	Manufacture of Medicines	64	42.58
化学纤维制造业	Manufacture of Chemical Fibers	3	40.03
橡胶制品业	Manufacture of Rubber	20	7.02
塑料制品业	Manufacture of Plastics	19	0.35
非金属矿物制品业	Manufacture of Non-metallic Mineral Products	733	194.79
黑色金属冶炼及压延加工业	Smelting and Pressing of Ferrous Metals	54	350.29
有色金属冶炼及压延加工业	Smelting and Pressing of Nonferrous Metals	34	77.33
金属制品业	Manufacture of Metal Products	100	1.26
通用设备制造业	Manufacture of General Purpose Machinery	75	10.65
专用设备制造业	Manufacture of Special Purpose Machinery	19	2.79
交通运输设备制造业	Manufacture of Transport Equipment	170	12.42
电气机械及器材制造业	Manufacture of Electrical Machinery and Equipment	37	0.67
通信设备、计算机及其他电子设备制造业	Manufacture of Communication Equipment, Computers and Other Electronic Equipment	13	0.05
仪器仪表及文化、办公用机械制造业	Manufacture of Measuring Instruments and Machinery for Cultural Activity and Office Work	13	0.14
工艺品及其他制造业	Manufacture of Artwork and Other Manufacturing	5	0.07
废弃资源和废旧材料回收加工业	Recycling and Disposal of Waste	4	0.04
电力、燃气及水的生产和供应业	**Production and Supply of Electric Power, Gas and Water**	**36**	**808.27**
电力、热力的生产和供应业	Production and Supply of Electric Power and Heat Power	34	808.27
燃气生产和供应业	Production and Supply of Gas	1	
水的生产和供应业	Production and Supply of Water	1	
其　他	**Others**		

其 中 of which #危险废物产生量 Volume of Hazardous Wastes Produced	工业固体废物综合利用量（万吨） Volume of Industrial Solid Wastes Comprehensively Utilized (10 000 tons)	工业固体废物贮存量（万吨） Volume of Industrial Solid Wastes in Stock (10 000 tons)	工业固体废物处置量（万吨） Volume of Industrial Solid Wastes Treated (10 000 tons)	工业固体废物排放量（万吨） Volume of Industrial Solid Wastes Discharged (10 000 tons)	"三废"综合利用产品产值（万元） Output Value of Products from Comprehensive Utilization of Waste Water, Waste Gas and of Solid Wastes (10 000 yuan)
36.41	**2151.39**	**254.65**	**149.44**	**117.91**	**291326.60**
	528.61	**3.06**	**25.14**	**85.47**	**12091**
	502.91	3.06	25.04	82.98	11650
	0.01				118
	4.14		0.10		57
	16.53			0.05	
	5.02			2.44	266
35.14	**872.22**	**164.16**	**123.01**	**32.44**	**232206**
	2.85		0.11	1.33	1048
	19.37		0.03	0.01	660
	15.26	0.20	0.20	0.96	1751
	0.63		0.03	0.07	3
	5.96		0.14	0.01	204
	0.01				
	0.04				
	0.66				108
	0.04				
	42.22	1.43			16573
	0.16				14
	9.94				1992
9.86	226.58	16.41	105.01	0.16	19080
0.37	38.84	0.29	3.45		9144
22.35	40.03				1691
	7.01		0.01		151
0.02	0.33		0.02		140
0.02	178.32		0.72	15.75	144788
0.65	224.36	126.06	0.81	0.55	9956
0.43	37.76	19.77	6.33	13.48	2485
0.17	1.11		0.15		1213
0.03	10.60		0.06		3972
0.09	2.66		0.13		5150
1.12	6.61		5.74	0.07	11424
0.02	0.65		0.03		286
0.01	0.02		0.03		316
	0.14				60
	0.01		0.01	0.05	
	0.04				
1.28	**750.56**	**87.43**	**1.29**		**47030**
1.28	750.56	87.43	1.29		47030

表9.9 重点调查工业废水排放及处理情况（2010年）

WASTE WATER DISCHARGE AND TREATMENT BY THE INDUSTRIAL ENTERPRISES UNDER MAJOR SURVEY (2010)

单位：万吨(10 000 tons)

行 业	Sector	企业数（个）Number of Enterprises (unit)	工业废水排放总量（万吨）Total Volume of Waste Water Discharged	其 中 of which #工业废水排放达标量 Volume of Up-to -Standard Waste Water	废水治理设施数（套）Number of Facilities for Waste Water Control (set)
总 计	**Total**	**2489**	**40908.08**	**38558.83**	**1498**
采矿业	**Mining and Quarrying**	**332**	**7382.57**	**6821.86**	**165**
煤炭开采和洗选业	Mining and Washing of Coal	298	6967.22	6426.51	143
石油和天然气开采业	Extraction of Petroleum and Natural Gas	10	158.60	157.39	9
黑色金属矿采选业	Mining and Processing of Ferrous Metal Ores	5	29.38	29.38	4
有色金属矿采选业	Mining and Processing of Non-Ferrous Metal Ores	7	113.79	95.00	1
非金属矿采选业	Mining and Processing of Nonmetal Ores	12	113.58	113.58	8
其他采矿业	Mining of Other Ores				
制造业	**Manufacturing**	**2121**	**29135.72**	**27352.98**	**1279**
农副食品加工业	Processing of Food from Agricultural Products	198	1312.49	939.78	72
食品制造业	Manufacture of Foods	67	896.72	734.19	54
饮料制造业	Manufacture of Beverages	80	1152.32	1027.62	39
烟草制品业	Manufacture of Tobacco	6	172.30	172.30	3
纺织业	Manufacture of Textile	83	3224.95	2908.19	61
纺织服装、鞋、帽制造业	Manufacture of Textile Wearing Apparel, Footware and Caps	3	21.70	21.70	2
皮革毛皮羽毛（绒）及其制品业	Manufacture of Leather, Fur, Feather and Related Products	10	240.00	208.99	5
木材加工及木竹藤棕草制品业	Processing of Timber, Manufacture of Wood, Bamboo, Rattan, Palm and Straw Products	9	21.87	16.32	5
家具制造业	Manufacture of Furniture	4	6.35	6.35	1
造纸及纸制品业	Manufacture of Paper and Paper Products	109	6254.67	5853.08	98
印刷业、记录媒介的复制	Printing, Reproduction of Recording Media	6	15.01	14.94	3
文教体育用品制造业	Manufacture of Articles For Culture, Education and Sport Activities				
石油加工、炼焦及核燃料加工业	Processing of Petroleum, Coking, Processing of Nuclear Fuel	15	493.18	493.18	15
化学原料及化学制品制造业	Manufacture of Raw Chemical Materials and Chemical Products	168	4809.78	4734.16	169
医药制造业	Manufacture of Medicines	64	1399.23	1338.67	60
化学纤维制造业	Manufacture of Chemical Fibers	3	1112.12	1112.05	3
橡胶制品业	Manufacture of Rubber	20	166.27	163.77	13
塑料制品业	Manufacture of Plastics	19	84.68	84.43	10
非金属矿物制品业	Manufacture of Non-metallic Mineral Products	733	1592.41	1503.25	146
黑色金属冶炼及压延加工业	Smelting and Pressing of Ferrous Metals	54	1937.27	1916.95	84
有色金属冶炼及压延加工业	Smelting and Pressing of Nonferrous Metals	34	614.21	566.89	43
金属制品业	Manufacture of Metal Products	100	646.00	642.51	46
通用设备制造业	Manufacture of General Purpose Machinery	75	224.15	223.61	70
专用设备制造业	Manufacture of Special Purpose Machinery	19	386.30	378.00	31
交通运输设备制造业	Manufacture of Transport Equipment	170	1766.73	1758.71	182
电气机械及器材制造业	Manufacture of Electrical Machinery and Equipment	37	121.80	82.30	32
通信设备、计算机及其他电子设备制造业	Manufacture of Communication Equipment, Computers and Other Electronic Equipment	13	400.93	400.89	14
仪器仪表及文化、办公用机械制造业	Manufacture of Measuring Instruments and Machinery for Cultural Activity and Office Work	13	38.07	37.07	11
工艺品及其他制造业	Manufacture of Artwork and Other Manufacturing	5	15.01	3.90	3
废弃资源和废旧材料回收加工业	Recycling and Disposal of Waste	4	9.20	9.20	4
电力、燃气及水的生产和供应业	**Production and Supply of Electric Power, Gas and Water**	**36**	**4389.80**	**4383.99**	**54**
电力、热力的生产和供应业	Production and Supply of Electric Power and Heat Power	34	4385.80	4379.99	53
燃气生产和供应业	Production and Supply of Gas	1			
水的生产和供应业	Production and Supply of Water	1	4.00	4.00	1
其 他	**Others**				

表9.10 工业污染治理项目及投资情况（2009－2010年）
INDUSTRIAL POLLUTION TREATMENT PROJECTS AND INVESTMENT (2009-2010)

项　目	Item	2009	2010
企业数（个）	**Number of Enterprises (unit)**	**119**	**98**
施工项目数（个）	**Number of Projects under Construction (unit)**	**148**	**116**
治理废水	Treatment of Waste Water	63	63
治理废气	Treatment of Waste Gas	66	39
治理固体废物	Treatment of Solid Wastes	4	3
治理噪声	Treatment of Noise Pollution	9	1
治理其他	Treatment of Other Pollution	6	10
资金来源合计（万元）	**Total Funds (10 000 yuan)**	**70747**	**77502**
国家预算内资金	National Budgetary Assets	3555	1530
环境保护补助资金	Environmental Protection Subsidies	3724	7740
环保贷款	Loans for Environmental Protection	1925	857
其　他	Others	61543	66375
资金使用合计（万元）	**Total Expenditures (10 000 yuan)**	**70747**	**77502**
治理废水	Treatment of Waste Water	28813	37761
治理废气	Treatment of Waste Gas	37522	27369
治理固体废物	Treatment of Solid Wastes	590	3189
治理噪声	Treatment of Noise Pollution	676	500
治理其他	Treatment of Other Pollution	3146	8684
本年竣工项目数（个）	**Number of Projects Completed in Current Year (unit)**	**118**	**89**
当年竣工项目新增设计处理利用“三废”能力	**Newly Added Designed Capacity of the Projects Completed in Current Year for the Treatment and Utilization of "Three Wastes"**		
废　水（吨/日）	Waste Water (ton/day)	257544	330753
废　气（万标立方米/时）	Waste Gas (10 000 cu.m/hour)	482	257
固体废物（吨/日）	Solid Wastes (ton/day)		

表9.11 生活污染物排放情况（2009－2010年）
DISCHARGE OF DOMESTIC POLLUTANTS (2009-2010)

项　目	Item	2009	2010
生活污水排放量（万吨）	Volume of Domestic Waste Water Discharged (10 000 tons)	81385	82933
生活污水中化学需氧量排放量（吨）	Discharge of CCD in Domestic Waste Water (ton)	139507	167720
生活二氧化硫排放量（吨）	Discharge of Sulfur Dioxide from Daily Life (ton)	159975	146657
生活烟尘排放量（吨）	Discharge of Dust from Daily Life (ton)	81900	105570

重/庆/统/计/年/鉴

主要统计指标解释

自然资源

指人类可以直接从自然界获得，并用于生产和生活的物质资源。自然资源一般可以分成可再生资源和非再生资源两大类。可再生资源指在较短时间内可以再生、可以循环利用的资源，包括土地资源、水资源、气候资源、生物资源和海洋资源等。非再生资源指在使用后不能再生的资源，包括矿产资源和地热能源。

土地资源

土地指陆地的表层部分，它主要由岩石、岩石的风化物和土壤构成。土地资源按利用类型可以分为农用地、建筑用地和未利用地。农用地包括耕地、园地、林地、牧草地和水面。建筑用地包括居民点及工矿用地、交通用地和水利设施用地。未利用地指农用地和建筑用地以外的土地，包括滩涂、荒漠、戈壁、冰川和石山等。

耕地面积

指经过开垦用以种植各种农作物并经常进行耕耘的土地面积，包括种有作物的土地面积、休闲地、新开荒地和抛荒未满三年的土地面积。

林业用地面积

指生长乔木、竹类、灌木、沿海红树林等林木的土地面积，包括有林地、灌木林、疏林地、未成林造林地、迹地、苗圃等。

草地面积

指牧区和农区用于放牧牲畜或割草，植被盖度在5%以上的草原、草坡、草山等面积。包括天然的和人工种植或改良的草地面积。

森林资源

指森林、林木、林地以及依托森林、林木、林地生存的野生动物、植物和微生物。林木指树木和竹子。森林指以乔木为主体的植物群落，是集生的乔木及与共同作用的植物、动物、微生物和土壤、气候等的总体。

活立木总蓄积量

指一定范围内土地上全部树木蓄积的总量，包括森林蓄积、疏林蓄积、散生木蓄积和四旁（村旁、路旁、水旁、宅旁）树蓄积。

森林面积

指由乔木树种构成，郁闭度0.2以上（含0.2）的林地或冠幅宽度10米以上的林带的面积，即有林地面积。森林面积包括天然起源和人工起源的针叶林面积、阔叶林面积、针阔混交林面积和竹林面积，不包括灌木林地面积和疏林地面积。

森林蓄积量

指一定森林面积上存在着的林木树干部分的总材积。它是反映一个国家或地区森林资源总规模和水平的基本指标之一，也是反映森林资源的丰富程度、衡量森林生态环境优劣的重要依据。

森林覆盖率

指一个国家或地区森林面积占土地面积的百分比。森林覆盖率是反映森林资源的丰富程度和生态平衡状况的重要指标。在计算森林覆盖率时，森林面积包括郁闭度0.2以上的乔木林地面积和竹林地面积、国家特别规定的灌木林地面积、农田林网以及四旁（村旁、路旁、水旁、宅旁）林木的覆盖面积。计算公式为：

森林覆盖率（%）=森林面积/土地总面积×100%

水资源

水在自然界中以固体、液体和气态三种聚集状态存在，分布于海洋、陆地（包括土壤）以及大气之中，通过水循环形成水资源。水资源包括经人类控制并直接接可供灌溉、发电、给水、航运、养殖等用途的地表水和地下水，以及江河、湖泊、井、泉、潮汐、港湾和养殖水域等。水资源是发展国民经济不可缺少的重要自然资源。

主要统计指标解释

■ 地表水和地下水

陆地上的水因空间分布不同，可以分为地表水和地下水。地表水指分别存在于河流、湖泊、沼泽、冰川和冰盖等水体中水分的总称，又称陆地水。地下水指储存在地面以下饱和岩土孔隙、裂隙及溶洞中的水。

■ 径流

指大气降水扣除损耗外，从地表和地下向流域出口断面汇集的水流。径流可分为地表径流、地下径流和壤中流。地表径流指沿地表向河流、湖泊、沼泽、海洋等汇集的水流；地下径流指沿潜水层或隔水层间的含水层，向河流、湖泊、沼泽、海洋等汇集的地下水水流。

■ 径流量

指在一定时段内通过河流某一过水断面的水量，用以反映一个国家或地区水资源的丰歉程度。计算公式为：径流量=降水量－蒸发量

■ 矿产资源

矿产指由地质作用形成，具有利用价值的，呈固态、液态、气态的自然资源，是社会生产发展的重要物质基础。目前我国已发现矿种有170多种，按其特点和用途，可分为能源矿产（如煤炭、石油、天然气、地热）、金属矿产（如铁矿、锰矿、铜矿、铅矿、铝土矿）、非金属矿产（如金刚石、石灰石、粘土）和水气矿产（如地下水、矿泉水、二氧化碳气）四大类。其中：金属矿产按其物质成份和性质又可分为：黑色金属矿产、有色金属矿产、贵金属矿产、稀有金属矿产、稀土金属矿产、分散元素金属矿产六类。

■ 矿产基础储量

基础储量是查明矿产资源的一部分。它能满足现行采矿和生产所需的指标要求，是控制的、探明的并通过可行性或预可行性研究认为属于经济的、边界经济的部分，用未扣除设计、采矿损失的数量表示。

■ 气候

指地球与大气之间长期能量交换与质量交换所形成的一种自然环境状态，它是多种因素综合作用的结果。气候既是人类生活和生产的环境要素之一，又是供给人类生活和生产的重要资源。气温、降水、湿度等气象要素的多年平均值是用来描述一个地区气候状况的主要参数，而各种气象要素某年、某月的平均值（或总量）则可以反映出该时期天气气候状况的重要特征。

■ 气温

指空气的温度，我国一般以摄氏度（℃）为单位表示。气象观测的温度表是放在离地面约1.5米处通风良好的百叶箱里测量的，因此，通常说的气温指的是离地面1.5米处百叶箱的温度。其统计计算方法为：

月平均气温是全月各日的平均气温相加，除以该月的天数而得。

年平均气温是将12个月的月平均气温累加后除以12而得。

■ 相对湿度

指空气中实际所含水蒸气密度和同温度下饱和水蒸气密度的百分比值。其统计方法与气温相同。

■ 降水量

指从天空降落到地面的液态或固态（经融化后）水，未经蒸发、渗透、流失而在地面上积聚的深度。其统计计算方法为：

月降水量是将全月各日的降水量累加而得。

年降水量是将12个月的月降水量累加而得。

■ 日照时数

指太阳实际照射地面的时间。其统计方法与降水量相同。

■ 化学需氧量(COD)排放量

为工业废水中COD排放量与生活污水中COD排放量之和。化学需氧量指用化学氧化剂氧化水中有机污染物时所需的氧量。一般利用化学氧化剂将废水中可氧化的物质（有机物、亚硝酸盐、亚铁盐、硫化物等）氧化分解，然后根据残留的氧化剂的量计算出氧的消耗量，来表示废水中有机物的含量，反映水体有机物污染程度。COD值越高，表示水中有机污染物污染越重。

■ 二氧化硫排放量

指报告期内工业SO_2排放量与生活SO_2排放量之和。

主要统计指标解释

工业废水排放量

指经过企业厂区所有排放口排到企业外部的工业废水量。包括生产废水、外排的直接冷却水、超标排放的矿井地下水和与工业废水混排的厂区生活污水，不包括外排的间接冷却水（清污不分流的间接冷却水应计算在内）。

工业废水排放达标量

指报告期内废水中各项污染物指标都达到国家或地方排放标准的外排工业废水量，包括未经处理外排达标的，经废水处理设施处理后达标排放的，以及经污水处理厂处理后达标排放的。

工业废气排放量

指报告期内企业厂区内燃料燃烧和生产工艺过程中产生的各种排入空气的含有污染物的气体的总量，以标准状态（273K，101325Pa）计算。测算公式为：

工业废气排放量=燃料燃烧过程中废气排放量+生产工艺过程中废气排放量

工业二氧化硫排放量

指报告期内企业在燃料燃烧和生产工艺过程中排入大气的SO_2总量，计算公式为：

工业SO_2排放量=燃料燃烧过程中SO_2排放量+生产工艺过程中SO_2排放量

工业烟尘排放量

指企业厂区内的燃料燃烧过程中产生的烟气中夹带的颗粒物排放量。

工业粉尘排放量

指企业在生产工艺过程中排放的能在空气中悬浮一定时间的固体颗粒物排放量。如钢铁企业的耐火材料粉尘、焦化企业的筛焦系统粉尘、烧结机的粉尘、石灰窑的粉尘、建材企业的水泥粉尘等。不包括电厂排入大气的烟尘。

工业固体废物产生量

指报告期内企业在生产过程中产生的固体状、半固体状和高浓度液体状废弃物的总量，包括危险废物、冶炼废渣、粉煤灰、炉渣、煤矸石、尾矿、放射性废物和其他废物等；不包括矿山开采的剥离废石和掘进废石（煤矸石和呈酸性或碱性的废石除外）。酸性或碱性废石是指采掘的废石其流经水、雨淋水的ＰＨ值小于4或ＰＨ值大于10.5者。

工业固体废物综合利用量

指报告期内企业通过回收、加工、循环、交换等方式，从固体废物中提取或者使其转化为可以利用的资源、能源和其他原材料的固体废物量（包括当年利用往年的工业固体废物累计贮存量），如用作农业肥料、生产建筑材料、筑路等。综合利用量由原产生固体废物的单位统计。

工业固体废物贮存量

指报告期内企业以综合利用或处置为目的，将固体废物暂时贮存或堆存在专设的贮存设施或专设的集中堆存场所内的数量。专设的固体废物贮存场所或贮存设施必须有防扩散、防流失、防渗漏、防止污染大气、水体的措施。

工业固体废物处置量

指报告期内企业将固体废物焚烧或者最终置于符合环境保护规定要求的场所，并不再回取的工业固体废物量（包括当年处置往年的工业固体废物累计贮存量）。处置方法有填埋（其中危险废物应安全填埋）、焚烧、专业贮存场（库）封场处理、深层灌注、回填矿井及海洋处置（经海洋管理部门同意投海处理）等。

工业固体废物排放量

指报告期内企业将所产生的固体废物排到固体废物污染防治设施、场所以外的数量，不包括矿山开采的剥离废石和掘进废石（煤矸石和呈酸性或碱性的废石除外）。

“三废”综合利用产品产值

指报告期内利用“三废”（废液、废气、废渣）作为主要原料生产的产品产值（现行价），已经销售或准备销售的应计算产品产值，留作生产上自用的不应计算产品产值。

主要统计指标解释

■ 城镇生活污水排放量

指城镇居民每年排放的生活污水。用人均系数法测算。测算公式为：

城镇生活污水排放量=城镇生活污水排放系数×市镇非农业人口×365

■ 生活及其他烟尘排放量

指除工业生产活动以外的所有社会、经济活动及公共设施的经营活动中燃烧所排放的烟尘纯重量。以生活及其他煤炭消费量为基础进行测算。

CHONGQING STATISTICAL YEARBOOK

Explanatory Notes on Main Statistical Indicators

Natural Resources

Refer to material resources that could be obtained from the nature by human being and used for production and living. Natural resources in general can be classified as renewable resources and non-renewable resources. Renewable resources refer to resources that could be renewed and recycled during a relatively short period of time, including land resource, water resource, climate resource, biology resource and marine resource. Non-renewable resources include resources that could not be renewed, such as minerals and geothermal resource.

Land Resource

Land refers to the surface of the earth, consisting of mainly rocks and its weathering and earth. Land resource can be classified, by its utilization, as land for agriculture, land for construction and unused land. Land for agriculture included cultivated land, plantation land, forestland, grassland and waters. Land for construction includes land for residential purpose, for manufacturing and mining, for transportation and for water-conservancy projects. Unused land refers to land other than land for agriculture and construction, including beaches, deserts, Gobi glaciers and rock mountains.

Area of Cultivated Land

Refers to area of land reclaimed for the regular cultivation of various farm crops, including crop-cover land, fallow, newly reclaimed land and land laid idle for less than 3 years.

Area of Afforestated Land

Refers to area for Land for trees bamboo, bushes and mangrove, including forest-covered land, bush-covered land, sparse forest land, land planned for afforestation and nurseries of young trees.

Area of Grassland

Rrefers to areas of grassland, grass-slopes and grass-covered hills with a vegetation-covering rate of over 5% that are used for animal husbandry or harvesting of grass. It includes natural, cultivated and improved grassland areas.

Forest Resource

Refers to forests, trees, forestland and wild animals, plants and microorganism that live on forest and trees. Trees include trees and bamboo. Forest refers to the population of clusters of trees and other plants, animals and microorganism as well as the earth and climate that have interactions with the trees.

Total Standing Stock Volume

Refers to the total stock volume of trees growing in land, including trees in forest, tress in sparse forest, scattered trees and trees planted by the side of villages, farm houses and along roads and rivers.

Forest Area

Refers to the area of forest where trees and bamboo grow with canopy density above 0.2, including land of natural woods and planted woods, but excluding bush land and thin forest land. It reflects the total areas of afforestation.

Stock Volume of Forest

Refers to total stock volume of wood growing in forest area, which shows the total size and level of forest resources of a country or a region. It is also an important indicator illustrating the richness of forest resource and the status of forest ecological environment.

Forest Coverage Rate

Refers to the ratio of area of afforested land to total land area. It is a very important indicator that reflects the status of abundance of forest resource and balance of the ecosystem. Forest area includes the area of trees and bamboo grow with canopy density above 0.2, the area of shrubby tree according to regulations of the government, the area of forest land inside farm land and the area of trees planted by the side of villages, farm houses and along roads and rivers.The formula for calculating forest coverage rate is as follows.

Forestry coverage rate (%) = (Area of Afforested Land / Area of Total Land) × 100%

EXPLANATORY NOTES TO MAJOR STATISTICAL INDICATORS

□ Water Resource

Water exists in the nature in solid, liquid and gaseous states, is distributed in the ocean, land (including earth) and air, and constitutes the water resource through the circulation of water. Water resource includes the surface water and ground water that is controlled by the human being for irrigation, power-generation, water supply, navigation and cultivation. It also includes rivers, Lakes, wells, springs, tides, and gulf and water area for cultivation. Water resource as an important natural resource is indispensable for the development of the national economy.

□ Surface Water and Ground Water

Water on earth can be divided into surface water and ground water according to its distribution. Surface water refers to moisture exists in rivers, lakes, swamps, glaciers, icecaps and so on. It is also called land water. The underground water refers to water deposited under-ground in the cranny and the hole of saturated rock soil and in water-eroded cave.

□ Runoff

Refers to the water gathered at the way out of the cross section of drainage area either from the surface or underground after deducting the wastage of the precipitation. Runoff can be divided into surface runoff, underground runoff and within soil runoff. Surface runoff refers to water flow to the rivers, lakes, swamps, and seas on the surface of the earth. Underground runoff refers to water flow to rivers, swamps, and seas through the water-bearing stratum of confined layer or unconfined layer.

□ Volume of Runoff

Refers to the total volume of water running through a certain cross section of a river during a certain period of time, reflecting the water resource condition in a country or a region. The formula for calculating volume or runoff is as follows: Runoff=Precipitation-Evaporation

□ Mineral Resources

Refer to useful minerals, with solid state, liquid state, gaseity, due to the geological process. Minerals are important natural resources, and important material base for social development. At present, there are more than 170 types of minerals discovered in China. They can be categorized into four groups: energy producing minerals (including coal, petroleum, natural gas and terrestrial heat), metallic minerals (including iron, manganese, copper, lead and bauxite), non metallic minerals (including diamond, limestone and clay), and water/gas related minerals (including ground water, mineral water and carbon dioxide). Metallic minerals can be further classified as ferrous, non-ferrous, noble metal, rare metal, rare earth metal and dispersed metals.

□ Ensured Mineral Reserves

Refer to the actual mineral reserves, which equal to the proven mineral reserves (including industrial reserves and prospective reserves) minus extracted parts and underground losses.

□ Climate

Refers to the natural environmental status formed by the long-time exchange of energy and mass between the earth and the atmosphere, and is the result of interaction of many factors. Climate is both one of the environment factors and also the important resources for the living and production activities of the human being. The average values across several years of meteorological factors such as temperature, rainfall and humidity are used as important parameters to describe the climate of a region, while the average values (or total values) of a given year of month of meteorological factors reflect the key characteristics of climate for that period of time.

□ Temperature

Refers to the air temperature. China uses centigrade (°C) as the unit. The thermometry used for weather observation is put in a breezy shutter, which is 1.5 meters high from the ground. Therefore, the commonly used temperature refers to the temperature in the breezy shutter 1.5 meters away from the ground. The calculation method is as follows:

Monthly average temperature is the summation of average daily temperature of one month divided by the actual days of that particular month.

Annual average temperature is the summation of monthly average of a year divided by 12 months.

□ Relative Humidity

Refers to the ratio of actual water vapor pressure to the saturation water vapor pressure under the current temperature. The calculation method is the same as that of temperature.

EXPLANATORY NOTES TO MAJOR STATISTICAL INDICATORS

□ Volume of Precipitation

Refers to the deepness of liquid state of solid state (thawed) water falling from the sky to the ground that has not been evaporated, infiltrated or run off. The calculation method is as follows:

Monthly precipitation is the summation of daily precipitation of a month.

Annual precipitation is the summation of 12 months' precipitation of a year.

□ Sunshine Hours

Refer to the actual hours of sun irradiating the earth. The calculation method is the same as that of the precipitation.

□ COD Emission

Refers to the total volume of COD emitted from industrial activities and life activities.COD refers to the amount of oxygen required when chemical oxidants are used to oxidize organic pollutants in water. Chemical oxidants are used to oxidize possible material in water, such as organic material, nitrite, ferrous salt, sulfide and so on. Then according to residual amount of oxidants to calculate consumption of oxygen, it is said that how much organic pollutants are in water. A higher value of COD corresponds to more serious pollution by organic pollutants.

□ SO_2 Emission

Refer to the total volume of SO_2 emitted from industrial activities and life activities within a given period of time.

□ Volume of Industrial Waste Water Discharged

Refers to the volume of industrial waste water discharged, through all outlets, to the outside of industrial enterprises, including waste water produced, direct - cooling water, underground water from mines that does not meet the standard of discharge, and the domestic sewage mixed up with industrial waste water when discharged, but excluding discharged indirect - cooling water.

□ Volume of Waste Water up to the Standard for Discharge

Refers to the volume of discharged industrial wastewater that, with or without treatment, has come up to the national or local standards for discharge.

□ Industrial Waste Air Emission

Rrefers to discharge into atmosphere of waste air containing pollutants generated from fuel burning and production process in enterprises within a given period of time. It is calculated at standard status (273K, 101325Pa) as:

Industrial waste air emission = emission through fuel burning + emission through production process

□ Industrial SO_2 Emission

Refers to volume of sulphur dioxide emission from fuel burning and production process in premises of enterprises for a given period of time. Its calculation formula is:

Industrial SO_2 Emission = SO_2 Emission from fuel burning + SO2 Emission from production process

□ Industrial Soot Emission

Refers to volume of soot in smoke emitted in process of fuel burning in premises of enterprises.

□ Industrial Dust Emission

Refers to volume of dust emitted by production process of enterprises and suspended in the air for a given period of time, including dust from refractory material of iron and steel works, dust from coke-screening systems and sintering machines of coke plants, dust from lime kilns and dust from cement production in building material enterprises, but excluding soot and dust emitted from power plants.

□ Volume of Industrial Solid Wastes Produced

Refers to total volume of solid, semi-solid and high concentration liquid residues produced by industrial enterprises from production process in a given period of time, including hazardous wastes, slag, coal ash, gangue, tailings, radioactive residues and other wastes, but excluding stones stripped or dug out in mining (gangue and acid or alkaline stones not included). A stone is acid or alkaline depending on the pH value of the water below 4 or above 10.5 when the stone is in or soaked by the water.

□ Volume of Industrial Solid Wastes Utilized in a Comprehensive Way

Refers to volume of solid wastes from which useful materials can be extracted or which can be converted into usable resources, energy or other materials by means of reclamation, processing,

EXPLANATORY NOTES TO MAJOR STATISTICAL INDICATORS

recycling and exchange (including utilizing in the year the stocks of industrial solid wastes of the previous year). Examples of such utilizations include fertilizers, building materials and road materials. The information shall be collected by the producing units of the wastes.

□ Volume of Industrial Solid Wastes Stored up

Refers to the volume of industrial solid wastes temporarily stored up or piled with special facilities or piled in the special sites for the purpose of utilization or treatment in future. The special facilities or special sites for storing up solid wastes should have the measures against spreading or being washed away to other places, permeating the soil or causing air pollution or water contamination.

□ Volume of Industrial Solid Wastes Treated

Refers to quantity of industrial solid wastes which are burnt or placed ultimately in the sites meeting the requirements for environmental protection and not salvaged or recycled (including disposition in the year of those wastes of previous years). The disposition includes landfill (Safe landfills should be conducted for hazardous wastes), incineration, containment spaces, deep underground disposal, backfill in mining pits and disposal at sea (accepted by management of sea).

□ Volume of Industrial Solid Wastes Discharged

Refers to volume of industrial solid wastes discharged by producing enterprises to disposal facilities or to other sites. The wastes exclude stones stripped or dug from mining (gangue and acid or alkaline waste stones not included).

□ Output Value of Products Made from Utilization of Waste Gas, Waste Water and Industrial Solid Wastes

Refers to the value of products (calculated at current prices) made by industrial enterprises using recovered waste water, waste gas or solid wastes as main raw materials. Only the value of the products, which have been sold or are ready, to be sold should be included. The value of the products, which will be used in the production of the enterprises, should not be included.

□ Urban Consumption Waste Water Discharge

Refers to annual discharge of consumption waste water by urban households. Its calculation formula is:

Discharge = Discharge of Consumption Wastewater by Urban Households × Urban Non-agricultural Population × 365

□ Soot Emission by Consumption and Others

Refers to net volume of soot emitted by fuel burning from all social and economic activities and operation of public facilities other than industrial activities. It is calculated on the basis of coal consumption by households and others.

10

要素市场

MARKETS OF KEY FACTORS

简要说明 Brief Introduction

本章资料中的国有土地使用权出让与划拨、城市房产市场交易情况由市统计局固定资产投资处根据市国土资源和房屋管理局资料整理提供，亿元以上商品市场由市统计局贸易外经处提供，技术市场由市统计局社会科技处根据市科学技术委员会资料整理提供，人才市场、劳动力市场和证券市场情况由市统计局综合处根据市人才交流服务中心、市就业服务管理局、市发展和改革委员会和重庆证监局资料整理编辑。

货币流通、保险业务和有价证券的相关资料详见第十七章金融。

The data on transaction and allotment of the right to use the state-owned land and the real estate markets in urban areas are sorted and compiled by Division of Statistics of Investment in Fixed Assets, Chongqing Municipal Bureau of Statistics on the basis of the data provided by Chongqing Administration of Land, Resources and Housing; the data of the transaction of the commodity markets with transaction value over 100 million yuan are provided by Division of Trade and External Economic Relations Statistics, Chongqing Municipal Bureau of Statistics; the data of transactions of technology exchanges are provided by Division of Social and Technology Statistics, Chongqing Municipal Bureau of Statistics on the basis of the data from Chongqing Science and Technology Commission; the data of the human resource markets, labor force markets and securities markets are sorted and compiled by Division of Comprehensive Statistics, Chongqing Municipal Bureau of Statistics on the basis of the data from Chongqing Human Resource Exchanges Service Center, Chongqing Administration of Employment Services, Chongqing Development and Reform Commission and China Securities Regulatory Commission Chongqing Bureau.

See Chapter 17 Financial Intermediation for the data on currency, insurance and securities.

表10.1 国有土地使用权出让与划拨情况（2009－2010年）
TRANSACTIONS AND ALLOTMENT OF THE RIGHT TO USE THE STATE-OWNED LAND (2009-2010)

指 标	Item	2009	2010
土地使用权出让	**Transaction of Right to Use State-owned Land**		
地 块（宗）	Land Parcel (parcel)	1060	1666
面 积（公顷）	Land Area (hectare)	3814.54	5759.52
出让价款（亿元）	Value of Transaction (100 million yuan)	544	840
土地使用权划拨	**Allotment of Right to Use State-owned Land**		
地 块（宗）	Land Parcel (parcel)	840	1093
面 积（公顷）	Land Area (hectare)	5545.33	5732.94

表10.2 城市房产市场交易情况（2009－2010年）
REAL ESTATE MARKETS IN URBAN AREA (2009-2010)

指 标	Item	2009	2010
房产转让	**Housing Transactions**		
成交面积（万平方米）	Area of Transactions (10 000 sq.m)	2757.08	2797.13
#住 宅	Residential Buildings	2521.45	2499.62
#商品房	Commercialized Buildings	2258.65	1984.36
存量房	Buildings in Stock	498.43	812.77
成交金额（亿元）	Total Value of Transactions (100 million yuan)	1109.81	1406.13
#住 宅	Residential Buildings	981.13	1208.62
#商品房	Commercialized Buildings	975.94	1177.02
存量房	Buildings in Stock	133.87	229.11

注：本表为主城九区的数据。
Note: The table above shows the data of the 9 urban district.

表10.3 亿元以上商品市场交易情况（2009－2010年）

TRANSACTIONS OF COMMODITY MARKETS WITH TRANSACTION VALUE OVER 100 MILLION YUAN (2009-2010)

单位：万元 (10 000 yuan)

指　标	Item	摊位数量（个） Number of Stands (unit)		总成交额 Total Volume of Transactions	
		2009	2010	2009	2010
合　计	**Total**	**68778**	**80570**	**15834865**	**24579490**
食品、饮料、烟酒类	Food, Beverages, Tobacco and Liquor	18882	23447	3649690	5095146
服装鞋帽、针、纺织品类	Clothing, Shoes, Hats and Textiles	18443	19559	2416199	2933019
化妆品类	Cosmetics	697	570	58589	50002
金银珠宝类	Gold,Silver and Jewelry	6	9	2800	3962
日用品类	Articles for Daily Use	4377	4622	247852	295695
五金电料类	Hardwear and Electrical Materials	4019	4796	503622	607848
体育、娱乐用品类	Sports and Entertainment Articles	336	304	7257	9418
书报杂志类	Newspapers and Magazines	35	51	775	1051
电子出版物及音像制品类	E-journal and Video Products	33	68	1726	5582
家用电器和音像制品类	Household Electric Appliances and Video Products	764	1071	194125	310809
中西药品类	Traditional Chinese and Western Medicines	100	80	13789	7914
文化办公用品类	Cultural and Office Articles	1571	2036	334469	897970
家具类	Furniture	2233	2923	966545	1124320
通讯器材类	Communication Appliances	330	779	103111	168650
木材及制品类	Wood and Wooden Products	780	507	101085	109834
石油及制品类	Petroleum and Related Products	3	4	154	3304
化工材料及制品类	Chemical Materials and Products	174	188	35711	42296
金属材料类	Metal Materials	2855	3315	3543181	7129096
建筑及装潢材料类	Building and Decoration Materials	5894	5883	2084463	1661142
机电产品及设备类	Mechanical and Electrical Products	2102	3390	735952	1294970
#农机类	Agricultural Machinery	14	8	865	1019
汽车类	Automobiles	1600	2064	422023	2078526
种子饲料类	Seeds and Feedstuff	457	441	155317	162290
棉麻类	Cotton and Hemp	17	14	1855	1495
其他类	Others	3069	4444	254269	585012

表10.4 技术市场交易情况（2010年）
TRANSACTIONS OF TECHNOLOGY EXCHANGES (2010)

单位：项、万元 (item, 10 000 yuan)

指　标	Item	技术买方 Purchases of Technology		技术卖方 Sales of Technology	
		项　数 Number	金　额 Value	项　数 Number	金　额 Value
总　计	**Total**	**2222**	**1475256**	**2222**	**1475256**
#企业法人	Corporations	984	1389615	1448	587797
事业法人	Public Institutions	893	14260	755	127809
机关法人	Governments	320	69969	2	84000

表10.5 人才市场人才流动情况（2009－2010年）
HUMAN RESOURCE MARKETS AND EXCHANGES (2009-2010)

指　标	Item	2009	2010
人才流动机构（个）	Number of Agencies of Human Resource Exchanges (unit)	123	132
政府人事部门所属	Under Official Departments	42	42
非政府人事部门所属	Under Un-official Departments	81	90
人才市场（个）	Number of Human Resource Markets (unit)	32	38
举办人才交流会（次）	Number of Job Fairs (time)	1 684	2123
登记要求流动人数（人）	Number of Persons Registered for Exchanges (person)	3025000	3450000
参加人才交流会人数（人）	Number of Persons Attending Job Fairs (person)	2031000	2845000
参加人才交流会的招聘单位（个）	Number of Employers Attending Job Fairs (unit)	144000	152200
全年接收人事档案数量（份）	Annual Number of Personnel Files Received (copy)	9500	10500
现存人事档案总量（份）	Number of Personnel Files in Archives (copy)	54000	64500
当年流动人员职称评定（人）	Number of Exchanged Persons Evaluated for Professional Titles in Current Year (person)	1940	2080
评定高级职称人数	Senior Titles	111	128
评定中级职称人数	Medium Titles	560	725
评定初级职称人数	Junior Titles	1269	1227

注：本表指标除人才流动机构为全市口径，其余指标均为人事部门口径。
Note: All the indices of this table are in the scope of personnel departments except the number of agencies of human resource exchanges, which is in the scope of Chongqing.

表10.6 公共就业服务机构介绍情况（2009－2010年）
STATISTICS ON THE PUBLIC JOB SERVICES AND INTERMEDIATION AGENCIES (2009-2010)

单位：人 (person)

指 标	Item	2009	2010
公共就业服务机构（个）	**Number of Job Services Agencies (unit)**	**435**	**1051**
#区县及以上	At District & County Level and above	42	42
登记招聘单位数	**Number of Registered Employers**	**56062**	**105600**
登记招聘人数	**Number of Persons to Be Employed**	**593984**	**810778**
登记求职人次（人次）	**Number of Registered Job Applicants（person-time)**	**594631**	**799548**
#女 性	Female	267030	376016
#城镇登记失业人员	Registered Unemployed Persons in Urban Areas	279129	290206
#高校毕业生	College Graduates	34674	65402
#农村劳动力	Rural Labor Force	244308	427480
职业指导人数	**Number of Persons under Vocational Guidance**	**478709**	**722426**
介绍成功人次（人次）	**Number of Persons Employed through Job Services (person-times)**	**296930**	**360006**
#女 性	Female	131712	169698
#城镇登记失业人员	Registered Unemployed Persons in Urban Areas	137159	131050
#高校毕业生	College Graduates	21594	36036
#农村劳动力	Rural Labor Force	116282	190025

表10.7 证券市场基本情况（2009－2010年）
GENERAL STATISTICS ON SECURITY MARKETS (2009-2010)

指 标	Item	2009	2010
境内上市公司数（A、B股）（家）	Number of Listed Companies (A and B Shares) in Mainland (unit)	31	34
境内上市外资股（B股）（只）	Number of Listed Companies of Foreign Fund (B Shares) in Mainland (unit)	2	2
境外上市公司数（H股）（家）	Number of Listed Companies (H Shares) Overseas (unit)	5	
IPO和增发股票量（万股）	Number of Shares of IPO and Additional Equity Offer (10 000 shares)	237707.50	809055.25
股票总发行股本（亿股）	Total Capital Stock (100 million shares)	1492374.22	2301429.47
#流通股本	Negotiable Capital	865808.01	1287341.45
股票市价总值（亿元）	Total Market Capitalization of Shares (100 million yuan)	1900	2645
#股票流通市值	Negotiable Market Capitalization	1030	1434
国债发行额（亿元）	Volume of T-bonds Issued (100 million yuan)	58.00	49.00
企业债发行额（亿元）	Volume Enterprise Bonds Issued (100 million yuan)	105.00	74.00
股票筹资额（亿元）	Raised Capital of Shares (100 million yuan)	15.80	148.70
投资者开户数（万户）	Total Accounts of Investors (10 000 accounts)	167.06	180.38
期货总成交额（亿元）	Total Future Turnover (100 million yuan)	25492.61	74806.31

注：股票发行量、总发行股本、市价总值和筹资额均不含H股。企业债券发行额20亿元为重庆钢铁发行的公司债。
Note: H share is not included in the number of shares, total capital stock, total market capitalization and raised capital of shares.

11

农业和农村经济

AGRICULTURE AND RURAL ECONOMY

简要说明 Brief Introduction

本章反映全市农业生产和农村经济的基本情况，内容主要包括农村基本情况、农业生产条件与生产情况、农作物播种面积、农林牧渔产品产量、农林牧渔业产值、农业商品产值和商品率、乡镇企业等方面的统计资料。

本章资料由国家统计局重庆调查总队根据市农委、市林业局、市水利局和调查总队等资料整理提供。乡镇企业的有关情况由重庆市统计局综合处根据市乡镇企业管理局提供的资料整理、编辑。

The data in this chapter show the basic conditions of agricultural production and rural economy, including basic statistics on rural areas, basic conditions of agricultural production, sown area of farm crops, output of farming, forestry, animal husbandry and fishery products, gross output value of farming, forestry, animal husbandry and fishery, output value of agricultural commodities and rate of commercialization, and township-owned enterprises.

The data in this chapter are provided by Chongqing Agriculture Commission, Municipal Bureau of Forestry, Municipal Bureau of Water Conservancy and NBS Survey Office in Chongqing, and sorted and compiled by NBS Survey Office in Chongqing. The data of township-owned enterprises are provided by Municipal Administration of Township-owned Enterprises and sorted and compiled by Division of Comprehensive Statistics, Municipal Bureau of Statistics.

表11.1 主要年份农村基本情况
BASIC STATISTICS ON RURAL AREAS IN MAJOR YEARS

年 份 Year	乡村户数 （万户） Number of Rural Households (10 000 households)	乡村人口 （万人） Rural Population (10 000 persons)	乡村从业人员 （万人） Rural Employed Population (10 000 persons)
1949		1446.24	650.59
1952		1546.01	692.81
1957		1685.98	762.15
1962		1506.16	692.19
1965		1676.21	755.99
1970		1977.85	857.78
1975		2264.67	921.67
1978		2316.54	926.32
1980	534.19	2294.08	980.75
1985	573.00	2355.39	1114.34
1986	596.13	2365.34	1154.26
1987	626.70	2391.29	1184.92
1988	650.27	2412.04	1218.03
1989	671.51	2427.70	1249.12
1990	686.26	2446.38	1273.06
1991	697.61	2471.48	1314.79
1992	699.94	2476.10	1350.71
1993	700.88	2463.53	1352.26
1994	710.34	2482.05	1356.59
1995	706.86	2454.17	1349.34
1996	709.86	2464.23	1330.44
1997	708.64	2452.75	1320.91
1998	709.84	2445.12	1316.95
1999	710.99	2442.47	1342.99
2000	710.28	2440.32	1352.60
2001	714.67	2438.79	1345.15
2002	718.31	2443.21	1342.17
2003	718.65	2436.47	1340.25
2004	714.99	2425.25	1361.54
2005	718.84	2430.93	1366.91
2006	714.86	2418.40	1382.62
2007	717.49	2413.95	1378.29
2008	724.06	2405.64	1379.89
2009	723.55	2385.95	1379.94
2010	727.77	2366.66	1379.35

表11.2 主要年份农业生产条件
CONDITIONS OF AGRICULTURAL PRODUCTION IN MAJOR YEARS

年 份 Year	有效灌溉面积（万公顷） Irrigated Area (10 000 hectares)	农用机械总动力（万千瓦） Total Agricultural Machinery Power (10 000 kw)	农村用电量（万千瓦时） Electricity Consumption in Rural Areas (10 000 kwh)	农用化肥施用量（折纯）（万吨） Consumption of Chemical Fertilizer (net) (10 000 tons)	农膜使用量（万吨） Consumption of Farm Plastic Film (10 000 tons)	农药使用量（万吨） Consumption of Chemical Pesticides (10 000 tons)
1949	5.48					
1952	6.73					
1957	13.40					
1962	21.31	4	1852			
1965	26.10	10	3791			
1970	31.92	22	12655			
1975	42.84	54	21045			
1978	56.27	101	28542	21.63	0.33	0.64
1980	60.42	155	37953	29.21	0.37	0.71
1985	60.98	219	63309	31.76	0.50	0.73
1986	60.12	240	71471	36.70	0.51	0.79
1987	59.27	259	83229	38.26	0.57	0.78
1988	58.41	278	79637	38.29	0.61	0.81
1989	57.56	291	89611	44.72	0.65	0.81
1990	58.02	300	97091	48.13	0.80	0.87
1991	58.55	316	104430	52.08	0.97	1.01
1992	58.96	324	115831	52.75	1.07	1.05
1993	59.26	343	134027	54.51	1.18	1.27
1994	59.53	366	160197	58.55	1.28	1.29
1995	59.79	386.05	174847	62.02	1.43	1.46
1996	60.08	409.91	196788	65.55	1.53	1.69
1997	61.14	454.07	227302	69.64	1.59	1.68
1998	61.41	506.64	242934	71.18	1.77	1.82
1999	62.05	558.54	260029	71.03	1.86	1.84
2000	62.60	586.47	278728	72.00	1.96	1.85
2001	63.19	628.07	301140	72.58	1.94	1.91
2002	64.12	665.57	338717	73.37	2.53	1.93
2003	64.97	695.67	366535	71.59	2.42	1.95
2004	61.68	728.31	384627	77.02	2.68	1.95
2005	61.81	775.96	428943	79.20	2.75	1.95
2006	62.13	820.01	460291	80.54	2.82	1.96
2007	63.37	860.31	484478	84.32	3.01	2.04
2008	65.89	903.15	550949	88.14	3.09	2.10
2009	67.20	967.41	614832	91.17	3.47	2.20
2010	68.53	1071.09	647738	91.82	3.66	2.10

表11.3 农作物播种面积（1978－2010年）
SOWN AREA (1978-2010)

单位：公顷 (hectare)

年 份 Year	农作物总播种面积 Total Sown Area	#粮 食 Grain	其中 of which #稻 谷 Rice	#油 料 Oil-bearing Crops	其中 of which #油菜籽 Rapeseeds	#蔬 菜 Vegetables	#烟 叶 Tobacco
1978	3498061	3177221	849243	92351	71374	95954	26582
1980	3345304	3048196	828317	116577	89369	78400	10416
1985	3214717	2748498	820140	176866	137367	140569	30956
1986	3232433	2710205	819858	183859	143792	159811	40897
1987	3241258	2697509	807797	180579	143292	160867	41729
1988	3287399	2727164	821305	185171	150612	171444	54056
1989	3381959	2788700	836231	188593	154505	177979	75726
1990	3438950	2847370	821986	203171	168751	183873	66607
1991	3526637	2889404	816684	224412	188989	197049	70859
1992	3522037	2874889	819262	215622	179402	200686	81258
1993	3513064	2870480	804560	184964	147692	222621	82461
1994	3493884	2877837	800342	174643	135505	225902	54997
1995	3526684	2876853	799482	201550	162572	236283	58939
1996	3585745	2889834	802279	202483	159584	257106	77657
1997	3605420	2881902	797955	191800	152222	267203	99482
1998	3614446	2900656	794636	192330	148896	290397	56603
1999	3592496	2862143	788576	197151	151801	301389	63969
2000	3590815	2773404	776636	226384	173185	327094	70775
2001	3555871	2714600	763964	225046	167911	366330	55210
2002	3464566	2606866	757195	236325	173930	359674	56012
2003	3307179	2410369	738486	236724	176836	386990	57237
2004	3435957	2516507	749300	244129	173815	390237	52995
2005	3444733	2501263	747949	252421	187333	399970	51508
2006	3073880	2155500	672300	187290	133680	417414	48879
2007	3134700	2195800	652130	192920	135370	432906	43553
2008	3215064	2215407	673538	215531	150170	481563	47749
2009	3308300	2229493	682041	237025	173643	552233	52579
2010	3359388	2243888	683904	254995	191849	589095	42735

表11.4 主要年份农林牧渔产品产量

OUTPUT OF FARMING, FORESTRY, ANIMAL HUSBANDRY AND FISHERY IN MAJOR YEARS

年份 Year	粮食（万吨） Grain (10 000 tons)	其中 of which #稻谷 Rice	#豆类 Beans	油料（万吨） Oil-bearing Crops (10 000 tons)	其中 of which #油菜籽 Rapeseeds	麻类（吨） Fiber Crops (ton)	甘蔗（万吨） Sugarcane (10 000 tons)
1949	402.68	246.57		0.90		1416	8.78
1952	470.97	281.33		3.19		1889	10.61
1957	596.55	316.39		5.13		1811	6.86
1962	378.23	191.26		1.40		598	1.04
1965	566.17	293.32		3.87		1048	14.47
1970	564.37	307.80		2.68		666	9.00
1975	603.72	325.84		4.13		632	24.87
1978	814.71	345.07	29.07	7.71	6.03	1659	31.20
1980	835.43	341.59	22.20	11.57	9.28	6172	36.64
1985	948.97	461.73	22.26	18.12	13.63	25787	30.24
1986	1004.92	493.41	25.02	20.91	15.85	21719	31.42
1987	1004.51	499.56	22.34	20.89	16.14	35995	29.43
1988	958.02	503.00	20.53	19.25	14.94	31013	29.32
1989	1044.88	541.81	17.25	18.78	14.38	18932	24.41
1990	1085.07	550.40	19.93	22.02	17.74	12707	20.55
1991	1115.28	535.90	21.53	26.92	22.81	11487	26.07
1992	1050.24	509.07	18.48	25.18	21.40	9716	14.33
1993	1052.72	479.90	21.90	21.70	17.22	9257	12.30
1994	1134.10	523.13	25.94	19.26	15.31	11471	9.39
1995	1153.68	532.63	30.38	25.12	20.54	11092	8.76
1996	1172.14	542.64	20.10	23.60	18.66	10898	8.27
1997	1184.63	552.44	21.90	23.34	18.34	11175	8.08
1998	1155.36	519.38	22.17	25.11	19.03	7541	7.28
1999	1143.05	533.01	21.93	24.09	17.33	6826	7.59
2000	1131.21	525.43	24.60	31.06	22.61	8406	9.06
2001	1035.35	466.45	23.32	29.96	21.91	8857	10.08
2002	1082.15	484.42	27.78	35.04	25.84	12139	12.06
2003	1087.20	494.29	32.21	38.27	28.51	9620	11.35
2004	1144.57	509.55	38.11	41.75	30.99	10209	11.77
2005	1168.19	521.43	42.16	42.71	31.81	12362	11.46
2006	808.40	344.90	29.24	28.94	23.47	11846	10.16
2007	1088.00	491.59	35.12	30.68	23.19	15399	11.26
2008	1153.20	529.39	37.78	35.68	26.54	16982	11.18
2009	1137.20	511.30	39.83	40.54	30.95	15869	11.57
2010	1156.13	518.57	41.93	44.45	34.22	14700	11.68

表11.4 续表1 continued1

年 份 Year	烟 叶（吨） Tobacco (ton)	蔬 菜（万吨） Vegetables (10 000 tons)	茶 叶（吨） Tea (ton)	蚕 茧（吨） Silkworm Cocoons (ton)	水 果（万吨） Fruits (10 000 tons)	牛 奶（吨） Cow Milk (ton)	禽 蛋（万吨） Poultry Eggs (10 000 tons)
1949	8535		916	761	6.02	1171	
1952	9238		1059	1236	7.75	1292	
1957	8247		1914	1588	7.14	2621	
1962	2566		1981	1325	8.80	3925	
1965	4654		2369	2306	6.83	6576	
1970	1667		2927	6608	4.54	9651	
1975	8146		4884	10477	7.12	11940	
1978	22528	243.95	8004	15404	7.91	15891	4.46
1980	8098	229.86	9217	25751	15.69	17277	5.51
1985	36239	390.86	16172	33130	24.70	29677	8.77
1986	46724	421.94	16893	32693	28.61	32665	9.44
1987	44992	439.00	18267	35755	29.57	36474	9.98
1988	68928	460.93	18676	41748	20.50	39126	10.17
1989	62093	469.31	18568	42063	37.19	40308	11.24
1990	74393	499.61	18103	43502	35.08	46293	12.01
1991	98156	533.00	18264	47757	40.75	51988	12.94
1992	124705	541.38	17178	50686	41.38	56579	14.61
1993	113208	558.23	19522	54505	56.85	54880	15.71
1994	68904	569.83	21920	57408	52.87	48514	17.32
1995	77981	593.91	17452	27000	59.29	39153	19.18
1996	132355	637.03	15536	27402	56.62	40297	20.85
1997	164736	668.44	14996	28072	60.72	45129	23.50
1998	79970	711.30	15299	29226	74.10	46587	24.46
1999	95653	737.11	14441	24177	71.70	46614	26.29
2000	104082	775.42	14526	29098	81.68	55989	27.89
2001	80064	779.96	14142	32396	82.61	67791	29.79
2002	87052	833.84	14093	33856	113.41	80952	31.58
2003	86048	840.17	14320	27802	128.59	90608	35.36
2004	85036	863.57	16064	29376	137.22	85143	36.55
2005	90173	890.47	16545	31092	154.63	86076	39.15
2006	91945	888.76	17087	27488	145.74	83456	30.30
2007	71513	945.21	18853	29196	175.89	86095	32.30
2008	85513	994.52	21696	24388	193.28	77842	33.11
2009	99905	1177.45	22569	19464	212.87	79422	35.97
2010	81030	1309.54	25237	20321	238.47	79819	37.22

注：2006年起禽蛋产量已根据第二次农业普查数据重新进行了调整。
Note: Output of Poultry Eggs was adjusted according to the sencond National Agricultural Census since 2006.

表11.4 续表2 continued2

年 份 Year	水产品（吨） Aquatic Products (ton)	肉猪出栏头数（万头） Slaughtered Fattened Hogs (10 000 heads)	猪年末头数（万头） Hogs at Year End (10 000 heads)	大牲畜年末存栏头数（万头） Large Animals at Year End (10 000 heads)	其 中 of which #牛 Cattle and Buffaloes	肉类总产量（万吨） Output of Meat (10 000 tons)	其 中 of which #猪 肉 Pork
1949	3576	174.70		107.90		11.00	
1952	4119	254.80		122.50		16.00	
1957	6515	345.10		131.20		21.70	
1962	3791	76.90		115.60		6.90	
1965	6964	421.50		128.00		25.60	
1970	7649	414.50		150.20		23.10	
1975	10797	489.90		151.10		28.10	
1978	14362	542.70	914.98	142.15	141.58	40.51	37.38
1980	17734	797.63	1165.05	141.75	141.19	59.89	55.92
1985	42838	1140.06	1353.02	128.91	127.62	84.45	79.96
1986	47805	1190.22	1377.37	129.39	128.10	88.56	83.15
1987	51854	1243.78	1418.69	128.24	126.96	92.76	86.89
1988	58419	1345.77	1448.48	128.35	127.07	99.85	94.02
1989	65707	1375.38	1471.66	127.92	126.64	102.41	96.09
1990	65482	1375.79	1429.13	129.18	127.63	102.92	96.12
1991	71813	1429.45	1440.56	129.77	128.21	107.45	99.87
1992	74459	1469.47	1444.16	130.80	128.84	111.47	102.66
1993	89227	1492.99	1438.96	130.54	129.24	113.73	104.30
1994	103492	1555.69	1476.05	132.50	132.41	121.61	108.48
1995	121289	1610.14	1489.55	136.61	135.72	127.22	112.27
1996	140656	1637.51	1477.06	140.43	137.89	133.22	114.18
1997	160692	1699.74	1475.25	144.01	141.04	141.86	119.66
1998	178607	1720.14	1492.95	152.48	149.24	140.00	121.61
1999	191313	1703.19	1512.18	163.88	160.58	140.50	120.61
2000	200345	1724.96	1509.91	167.45	164.05	143.91	122.45
2001	196967	1746.85	1533.03	168.63	165.05	147.88	124.87
2002	211568	1781.69	1548.89	170.52	166.85	152.40	127.48
2003	224893	1828.49	1583.03	172.58	169.31	159.51	131.82
2004	239255	1909.32	1640.75	173.56	170.08	167.01	136.43
2005	250568	2006.39	1708.80	174.48	170.69	178.39	144.46
2006	226129	1732.70	1377.40	97.71	94.00	151.50	124.80
2007	255372	1783.20	1422.94	98.15	94.44	159.27	130.27
2008	190600	1898.67	1566.47	107.36	103.61	177.58	140.65
2009	203900	2003.11	1604.07	122.85	119.39	187.72	146.52
2010	224300	2010.51	1557.87	131.39	128.08	192.46	147.55

注：本表中除水产品外，其余数据从2006年起已根据第二次农业普查数据重新进行了调整。
Note: Except the data of aquatic products,the other data in this table have been adjusted according to the Sencend National Agricultural Census since 2006.

表11.5 主要年份农林牧渔业总产值

GROSS OUTPUT VALUE OF FARMING, FORESTRY, ANIMAL HUSBANDRY AND FISHERY IN MAJOR YEARS

单位：万元 (10 000 yuan)

年 份 Year	农林牧渔业总产值 Gross Output Value	其 中 of which				
		农 业 Farming	林 业 Forestry	牧 业 Animal Husbandry	渔 业 Fishery	农林牧渔服务业 Agricultural Services
1949	142123	111424	3837	26293	568	
1952	186367	140707	6523	38205	932	
1957	240351	176658	10816	51916	961	
1962	153506	120349	4605	28245	307	
1965	165688	122775	5799	36617	497	
1970	269234	192504	11128	64604	998	
1975	295062	210016	18048	65660	1338	
1978	357616	262881	17236	75731	1768	
1980	417925	296840	16160	102514	2411	
1985	739003	477570	43546	208842	9044	
1986	801998	516990	42045	231097	11867	
1987	902072	564063	40932	282816	14262	
1988	1104369	641751	49662	393394	19561	
1989	1243819	706771	49328	463300	24420	
1990	1460003	858133	55308	518757	27805	
1991	1595286	938353	60038	565193	31702	
1992	1713839	995009	70992	612498	35340	
1993	2073607	1197742	77531	749776	48558	
1994	2831816	1552652	86981	1127394	64789	
1995	3778259	2278927	106732	1304229	88371	
1996	4249903	2713807	115493	1311666	108937	
1997	4393508	2678892	117313	1468914	128389	
1998	4288839	2549365	150929	1444758	143787	
1999	4168780	2496237	115588	1409527	147428	
2000	4126272	2447376	108236	1419910	150750	
2001	4311666	2503968	112044	1544041	151613	
2002	4609755	2640760	135143	1661965	171887	
2003	4885655	2701156	145824	1776384	183251	79040
2004	6127723	3329516	184814	2309374	212464	91555
2005	6621943	3583035	199704	2494965	237959	106280
2006	5752428	3230078	223069	2042194	159087	98000
2007	7207260	4095523	178527	2644768	184442	104000
2008	8713871	4730118	217986	3441474	211481	112811
2009	9131080	5311679	258084	3194244	242699	124374
2010	10211328	6233343	304021	3265542	272083	136339

注：1、按照国民经济行业分类标准（GB/T4754-2002），从2003年起增加了农林牧渔服务业（下表同）。

2、2006年以来为第二次农普衔接数。从2007年起，因口径变化，对农业和林业产值进行了调整。

Note: a) According to the national standard of industry classification (GB/T4754-2002), the gross output value has included agricultural services since 2003 (the same below).

b) The numbers after 2006 are the coordinationi numbers of the Second National Agricultural Census. The total output of agriculture and forestry has been modified since 2007 due to the change of statistical scope.

表11.6 主要年份农林牧渔业总产值指数（上年=100）

GROSS OUTPUT VALUE INDICES OF FARMING, FORESTRY, ANIMAL HUSBANDRY AND FISHERY IN MAJOR YEARS (PRECEDING YEAR=100)

年份 Year	农林牧渔业总产值 Gross Output Value	其中 of which				
		农业 Farming	林业 Forestry	牧业 Animal Husbandry	渔业 Fishery	农林牧渔服务业 Agricultural Services
1952	119.9	116.8	123.7	135.7	111.2	
1957	129.0	126.7	144.5	133.4	156.4	
1962	63.9	69.9	58.0	39.4	49.5	
1965	151.1	137.2	125.4	275.5	194.9	
1970	101.5	100.3	88.5	109.7	107.3	
1975	108.2	110.6	129.7	94.6	134.0	
1978	123.2	126.7	119.1	109.7	121.2	
1980	115.3	105.9	99.6	165.8	121.0	
1985	144.1	130.9	210.2	169.8	292.2	
1986	105.8	106.3	83.9	109.3	119.4	
1987	102.7	102.1	89.0	106.3	110.3	
1988	101.8	97.3	99.1	111.7	115.2	
1989	106.4	108.4	99.9	103.0	111.0	
1990	102.7	101.1	96.4	106.4	106.8	
1991	106.2	105.3	102.1	108.2	113.9	
1992	101.9	98.7	110.4	107.3	100.9	
1993	104.1	103.4	104.8	104.6	120.8	
1994	105.6	103.5	101.8	109.0	115.4	
1995	106.3	105.1	106.7	107.7	116.8	
1996	102.8	101.8	101.3	103.6	116.2	
1997	103.3	102.0	95.8	105.4	115.7	
1998	102.4	101.5	117.2	101.6	112.4	
1999	99.8	100.7	75.7	100.4	108.5	
2000	101.0	100.3	86.6	102.9	104.5	
2001	102.1	100.3	109.7	104.1	101.9	
2002	101.7	99.7	102.3	104.2	105.6	
2003	104.6	103.5	119.6	104.8	106.8	
2004	105.7	105.5	108.8	104.9	108.4	116.5
2005	105.2	103.9	100.8	106.9	106.0	113.3
2006	96.8	94.9	99.9	99.6	89.0	105.7
2007	109.5	114.8	105.1	101.6	110.2	106.0
2008	107.1	107.7	104.5	106.7	104.0	104.3
2009	106.4	106.8	106.6	105.7	108.8	104.8
2010	105.9	106.7	110.2	103.8	110.0	104.4

注：本表指数按可比价计算；其中1952年以1949年为100。
Note: Indices of this table are calculated at constant prices. The index of 1952 is calculated with the index of 1949 equal to 100.

表11.7 农林牧渔业总产值（2009－2010年）
GROSS OUTPUT VALUE OF FARMING, FORESTRY, ANIMAL HUSBANDRY AND FISHERY (2009-2010)

单位：万元 (10 000 yuan)

指　标	Item	农林牧渔业总产值 Gross Output Value 2009	2010	指　数 上年=100 Index Preceding Year=100
总　计	**Total**	**9131080**	**10211328**	**105.9**
农　业	Farming	5311679	6233343	106.7
谷物及其他作物	Cereal and Other Crops	2566293	2901337	101.9
#谷　物	Cereal	1487991	1654862	101.1
豆　类	Beans	215767	253689	105.3
油　料	Oil Crops	215350	266638	109.6
烟　草	Tobacco	114264	101288	81.1
蔬菜园艺作物	Vegetables and Gardening	1998388	2410418	111.7
#蔬　菜（含菜用瓜）	Vegetables (including Melons as Vegetables)	1878308	2202374	111.2
花　卉	Flowers	33787	47274	111.6
水果、坚果、饮料和香料作物	Fruits, Nuts, Drinks and Spices	644446	802512	110.8
#水果、坚果（含果用瓜）	Fruits and Nuts (including Melons as Fruits)	481489	581493	111.9
茶及其他饮料	Tea and Other Drinks	68257	83282	111.8
#茶	Tea	68257	83282	111.8
中药材	Traditional Chinese Medical Materials	102551	119075	105.6
林　业	Forestry	258084	304021	110.2
林木的培育和种植	Forest Cultivation	129137	179118	128.2
#造　林	Afforestation	27282	77336	266.6
竹木采运	Bamboo Felling and Transportation	38664	30686	72.2
林产品	Forest Products	90283	94217	100.9
牧　业	Animal Husbandry	3194244	3265542	103.8
牲畜饲养	Livestock Raising	193062	214911	109.1
#牛	Cattle	126738	137530	107.3
奶产品	Milk Products	25415	27138	100.5
猪的饲养	Hog Raising	1882136	1787345	101.0
家禽饲养	Poultry Raising	948568	1055066	107.9
#禽　蛋	Poultry Eggs	360536	390786	103.5
狩猎和捕捉动物	Animal Hunting	946	364	35.0
其他畜牧业	Others	169532	207857	106.7
#蚕　茧	Silkworm Cocoons	34062	45316	104.4
渔　业	Fishery	242699	272083	110.0
#内陆水域水产品	Aquatic Products in Inland Water Areas	242699	272083	110.0
#养　殖	By Breeding	222069	246478	110.0
#鱼　类	Fish	239855	268445	109.9
农林牧渔服务业	Agricultural Services	124374	136339	104.4

注：本表数据绝对值按现价计算，指数按可比价计算。
Note: The absolute figures in this table are calculated at current prices whereas the indices are calculated at constant prices.

表11.8 农村基本情况（2009－2010年）
BASIC STATISTICS ON RURAL AREAS (2009-2010

指　标	Item	2009	2010
户　数（万户）	**Number Households (10 000 households)**	**723.55**	**727.77**
人　口（万人）	**Population (10 000 persons)**	**2385.95**	**2366.66**
乡村从业人员（万人）	**Rural Employed Population (10 000 persons)**	**1379.94**	**1379.35**
按性别分	By Sex		
男	Male	746.95	747.78
女	Female	633	631.57
按产业分	By Sector		
第一产业	Primary Industry	649.69	626.12
第二产业	Secondary Industry	361.94	384.96
第三产业	Tertiary Industry	368.31	368.27
农村基础设施（个）	**Rural Infrastructure (unit)**		
自来水受益村数	Number of Villages with Access to Tap Water	5379	5612
通汽车村数	Number of Villages with Highways	8655	8660
通电话村	Number of Villages with Telephones	8726	8686

表11.9 农业生产条件（2009－2010年）
CONDITIONS OF AGRICULTURAL PRODUCTION (2009-2010)

指　标	Item	2009	2010
农业机械化情况	**Agricultural Mechanization**		
农业机械总动力（万千瓦）	Total Agricultural Machinery Power (10 000 kw)	967.41	1071.09
农用大中型拖拉机数（万台）	Number of Large and Medium-sized Agricultural Tractors (10 000 units)	0.28	0.33
农用大中型拖拉机动力（万千瓦）	Capacity of Large and Medium-sized Agricultural Tractors (10 000 kw)	9.72	10.06
小型拖拉机数（万台）	Number of Small Tractors (10 000 units)	0.68	0.68
小型拖拉机动力（万千瓦）	Capacity of Small Tractors (10 000 kw)	8.84	8.78
农用排灌动力机械台数（万台）	Number of Drainage and Irrigation Engines (10 000 units)	83.31	90.43
农用排灌动力机械动力（万千瓦）	Capacity of Drainage and Irrigation Engines (10 000 kw)	184.45	271.30
农用水泵（万台）	Pumps (10 000 units)	83.31	90.43
机动脱粒机（万台）	Motorized Threshing Machines (10 000 units)	56.76	60.77
农用运输车（万辆）	Farm Tracks (10 000 vehicles)	5.30	3.58
渔用机动船（万艘）	Motorized Fishing Boats (10 000 vessels)	0.56	0.58
农业主要能源及物耗	**Main Agricultural Energy and Material Consumption**		
农村用电量（万千瓦时）	Electricity Consumed in Rural Areas (10 000 kwh)	614832	647738
乡村办电站（个）	Power Stations in Rural Areas (unit)	606	627
乡村办电站发电量（万千瓦时）	Capacity of Power Station in Rural Areas (10 000 kwh)	149910	171502
有效灌溉面积（公顷）	Irrigated Area (hectare)	672020	685250
化肥施用量（折纯量）(万吨）	Consumption of Chemical Fertilizer (net) (10 000 tons)	91.17	91.82
#氮　肥	Nitrogenous Fertilizer	50.24	49.30
磷　肥	Phosphate Fertilizer	17.31	17.49
钾　肥	Potash Fertilizer	4.86	5.24
复合肥	Compound Fertilizer	18.05	19.13
农用塑料薄膜使用量（万吨）	Consumption of Farm Plastic Film (10 000 tons)	3.47	3.66
#地膜使用量	Consumption of Farm Plastic Film	1.94	1.94
地膜覆盖面积（公顷）	Area Covered by Farm Plastic Film (hectare)	297482	285215
农用柴油使用量（万吨）	Consumption of Diesel Oil (10 000 tons)	15.74	16.38
农药使用量（万吨）	Consumption of Chemical Pesticides (10 000 tons)	2.20	2.09

表11.10 主要农作物播种面积及产量（2009－2010年）

SOWN AREA AND OUTPUT OF MAJOR FARM CROPS (2009-2010)

指 标	Item	播种面积（公顷） Sown Area (hectare)		总产量（吨） Total Output (ton)		单位产量（公斤/公顷） Yield Per Unit (kg/ha)	
		2009	2010	2009	2010	2009	2010
粮 食	**Grain**	**2229493**	**2243888**	**11372000**	**11561300**	**5101**	**5152.4**
谷 物	Cereal	1331208	1319670	8129697	8220861	6107	6229.5
稻 谷	Rice	682041	683904	5112954	5185738	7497	7582.6
中 稻	Middle Rice	682041	683904	5112954	5185738	7497	7582.6
小 麦	Wheat	168210	150532	516791	459303	3072	3051.2
玉 米	Corn	459116	461886	2444539	2515596	5324	5446.4
高 粱	Sorghum	12868	14522	35149	39952	2732	2751.1
其他谷物	Other Cereal	8973	8826	20264	20272	2258	2296.9
豆 类	Beans	204461	213954	398282	419320	1948	1959.9
#大 豆	Soybean	85937	91174	170427	181171	1983	1987.1
薯 类	Tubers	693824	710264	2844021	2921119	4099	4112.7
#马铃薯	Potato	327160	336263	1070232	1121316	3271	3334.6
油 料	**Oil-bearing Crops**	**237025**	**254995**	**405388**	**444499**	**1710**	**1743.2**
#花 生	Peanut	47749	49295	82496	90527	1728	1836.4
油菜籽	Rapeseed	173643	191849	309515	342193	1782	1783.7
芝 麻	Sesame Seed	7774	7717	7482	6839	962	886.2
麻 类	**Fiber Crops**	**11329**	**10370**	**15869**	**14700**	**1401**	**1417.6**
#苎 麻	Ramie	10980	10274	15329	14504	1396	1411.7
黄红麻	Jute and Ambary Hemp	248	72	257	102	1036	1416.7
糖 料（甘蔗）	**Sugar Crops (sugarcane)**	**3069**	**3131**	**115667**	**116833**	**37689**	**37314.9**
烟 叶	**Tobacco**	**52579**	**42735**	**99905**	**81030**	**1900**	**1896.1**
#烤 烟	Flue-cured Tobacco	43890	34914	82252	63880	1874	1829.6
蔬菜、瓜果	**Vegetables and Melons**	**574819**	**611799**	**12096128**	**13454555**	**21043**	**21991.8**
#蔬 菜（含菜用瓜）	Vegetables (including Melons as Vegetables)	552233	589095	11774486	13095385	21322	22229.7

表11.11 林牧渔业生产情况（2009－2010年）
OUTPUT OF FORESTRY, ANIMAL HUSBANDRY AND FISHERY (2009-2010)

指 标	Item	2009	2010
林 业（公顷）	**Forestry (hectare)**		
当年造林面积	Increased Forest Area in Current Year	95726	255235
年末封山育林面积	Year-end Area of Hillsides Closed for Afforestation	299471	314726
零星（四旁）植树（万株）	Scattered (Four-side) Tree Planting (10 000 plants)	10607	9893
育苗面积	Seeding Raising Area	11008	15062
当年苗木产量（万株）	Output of Plants in Current Year (10 000 plants)	87868	81422
幼林抚育实际面积	Actual Tending Area for Young Stands	120073	80454
成林抚育面积	Tending Area for Mature Plantation	65161	51145
牧 业	**Animal Husbandry**		
年末大牲畜总头数（万头）	Number of Large Animals (year-end, 10 000 heads)	122.85	131.39
#农事劳役头数	Number of Draught Animals	58.01	50.86
年末生猪存栏头数（万头）	Number of Hogs (year-end, 10 000 heads)	1604.07	1557.87
年末羊只数（万只）	Number of Sheep and Goats (year-end, 10 000 heads)	142.29	168.41
年内出栏肥猪头数（万头）	Number of Slaughtered Fattened Hogs (10 000 heads)	2003.11	2010.51
年内出栏羊只数（万只）	Number of Slaughtered Sheep and Goats (10 000 heads)	166.55	191.33
年内出栏家禽（万只）	Number of Slaughtered Poultry (10 000 heads)	17918.26	19674.24
渔 业（公顷）	**Fishery (hectare)**		
水产品养殖面积	Cultured Areas of Aquatic Products	52859	76390
#池 塘	Ponds	28673	41760
水 库	Reservoirs	16311	26552

表11.12 林牧渔业主要产品产量（2009－2010年）
OUTPUT OF THE MAJOR PRODUCTS OF FORESTRY, ANIMAL HUSBANDRY AND FISHERY (2009-2010)

单位：吨 (ton)

指 标	Item	2009	2010
水 果	Fruits	2128709	2384711
#柑 桔	Citrus	1263348	1390243
肉 类	Meat	1877226	1924588
#猪 肉	Pork	1465247	1475548
禽 肉	Meat of Poultry	285368	309659
兔 肉	Meat of Rabbit	38997	44625
奶 类	Milk	79422	79820
#牛 奶	Cow Milk	79422	79819
蜂 蜜	Honey	10792	11915
水产品	Aquatic Products	203900	224300
#养 殖	Cultured Aquatic Products	194020	213345
年末实有茶园面积（公顷）	Area of Tea Plantations (year-end) (hectare)	29929	32276
#本年采摘面积	Picked Area in Current Year	22417	23845
年末果园面积（公顷）	Area of Orchards (year-end) (hectare)	230878	248651
#梨 园	Pear	35425	35207
#柑 桔	Citrus	126325	138032

表11.13 主要农产品产量与建国以来最高年产量的比较（2010年）

OUTPUT OF MAJOR AGRICULTURAL PRODUCTS IN COMPARISON WITH THE PEAK YEAR SINCE THE FOUNDATION OF PRC (2010)

单位：万吨 (10 000 tons)

指 标	Item	2010	建国以来最高产量 Output in the Peak Year Since the Foundation of PRC		2010年为建国以来最高年份的比重（%） 2009 as Percentage of Peak Year
			年 份 Year	产 量 Output	
粮食总产量	Total Output of Grain	1156.13	1997	1184.63	97.6
#稻 谷	Rice	518.57	1997	552.44	93.9
小 麦	Wheat	45.93	1995	156.24	29.4
玉 米	Corn	251.56	2008	246.03	102.2
豆 类	Beans	41.93	1958	45.34	92.5
薯 类	Tubers	292.11	2009	284.40	102.7
油菜籽	Rapeseed	34.22	2005	31.81	107.6
麻 类	Fiber Crops	1.47	1985	2.60	56.5
甘 蔗	Sugarcane	11.68	1980	36.64	31.9
烤 烟	Flue-cured Tobacco	6.39	1997	11.00	58.1
蔬菜类	Vegetables	1309.54	2009	1177.45	111.2
年末生猪存栏头数（万头）	Number of Hogs (year-end, 10 000 heads)	1557.87	2005	1708.80	91.2
肉 类	Meat	192.46	2009	187.72	102.5
#猪 肉	Pork	147.55	2009	146.52	100.7
禽 肉	Meat of Poultry	30.97	2009	28.54	108.5
奶 类	Milk	7.98	2003	9.06	88.1
禽 蛋	Poultry Eggs	37.22	2005	39.15	95.1
水产品	Aquatic Products	22.43	2005	25.06	89.5
蚕 茧	Silkworm Cocoon	2.03	1994	5.74	35.4
茶 叶	Tea	2.52	2009	2.26	111.5
水 果	Fruits	238.47	2009	212.87	112.0

表11.14 农业商品产值和商品率（2009－2010年）

OUTPUT VALUE OF AGRICULTURAL COMMODITIES AND RATE OF COMMERCIALIZATION (2009-2010)

指 标	Item	农业商品产值（万元） Output Value of Agricultural Commodities(10 000 yuan)		农业商品率（%） Rate of Commercialization (%)	
		2009	2010	2009	2010
总 计	**Total**	**5533941**	**6202059**	**60.6**	**60.7**
农 业	Farming	2693021	3241338	50.7	52.0
#粮食作物	Grain Crops	642860	743123	29.9	30.6
经济作物	Cash Crops	275829	314745	77.4	79.6
蔬 菜	Vegetables	1160794	1396305	61.8	63.4
茶、桑、水果	Tea, Mulberry and Fruits	344265	464100	71.5	72.1
林 业	Forestry	165174	199742	64.0	65.7
牧 业	Animal Husbandry	2474151	2543857	77.5	77.9
#猪	Hogs	1417935	1347658	75.3	75.4
活的畜禽产品	Livestocks and Relative Products	356717	383894	76.4	77.3
渔 业	Fishery	193027	217122	79.5	79.8

表11.15 乡镇企业主要指标（2009－2010年）
MAIN INDICATORS OF TOWNSHIP-OWNED ENTERPRISES (2009-2010)

单位：万元 (10 000 yuan)

指　标	Item	2009	2010
企业单位数（个）	Number of Enterprises (unit)	71470	73135
#工　业	Industry	21424	26700
#集体企业	Collective-owned Enterprises	184	169
私有企业	Private Enterprises	21240	26531
从业人数（人）	Employees (person)	2302116	2352419
#集体企业	Collective-owned Enterprises	46704	44036
私有企业	Private Enterprises	2255412	2308383
总产值	Gross Output Value	46306746	53206451
#集体企业	Collective-owned Enterprises	348650	315469
私有企业	Private Enterprises	45958096	52890982
工业总产值	Gross Industrial Output Value	27396506	34143085
#集体企业	Collective-owned Enterprises	179452	143993
私有企业	Private Enterprises	27217054	33999092
乡镇企业增加值	Value-added of Township Enterprises	13476263	15201225
#工　业	Industry	8056487	9704555
营业收入	Business Income	45463513	52328504
#集体企业	Collective-owned Enterprises	356311	2354782
私有企业	Private Enterprises	45107202	1831498
利润总额	Total Pre-tax Profits	2027188	266758
实交税金	Taxes Payed	1572101	1831498
#所得税	Income Tax	214047	4612512
当地入库税金	Taxes Received by Local Treasury	1572101	77968
工资总额	Total Wages	4375754	4534544
#集体企业	Collective-owned Enterprises	74753	77968
私有企业	Private Enterprises	4296331	4534544
年末固定资产原值	Original Value of Fixed Assets at Year-end	14294000	17135817
#集体企业	Collective-owned Enterprises	168828	185257
私有企业	Private Enterprises	14125172	16950559
银行（信用社）贷款余额	Bank (Credit Cooperative) Loan Balance	3271897	3476838

重/庆/统/计/年/鉴

主要统计指标解释

农林牧渔业总产值

指以货币表现的农、林、牧、渔业全部产品和对农林牧渔业生产活动进行的各种支持性服务活动的价值总量，它反映一定时期内农林牧渔业生产总规模和总成果。1957年以前的农林牧渔业总产值中包括了厩肥和农民自给性手工业(如农民自制衣服、鞋、袜，自己从事粮食初步加工等)。1958年及以后，林业中增加了村及村以下竹木采伐产值；牧业中取消了厩肥产值；副业中取消了农民自给性手工业产值，增加了村及村以下办的工业产值； 渔业中增加了海洋捕捞水产品产值。1980年及以后，在副业中增加了农民家庭兼营工业商品部分的产值。从1984年起村及村以下工业产值划归工业。从1993年起取消副业，将野生动物的捕猎划入牧业、野生植物采集和农民家庭兼营商品性工业划归农业。从2003年起，执行新的国民经济行业分类标准，农林牧渔业总产值中包括了农林牧渔服务业产值。林业中增加了森林采运业产值。农业中取消了家庭兼营商品性工业产值，将野生林产品的采集划归林业。第一次农业普查以后，由于畜牧业产品年报数据与普查数据之间存在一定的差距，国家统计局农调总队对畜牧业年报数据与普查数据进行衔接，相应的畜牧业产值进行调整。第二次农普后，国家统计局再次对种植业、畜牧业、渔业、服务业数据进行了衔接与调整。

农林牧渔业总产值的计算方法通常是按农、林、牧、渔业产品及其副产品的产量分别乘以各自单位产品价格求得；少数生产周期较长，当年没有产品或产品产量不易统计的，则采用间接方法匡算其产值；然后将五业产值相加即为农林牧渔业总产值。

粮食产量

指全社会的产量。包括国有经济经营的、集体统一经营的和农民家庭经营的粮食产量，还包括工矿企业办的农场和其他生产单位的产量。粮食除包括稻谷、小麦、玉米、高粱、谷子及其他杂粮外，还包括薯类和豆类。其产量计算方法，豆类按去豆荚后的干豆计算；薯类（包括甘薯和马铃薯，不包括芋头和木薯）1963年以前按每4公斤鲜薯折 1 公斤粮食计算，从1964年开始及以后改为按5公斤鲜薯折 1 公斤粮食计算。城市郊区作为蔬菜的薯类（如：马铃薯等）按鲜品计算，并且不作粮食统计。其他粮食一律按脱粒后的原粮计算。1989年以前全国粮食产量数据主要靠全面报表取得，1989年开始使用抽样调查数据。

油料产量

指全部油料作物的生产量。包括花生、油菜籽、芝麻、向日葵籽，胡麻籽（亚麻籽）和其他油料。不包括大豆，也不包括木本油料和野生油料。花生以带壳干花生计算。

水产品产量

指人工养殖的水产品和天然生长的水产品的捕捞量。包括海水的鱼类、虾蟹类、贝类和藻类以及内陆水域的鱼类、虾蟹类和贝类，不包括淡水生植物。水产品产量是通过各级水产和统计部门逐级上报取得数据。1995年及以前，贝类中牡蛎按鲜肉计算；蚶、蛤、蛙按 5 斤鲜品折 1 斤计算。1996年以后则统一按鲜品计算。

肉产量

指各种牲畜及家禽、兔等动物肉产量总计。猪、羊、骡、骆驼肉产量按去掉头蹄下水后带骨肉的胴体重量计算，牛肉产量按去骨后的净肉重量计算，兔禽肉产量按屠宰后去毛和内脏后的重量计算，可用住户调查资料推算。

期初（末）畜禽存栏头（只）数

指报告期初（末）农村各种合作经济组织和国营农场、农民个人、机关、团体、学校、工矿企业，部队等单位以及城镇居民饲养的大牲畜、猪、羊、家禽等畜禽的存栏头（只）数。

农作物播种面积

指实际播种或移植有农作物的面积，凡是实际种植有农作物的面积，不论种植在耕地上还是种植在非

主要统计指标解释

耕地上，均包括在农作物播种面积中。在播种季节基本结束后，因遭灾而重新改种和补种的农作物面积，也包括在内。它是反映我国耕地面积利用情况的一个重要指标。目前，农作物播种面积主要包括粮食、棉花、油料、糖料、麻类、烟叶、蔬菜和瓜类、药材和其它农作物九大类。

有效灌溉面积

指具有一定的水源，地块比较平整，灌溉工程或设备已经配套，在一般年景下当年能够进行正常灌溉的耕地面积。在一般情况下，有效灌溉面积应等于灌溉工程或设备已经配备，能够进行正常灌溉的水田和水浇地面积之和。它是反映我国耕地抗旱能力的一个重要指标。

农用化肥施用量

指本年内实际用于农业生产的化肥数量，包括氮肥、磷肥，钾肥和复合肥。化肥施用量要求按折纯量计算数量。折纯法化肥施用量是把氮肥、磷肥和钾肥分别按含氮、含五氧化二磷、含氧化钾的百分之一百成份折算后的数量。复合肥按其所含主要成分折算。公式为：

折纯量=实物量×某种化肥有效成份含量的百分比

农业机械总动力

指主要用于农、林、牧、渔业的各种动力机械的动力总和。包括耕作机械、排灌机械、收获机械、农用运输机械、植物保护机械、牧业机械、林业机械、渔业机械和其他农业机械［内燃机按引擎马力折成瓦（特）计算，电动机按功率折成瓦（特）计算］。不包括专门用于乡、镇、村、组办工业、基本建设、非农业运输、科学试验和教学等非农业生产方面用的动力机械与作业机械。

乡村从业人员

指乡村人口中劳动年龄在16周岁以上实际参加生产经营活动并取得实物或货币收入的人员，包括劳动年龄内经常参加劳动的人员，也包括超过劳动年龄但经常参加劳动的人员，但不包括户口在家的在外学生、现役军人和丧失劳动能力的人，也不包括待业人员和家务劳动者。从业人员按从事主业时间最长（时间相同按收入）分为农业从业人员、工业从业人员、建筑业从业人员、交通运输业、仓储及邮电通信业从业人员、批零贸易及餐饮业从业人员、其他非农行业从业人员。

CHONGQING STATISTICAL YEARBOOK

Explanatory Notes on Main Statistical Indicators

□ Gross Output Value of Farming Forestry, Animal Husbandry and Fishery

Refers to the total value of products of farming, forestry, animal husbandry and fishery, and total value of services rendered to support farming, forestry, animal husbandry and fishery activities. It reflects the total scale and results of agricultural production during a given period. Prior to 1957, Chinas gross agricultural output value included barnyard manure and handicraft products for self-consumption (clothes, shoes, stockings, and initial grain processing undertaken by peasants). Since 1958, cutting and felling of bamboo and trees by villages and other cooperative organizations under villages have been included in forestry; value of barnyard manure has been excluded from animal husbandry; self consumed handicrafts has been excluded from sideline occupations, while the output value of industries run by villages and cooperative organizations under village had been included in sideline occupations and the output value of fish catches by motor fishing boats has been added to fishery. Since 1980, the value of handicraft products made for sale by individuals in households had been added to sideline occupations. Since 1984, industries run by villages and under villages have been included in the sector of industry. Since 1993, the subdivision of sideline occupations has been canceled, and the hunting of wild animals has been classified into animal husbandry, and the gathering of wild plants and commodity industry run by rural household have been included in farming. A new industrial classification of economic activities was introduced in 2003. Under the new classification, value of services to farming, forestry, animal husbandry and fishery is included in the gross output value of agriculture, value of wood felling and transport is included in forestry, value of industrial output by rural households is not included in agriculture, and the collection of wild forest products is taken from agriculture and included in the forestry. The first agriculture census of China revealed some discrepancy between the production of animal products from the annual reports and that from the census. Efforts were made by the Rural Socio-economic Survey Organization of NBS to adjust the output value of animal husbandry to make the figures from the annual reports consistent with the census data. After the second agriculture census of China, the National Bureau of Statistics adjustment the data of farming, animal husbandry, fisheries and services once again.

Gross output value of agriculture is obtained by first multiplying the output of each product or by product by its price, resulting in the output value of each single item. For a small number of products, annual output of which is not available or difficult to get due to the long production (growing) process involved, the output value is estimated through an indirect approach. The sum of output value of all products of farming, forestry, animal husbandry and fishery is then equal to the gross output value of agriculture.

□ Grain Yield

Refers to the total output in the whole country including grains produced by state farms, collective units, rural households, as well as by farms affiliated to industrial and mining enterprises and other production units. Grain includes rice, wheat, corn, sorghum, millet and other miscellaneous grains as well as tubers and bean. Output of beans refers to dry beans without pods. The output of tubers (sweet potatoes and potatoes, not including taros and cassava) was converted into that of grain at the ratio 4:1, i.e. 4 kilograms of fresh tubers was equivalent to 1 kilogram of grain up to 1963. Since 1964 the ratio for conversion has been 5:1. Tubers supplied as vegetables (such as potatoes) in cities and suburbs are calculated as fresh vegetables and their output is not included in the output of grain. Output of all other grains refers to husked grain. Data on grain production before 1989 were obtained through Comprehensive Statistical Reporting System. Since 1989, data from sample surveys are used.

□ Yield of Oil-bearing Crops

Refers to the total yield of oil-bearing crops of various kinds, including peanuts, (dry, in shell) rapeseeds, sesame, sunflower seeds, flax seeds, and other oil-bearing crops. Soybeans, oil-bearing woody plants, and oil-bearing crops are not included.

□ Output of Aquatic Products

Refers to catches of both artificially cultured and naturally grown aquatic products, including fish, shrimps, crabs and shellfish in sea and inland water as well as seaweed. Freshwater plants are not included. Data on output of aquatic products are reported

EXPLANATORY NOTES TO MAJOR STATISTICAL INDICATORS

by aquatic product and statistical agencies level by level. Before 1995, among the shellfish, the oyster was counted as fresh meat; 5 kilograms of ark shell, clams and frogs are equivalent to 1 kilogram of fresh aquatic products; they are all counted as fresh aquatic products since 1996.

□ Output of Meat

Refers to the total meat of livestock. Data, which refers to the meat of slaughtered hogs, cattle, sheep and goats with head, feet and offal taken away, and refers to the meat of slaughtered animals such as rabbit with feather, visceral taken away.

□ Number of Livestock or Poultry in Hand at the Beginning (or End) of the Reference Period

Refers to the total number of large animals, pigs, sheep, fowls, etc., raised by rural cooperative organizations, state farms, rural individuals, government agencies, schools, industrial and mining enterprises, army, and urban residents at the beginning (or end) of the reference period.

□ Sown Area of Crops

Refers to area of land sown or trans-planted with crops regardless of being in cultivated area or non-cultivated area. Area of land resown due to natural disasters is also included. At present, the sown area of crops mainly include the following 9 categories of crops: grain, cotton, oil-bearing crops, sugar crops, fiber crops, Tobacco, Vegetables and melons, medicinal materials and other farm crops.

□ Irrigated Area

Refers to areas that are effectively irrigated, i.e. level land, which has water source and complete sets of irrigation facilities to lift and move adequate water for irrigation purpose under normal conditions. Under normal conditions, irrigated area is the sum of watered fields and irrigated fields where irrigation systems or equipment have been installed for regular irrigation purpose. This important indicator reflects drought resistance capacity of the cultivated land in China.

□ Consumption of Chemical Fertilizers for Farming

Refers to the quantity of chemical fertilizers applied in agriculture in the year, including nitrogenous fertilizer, phosphate fertilizer, potash fertilizer, and compound fertilizer. The consumption of chemical fertilizers is required in calculation to convert the gross weight into weight containing 100% effective component (e.g. 100% nitrogen content in nitrogenous fertilizer, 100% phosphorous pentoxide content in phosphate fertilizer, 100% potassium oxide content in potash fertilizer). Compound fertilizer is converted with its major component. The formula is:

Volume of effective component= physical quantity × effective component of certain chemical fertilizer (%)

□ Total Power of Farm Machinery

Refers to total mechanical power of machinery used in farming, forestry, animal husbandry, and fishery, including sloughing, irrigation and drainage, harvesting, transport, plant protection, stockbreeding, forestry and fishery. The power of internal combustion engines is required to convert horsepower into watts and the power of electric motors is required to be converted into watts. Machinery employed for non-agricultural purposes, such as the machines used in township-run and village-run industry, construction, non-agricultural transport, scientific experiments and teaching, is excluded.

□ Rural Employed Persons

Refer to rural labor forces aged over 16 years old who are engaged in real production and management activities and receive payment in kind or wages, including those covered within the age frame and regularly participating in production activities, and those who are out of the range of age frame and also participating in production activities regularly. Excluding students studying in other places with their permanent residence registered in local areas, servicemen and persons incapable of working; also excluding those who are waiting for jobs and those engaged in household work. Persons employed are classified as rural employed persons; industrial employed persons; construction industry employed persons; transport, storage and telecommunications industries employed persons; whole sales and retail sales trade and catering industry employed persons and other non-agricalture employed persons according to the longest period of employment in major activities (or using income indicator when period of employment is the same).

12

工 业

INDUSTRY

简要说明 Brief Introduction

本章资料主要包括工业企业主要指标，规模以上（即指年主营业务收入500万元及以上）工业企业单位数、增加值、主要经济指标和效益指标，国有控股工业企业的主要经济指标和效益指标，私营工业企业的主要经济指标和效益指标，外商投资和港澳台投资企业的主要经济指标和效益指标，大中型工业企业的主要经济指标和效益指标，主要工业产品产量以及占全国当年产量的比重。本章资料由市统计局工业处整理提供。

The data in this chapter cover the main indicators of industrial enterprises; the number, value-added, main economic indicators and benefit indicators of enterprises above designated size (enterprises with annual revenue from principal business 5 million yuan and above); the main economic indicators and benefit indicators of state-holding industrial enterprises, private industrial enterprises, industrial enterprises with Hong Kong, Macao, Taiwan and foreign funds and large and medium-sized industrial enterprises; the output of major industrial products and their percentage to nation total in this year. The data in this chapter are sorted and provided by Division of Industry Statistics, Chongqing Municipal Bureau of Statistics.

表12.1 工业企业主要指标（1978－2010年）
MAJOR INDICATORS OF INDUSTRIAL ENTERPRISES (1978-2010)

单位：万元 (10 000 yuan)

年　份 Year	单位数（个） Number of Enterprises (unit)	从业人员平均人数（人） Average Emloyment (person)	工业总产值 Industrial Gross Output Value		工业增加值 Value-added of Industry	
			绝对值 Value	指数（上年=100） Index Preceding Year=100	绝对值 Value	指数（上年=100） Index Preceding Year=100
1978	8037	951217	643444	100.0		
1980	10963	998963	772307	104.6		
1985	9924	1251649	1408126	117.2		
1986	12454	1473491	1604215	104.1		
1987	11556	1511086	1921043	112.4		
1988	11303	1552189	2529674	116.1		
1989	10976	1587712	2991130	102.4		
1990	10763	1610473	2993490	100.7		
1991	10780	1652984	3424558	111.8		
1992	9693	1662144	4191279	116.3	1149187	100.0
1993	9083	1752822	5847377	118.2	1837033	159.9
1994	9713	1692108	7185418	115.4	2034142	110.7
1995	11474	1724173	7651109	115.2	1935522	95.2
1996	2332	1474400	7304148		1997189	
1997	2210	1428600	7947952	114.4	2139029	107.1
1998	2000	1164200	7667894	100.7	2097535	98.1
1999	1975	1004400	8585525	118.9	2407000	114.8
2000	2040	907900	9623226	113.6	2875000	119.4
2001	2054	841900	10728325	115.5	3329900	115.8
2002	2072	820103	12283741	119.8	3974400	119.4
2003	2243	843341	15889928	126.7	4778500	120.2
2004	2634	900546	21427261	129.9	5956894	125.3
2005	2946	924204	25258684	118.6	7163600	117.1
2006	3214	968440	32142340	127.4	8453802	120.6
2007	3942	1082675	43632489	133.6	12340576	125.1
2008	6119	1321310	57558984	129.3	18296282	121.6
2009	6412	1372758	67729015	115.2	21893934	118.5
2010	7130	1465587	91435532	128.4	26825065	123.7

注：1）本表统计口径1996年以前为全部独立核算工业企业，1996年-2006年为全部国有及规模以上（即年主营业务收入在500万元及以上）非国有工业企业，2007年为规模以上（即年主营业务收入在500万元及以上）工业企业（下表同）。
2）工业总产值、工业增加值的绝对值按现价计算。由于工业统计制度变更，工业总产值指数2003年及以前按可比价计算，2004年起按现价计算；工业增加值指数2003年及以前按现价计算2004年起按可比价计算。
3）由于部分指标无法取得，因此2008年工业总产值指数、工业增加值绝对值以及工业增加值指数采用2008年12月快报数代替，其余指标均取自2008年经济普查数。

Note: a) The statistic scope of this table is all the industrial enterprises with independent accounting system before 1996, is all the state-owned industrial enterprises and non-state-owned industrial enterprises over designated size (with annual revenue from principal business 5 million yuan and above) from 1996 to 2006, and is the industrial enterprises over designated size (with annual revenue from principal business 5 million yuan and above) in 2007 (the same below).
b) Gross output value of industry and value-added of industry are calculated at current prices. As industry statistic system has been changed, the index of industrial gross output value in 2003 and previous years is calculated at constant prices, while the index is calculated at current prices since 2004. The same for the index of value-added of industry.
c) Because some of the indices are not available, the index of industrial gross output value, value-added of industry and its index in 2008 are replaced by the accumulated value in December 2008, and other indices are the data from the census of economy in 2008.

表12.1 续表 continued

单位：万元 (10 000 yuan)

年 份 Year	年末固定资产 Year-end Fixed Assets 原 值 Original Value	净 值 Net Value	流动资产合计 Total Circulating Assets	主营业务收入 Revenue from Principal Business	利税总额 Total Pre-tax Profits	利润总额 Total Profits
1978	706016	475301	298093	595593	119300	
1980	823370	540178	329897	708120	146213	
1985	1339800	923111	604983	1449426	260677	
1986	1445859	970019	743986	1559353	225749	
1987	1635303	1135872	908572	1897962	251220	
1988	1830786	1254850	1062157	2472560	358610	
1989	2063326	1405200	1441939	2734475	365348	
1990	2314886	1490850	1942657	2782262	253309	
1991	2585930	1647544	2418353	3338105	291455	
1992	2947902	1784094	2852708	4167995	365134	
1993	3424857	2106423	3484050	6124846	551046	
1994	4953046	2967592	4631636	6294911	573144	
1995	7307273	4057468	5702467	7524836	580345	
1996	7708153	5398622	5749079	7113430	480449	-49429
1997	8578673	5952377	6959065	7981695	460736	-116702
1998	9866758	6940364	7202796	7809127	393220	-193078
1999	10840971	7604150	7733524	8546131	572648	-67491
2000	11515782	7848443	8157646	9593576	855670	156449
2001	12056356	7958216	8874861	10732455	1016889	238170
2002	12730167	8282507	9228472	12357157	1320260	405426
2003	13424490	8576299	10305605	15950727	1910901	859689
2004	14970250	9738481	11641381	21088433	2420163	1155898
2005	16779752	11001178	13571979	25151726	2564825	1155912
2006	20266728	13551444	15484263	32008042	3192103	1557631
2007	24067348	16421036	18541937	42629860	5025623	2405387
2008	30254424	20829025	24807777	56676087	6017115	3086786
2009	34109428	22757818	28630140	66247114	7105030	3560249
2010	44634155	29639590	36084780	90390303	10118841	5185939

表12.2 主要工业产品产量（1978－2010年）
OUTPUT OF MAJOR INDUSTRIAL PRODUCTS (1978-2010)

年　份 Year	原　煤（万吨） Coal (10 000 tons)	天然气（亿立方米） Natural Gas (100 million cu.m)	发电量（亿千瓦时） Electricity (100 million kwh)	钢　材（万吨） Steel Products (10 000 tons)	铝　材（万吨） Aluminum Products (10 000 tons)	水　泥（万吨） Cement (10 000 tons)	汽　车（万辆） Motor Vehicles (10 000 units)
1978	1429.30	0.09	29.60	73.09	1.47	96.14	0.16
1980	1519.58	15.78	33.32	76.52	2.27	129.10	0.23
1985	2085.66	24.47	36.67	86.35	4.50	262.78	0.89
1986	2109.01	25.88	41.96	94.99	4.55	269.20	0.61
1987	2255.86	28.39	54.73	111.36	5.00	308.29	0.90
1988	2459.97	29.44	66.38	121.06	5.01	353.43	1.66
1989	2540.03	31.96	72.64	102.59	4.99	345.39	2.02
1990	2332.71	34.59	73.75	109.61	3.97	351.85	2.18
1991	2380.45	35.86	84.05	105.67	5.51	428.56	3.04
1992	2432.44	36.44	91.95	112.24	5.55	517.31	4.56
1993	2624.97	37.14	118.41	162.74	5.79	562.32	6.82
1994	2841.32	41.87	124.36	130.74	6.19	642.62	8.77
1995	3104.83	45.00	127.62	120.68	5.93	820.57	11.47
1996	1498.72	26.10	128.73	117.55	7.36	648.76	12.41
1997	1410.35	30.69	139.88	116.08	9.31	862.10	16.07
1998	2573.99	33.24	158.67	131.01	10.62	1173.59	15.74
1999	1183.22	34.74	158.27	135.10	12.11	1197.60	21.85
2000	1149.90	38.98	167.90	156.98	13.98	1402.78	24.59
2001	1154.67	41.88	170.41	161.42	16.82	1511.18	24.38
2002	1211.73	45.41	184.75	201.48	19.94	1679.52	33.13
2003	1484.20	47.29	188.64	235.24	21.60	1927.00	40.45
2004	1738.19	51.57	232.82	288.10	26.23	1906.23	42.89
2005	1957.79	57.09	234.03	294.70	39.36	2100.69	42.15
2006	2172.19	70.88	275.44	382.87	66.41	2533.84	51.99
2007	2711.65	71.11	325.22	436.57	81.13	2819.92	70.80
2008	3702.86	79.50	396.64	487.20	79.76	3230.51	76.64
2009	4290.79	75.70	428.26	477.44	75.15	3610.99	118.65
2010	4547.03	67.48	456.71	699.92	102.79	4598.04	161.58

表12.2 续表 continued

年 份 Year	其 中 of which #轿 车（万辆） Cars (10 000 units)	摩托车（万辆） Motorcycles (10 000 units)	维纶纤维（万吨） PVA Fiber (10 000 tons)	硫 酸（万吨） Sulphuric Acid (10 000 tons)	啤 酒（万千升） Beer (1000 kiloliters)	卷 烟（亿支） Cigarettes (100 million pieces)	农用化肥（万吨） Chemical Fertilizer (10 000 tons)
1978				12.76		87.70	20.23
1980		0.27		15.85		115.75	13.10
1985		47.18		15.09	3.47	246.70	15.23
1986		31.94		20.86	4.16	314.90	17.28
1987		27.14		23.25	5.18	346.95	21.70
1988		44.47		25.31	6.26	355.65	21.55
1989		36.85		27.33	5.90	356.20	21.60
1990		38.22		25.24	5.91	357.85	24.58
1991		48.48		33.10	6.67	368.85	28.24
1992		69.37		34.28	7.74	439.10	28.86
1993		120.38		25.96	15.61	437.10	31.73
1994		170.23		25.31	16.69	430.65	35.59
1995		220.17		48.84	18.89	502.25	54.37
1996	1.34	177.36	1.71	51.29	28.54	453.91	78.97
1997	2.89	177.04	1.23	52.00	40.05	507.38	66.07
1998	3.56	126.90	0.90	59.47	50.66	369.35	73.40
1999	4.46	174.93	0.63	61.83	50.81	482.85	74.27
2000	4.82	191.07	0.77	50.65	50.42	343.50	72.26
2001	4.31	253.53	1.03	65.77	39.91	338.50	77.57
2002	6.78	323.42	1.11	85.64	41.36	343.80	82.53
2003	12.06	441.32	1.18	99.18	44.42	387.50	89.97
2004	15.73	473.07	1.30	135.51	46.21	386.32	104.22
2005	15.33	420.84	1.56	150.08	53.87	396.08	121.89
2006	26.30	534.60	1.52	190.44	64.73	406.00	127.82
2007	41.80	638.25	1.57	223.78	76.49	426.00	154.20
2008	40.72	774.90	1.47	172.31	68.01	451.00	127.06
2009	63.30	761.74	1.23	202.29	72.77	476.00	152.00
2010	85.17	849.23	1.26	222.00	75.19	501.00	181.49

表12.3 工业企业经济效益指标（1992－2010年）
INDICATORS ON ECONOMIC BENEFIT OF INDUSTRIAL ENTERPRISES (1992-2010)

单位：% (%)

年　份 Year	经济效益综合指数 Comprehensive Index of Economic Benefits	总资产贡献率 Ratio of Total Assets to Industrial Output Value	资本保值增值率 Ratio of Assets Appreciation YOY	资产负债率 Asset-Liability Ratio
1992	76.2			
1993	84.6			
1994	83.9			
1995	73.0			
1996	63.8	2.8	125.7	68.6
1997	60.3	2.7	113.9	68.4
1998	57.3	5.0	103.0	68.3
1999	67.7	5.5	101.4	67.1
2000	87.1	6.3	112.1	64.8
2001	95.2	6.9	108.3	62.7
2002	109.8	7.8	120.7	61.3
2003	129.7	9.9	115.8	60.8
2004	140.9	10.6	120.2	60.8
2005	139.4	10.0	116.2	59.7
2006	153.7	10.5	114.4	59.8
2007	187.7	12.6	118.2	59.7
2008	204.0	12.2	117.6	60.0
2009	204.4	12.1	114.6	60.3
2010	226.0	13.6	125.0	60.3

年　份 Year	流动资产周转率（次） Turnover Ratio of Circulating Assets (time)	成本费用利润率 Ratio of Profits to Cost	全员劳动生产率（元/人年） Overall Labor Productivity (yuan/person-year)	产品销售率 Sales as Percentage of Output
1992	1.4	3.2	7296	97.0
1993	1.6	3.1	10758	97.1
1994	1.4	2.7	12638	96.4
1995	1.2	0.7	11804	96.3
1996	1.3	-1.2	13546	96.5
1997	1.2	-1.8	14972	95.6
1998	1.1	-2.4	16690	97.2
1999	1.1	-1.1	23385	97.5
2000	1.2	1.7	31081	99.1
2001	1.2	2.3	37750	97.9
2002	1.3	3.4	46464	98.1
2003	1.5	5.7	55957	97.8
2004	1.8	5.8	66148	99.9
2005	1.9	4.9	77511	98.8
2006	2.1	5.2	87750	98.4
2007	2.3	6.1	127993	97.1
2008	2.4	5.8	156167	98.0
2009	2.3	5.8	159484	98.3
2010	2.5	6.1	183031	98.1

注：1）经济效益综合指数1997年前由资金利税率、增加值率、流动资产周转率、成本费用利润率、全员劳动生产率、产品销售率等六项指标构成，从1997年起由总资产贡献率、资本保值增值率、资产负债率、流动资产周转率、成本费用利润率、全员劳动生产率、产品销售率等七项指标构成。

2）由于部分指标无法取得，因此2008年资本保值增值率、全员劳动生产率采用2008年12月快报数代替，其余指标均取自2008年经济普查数。

Note: 1) Comprehensive index of economic benefits before 1997 are composed of 6 items, namely ratio of pretax profits to total industrial assets, ratio of value-added to gross industrial output value, turnover ratio of circulating assets, ratio of profits to cost, overall labor productivity and sales as percentage of output, and since 1997 are composed of 7 items, namely ratio of total assets to industrial output value, ratio of assets appreciation YOY, asset-liability ratio, turnover ratio of circulating assets, ratio of profits to cost, overall labor productivity and sales as percentage of output.

2)Because some of the indices are not available, the index of industrial gross output value, value-added of industry and its index in 2008 are replaced by the accumulated value in December 2008, and other indices are the data from the census of economy in 2008.

表12.4 规模以上工业企业单位数（2009－2010年）
NUMBER OF INDUSTRIAL ENTERPRISES ABOVE DESIGNATED SIZE (2009-2010)

单位：个 (unit)

指　标	Item	2009	2010
总　计	**Total**	**6412**	**7130**
#国有及国有控股企业	State-owned and State-holding Enterprises	518	547
#亏损企业	Loss-generating Enterprises	767	736
按登记注册类型分	**By Status of Registration**		
内资企业	Domestic-funded Enterprises	6124	6806
国有企业	State-owned Enterprises	121	141
集体企业	Collective-owned Enterprises	154	143
股份合作企业	Cooperative Share Holding Enterprises	45	43
国有联营	State Joint Ownership Enterprises	3	4
集体联营	Collective Joint Ownership Enterprises	2	5
国有与集体联营	Joint State-Collective Enterprises	2	4
其他联营	Other Joint Ownership Enterprises	2	3
国有独资公司	Soly State-funded Corporations	112	108
其他有限责任公司	Other Limited Liability Corporations	769	948
股份有限公司	Share-holding Corporations Ltd.	136	174
私营独资	Soly Private-funded Enterprises	1192	1353
私营合作	Cooperative Private Enterprises	256	286
私营有限责任公司	Private Limited Liability Corporations	2927	3191
私营股份有限公司	Private Share-holding Corporations Ltd.	392	372
其他内资	Other Enterprises	11	31
港澳台商投资企业	Enterprises Funded by Hong Kong, Macao and Taiwan	107	123
合资经营	Joint-ventures	60	59
合作经营	Cooperative Enterprises	2	3
独　资	Enterprises with Sole Investment	40	55
投资股份有限公司	Share-holding Corporations Ltd.	5	6
外商投资企业	Foreign-funded Enterprises	181	201
中外合资经营	Joint-ventures	120	125
中外合作经营	Cooperative Enterprises	6	7
外资企业	Enterprises with Sole Investment	50	61
外商投资股份有限公司	Share-holding Corporations Ltd.	5	8
按轻重工业分	**By Light and Heavy Industries**		
轻工业	Light Industry	2502	2712
重工业	Heavy Industry	3910	4418
按企业规模分	**By Size**		
大型企业	Large	67	73
中型企业	Medium	600	713
小型企业	Small	5745	6344

表12.5 规模以上工业企业增加值（2009－2010年）

VALUE-ADDED OF INDUSTRIAL ENTERPRISES ABOVE DESIGNATED SIZE (2009-2010)

单位：万元 (10 000 yuan)

指 标	Item	2009	2010
总 计	**Total**	**21893934**	**26825065**
#国有控股企业	State-owned and State-holding Enterprises	9078301	10281821
按登记注册类型分	**By Status of Registration**		
内资企业	Domestic-funded Enterprises	17887287	21998323
#国有企业	State-owned	942398	963022
集体企业	Collective-owned	263900	226721
港澳台投资企业	Funded by Hong Kong, Macao and Taiwan	1041469	1132005
外商投资企业	Foreign-funded	2965178	3694737
按轻、重工业分	**By Light and Heavy Industries**		
轻工业	Light Industry	6787632	8082978
重工业	Heavy Industry	15106301	18742087
按企业规模分	**By Size**		
大型企业	Large	7456006	8103366
中型企业	Medium	6908227	8227729
小型企业	Small	7529701	10493970
按行业分	**By Sector**		
采矿业	**Mining and Quarrying**		
煤炭开采和洗选业	Mining and Washing of Coal	1284982	1604268
石油和天然气开采业	Extraction of Petroleum and Natural Gas	274110	396148
黑色金属矿采选业	Mining and Processing of Ferrous Metal Ores	91827	152448
有色金属矿采选业	Mining and Processing of Non-Ferrous Metal Ores	63527	60279
非金属矿采选业	Mining and Processing of Nonmetal Ores	256919	278046
其他采矿业	Mining of Other Ores		
制造业	**Manufacturing**		
农副食品加工业	Processing of Food from Agricultural Products	746333	795150
食品制造业	Manufacture of Foods	242095	337468
饮料制造业	Manufacture of Beverages	321263	409166
烟草制品业	Manufacture of Tobacco	617069	728842
纺织业	Manufacture of Textile	393448	472486
纺织服装、鞋、帽制造业	Manufacture of Textile Wearing Apparel, Footware and Caps	90644	147529
皮革、毛皮、羽毛（绒）及其制品业	Manufacture of Leather, Fur, Feather and Related Products	105704	161687
木材加工及木竹藤棕草制品业	Processing of Timber, Manufacture of Wood, Bamboo, Rattan, Palm and Straw Products	32759	40576
家具制造业	Manufacture of Furniture	98773	104445
造纸及纸制品业	Manufacture of Paper and Paper Products	230690	340151
印刷业、记录媒介的复制	Printing, Reproduction of Recording Media	137156	133680
文教体育用品制造业	Manufacture of Articles For Culture, Education and Sport Activities	3192	6792
石油加工、炼焦及核燃料加工业	Processing of Petroleum, Coking, Processing of Nuclear Fuel	154239	182004
化学原料及化学制品制造业	Manufacture of Raw Chemical Materials and Chemical Products	1518225	1667737
医药制造业	Manufacture of Medicines	697609	699162
化学纤维制造业	Manufacture of Chemical Fibers	19347	16354
橡胶制品业	Manufacture of Rubber	118353	203091
塑料制品业	Manufacture of Plastics	196607	254215
非金属矿物制品业	Manufacture of Non-metallic Mineral Products	1158629	1556399
黑色金属冶炼及压延加工业	Smelting and Pressing of Ferrous Metals	822709	1035457
有色金属冶炼及压延加工业	Smelting and Pressing of Nonferrous Metals	783199	872553
金属制品业	Manufacture of Metal Products	311253	470960
通用设备制造业	Manufacture of General Purpose Machinery	875580	1222554
专用设备制造业	Manufacture of Special Purpose Machinery	295384	420014
交通运输设备制造业	Manufacture of Transport Equipment	6269879	7595707
电气机械及器材制造业	Manufacture of Electrical Machinery and Equipment	788356	967569
通信设备、计算机及其他电子设备制造业	Manufacture of Communication Equipment, Computers and Other Electronic Equipment	366848	686996
仪器仪表及文化、办公用机械制造业	Manufacture of Measuring Instruments and Machinery for Cultural Activity and Office Work	219545	277944
工艺品及其他制造业	Manufacture of Artwork and Other Manufacturing	300927	462963
废弃资源和废旧材料回收加工业	Recycling and Disposal of Waste	44856	92382
电力、燃气及水的生产和供应业	**Production and Supply of Electric Power, Gas and Water**		
电力、热力的生产和供应业	Production and Supply of Electric Power and Heat Power	1625476	1678872
燃气生产和供应业	Production and Supply of Gas	262247	172724
水的生产和供应业	Production and Supply of Water	74174	120247

表12.6 规模以上工业企业主要经济指标（2010年）

MAIN ECONOMIC INDICATORS OF INDUSTRIAL ENTERPRISES ABOVE DESIGNATED SIZE (2010)

指　标	Item	单位数（个） Number of Enterprises (unit)
总　计	**Total**	**7130**
#国有控股企业	State-owned and State-holding Enterprises	547
按登记注册类型分	**By Status of Registration**	
内资企业	Domestic-funded Enterprises	6806
#国有企业	State-owned	141
集体企业	Collective-owned	143
港澳台投资企业	Funded by Hong Kong, Macao and Taiwan	123
外商投资企业	Foreign-funded	201
按轻、重工业分	**By Light and Heavy Industries**	
轻工业	Light Industry	2712
重工业	Heavy Industry	4418
按企业规模分	**By Size**	
大型企业	Large	73
中型企业	Medium	713
小型企业	Small	6344
按行业分	**By Sector**	
煤炭开采和洗选业	Mining and Washing of Coal	630
石油和天然气开采业	Extraction of Petroleum and Natural Gas	4
黑色金属矿采选业	Mining and Processing of Ferrous Metal Ores	55
有色金属矿采选业	Mining and Processing of Non-Ferrous Metal Ores	7
非金属矿采选业	Mining and Processing of Nonmetal Ores	159
其他采矿业	Mining of Other Ores	
农副食品加工业	Processing of Food from Agricultural Products	437
食品制造业	Manufacture of Foods	175
饮料制造业	Manufacture of Beverages	111
烟草制品业	Manufacture of Tobacco	4
纺织业	Manufacture of Textile	241
纺织服装、鞋、帽制造业	Manufacture of Textile Wearing Apparel, Footware and Caps	71
皮革、毛皮、羽毛（绒）及其制品业	Manufacture of Leather, Fur, Feather and Related Products	130
木材加工及木竹藤棕草制品业	Processing of Timber, Manufacture of Wood, Bamboo, Rattan, Palm and Straw Products	61
家具制造业	Manufacture of Furniture	69
造纸及纸制品业	Manufacture of Paper and Paper Products	150
印刷业、记录媒介的复制	Printing, Reproduction of Recording Media	86
文教体育用品制造业	Manufacture of Articles For Culture, Education and Sport Activities	6
石油加工、炼焦及核燃料加工业	Processing of Petroleum, Coking, Processing of Nuclear Fuel	31
化学原料及化学制品制造业	Manufacture of Raw Chemical Materials and Chemical Products	349
医药制造业	Manufacture of Medicines	121
化学纤维制造业	Manufacture of Chemical Fibers	4
橡胶制品业	Manufacture of Rubber	64
塑料制品业	Manufacture of Plastics	208
非金属矿物制品业	Manufacture of Non-metallic Mineral Products	689
黑色金属冶炼及压延加工业	Smelting and Pressing of Ferrous Metals	167
有色金属冶炼及压延加工业	Smelting and Pressing of Nonferrous Metals	121
金属制品业	Manufacture of Metal Products	244
通用设备制造业	Manufacture of General Purpose Machinery	407
专用设备制造业	Manufacture of Special Purpose Machinery	174
交通运输设备制造业	Manufacture of Transport Equipment	1472
电气机械及器材制造业	Manufacture of Electrical Machinery and Equipment	246
通信设备、计算机及其他电子设备制造业	Manufacture of Communication Equipment, Computers and Other Electronic Equipment	69
仪器仪表及文化、办公用机械制造业	Manufacture of Measuring Instruments and Machinery for Cultural Activity and Office Work	124
工艺品及其他制造业	Manufacture of Artwork and Other Manufacturing	34
废弃资源和废旧材料回收加工业	Recycling and Disposal of Waste	16
电力、热力的生产和供应业	Production and Supply of Electric Power and Heat Power	108
燃气生产和供应业	Production and Supply of Gas	43
水的生产和供应业	Production and Supply of Water	43

单位：万元 (10 000 yuan)

从业人员平均人数（万人） Average Employment (10 000 persons)	工业总产值 Gross Industrial Output Value	其中 of which	工业销售产值 Sales Value of Industry	实收资本 Paid-in Capital	其中 of which	
		#新产品产值 Output Value of New Products			#国家资本 State Capital	#外商资本 Foreign Capital
146.56	**91435532**	**29380967**	**89703746**	**14679604**	**2134443**	**1034667**
42.05	33422508		33053788	7419937	2047885	397962
131.82	73849812	21124794	72125872	11417092	1904638	102458
8.37	3870367	972480	3869404	1488988	742216	
2.31	1462816	1030542	1447093	90560	633	
5.57	4562220	1072846	4517775	971938	5985	36631
9.17	13023500	7183327	13060099	2290574	223820	895578
48.65	27044298		26357974	3392255	239224	201440
97.91	64391234		63345772	11287349	1895219	833227
32.50	30871738	17921647	30498692	4615537	635504	361139
49.08	29467491	8498751	28820472	5685186	997521	473904
64.98	31096303	2960569	30384582	4378881	501418	199624
16.99	3228262	50879	3205486	629415	55525	
0.21	734488		717817	105600	97021	
0.98	188412		180777	106574	93296	
0.20	69674		43677	9818		
1.33	791071	12918	762273	91772	1103	
4.96	3515552	278631	3469555	246147	38282	23950
2.15	1015872	69010	993184	115891	2845	3924
1.96	1101555	197795	1047000	245994	2773	47170
0.55	1017971	323013	998306	109013	1450	
3.70	1685533	424567	1660998	156971	7830	20550
1.64	393187	40320	363443	75760		3017
1.90	556423	78929	548624	32211		6025
0.53	173525	17298	168509	32620	10	40
0.75	436020	18374	426627	42223		2444
1.77	1357173	215004	1348110	340071	12328	400
1.07	568626	24255	544072	100433	9191	10967
0.16	14679	4637	14398	6820		
0.60	406088	28480	431522	56458	5000	2000
8.21	5344548	2349795	5208967	1372875	227048	130271
3.26	1804897	572685	1704194	370789	56586	2545
0.07	73133	7533	68661	4720		
1.79	732503	109725	713252	114984		14868
1.94	887966	85193	850670	116700	4057	6311
11.43	4593686	645364	4513709	1144537	11097	139727
3.96	4825993	1329666	4863956	429966	45886	411
2.89	3990700	1177648	3940221	691711	13663	35
3.18	1608060	364125	1572417	153138	11920	9652
7.70	4397458	1585474	4241383	713799	101799	76289
4.86	2201728	507862	2067370	497099	47659	21480
39.06	29037983	14988812	28727337	3283409	275957	385018
4.78	5028497	2600850	4866855	453681	49410	35114
2.87	2251443	806501	2155516	375307	38424	18443
2.58	1133822	434213	1111632	259029	4346	25697
0.54	167448	30336	151773	25653	200	
0.30	779928		714468	10805		
4.15	4513208	656	4503098	1732194	814017	17822
0.76	602796	330	599144	183886	16293	30497
0.78	205624	88	204745	241531	89427	

表12.6 续表1 continued1

指 标	Item	资 产 Total Assets
总 计	**Total**	**80990083**
#国有控股企业	State-owned and State-holding Enterprises	42060189
按登记注册类型分	**By Status of Registration**	
内资企业	Domestic-funded Enterprises	65630984
#国有企业	State-owned	6981405
集体企业	Collective-owned	677687
港澳台投资企业	Funded by Hong Kong, Macao and Taiwan	5479975
外商投资企业	Foreign-funded	9879124
按轻、重工业分	**By Light and Heavy Industries**	
轻工业	Light Industry	18534036
重工业	Heavy Industry	62456047
按企业规模分	**By Size**	
大型企业	Large	31649846
中型企业	Medium	28162157
小型企业	Small	21178079
按行业分	**By Sector**	
煤炭开采和洗选业	Mining and Washing of Coal	2705901
石油和天然气开采业	Extraction of Petroleum and Natural Gas	188795
黑色金属矿采选业	Mining and Processing of Ferrous Metal Ores	453331
有色金属矿采选业	Mining and Processing of Non-Ferrous Metal Ores	51058
非金属矿采选业	Mining and Processing of Nonmetal Ores	506989
其他采矿业	Mining of Other Ores	
农副食品加工业	Processing of Food from Agricultural Products	1346587
食品制造业	Manufacture of Foods	690823
饮料制造业	Manufacture of Beverages	1006109
烟草制品业	Manufacture of Tobacco	661147
纺织业	Manufacture of Textile	730806
纺织服装、鞋、帽制造业	Manufacture of Textile Wearing Apparel, Footware and Caps	227624
皮革、毛皮、羽毛（绒）及其制品业	Manufacture of Leather, Fur, Feather and Related Products	151086
木材加工及木竹藤棕草制品业	Processing of Timber, Manufacture of Wood, Bamboo, Rattan, Palm and Straw Products	102291
家具制造业	Manufacture of Furniture	226377
造纸及纸制品业	Manufacture of Paper and Paper Products	1189683
印刷业、记录媒介的复制	Printing, Reproduction of Recording Media	495293
文教体育用品制造业	Manufacture of Articles For Culture, Education and Sport Activities	10115
石油加工、炼焦及核燃料加工业	Processing of Petroleum, Coking, Processing of Nuclear Fuel	237809
化学原料及化学制品制造业	Manufacture of Raw Chemical Materials and Chemical Products	6889410
医药制造业	Manufacture of Medicines	2090987
化学纤维制造业	Manufacture of Chemical Fibers	27827
橡胶制品业	Manufacture of Rubber	570724
塑料制品业	Manufacture of Plastics	552056
非金属矿物制品业	Manufacture of Non-metallic Mineral Products	5378641
黑色金属冶炼及压延加工业	Smelting and Pressing of Ferrous Metals	3947707
有色金属冶炼及压延加工业	Smelting and Pressing of Nonferrous Metals	2872449
金属制品业	Manufacture of Metal Products	1050159
通用设备制造业	Manufacture of General Purpose Machinery	3722327
专用设备制造业	Manufacture of Special Purpose Machinery	2892243
交通运输设备制造业	Manufacture of Transport Equipment	21271292
电气机械及器材制造业	Manufacture of Electrical Machinery and Equipment	3040030
通信设备、计算机及其他电子设备制造业	Manufacture of Communication Equipment, Computers and Other Electronic Equipment	1617148
仪器仪表及文化、办公用机械制造业	Manufacture of Measuring Instruments and Machinery for Cultural Activity and Office Work	1304980
工艺品及其他制造业	Manufacture of Artwork and Other Manufacturing	124866
废弃资源和废旧材料回收加工业	Recycling and Disposal of Waste	160142
电力、热力的生产和供应业	Production and Supply of Electric Power and Heat Power	10566770
燃气生产和供应业	Production and Supply of Gas	850192
水的生产和供应业	Production and Supply of Water	1078309

单位：万元 (10 000 yuan)

其 中 of which	固定资产 Fixed Assets		负 债	其 中 of which
#流动资产 Circulating Assets	原 值 Original Value	净 值 Net Value	Total Liabilities	#流动负债 Total Circulating Liabilities
36084780	**44634155**	**29639590**	**48796626**	**35523928**
16723895	25446661	16741368	26617683	17652359
28611483	35807445	23781570	39101756	28410338
2401019	3643006	2341156	4108239	2626115
388005	280652	167754	481298	456148
2573038	2996950	2224050	3619447	2406136
4900259	5829760	3633970	6075423	4707454
9700239	8649259	5459660	10244311	8671358
26384541	35984896	24179929	38552314	26852571
14270734	17028859	10885436	19429104	14603989
12961680	16126389	10647819	16789930	12563011
8852366	11478906	8106335	12577592	8356929
883955	1435911	1028614	1408744	1003150
31227	117851	68647	28173	17766
242552	36271	23084	191168	184854
23761	22016	19522	28211	26482
138119	277269	214191	212123	161321
699752	695875	452526	654785	517209
283127	455021	242857	348150	275936
403465	616489	406644	536227	486317
452657	321772	143895	259266	259266
359558	364658	255857	384716	246580
100558	107797	87036	94647	83126
89256	304491	44033	72202	64613
44242	71532	48433	46852	38337
148317	85047	56998	129603	124261
367027	802319	677021	671444	498745
225608	293359	200312	266102	212607
1836	7987	7114	3928	1813
79522	153177	107956	135300	116977
2305069	4103704	2808890	3916880	2352463
1054759	785089	575368	1113417	978808
18040	8636	6611	7277	6810
238356	328899	256265	353229	259061
288242	380729	186539	321573	271244
1907483	3235455	2344306	3284559	2246267
1889061	2368976	1661510	2536469	1601853
1154774	1555070	791363	2056837	1171186
552896	518113	365252	629729	553091
2258656	1388860	920908	2128196	1796001
1353773	1398712	1107982	1967886	1610408
12553076	8612305	4973069	12744427	11452148
2073560	825128	565004	2055932	1778453
929588	582164	470100	1133580	953619
747419	531393	293561	786348	546438
74436	43039	30460	41044	33747
111686	56508	41058	125126	125126
1533677	10584857	7310247	7178418	3011012
282196	464976	343417	459442	284991
183494	692700	502940	484616	171842

表12.6 续表2 continued2

指　标	Item	所有者权益 Creditors' Equity
总　计	**Total**	**32057811**
#国有控股企业	State-owned and State-holding Enterprises	15412296
按登记注册类型分	**By Status of Registration**	
内资企业	Domestic-funded Enterprises	26409824
#国有企业	State-owned	2871518
集体企业	Collective-owned	195874
港澳台投资企业	Funded by Hong Kong, Macao and Taiwan	1851460
外商投资企业	Foreign-funded	3796527
按轻、重工业分	**By Light and Heavy Industries**	
轻工业	Light Industry	8252570
重工业	Heavy Industry	23805241
按企业规模分	**By Size**	
大型企业	Large	12199493
中型企业	Medium	11328601
小型企业	Small	8529717
按行业分	**By Sector**	
煤炭开采和洗选业	Mining and Washing of Coal	1294175
石油和天然气开采业	Extraction of Petroleum and Natural Gas	160622
黑色金属矿采选业	Mining and Processing of Ferrous Metal Ores	262063
有色金属矿采选业	Mining and Processing of Non-Ferrous Metal Ores	22847
非金属矿采选业	Mining and Processing of Nonmetal Ores	293889
其他采矿业	Mining of Other Ores	
农副食品加工业	Processing of Food from Agricultural Products	686256
食品制造业	Manufacture of Foods	341583
饮料制造业	Manufacture of Beverages	469712
烟草制品业	Manufacture of Tobacco	401881
纺织业	Manufacture of Textile	341730
纺织服装、鞋、帽制造业	Manufacture of Textile Wearing Apparel, Footware and Caps	124742
皮革、毛皮、羽毛（绒）及其制品业	Manufacture of Leather, Fur, Feather and Related Products	78617
木材加工及木竹藤棕草制品业	Processing of Timber, Manufacture of Wood, Bamboo, Rattan, Palm and Straw Products	55157
家具制造业	Manufacture of Furniture	96169
造纸及纸制品业	Manufacture of Paper and Paper Products	517440
印刷业、记录媒介的复制	Printing, Reproduction of Recording Media	229190
文教体育用品制造业	Manufacture of Articles For Culture, Education and Sport Activities	6187
石油加工、炼焦及核燃料加工业	Processing of Petroleum, Coking, Processing of Nuclear Fuel	102434
化学原料及化学制品制造业	Manufacture of Raw Chemical Materials and Chemical Products	2967135
医药制造业	Manufacture of Medicines	977291
化学纤维制造业	Manufacture of Chemical Fibers	20551
橡胶制品业	Manufacture of Rubber	216114
塑料制品业	Manufacture of Plastics	229328
非金属矿物制品业	Manufacture of Non-metallic Mineral Products	2087791
黑色金属冶炼及压延加工业	Smelting and Pressing of Ferrous Metals	1406296
有色金属冶炼及压延加工业	Smelting and Pressing of Nonferrous Metals	793374
金属制品业	Manufacture of Metal Products	417601
通用设备制造业	Manufacture of General Purpose Machinery	1587786
专用设备制造业	Manufacture of Special Purpose Machinery	916479
交通运输设备制造业	Manufacture of Transport Equipment	8496351
电气机械及器材制造业	Manufacture of Electrical Machinery and Equipment	978369
通信设备、计算机及其他电子设备制造业	Manufacture of Communication Equipment, Computers and Other Electronic Equipment	474942
仪器仪表及文化、办公用机械制造业	Manufacture of Measuring Instruments and Machinery for Cultural Activity and Office Work	517246
工艺品及其他制造业	Manufacture of Artwork and Other Manufacturing	83810
废弃资源和废旧材料回收加工业	Recycling and Disposal of Waste	35016
电力、热力的生产和供应业	Production and Supply of Electric Power and Heat Power	3385448
燃气生产和供应业	Production and Supply of Gas	388497
水的生产和供应业	Production and Supply of Water	593692

单位：万元 (10 000 yuan)

主营业务收入 Revenue from Principal	主营业务成本 Cost of Principal	主营业务税金及附加 Tax and Extra Charges of	本年应交增值税 VAT Payable	主营业务利润 Profit of Principal	利润总额 Total After-tax	利税总额 Total Pre-tax	工资总额 Total Wages
90390303	**75935055**	**1515376**	**3417527**	**12939872**	**5185939**	**10118841**	**5681931**
33470521	27729401	1123911	1674842	4617209	1434076	4232829	2110557
72230262	60982077	1151028	2383702	10097157	4145057	7679787	5001639
3912840	3203415	142551	134728	566874	106938	384217	376138
1449929	1340515	14636	66289	94778	47364	128288	73141
4621280	3989240	18425	164339	613615	175137	357900	227468
13538761	10963738	345923	869486	2229100	865745	2081154	452824
26729545	22049611	654494	812666	4025440	1636000	3103160	1740118
63660758	53885444	860882	2604861	8914432	3549939	7015681	3941813
31177624	26238235	1005636	1574349	3933753	1284635	3864619	1825113
28827846	24278119	187855	1009363	4361872	1917417	3114636	1995259
30384833	25418701	321885	833815	4644247	1983887	3139587	1861559
3282218	2567981	51622	214173	662615	315411	581207	633112
711586	472621	123755	7381	115210	4664	135800	17027
260085	170983	2928	19726	86174	13621	36275	29882
61600	44328	722	3008	16550	3175	6905	7617
721569	587378	12991	26187	121200	74589	113767	41278
3488120	2995744	17773	58952	474603	230834	307560	160177
1103392	872921	6059	31034	224412	97926	135018	70606
1047144	750526	33695	48773	262923	93121	175590	90899
975557	358577	466043	75680	150937	85874	627596	46321
1689112	1478750	8115	45226	202247	101465	154806	114680
370320	290616	4635	8100	75069	33780	46516	48727
546966	472246	1745	9659	72975	26218	37621	63460
168291	136235	1160	3636	30896	13343	18139	13881
431839	339452	1768	9965	90619	43612	55345	26772
1381609	1143304	3953	48813	234352	75346	128112	84128
513621	420451	2160	20028	91010	27595	49783	33830
14827	11944	249	296	2634	1627	2172	3662
430226	351136	3582	15425	75508	34542	53549	19132
5174825	4355351	46067	201994	773407	325817	573878	306268
1703219	1175180	9123	76784	518916	131770	217678	156101
58626	52178	194	2020	6254	4804	7018	8317
743374	643054	3280	22808	97040	35967	62055	53954
863308	736397	3948	21053	122963	50208	75209	60297
4450991	3609102	27777	191574	814112	335129	554479	351354
4846076	4406336	20668	152055	419072	116214	288937	131571
3843542	3533188	15575	56078	294779	169378	241031	150413
1582409	1314450	11219	47461	256740	105487	164166	119469
4389126	3552506	19752	136967	816868	371435	528154	307825
2078457	1743348	8707	48966	326402	104211	161883	205079
29290401	24786582	513449	1312776	3990370	1528845	3355070	1556712
4751569	4239068	30747	144053	481754	262821	437621	173844
2163552	1965444	21790	45845	176318	28655	96290	88169
1090612	839246	6494	38901	244872	76726	122121	101855
150773	117531	1207	5717	32035	20833	27758	15434
708920	636919	4160	19041	67841	5933	29134	11282
4467864	4090723	21316	220577	355825	155231	397123	305144
617536	524798	5356	15254	87382	53513	74123	40596
217041	148461	1592	11541	66988	26219	39352	33056

表12.7 规模以上工业企业经济效益指标（2010年）

INDICATORS ON ECONOMIC BENEFIT OF INDUSTRIAL ENTERPRISES ABOVE DESIGNATED SIZE (2010)

指 标	Item	增加值率 Ratio of Value-added to Gross Industrial Output Value
总 计	**Total**	**29.2**
#国有控股企业	State-owned and State-holding Enterprises	30.5
按登记注册类型分	**By Status of Registration**	
内资企业	Domestic-funded Enterprises	29.4
#国有企业	State-owned	34.7
集体企业	Collective-owned	16.1
港澳台投资企业	Funded by Hong Kong, Macao and Taiwan	25.0
外商投资企业	Foreign-funded	29.4
按轻、重工业分	**By Light and Heavy Industries**	
轻工业	Light Industry	28.5
重工业	Heavy Industry	29.4
按企业规模分	**By Size**	29.2
大型企业	Large	28.4
中型企业	Medium	30.2
小型企业	Small	28.7
按行业分	**By Sector**	
煤炭开采和洗选业	Mining and Washing of Coal	54.5
石油和天然气开采业	Extraction of Petroleum and Natural Gas	37.8
黑色金属矿采选业	Mining and Processing of Ferrous Metal Ores	74.1
有色金属矿采选业	Mining and Processing of Non-Ferrous Metal Ores	43.7
非金属矿采选业	Mining and Processing of Nonmetal Ores	32.5
其他采矿业	Mining of Other Ores	
农副食品加工业	Processing of Food from Agricultural Products	25.3
食品制造业	Manufacture of Foods	31.4
饮料制造业	Manufacture of Beverages	37.4
烟草制品业	Manufacture of Tobacco	71.4
纺织业	Manufacture of Textile	27.4
纺织服装、鞋、帽制造业	Manufacture of Textile Wearing Apparel, Footware and Caps	33.8
皮革、毛皮、羽毛（绒）及其制品业	Manufacture of Leather, Fur, Feather and Related Products	33.6
木材加工及木竹藤棕草制品业	Processing of Timber, Manufacture of Wood, Bamboo, Rattan, Palm and Straw Products	28.5
家具制造业	Manufacture of Furniture	24.7
造纸及纸制品业	Manufacture of Paper and Paper Products	25.1
印刷业、记录媒介的复制	Printing, Reproduction of Recording Media	29.1
文教体育用品制造业	Manufacture of Articles For Culture, Education and Sport Activities	44.3
石油加工、炼焦及核燃料加工业	Processing of Petroleum, Coking, Processing of Nuclear Fuel	28.4
化学原料及化学制品制造业	Manufacture of Raw Chemical Materials and Chemical Products	33.1
医药制造业	Manufacture of Medicines	36.4
化学纤维制造业	Manufacture of Chemical Fibers	27.8
橡胶制品业	Manufacture of Rubber	28.7
塑料制品业	Manufacture of Plastics	28.6
非金属矿物制品业	Manufacture of Non-metallic Mineral Products	34.6
黑色金属冶炼及压延加工业	Smelting and Pressing of Ferrous Metals	24.3
有色金属冶炼及压延加工业	Smelting and Pressing of Nonferrous Metals	21.6
金属制品业	Manufacture of Metal Products	29.6
通用设备制造业	Manufacture of General Purpose Machinery	29.9
专用设备制造业	Manufacture of Special Purpose Machinery	27.7
交通运输设备制造业	Manufacture of Transport Equipment	25.4
电气机械及器材制造业	Manufacture of Electrical Machinery and Equipment	20.2
通信设备、计算机及其他电子设备制造业	Manufacture of Communication Equipment, Computers and Other Electronic Equipment	29.4
仪器仪表及文化、办公用机械制造业	Manufacture of Measuring Instruments and Machinery for Cultural Activity and Office Work	28.5
工艺品及其他制造业	Manufacture of Artwork and Other Manufacturing	34.0
废弃资源和废旧材料回收加工业	Recycling and Disposal of Waste	22.5
电力、热力的生产和供应业	Production and Supply of Electric Power and Heat Power	36.3
燃气生产和供应业	Production and Supply of Gas	28.1
水的生产和供应业	Production and Supply of Water	59.1

单位：% (%)

总资产贡献率 Ratio of Total Assets to Industrial Output Value	资本保值增值率 Ratio of Assets Appreciation YOY	资产负债率 Asset-Liability Ratio	流动资产周转率（次） Turnover Ratio of Circulating Assets (time)	成本费用利润率 Ratio of Profits to Cost	全员劳动生产率（元/人年） Overall Labor Productivity (yuan/person-year)	产品销售率 Sales as Percentage of Output
13.6	**125.0**	**60.3**	**2.5**	**6.1**	**183031**	**98.1**
11.1	117.4	63.3	2.0	4.6	244514	98.9
12.8	125.5	59.6	2.5	6.1	166882	97.7
6.3	125.3	58.8	1.6	2.9	115056	100.0
19.2	150.9	71.0	3.7	3.4	98148	98.9
7.9	134.5	66.0	1.8	4.0	203232	99.0
21.9	116.9	61.5	2.8	6.9	402916	100.3
17.7	140.5	55.3	2.8	6.7	166145	97.5
12.3	120.0	61.7	2.4	5.9	191422	98.4
	125.0					
13.1	126.3	61.4	2.2	4.4	249334	98.8
12.3	112.6	59.6	2.2	7.0	167639	97.8
16.0	137.4	59.4	3.4	7.1	161495	97.7
	125.0					
22.2	134.7	52.1	3.7	10.7	94536	99.3
72.1	122.8	14.9	22.8	1.0	1886419	97.7
8.5	118.9	42.2	1.1	5.7	155559	95.9
14.9	133.4	55.3	2.6	5.7	301395	62.7
23.7	104.2	41.8	5.2	11.3	209057	96.4
24.2	153.6	48.6	5.0	7.1	160313	98.7
20.6	141.6	50.4	3.9	9.8	156962	97.8
18.5	121.7	53.3	2.6	10.0	208758	95.0
95.8	138.7	39.2	2.2	19.8	1325167	98.1
22.6	93.1	52.6	4.7	6.5	127699	98.5
21.1	191.3	41.6	3.7	10.0	89957	92.4
26.3	116.3	47.8	6.1	5.1	85098	98.6
18.9	136.4	45.8	3.8	8.9	76558	97.1
25.1	114.7	57.3	2.9	11.4	139260	97.8
11.6	159.5	56.4	3.8	6.2	192176	99.3
11.5	110.0	53.7	2.3	5.7	124935	95.7
21.7	288.7	38.8	8.1	12.3	42450	98.1
23.6	92.5	56.9	5.4	8.9	303340	106.3
9.8	117.6	56.9	2.2	6.4	203135	97.5
11.8	133.2	53.2	1.6	8.5	214467	94.4
25.8	108.3	26.2	3.2	8.8	233629	93.9
13.1	118.5	61.9	3.1	5.0	113459	97.4
14.8	130.0	58.3	3.0	6.3	131039	95.8
11.6	134.3	61.1	2.3	8.3	136168	98.3
8.9	105.0	64.3	2.6	2.4	261479	100.8
9.8	110.7	71.6	3.3	4.5	301921	98.7
16.8	127.6	60.0	2.9	7.3	148101	97.8
14.8	131.0	57.2	1.9	9.4	158773	96.5
6.6	118.1	68.0	1.5	5.1	86423	93.9
16.3	123.5	59.9	2.3	5.6	194463	98.9
15.5	154.4	67.6	2.3	5.8	202420	96.8
6.7	171.2	70.1	2.3	1.3	239371	95.7
10.3	120.6	60.3	1.5	7.5	107730	98.0
23.0	141.9	32.9	2.0	15.8	857339	90.6
19.1	87.1	78.1	6.3	0.8	307940	91.6
5.7	113.1	67.9	2.9	3.5	404547	99.8
8.6	157.3	54.0	2.2	9.3	227268	99.4
4.5	134.9	44.9	1.2	12.8	154163	99.6

表12.7 续表 continued

指　标	Item	销售利润率 Rate of Return on Sale
总　计	**Total**	**5.7**
#国有控股企业	State-owned and State-holding Enterprises	4.3
按登记注册类型分	**By Status of Registration**	
内资企业	Domestic-funded Enterprises	5.7
#国有企业	State-owned	2.7
集体企业	Collective-owned	3.3
港澳台投资企业	Funded by Hong Kong, Macao and Taiwan	3.8
外商投资企业	Foreign-funded	6.4
按轻、重工业分	**By Light and Heavy Industries**	
轻工业	Light Industry	6.1
重工业	Heavy Industry	5.6
按企业规模分	**By Size**	
大型企业	Large	4.1
中型企业	Medium	6.7
小型企业	Small	6.5
按行业分	**By Sector**	
煤炭开采和洗选业	Mining and Washing of Coal	9.6
石油和天然气开采业	Extraction of Petroleum and Natural Gas	0.7
黑色金属矿采选业	Mining and Processing of Ferrous Metal Ores	5.2
有色金属矿采选业	Mining and Processing of Non-Ferrous Metal Ores	5.2
非金属矿采选业	Mining and Processing of Nonmetal Ores	10.3
其他采矿业	Mining of Other Ores	
农副食品加工业	Processing of Food from Agricultural Products	6.6
食品制造业	Manufacture of Foods	8.9
饮料制造业	Manufacture of Beverages	8.9
烟草制品业	Manufacture of Tobacco	8.8
纺织业	Manufacture of Textile	6.0
纺织服装、鞋、帽制造业	Manufacture of Textile Wearing Apparel, Footware and Caps	9.1
皮革、毛皮、羽毛（绒）及其制品业	Manufacture of Leather, Fur, Feather and Related Products	4.8
木材加工及木竹藤棕草制品业	Processing of Timber, Manufacture of Wood, Bamboo, Rattan, Palm and Straw Products	7.9
家具制造业	Manufacture of Furniture	10.1
造纸及纸制品业	Manufacture of Paper and Paper Products	5.5
印刷业、记录媒介的复制	Printing, Reproduction of Recording Media	5.4
文教体育用品制造业	Manufacture of Articles For Culture, Education and Sport Activities	11.0
石油加工、炼焦及核燃料加工业	Processing of Petroleum, Coking, Processing of Nuclear Fuel	8.0
化学原料及化学制品制造业	Manufacture of Raw Chemical Materials and Chemical Products	6.3
医药制造业	Manufacture of Medicines	7.7
化学纤维制造业	Manufacture of Chemical Fibers	8.2
橡胶制品业	Manufacture of Rubber	4.8
塑料制品业	Manufacture of Plastics	5.8
非金属矿物制品业	Manufacture of Non-metallic Mineral Products	7.5
黑色金属冶炼及压延加工业	Smelting and Pressing of Ferrous Metals	2.4
有色金属冶炼及压延加工业	Smelting and Pressing of Nonferrous Metals	4.4
金属制品业	Manufacture of Metal Products	6.7
通用设备制造业	Manufacture of General Purpose Machinery	8.5
专用设备制造业	Manufacture of Special Purpose Machinery	5.0
交通运输设备制造业	Manufacture of Transport Equipment	5.2
电气机械及器材制造业	Manufacture of Electrical Machinery and Equipment	5.5
通信设备、计算机及其他电子设备制造业	Manufacture of Communication Equipment, Computers and Other Electronic Equipment	1.3
仪器仪表及文化、办公用机械制造业	Manufacture of Measuring Instruments and Machinery for Cultural Activity and Office Work	7.0
工艺品及其他制造业	Manufacture of Artwork and Other Manufacturing	13.8
废弃资源和废旧材料回收加工业	Recycling and Disposal of Waste	0.8
电力、热力的生产和供应业	Production and Supply of Electric Power and Heat Power	3.5
燃气生产和供应业	Production and Supply of Gas	8.7
水的生产和供应业	Production and Supply of Water	12.1

资本积累率 Rate of Capital Accumulation	流动比率 Current Ratio	速动比率 Quick Ratio	产权比率 Equity Ratio	人均实现利税（元） Per Capita Pre-tax Profits (yuan)	从业人员人均工资（元） Per Capita Wages of Employees (yuan)
25.0	**1.0**	**0.8**	**1.5**	**69042**	**38769**
17.4	0.9	0.7	1.7	100662	50192
25.5	1.0	0.8	1.5	58260	37943
25.3	0.9	0.7	1.4	45904	44939
50.9	0.9	0.7	2.5	55536	31663
34.5	1.1	0.7	2.0	64255	40838
16.9	1.0	0.8	1.6	226952	49381
40.5	1.1	0.9	1.2	63785	35768
20.0	1.0	0.7	1.6	71654	40260
26.3	1.0	0.7	1.6	118911	56157
12.6	1.0	0.8	1.5	63460	40653
37.4	1.1	0.8	1.5	48316	28648
34.7	0.9	0.8	1.1	34249	37308
22.8	1.8	1.6	0.2	646667	81081
18.9	1.3	1.2	0.7	37015	30492
33.4	0.9	0.5	1.2	34525	38085
4.2	0.9	0.7	0.7	85539	31036
53.6	1.4	0.9	1.0	62008	32294
41.6	1.0	0.7	1.0	62799	32840
21.7	0.8	0.5	1.1	89587	46377
38.7	1.7	0.7	0.6	1141084	84220
-6.9	1.5	1.1	1.1	41839	30995
91.3	1.2	0.5	0.8	28363	29712
16.3	1.4	0.9	0.9	19801	33400
36.4	1.2	0.8	0.8	34225	26191
14.7	1.2	0.9	1.3	73793	35696
59.5	0.7	0.6	1.3	72380	47530
10.0	1.1	0.8	1.2	46526	31617
188.7	1.0	0.8	0.6	13575	22888
-7.5	0.7	0.3	1.3	89248	31887
17.6	1.0	0.8	1.3	69900	37304
33.2	1.1	0.9	1.1	66772	47884
8.3	2.6	2.1	0.4	100257	118814
18.5	0.9	0.5	1.6	34668	30142
30.0	1.1	0.8	1.4	38768	31081
34.3	0.8	0.7	1.6	48511	30740
5.0	1.2	0.6	1.8	72964	33225
10.7	1.0	0.6	2.6	83402	52046
27.6	1.0	0.7	1.5	51625	37569
31.0	1.3	1.0	1.3	68591	39977
18.1	0.8	0.6	2.1	33309	42197
23.5	1.1	0.9	1.5	85895	39854
54.4	1.2	0.8	2.1	91553	36369
71.2	1.0	0.7	2.4	33551	30721
20.6	1.4	1.1	1.5	47334	39479
41.9	2.2	1.4	0.5	51404	28581
-12.9	0.9	0.8	3.6	97113	37607
13.1	0.5	0.5	2.1	95692	73529
57.3	1.0	1.0	1.2	97530	53416
34.9	1.1	1.0	0.8	50451	42379

表12.8 国有控股工业企业主要经济指标（2010年）
MAIN ECONOMIC INDICATORS OF STATE-HOLDING INDUSTRIAL ENTERPRISES (2010)

指　标	Item	单位数（个） Number of Enterprises (unit)
总　计	**Total**	**547**
按轻、重工业分	**By Light and Heavy Industries**	
轻工业	Light Industry	137
重工业	Heavy Industry	410
按企业规模分	**By Size**	
大型企业	Large	49
中型企业	Medium	184
小型企业	Small	314
按行业分	**By Sector**	
煤炭开采和洗选业	Mining and Washing of Coal	23
石油和天然气开采业	Extraction of Petroleum and Natural Gas	4
黑色金属矿采选业	Mining and Processing of Ferrous Metal Ores	1
有色金属矿采选业	Mining and Processing of Non-Ferrous Metal Ores	
非金属矿采选业	Mining and Processing of Nonmetal Ores	3
其他采矿业	Mining of Other Ores	
农副食品加工业	Processing of Food from Agricultural Products	21
食品制造业	Manufacture of Foods	8
饮料制造业	Manufacture of Beverages	8
烟草制品业	Manufacture of Tobacco	4
纺织业	Manufacture of Textile	4
纺织服装、鞋、帽制造业	Manufacture of Textile Wearing Apparel, Footware and Caps	1
皮革、毛皮、羽毛（绒）及其制品业	Manufacture of Leather, Fur, Feather and Related Products	
木材加工及木竹藤棕草制品业	Processing of Timber, Manufacture of Wood, Bamboo, Rattan, Palm and Straw Products	3
家具制造业	Manufacture of Furniture	
造纸及纸制品业	Manufacture of Paper and Paper Products	2
印刷业、记录媒介的复制	Printing, Reproduction of Recording Media	13
文教体育用品制造业	Manufacture of Articles For Culture, Education and Sport Activities	
石油加工、炼焦及核燃料加工业	Processing of Petroleum, Coking, Processing of Nuclear Fuel	2
化学原料及化学制品制造业	Manufacture of Raw Chemical Materials and Chemical Products	38
医药制造业	Manufacture of Medicines	16
化学纤维制造业	Manufacture of Chemical Fibers	
橡胶制品业	Manufacture of Rubber	4
塑料制品业	Manufacture of Plastics	7
非金属矿物制品业	Manufacture of Non-metallic Mineral Products	33
黑色金属冶炼及压延加工业	Smelting and Pressing of Ferrous Metals	13
有色金属冶炼及压延加工业	Smelting and Pressing of Nonferrous Metals	17
金属制品业	Manufacture of Metal Products	12
通用设备制造业	Manufacture of General Purpose Machinery	33
专用设备制造业	Manufacture of Special Purpose Machinery	22
交通运输设备制造业	Manufacture of Transport Equipment	75
电气机械及器材制造业	Manufacture of Electrical Machinery and Equipment	18
通信设备、计算机及其他电子设备制造业	Manufacture of Communication Equipment, Computers and Other Electronic Equipment	11
仪器仪表及文化、办公用机械制造业	Manufacture of Measuring Instruments and Machinery for Cultural Activity and Office Work	25
工艺品及其他制造业	Manufacture of Artwork and Other Manufacturing	1
废弃资源和废旧材料回收加工业	Recycling and Disposal of Waste	
电力、热力的生产和供应业	Production and Supply of Electric Power and Heat Power	74
燃气生产和供应业	Production and Supply of Gas	17
水的生产和供应业	Production and Supply of Water	34

单位：万元 (10 000 yuan)

从业人员平均人数（万人） Average Employment (10 000 persons)	工业总产值 Gross Output Value	工业销售产值 Sales Value of Industry	工业增加值 Value-added of Industry	实收资本 Paid-in Capital	其 中 of which	
					#国家资本 State Capital	#外商资本 Foreign Capital
42.05	**33422508**	**33053788**	**10281821**	**7419937**	**2047885**	**397962**
6.12	3688030	3596314	1579307	866978	223987	49026
35.93	29734478	29457474	8702514	6552959	1823898	348936
23.54	22447829	22349966	6925315	3764403	635504	358099
14.02	7562248	7373814	2386905	2507221	935984	32065
4.49	3412431	3330008	969601	1148313	476397	7798
5.89	812663	804047	537568	363531	54704	
0.21	734488	717817	278444	105600	97021	
0.12	35194	34079	17877	93296	93296	
0.02	18489	17890	8127	1768	760	
0.51	394579	386395	106972	55953	35738	
0.32	183358	177743	46969	29303	2845	
0.46	233584	212333	111907	66634	765	8450
0.55	1017971	998306	729471	109013	1450	
0.12	43680	45249	1411	9549	7321	
0.01	1185	1185	363	25		
0.03	6175	5460	1363	5764		
0.05	6926	6226	364	13467	12278	
0.21	29307	28597	9148	12391	7557	389
0.20	154956	179953	34087	21639		
3.26	2086825	2083954	652617	589913	227044	1550
1.26	621656	599774	223947	154046	50600	150
0.52	150776	146046	43601	46180		
0.10	43104	42613	14842	13270	3858	
1.50	662239	644350	232424	385147	6349	69954
1.87	2116585	2192161	393691	271696	45427	
1.09	1373635	1327287	274280	477923	11960	
0.46	269363	264418	73761	21967	11801	
2.65	1732853	1650630	555431	370855	91498	21592
3.21	1346379	1240287	374603	364312	46859	5448
9.44	12414867	12374428	3271457	1562239	253277	251941
0.59	753496	741941	121454	78655	31703	639
0.79	570524	543086	170756	51870	33999	1744
1.32	500547	493868	145951	122380	4346	5702
0.01	1553	1460	475	200	200	
3.95	4439518	4429454	1618370	1650900	809768	
0.65	516162	513731	141515	169893	16034	30403
0.68	149871	149020	88575	200558	89427	

表12.8 续表1 continued1

指 标	Item	资 产 Total Assets
总 计	**Total**	**42060189**
按轻、重工业分	**By Light and Heavy Industries**	
轻工业	Light Industry	4561001
重工业	Heavy Industry	37499189
按企业规模分	**By Size**	
大型企业	Large	25603169
中型企业	Medium	10511906
小型企业	Small	5945114
按行业分	**By Sector**	
煤炭开采和洗选业	Mining and Washing of Coal	1498556
石油和天然气开采业	Extraction of Petroleum and Natural Gas	188795
黑色金属矿采选业	Mining and Processing of Ferrous Metal Ores	351325
有色金属矿采选业	Mining and Processing of Non-Ferrous Metal Ores	
非金属矿采选业	Mining and Processing of Nonmetal Ores	13070
其他采矿业	Mining of Other Ores	
农副食品加工业	Processing of Food from Agricultural Products	251491
食品制造业	Manufacture of Foods	187561
饮料制造业	Manufacture of Beverages	434801
烟草制品业	Manufacture of Tobacco	661147
纺织业	Manufacture of Textile	30128
纺织服装、鞋、帽制造业	Manufacture of Textile Wearing Apparel, Footware and Caps	538
皮革、毛皮、羽毛（绒）及其制品业	Manufacture of Leather, Fur, Feather and Related Products	
木材加工及木竹藤棕草制品业	Processing of Timber, Manufacture of Wood, Bamboo, Rattan, Palm and Straw Products	11679
家具制造业	Manufacture of Furniture	
造纸及纸制品业	Manufacture of Paper and Paper Products	29826
印刷业、记录媒介的复制	Printing, Reproduction of Recording Media	44061
文教体育用品制造业	Manufacture of Articles For Culture, Education and Sport Activities	
石油加工、炼焦及核燃料加工业	Processing of Petroleum, Coking, Processing of Nuclear Fuel	62476
化学原料及化学制品制造业	Manufacture of Raw Chemical Materials and Chemical Products	3393189
医药制造业	Manufacture of Medicines	1068695
化学纤维制造业	Manufacture of Chemical Fibers	
橡胶制品业	Manufacture of Rubber	195362
塑料制品业	Manufacture of Plastics	32125
非金属矿物制品业	Manufacture of Non-metallic Mineral Products	1477502
黑色金属冶炼及压延加工业	Smelting and Pressing of Ferrous Metals	2520366
有色金属冶炼及压延加工业	Smelting and Pressing of Nonferrous Metals	1572813
金属制品业	Manufacture of Metal Products	227982
通用设备制造业	Manufacture of General Purpose Machinery	2038545
专用设备制造业	Manufacture of Special Purpose Machinery	2302750
交通运输设备制造业	Manufacture of Transport Equipment	10046938
电气机械及器材制造业	Manufacture of Electrical Machinery and Equipment	691961
通信设备、计算机及其他电子设备制造业	Manufacture of Communication Equipment, Computers and Other Electronic Equipment	306183
仪器仪表及文化、办公用机械制造业	Manufacture of Measuring Instruments and Machinery for Cultural Activity and Office Work	561947
工艺品及其他制造业	Manufacture of Artwork and Other Manufacturing	1082
废弃资源和废旧材料回收加工业	Recycling and Disposal of Waste	
电力、热力的生产和供应业	Production and Supply of Electric Power and Heat Power	10214603
燃气生产和供应业	Production and Supply of Gas	727472
水的生产和供应业	Production and Supply of Water	915220

单位：万元 (10 000 yuan)

其　中 of which	固定资产 Fixed Assets		负　债	其　中 of which	所有者权益	主营业务收入
#流动资产 Circulating Assets	原　值 Original Value	净　值 Net Value	Total Liabilities	#流动负债 Total Circulating Liabilities	Creditors' Equity	Revenue from Principal Business
16723895	**25446661**	**16741368**	**26617683**	**17652359**	**15412296**	**33470521**
2186965	2037147	1264775	2470129	1967796	2090467	3704972
14536930	23409514	15476593	24147554	15684563	13321829	29765549
11031451	14796989	9244901	15538573	11346846	10043347	22761059
4282879	6835982	4477247	6721022	4682935	3790615	7423593
1409565	3813690	3019220	4358088	1622578	1578334	3285869
477474	816291	547067	895411	608512	603040	880073
31227	117851	68647	28173	17766	160622	711586
186259	17163	10486	145499	145499	205826	122322
4424	7638	3329	5073	5073	7997	17833
142447	109626	86473	86727	54997	164359	383576
82096	92467	53783	130942	91846	56619	238707
164517	234115	162668	258876	244420	175926	237016
452657	321772	143895	259266	259266	401881	975557
23914	4939	3343	21574	11593	8555	52160
531	16	7	530	530	8	1280
4364	9247	6772	9595	8917	2083	6039
10652	23197	17454	32272	26870	-2446	7467
19842	36398	19891	29008	18851	15053	29646
36605	46435	20736	22663	20300	39813	179951
927955	1971021	1257870	2042757	1216465	1350412	2052741
581410	347042	258913	644753	554973	423942	591906
47760	143753	122735	149502	99386	45860	161619
12223	27126	17818	21017	19058	11108	41659
438623	1080527	829475	894197	492225	583305	605430
1352204	1372366	956752	1841405	1052001	678839	2201279
450550	737075	392433	1193730	520111	360942	1318076
149653	81828	63075	177157	154067	50745	266602
1319532	730396	457385	1268528	1020985	770017	1698553
1022552	1175506	944699	1661426	1364612	636428	1240917
5889491	4180820	2217868	5986970	5510808	4059767	12713315
454487	221220	154702	572392	420856	118304	657390
237126	85537	41594	188052	171849	118130	545005
317142	235209	142222	339170	283091	222695	461372
855	291	226	692		390	1460
1482540	10282332	7070123	6934089	2901367	3277610	4394644
228375	394584	286869	386719	230490	338765	523795
174408	542873	382058	389518	125575	525701	151545

表12.8 续表2 continued2

指　标	Item	主营业务成本 Cost of Principal Business
总　计	**Total**	**27729401**
按轻、重工业分	**By Light and Heavy Industries**	
轻工业	Light Industry	2483949
重工业	Heavy Industry	25245452
按企业规模分	**By Size**	
大型企业	Large	18806060
中型企业	Medium	6259466
小型企业	Small	2663875
按行业分	**By Sector**	
煤炭开采和洗选业	Mining and Washing of Coal	753150
石油和天然气开采业	Extraction of Petroleum and Natural Gas	472621
黑色金属矿采选业	Mining and Processing of Ferrous Metal Ores	103710
有色金属矿采选业	Mining and Processing of Non-Ferrous Metal Ores	
非金属矿采选业	Mining and Processing of Nonmetal Ores	11338
其他采矿业	Mining of Other Ores	
农副食品加工业	Processing of Food from Agricultural Products	304366
食品制造业	Manufacture of Foods	193064
饮料制造业	Manufacture of Beverages	126504
烟草制品业	Manufacture of Tobacco	358577
纺织业	Manufacture of Textile	45638
纺织服装、鞋、帽制造业	Manufacture of Textile Wearing Apparel, Footware and Caps	1018
皮革、毛皮、羽毛（绒）及其制品业	Manufacture of Leather, Fur, Feather and Related Products	
木材加工及木竹藤棕草制品业	Processing of Timber, Manufacture of Wood, Bamboo, Rattan, Palm and Straw Products	5757
家具制造业	Manufacture of Furniture	
造纸及纸制品业	Manufacture of Paper and Paper Products	5390
印刷业、记录媒介的复制	Printing, Reproduction of Recording Media	25097
文教体育用品制造业	Manufacture of Articles For Culture, Education and Sport Activities	
石油加工、炼焦及核燃料加工业	Processing of Petroleum, Coking, Processing of Nuclear Fuel	156061
化学原料及化学制品制造业	Manufacture of Raw Chemical Materials and Chemical Products	1760026
医药制造业	Manufacture of Medicines	403743
化学纤维制造业	Manufacture of Chemical Fibers	
橡胶制品业	Manufacture of Rubber	146987
塑料制品业	Manufacture of Plastics	36592
非金属矿物制品业	Manufacture of Non-metallic Mineral Products	464997
黑色金属冶炼及压延加工业	Smelting and Pressing of Ferrous Metals	2047417
有色金属冶炼及压延加工业	Smelting and Pressing of Nonferrous Metals	1233762
金属制品业	Manufacture of Metal Products	219857
通用设备制造业	Manufacture of General Purpose Machinery	1346789
专用设备制造业	Manufacture of Special Purpose Machinery	1080058
交通运输设备制造业	Manufacture of Transport Equipment	10395154
电气机械及器材制造业	Manufacture of Electrical Machinery and Equipment	597757
通信设备、计算机及其他电子设备制造业	Manufacture of Communication Equipment, Computers and Other Electronic Equipment	495928
仪器仪表及文化、办公用机械制造业	Manufacture of Measuring Instruments and Machinery for Cultural Activity and Office Work	348754
工艺品及其他制造业	Manufacture of Artwork and Other Manufacturing	1284
废弃资源和废旧材料回收加工业	Recycling and Disposal of Waste	
电力、热力的生产和供应业	Production and Supply of Electric Power and Heat Power	4032767
燃气生产和供应业	Production and Supply of Gas	448449
水的生产和供应业	Production and Supply of Water	106789

单位：万元 (10 000 yuan)

主营业务税金及附加 Tax and Extra Charges of Principal Business	主营业务利润 Profit of Principal Business	利润总额 Total After-tax Profits	利税总额 Total Pre-tax Profits	工资总额 Total Wages
1123911	**4617209**	**1434076**	**4232829**	**2110557**
517945	703078	178689	876033	274473
605966	3914131	1255387	3356796	1836084
939194	3015805	865249	3089760	1328808
47347	1116780	406207	750017	623781
137370	484624	162620	393052	157968
11943	114980	20694	114545	263520
123755	115210	4664	135800	17027
941	17671	-73	3192	4278
182	6313	4717	5071	468
1281	77929	30425	37459	21970
1040	44603	7050	11871	13426
22617	87895	24848	64042	23436
466043	150937	85874	627596	46321
83	6439	-2365		3332
3	259	-4	31	115
36	246	-389		632
32	2045	-3143		907
116	4433	-941	608	3972
2455	21435	4766	14479	8004
9162	283553	99220	187158	145507
4278	183885	20979	62411	61176
1255	13377	6066	14458	19451
85	4982	4146	5574	4043
1835	138598	34891	67855	55900
4630	149232	393	85630	68956
6317	77997	38441	52809	48199
2954	43791	25238	36417	22007
8385	343379	189741	271090	133745
4126	156733	30965	57005	148095
416301	1901860	549194	1807448	520533
3690	55943	10633	38553	21960
153	48924	12266	14210	36004
3470	109148	29706	49191	54474
16	160	67	88	165
20895	340982	149686	389159	298019
4631	70715	40937	58875	37057
1201	43555	15384	25090	27858

表12.9 国有控股工业企业经济效益指标（2010年）
INDICATORS ON ECONOMIC BENEFIT OF STATE-HOLDING INDUSTRIAL ENTERPRISES (2010)

指　标	Item	总资产贡献率 Ratio of Total Assets to Industrial Output Value
总　计	**Total**	**11.1**
按轻、重工业分	**By Light and Heavy Industries**	
轻工业	Light Industry	20.3
重工业	Heavy Industry	10.0
按企业规模分	**By Size**	
大型企业	Large	13.0
中型企业	Medium	8.2
小型企业	Small	8.3
按行业分	**By Sector**	
煤炭开采和洗选业	Mining and Washing of Coal	8.3
石油和天然气开采业	Extraction of Petroleum and Natural Gas	72.1
黑色金属矿采选业	Mining and Processing of Ferrous Metal Ores	1.5
有色金属矿采选业	Mining and Processing of Non-Ferrous Metal Ores	
非金属矿采选业	Mining and Processing of Nonmetal Ores	39.5
其他采矿业	Mining of Other Ores	
农副食品加工业	Processing of Food from Agricultural Products	16.1
食品制造业	Manufacture of Foods	7.3
饮料制造业	Manufacture of Beverages	16.1
烟草制品业	Manufacture of Tobacco	95.8
纺织业	Manufacture of Textile	-5.4
纺织服装、鞋、帽制造业	Manufacture of Textile Wearing Apparel, Footware and Caps	5.8
皮革、毛皮、羽毛（绒）及其制品业	Manufacture of Leather, Fur, Feather and Related Products	
木材加工及木竹藤棕草制品业	Processing of Timber, Manufacture of Wood, Bamboo, Rattan, Palm and Straw Products	-0.4
家具制造业	Manufacture of Furniture	
造纸及纸制品业	Manufacture of Paper and Paper Products	-9.3
印刷业、记录媒介的复制	Printing, Reproduction of Recording Media	2.5
文教体育用品制造业	Manufacture of Articles For Culture, Education and Sport Activities	
石油加工、炼焦及核燃料加工业	Processing of Petroleum, Coking, Processing of Nuclear Fuel	24.7
化学原料及化学制品制造业	Manufacture of Raw Chemical Materials and Chemical Products	6.6
医药制造业	Manufacture of Medicines	7.5
化学纤维制造业	Manufacture of Chemical Fibers	
橡胶制品业	Manufacture of Rubber	10.4
塑料制品业	Manufacture of Plastics	18.7
非金属矿物制品业	Manufacture of Non-metallic Mineral Products	6.0
黑色金属冶炼及压延加工业	Smelting and Pressing of Ferrous Metals	5.3
有色金属冶炼及压延加工业	Smelting and Pressing of Nonferrous Metals	4.3
金属制品业	Manufacture of Metal Products	17.2
通用设备制造业	Manufacture of General Purpose Machinery	13.8
专用设备制造业	Manufacture of Special Purpose Machinery	3.5
交通运输设备制造业	Manufacture of Transport Equipment	18.1
电气机械及器材制造业	Manufacture of Electrical Machinery and Equipment	8.1
通信设备、计算机及其他电子设备制造业	Manufacture of Communication Equipment, Computers and Other Electronic Equipment	4.9
仪器仪表及文化、办公用机械制造业	Manufacture of Measuring Instruments and Machinery for Cultural Activity and Office Work	9.7
工艺品及其他制造业	Manufacture of Artwork and Other Manufacturing	8.1
废弃资源和废旧材料回收加工业	Recycling and Disposal of Waste	
电力、热力的生产和供应业	Production and Supply of Electric Power and Heat Power	5.7
燃气生产和供应业	Production and Supply of Gas	7.9
水的生产和供应业	Production and Supply of Water	3.4

单位：% (%)

资本保值增值率 Ratio of Assets Appreciation YOY	资产负债率 Asset-Liability Ratio	流动资产周转率（次） Turnover Ratio of Circulating Assets (time)	成本费用利润率 Ratio of Profits to Cost	全员劳动生产率（元/人年） Overall Labor Productivity (yuan/person-year)	产品销售率 Sales as Percentage of Output
117.4	**63.3**	**2.0**	**4.6**	**244514**	**98.9**
124.3	54.2	1.7	5.8	258057	97.5
116.4	64.4	2.0	4.4	242275	99.1
118.4	60.7	2.1	4.0	294194	99.6
108.3	63.9	1.7	5.7	170250	97.5
130.6	73.3	2.3	5.4	216429	97.6
141.1	59.8	1.8	2.4	91268	98.9
122.8	14.9	22.8	1.0	1325924	97.7
112.8	41.4	0.7	-0.1	148975	96.8
84.5	38.8	4.0	38.2	406350	96.8
258.5	34.5	2.7	8.9	209749	97.9
187.9	69.8	2.9	3.1	146778	96.9
123.6	59.5	1.4	13.2	243276	90.9
138.7	39.2	2.2	19.8	1326311	98.1
104.2	71.6	2.2	-5.0	11758	103.6
	98.5	2.4	-0.3	36300	100.0
24.0	82.2	1.4	-5.9	45433	88.4
72.2	108.2	0.7	-37.7	7280	89.9
111.1	65.8	1.5	-3.1	43562	97.6
122.7	36.3	4.9	2.8	170435	116.1
112.3	60.2	2.2	4.9	200189	99.9
105.0	60.3	1.0	3.5	177736	96.5
90.5	76.5	3.4	3.6	83848	96.9
103.3	65.4	3.4	10.1	148420	98.9
146.1	60.5	1.4	6.4	154949	97.3
103.2	73.1	1.6	0.0	210530	103.6
102.1	75.9	2.9	2.9	251633	96.6
261.9	77.7	1.8	10.5	160350	98.2
133.4	62.2	1.3	12.4	209597	95.3
109.6	72.1	1.2	2.4	116699	92.1
111.1	59.6	2.2	4.6	346553	99.7
98.8	82.7	1.4	1.6	205854	98.5
109.2	61.4	2.3	2.3	216147	95.2
105.5	60.4	1.5	6.7	110569	98.7
251.9	64.0	1.7	4.9	47500	94.0
113.7	67.9	3.0	3.5	409714	99.8
168.6	53.2	2.3	8.3	217715	99.5
146.6	42.6	0.9	10.2	130257	99.4

表12.9 续表 continued

指　标	Item	销售利润率 Rate of Return on Sale
总　计	**Total**	**4.3**
按轻、重工业分	**By Light and Heavy Industries**	
轻工业	Light Industry	4.8
重工业	Heavy Industry	4.2
按企业规模分	**By Size**	
大型企业	Large	3.8
中型企业	Medium	5.5
小型企业	Small	4.9
按行业分	**By Sector**	
煤炭开采和洗选业	Mining and Washing of Coal	2.4
石油和天然气开采业	Extraction of Petroleum and Natural Gas	0.7
黑色金属矿采选业	Mining and Processing of Ferrous Metal Ores	-0.1
有色金属矿采选业	Mining and Processing of Non-Ferrous Metal Ores	
非金属矿采选业	Mining and Processing of Nonmetal Ores	26.5
其他采矿业	Mining of Other Ores	
农副食品加工业	Processing of Food from Agricultural Products	7.9
食品制造业	Manufacture of Foods	3.0
饮料制造业	Manufacture of Beverages	10.5
烟草制品业	Manufacture of Tobacco	8.8
纺织业	Manufacture of Textile	-4.5
纺织服装、鞋、帽制造业	Manufacture of Textile Wearing Apparel, Footware and Caps	-0.3
皮革、毛皮、羽毛（绒）及其制品业	Manufacture of Leather, Fur, Feather and Related Products	
木材加工及木竹藤棕草制品业	Processing of Timber, Manufacture of Wood, Bamboo, Rattan, Palm and Straw Products	-6.4
家具制造业	Manufacture of Furniture	
造纸及纸制品业	Manufacture of Paper and Paper Products	-42.1
印刷业、记录媒介的复制	Printing, Reproduction of Recording Media	-3.2
文教体育用品制造业	Manufacture of Articles For Culture, Education and Sport Activities	
石油加工、炼焦及核燃料加工业	Processing of Petroleum, Coking, Processing of Nuclear Fuel	2.6
化学原料及化学制品制造业	Manufacture of Raw Chemical Materials and Chemical Products	4.8
医药制造业	Manufacture of Medicines	3.5
化学纤维制造业	Manufacture of Chemical Fibers	
橡胶制品业	Manufacture of Rubber	3.8
塑料制品业	Manufacture of Plastics	10.0
非金属矿物制品业	Manufacture of Non-metallic Mineral Products	5.8
黑色金属冶炼及压延加工业	Smelting and Pressing of Ferrous Metals	
有色金属冶炼及压延加工业	Smelting and Pressing of Nonferrous Metals	2.9
金属制品业	Manufacture of Metal Products	9.5
通用设备制造业	Manufacture of General Purpose Machinery	11.2
专用设备制造业	Manufacture of Special Purpose Machinery	2.5
交通运输设备制造业	Manufacture of Transport Equipment	4.3
电气机械及器材制造业	Manufacture of Electrical Machinery and Equipment	1.6
通信设备、计算机及其他电子设备制造业	Manufacture of Communication Equipment, Computers and Other Electronic Equipment	2.3
仪器仪表及文化、办公用机械制造业	Manufacture of Measuring Instruments and Machinery for Cultural Activity and Office Work	6.4
工艺品及其他制造业	Manufacture of Artwork and Other Manufacturing	4.6
废弃资源和废旧材料回收加工业	Recycling and Disposal of Waste	
电力、热力的生产和供应业	Production and Supply of Electric Power and Heat Power	3.4
燃气生产和供应业	Production and Supply of Gas	7.8
水的生产和供应业	Production and Supply of Water	10.2

单位：% (%)

资本积累率 Rate of Capital Accumulation	流动比率 Current Ratio	速动比率 Quick Ratio	产权比率 Equity Ratio	人均实现利税（元） Per Capita Pre-tax Profits (yuan)	从业人员人均工资（元） Per Capita Wages of Employees (yuan)
17.4	**0.9**	**0.7**	**1.7**	**100662**	**50192**
24.3	1.1	0.8	1.2	143143	44849
16.4	0.9	0.7	1.8	93452	51116
18.4	1.0	0.7	1.5	131256	56449
8.3	0.9	0.7	1.8	53496	44492
30.6	0.9	0.6	2.8	87735	35261
41.1	0.8	0.7	1.5	19448	44740
22.8	1.8	1.6	0.2	646667	81081
12.8	1.3	1.2	0.7	26600	35650
-15.5	0.9	0.7	0.6	253550	23400
158.5	2.6	2.2	0.5	73449	43078
87.9	0.9	0.6	2.3	37097	41956
23.6	0.7	0.3	1.5	139222	50948
38.7	1.7	0.7	0.6	1141084	84220
4.2	2.1	1.6	2.5	-14708	27767
	1.0	0.4	66.3	3100	11500
-76.0	0.5	0.3	4.6	-3267	21067
-27.8	0.4	0.3	-13.2	-60460	18140
11.1	1.1	0.7	1.9	2895	18914
22.7	1.8	0.4	0.6	72395	40020
12.3	0.8	0.6	1.5	57410	44634
5.0	1.0	0.9	1.5	49533	48552
-9.5	0.5	0.2	3.3	27804	37406
3.3	0.6	0.4	1.9	55740	40430
46.1	0.9	0.7	1.5	45237	37267
3.2	1.3	0.6	2.7	45791	36875
2.1	0.9	0.5	3.3	48449	44219
161.9	1.0	0.8	3.5	79167	47841
33.4	1.3	1.0	1.6	102298	50470
9.6	0.7	0.5	2.6	17759	46136
11.1	1.1	0.9	1.5	191467	55141
-1.2	1.1	0.7	4.8	65344	37220
9.2	1.4	0.9	1.6	17987	45575
5.5	1.1	0.8	1.5	37266	41268
151.9			1.8	8800	16500
13.7	0.5	0.5	2.1	98521	75448
68.6	1.0	1.0	1.1	90577	57011
46.6	1.4	1.4	0.7	36897	40968

表12.10 私营工业企业主要经济指标（2010年）
MAIN ECONOMIC INDICATORS OF PRIVATE INDUSTRIAL ENTERPRISES (2010)

指　标	Item	单位数（个） Number of Enterprises (unit)
总　计	**Total**	**5202**
按轻、重工业分	**By Light and Heavy Industries**	
轻工业	Light Industry	2133
重工业	Heavy Industry	3069
按企业规模分	**By Size**	
大型企业	Large	12
中型企业	Medium	309
小型企业	Small	4881
按行业分	**By Sector**	
煤炭开采和洗选业	Mining and Washing of Coal	510
石油和天然气开采业	Extraction of Petroleum and Natural Gas	
黑色金属矿采选业	Mining and Processing of Ferrous Metal Ores	53
有色金属矿采选业	Mining and Processing of Non-Ferrous Metal Ores	5
非金属矿采选业	Mining and Processing of Nonmetal Ores	138
其他采矿业	Mining of Other Ores	
农副食品加工业	Processing of Food from Agricultural Products	354
食品制造业	Manufacture of Foods	133
饮料制造业	Manufacture of Beverages	79
烟草制品业	Manufacture of Tobacco	
纺织业	Manufacture of Textile	214
纺织服装、鞋、帽制造业	Manufacture of Textile Wearing Apparel, Footware and Caps	54
皮革、毛皮、羽毛（绒）及其制品业	Manufacture of Leather, Fur, Feather and Related Products	122
木材加工及木竹藤棕草制品业	Processing of Timber, Manufacture of Wood, Bamboo, Rattan, Palm and Straw Products	45
家具制造业	Manufacture of Furniture	61
造纸及纸制品业	Manufacture of Paper and Paper Products	122
印刷业、记录媒介的复制	Printing, Reproduction of Recording Media	53
文教体育用品制造业	Manufacture of Articles For Culture, Education and Sport Activities	5
石油加工、炼焦及核燃料加工业	Processing of Petroleum, Coking, Processing of Nuclear Fuel	22
化学原料及化学制品制造业	Manufacture of Raw Chemical Materials and Chemical Products	212
医药制造业	Manufacture of Medicines	71
化学纤维制造业	Manufacture of Chemical Fibers	3
橡胶制品业	Manufacture of Rubber	47
塑料制品业	Manufacture of Plastics	164
非金属矿物制品业	Manufacture of Non-metallic Mineral Products	525
黑色金属冶炼及压延加工业	Smelting and Pressing of Ferrous Metals	117
有色金属冶炼及压延加工业	Smelting and Pressing of Nonferrous Metals	75
金属制品业	Manufacture of Metal Products	180
通用设备制造业	Manufacture of General Purpose Machinery	279
专用设备制造业	Manufacture of Special Purpose Machinery	127
交通运输设备制造业	Manufacture of Transport Equipment	1086
电气机械及器材制造业	Manufacture of Electrical Machinery and Equipment	165
通信设备、计算机及其他电子设备制造业	Manufacture of Communication Equipment, Computers and Other Electronic Equipment	33
仪器仪表及文化、办公用机械制造业	Manufacture of Measuring Instruments and Machinery for Cultural Activity and Office Work	70
工艺品及其他制造业	Manufacture of Artwork and Other Manufacturing	28
废弃资源和废旧材料回收加工业	Recycling and Disposal of Waste	12
电力、热力的生产和供应业	Production and Supply of Electric Power and Heat Power	14
燃气生产和供应业	Production and Supply of Gas	18
水的生产和供应业	Production and Supply of Water	6

单位：万元 (10 000 yuan)

从业人员平均人数（万人） Average Employment (10 000 persons)	工业总产值 Gross Output Value	工业销售产值 Sales Value of Industry	工业增加值 Value-added of Industry	实收资本 Paid-in Capital	其 中 of which #国家资本 State Capital	#外商资本 Foreign Capital
72.75	**36004820**	**35210972**	**10491531**	**3112237**	**13317**	**18039**
29.58	13777060	13527092	3675045	1093022	4985	6436
43.17	22227760	21683880	6816486	2019215	8332	11603
5.29	4347280	4255233	1083592	286957		
19.49	11116894	10839638	3374690	898149	2195	11098
47.97	20540646	20116102	6033249	1927131	11122	6941
8.87	1943853	1931110	905614	193229	202	
0.85	150049	143539	126624	13258		
0.10	44657	19748	19365	4730		
1.05	398580	389259	153126	35546	343	
3.62	2183059	2155559	563348	127303	41	7
1.14	453362	445750	130263	41504		3234
0.76	370775	349113	116338	53349		
2.75	1135157	1116175	304895	80047	509	
0.77	209475	196055	59527	28839		
1.70	521774	514877	177124	21224		2700
0.36	130439	126990	38329	21637	10	
0.58	258714	255922	67529	29328		
1.01	521995	517583	121034	50794		
0.41	217474	206483	62796	29669	184	
0.07	9643	9362	4277	1620		
0.35	213453	215064	75150	27926		2000
3.07	1817573	1733124	594670	217843	4	507
1.10	590422	540344	197750	108961	4150	
0.05	59072	57576	15641	1720		
0.74	319162	297705	92243	21004		
1.40	618855	592851	181538	70261	21	
7.44	2663238	2630632	861280	345906	500	
1.63	2177320	2148345	677678	110796	459	
1.31	1689172	1605724	397504	133746		
2.23	1126008	1103198	345600	83659		200
3.33	1778608	1730444	504875	153459	1264	5675
1.14	594463	577100	161626	67334	800	
20.70	11095661	10975702	2815697	712083	1555	
2.14	1517252	1483900	424860	201986		
0.69	378397	345847	109937	22687		
0.70	247365	240176	66114	39520		
0.35	119204	105665	33654	12270		
0.16	335592	336535	32530	4510		
0.06	30180	30175	10968	30327	3275	3622
0.09	68885	67436	36259	10214		94
0.03	15932	15904	5768	3948		

表12.10 续表1 continued1

指　标	Item	资　产 Total Assets
总　计	**Total**	**19802208**
按轻、重工业分	**By Light and Heavy Industries**	
轻工业	Light Industry	6831434
重工业	Heavy Industry	12970774
按企业规模分	**By Size**	
大型企业	Large	3066365
中型企业	Medium	7139923
小型企业	Small	9595920
按行业分	**By Sector**	
煤炭开采和洗选业	Mining and Washing of Coal	866552
石油和天然气开采业	Extraction of Petroleum and Natural Gas	
黑色金属矿采选业	Mining and Processing of Ferrous Metal Ores	100457
有色金属矿采选业	Mining and Processing of Non-Ferrous Metal Ores	28380
非金属矿采选业	Mining and Processing of Nonmetal Ores	168327
其他采矿业	Mining of Other Ores	
农副食品加工业	Processing of Food from Agricultural Products	668590
食品制造业	Manufacture of Foods	197796
饮料制造业	Manufacture of Beverages	194786
烟草制品业	Manufacture of Tobacco	
纺织业	Manufacture of Textile	355967
纺织服装、鞋、帽制造业	Manufacture of Textile Wearing Apparel, Footware and Caps	113353
皮革、毛皮、羽毛（绒）及其制品业	Manufacture of Leather, Fur, Feather and Related Products	118809
木材加工及木竹藤棕草制品业	Processing of Timber, Manufacture of Wood, Bamboo, Rattan, Palm and Straw Products	69637
家具制造业	Manufacture of Furniture	128281
造纸及纸制品业	Manufacture of Paper and Paper Products	246839
印刷业、记录媒介的复制	Printing, Reproduction of Recording Media	147795
文教体育用品制造业	Manufacture of Articles For Culture, Education and Sport Activities	4989
石油加工、炼焦及核燃料加工业	Processing of Petroleum, Coking, Processing of Nuclear Fuel	162004
化学原料及化学制品制造业	Manufacture of Raw Chemical Materials and Chemical Products	1319031
医药制造业	Manufacture of Medicines	446938
化学纤维制造业	Manufacture of Chemical Fibers	15387
橡胶制品业	Manufacture of Rubber	176555
塑料制品业	Manufacture of Plastics	341024
非金属矿物制品业	Manufacture of Non-metallic Mineral Products	1842802
黑色金属冶炼及压延加工业	Smelting and Pressing of Ferrous Metals	1251829
有色金属冶炼及压延加工业	Smelting and Pressing of Nonferrous Metals	820031
金属制品业	Manufacture of Metal Products	675123
通用设备制造业	Manufacture of General Purpose Machinery	862255
专用设备制造业	Manufacture of Special Purpose Machinery	326787
交通运输设备制造业	Manufacture of Transport Equipment	6614644
电气机械及器材制造业	Manufacture of Electrical Machinery and Equipment	793523
通信设备、计算机及其他电子设备制造业	Manufacture of Communication Equipment, Computers and Other Electronic Equipment	212697
仪器仪表及文化、办公用机械制造业	Manufacture of Measuring Instruments and Machinery for Cultural Activity and Office Work	168414
工艺品及其他制造业	Manufacture of Artwork and Other Manufacturing	52922
废弃资源和废旧材料回收加工业	Recycling and Disposal of Waste	74382
电力、热力的生产和供应业	Production and Supply of Electric Power and Heat Power	132984
燃气生产和供应业	Production and Supply of Gas	92124
水的生产和供应业	Production and Supply of Water	10194

单位：万元 (10 000 yuan)

其　中 of which	固定资产 Fixed Assets		负　债	其　中 of which	所有者权益	主营业务收入
#流动资产 Circulating Assets	原　值 Original Value	净　值 Net Value	Total Liabilities	#流动负债 Total Circulating Liabilities	Creditors' Equity	Revenue from Principal Business
9934118	**10612137**	**6645156**	**10895011**	**8877152**	**8829667**	**35169732**
3568934	3690220	2080904	3548041	3004855	3260159	13648111
6365184	6921917	4564252	7346970	5872297	5569508	21521621
1390744	1314319	939455	1835471	1467091	1230894	4423974
3755014	4109377	2454370	4048723	3282125	3062011	10617862
4788360	5188441	3251331	5010817	4127936	4536762	20127896
287784	462953	356046	340187	241117	524127	1926032
54777	19060	12563	45408	39093	54946	135621
11881	14679	13224	16048	14319	12332	28893
50204	113270	87358	64797	50517	102939	386553
284567	431097	257336	277212	196714	388353	2167038
93974	194978	70927	77643	55648	119150	441547
95249	83655	64709	73721	50246	120894	345773
149544	202141	129889	151866	121464	199742	1130058
52640	46742	36693	49021	39466	64108	193805
70631	295081	36827	53501	48490	65042	516630
28896	46076	32492	26523	19456	42833	126279
81678	49286	34084	64312	59327	63365	261516
101772	158041	111107	118661	98082	127389	511243
77058	77023	55875	61574	56322	86221	192813
1456	3598	3047	762	562	4227	9791
35591	99641	81698	108307	93463	53622	214284
644320	731602	537362	792607	516162	521759	1718427
220047	179501	131060	206326	182625	240459	546717
8639	7222	5467	5179	5112	10208	47541
91903	89870	61080	91918	65973	83779	308856
196312	251222	105677	186300	154210	153569	597341
830717	1099568	704530	1072518	829559	766040	2612310
469429	909040	636280	608306	477632	639946	2104055
413890	610673	263218	516100	322338	299837	1548129
325639	346246	255366	385924	336791	286983	1105734
478721	327806	240086	476048	414798	379934	1747541
197158	114561	83168	155997	133658	169181	577431
3700354	3077915	1833574	4062005	3552738	2526582	11093770
514097	197513	145383	407678	360947	385497	1454042
96716	77074	60127	94239	93350	110898	335476
107603	70863	36595	88875	75262	78760	229283
29512	21120	17597	20411	16317	32498	107772
54493	21956	15631	49146	49146	25236	330991
32017	121191	81187	90400	60033	42584	30047
43690	50096	41399	54896	45893	37028	69732
1159	9777	6494	595	322	9599	16661

表12.10 续表2 continued2

指 标	Item	主营业务成本 Cost of Principal Business
总 计	**Total**	**29803350**
按轻、重工业分	**By Light and Heavy Industries**	
轻工业	Light Industry	11633272
重工业	Heavy Industry	18170078
按企业规模分	**By Size**	
大型企业	Large	3861791
中型企业	Medium	9102624
小型企业	Small	16838935
按行业分	**By Sector**	
煤炭开采和洗选业	Mining and Washing of Coal	1450196
石油和天然气开采业	Extraction of Petroleum and Natural Gas	
黑色金属矿采选业	Mining and Processing of Ferrous Metal Ores	66811
有色金属矿采选业	Mining and Processing of Non-Ferrous Metal Ores	21723
非金属矿采选业	Mining and Processing of Nonmetal Ores	292189
其他采矿业	Mining of Other Ores	
农副食品加工业	Processing of Food from Agricultural Products	1851924
食品制造业	Manufacture of Foods	358817
饮料制造业	Manufacture of Beverages	269546
烟草制品业	Manufacture of Tobacco	
纺织业	Manufacture of Textile	973231
纺织服装、鞋、帽制造业	Manufacture of Textile Wearing Apparel, Footware and Caps	149634
皮革、毛皮、羽毛（绒）及其制品业	Manufacture of Leather, Fur, Feather and Related Products	448106
木材加工及木竹藤棕草制品业	Processing of Timber, Manufacture of Wood, Bamboo, Rattan, Palm and Straw Products	100331
家具制造业	Manufacture of Furniture	201485
造纸及纸制品业	Manufacture of Paper and Paper Products	446682
印刷业、记录媒介的复制	Printing, Reproduction of Recording Media	154868
文教体育用品制造业	Manufacture of Articles For Culture, Education and Sport Activities	7547
石油加工、炼焦及核燃料加工业	Processing of Petroleum, Coking, Processing of Nuclear Fuel	162421
化学原料及化学制品制造业	Manufacture of Raw Chemical Materials and Chemical Products	1473772
医药制造业	Manufacture of Medicines	423630
化学纤维制造业	Manufacture of Chemical Fibers	44567
橡胶制品业	Manufacture of Rubber	255571
塑料制品业	Manufacture of Plastics	512664
非金属矿物制品业	Manufacture of Non-metallic Mineral Products	2158668
黑色金属冶炼及压延加工业	Smelting and Pressing of Ferrous Metals	1881077
有色金属冶炼及压延加工业	Smelting and Pressing of Nonferrous Metals	1401129
金属制品业	Manufacture of Metal Products	921752
通用设备制造业	Manufacture of General Purpose Machinery	1428048
专用设备制造业	Manufacture of Special Purpose Machinery	454606
交通运输设备制造业	Manufacture of Transport Equipment	9693949
电气机械及器材制造业	Manufacture of Electrical Machinery and Equipment	1253610
通信设备、计算机及其他电子设备制造业	Manufacture of Communication Equipment, Computers and Other Electronic Equipment	269640
仪器仪表及文化、办公用机械制造业	Manufacture of Measuring Instruments and Machinery for Cultural Activity and Office Work	173395
工艺品及其他制造业	Manufacture of Artwork and Other Manufacturing	91203
废弃资源和废旧材料回收加工业	Recycling and Disposal of Waste	319556
电力、热力的生产和供应业	Production and Supply of Electric Power and Heat Power	21440
燃气生产和供应业	Production and Supply of Gas	57786
水的生产和供应业	Production and Supply of Water	11776

单位：万元 (10 000 yuan)

主营业务税金及附加 Tax and Extra Charges of Principal Business	主营业务利润 Profit of Principal Business	利润总额 Total After-tax Profits	利税总额 Total Pre-tax Profits	工资总额 Total Wages
254989	**5111393**	**2123611**	**3393938**	**2367343**
77517	1937321	725638	1138061	914420
177472	3174072	1397973	2255877	1452923
31302	530881	192750	378060	301719
78800	1436439	634946	1039258	727378
144887	3144073	1295915	1976620	1338246
33526	442304	232200	369112	289721
1954	66856	13651	32646	25233
562	6608	862	2564	2481
10013	84351	43288	64736	29801
12229	302886	121072	167594	104520
1965	80766	39653	50680	23352
7058	69169	29015	50555	29906
5458	151370	67784	99410	69716
874	43298	15954	21301	18298
1632	66892	22964	33587	57489
908	25040	12146	15444	9660
1600	58431	21806	27475	19590
1959	62602	23602	36411	26344
1238	36707	12773	19549	11055
249	1995	1549	2093	1794
1067	50796	25402	33034	9424
33693	210962	112035	202589	86449
2138	120949	37704	55371	35575
125	2850	2041	3490	7610
1880	51405	12394	23158	20230
2409	82268	29410	42639	42322
19051	434591	175767	297676	212674
14082	208895	84786	160150	49463
4892	142109	66258	95516	83644
6930	177052	68269	110989	83373
6157	313336	106868	153160	115719
3059	119766	50634	68088	35973
64912	1334909	560084	939906	734369
5928	194504	84537	125465	69220
2024	63812	7563	18433	15752
1768	54121	14750	24384	25346
936	15633	8937	12728	11044
2035	9400	1339	13557	4822
171	8436	3728	5231	1935
440	11506	10552	12097	2614
67	4818	2234	3120	825

表12.11 私营工业企业经济效益指标（2010年）
INDICATORS ON ECONOMIC BENEFIT OF PRIVATE INDUSTRIAL ENTERPRISES (2010)

指 标	Item	总资产贡献率 Ratio of Total Assets to Industrial Output Value
总 计	**Total**	**18.4**
按轻、重工业分	**By Light and Heavy Industries**	
轻工业	Light Industry	17.9
重工业	Heavy Industry	18.7
按企业规模分	**By Size**	
大型企业	Large	13.4
中型企业	Medium	16.2
小型企业	Small	21.6
按行业分	**By Sector**	
煤炭开采和洗选业	Mining and Washing of Coal	43.3
石油和天然气开采业	Extraction of Petroleum and Natural Gas	
黑色金属矿采选业	Mining and Processing of Ferrous Metal Ores	32.8
有色金属矿采选业	Mining and Processing of Non-Ferrous Metal Ores	10.4
非金属矿采选业	Mining and Processing of Nonmetal Ores	39.3
其他采矿业	Mining of Other Ores	
农副食品加工业	Processing of Food from Agricultural Products	26.7
食品制造业	Manufacture of Foods	27.4
饮料制造业	Manufacture of Beverages	27.0
烟草制品业	Manufacture of Tobacco	
纺织业	Manufacture of Textile	29.5
纺织服装、鞋、帽制造业	Manufacture of Textile Wearing Apparel, Footware and Caps	19.8
皮革、毛皮、羽毛（绒）及其制品业	Manufacture of Leather, Fur, Feather and Related Products	29.7
木材加工及木竹藤棕草制品业	Processing of Timber, Manufacture of Wood, Bamboo, Rattan, Palm and Straw Products	23.4
家具制造业	Manufacture of Furniture	22.7
造纸及纸制品业	Manufacture of Paper and Paper Products	15.9
印刷业、记录媒介的复制	Printing, Reproduction of Recording Media	14.4
文教体育用品制造业	Manufacture of Articles For Culture, Education and Sport Activities	42.3
石油加工、炼焦及核燃料加工业	Processing of Petroleum, Coking, Processing of Nuclear Fuel	21.3
化学原料及化学制品制造业	Manufacture of Raw Chemical Materials and Chemical Products	18.0
医药制造业	Manufacture of Medicines	13.4
化学纤维制造业	Manufacture of Chemical Fibers	23.5
橡胶制品业	Manufacture of Rubber	15.1
塑料制品业	Manufacture of Plastics	13.7
非金属矿物制品业	Manufacture of Non-metallic Mineral Products	17.5
黑色金属冶炼及压延加工业	Smelting and Pressing of Ferrous Metals	13.7
有色金属冶炼及压延加工业	Smelting and Pressing of Nonferrous Metals	13.6
金属制品业	Manufacture of Metal Products	17.6
通用设备制造业	Manufacture of General Purpose Machinery	18.9
专用设备制造业	Manufacture of Special Purpose Machinery	21.7
交通运输设备制造业	Manufacture of Transport Equipment	15.3
电气机械及器材制造业	Manufacture of Electrical Machinery and Equipment	17.0
通信设备、计算机及其他电子设备制造业	Manufacture of Communication Equipment, Computers and Other Electronic Equipment	9.8
仪器仪表及文化、办公用机械制造业	Manufacture of Measuring Instruments and Machinery for Cultural Activity and Office Work	15.3
工艺品及其他制造业	Manufacture of Artwork and Other Manufacturing	25.3
废弃资源和废旧材料回收加工业	Recycling and Disposal of Waste	19.7
电力、热力的生产和供应业	Production and Supply of Electric Power and Heat Power	6.0
燃气生产和供应业	Production and Supply of Gas	13.6
水的生产和供应业	Production and Supply of Water	30.8

单位：% (%)

资本保值增值率 Ratio of Assets Appreciation YOY	资产负债率 Asset-Liability Ratio	流动资产周转率（次） Turnover Ratio of Circulating Assets (time)	成本费用利润率 Ratio of Profits to Cost	全员劳动生产率（元/人年） Overall Labor Productivity (yuan/person-year)	产品销售率 Sales as Percentage of Output
126.9	**55.0**	**3.5**	**6.5**	**144213**	**97.8**
134.8	51.9	3.8	5.8	124241	98.2
122.5	56.6	3.4	7.0	157899	97.6
	55.0	3.5			97.8
149.7	59.9	3.2	4.7	204838	97.9
118.6	56.7	2.8	6.2	173150	97.5
126.0	52.2	4.2	7.1	125745	97.9
					97.8
122.2	39.3	6.7	14.0	101984	99.3
128.2	45.2	2.5	11.5	148969	95.7
78.8	56.5	2.4	3.5	193650	44.2
113.2	38.5	7.7	13.3	145834	97.7
135.8	41.5	7.6	6.0	155621	98.7
132.6	39.3	4.7	9.9	114266	98.3
127.5	37.8	3.6	9.6	153079	94.2
115.4	42.7	7.6	6.6	110871	98.3
119.3	43.2	3.7	9.2	77308	93.6
124.7	45.0	7.3	4.8	104191	98.7
155.0	38.1	4.4	11.2	106469	97.4
115.0	50.1	3.2	9.2	116429	98.9
153.2	48.1	5.0	4.9	119836	99.2
97.9	41.7	2.5	7.4	153161	94.9
380.5	15.3	6.7	19.2	61100	97.1
68.7	66.9	6.0	14.1	214714	100.8
119.1	60.1	2.7	6.7	193704	95.4
109.9	46.2	2.5	7.6	179773	91.5
108.3	33.7	5.5	4.4	312820	97.5
141.6	52.1	3.4	4.2	124653	93.3
149.5	54.6	3.0	5.3	129670	95.8
120.7	58.2	3.1	7.4	115763	98.8
99.7	48.6	4.5	4.0	415753	98.7
127.4	62.9	3.7	4.5	303438	95.1
114.9	57.2	3.4	6.7	154978	98.0
127.5	55.2	3.7	6.8	151614	97.3
137.2	47.7	2.9	9.7	141777	97.1
145.1	61.4	3.0	5.4	136024	98.9
111.1	51.4	2.8	6.2	198533	97.8
157.7	44.3	3.5	2.4	159329	91.4
100.9	52.8	2.1	7.2	94449	97.1
120.2	38.6	3.7	9.0	96154	88.6
159.3	66.1	6.1	0.4	203313	100.3
117.9	68.0	0.9	14.2	182800	100.0
101.1	59.6	1.6	16.6	402878	97.9
123.7	5.8	14.4	15.1	192267	99.8

表12.11 续表 continued

指 标	Item	销售利润率 Rate of Return on Sale
总 计	**Total**	**6.0**
按轻、重工业分	**By Light and Heavy Industries**	
轻工业	Light Industry	5.3
重工业	Heavy Industry	6.5
按企业规模分	**By Size**	6.0
大型企业	Large	4.4
中型企业	Medium	6.0
小型企业	Small	6.4
按行业分	**By Sector**	6.0
煤炭开采和洗选业	Mining and Washing of Coal	12.1
石油和天然气开采业	Extraction of Petroleum and Natural Gas	
黑色金属矿采选业	Mining and Processing of Ferrous Metal Ores	10.1
有色金属矿采选业	Mining and Processing of Non-Ferrous Metal Ores	3.0
非金属矿采选业	Mining and Processing of Nonmetal Ores	11.2
其他采矿业	Mining of Other Ores	
农副食品加工业	Processing of Food from Agricultural Products	5.6
食品制造业	Manufacture of Foods	9.0
饮料制造业	Manufacture of Beverages	8.4
烟草制品业	Manufacture of Tobacco	
纺织业	Manufacture of Textile	6.0
纺织服装、鞋、帽制造业	Manufacture of Textile Wearing Apparel, Footware and Caps	8.2
皮革、毛皮、羽毛（绒）及其制品业	Manufacture of Leather, Fur, Feather and Related Products	4.4
木材加工及木竹藤棕草制品业	Processing of Timber, Manufacture of Wood, Bamboo, Rattan, Palm and Straw Products	9.6
家具制造业	Manufacture of Furniture	8.3
造纸及纸制品业	Manufacture of Paper and Paper Products	4.6
印刷业、记录媒介的复制	Printing, Reproduction of Recording Media	6.6
文教体育用品制造业	Manufacture of Articles For Culture, Education and Sport Activities	15.8
石油加工、炼焦及核燃料加工业	Processing of Petroleum, Coking, Processing of Nuclear Fuel	11.9
化学原料及化学制品制造业	Manufacture of Raw Chemical Materials and Chemical Products	6.5
医药制造业	Manufacture of Medicines	6.9
化学纤维制造业	Manufacture of Chemical Fibers	4.3
橡胶制品业	Manufacture of Rubber	4.0
塑料制品业	Manufacture of Plastics	4.9
非金属矿物制品业	Manufacture of Non-metallic Mineral Products	6.7
黑色金属冶炼及压延加工业	Smelting and Pressing of Ferrous Metals	4.0
有色金属冶炼及压延加工业	Smelting and Pressing of Nonferrous Metals	4.3
金属制品业	Manufacture of Metal Products	6.2
通用设备制造业	Manufacture of General Purpose Machinery	6.1
专用设备制造业	Manufacture of Special Purpose Machinery	8.8
交通运输设备制造业	Manufacture of Transport Equipment	5.0
电气机械及器材制造业	Manufacture of Electrical Machinery and Equipment	5.8
通信设备、计算机及其他电子设备制造业	Manufacture of Communication Equipment, Computers and Other Electronic Equipment	2.3
仪器仪表及文化、办公用机械制造业	Manufacture of Measuring Instruments and Machinery for Cultural Activity and Office Work	6.4
工艺品及其他制造业	Manufacture of Artwork and Other Manufacturing	8.3
废弃资源和废旧材料回收加工业	Recycling and Disposal of Waste	0.4
电力、热力的生产和供应业	Production and Supply of Electric Power and Heat Power	12.4
燃气生产和供应业	Production and Supply of Gas	15.1
水的生产和供应业	Production and Supply of Water	13.4

单位：% (%)

资本积累率 Rate of Capital Accumulation	流动比率 Current Ratio	速动比率 Quick Ratio	产权比率 Equity Ratio	人均实现利税（元） Per Capita Pre-tax Profits (yuan)	从业人员人均工资（元） Per Capita Wages of Employees (yuan)
26.9	**1.1**	**0.8**	**1.2**	**46652**	**32541**
34.8	1.2	0.9	1.1	38474	30913
22.5	1.1	0.8	1.3	52256	33656
26.9	1.1	0.8	1.2	46652	32541
49.7	0.9	0.8	1.5	71467	57036
18.6	1.1	0.9	1.3	53323	37321
26.0	1.2	0.9	1.1	41197	27892
26.9	1.1	0.8	1.2	46652	32541
22.2	1.2	1.0	0.6	41567	32626
28.2	1.4	1.1	0.8	38407	29686
-21.2	0.8	0.4	1.3	25640	24810
13.2	1.0	0.8	0.6	61653	28382
35.8	1.4	1.0	0.7	46297	28873
32.6	1.7	1.2	0.7	44456	20484
27.5	1.9	1.3	0.6	66520	39350
15.4	1.2	0.7	0.8	36149	25351
19.3	1.3	0.6	0.8	27664	23764
24.7	1.5	1.0	0.8	19757	33817
55.0	1.5	1.1	0.6	42900	26833
15.0	1.4	0.9	1.0	47371	33776
53.2	1.0	0.8	0.9	36050	26083
-2.1	1.4	1.1	0.7	47680	26963
280.5	2.6	2.4	0.2	29900	25629
-31.3	0.4	0.3	2.0	94383	26926
19.1	1.2	1.0	1.5	65990	28159
9.9	1.2	0.9	0.9	50337	32341
8.3	1.7	1.0	0.5	69800	152200
41.6	1.4	0.5	1.1	31295	27338
49.5	1.3	0.9	1.2	30456	30230
20.7	1.0	0.8	1.4	40010	28585
-0.3	1.0	0.7	1.0	98252	30345
27.4	1.3	0.9	1.7	72913	63850
14.9	1.0	0.6	1.3	49771	37387
27.5	1.2	0.8	1.3	45994	34750
37.2	1.5	1.1	0.9	59726	31555
45.1	1.0	0.8	1.6	45406	35477
11.1	1.4	1.1	1.1	58629	32346
57.7	1.0	0.7	0.8	26714	22829
0.9	1.4	1.1	1.1	34834	36209
20.2	1.8	0.9	0.6	36366	31554
59.3	1.1	1.0	1.9	84731	30138
17.9	0.5	0.5	2.1	87183	32250
1.1	1.0	0.9	1.5	134411	29044
23.7	3.6	2.5	0.1	104000	27500

表12.12 外商投资和港澳台投资工业企业主要经济指标（2010年）

MAIN ECONOMIC INDICATORS OF INDUSTRIAL ENTERPRISES WITH HONG KONG, MACAO, TAIWAN AND FOREIGN FUNDS (2010)

指 标	Item	单位数（个） Number of Enterprises (unit)
总 计	**Total**	**324**
按轻、重工业分	**By Light and Heavy Industries**	
轻工业	Light Industry	105
重工业	Heavy Industry	219
按企业规模分	**By Size**	
大型企业	Large	12
中型企业	Medium	93
小型企业	Small	219
按行业分	**By Sector**	
煤炭开采和洗选业	Mining and Washing of Coal	2
石油和天然气开采业	Extraction of Petroleum and Natural Gas	
黑色金属矿采选业	Mining and Processing of Ferrous Metal Ores	
有色金属矿采选业	Mining and Processing of Non-Ferrous Metal Ores	
非金属矿采选业	Mining and Processing of Nonmetal Ores	1
其他采矿业	Mining of Other Ores	
农副食品加工业	Processing of Food from Agricultural Products	13
食品制造业	Manufacture of Foods	5
饮料制造业	Manufacture of Beverages	7
烟草制品业	Manufacture of Tobacco	
纺织业	Manufacture of Textile	6
纺织服装、鞋、帽制造业	Manufacture of Textile Wearing Apparel, Footware and Caps	7
皮革、毛皮、羽毛（绒）及其制品业	Manufacture of Leather, Fur, Feather and Related Products	3
木材加工及木竹藤棕草制品业	Processing of Timber, Manufacture of Wood, Bamboo, Rattan, Palm and Straw Products	3
家具制造业	Manufacture of Furniture	2
造纸及纸制品业	Manufacture of Paper and Paper Products	9
印刷业、记录媒介的复制	Printing, Reproduction of Recording Media	6
文教体育用品制造业	Manufacture of Articles For Culture, Education and Sport Activities	1
石油加工、炼焦及核燃料加工业	Processing of Petroleum, Coking, Processing of Nuclear Fuel	1
化学原料及化学制品制造业	Manufacture of Raw Chemical Materials and Chemical Products	25
医药制造业	Manufacture of Medicines	7
化学纤维制造业	Manufacture of Chemical Fibers	
橡胶制品业	Manufacture of Rubber	4
塑料制品业	Manufacture of Plastics	10
非金属矿物制品业	Manufacture of Non-metallic Mineral Products	27
黑色金属冶炼及压延加工业	Smelting and Pressing of Ferrous Metals	5
有色金属冶炼及压延加工业	Smelting and Pressing of Nonferrous Metals	7
金属制品业	Manufacture of Metal Products	8
通用设备制造业	Manufacture of General Purpose Machinery	16
专用设备制造业	Manufacture of Special Purpose Machinery	14
交通运输设备制造业	Manufacture of Transport Equipment	71
电气机械及器材制造业	Manufacture of Electrical Machinery and Equipment	22
通信设备、计算机及其他电子设备制造业	Manufacture of Communication Equipment, Computers and Other Electronic Equipment	20
仪器仪表及文化、办公用机械制造业	Manufacture of Measuring Instruments and Machinery for Cultural Activity and Office Work	10
工艺品及其他制造业	Manufacture of Artwork and Other Manufacturing	2
废弃资源和废旧材料回收加工业	Recycling and Disposal of Waste	
电力、热力的生产和供应业	Production and Supply of Electric Power and Heat Power	3
燃气生产和供应业	Production and Supply of Gas	5
水的生产和供应业	Production and Supply of Water	2

单位：万元 (10 000 yuan)

从业人员平均人数（万人）Average Employment (10 000 persons)	工业总产值 Gross Output Value	工业销售产值 Sales Value of Industry	工业增加值 Value-added of Industry	实收资本 Paid-in Capital	其 中 of which #国家资本 State Capital	#外商资本 Foreign Capital
14.74	**17585720**	**17577874**	**4826742**	**3262512**	**229805**	**932209**
4.51	3516584	3438027	1020205	731127	21487	151856
10.23	14069136	14139847	3806537	2531385	208318	780353
5.45	9330970	9388811	2463066	1149304	158361	311669
6.65	5992092	5978856	1740838	1550608	62558	450959
2.64	2262658	2210207	622838	562600	8886	169581
0.12	5781	5720	3412	130		
0.01	8776	5645	2770	9332		
0.19	437278	432485	111442	30114	1024	23942
0.30	225295	225447	82570	25171		690
0.72	412408	404898	170587	126863	866	40866
0.27	175244	169470	53619	23550		20550
0.50	102381	91780	37718	8834		3017
0.08	19725	19595	6706	7127		3325
0.02	9983	9416	3055	670		40
0.14	163284	157576	36418	10653		2444
0.55	771646	769035	194214	264179		400
0.14	130024	121541	32157	26043		7270
0.09	5036	5036	2164	5200		
0.45	854370	790597	300770	367791	3162	129764
0.10	42255	41693	17076	14798		2545
0.31	213674	223210	60588	40977		13822
0.16	102230	101092	25897	18026		6311
1.31	714591	727304	275408	378875	4200	139727
1.28	1589878	1659441	265386	175424		411
0.19	449864	527022	68982	51985		35
0.15	52207	49278	15682	21274		9452
0.73	721472	713667	220523	164606	29715	70614
0.37	287084	274447	71068	62520		21365
3.57	7280265	7318654	1951274	761743	167282	342165
0.48	373641	355127	113433	64128	15071	35114
1.58	1536621	1484852	407516	302969	8226	18443
0.63	426546	421344	102493	56324		25697
0.13	32465	30580	15841	12433		
0.08	393417	393417	150182	190831		14200
0.02	9230	9456	2515	2939	259	
0.07	39049	39049	25276	37003		

表12.12 续表1 continued1

指　标	Item	资　产 Total Assets
总　计	**Total**	**15359099**
按轻、重工业分	**By Light and Heavy Industries**	
轻工业	Light Industry	2998104
重工业	Heavy Industry	12360995
按企业规模分	**By Size**	
大型企业	Large	6998727
中型企业	Medium	6332198
小型企业	Small	2028174
按行业分	**By Sector**	
煤炭开采和洗选业	Mining and Washing of Coal	7920
石油和天然气开采业	Extraction of Petroleum and Natural Gas	
黑色金属矿采选业	Mining and Processing of Ferrous Metal Ores	
有色金属矿采选业	Mining and Processing of Non-Ferrous Metal Ores	
非金属矿采选业	Mining and Processing of Nonmetal Ores	15102
其他采矿业	Mining of Other Ores	
农副食品加工业	Processing of Food from Agricultural Products	260114
食品制造业	Manufacture of Foods	172253
饮料制造业	Manufacture of Beverages	516826
烟草制品业	Manufacture of Tobacco	
纺织业	Manufacture of Textile	108784
纺织服装、鞋、帽制造业	Manufacture of Textile Wearing Apparel, Footware and Caps	55239
皮革、毛皮、羽毛（绒）及其制品业	Manufacture of Leather, Fur, Feather and Related Products	13558
木材加工及木竹藤棕草制品业	Processing of Timber, Manufacture of Wood, Bamboo, Rattan, Palm and Straw Products	6912
家具制造业	Manufacture of Furniture	85075
造纸及纸制品业	Manufacture of Paper and Paper Products	868103
印刷业、记录媒介的复制	Printing, Reproduction of Recording Media	107006
文教体育用品制造业	Manufacture of Articles For Culture, Education and Sport Activities	5126
石油加工、炼焦及核燃料加工业	Processing of Petroleum, Coking, Processing of Nuclear Fuel	
化学原料及化学制品制造业	Manufacture of Raw Chemical Materials and Chemical Products	1252006
医药制造业	Manufacture of Medicines	61824
化学纤维制造业	Manufacture of Chemical Fibers	
橡胶制品业	Manufacture of Rubber	158588
塑料制品业	Manufacture of Plastics	76521
非金属矿物制品业	Manufacture of Non-metallic Mineral Products	1627423
黑色金属冶炼及压延加工业	Smelting and Pressing of Ferrous Metals	2224842
有色金属冶炼及压延加工业	Smelting and Pressing of Nonferrous Metals	262845
金属制品业	Manufacture of Metal Products	46563
通用设备制造业	Manufacture of General Purpose Machinery	615349
专用设备制造业	Manufacture of Special Purpose Machinery	236563
交通运输设备制造业	Manufacture of Transport Equipment	3973151
电气机械及器材制造业	Manufacture of Electrical Machinery and Equipment	327729
通信设备、计算机及其他电子设备制造业	Manufacture of Communication Equipment, Computers and Other Electronic Equipment	1083602
仪器仪表及文化、办公用机械制造业	Manufacture of Measuring Instruments and Machinery for Cultural Activity and Office Work	327251
工艺品及其他制造业	Manufacture of Artwork and Other Manufacturing	44252
废弃资源和废旧材料回收加工业	Recycling and Disposal of Waste	
电力、热力的生产和供应业	Production and Supply of Electric Power and Heat Power	640080
燃气生产和供应业	Production and Supply of Gas	27254
水的生产和供应业	Production and Supply of Water	151238

单位：万元 (10 000 yuan)

其　中 of which	固定资产 Fixed Assets		负　债	其　中 of which	所有者权益	主营业务收入
#流动资产 Circulating Assets	原　值 Original Value	净　值 Net Value	Total Liabilities	#流动负债 Total Circulating Liabilities	Creditors' Equity	Revenue from Principal Business
7473297	**8826710**	**5858020**	**9694870**	**7113590**	**5647987**	**18160041**
1250482	1745152	1318800	1714265	1457117	1274397	3594350
6222815	7081558	4539220	7980605	5656473	4373590	14565691
3796157	3677382	2472235	4654479	3430840	2344248	9843948
2604907	4218990	2774636	3776420	2639555	2546708	6059930
1072233	930338	611149	1263971	1043195	757031	2256163
2360	2265	1764	8867	5904	-948	4855
1777	13193	12069	7219	7216	7884	5645
214796	68410	41207	203365	202551	56749	451022
33726	119750	78383	77151	76984	95102	270300
155878	387509	245132	301294	286856	215532	429903
53716	55707	46514	62558	44499	46225	167376
31237	25711	19203	24763	24449	22465	90811
7035	5652	4105	3831	3831	9727	16171
4117	6796	2789	2978	2958	3934	9163
57270	31974	20247	57310	57310	27765	157200
226654	604800	537062	497611	352682	370492	809785
44890	74679	53777	63380	50880	43626	116331
380	4388	4067	3166	1252	1960	5036
334789	836820	595312	634173	318954	617232	776171
28277	24125	18346	34895	34595	26929	41548
80533	84731	64725	93868	79413	64720	223210
37597	48050	22723	38845	29417	37676	101701
433412	1156683	844047	1034702	600725	592384	742700
1178891	1249423	873489	1660823	877609	564019	1659501
168617	102272	71427	204229	197033	58616	522106
19933	44756	17137	18843	18840	27720	55564
429201	223913	138451	302869	247062	312481	730265
119533	93494	70230	132106	93802	103653	283789
2682166	1585164	894503	2510484	2319077	1461210	7751786
215173	139791	91562	149984	126009	173745	357007
585101	416863	365227	837415	674262	245156	1499938
194788	137970	77756	198499	193001	128752	393655
26098	7650	5933	7312	7113	36940	30362
89381	1117648	513900	411162	125613	228917	393463
9012	17474	13235	16692	7774	10562	15549
6959	139049	113698	94476	45919	56762	48128

表12.12 续表2 continued2

指　标	Item	主营业务成本 Cost of Principal Business
总　计	**Total**	**14952978**
按轻、重工业分	**By Light and Heavy Industries**	
轻工业	Light Industry	2918825
重工业	Heavy Industry	12034153
按企业规模分	**By Size**	
大型企业	Large	7980366
中型企业	Medium	5033826
小型企业	Small	1938786
按行业分	**By Sector**	
煤炭开采和洗选业	Mining and Washing of Coal	3510
石油和天然气开采业	Extraction of Petroleum and Natural Gas	
黑色金属矿采选业	Mining and Processing of Ferrous Metal Ores	
有色金属矿采选业	Mining and Processing of Non-Ferrous Metal Ores	
非金属矿采选业	Mining and Processing of Nonmetal Ores	4121
其他采矿业	Mining of Other Ores	
农副食品加工业	Processing of Food from Agricultural Products	403422
食品制造业	Manufacture of Foods	209146
饮料制造业	Manufacture of Beverages	301514
烟草制品业	Manufacture of Tobacco	
纺织业	Manufacture of Textile	152626
纺织服装、鞋、帽制造业	Manufacture of Textile Wearing Apparel, Footware and Caps	75230
皮革、毛皮、羽毛（绒）及其制品业	Manufacture of Leather, Fur, Feather and Related Products	14057
木材加工及木竹藤棕草制品业	Processing of Timber, Manufacture of Wood, Bamboo, Rattan, Palm and Straw Products	7723
家具制造业	Manufacture of Furniture	128142
造纸及纸制品业	Manufacture of Paper and Paper Products	644600
印刷业、记录媒介的复制	Printing, Reproduction of Recording Media	99565
文教体育用品制造业	Manufacture of Articles For Culture, Education and Sport Activities	4397
石油加工、炼焦及核燃料加工业	Processing of Petroleum, Coking, Processing of Nuclear Fuel	
化学原料及化学制品制造业	Manufacture of Raw Chemical Materials and Chemical Products	607508
医药制造业	Manufacture of Medicines	28848
化学纤维制造业	Manufacture of Chemical Fibers	
橡胶制品业	Manufacture of Rubber	200035
塑料制品业	Manufacture of Plastics	82474
非金属矿物制品业	Manufacture of Non-metallic Mineral Products	571421
黑色金属冶炼及压延加工业	Smelting and Pressing of Ferrous Metals	1547065
有色金属冶炼及压延加工业	Smelting and Pressing of Nonferrous Metals	457243
金属制品业	Manufacture of Metal Products	48164
通用设备制造业	Manufacture of General Purpose Machinery	557412
专用设备制造业	Manufacture of Special Purpose Machinery	232467
交通运输设备制造业	Manufacture of Transport Equipment	6101390
电气机械及器材制造业	Manufacture of Electrical Machinery and Equipment	285398
通信设备、计算机及其他电子设备制造业	Manufacture of Communication Equipment, Computers and Other Electronic Equipment	1455007
仪器仪表及文化、办公用机械制造业	Manufacture of Measuring Instruments and Machinery for Cultural Activity and Office Work	298948
工艺品及其他制造业	Manufacture of Artwork and Other Manufacturing	17888
废弃资源和废旧材料回收加工业	Recycling and Disposal of Waste	
电力、热力的生产和供应业	Production and Supply of Electric Power and Heat Power	371593
燃气生产和供应业	Production and Supply of Gas	12502
水的生产和供应业	Production and Supply of Water	29562

单位：万元 (10 000 yuan)

主营业务税金及附加 Tax and Extra Charges of Principal Business	主营业务利润 Profit of Principal Business	利润总额 Total After-tax Profits	利税总额 Total Pre-tax Profits	工资总额 Total Wages
364348	**2842715**	**1040882**	**2439054**	**680292**
31768	643757	293302	464359	238078
332580	2198959	747580	1974695	442214
327654	1535928	374544	1420402	284016
24913	1001192	525211	798000	303558
11781	305595	141127	220652	92718
49	1297	577	1313	2260
	1524	453	609	200
255	47339	45703	56453	15090
2411	58742	30022	45482	24201
15869	112520	20974	58912	45393
209	14541	7519	11035	13516
533	15049	11675	15168	18363
7	2108	2142	2339	3714
19	1422	590	798	786
76	28982	19734	25421	6411
1817	163368	53075	91415	52381
13	16753	7731	12277	5145
	639	79	79	1868
124	168540	68503	117208	21178
260	12440	5783	8360	3302
17	23158	11645	17924	10711
155	19072	10789	15153	5736
394	170885	54328	95311	46487
3795	108641	-12495	63410	47083
2304	62560	22744	37524	9168
196	7204	2325	2900	6104
416	172438	109937	129497	40165
1431	49892	28811	42110	18314
309862	1340534	445421	1382937	181426
111	71497	45610	59343	17002
18092	26839	-20159	26772	39911
2213	92494	30246	46882	30522
179	12295	9535	11831	3295
3034	18836	18330	48189	5588
189	2858	959	1624	671
318	18248	8296	10778	4301

表12.13 外商投资和港澳台投资工业企业经济效益指标（2010年）

INDICATORS ON ECONOMIC BENEFIT OF INDUSTRIAL ENTERPRISES WITH HONG KONG, MACAO, TAIWAN AND FOREIGN FUNDS (2010)

指　标	Item	总资产贡献率 Ratio of Total Assets to Industrial Output Value
总　计	**Total**	**16.9**
按轻、重工业分	**By Light and Heavy Industries**	
轻工业	Light Industry	16.3
重工业	Heavy Industry	17.1
按企业规模分	**By Size**	
大型企业	Large	21.2
中型企业	Medium	14.0
小型企业	Small	11.6
按行业分	**By Sector**	
煤炭开采和洗选业	Mining and Washing of Coal	16.6
石油和天然气开采业	Extraction of Petroleum and Natural Gas	
黑色金属矿采选业	Mining and Processing of Ferrous Metal Ores	
有色金属矿采选业	Mining and Processing of Non-Ferrous Metal Ores	
非金属矿采选业	Mining and Processing of Nonmetal Ores	4.9
其他采矿业	Mining of Other Ores	
农副食品加工业	Processing of Food from Agricultural Products	22.0
食品制造业	Manufacture of Foods	26.8
饮料制造业	Manufacture of Beverages	12.4
烟草制品业	Manufacture of Tobacco	
纺织业	Manufacture of Textile	12.1
纺织服装、鞋、帽制造业	Manufacture of Textile Wearing Apparel, Footware and Caps	27.5
皮革、毛皮、羽毛（绒）及其制品业	Manufacture of Leather, Fur, Feather and Related Products	17.8
木材加工及木竹藤棕草制品业	Processing of Timber, Manufacture of Wood, Bamboo, Rattan, Palm and Straw Products	13.4
家具制造业	Manufacture of Furniture	29.7
造纸及纸制品业	Manufacture of Paper and Paper Products	11.4
印刷业、记录媒介的复制	Printing, Reproduction of Recording Media	13.4
文教体育用品制造业	Manufacture of Articles For Culture, Education and Sport Activities	1.5
石油加工、炼焦及核燃料加工业	Processing of Petroleum, Coking, Processing of Nuclear Fuel	
化学原料及化学制品制造业	Manufacture of Raw Chemical Materials and Chemical Products	10.9
医药制造业	Manufacture of Medicines	14.3
化学纤维制造业	Manufacture of Chemical Fibers	
橡胶制品业	Manufacture of Rubber	13.3
塑料制品业	Manufacture of Plastics	21.8
非金属矿物制品业	Manufacture of Non-metallic Mineral Products	7.7
黑色金属冶炼及压延加工业	Smelting and Pressing of Ferrous Metals	4.9
有色金属冶炼及压延加工业	Smelting and Pressing of Nonferrous Metals	16.9
金属制品业	Manufacture of Metal Products	6.8
通用设备制造业	Manufacture of General Purpose Machinery	21.4
专用设备制造业	Manufacture of Special Purpose Machinery	18.6
交通运输设备制造业	Manufacture of Transport Equipment	34.8
电气机械及器材制造业	Manufacture of Electrical Machinery and Equipment	18.6
通信设备、计算机及其他电子设备制造业	Manufacture of Communication Equipment, Computers and Other Electronic Equipment	3.2
仪器仪表及文化、办公用机械制造业	Manufacture of Measuring Instruments and Machinery for Cultural Activity and Office Work	15.6
工艺品及其他制造业	Manufacture of Artwork and Other Manufacturing	27.2
废弃资源和废旧材料回收加工业	Recycling and Disposal of Waste	
电力、热力的生产和供应业	Production and Supply of Electric Power and Heat Power	10.2
燃气生产和供应业	Production and Supply of Gas	6.8
水的生产和供应业	Production and Supply of Water	9.3

单位：% (%)

资本保值增值率 Ratio of Assets Appreciation YOY	资产负债率 Asset-Liability Ratio	流动资产周转率（次） Turnover Ratio of Circulating Assets (time)	成本费用利润率 Ratio of Profits to Cost	全员劳动生产率（元/人年） Overall Labor Productivity (yuan/person-year)	产品销售率 Sales as Percentage of Output
122.9	**63.1**	**2.4**	**6.2**	**327459**	**100.0**
135.8	57.2	2.9	9.0	226210	97.8
119.6	64.6	2.3	5.5	372096	100.5
					100.0
117.2	66.5	2.6	4.1	451939	100.6
119.5	59.6	2.3	9.4	261780	99.8
146.3	62.3	2.1	6.4	236821	97.7
	112.0	2.1	12.9	31018	98.9
96.8	47.8	3.2	8.8	277000	64.3
172.7	78.2	2.1	10.5	586537	98.9
134.6	44.8	8.0	12.4	275233	100.1
122.8	58.3	2.8	5.3	236926	98.2
173.5	57.5	3.1	4.4	198589	96.7
161.0	44.8	2.9	13.2	75436	89.6
112.3	28.3	2.3	13.7	83825	99.3
106.3	43.1	2.2	6.8	152750	94.3
113.5	67.4	2.7	14.4	260129	96.5
166.2	57.3	3.6	7.8	353116	99.7
118.4	59.2	2.6	7.2	229693	93.5
190.0	61.8	13.3	1.5	24044	100.0
132.2	50.7	2.3	9.2	668378	92.5
84.6	56.4	1.5	16.2	170760	98.7
124.2	59.2	2.8	5.3	195445	104.5
119.8	50.8	2.7	11.8	161856	98.9
114.1	63.6	1.7	8.0	210235	101.8
100.1	74.6	1.4	-0.8	207333	104.4
91.5	77.7	3.1	4.8	363063	117.2
137.7	40.5	2.8	4.4	104547	94.4
135.3	49.2	1.7	17.7	302086	98.9
160.5	55.8	2.4	11.0	192076	95.6
114.0	63.2	2.9	6.3	546575	100.5
90.2	45.8	1.7	14.7	236319	95.0
230.6	77.3	2.6	-1.3	257922	96.6
146.4	60.7	2.0	8.2	162687	98.8
186.1	16.5	1.2	43.4	121854	94.2
116.6	64.2	4.4	4.7	1877275	100.0
135.5	61.2	1.7	6.2	125750	102.4
90.7	62.5	6.9	21.0	361086	100.0

表12.13 续表 continued

指 标	Item	销售利润率 Rate of Return on Sale
总 计	**Total**	**5.7**
按轻、重工业分	**By Light and Heavy Industries**	
轻工业	Light Industry	8.2
重工业	Heavy Industry	5.1
按企业规模分	**By Size**	5.7
大型企业	Large	3.8
中型企业	Medium	8.7
小型企业	Small	6.3
按行业分	**By Sector**	
煤炭开采和洗选业	Mining and Washing of Coal	11.9
石油和天然气开采业	Extraction of Petroleum and Natural Gas	
黑色金属矿采选业	Mining and Processing of Ferrous Metal Ores	
有色金属矿采选业	Mining and Processing of Non-Ferrous Metal Ores	
非金属矿采选业	Mining and Processing of Nonmetal Ores	8.0
其他采矿业	Mining of Other Ores	
农副食品加工业	Processing of Food from Agricultural Products	10.1
食品制造业	Manufacture of Foods	11.1
饮料制造业	Manufacture of Beverages	4.9
烟草制品业	Manufacture of Tobacco	
纺织业	Manufacture of Textile	4.5
纺织服装、鞋、帽制造业	Manufacture of Textile Wearing Apparel, Footware and Caps	12.9
皮革、毛皮、羽毛（绒）及其制品业	Manufacture of Leather, Fur, Feather and Related Products	13.2
木材加工及木竹藤棕草制品业	Processing of Timber, Manufacture of Wood, Bamboo, Rattan, Palm and Straw Products	6.4
家具制造业	Manufacture of Furniture	12.6
造纸及纸制品业	Manufacture of Paper and Paper Products	6.6
印刷业、记录媒介的复制	Printing, Reproduction of Recording Media	6.6
文教体育用品制造业	Manufacture of Articles For Culture, Education and Sport Activities	1.6
石油加工、炼焦及核燃料加工业	Processing of Petroleum, Coking, Processing of Nuclear Fuel	
化学原料及化学制品制造业	Manufacture of Raw Chemical Materials and Chemical Products	8.8
医药制造业	Manufacture of Medicines	13.9
化学纤维制造业	Manufacture of Chemical Fibers	
橡胶制品业	Manufacture of Rubber	5.2
塑料制品业	Manufacture of Plastics	10.6
非金属矿物制品业	Manufacture of Non-metallic Mineral Products	7.3
黑色金属冶炼及压延加工业	Smelting and Pressing of Ferrous Metals	-0.8
有色金属冶炼及压延加工业	Smelting and Pressing of Nonferrous Metals	4.4
金属制品业	Manufacture of Metal Products	4.2
通用设备制造业	Manufacture of General Purpose Machinery	15.1
专用设备制造业	Manufacture of Special Purpose Machinery	10.2
交通运输设备制造业	Manufacture of Transport Equipment	5.7
电气机械及器材制造业	Manufacture of Electrical Machinery and Equipment	12.8
通信设备、计算机及其他电子设备制造业	Manufacture of Communication Equipment, Computers and Other Electronic Equipment	-1.3
仪器仪表及文化、办公用机械制造业	Manufacture of Measuring Instruments and Machinery for Cultural Activity and Office Work	7.7
工艺品及其他制造业	Manufacture of Artwork and Other Manufacturing	31.4
废弃资源和废旧材料回收加工业	Recycling and Disposal of Waste	
电力、热力的生产和供应业	Production and Supply of Electric Power and Heat Power	4.7
燃气生产和供应业	Production and Supply of Gas	6.2
水的生产和供应业	Production and Supply of Water	17.2

资本积累率 Rate of Capital Accumulation	流动比率 Current Ratio	速动比率 Quick Ratio	产权比率 Equity Ratio	人均实现利税（元） Per Capita Pre-tax Profits (yuan)	从业人员人均工资（元） Per Capita Wages of Employees (yuan)
14.1	**1.1**	**0.8**	**1.7**	**165472**	**46153**
35.8	0.9	0.6	1.3	102962	52789
19.6	1.1	0.8	1.8	193030	43227
	1.1		1.7	165472	46153
17.2	1.1	0.7	2.0	260624	52113
19.5	1.0	0.8	1.5	120000	45648
46.3	1.0	0.8	1.7	83898	35254
137.2	0.4	0.4	-9.4	11945	20545
-3.2	0.2	0.1	0.9	60900	20000
72.7	1.1	0.7	3.6	297116	79416
34.6	0.4	0.3	0.8	151607	80670
22.8	0.5	0.3	1.4	81822	63046
73.5	1.2	1.0	1.4	40870	50059
61.0	1.3	0.5	1.1	30336	36726
12.3	1.8	0.9	0.4	29238	46425
6.3	1.4	0.8	0.8	39900	39300
13.5	1.0	0.9	2.1	181579	45793
66.2	0.6	0.5	1.3	166209	95238
18.4	0.9	0.7	1.5	87693	36750
90.0	0.3	0.1	1.6	878	20756
32.2	1.0	0.9	1.0	260462	47062
-15.4	0.8	0.8	1.3	83600	33020
24.2	1.0	0.8	1.5	57819	34552
19.8	1.3	1.1	1.0	94706	35850
14.1	0.7	0.6	1.7	72756	35486
0.1	1.3	0.6	2.9	49539	36784
-8.5	0.9	0.6	3.5	197495	48253
37.7	1.1	0.7	0.7	19333	40693
35.3	1.7	1.4	1.0	177393	55021
60.5	1.3	1.0	1.3	113811	49497
14.0	1.2	0.9	1.7	387377	50820
-9.8	1.7	1.3	0.9	123631	35421
130.6	0.9	0.7	3.4	16944	25260
46.4	1.0	0.8	1.5	74416	48448
86.1	3.7	2.7	0.2	91008	25346
16.6	0.7	0.6	1.8	602363	69850
35.5	1.2	1.1	1.6	81200	33550
-9.3	0.2	0.1	1.7	153971	61443

表12.14 大中型工业企业主要经济指标（2010年）
MAIN ECONOMIC INDICATORS OF LARGE & MEDIUM-SIZED INDUSTRIAL ENTERPRISES (2010)

指 标	Item	单位数（个） Number of Enterprises (unit)	从业人员平均人数（万人） Average Employment (10 000 persons)	工业总产值 Gross Output Value
总 计	**Total**	**786**	**81.58**	**60339229**
#国有控股企业	State-holding Enterprises	233	37.57	30010077
按登记注册类型分	**By Status of Registration**			
内资企业	Domestic-funded Enterprises	681	69.48	45016168
#国有企业	State-owned	61	7.26	3071403
集体企业	Collective-owned	8	0.99	1109138
港澳台投资企业	Funded by Hong Kong, Macao and Taiwan	37	4.57	3891499
外商投资企业	Foreign-funded	68	7.53	11431562
按轻、重工业分	**By Light and Heavy Industries**			
轻工业	Light Industry	265	24.31	16365341
重工业	Heavy Industry	521	57.27	43973888

指 标	Item	固定资产净值 Net Value of Fixed Assets	负 债 Total Liabilities	其 中 of which #流动负债 Total Circulating Liabilities
总 计	**Total**	**21533255**	**36219034**	**27167000**
#国有控股企业	State-holding Enterprises	13722147	22259595	16029781
按登记注册类型分	**By Status of Registration**			
内资企业	Domestic-funded Enterprises	16286383	27788135	21096604
#国有企业	State-owned	1910402	3348555	2312301
集体企业	Collective-owned	100442	357502	349207
港澳台投资企业	Funded by Hong Kong, Macao and Taiwan	2028944	3290452	2138597
外商投资企业	Foreign-funded	3217928	5140447	3931799
按轻、重工业分	**By Light and Heavy Industries**			
轻工业	Light Industry	3652131	7372408	6350536
重工业	Heavy Industry	17881124	28846626	20816464

单位：万元 (10 000 yuan)

其 中 of which #新产品产值 Output Value of New Products	工业销售产值 Sales Value of Industry	工业增加值 Value-added of Industry	实收资本 Paid-in Capital	其 中 of which #国家资本 State Capital	资 产 Total Assets	其 中 of which #流动资产 Circulating Assets	固定资产原值 Original Value of Fixed Assets
26420397	**59319164**	**16331095**	**10300723**	**1633025**	**59812003**	**27232414**	**33155248**
	29723780	8497327	6271624	1571488	36115075	15314330	21632972
18308631	43951497	12309448	7600812	1412105	46481078	20831350	25258876
937683	3069654	1001220	1175488	507557	5771960	2021452	3071000
1016013	1102189	152036	41767		445111	254946	174831
987562	3874510	915417	780237	600	4872651	2245076	2712602
7124205	11493157	3106229	1919674	220320	8458274	4155988	5183770
	15909173	4401490	2144907	123258	13051452	6937428	5608168
	43409991	11929605	8155816	1509767	46760551	20294986	27547080

所有者权益 Creditors' Equity	主营业务收入 Revenue from Principal Business	主营业务成本 Cost of Principal Business	主营业务税金及附加 Tax and Extra Charges of Principal Business	主营业务利润 Profit of Principal Business	利润总额 Total After-tax Profits	利税总额 Total Pre-tax Profits	工资总额 Total Wages Total Wages
23528094	**60005470**	**50516354**	**1193491**	**8295625**	**3202052**	**6979255**	**3820372**
13833963	30184652	25065526	986541	4132585	1271456	3839777	1952589
18637138	44101592	37502162	840925	5758506	2302296	4760852	3232798
2423405	3105550	2652083	18352	435115	97044	240582	339901
87609	1094510	1042563	10937	41010	28281	92030	37110
1573159	3968665	3444616	17481	506567	145038	310616	194164
3317797	11935213	9569576	335085	2030554	754718	1907787	393410
5662255	16248049	13200268	598227	2449553	991136	2169747	1090920
17865839	43757421	37316086	595264	5846071	2210916	4809508	2729452

表12.15 大中型工业企业经济效益指标（2010年）

INDICATORS ON ECONOMIC BENEFIT OF LARGE & MEDIUM-SIZED INDUSTRIAL ENTERPRISES (2010)

指 标	Item	总资产贡献率 Ratio of Total Assets to Industrial Output Value
总 计	**Total**	**12.7**
#国有控股企业	State-holding Enterprises	11.6
按登记注册类型分	**By Status of Registration**	
内资企业	Domestic-funded Enterprises	11.3
#国有企业	State-owned	5.0
集体企业	Collective-owned	20.9
港澳台投资企业	Funded by Hong Kong, Macao and Taiwan	7.9
外商投资企业	Foreign-funded	23.4
按轻、重工业分	**By Light and Heavy Industries**	
轻工业	Light Industry	17.6
重工业	Heavy Industry	11.3

指 标	Item	销售利润率 Rate of Return on Sale
总 计	**Total**	**5.3**
#国有控股企业	State-holding Enterprises	4.2
按登记注册类型分	**By Status of Registration**	
内资企业	Domestic-funded Enterprises	5.2
#国有企业	State-owned	3.1
集体企业	Collective-owned	2.6
港澳台投资企业	Funded by Hong Kong, Macao and Taiwan	3.7
外商投资企业	Foreign-funded	6.3
按轻、重工业分	**By Light and Heavy Industries**	
轻工业	Light Industry	6.1
重工业	Heavy Industry	5.1

单位：% (%)

资本保值增值率 Ratio of Assets Appreciation YOY	资产负债率 Asset-Liability Ratio	流动资产周转率（次） Turnover Ratio of Circulating Assets (time)	成本费用利润率 Ratio of Profits to Cost	全员劳动生产率（元/人年） Overall Labor Productivity (yuan/person-year)	产品销售率 Sales as Percentage of Output
120.1	**60.6**	**2.2**	**5.7**	**200185**	**98.3**
115.8	61.6	2.0	4.5	226173	99.0
120.6	59.8	2.1	5.5	177165	97.6
115.4	58.0	1.5	3.2	137909	99.9
214.6	80.3	4.3	2.6	153571	99.4
122.8	67.5	1.8	3.8	200310	99.6
116.1	60.8	2.9	6.9	412514	100.5
					98.3
139.6	56.5	2.3	6.7	181057	97.2
114.6	61.7	2.2	5.3	208305	98.7

资本积累率 Rate of Capital Accumulation	流动比率 Current Ratio	速动比率 Quick Ratio	产权比率 Equity Ratio	人均实现利税（元） Per Capita Pre-tax Profits (yuan)	从业人员人均工资（元） Per Capita Wages of Employees (yuan)
20.1	**1.0**	**0.8**	**1.5**	**85551**	**46830**
15.8	1.0	0.7	1.6	102203	51972
20.6	1.0	0.8	1.5	68521	46528
15.4	0.9	0.7	1.4	33138	46818
114.6	0.7	0.7	4.1	92960	37485
22.8	1.0	0.6	2.1	67968	42487
16.1	1.1	0.8	1.6	253358	52246
39.6	1.1	0.8	1.3	89253	44875
14.6	1.0	0.7	1.6	83980	47659

表12.16 规模以上工业企业主要产品产量（2009－2010年）

OUTPUT OF MAJOR PRODUCTS OF INDUSTRIAL ENTERPRISES ABOVE DESIGNATED SIZE (2009-2010)

产　品	Products	2009	2010
化学纤维（万吨）	Chemical Fiber (10 000 tons)	6.35	6.71
纱（吨）	Yarn (ton)	130655	140713
布（万米）	Cloth (10 000 m)	78950.94	84335.42
印染布（万米）	Printed and Dyed Fabric (10 000 m)	25327.19	44149.36
毛　线（吨）	Knitting Wool (ton)	3143	1920
丝（吨）	Silk (ton)	8647	8339
丝织品(蚕丝及交织机织物（含蚕丝≥50%))（万米）	Silk Products (silk and mixture fabric (with content of silk ≥50%)) (10 000 m)	1921.30	1717.53
电视机（万部）	TV Sets (10 000 units)	38.16	65.87
#彩色电视机	Color TV Sets	38.16	65.87
微型计算机设备（台）	Microcomputers (units)	2090	1891864
#笔记本计算机	Laptops		848138
摩托车（万辆）	Motorcycles (10 000 units)	761.74	849.23
机制纸及纸板（吨）	Machine-made Paper and Paperboard (ton)	1735603	1892304
日用陶瓷制品（万件）	Household Ceramics (10 000 pcs)	13186.21	17222.50
日用玻璃制品（吨）	Daily-use Glassware (ton)	358807	540769
合成洗涤剂（吨）	Synthetic Detergents (ton)	41240	71755
肥　皂（吨）	Soap (ton)	593	609
干电池（折一号电池）（万只）	Dry Cells (equivalent to No.1 battery) (10 000 units)	8000.70	7780.74
卷　烟（亿支）	Cigarettes (100 million pieces)	476.00	501.00
白　酒（万千升）	Liquor (1000 kiloliters)	17.00	15.48
啤　酒（万千升）	Beer (1000 kiloliters)	72.77	75.19
罐　头（吨）	Canned Food (ton)	45379	62042
食用植物油（吨）	Edible Vegetable Oil (ton)	193125	197797
皮　鞋（万双）	Leather Shoes (10 000 pairs)	3005.03	4165.43
服　装（万件）	Garments (10 000 pcs)	5487.39	9537.08
乳制品（万吨）	Dairy Products (10 000 tons)	11.32	12.58
无酒精饮料（软饮料）（吨）	Non-alcoholic Beverage (soft) (ton)	2342357	3499660
原　煤（万吨）	Coal (10 000 tons)	4290.79	4547.03
洗精煤（万吨）	Washed and Fine Coal (10 000 tons)	718.73	1045.02
焦　炭（万吨）	Coke (10 000 tons)	294.21	359.17
发电量（万千瓦时）	Electricity (10 000 kwh)	4282622.13	4567098.90
天然气（万立方米）	Natural Gas (10 000 cu.m)	756968.00	674767.71
生　铁（万吨）	Pig Iron (10 000 tons)	324.88	417.41
粗　钢（万吨）	Crude Steel (10 000 tons)	333.79	456.09
钢　材（万吨）	Steel Products (10 000 tons)	477.44	699.92
#大型钢材	Large	24.73	15.05
中小型钢材	Medium	30.51	52.33
中厚钢板	Medium Rolled-steel	126.57	211.88
无缝钢管	Seamless Steel Pipe	15.94	22.05

表12.16 续表 continued

产　品	Products	2009	2010
铝（吨）	Aluminum (ton)	181666	160486
硫　酸（吨）	Sulphuric Acid (ton)	2022942	2219975
盐　酸（吨）	Hydrochloric Acid (ton)	110403	109863
烧　碱（吨）	Caustic Soda (ton)	145836	243469
电　石（折合量）（吨）	Calcium Carbide (equivalent) (ton)		
精甲醇（商品量）（吨）	Fine Methyl Alcohol (commodities) (ton)	453305	583855
染　料（吨）	Dyestuff (ton)	4070	5073
涂　料（吨）	Paint (ton)	201451	218141
塑料制品（吨）	Plastics (ton)	499248	597507
合成橡胶（吨）	Synthetic Rubber (ton)	27388	27334
化学原料药（吨）	Chemical Raw Material (ton)	16059	8035
中成药（吨）	Traditional Chinese Medicine (ton)	42803	57583
轮胎外胎（万条）	Tire (10 000 units)	980.74	1751.89
水　泥（万吨）	Cement (10 000 tons)	3610.99	4598.04
人造板（立方米）	Artificial Boards (cu.m)	144308.62	329711.30
矿山设备（吨）	Mining Equipment (ton)	81968	39883
起重设备（起重机）（吨）	Hoist and Derrick (ton)	47535	57684
房间空气调节器（台）	Air-Conditioners (unit)	3812321	5733924
发电设备（千瓦）	Generating Equipment (kw)	954690	1435344
交流电动机（万千瓦）	AC Motors(10 000 kw)	556.20	576.13
电力变压器（万千伏安）	Electric Transformer Products (10 000 kva)	4733.06	4024.57
金属切削机床（台）	Metal-cutting Machines (unit)	4935	7010
汽　车（辆）	Motor Vehicles (unit)	1186538	1615766
#轿　车	Cars	633029	851664
内燃机（发动机）（万千瓦）	Internal Combustion Engines (10 000 kw)	3332.90	5258.68
泵（台）	Industry Pumps (unit)	390286	520213
风　机（台）	Air Pumps (unit)	6528	13525
气体压缩机（台）	Gas Compressors (unit)	234	344
轴　承（万套）	Bearings (10 000 sets)	8818.37	9241.01
工业锅炉（蒸吨）	Industry Boilers (ton)	968.37	838.00
民用钢质船舶（载重吨）	Civil Steel Ships (ton)	365512	933367
合成氨（吨）	Synthetic Ammonia (ton)	1138438	1451003
化　肥（100%）（吨）	Chemical Fertilizer (100%) (ton)	1519977	1814895
#氮　肥	Nitrogen Fertilizer	926761	1055161
磷　肥	Phosphate Fertilizer	576798	747170
配混合饲料（吨）	Mingled Forage (ton)	1084214	277175
农　药（吨）	Chemical Pesticides (ton)	9813	1293

表12.17 规模以上工业企业主要产品产量占全国的比重（2010年）

OUTPUT OF MAJOR INDUSTRIAL PRODUCTS OF INDUSTRIA ENTERPRISES ABOVE DESIGNATED SIZED AS PERCENTAGE OF NATION TOTAL (2010)

产　品	Products	全　国 Nation Total	重　庆 Chongqing	重庆占全国比重（%） Chongqing as % of Nation Total
维纶纤维（吨）	PVA Fiber (ton)	57000.00	12557.00	22.0
布（亿米）	Cloth (100 million m)	800.00	8.43	1.1
丝（万吨）	Silk (10 000 tons)	16.20	0.83	5.1
合成洗涤剂（万吨）	Synthetic Detergents (10 000 tons)	730.20	7.18	1.0
合成洗衣粉（万吨）	Synthetic Washing Powder (10 000 tons)	392.50	5.12	1.3
原　盐（万吨）	Salt (10 000 tons)	6274.80	165.51	2.6
卷　烟（亿支）	Cigarettes (100 million pieces)	23752.60	501.00	2.1
白　酒（万千升）	Liquor (1000 kiloliters)	890.60	15.48	1.7
啤　酒（万千升）	Beer (1000 kiloliters)	4483.10	75.19	1.7
软饮料（万吨）	Soft Beverage (10 000 tons)	9983.80	349.97	3.5
乳制品（万吨）	Dairy Products (10 000 tons)	2159.60	12.58	0.6
原　煤（亿吨）	Coal (100 million tons)	32.40	0.45	1.4
发电量（亿千瓦小时）	Electricity (100 million kwh)	42065.40	456.71	1.1
天然气（亿立方米）	Natural Gas (100 million cu.m)	967.60	67.48	7.0
生　铁（万吨）	Pig Iron (10 000 tons)	59021.80	417.41	0.7
钢（万吨）	Steel (10 000 tons)	62695.90	456.09	0.7
成品钢材（万吨）	Steel Products (10 000 tons)	79775.50	699.92	0.9
铝　材（万吨）	Aluminum Products (10 000 tons)	1067.10	102.79	9.6
水　泥（万吨）	Cement (10 000 tons)	188000.00	4598.04	2.4
硫　酸（万吨）	Sulphuric Acid (10 000 tons)	7090.80	222.00	3.1
纯　碱（万吨）	Soda Ash (10 000 tons)	2029.30	106.52	5.2
烧　碱（万吨）	Caustic Soda (10 000 tons)	2086.70	24.35	1.2
农用化学肥料（万吨）	Chemical Fertilizer (10 000 tons)	6740.60	181.49	2.7
化学农药（万吨）	Chemical Pesticides (10 000 tons)	234.20	0.13	0.1
合成氨（万吨）	Synthetic Ammonia (10 000 tons)	4963.20	145.10	2.9
化学原料药（万吨）	Chemical Raw Material Medicine (10 000 tons)	234.20	0.80	0.3
中成药（万吨）	Traditional Chinese Medicine (10 000 tons)	199.60	5.76	2.9
冰醋酸（万吨）	Glacial Acetic Acid (10 000 tons)	383.90	37.86	9.9
精甲醇（万吨）	Refined Methanol (10 000 tons)	1574.30	58.39	3.7
涂　料（万吨）	Paint (10 000 tons)	966.60	21.81	2.3
牙　膏（自然支）（亿支）	Toothpaste (100 million units)	74.80	3.59	4.8
卫生陶瓷（万件）	Toilet Wares (10 000 tons)	17409.50	132.45	0.8
变压器（万千伏安）	Transformers (10 000 kilovolt-amperes)	134630.40	4024.57	3.0
汽　车（万辆）	Motor Vehicles (10 000 units)	1826.99	161.58	8.8
#轿　车	Cars	957.60	85.17	8.9
摩托车（万辆）	Motorcycles (10 000 units)	2761.90	849.23	30.7

重/庆/统/计/年/鉴

主要统计指标解释

工业

指从事自然资源的开采，对采掘品和农产品进行加工和再加工的物质生产部门。具体包括：（1）对自然资源的开采，如采矿、晒盐、森林采伐等（不包括禽兽捕猎和水产捕捞）；（2）对农副产品的加工、再加工，如粮油加工、食品加工、轧花、缫丝、纺织、制革等；（3）对采掘品的加工、再加工，如炼铁、炼钢、化工生产、石油加工、机器制造、木材加工等，以及电力、自来水、煤气的生产和供应等；（4）对工业品的修理、翻新，如机器设备的修理、交通运输工具（包括小卧车）的修理等。

工业统计调查单位为独立核算法人工业企业。

独立核算法人工业企业指从事工业生产经营活动的单位。独立核算法人工业企业应同时具备以下条件：①依法成立，有自己的名称、组织机构和场所，能够承担民事责任；②独立拥有和使用资产，承担负债，有权与其他单位签订合同；③独立核算盈亏，并能够编制资产负债表。

本年鉴中涉及的企业登记注册类型：

（1）国有企业：指企业全部资产归国家所有，并按《中华人民共和国企业法人登记管理条例》规定登记注册的非公司制的经济组织。不包括有限责任公司中的国有独资公司。

（2）集体企业：指企业资产归集体所有，并按《中华人民共和国企业法人登记管理条例》规定登记注册的经济组织。

（3）股份合作企业：指以合作制为基础，由企业职工共同出资入股，吸收一定比例的社会资产投资组建，实行自主经营，自负盈亏，共同劳动，民主管理，按劳分配与按股分红相结合的一种集体经济组织。

（4）联营企业：两个及两个以上相同或不同所有制性质的企业法人或事业单位法人，按自愿、平等、互利的原则，共同投资组成的经济组织称为联营企业。联营企业包括国有联营企业、集体联营企业、国有与集体联营企业和其他联营企业。

国有联营企业：指所有联营单位均为国有。

集体联营企业：指所有联营单位均为集体。

国有与集体联营企业：指联营单位既有国有也有集体。

其他联营企业：指上述三种联营企业之外的其他联营形式的企业。

（5）有限责任公司：根据《中华人民共和国公司登记管理条例》规定登记注册，由两个以上，五十个以下的股东共同出资，每个股东以其所认缴的出资额对公司承担有限责任，公司以其全部资产对其债务承担责任的经济组织称为有限责任公司。有限责任公司分为国有独资公司以及其他有限责任公司。

国有独资公司：指国家授权的投资机构或者国家授权的部门单独投资设立的有限责任公司。

其他有限责任公司：指国有独资公司以外的其他有限责任公司。

（6）股份有限公司：指根据《中华人民共和国公司登记管理条例》规定登记注册，其全部注册资本由等额股份构成并通过发行股票筹集资本，股东以其认购的股份对公司承担有限责任，公司以其全部资产对其债务承担责任的经济组织。

（7）私营企业：指由自然人投资设立或由自然人控股，以雇佣劳动为基础的营利性经济组织。包括按照《公司法》、《合伙企业法》、《私营企业暂行条例》以及《个人独资企业法》规定登记注册的私营有限责任公司、私营股份有限公司、私营合伙企业、私营独资企业和个人独资企业。

（8）其他内资企业：指上述第（1）至第（7）之外的其他内资经济组织。

（9）与港澳台商合资经营企业：指港澳台地区投资者与内地企业依照《中华人民共和国中外合资经营企业法》及有关法律的规定，按合同规定的比例投资设立、分享利润和分担风险的企业。

（10）与港澳台商合作经营企业：指港澳台地区投资者与内地企业依照《中华人民共和国中外合作经营企业法》及有关法律的规定，依照合作合同的约定进行投资或提供条件设立、分配利润和分担风险的企业。

（11）港澳台商独资经营企业：指依照《中华人民共和国外资企业法》及有关法律的规定，在内地由

主要统计指标解释

港澳台地区投资者全额投资设立的企业。

（12）港澳台商投资股份有限公司：指根据国家有关规定，经外经贸部依法批准设立，其中港、澳、台商的股本占公司注册资本的比例达25% 以上的股份有限公司。凡其中港、澳、台商的股本占公司注册资本的比例小于25%的，属于内资企业中的股份有限公司。

（13）中外合资经营企业：指外国企业或外国人与中国内地企业依照《中华人民共和国中外合资经营企业法》及有关法律的规定，按合同规定的比例投资设立、分享利润和分担风险的企业。

（14）中外合作经营企业：指外国企业或外国人与中国内地企业依照《中华人民共和国中外合作经营企业法》及有关法律的规定，依照合作合同的约定进行投资或提供条件设立、分配利润和分担风险的企业。

（15）外资企业：指依照《中华人民共和国外资企业法》及有关法律的规定，在中国内地由外国投资者全额投资设立的企业。

（16）外商投资股份有限公司：指根据国家有关规定，经外经贸部依法批准设立，其中外资的股本占公司注册资本的比例达25% 以上的股份有限公司。凡其中外资股本占公司注册资本的比例小于25%的，属于内资企业中的股份有限公司。

■ 国有控股企业

是指在企业的全部实收资本中，国有经济成分的出资人拥有的实收资本(股本)所占企业全部实收资本(股本)的比例大于50%的国有绝对控股。

在企业的全部实收资本中，国有经济成分的出资人拥有的实收资本(股本)所占比例虽未大于50%，但相对大于其他任何一方经济成分的出资人所占比例的国有相对控股；或者虽不大于其他经济成分，但根据协议规定拥有企业实际控制权的国有协议控股。

投资双方各占50%，且未明确由谁绝对控股的企业，若其中一方为国有经济成分的，一律按国有控股处理。

■ 轻工业

指主要提供生活消费品和制作手工工具的工业。按其所使用的原料不同，可分为两大类：(1)以农产品为原料的轻工业，是指直接或间接以农产品为基本原料的轻工业。主要包括食品制造、饮料制造、烟草加工、纺织、缝纫、皮革和毛皮制作、造纸以及印刷等工业；(2)以非农产品为原料的轻工业，是指以工业品为原料的轻工业。主要包括文教体育用品、化学药品制造、合成纤维制造、日用化学制品、日用玻璃制品、日用金属制品、手工工具制造、医疗器械制造、文化和办公用机械制造等工业。

■ 重工业

指为国民经济各部门提供物质技术基础的主要生产资料的工业。按其生产性质和产品用途，可以分为下列三类：(1)采掘(伐)工业，是指对自然资源的开采，包括石油开采、煤炭开采、金属矿开采、非金属矿开采等工业；(2)原材料工业，指向国民经济各部门提供基本材料、动力和燃料的工业。包括金属冶炼及加工、炼焦及焦炭、化学、化工原料、水泥、人造板以及电力、石油和煤炭加工等工业；(3)加工工业，是指对工业原材料进行再加工制造的工业。包括装备国民经济各部门的机械设备制造工业、金属结构、水泥制品等工业，以及为农业提供的生产资料如化肥、农药等工业。

根据上述划分原则，修理业中以重工业产品为修理作业对象的划为重工业，反之划为轻工业。

■ 工业总产值

指工业企业在本年内生产的以货币形式表现的工业最终产品和提供工业劳务活动的总价值量。

(1)工业总产值计算应遵循的原则

①工业生产的原则。即凡是企业在本年内生产的最终产品和提供的劳务，均应包括在内。其中的最终产品，不管是否在本年内销售，只要是本年内生产的，就应包括在内。凡不是工业生产的产品，均不得计入工业总产值。

②最终产品的原则。即企业生产的成品价值必须是本企业生产的，经检验合格不需再进行任何加工的最终产品。企业对外销售的半成品也应视为最终产品计入工业总产值。而在本企业内各车间转移的半成品和在制品只能计算其期末期初差额价值。

③“工厂法”原则。即以法人工业企业作为一个整体计算工业总产值，是其本年内生产的最终产品和提供劳务的总价值量。

(2)工业总产值的内容

主要统计指标解释

包括三部分：生产的成品价值、对外加工费收入、自制半成品在制品期末期初差额价值。

①成品价值：指企业在本年内生产，并在本年内不再进行加工，经检验合格、包装入库的已经销售和准备销售的全部工业成品(包括半成品)价值合计。成品价值中包括企业生产的自制设备及提供给本企业在建工程、其他非工业部门和生活福利部门等单位使用的成品价值，但不包括用订货者来料加工的成品(半成品)价值。

工业总产值是按现行价格计算的。成品价值按成品实物量乘以本年不含应交增值税(销项税额)的产品实际销售平均单价计算。会计核算中按成本价格转帐的自制设备和自产自用的成品，按成本价格计算生产成品价值。

②对外加工费收入：指企业在本年内完成的对外承做的工业品加工(包括用订货者来料加工生产)的加工费收入和对外工业品修理作业所收取的加工费收入。对外加工费收入按不含应交增值税(销项税额)的价格计算，可根据会计“产品销售收入”科目的有关资料取得。

对于以对外加工生产为主，对外加工费收入所占比重较大的企业，如果对外加工费收入出现跨年度支付的情况，为保证总产值生产口径计算的准确性，则应将对外加工费收入按实际情况调整，记录本年应实际收取的对外加工费收入。

③自制半成品在制品期末期初差额价值。为了使工业总产值与工业中间投入中的物耗价值一致，以便同口径地计算工业增加值，规定本指标的计算原则是：凡是企业会计产品成本核算中计算半成品、在制品成本，则工业总产值中必须包括自制半成品在制品期末期初差额价值。反之则不包括。

自制半成品在制品期末期初差额价值等于自制半成品在制品期末价值减去期初价值后的余额，如果期末价值小于期初价值，该指标为负值，企业在计算产值时，应按负值计算，不能作为零处理。

(3)工业总产值计算的几种具体规定

①凡自备原材料，不论其加工繁简程度如何，一律按全价，即包括自备原材料的价值，计算工业总产值。

②凡来料加工，加工企业一律按财务上结算的加工费计算工业总产值，即不包括定货者来料的价值。一般分两种情况：a、工业企业之间的来料加工，加工企业(即承包单位)按财务上结算的加工费计算工业总产值；委托加工的企业(即发包单位)按全价计算工业总产值。b、工业企业与非工业企业之间的来料加工，当工业企业作为加工企业时一律按加工费计算工业总产值。

③自制半成品、在制品期末期初差额价值，原则上应计入工业总产值，但如果会计产品成本核算中不计算自制半成品、在制品成本，则不计入工业总产值；如果会计产品成本核算中计算自制半成品、在制品成本的，则计入工业总产值。

■ 工业销售产值

指以货币形式表现的，工业企业在本年内销售的本企业生产的工业产品或提供工业性劳务价值的总价值量。工业销售产值包括的内容为：(1)销售成品价值；(2)对外加工费收入。区分来料加工与自备原材料生产的依据同工业总产值中的规定。

■ 工业增加值

指工业企业在报告期内以货币形式表现的工业生产活动的最终成果，是企业全部生产活动的总成果扣除了在生产过程中消耗或转移的物质产品和劳务价值后的余额，是企业生产过程中新增加的价值。

■ 资产合计

指企业拥有或控制的能以货币计量的经济资源，包括各种财产、债权和其他权利。资产按其流动性(即资产的变现能力和支付能力)划分为：流动资产、长期投资、固定资产、无形资产、递延资产和其他资产。根据会计“资产负债表”中“资产总计”项的期末数填列。

（1）流动资产：指企业可以在一年内或者超过一年的一个生产周期内变现或者耗用的资产，包括现金及各种存款、短期投资，应收及预付款项、存货等。根据会计“资产负债表”中“流动资产合计”项的期末数填列。

（2）固定资产：指企业使用期限超过一年的房屋、建筑物、机器、机械、运输工具以及其他与生产、经营有关的设备、器具、工具等。不属于生产经营主要设备的物品，单位价值在2000元以上，并且使用年限超过2年的，也应当作为固定资产。“固定资产合计”根据会计“资产负债表”中“固定资产合计”项的期末数填列。

主要统计指标解释

负债合计

指企业所承担的能以货币计量，将以资产或劳务偿付的债务，偿还形式包括货币、资产或提供劳务。

负债一般按偿还期长短分为流动负债和长期负债。根据会计“资产负债表”中“负债合计”的期末数填列。

（1）流动负债：指企业在一年内或超过一年的一个营业周期内需要偿还的债务，包括短期借款、应付票据、应付帐款、预收帐款、应付工资、应交税金、应付利润、预提费用等。根据企业会计“资产负债表”中“流动负债合计”的期末数填报。

（2）长期负债：指企业偿还期在一年以上或者超过一年的一个营业周期以上的债务，包括长期借款、长期应付款、应付债券等。根据会计“资产负债表”中的“长期负债合计”的期末数填报。

所有者权益

指所有者在企业资产中享有的经济利益，它等于企业资产减去负债后的余额。包括实收资本（或股本）、资本公积、盈余公积、未分配利润等。根据会计“资产负债表”中的“所有者权益合计”项的期末数填列。

主营业务收入

指企业经营主要业务所取得的收入总额。根据会计“利润表”中对应指标的本年累计数填列。若执行2006年《企业会计制度》的企业，用“营业收入”的本期累计数代替。

主营业务成本

指企业经营主要业务发生的实际成本。根据会计“利润表”中对应指标的本年累计数填列。若执行2006年《企业会计制度》的企业，用“营业成本”的本期累计数代替。

主营业务税金及附加

指企业经营主要业务应负担的营业税、消费税、城市维护建设税、资源税、土地增值税、教育费附加。根据会计“利润表”中对应指标的本年累计数填列。若执行2006年《企业会计制度》的企业，用“营业税金及附加”的本期累计数代替。

营业利润

指企业从事生产经营活动所取得的利润，即主营业务收入减主营业务成本和主营业务税金及附加，加其他业务利润，减去营业费用、管理费用、财务费用后的金额。本指标根据会计“利润表”中对应指标的“本年累计数”填列。

应交增值税

指企业按税法规定，从事货物销售或提供加工、修理修配劳务等增加货物价值的活动本期应交纳的税金。指企业在报告期应交增值税额。计算公式为：

本年应交增值税=销项税额-(进项税额-进项税额转出)-出口抵减内销产品应纳税额-减免税款+出口退税

利润总额

指企业在生产经营过程中各种收入扣除各种耗费后的盈余，反映企业在报告期内实现的亏盈总额，包括营业利润、补贴收入、投资净收益和营业外收支净额。根据会计“利润表”中的对应指标的本期累计数填列。

利税总额

指企业利润总额、产品销售税金及附加、应交增值税之和。

工业经济效益综合指数

是综合衡量地区工业经济效益总体水平的一种特殊相对数，是反映一定时期工业经济运行质量的主要指标。工业经济效益综合指数由总资产贡献率、资本保值增值率、资产负债率、流动资产周转率、成本费用利润率、全员劳动生产率和产品销售率的实际数值分别除以该项指标的全国标准值，并乘以各自的权数，加总后除以总权数求得。该指标可从静态水平和动态趋势上较为全面地反映各地区工业经济效益的变化情况，并可在一定程度上消除地区对比的不可比因素。

工业增加值率

指在一定时期内工业增加值占同期工业总产值的比重，反映降低中间消耗的经济效益。计算公式为：

工业增加值率（%）＝工业增加值（现价）/工业总产值（现价）×100%

主要统计指标解释

■ 总资产贡献率

反映企业全部资产的获利能力，是企业经营业绩和管理水平的集中体现，是评价和考核企业盈利能力的核心指标。计算公式为：

总资产贡献率（%）=（利润总额+税金总额+利息支出）/平均资产总额×100%

■ 资本保值增值率

反映企业净资产的变动状况，是企业发展能力的集中体现。计算公式为：

资本保值增值率（%）＝报告期期末所有者权益/上年同期期末所有者权益×100%

■ 资产负债率

该指标既反映企业经营风险的大小，也反映企业利用债权人提供的资金从事经营活动的能力。计算公式为：资产负债率（%）=负债总额/资产总额×100%

■ 流动资产周转次数

指在一定时期内流动资产完成的周转次数，反映流动资产的周转速度。计算公式为：

流动资产周转次数＝产品销售收入/全部流动资产平均余额

■ 成本费用利润率

指在一定时期内实现的利润与成本费用之比，是反映工业生产成本及费用投入的经济效益指标，同时也是反映降低成本的经济效益的指标。计算公式为：

成本费用利润率（%）＝利润总额/成本费用总额×100%

■ 全员劳动生产率

指根据产品的价值量指标计算的平均每一就业人员在单位时间内的产品生产量。是考核企业经济活动的重要指标，是企业生产技术水平、经营管理水平、职工技术熟练程度和劳动积极性的综合表现。目前，我国的全员劳动生产率是将工业企业的增加值除以同一时期全部就业人员的平均人数来计算的。计算公式为：

全员劳动生产率＝工业增加值/全部从业人员平均人数

■ 产品销售率

指工业销售产值与同期全部工业总产值之比，反映工业产品已实现销售的程度，分析工业产销衔接情况，研究工业产品满足社会需求程度的指标。计算公式为：

产品销售率（%）＝现价工业销售产值/报告期现价工业总产值×100%

■ 销售利润率

指企业利润与销售收入的比率。计算公式为：

销售利润率（%）＝利润/销售收入×100%

■ 资本积累率

指企业所有者权益增长额与年初所有者权益的比率。计算公式为：

资本积累率（%）＝所有者权益增长额/年初所有者权益×100%

■ 流动比率

指流动资产与流动负债的比率，它表明每一元流动负债有多少流动资产作为偿还的保证，反映企业用可在短期内转变为现金的流动资产偿还到期流动负债的能力。计算公式为：

流动比率＝流动资产/流动负债

■ 速动比率

指企业速动资产与流动负债的比率。计算公式为：速动比率＝速动资产/流动负债

■ 产权比率

指企业负债总额与所有者权益的比率，是企业财务结构稳健与否的重要标志，也称资本负债率。计算公式为：产权比率＝负债总额/所有者权益

CHONGQING STATISTICAL YEARBOOK

Explanatory Notes on Main Statistical Indicators

□ Industry

Refers to the material production sector which is engaged in extraction of natural resources and processing and reprocessing of minerals and agricultural products, including 1) extraction of natural resources, such as mining, salt production, logging (but not including hunting and fishing); 2) processing and reprocessing of farm and sideline produces, such as rice husking, flour milling, wine making, oil pressing, cotton ginning, silk reeling, spinning and weaving, and leather making; 3) manufacture of industrial products, such as steel making, iron smelting, chemicals manufacturing, petroleum processing, machine building, timber processing; water and gas production and electricity generation and supply; 4) repairing of industrial products such as the repairing of machinery and means of transport (including cars). Prior to 1984, the rural industry run by villages and cooperative organizations under village was classified into agriculture. Since 1984, it has been grouped into industry.

In industrial statistics surveys, the units of enquiry are corporate industrial enterprises with independent accounting systems.

Corporate industrial enterprises with independent accounting systems refer to enterprises engaging in industrial production activities, which meet the following requirements: (1) They are established legally, having their own names, organizations, location and able to take civil liability; (2) They possess and use their assets independently, assume liabilities and are entitled to sign contracts with other units; (3) They are financially independent and compile their own balance sheets.

Types of enterprise registration involved in this yearbook are as the following:

(1) State-owned Enterprises: refer to non-corporation economic units where the entire assets are owned by the state and which have registered in accordance with the Regulation of the People's Republic of China on the Management of Registration of Corporate Enterprises. Excluded from this category are sole state-funded corporations in the limited liability corporations.

(2) Collective-owned Enterprises: refer to economic units where the assets are owned collectively and which have registered in accordance with the Regulation of the People's Republic of China on the Management of Registration of Corporate Enterprises.

(3) Cooperative Enterprises: refer to a form of collective economic units (enterprises) where capitals come mainly from employees as their shares, with certain proportion of capital from the outside, where production is organized on the basis of independent operation, independent accounting for profits and losses, joint work, democratic management, and a distribution system that integrates remuneration according to work with dividend according to capital share.

(4) Joint Ownership Enterprises: refer to economic units established by two or more corporate enterprises or corporate institutions of the same or different ownership, through joint investment on the basis of equality, voluntary participation and mutual benefits. They include state joint ownership enterprises, collective joint ownership enterprises, joint state-collective enterprises, other joint ownership enterprises. They include:

a) State-owned joint-operation enterprises (joint operation between State-owned enterprises);

b) Collective joint-operation enterprises (joint operation between collective enterprises);

c) State-collective joint-operation enterprises (joint operation between state and collective enterprises);

d) Other joint-operation enterprises(joint operation exclude state and collective enterprises).

(5) Limited Liability Corporations: refer to economic units established with investment from 2-50 investors and registered in accordance with the Regulation of the People's Republic of China on the Management of Registration of Corporations, each investor bearing limited liability to the corporation depending on its share of investment, and the corporation bearing liability to its debt to the maximum of its total assets. Limited liability corporations include exclusive state-funded limited liability corporations and other limited liability corporations.

Exclusive state-funded limited liability corporations: State-authorized investment institutions or departments of State has authorized the establishment of a separate investment in the limited liability company.

Other limited liability corporations:corporation exclude exclusive state-funded limited liability company.

(6) Share holding Corporations Ltd.: refer to economic units registered in accordance with the Regulation of the

EXPLANATORY NOTES TO MAJOR STATISTICAL INDICATORS

People's Republic of China on the Management of Registration of Corporations, with total registered capitals divided into equal shares and raised through issuing stocks. Each investor bears limited liability to the corporation depending on the holding of shares, and the corporation bears liability to its debt to the maximum of its total assets.

(7) Private Enterprises: refer to profit-making economic units invested and established by natural persons, or controlled by natural persons using employed labor. Included in this category are private limited liability corporations, private share-holding corporations Ltd., private partnership enterprises and private-funded enterprises registered in accordance with the Corporation Law, Partnership Enterprises Law and Interim Regulations on Private Enterprise.

(8) Other Domestic-funded Enterprises: refer to domestic-funded economic units other than those mentioned above.

(9) Joint-venture Enterprises with Funds from Hong Kong, Macao and Taiwan: refer to enterprises jointly established by invertors from Hong Kong, Macao and Taiwan with enterprises in the mainland of China in accordance with the Law of the People's Republic of China on Sino-foreign Joint Venture Enterprises and other relevant laws, where the share of investment, profits and risks is stipulated in the contract.

(10) Cooperative Enterprises with Funds from Hong Kong Macau and Taiwan: established by investors from Hong Kong, Macau and Taiwan with enterprises in the mainland of China in accordance with the Law of the People's Republic of China on Sino-foreign Cooperative Enterprises and other relevant laws, where the investment or provision of facilities, and the share of profits and risks is stipulated in the cooperative contract.

(11) Enterprises with Sole (exclusive) Investment from Hong Kong, Macau and Taiwan: refer to enterprises established in the mainland of China with exclusive investment from investors from Hong Kong, Macau and Taiwan in accordance with the Law of the People's Republic of China on Foreign-Funded Enterprises and other relevant laws.

(12) Share-holding Corporations Ltd. with Investment from Hong Kong, Macau and Taiwan: refer to share-holding corporations Ltd. established with the approval from the former Ministry of Foreign Trade and Economic Relations in line with relevant state regulations, where the share of investment from Hong Kong, Macau or Taiwan businessmen exceeds 25% of the total registered capital of the corporation. In case the share of investment from Hong Kong, Macau or Taiwan is less than 25% of the total registered capital, the enterprise is to be classified as domestic-funded share-holding corporation Ltd.

(13) Joint-venture Enterprises with Foreign Investment: refer to enterprises jointly established by foreign enterprises or foreigners with enterprises in the mainland of China in accordance with the Law of the People's Republic of China on Sino-foreign Joint Venture Enterprises and other relevant laws, where the share of investment, profits and risks is stipulated in the contract.

(14) Cooperation Enterprises with Foreign Investment: refer to enterprises jointly established by foreign enterprises or foreigners with enterprises in the mainland of China in accordance with the Law of the People's Republic of China on Sino-foreign Cooperative Enterprises and other relevant laws, where the investment or provision of facilities, and the share of profits and risks is stipulated in the cooperative contract.

(15) Enterprises with Sole (exclusive) Foreign Investment: refer to enterprises established in the mainland of China with exclusive investment from foreign investors in accordance with the Law of the People's Republic of China on Foreign-Funded Enterprises and other relevant laws.

(16) Share-holding Corporations Ltd. with Foreign Investment: refer to share-holding corporations Ltd. established with the approval from the Ministry of Foreign Trade and Economic Relations in line with relevant state regulations, where the share of investment from foreign investors exceeds 25% of the total registered capital of the corporation. In case the share of foreign investment is less than 25% of the total registered capital, the enterprise is to be classified as domestic-funded share-holding corporation Ltd.

□ State-holding Enterprises

Refer to a classification of enterprises of mixed ownership. It means the state-owned asset of total assets is more than that of other owners. The classification shows the status of share held by state-owned economy.

□ Light Industry

Refers to the industry that produces consumer goods and hand tools. It consists of two categories, depending on the materials used:

(1) Industries using farm products as raw materials. These are the branches of light industry which directly or indirectly use farm products as basic raw materials, including the manufacture of food and beverages, tobacco processing, textile, clothing, fur and

EXPLANATORY NOTES TO MAJOR STATISTICAL INDICATORS

leather manufacturing, paper making, printing, etc.

(2) Industries using non-farm products as raw materials. These are the branches of light industry which use manufactured goods as raw materials, including the manufacture of cultural, educational articles and sports goods, chemicals, synthetic fibre, chemical products for daily use, glass products for daily use, metal products for daily use, hand tools, medical apparatus and instruments, and the manufacture of cultural and office machinery.

□ Heavy Industry

Refers to the industry which produces capital goods, and provides various sectors of the national economy with necessary material and technical basis for production. It consists of the following three branches according to the purpose of production or the use of products:

(1) Mining, quarrying and logging industry, which refers to the industry that extracts natural resources, including extraction of petroleum, coal, metal and non-metal ores.

(2) Raw materials industry refers to the industry that provides various sectors of the national economy with raw materials, fuels and power. It includes smelting and processing of metals, coking and coke chemistry, chemical materials and building materials such as cement, plywood, and power, petroleum refining and coal dressing.

(3) Manufacturing industry which refers to the industry that processes raw materials. It includes machine-building industries which equip sectors of the national economy; industries producing metal structure and cement products; and industries producing means of agricultural production, such as chemical fertilizers and pesticides.

In accordance with the above principles of classification, the repairing trades, which are engaged primarily in repairing products of heavy industry, are classified as heavy industry while those which are engaged in repairing products of light industry are classified as light industry.

□ Gross Industrial Output Value

Refers to the total volume of final industrial products produced and industrial services provided in this year.

(1)Principles for calculations

①Statistics on industrial production follow the principle that all products produced by the enterprises and accepted through quality check during the reference period are to be included no matter whether they are sold or not during the reference period.

②Determination of final products follows the principle that all products that are included in the calculation of gross industrial output value are the final products of the enterprise which have been accepted through quality check and require no further processing. If an enterprise has semi-finished products to sell, these intermediate products are considered as the final products of the enterprise.

Finished and semi-finished products which tranfer in the workshop can only calculate the difference value between the end and the beginning.

③Gross industrial output value is calculated following the principle of factory approach, i.e. industrial enterprise is used as the basic accounting unit in calculating the gross industrial output value. By this approach, value of the same product is not to be double-counted, and the output value of different workshops (branch factories) within the enterprise should not be added. However, this approach allows the possibility of double counting between enterprises.

(2) Content

Gross industrial output value consists of 3 components: value of the finished products during the reference period, income from processing for external parties, and value of change in semi-finished products between the end and the beginning of the reference period.

①Value of finished products during the reference period: refers to the value of all finished (semi-finished) industrial products that are produced during the reference period without the need for further processing, checked for acceptance, packed and put into the warehouse of the enterprise, including the value of own-produced equipment and the value of products provided to the projects under construction of the enterprise, and to other non-industrial or welfare units. Value of finished products does not include the value of finished products (semi-finished products) that are produced using the materials from the clients who place the orders.

Value of finished products during the reference period is calculated by the quantity of products produced using own materials multiplied by the average unit prices at which products are sold (excluding value-added tax). Own-produced equipment and products produced for own use are valued at cost prices as in the case of enterprise accounting.

②Income from external processing: refers to income from contracted external processing of industrial products (including processing of industrial products using materials from the clients), and the income from industrial repairing work provided to other

EXPLANATORY NOTES TO MAJOR STATISTICAL INDICATORS

parties. Income from external processing is calculated using information from the item "products sales income" in the enterprise accounting at the prices with value-added tax excluded.

If the income from external processing is paid beyond one year，Enterprises which the share of income from processing service is significant should adjust and record actual income from external processing this year.

③Value of change in semi-finished products between the end and the beginning of the reference period.If the enterprise accounting excludes the cost of semi-finished products,then it should not be included in the gross industrial output value,and the reverse if otherwise.

Value of change in semi-finished products between the end and the beginning of the reference period:refers to the value of change in semi-finished products between the end and the beginning of the reference period. If the value of the end is less than the beginning，the index is negative and not dealted as zero.

(3) Method of calculation

①All products produced using own materials are to be calculated with full value in reporting the gross industrial output value irrespective of the complexity of production.

②For external processing, it allows calculate using processing fee.There are two cases: a、Between industrial enterprises.For gross industrial output value，processing enterprises calculate using processing fee and Commissioned processing calculate using full price.b、Between industrial enterprise and non-industrial enterprise.When industrial enterprise is processing enterprise,it allows caluculate using processing fee.

③The value of change in semi-finished products should be included in the gross industrial output value if it is included in the accounting record of the enterprise, otherwise it should not be included.

□ Industrial Sales Value

Is the total volume of industrial products produced and sold by industrial enterprises in a given period in monetary terms. It includes: (1) the value of finished-products; (2) the value for external processing. The difference between all products produced using own materials and external processing for calculation of industrial sales value is as same as the calculation of gross industry output value.

□ Value Added of Industry

Refers to the final results of industrial trade in money terms during the reference period. The value added is the balance that the total results of industrial production deduct the used or transferred products and their value. It is the newly increased value.

□ Total Assets

Refer to all assets which are owned or controlled by enterprises, including circulating assets, long-term investment, fixed assets, intangible assets and deferred assets, other long-term assets, and deferred taxes, etc. The summation of above items is equal to total assets shown in the balance sheets of the enterprises. Total assets correspond to the summation item of total assets shown in the balance sheets of the enterprises

(I) Circulating assets (working capital) refer to assets which can be cashed in or spent or consumed in an operating cycle of one year or over one year, including cash, all kinds of deposits, short term investment, receivables, advance payment, stock, etc. Circulating assets correspond to the summation item of circulation assets shown in the balance sheets of the enterprises.

(II) Fixed assets refer to the assets with high unit value can keep its original body in use and last for a long period. Refers to the use of more than one year of housing, buildings, machines, machinery, transport equipment and other production and business-related equipment, apparatus, tools, etc. Some items which are not belong to the production and operation of major equipment, but the unit value of more than 2,000 yuan, and the use of more than two years, should also be as fixed assets. Fixed assets correspond to the summation item of fixed assets shown in the balance sheets of the enterprises.

(III) Intangible assets refer to the assets without material form used by enterprises over a long time, such as patents, non-patent technologies, trade marks, copyright, land use right, business reputation, etc.

□ Total Liabilities

Refer to the debts that enterprises are responsible for repayment, including liquid liabilities and long-term liabilities. The forms of reimbursement are including currency,assets and providing labor services.Total liabilities correspond to the summation item of liabilities shown in the balance sheets of the enterprises.

(I) Liquid liabilities (also called quick liabilities or immediate liabilities) refer to enterprises total debt payable within an operating cycle of one year or over one year, including short term loans, payables and advance payments, wages payable, taxes

EXPLANATORY NOTES TO MAJOR STATISTICAL INDICATORS

payable and profit payable, etc. Liquid liabilities correspond to the summation item of liquid liabilities shown in the balance sheets of the enterprises.

(II) Long-term liabilities refers to total debt payable within an operating cycle of one year or over one year, including long-term loans, payable liabilities, long-term payables, etc. Long-term liabilities correspond to the summation item of long-term shown in the balance sheets of the enterprises.

□ Creditors' Equity

Refers to investors' ownership of net assets of the enterprise. It is equal to the total assets of the enterprise minus its total liabilities, including the primary input from investors, capital accumulation fund, surplus accumulation fund and undistributed profit.It is the last digital of "creditors' equity" in "balance sheet". Creditors equity correspond to the summation item of creditors' equity shown in the balance sheets of the enterprises.

□ Revenue from Principal Business

Refers to the toal of revenue from principal business. It is the annual accumulation of the corresponding item in the "profit table" of the accountant. For enterprises that follow the 2006 Enterprise Accounting Standards, the year-end accumulation of Operating income is used as a substitute.

□ Cost of Principal Business

Refers to real costs from principal business. It is the annual accumulation of the corresponding item in the "profit table" of the accountant. For enterprises that follow the 2006 Enterprise Accounting Standards, the year-end accumulation of Operating costs is used as a substitute.

□ Tax and Extra Charges from Principal Business

Refer to the tax and charges including the business tax, consumption tax, city maintenance and construction tax, resources tax, land increasing value tax and extra charges for education and etc. It is the annual accumulation of the corresponding item in the "profit table" of the accountant. For enterprises that follow the 2006 Enterprise Accounting Standards, the year-end accumulation of tax and extra charges from the sales of products is used as a substitute.

□ Profit from business

Refers to the profits from operation activities, that is the main business income minus the cost of main business and main business tax and surcharges, add other business profits, minus operating expenses, management fees, finance charges. It is the annual accumulation of the corresponding item in the "profit table" of the accountant.

□ Value Added Tax Payable

Refers to the amount of the value-added tax, which should be paid by the enterprises in the reporting period.According to the tax laws, increasing the activities of the current value of the goods,such as the sale of goods or the provision of processing, repair workshop and other services should pay taxes.It is calculated as follows:

Value added tax payable=tax on sales-(tax on purchases-transferred tax on purchases)- Tax credits-tax cut +export rebate

□ Total Profits

Refers to the annual accumulation of the corresponding item in the "profit table" of the accountant. It is the profits gained from the revenues in the reference period, including business profits, subsidies, net income of investment and net income of other business.

□ Total Value of Profit and Tax (Pre-tax Profits)

Refers to the sum of the total profits, products sales tax and surcharges and the value added tax payable of industrial enterprises. It is also called Pre-tax profits.

□ Industrial Comprehensive Index of Economic Efficiency

Is a special kind of relative figure to comprehensively measure overall economic efficiency of regional industry, showing the quality of industrial economic efficiency of the reference period. Industrial comprehensive index of economic efficiency is calculated with 7 items of ratio of total assets to industrial output value, ratio of creditors' equity of current year to that of previous year, ratio of liabilities to assets, turnover ratio of output value, circulating funds, ratio of profits to cost, overall labor productivity, ratio of sales to products. The actual figure of every indicator above is divided by responding national standard numerical value, and the results multiply correlative weight coefficients, then

EXPLANATORY NOTES TO MAJOR STATISTICAL INDICATORS

the total number is divided by general weight coefficient. The index comprehensively reflects the changes of regional industrial economic efficiency in static and dynamic status, eliminating the incomparable factors at a certain extent.

□ Value Added Rate of Industry

Refers to the ratio of value added of industry in a given period to the gross output value in the same period, which reflects the economic efficiency of cutting down the intermediate input and is calculated as follows:

Value Added Rate of Industry (%) =Value Added of Industry (at Current Prices)/Gross Output Value (at Current Prices) ×100%

□ Ratio of Total Assets to Industrial Output Value

Reflects the profit-making capability of all assets of the enterprise and is a key indicator manifesting the performance and management and evaluating the profit-making potential of the enterprise. It is calculated as follows:

Ratio of Total Assets to Industrial Output (%) = [(Total profits + Total taxes + Interest payment) / average assets] × 100%

□ Capital Maintenance and Appreciation Rate

Reflects the changes of an enterprise's net assets. It epitomizes the growth capability of an enterprise. Its calcuating formula is:

Capital Maintenance and appreciation rate = Ownership equity at the end of the reporting period/Ownership equity at the same period of the previous year.

□ Ratio of Liabilities to Assets

Reflect both the operation risk and the capability of the enterprise in making use of the capital from the creditors. It is calculated as follows:

Ratio of liabilities to assets (%) = Total liabilities/total assets×100%

□ Turnover Ratio of Circulating Funds

Refers to times of turnover of circulating funds in a given period of time, which reflects the speed of the turnover of working capital and is calculated as follows:

Turnover Ratio of Circulating Funds (%) = Sales Revenue of Products/Average Balance of Total Circulating Funds×100%

□ Ratio of Profits to Costs

Refers to the ratio of profits realized in a given period to the total costs in the same period, which reflects the economic efficiency of input cost and is calculated as follows:

Ratio of Profits to Cost (%) =Total Profits/Total Costs×100%

□ Overall Labor Productivity

Refers to the average output per employed person in industrial enterprises in value terms. At present, the value added and the average number of staff and workers of an industrial enterprises in a given period are used to calculate the overall labor productivity. The formula used is:

Overall Labor Productivity = (Value Added of Industry) / (Average Number of Staff and Workers)

□ Ratio of Sales to Products

Refers to the ratio of total sales in a given period to the gross output value in the same period, which reflects the extent of industrial output sold and is calculated as follows:

Ratio of Sales to Products (%) =Total Sales (at Current Prices) / Gross Output Value (at Current Prices) ×100%

□ Ratio of Profits to Sales

Refers to the ratio of total profits to the sales revenue in a given period and is calculated as follows: Ratio of Profits to Sales (%) =Total Profits /Sales Revenue×100%

□ Ratio of Accumulated Capital to Original Capital

Refers to the ratio of the increased volume of creditors' equity to the creditors' equity at the year's beginning. The formula used is:

Ratio of Accumulated Capital to Original Capital (%) = Increased Volume of Creditors' Equity / Creditors' Equity at Year's Beginning×100%

□ Current Ratio

Refers to the ratio of the circulating assets to the circulating liabilities, i.e. the amount of circulating assets as the guarantee to pay off each yuan of circulating liabilities, which reflects the ability of the enterprise to pay off the due circulating liabilities with the circulating assets realizable in a short period of time. The formula is:

EXPLANATORY NOTES TO MAJOR STATISTICAL INDICATORS

Current Ratio (%) = Circulating Assets / Circulating Liabilities

□ Quick Ratio

Refers to the ratio of quick assets to circulating liabilities of the enterprise, and is calculated as the follows:

Quick Ratio = Quick Assets / Circulating Liabilities

□ Ratio of Equity to Production

Refers to the ratio of total liabilities to creditors' equity. It is the sign of financial stability of the enterprises, and also called ratio of total liabilities to total capital. The formula is:

Ratio of Equity to Production = Total Liabilities / Creditors' Equity

13

建筑业

CONSTRUCTION

简要说明 Brief Introduction

本章资料包括全市按登记注册地统计的建筑业基本情况、建筑企业房屋施工及竣工面积和劳务分包建筑业企业主要指标、各类建筑施工企业主要经济指标等，由市统计局固定资产投资处提供。全市建筑业增加值情况参见本书第二章国民经济核算。

The data in this chapter include the general information of all the construction enterprises with the place of registration in Chongqing, the main indicators on the floor space of buildings under construction and completed of construction enterprises and on the labor subcontractors in construction industry, as well as the main economic indicators on various construction enterprises. The data in this chapter are provided by Division of Statistics of Investment in Fixed Assets, Chongqing Municipal Bureau of Statistics. See Chapter 2 National Economic Accounting of this book for the value added of construction industry.

表13.1 建筑业基本情况（1985－2010年）
BASIC STATISTICS ON CONSTRUCTION INDUSTRY (1985-2010)

年 份 Year	企业数（个） Number of Enterprises (unit)	年末从业人数（万人） Number of Employees at Year-end (10 000 persons)	总产值（万元） Gross Output Value (10 000 yuan)	增加值（万元） Value Added (10 000 yuan)	房屋建筑施工面积（万平方米） Floor Space of Buildings under Construction (10 000 sq.m)	房屋建筑竣工面积（万平方米） Floor Space of Buildings Completed (10 000 sq.m)
1985	298	14.12	96201	20517	684.85	340.18
1986	291	17.12	112719	26225	674.54	345.37
1987	303	18.08	138515	35738	740.55	350.79
1988	399	20.71	183070	39989	866.76	372.69
1989	400	20.60	196510	50763	853.54	391.35
1990	445	20.89	220685	69913	905.58	450.19
1991	465	21.50	262155	84556	915.31	458.23
1992	482	23.58	340256	109961	1015.59	490.88
1993	607	22.47	426228	124993	1238.22	537.78
1994	561	26.61	656959	203632	1456.78	577.22
1995	556	28.24	810548	261437	1678.02	656.38
1996	1473	64.43	2052964	564293	4065.24	2276.97
1997	1501	68.98	2440552	688463	4451.06	2562.73
1998	1655	80.46	2896198	783225	5275.68	2837.02
1999	1735	75.49	3175927	871003	5481.86	2974.82
2000	1785	73.37	3486579	945158	6088.49	3083.72
2001	1721	83.99	4368064	1208296	7962.27	4341.38
2002	1778	82.05	5015839	1353087	8707.39	4711.06
2003	1760	81.80	5862095	1287202	9754.10	4939.62
2004	2442	86.91	6902774	1519837	10184.46	5167.65
2005	2310	83.10	7835658	1716125	10722.57	5155.18
2006	2455	86.72	8950918	1945849	11522.42	5309.27
2007	2486	96.97	11287118	2338877	13866.76	5750.65
2008	2483	105.42	14963195	4850027	15618.93	6485.30
2009	2465	118.88	19152495	5060137	16475.84	7473.16
2010	2467	139.33	25343196	6499816	19489.39	8292.00

注：1）1993年实行一套表制度，附营建筑企业有所增加；1996年以前口径范围包括全民、城镇集体建筑安装企业，1996年-2001年为资质等级四级以上的建筑安装企业(下表同)。
2）2002年起建筑业执行新建筑资质，2002年房屋建筑施工、竣工面积和2003年起所有数据不含劳务分包企业(下表同)。
3）建筑业增加值2003年前按工程结算利润计算，2003年起按营业利润计算(下表同)。

Note: a) As the system of one suit of tables was implemented in 1993, the affiliated construction enterprises increased. The statistics scope before 1996 included the whole people-owned, collective-owned construction and installation enterprises; while the statistics scope from 1996 to 2001 included the construction and installation enterprises of qualification Grade-4 and above (the same below).
b) The new grade system was carried out in construction in 2002. The data of floor space under construction and completed in 2002, and all the data since 2003 exclude the data of labor subcontractors (the same below).
c) The value added of construction is calculated in terms of profits of project settled accounts before 2003, whereas in terms of business profits since 2003 (the same below).

表13.2 建筑业企业房屋施工及竣工面积（2009－2010年）
FLOOR SPACE OF BUILDINGS UNDER CONSTRUCTION AND COMPLETED BY CONSTRUCTION ENTERPRISES (2009-2010)

指　标	Item	2009	2010
房屋建筑施工面积（万平方米）	**Floor Space of Buildings under Construction (10 000 sq.m)**	**16475.84**	**19489.39**
#本年新开工面积	New Floor Space of Buildings in Current Year	8853.54	11095.49
#实行投标承包面积	Contracted Bidding Floor Space	12284.30	13981.37
#本年新开工	New Floor Space of Buildings in Current Year	7163.71	8485.49
房屋建筑竣工面积（万平方米）	**Floor Space of Buildings Completed (10 000 sq.m)**	**7473.16**	**8292.00**
厂房、仓库	Works and Warehouses	707.07	795.46
住　宅	Residential Buildings	5653.29	6239.93
办公用房	Office Buildings	354.25	383.68
批发和零售用房	Buildings for Wholesale and Retail	114.22	103.93
住宿和餐饮用房	Buildings for Hotels and Catering Services	46.80	84.53
居民服务业用房	Buildings for Residential Services	68.88	55.87
教育用房	Buildings for Education	305.83	218.59
文化、体育和娱乐用房	Buildings for Culture, Sports and Entertainment	22.37	63.11
卫生医疗用房	Buildings for Health and Medical Cares	49.95	48.29
科研用房	Buildings for Scientific Research	4.55	5.43
其他用房	Other Buildings	145.95	293.18

表13.3 劳务分包建筑业企业主要指标（2009－2010年）
MAIN INDICATORS ON LABOR SUBCONTRACTORS IN CONSTRUCTION INDUSTRY (2009-2010)

单位：万元 (10 000 yuan)

指　标	Item	2009	2010
企业数（个）	Number of Enterprises (unit)	302	336
年末从业人数（人）	Number of Persons Employed at Year-end (person)	104348	152736
企业总收入	Total Revenue	259536	434615
#劳务收入	Revenue from Labor Services	257865	434005
税　金	Taxes	7611	14276
利润总额	Total Profits	10272	10720
从业人员劳动报酬	Earnings of Employed Persons	167218	286368

表13.4 建筑施工企业主要经济指标（2009－2010年）
MAIN ECONOMIC INDICATORS ON CONSTRUCTION ENTERPRISES (2009-2010)

指　标	Item	2009	2010
企业数（个）	**Number of Enterprises (unit)**	**2 465**	**2467**
年末从业人数（万人）	**Number of Employees at Year-end (10 000 persons)**	**118.88**	**139.33**
总产值（万元）	**Gross Output Value (10 000 yuan)**	**19152495**	**25343196**
按登记注册类型分	By Status of Registration		
内资企业	Domestic-funded Enterprises	19138472	25320550
#国　有	State-owned Enterprises	3114046	3625083
其他有限责任	Other Limited Liability Enterprises	7682177	11136396
私　营	Private Enterprises	6974671	8767261
按构成分	By Constitution		
#建筑工程	Construction	16954917	22771825
安装工程	Installation	1570267	1628910
按行业分	By Sector		
#房屋和土木工程建筑业	Construction of Buildings and Civil Engineering	17563507	23249018
#房屋工程建筑业	Buildings	13462096	17901489
建筑安装业	Construction Installation	903206	1137677
建筑装饰业	Construction Decoration	397865	534265
按资质等级分	By Grade		
施工总承包	General Contractors of Construction	17524046	22987429
#一　级	First Grade	8503043	11820982
二　级	Second Grade	5809950	7151579
专业承包	Specialized Contractors of Construction	1628449	2355767
#一　级	First Grade	513432	1001080
二　级	Second Grade	544695	748942
竣工产值（万元）	**Output Value of Completed Construction (10 000 yuan)**	**11603393**	**14577910**
按登记注册类型分	By Status of Registration		
内资企业	Domestic-funded Enterprises	11594639	14565546
#国　有	State-owned Enterprises	1405960	1888708
其他有限责任	Other Limited Liability Enterprises	4611057	5681315
私　营	Private Enterprises	4742411	5904104
按行业分	By Sector		
#房屋和土木工程建筑业	Construction of Buildings and Civil Engineering	10520735	13294822
#房屋工程建筑业	Buildings	9026532	11084527
建筑安装业	Construction Installation	670751	661639
建筑装饰业	Construction Decoration	265673	301444
按资质等级分	By Grade		
施工总承包	General Contractors of Construction	10609783	13419493
#一　级	First Grade	4557921	5926692
二　级	Second Grade	3908126	4799267
专业承包	Specialized Contractors of Construction	993610	1158417
#一　级	First Grade	232499	326053
二　级	Second Grade	383691	481341
房屋建筑施工面积（万平方米）	**Floor Space of Buildings under Construction (10 000 sq.m)**	**16475.84**	**19489.39**
房屋建筑竣工面积（万平方米）	**Floor Space of Buildings Completed (10 000 sq.m)**	**7473.16**	**8292.00**
年末自有机械设备台数（万台）	**Number of Machinery and Equipment Self-owned (year-end)(10 000 sets)**	**19.01**	**17.76**
年末自有机械设备总功率（万千瓦）	**Total Power of Machinery and Equipment Self-owned (year-end)(10 000 kw)**	**419.15**	**337.66**

表13.5 国有建筑施工企业主要经济指标（2009－2010年）
MAIN ECONOMIC INDICATORS ON STATE-OWNED CONSTRUCTION ENTERPRISES (2009-2010)

指　标	Item	2009	2010
企业数（个）	**Number of Enterprises (unit)**	**138**	**125**
年末从业人数（万人）	**Number of Employees at Year-end (10 000 persons)**	**12.64**	**13.30**
总产值（万元）	**Gross Output Value (10 000 yuan)**	**3114046**	**3625083**
按构成分	By Constitution		
#建筑工程	Construction	2622952	3265411
安装工程	Installation	396848	214716
按行业分	By Sector		
#房屋和土木工程建筑业	Construction of Buildings and Civil Engineering	2889528	3368912
#房屋工程建筑业	Buildings	1126812	1150831
建筑安装业	Construction Installation	58811	62747
建筑装饰业	Construction Decoration	30777	28647
按资质等级分	By Grade		
施工总承包	General Contractors of Construction	3015069	3317737
#一　级	First Grade	1510050	1941762
二　级	Second Grade	951924	845888
专业承包	Specialized Contractors of Construction	98977	307346
#一　级	First Grade	30478	203139
二　级	Second Grade	20689	51971
竣工产值（万元）	**Output Value of Completed Construction (10 000 yuan)**	**1405960**	**1888708**
按行业分	By Sector		
#房屋和土木工程建筑业	Construction of Buildings and Civil Engineering	1294941	1701384
#房屋工程建筑业	Buildings	717383	662214
建筑安装业	Construction Installation	36222	36537
建筑装饰业	Construction Decoration	9995	1281
按资质等级分	By Grade		
施工总承包	General Contractors of Construction	1354649	1762445
#一　级	First Grade	828295	999158
二　级	Second Grade	277597	569098
专业承包	Specialized Contractors of Construction	51311	126263
#一　级	First Grade	16414	58564
二　级	Second Grade	6720	48628
房屋建筑施工面积（万平方米）	**Floor Space of Buildings under Construction (10 000 sq.m)**	**1136.04**	**1491.24**
房屋建筑竣工面积（万平方米）	**Floor Space of Buildings Completed (10 000 sq.m)**	**401.83**	**526.34**
年末自有机械设备台数（万台）	**Number of Machinery and Equipment Self-owned (year-end)(10 000 sets)**	**2.70**	**1.42**
年末自有机械设备总功率（万千瓦）	**Total Power of Machinery and Equipment Self-owned (year-end)(10 000 kw)**	**45.10**	**53.60**

表13.6 其他有限责任制建筑施工企业主要经济指标（2009－2010年）

MAIN ECONOMIC INDICATORS ON OTHER CONSTRUCTION ENTERPRISES OF LIMITED LIABILITY (2009-2010)

指　标	Item	2009	2010
企业数（个）	**Number of Enterprises (unit)**	**714**	**728**
年末从业人数（万人）	**Number of Employees at Year-end (10 000 persons)**	**47.23**	**57.12**
总产值（万元）	**Gross Output Value (10 000 yuan)**	**7682177**	**11136396**
按构成分	By Constitution		
#建筑工程	Construction	6829251	9851772
安装工程	Installation	579110	833597
按行业分	By Sector		
#房屋和土木工程建筑业	Construction of Buildings and Civil Engineering	7007234	10266010
#房屋工程建筑业	Buildings	5300367	7716485
建筑安装业	Construction Installation	431862	533370
建筑装饰业	Construction Decoration	147737	197564
按资质等级分	By Grade		
施工总承包	General Contractors of Construction	6967580	9978424
#一　级	First Grade	4544473	6869610
二　级	Second Grade	1732136	2120829
专业承包	Specialized Contractors of Construction	714597	1157972
#一　级	First Grade	307346	588197
二　级	Second Grade	269020	335724
竣工产值（万元）	**Output Value of Completed Construction (10 000 yuan)**	**4611057**	**5681315**
按行业分	By Sector		
#房屋和土木工程建筑业	Construction of Buildings and Civil Engineering	4137098	5219007
#房屋工程建筑业	Buildings	3452764	4374704
建筑安装业	Construction Installation	322519	302118
建筑装饰业	Construction Decoration	113067	83761
按资质等级分	By Grade		
施工总承包	General Contractors of Construction	4195781	5162672
#一　级	First Grade	2382606	3125694
二　级	Second Grade	1306247	1368080
专业承包	Specialized Contractors of Construction	415276	518643
#一　级	First Grade	121518	190605
二　级	Second Grade	202788	213539
房屋建筑施工面积（万平方米）	**Floor Space of Buildings under Construction (10 000 sq.m)**	**7219.82**	**8659.86**
房屋建筑竣工面积（万平方米）	**Floor Space of Buildings Completed (10 000 sq.m)**	**2905.05**	**3022.60**
年末自有机械设备台数（万台）	**Number of Machinery and Equipment Self-owned (year-end)(10 000 sets)**	**7.65**	**8.08**
年末自有机械设备总功率（万千瓦）	**Total Power of Machinery and Equipment Self-owned (year-end)(10 000 kw)**	**140.89**	**130.47**

表13.7 私营建筑施工企业主要经济指标（2009－2010年）
MAIN ECONOMIC INDICATORS ON PRIVATE CONSTRUCTION ENTERPRISES (2009-2010)

指　标	Item	2009	2010
企业数（个）	**Number of Enterprises (unit)**	**1360**	**1377**
年末从业人数（万人）	**Number of Employees at Year-end (10 000 persons)**	**49.84**	**57.91**
总产值（万元）	**Gross Output Value (10 000 yuan)**	**6974671**	**8767261**
按构成分	By Constitution		
#建筑工程	Construction	6304989	7975776
安装工程	Installation	457561	489295
按行业分	By Sector		
#房屋和土木工程建筑业	Construction of Buildings and Civil Engineering	6440357	7920900
#房屋工程建筑业	Buildings	6007741	7583380
建筑安装业	Construction Installation	288165	465788
建筑装饰业	Construction Decoration	188505	262566
按资质等级分	By Grade		
施工总承包	General Contractors of Construction	6338393	8024192
#一　级	First Grade	2129091	2687327
二　级	Second Grade	2599257	3501234
专业承包	Specialized Contractors of Construction	636278	743069
#一　级	First Grade	118529	134387
二　级	Second Grade	224335	328520
竣工产值（万元）	**Output Value of Completed Construction (10 000 yuan)**	**4742411**	**5904104**
按行业分	By Sector		
#房屋和土木工程建筑业	Construction of Buildings and Civil Engineering	4368095	5351588
#房屋工程建筑业	Buildings	4191415	5113097
建筑安装业	Construction Installation	208993	273275
建筑装饰业	Construction Decoration	122265	185170
按资质等级分	By Grade		
施工总承包	General Contractors of Construction	4319179	5444753
#一　级	First Grade	1275759	1665957
二　级	Second Grade	1939453	2394388
专业承包	Specialized Contractors of Construction	423231	459351
#一　级	First Grade	87483	61918
二　级	Second Grade	147734	199317
房屋建筑施工面积（万平方米）	**Floor Space of Buildings under Construction (10 000 sq.m)**	**7052.60**	**8020.91**
房屋建筑竣工面积（万平方米）	**Floor Space of Buildings Completed (10 000 sq.m)**	**3551.99**	**4095.68**
年末自有机械设备台数（万台）	**Number of Machinery and Equipment Self-owned (year-end)(10 000 sets)**	**7.28**	**6.97**
年末自有机械设备总功率（万千瓦）	**Total Power of Machinery and Equipment Self-owned (year-end)(10 000 kw)**	**203.79**	**130.06**

表13.8 施工总承包建筑施工企业主要经济指标（2009－2010年）
MAIN ECONOMIC INDICATORS ON GENERAL CONTRACTORS OF CONSTRUCTION (2009-2010)

指 标	Item	2009	2010
企业数（个）	**Number of Enterprises (unit)**	**1480**	**1463**
年末从业人数（万人）	**Number of Employees at Year-end (10 000 persons)**	**109.63**	**129.13**
总产值（万元）	**Gross Output Value (10 000 yuan)**	**17524046**	**22987429**
按登记注册类型分	By Status of Registration		
内资企业	Domestic-funded Enterprises	17524046	22985466
#国 有	State-owned Enterprises	3015069	3317737
其他有限责任	Other Limited Liability Enterprises	6967580	9978424
私 营	Private Enterprises	6338393	8024193
按构成分	By Constitution		
#建筑工程	Construction	16180801	21494759
安装工程	Installation	866144	769108
按行业分	By Sector		
#房屋和土木工程建筑业	Construction of Buildings and Civil Engineering	17081072	22356512
#房屋工程建筑业	Buildings	13303725	17722981
建筑安装业	Construction Installation	228126	339735
建筑装饰业	Construction Decoration	46276	52327
按资质等级分	By Grade		
#一 级	First Grade	8503043	11820982
二 级	Second Grade	5809950	7151579
竣工产值（万元）	**Output Value of Completed Construction (10 000 yuan)**	**10609783**	**13419493**
按登记注册类型分	By Status of Registration		
内资企业	Domestic-funded Enterprises	10609783	13419493
#国 有	State-owned Enterprises	1354649	1762445
其他有限责任	Other Limited Liability Enterprises	4195781	5162672
私 营	Private Enterprises	4319179	5444753
按行业分	By Sector		
#房屋和土木工程建筑业	Construction of Buildings and Civil Engineering	10318025	12986452
#房屋工程建筑业	Buildings	8897313	10985896
建筑安装业	Construction Installation	156331	178553
建筑装饰业	Construction Decoration	41496	36576
按资质等级分	By Grade		
#一 级	First Grade	4557921	5926692
二 级	Second Grade	3908126	4799267
房屋建筑施工面积（万平方米）	**Floor Space of Buildings under Construction (10 000 sq.m)**	**16177.65**	**19042.45**
房屋建筑竣工面积（万平方米）	**Floor Space of Buildings Completed (10 000 sq.m)**	**7346.02**	**8142.75**
年末自有机械设备台数（万台）	**Number of Machinery and Equipment Self-owned (year-end)(10 000 sets)**	**16.86**	**13.96**
年末自有机械设备总功率（万千瓦）	**Total Power of Machinery and Equipment Self-owned (year-end)(10 000 kw)**	**317.63**	**302.26**

表13.9 专业承包建筑施工企业主要经济指标（2009－2010年）

MAIN ECONOMIC INDICATORS ON SPECIALIZED CONTRACTORS OF CONSTRUCTION (2009-2010)

指　标	Item	2009	2010
企业数（个）	**Number of Enterprises (unit)**	**985**	**1004**
年末从业人数（万人）	**Number of Employees at Year-end (10 000 persons)**	**9.26**	**10.20**
总产值（万元）	**Gross Output Value (10 000 yuan)**	**1628449**	**2355767**
按登记注册类型分	By Status of Registration		
内资企业	Domestic-funded Enterprises	1614426	2335084
#国　有	State-owned Enterprises	98977	307346
其他有限责任	Other Limited Liability Enterprises	714597	1157972
私　营	Private Enterprises	636278	743069
按构成分	By Constitution		
#建筑工程	Construction	774116	1277066
安装工程	Installation	704122	859802
按行业分	By Sector		
#房屋和土木工程建筑业	Construction of Buildings and Civil Engineering	482435	892506
#房屋工程建筑业	Buildings	158372	178508
建筑安装业	Construction Installation	675080	797942
建筑装饰业	Construction Decoration	351589	481938
按资质等级分	By Grade		
#一　级	First Grade	513432	1001080
二　级	Second Grade	544695	748942
竣工产值（万元）	**Output Value of Completed Construction (10 000 yuan)**	**993610**	**1158417**
按登记注册类型分	By Status of Registration		
内资企业	Domestic-funded Enterprises	984856	1146053
#国　有	State-owned Enterprises	51311	126263
其他有限责任	Other Limited Liability Enterprises	415276	518643
私　营	Private Enterprises	423231	459351
按行业分	By Sector		
#房屋和土木工程建筑业	Construction of Buildings and Civil Engineering	202710	308370
#房屋工程建筑业	Buildings	129220	98631
建筑安装业	Construction Installation	514420	483085
建筑装饰业	Construction Decoration	224177	264868
按资质等级分	By Grade		
#一　级	First Grade	232499	326053
二　级	Second Grade	383691	481341
房屋建筑施工面积（万平方米）	**Floor Space of Buildings under Construction (10 000 sq.m)**	**298.19**	**446.94**
房屋建筑竣工面积（万平方米）	**Floor Space of Buildings Completed (10 000 sq.m)**	**127.14**	**149.25**
年末自有机械设备台数（万台）	**Number of Machinery and Equipment Self-owned (year-end)(10 000 sets)**	**2.15**	**3.80**
年末自有机械设备总功率（万千瓦）	**Total Power of Machinery and Equipment Self-owned (year-end)(10 000 kw)**	**101.52**	**35.40**

表13.10 房屋和土木工程建筑施工企业主要经济指标（2009－2010年）

MAIN ECONOMIC INDICATORS ON CONSTRUCTION ENTERPRISES OF BUILDINGS AND CIVIL ENGINEERING (2009-2010)

指 标	Item	2009	2010
企业数（个）	**Number of Enterprises (unit)**	**1541**	**1505**
年末从业人数（万人）	**Number of Employees at Year-end (10 000 persons)**	**109.79**	**129.07**
总产值（万元）	**Gross Output Value (10 000 yuan)**	**17563507**	**23249018**
按登记注册类型分	By Status of Registration		
内资企业	Domestic-funded Enterprises	17563507	23247055
#国 有	State-owned Enterprises	2889528	3368912
其他有限责任	Other Limited Liability Enterprises	7007234	10266010
私 营	Private Enterprises	6440357	7920900
按构成分	By Constitution		
#建筑工程	Construction	16305648	21867968
安装工程	Installation	833052	744753
按资质等级分	By Grade		
施工总承包	General Contractors of Construction	17081072	22356512
#一 级	First Grade	8483116	11792735
二 级	Second Grade	5580755	6785619
专业承包	Specialized Contractors of Construction	482435	892506
#一 级	First Grade	226068	536566
二 级	Second Grade	110622	189150
竣工产值（万元）	**Output Value of Completed Construction (10 000 yuan)**	**10520735**	**13294822**
按登记注册类型分	By Status of Registration		
内资企业	Domestic-funded Enterprises	10520735	13294822
#国 有	State-owned Enterprises	1294941	1701384
其他有限责任	Other Limited Liability Enterprises	4137098	5219007
私 营	Private Enterprises	4368095	5351588
按资质等级分	By Grade		
施工总承包	General Contractors of Construction	10318025	12986452
#一 级	First Grade	4549125	5926291
二 级	Second Grade	3777971	4554082
专业承包	Specialized Contractors of Construction	202710	308370
#一 级	First Grade	52351	90957
二 级	Second Grade	73127	105206
房屋建筑施工面积（万平方米）	**Floor Space of Buildings under Construction (10 000 sq.m)**	**16192.24**	**18996.76**
房屋建筑竣工面积（万平方米）	**Floor Space of Buildings Completed (10 000 sq.m)**	**7366.89**	**8124.58**
年末自有机械设备台数（万台）	**Number of Machinery and Equipment Self-owned (year-end)(10 000 sets)**	**16.90**	**15.14**
年末自有机械设备总功率（万千瓦）	**Total Power of Machinery and Equipment Self-owned (year-end) (10 000 kw)**	**381.96**	**304.92**

表13.11 建筑安装企业主要经济指标（2009－2010年）
MAIN ECONOMIC INDICATORS ON CONSTRUCTION ENTERPRISES OF INSTALLATION (2009-2010)

指 标	Item	2009	2010
企业数（个）	**Number of Enterprises (unit)**	**363**	**380**
年末从业人数（万人）	**Number of Employees at Year-end (10 000 persons)**	**4.39**	**5.26**
总产值（万元）	**Gross Output Value (10 000 yuan)**	**903206**	**1137677**
按登记注册类型分	By Status of Registration		
内资企业	Domestic-funded Enterprises	898462	1127061
#国 有	State-owned Enterprises	58811	62747
其他有限责任	Other Limited Liability Enterprises	431862	533370
私 营	Private Enterprises	288165	465788
按构成分	By Constitution		
#建筑工程	Construction	223305	360168
安装工程	Installation	649753	730495
按资质等级分	By Grade		
施工总承包	General Contractors of Construction	228126	339735
#一 级	First Grade	19927	28246
二 级	Second Grade	140331	192034
专业承包	Specialized Contractors of Construction	675080	797942
#一 级	First Grade	83969	140918
二 级	Second Grade	286094	367881
竣工产值（万元）	**Output Value of Completed Construction (10 000 yuan)**	**670751**	**661639**
按登记注册类型分	By Status of Registration		
内资企业	Domestic-funded Enterprises	668166	661499
#国 有	State-owned Enterprises	36222	36537
其他有限责任	Other Limited Liability Enterprises	322519	302118
私 营	Private Enterprises	208993	273275
按资质等级分	By Grade		
施工总承包	General Contractors of Construction	156331	178553
#一 级	First Grade	8796	401
二 级	Second Grade	95541	102701
专业承包	Specialized Contractors of Construction	514420	483085
#一 级	First Grade	51017	85324
二 级	Second Grade	232693	262423
房屋建筑施工面积（万平方米）	**Floor Space of Buildings under Construction (10 000 sq.m)**	**240.03**	**376.83**
房屋建筑竣工面积（万平方米）	**Floor Space of Buildings Completed (10 000 sq.m)**	**101.21**	**121.87**
年末自有机械设备台数（万台）	**Number of Machinery and Equipment Self-owned (year-end)(10 000 sets)**	**0.93**	**1.13**
年末自有机械设备总功率（万千瓦）	**Total Power of Machinery and Equipment Self-owned (year-end) (10 000 kw)**	**14.26**	**17.31**

表13.12 建筑装饰企业主要经济指标（2009－2010年）

MAIN ECONOMIC INDICATORS ON CONSTRUCTION ENTERPRISES OF DECORATION (2009-2010)

指 标	Item	2009	2010
企业数（个）	**Number of Enterprises (unit)**	**475**	**487**
年末从业人数（万人）	**Number of Employees at Year-end (10 000 persons)**	**3.58**	**3.60**
总产值（万元）	**Gross Output Value (10 000 yuan)**	**397865**	**534265**
按登记注册类型分	By Status of Registration		
内资企业	Domestic-funded Enterprises	388585	524198
#国 有	State-owned Enterprises	30777	28647
其他有限责任	Other Limited Liability Enterprises	147737	197564
私 营	Private Enterprises	188505	262566
按构成分	By Constitution		
#建筑工程	Construction	228360	272371
安装工程	Installation	65484	125112
按资质等级分	By Grade		
施工总承包	General Contractors of Construction	46276	52327
#一 级	First Grade		
二 级	Second Grade	13506	14215
专业承包	Specialized Contractors of Construction	351589	481938
#一 级	First Grade	145816	238238
二 级	Second Grade	123431	137817
竣工产值（万元）	**Output Value of Completed Construction (10 000 yuan)**	**265673**	**301444**
按登记注册类型分	By Status of Registration		
内资企业	Domestic-funded Enterprises	259504	289220
#国 有	State-owned Enterprises	9995	1281
其他有限责任	Other Limited Liability Enterprises	113067	83761
私 营	Private Enterprises	122265	185170
按资质等级分	By Grade		
施工总承包	General Contractors of Construction	41496	36576
#一 级	First Grade		
二 级	Second Grade	9811	1476
专业承包	Specialized Contractors of Construction	224177	264868
#一 级	First Grade	101258	99358
二 级	Second Grade	73373	91641
房屋建筑施工面积（万平方米）	**Floor Space of Buildings under Construction (10 000 sq.m)**	**27.72**	**19.97**
房屋建筑竣工面积（万平方米）	**Floor Space of Buildings Completed (10 000 sq.m)**		**10.36**
年末自有机械设备台数（万台）	**Number of Machinery and Equipment Self-owned (year-end)(10 000 sets)**	**0.94**	**0.84**
年末自有机械设备总功率（万千瓦）	**Total Power of Machinery and Equipment Self-owned (year-end) (10 000 kw)**	**17.61**	**7.62**

表13.13 建筑施工企业按资质等级分主要财务和经济效益指标（2010年）

MAIN INDICATORS ON FINANCE AND ECONOMIC BENEFIT OF CONSTRUCTION ENTERPRISES BY GRADE (2010)

单位：万元 (10 000 yuan)

指 标	Item	合 计 Total	其中 of which 施工总承包 General Contractors	专业承包 Specialized Contractors
企业数（个）	Number of Enterprises (unit)	2467	1463	1004
年末从业人数（万人）	Number of Employees at Year-end (10 000 persons)	139.33	129.13	10.20
自有固定资产原价	Original Value of Fixed Assets Owned	3074271	2632486	441785
自有固定资产净价	Net Value of Fixed Assets Owned	2074910	1783873	291037
自有机械设备年末台数（万台）	Number of Machinery and Equipment Self-owned (year-end) (10 000 sets)	17.76	13.96	3.80
自有机械设备年末净值	Net Value of Machinery and Equipment Self-owned (year-end)	847364	772637	74727
自有机械设备年末总功率（万千瓦）	Total Power of Machinery and Equipment Self-owned (year-end) (10 000 kw)	337.66	302.26	35.40
总产值	Gross Output Value	25343196	22987429	2355767
增加值	Value Added	6499816	5802809	697007
实收资本	Paid-in Capital	4457547	3823943	633605
资产合计	Total Assets	19651240	17364580	2286660
#流动资产	Circulating Assets	15441300	13624185	1817115
固定资产	Fixed Assets	2626892	2272791	354101
无形及递延资产	Intangible and Deferred Assets	259919	243668	16251
负债合计	Total Liabilities	12816856	11527336	1289520
流动负债	Circulating Liabilities	11944084	10707539	1236545
长期负债	Long-term Liabilities	872772	819797	52975
所有者权益	Creditors' Equity	6834385	5837244	997140
利税总额	Total Pre-tax Profits	2087296	1841327	245969
#利润总额	Total Profits	1201416	1033872	167544
企业总收入	Total Revenue of Enterprises	24539758	22235324	2304434
工程结算收入	Revenue on Project Settle Accounts	24306749	22120632	2186117
其他业务收入	Revenue from Other Business	233009	114692	118317
房屋建筑施工面积（万平方米）	Floor Space of Buildings under Construction (10 000 sq.m)	19489.39	19042.45	446.94
房屋建筑竣工面积（万平方米）	Floor Space of Buildings Completed (10 000 sq.m)	8292.00	8142.75	149.25
全员劳动生产率：	Overall Labor Productivity			
按总产值计算（元/人）	In Terms of Gross Output Value (yuan/person)	175224	172214	211240
按增加值计算（元/人）	In Terms of Value Added (yuan/person)	44940	43473	62500
技术装备率（元/人）	Value of Machines Per Laborer (yuan/person)	6082	5983	7326
动力装备率（千瓦/人）	Power of Machines Per Laborer (kw/person)	2	2	3
房屋建筑面积竣工率（%）	Rate of Floor Space of Buildings Completed (%)	42.5	42.8	33.4
资产负债率（%）	Asset-Liability Ratio (%)	65.2	66.4	56.4

表13.14 建筑施工企业按行业分主要财务和经济效益指标（2010年）
MAIN INDICATORS ON FINANCE AND ECONOMIC BENEFIT OF CONSTRUCTION ENTERPRISES BY SECTOR (2010)

单位：万元 (10 000 yuan)

指　标	Item	合　计 Total	其中 of which 房屋和土木工程建筑业 Buildings and Civil Engineering	建筑安装业 Construction Installation	建筑装饰业 Construction Decoration
企业数（个）	Number of Enterprises (unit)	2467	1505	380	487
年末从业人数（万人）	Number of Employees at Year-end (10 000 persons)	139.33	129.07	5.26	3.60
自有固定资产原价	Original Value of Fixed Assets Owned	3074271	2665342	231963	80774
自有固定资产净价	Net Value of Fixed Assets Owned	2074910	1790181	165802	51984
自有机械设备年末台数（万台）	Number of Machinery and Equipment Self-owned (year-end) (10 000 sets)	17.76	15.14	1.13	0.84
自有机械设备年末净值	Net Value of Machinery and Equipment Self-owned (year-end)	847364	789793	24419	13222
自有机械设备年末总功率（万千瓦）	Total Power of Machinery and Equipment Self-owned (year-end) (10 000 kw)	337.66	304.92	17.31	7.62
总产值	Gross Output Value	25343196	23249018	1137677	534265
增加值	Value Added	6499816	5864939	396575	139006
实收资本	Paid-in Capital	4457547	3793377	386047	185821
资产合计	Total Assets	19651240	17407978	1270223	535139
#流动资产	Circulating Assets	15441300	13744107	957481	442245
固定资产	Fixed Assets	2626892	2273443	201735	69023
无形及递延资产	Intangible and Deferred Assets	259919	222622	6485	4416
负债合计	Total Liabilities	12816856	11566477	690743	279874
流动负债	Circulating Liabilities	11944084	10827308	591288	271004
长期负债	Long-term Liabilities	872772	739169	99455	8870
所有者权益	Creditors' Equity	6834385	5841501	579480	255264
利税总额	Total Pre-tax Profits	2087296	1858465	135714	50394
#利润总额	Total Profits	1201416	1039301	100061	30523
企业总收入	Total Revenue of Enterprises	24539758	22458418	1110542	549795
工程结算收入	Revenue on Project Settle Accounts	24306749	22262595	1083115	542060
其他业务收入	Revenue from Other Business	233009	195824	27427	7735
房屋建筑施工面积（万平方米）	Floor Space of Buildings under Construction (10 000 sq.m)	19489.39	18996.76	376.83	19.97
房屋建筑竣工面积（万平方米）	Floor Space of Buildings Completed (10 000 sq.m)	8292.00	8124.58	121.87	10.36
全员劳动生产率：	Overall Labor Productivity				
按总产值计算（元/人）	In Terms of Gross Output Value (yuan/person)	175224	174312	190873	150468
按增加值计算（元/人）	In Terms of Value Added (yuan/person)	44940	43973	66535	39149
技术装备率（元/人）	Value of Machines Per Laborer (yuan/person)	6082	6119	4642	3673
动力装备率（千瓦/人）	Power of Machines Per Laborer (kw/person)	2	2	3	2
房屋建筑面积竣工率（%）	Rate of Floor Space of Buildings Completed (%)	42.5	42.8	32.3	51.9
资产负债率（%）	Asset-Liability Ratio (%)	65.2	66.4	54.4	52.3

重/庆/统/计/年/鉴

主要统计指标解释

建筑业统计单位

指从事房屋、构筑物建造和设备安装活动的法人企业。建筑业法人企业应具有建筑业资质并能够独立核算，同时其应具备以下条件：①依法成立，有自己的名称、组织机构和场所，能够承担民事责任；②独立拥有和使用资产，承担负债，有权与其他单位签订合同；③独立核算盈亏，能够编制资产负债表。

建筑业总产值

是以货币形式表现的建筑业企业在一定时期内生产的建筑业产品和提供的服务的总和。建筑业总产值包括：

⑴建筑工程产值：指列入建筑工程预算内的各种工程价值。

⑵安装工程产值：指设备安装工程价值，不包括被安装设备本身的价值。

⑶其他产值：建筑业总产值中除建筑工程、安装工程以外的产值。包括房屋构筑物修理产值、非标准设备制造产值、总包企业向分包企业收取的管理费以及不能明确划分的施工活动所完成的产值。

a.房屋构筑物修理产值：指房屋和构筑物修理所完成的产值，但不包括被修理房屋、构筑物本身价值和生产设备的修理产值。

b.非标准设备制造产值：指加工制造没有定型的非标准生产设备的加工费和原材料价值(如化工厂、炼油厂用的各种罐、槽，矿井生产统一使用的各种漏斗、三角槽、阀门等)以及附属加工厂为本企业承建工程制作的非标准设备的价值。

建筑业增加值

指建筑业企业在报告期内以货币形式表现的建筑业生产经营活动的最终成果。

从2004年第一次全国经济普查开始，建筑业现价增加值按生产法和分配法(收入法)两种方法计算，以收入法的计算结果为准，即从收入的角度出发，根据生产要素在生产过程中应得的收入份额计算。具体计算方法：经济普查年度建筑业增加值按照《经济普查年度GDP核算方案》计算，非经济普查年度建筑业增加值按照《非经济普查年度GDP核算方案》计算。

房屋建筑施工面积

指在报告期内施过工的全部房屋建筑面积，包括本期新开工的房屋面积、上期施工跨入本期继续施工的房屋面积、上期停缓建在本期恢复施工的房屋面积、本期竣工的房屋面积及本期施工后又停缓建的房屋面积。

房屋建筑竣工面积

指在报告期内房屋建筑按照设计要求全部完工，达到了使用条件，经验收鉴定合格，正式移交使用单位的房屋建筑面积。

CHONGQING STATISTICAL YEARBOOK

Explanatory Notes on Main Statistical Indicators

□ Statistical Unit in the Construction Industry

Refers to a corporate enterprise engaged in the construction of buildings and structures and in the installation of equipment. A corporate construction enterprise should have qualification certificates with independent accounting system, and should meet the following 3 requirements: a) being set up in line with relevant legal basis, having its full name, organization and location, and capable of taking civil liabilities; b) independently possessing and using its assets and assuming its liabilities, and entitled to sign contracts with other institutions; and c) making independent accounts of its profits and losses, and capable of compiling its own balance sheet.

□ Gross Output Value of Construction

Refers to total of construction products and services, expressed in money terms, produced or rendered by construction and installation enterprises during a given period of time. It includes:

(1) Output value of construction projects: the value of projects covered by the project budgets;

(2) Output value of installation projects: the value of the installation of equipment, (excluding the value of the equipment to be installed);

(3) Other output values: the output value of construction industry apart from that of construction projects and installation projects. It includes: output value of repair of buildings and structures; output value of non-standard equipment manufacturing; overhead expenses received by contracted enterprises from the sub-contracted enterprises and the completed output value of construction activities for which there is no clear definition.

a. Output value of repair of buildings and structures: the value created through the repairs of buildings or structures. It does not include the value of buildings or structures being repaired and the value of the repair of production equipment;

b. Output value of manufactured non-standard equipment: the value of non-standard production equipment, including raw materials and manufacturing cost, made for the construction project (i.e., chemical plant; kettles or tanks used by refineries; various fillers, triangle tanks, valves used by mines). It also includes the output value of equipment manufactured by subsidiary workshops.

□ Value-added of Construction

Refers to the final result of the activities of production and operation of enterprises of the construction industry in monetary terms during the reference period.

Starting from the 2004 economic census, value-added of construction is calculated by both production approach and income approach, with the figures from the income approach as the final figures., Under the income approach,, calculation starts from the perspective of income and is based on the share of income derived from the production process by the relevant factors of production.. Specifically, value-added of construction for the Census years is calculated in accordance with the Programme of Compilation of GDP and National Accounts for the Year of Economic Census, and value-added of construction for other years is calculated in accordance with the Programme of Compilation of GDP and National Accounts for the Non Economic Census Years.

□ Floor Space of Buildings Under Construction

Refers to floor space of buildings under construction during the reference period, including the floor space of buildings for which construction has newly started; buildings for which construction has started earlier and is continuing during the reference period; and buildings for which construction has been suspended earlier but has restarted during the reference period; buildings completed during the reference period; and buildings under construction but construction has subsequently been during the reference period.

□ Floor Space of Buildings Completed

Refers to the floor space of buildings that are completed in the reference period in accordance with the requirements of the design, up to the standard for being put into use, and having been checked and accepted by departments concerned as qualified ones.

运输和邮电

TRANSPORT, POSTAL AND TELECOMMUNICATION SERVICES

简要说明 Brief Introduction

本章反映全市交通运输业和邮电通信业情况，主要包括货物和旅客运输量、港口吞吐量、交通基础设施和运输营运工具、民用车辆和船舶、主要港口码头泊位和仓库、邮电业务、电信主要通信能力和邮电通信水平。本章资料由市统计局服务业统计处负责整理编辑。

交通运输有关资料来源于市交通委员会、市公安局、成都铁路局、民航重庆安全监督管理局和市统计局。邮电通信业资料来源于市邮政局和市通信管理局。

The data in this chapter show the conditions of transport, postal and telecommunication services, mainly covering the data of freight and passenger traffic, freight handled at ports, transport infrastructure and means, civil motor vehicles and transport vessels, berths and warehouses at major ports, business volume of postal and telecommunication services, main communication capacity of telecommunications and level of postal and telecommunication services. The data in this chapter are sorted and compiled by Division of Service Statistics, Chongqing Municipal Bureau of Statistics.

The data of transport are provided by Communications Commission of Chongqing Municipality, Chongqing Public Security Bureau, Chengdu Railway Bureau, CAAC Chongqing Safety Supervision and Administrative Bureau and Chongqing Municipal Bureau of Statistics. The data of postal and telecommunication services are provided by Post Bureau of Chongqing and Chongqing Communications Administration.

表14.1 主要年份客货运输量及周转量
FREIGHT AND PASSENGER VOLUME AND TURNOVER IN MAJOR YEARS

年 份 Year	客运量 （万人） Passenger Traffic (10 000 persons)	旅客周转量 （万人公里） Passenger-kilometers (10 000 person-km)	货运量 （万吨） Freight Traffic (10 000 tons)	货物周转量 （万吨公里） Freight ton-kilometers (10 000 ton-km)
1952	82		134	31531
1957	121		842	632103
1962	965	12619	808	147390
1965	1707	23268	2365	141406
1970	2136	27461	2536	111415
1975	3602	40180	3226	276337
1978	5294	293741	4816	1189803
1980	7846	417025	4469	1106294
1985	16923	975571	13513	2004938
1986	18308	1119673	14860	2184266
1987	21002	1160714	15618	2296505
1988	21119	1206942	22881	2470614
1989	22692	1185786	20764	2676052
1990	20332	1068775	15546	2452448
1991	26598	1176783	16186	2702591
1992	32924	1543492	17419	3005694
1993	34025	1724473	18841	3282548
1994	36340	1890785	21130	3077590
1995	39731	2104270	22796	3359847
1996	42370	2094740	24339	3150421
1997	46199	2242533	23979	2972254
1998	49020	2346281	25328	2684566
1999	52442	2434000	25190	2742000
2000	56969	2577859	26852	3063900
2001	59244	2662900	28212	3253200
2002	61918	2776900	29787	3376300
2003	58290	2526100	32565	3680300
2004	63495	2994200	36434	5180300
2005	60436	3018038	39200	6248968
2006	61228	3015761	42808	8213853
2007	77187	3938936	49973	10497955
2008	107191	4430156	63651	14864332
2009	114598	4814394	68491	16442995
2010	126804	5497718	81385	20103977

注：1996年起铁路数据按重庆现地域进行了调整。
Note: The data of railway have been adjusted according to present administrative divisions of Chongqing since 1996.

表14.2 主要年份港口吞吐量和公路线路里程
VOLUME OF FREIGHT HANDLED AT PORTS AND LENGTH OF HIGHWAYS IN MAJOR YEARS

年 份 Year	港口货物吞吐量（万吨） Freight Handled at Ports (10 000 tons)	其 中 of which 进 港 In-port	其 中 of which 出 港 Out-port	公路线路里程（公里） Length of Highways (km)	其 中 of which 高速公路 Expressways
1952	61.80	26.60	35.20	743	
1957	356.10	73.10	283.00	1021	
1962	173.50	93.40	80.10	6044	
1965	217.10	115.70	101.40	7221	
1970	267.00	161.00	106.00	7538	
1975	228.90	108.90	120.00	9753	
1978	369.80	184.10	185.70	15421	
1980	378.20	194.10	184.10	16811	
1985	438.30	195.40	242.90	19377	
1986	532.70	303.40	229.30	19666	
1987	553.70	292.28	261.42	19942	
1988	570.30	296.14	274.16	20609	
1989	651.93	330.74	321.19	20944	
1990	572.50	275.70	296.80	21162	
1991	566.10	262.77	303.33	21474	
1992	664.90	326.80	338.10	21804	
1993	687.70	299.50	388.20	21990	
1994	665.65	289.26	376.39	22148	
1995	853.00	390.00	463.00	22556	
1996	1076.00	492.00	584.00	26892	114
1997	2548.70	977.20	1571.50	27045	114
1998	2477.30	1186.60	1290.70	27210	134
1999	2599.84	1610.44	989.40	28086	134
2000	2448.00	1485.00	963.00	30354	232
2001	2839.87	1690.39	1149.48	30654	320
2002	3004.00	1718.41	1285.59	31060	399
2003	3243.76	1796.24	1447.52	31407	580
2004	4539.00	2337.09	2201.91	32344	714
2005	5251.30	2758.11	2493.19	98218	748
2006	5420.43	2747.65	2672.78	100299	778
2007	6433.54	3330.46	3103.08	104705	1049
2008	7892.80	4349.38	3543.42	108632	1165
2009	8611.62	4833.29	3778.33	110951	1577
2010	9668.42	5682.24	3986.18	116949	1861

注：2006年起，公路线路里程包括村道，2005年数据按同口径进行了调整。
Note: The length of highways has included village roads since 2006, and the data of 2005 has been adjusted according to the same scope.

表14.3 主要年份邮电通信指标
INDICATORS OF POSTAL AND TELECOMMUNICATION SERVICES IN MAJOR YEARS

年 份 Year	邮政局、所（个） Number of Postal Offices (unit)	邮电业务总量（万元） Total Business Volume of Postal and Telecommunication Services (10 000 yuan)	其 中 of which #电 信 Telecommunication Services	邮电业务收入（万元） Business Revenue from Postal and Telecommunication Services (10 000 yuan)	其 中 of which #电 信 Telecommunication Services
1952	1023	12		133	
1957	1846	33		874	
1962	1747	102		1000	
1965	1751	245		1461	
1970	2166	267		1371	
1975	1933	2190		1726	
1978	1925	2650		2103	
1980	1917	5071		2650	
1985	1853	7268		5796	
1986	1862	8264		6840	
1987	1896	9719		7675	
1988	1918	11853		10120	
1989	2025	14351		11734	
1990	2056	18999		14222	
1991	2047	23708		20585	
1992	2075	31305		27608	
1993	2041	47627		41653	
1994	1957	70543		71212	
1995	2220	109627		157568	
1996	2314	159929		167313	
1997	1821	233471	211458	223052	184899
1998	1958	345932	319375	264846	219493
1999	1958	519537	490494	401767	349001
2000	2018	858200	822824	544369	482075
2001	2154	706000	635041	663200	593050
2002	2202	867600	791573	770500	695409
2003	2218	1213062	1128172	870787	788000
2004	2121	1686491	1592416	1006050	918555
2005	2068	2101467	1996000	1121730	1030130
2006	2008	2761750	2634708	1197759	1099750
2007	1981	3658095	3505910	1315347	1194089
2008	1927	4247535	4065296	1518100	1397500
2009	1838	4898417	4646833	1633300	1477100
2010	1775	5904956	5703349	1790807	1598773

注：1996年前邮政电信合营，1996年前电信数据包含在邮电通信指标中；邮电业务总量2001年前为1990年不变价，2001年至2009年为2000年不变价口径；2010年及以后为2010年不变价口径。

Note: Before 1996, postal services and telecommunication services are managed together, so the data of telecommunication service before 1996 is included in the postal and telecommunication services. The data of total business volume of postal and telecommunication services before 2001 is calculated at 1990 constant price, and since 2001 it is calculated at 2000constant price.

表14.4 邮电业务主要指标（1985－2010年）
MAIN INDICATORS OF POSTAL AND TELECOMMUNICATION SERVICES (1985-2010)

年份 Year	函件（万件） Number of Letters (10 000pcs)	特快专递（万件） Pieces of Express Mail Services (10 000pcs)	邮政部门报刊累计数（万份） Accumulated Issue of Newspapers and Magazines (10 000 copies)	长途电话（万分钟） Long-distance Calls (10 000 minutes)	移动电话用户（万户） Mobile Telephone Subscribers (10 000 subscribers)	固定互联网络用户（万户） Subscribers of Internet Services (10 000 subscribers)	本地电话年末用户（万户） Subscribers of Local Telephone at Year-end (10 000 subscribers)	其中 of which #城市电话用户 Urban Telephone Subscribers
1985	8961		32750	477			3.80	3.10
1986	10210		34696	515			4.83	3.42
1987	11755	1	36902	595			5.39	3.93
1988	12432	1	40591	707			6.07	4.58
1989	11609	2	16162	724			6.62	5.17
1990	11544	2	16037	873	0.08		7.25	5.70
1991	11539	3	17540	1227	0.09		8.87	7.15
1992	13618	7	18216	2132	0.15		12.63	10.69
1993	16013	22	18464	3519	0.59		18.53	16.30
1994	16519	40	15491	7022	1.73		29.00	25.39
1995	14633	52	16453	11650	3.62		37.24	32.10
1996	14100	63	15572	18288	9.00	0.03	66.50	56.33
1997	12159	68	28025	23527	19.15	0.20	126.25	108.91
1998	12715	97	30922	23912	40.73	0.76	156.28	123.52
1999	13266	145	33532	22210	79.90	2.49	197.88	148.22
2000	11542	210	31232	23424	160.00	10.00	268.43	186.93
2001	13561	260	27506	22555	245.80	28.60	337.70	221.40
2002	18038	235	27177	23607	424.70	55.60	413.63	262.34
2003	20497	272	25945	23408	619.40	88.65	533.40	343.80
2004	18426	334	19833	26115	811.61	122.16	642.39	425.49
2005	12499	348	22369	27450	943.40	128.66	688.91	456.51
2006	9553	386	22455	27018	1064.60	140.60	725.50	469.07
2007	6579	520	22178	28379	1176.90	169.30	723.13	459.27
2008	5476	1608	23475	233680	1281.70	189.57	688.10	435.10
2009	5218	2240	25281	254955	1440.92	203.80	627.73	397.80
2010	4927	2829	24942	386223	1664.40	263.10	582.70	376.40

注：1、2008年起对长途电话通话时长统计口径作了调整，同时长途电话计量单位改为通话时长计量（万分钟）。1985年-2007年长途电话计量单位为（万次）；
2、2009年起特快专递包括快递公司数据，2008年数据按同口径进行了调整。

Note: a)Since 2008, the data of long-distance calls has been calculated by hold-on time (10 000 min), and the data of 2008 has been adjusted according to the same scope. From 1985 to 2007, the data of long-distance calls is calculated at 10 000 times.
b)Since 2009, the data of express mail services has included the data of express delivery companies and the data of 2008 has been adjusted according to the same scope.

表14.5 交通基础设施和交通运输营运工具（2009－2010年）
TRANSPORT INFRASTRUCTURE AND TRANSPORT MEANS (2009-2010)

指　标	Item	2009	2010
交通基础设施	**Transport Infrastructure**		
公路线路里程（公里）	Length of Highways (km)	110951	116949
按行政等级分	By Administrative Level		
#国　道	National	2833	3109
省　道	Provincial	8175	8155
按技术等级分	By Technical Level		
等级公路	Expressway and Class I-IV Highways	70213	80006
#高速公路	Expressway	1577	1861
一级公路	First Class	516	562
二级公路	Second Class	7495	7489
等外公路	Highways Below Class IV	40738	36943
公路桥梁数量（座）	Number of Highway-bridges (unit)	9333	9722
公路桥梁总延米（延米）	Extended Length of Highway-bridges (extended meter)	519804	598892
铁路营运里程（公里）	Length of Railways in Operation (km)	1285	1396
内河航道里程（公里）	Length of Navigable Inland Waterways (km)	4337	4451
#等级航道	Standard Waterways	1819	1866
与重庆正班通航城市（个）	Number of Navigable Citys from Chongqing (city)	73	82
国　内	Domestic Routes	64	74
国　际（地区）	International (regional) Routes	9	8
交通运输营运工具	**Transport Means**		
公路营运载货汽车（辆）	Business Trucks (unit)	228235	259600
公路营运载客汽车（辆）	Business Buses and Cars(unit)	45345	47712
运输船舶实有数（艘）	Transportation Vessels(unit)	4139	4368
#交通部门	Transportation Department	2577	2757
机动船	Motor Vessels	2145	2356
驳　船	Barges	432	401
重庆机场飞行起降架次（万架次）	Throughput of Civil Aircrafts in Chongqing Airport (10 000 flights)	13.26	15.01

表14.6 民用车辆、船舶拥有量（2009－2010年）

POSSESSION CIVIL MOTOR VEHICLES AND TRANSPORT VESSELS (2009-2010)

指　标	Item	2009	2010
民用车辆拥有量（辆）	**Possession of Civil Motor Vehicles (unit)**	**2037034**	**2759728**
#私人民用车辆拥有量	Private Vehicles	1660074	2339836
#载客汽车	Buses and Cars	434411	598637
载货汽车	Trucks	109840	139966
#汽　车	Motor Vehicles	941544	1175631
载客汽车	Buses and Cars	600365	785437
载货汽车	Trucks	292962	340328
其它汽车	Others	48217	49866
摩托车	Motorcycles	1069006	1551441
民用船舶拥有量（艘）	**Possession of Civil Transport Vessels (unit)**	**4139**	**4368**
#私人船舶拥有量	Private Vessels	1562	1611
#机动船	Motor Vessels	1513	1585
#客　船	Passenger Vessels	776	820
货　船	Cargo Vessels	701	755
驳　船	Barges	49	26
#机动船	Motor Vessels	3658	3941
#客　船	Passenger Vessels	1233	1385
货　船	Cargo Vessels	2291	2482
驳　船	Barges	481	427

表14.7 客货运输量、周转量及港口吞吐量（2009－2010年）
FREIGHT AND PASSENGER VOLUME AND TURNOVER AND THROUGHPUT OF PORTS (2009-2010)

指 标	Item	2009	2010
客运量总计（万人）	**Total Passenger Traffic (10 000 persons)**	**114598**	**126804**
铁 路	Railway	2603	2663
公 路	Highway	110150	122125
水 路	Waterway	1226	1277
民 航	Civil Aviation	619	739
旅客周转量总计（亿人公里）	**Total Passenger-kilometers (100 million person-km)**	**481.44**	**549.77**
铁 路	Railway	93.28	95.11
公 路	Highway	301.33	351.03
水 路	Waterway	10.36	10.21
民 航	Civil Aviation	76.47	93.42
货运量总计（万吨）	**Total Freight Traffic (10 000 tons)**	**68491.06**	**81384.99**
铁 路	Railway	2181.60	2279.50
公 路	Highway	58532.00	69438.00
水 路	Waterway	7771.34	9660.00
民 航	Civil Aviation	6.12	7.49
货物周转量总计（亿吨公里）	**Total Freight Ton-kilometers (100 million ton-km)**	**1644.29**	**2010.39**
铁 路	Railway	171.81	179.80
公 路	Highway	503.26	610.31
水 路	Waterway	968.40	1219.27
民 航	Civil Aviation	0.82	1.01
港口货物吞吐量（万吨）	**Total Cargo Handled at Ports (10 000 tons)**	**8611.62**	**9668.42**
其中：集装箱	Of Which: Containers	597.86	662.00
进港量	In-port	4833.29	5682.24
出港量	Out-port	3778.33	3986.18
空港吞吐量	**Throughput of Airports**		
旅 客（万人）	Passengers (10 000 persons)	1424.68	1604.63
货 物（万吨）	Cargo (10 000 tons)	18.74	19.78

注：2006年起空港吞吐量包含万州机场数据。
Note: The throughput of airports has included the data of Wanzhou Airport since 2006.

表14.8 主要港口码头泊位数（2009－2010年）
NUMBER OF BERTHS AT MAJOR PORTS (2009-2010)

指 标	Item	2009	2010
码头岸线长度（米）	**Length of Quay Line (m)**	**15218**	**15977**
生产用	For Productive Use	12158	13237
非生产用	For Non-Productive Use	3060	2740
泊位个数（个）	**Number of Berths (unit)**	**162**	**166**
生产用	For Productive Use	136	144
非生产用	For Non-Productive Use	26	22

表14.9 主要港口码头仓库（2009－2010年）
WAREHOUSES AT MAJOR PORTS (2009-2010)

指 标	Item	2009	2010
年末职工人数（人）	Number of Staff and Workers at Year-end (person)	8705	8850
仓库总面积（平方米）	Total Area of Warehouses (sq.m)	264200	264200
堆场总面积（平方米）	Total Area of Stacking Yard (sq.m)	777400	769130
集装箱吞吐量（吨）	Containers Handled at Ports (ton)	5018442	6066380
国际集装箱	International Containers	2118037	2575865
国内集装箱	Domestic Containers	2900405	3490515
集装箱吞吐量（TEU）	Containers Handled at Ports (TEU)	406096	500068
国际集装箱	International Containers	207004	264891
国内集装箱	Domestic Containers	199092	235177

注：TEU是“折合20英尺标准箱”的英文缩写。
Note: TEU is the abbreviation of " Twenty-foot Equivalent Unit".

表14.10 邮电业务基本情况（2009－2010年）
STATISTICS ON POSTAL AND TELECOMMUNICATION SERVICES (2009-2010)

指　标	Item	2009	2010
邮政局（所）数（处）	Number of Postal Offices (unit)	1838	1775
邮路总长度（公里）	Total Length of Postal Routes (km)	78144	87169
#农村投递线路（公里）	Rural Delivery Routes (km)	66168	63110
邮电业务总量（万元）	Business Volume of Postal and Telecommunication Services (10 000 yuan)	4898417	5904956
邮　政	Postal Services	251584	201607
电　信	Telecommunication Services	4646833	5703349
函　件（万件）	Number of Letters (10 000 pcs)	5218	4927
包　件（万件）	Number of Parcels (10 000 pcs)	103	101
特快专递（万件）	Pieces of Express Mail Services (10 000 pcs)	2240	2829
邮政部门报刊累计数（万份）	Accumulated Issue of Newspapers and Magazines (10 000 copies)	25281	24942
集邮业务（万枚）	Stamps for Collection (10 000 pcs)	800	778
长途电话（万分钟）	Long-distance Calls (10 000 min)	254955	386223
本地电话年末用户（万户）	Number of Fixed Telephone Subscribers at Year-end (10 000 subscribers)	627.73	582.70
城市电话用户	Urban Telephone Subscribers	397.80	376.40
#住宅电话	Householde Fixed Telephone Subscribers	213.14	261.80
乡村电话用户	Rural Telephone Subscribers	229.93	206.30
#住宅电话	Householde Fixed Telephone Subscribers	208.12	186.30
公用电话（万户）	Public Telephones (10 000 subscribers)	43.05	39.90
移动电话年末用户（万户）	Mobile Telephone Subscribers at Year-end (10 000 subscribers)	1440.92	1664.40
固定互联网络用户（万户）	Internet Subscribers (10 000 subscribers)	203.80	263.10

注：1、邮电业务总量2009年为2000年不变价口径，2010年起为2010年不变价口径。
　　2、2008年起对长途电话通话时长统计口径作了调整，同时，长途电话计量单位改为通话时长计量（万分钟）。

Note: a)The data of total business volume of postal and telecommunication services in 2009 is calculated at 2000 constant price,and since 2010 it is calculated at 2010 constant price.
b)Since 2008,the data of long-distance calls has been calculated by hold-on time(10 000 min),and the data of 2008 has been adjusted according to the same scope.

表14.11 电信主要通信能力（2009－2010年）
MAIN COMMUNICATION CAPACITY OF TELECOMMUNICATIONS (2009-2010)

项 目	Item	2009	2010
长话业务电路（2M）	Capacity of Long-distance Telephone Lines (2M)	39119	27446
本地交换机容量（万门）	Capacity of Local Telephone Exchanges (10 000 lines)	1147	1150
移动用户交换机容量（万户）	Capacity of Mobile Telephone Exchanges (10 000 subscribers)	2340	2746
移动电话基站数（个）	Number of Base Stations of Mobile Telephones (unit)	24161	30672
移动电话信道数（万个）	Number of Signal Channels of Mobile Telephones (10 000 lines)	116	133
短信息中心容量（万条）	Capacity of SMS Center (10 000 messages)	5868	9396
长途光缆线路长度（公里）	Length of Long-distance Optical Cable Lines (km)	11143	11000

注：2009年起，长话业务电路包括移动长途电话业务电路。
Note: Since 2009, the capacity of long-distance telephones has included the capacity of mobile long-distance telephones.

表14.12 邮电通信水平（2009－2010年）
LEVEL OF POSTAL AND TELECOMMUNICATION SERVICES (2009-2010)

项 目	Item	2009	2010
平均每一邮政局所服务面积（平方公里）	Average Area Served by Every Post Office (sq.m)	44.76	46.35
平均每一邮政局所服务人口（万人）	Average Population Served by Every Post Office (10 000 persons)	1.56	1.63
平均每百人邮电业务总量（元）	Total Business Volume of Postal and Telecommunication Services per 100 Persons (yuan)	171333	204705
平均每人每年发函件数（件）	Annual Average Number of Letters Mailed Per Capita (piece)	1.83	1.71
平均每人每年自邮政部门订报刊数（份）	Annual Average Number of Newspapers and Magazines Subscribed from Postal Departments Per Capita (piece)	8.84	8.65
平均每百人拥有电话机（含移动）(部)	Number of Telephone Sets (including mobile phones) Owned Per 100 Persons (unit)	72.36	77.90
平均每百人拥有移动电话（部）	Number of Mobile Telephones Owned Per 100 Persons (unit)	50.40	57.70

注：人均指标按年末常住人口计算。
Note: The per capital indicators are calculated upon the permanent population at year-end.

重/庆/统/计/年/鉴

主要统计指标解释

■ 货（客）运量

指在一定时期内，各种运输工具实际运送的货物（旅客）数量。是反映运输业为国民经济和人民生活服务的数量指标，也是制定和检查运输生产计划，研究运输发展规模和速度的重要指标。货运按吨计算，客运按人计算。货物不论运输距离长短或货物类别，均按实际重量统计；旅客不论行程远近或票价多少，均按一人一次作为客运量统计。半价票，小孩票也按一人统计。

■ 货物（旅客）周转量

指在一定时期内，由各种运输工具运送的货物（旅客）数量与其相应运输距离的乘积之总和。是反映运输业生产总成果的重要指标，也是编制和检查运输生产计划，计算运输效率、劳动生产率以及核算运输单位成本的主要基础资料。通常以吨公里和人公里为计算单位。计算货物周转量通常按发出站与到达站之间的最短距离，也就是计费距离计算。计算公式为：

货物（旅客）周转量=Σ货物（旅客）运输量×运输距离

■ 公路里程

指在一定时期内实际达到《公路工程技术标准JTG B01-2003》规定的等级公路，并经公路主管部门正式验收交付使用的公路里程数。包括大中城市的郊区公路以及通过小城镇街道部分的公路里程和公路桥梁长度、隧道长度、渡口宽度等，不包括大中城市的街道、厂矿、林区生产用道和农业生产用道的里程。两条或多条公路共同经由同一路段，只计算一次，不得重复计算里程长度。它是反映公路建设发展规模的重要指标，也是计算运输网密度等指标的基础资料。

■ 内河航道里程

也称内河通航里程，指在一定时期内，能通航运输船舶及排筏的天然河流、湖泊水库、运河及通航渠道的长度。包括全年季节性通航累计三个月以上的航道，不包括仅供零散流放竹、木排的河道。它是反映内河水运网规模、水平和发展情况的主要指标。

■ 民用汽车拥有量

指报告期末，在公安交通管理部门按照《机动车注册登记工作规范》，已注册登记领有民用车辆牌照的全部汽车数量。汽车拥有量统计的主要分类：根据汽车结构分为载客汽车、载货汽车及其他汽车；根据汽车所有者不同分为个人（私人）汽车、单位汽车；根据汽车的使用性质分为营运汽车、非营运汽车和特种汽车；根据汽车大小规格不同载客汽车分为大型、中型、小型和微型，载货汽车分为重型、中型、轻型和微型。

■ 邮电业务总量

指以货币表现的邮电通信企业为社会提供各类邮电通信服务的总数量。邮电业务量按专业分类包括函件、包件、汇票、报刊发行、邮政快件、特快专递、邮政储蓄、集邮、传真、长途电话、出租电路、移动电话、分组交换数据通信、出租代维等。计算方法为各类产品乘以相应的平均单价（不变价）之和，再加上出租电路和设备、代用户维护电话交换机和线路等的服务收入。它综合反映了一定时期邮电业务发展的总成果，是研究邮电业务量构成和发展趋势的重要指标。计算公式为：

邮电业务总量=Σ（各类邮电业务量×不变单价）＋出租代维及其他业务收入=邮政业务总量＋电信业务总量。

■ 本地电话用户

指接入本地电信运营商固定电话网上的电话用户。包括：住宅用户、单位用户、公用电话用户等。按电话用户位置又分为城市电话用户和乡村电话用户。1997年以前，“市内电话用户”是指接入县城及县以上城市的电话网上的电话用户；“农村电话用户”是指接入县邮电局农话台及县以下农村电话交换点，以县城为中心（除市话用户外）联通县、乡

主要统计指标解释

（镇）、行政村、村民小组的用户。从1997年起，电话用户数分组调整为以用户所在区域划分为“城市电话用户”和“乡村电话用户”，与过去的按市内电话和农村电话划分方法不同。而电话用户总数、电话机总部数统计范围不变。

城市电话用户

指直辖市、省辖市、地级市、县级市的市区、市郊区及县城（包括县人民政府所在地的县城关区或行政建制相当于县人民政府所在地的镇）范围内接入局用交换机的电话用户数，包括分布在农村地区的独立工矿区、林区、驻军等接入局用交换机的电话用户数。

乡村电话用户

指县城关区以下的集镇和农村接入局用交换机的电话用户数。

住宅电话用户

指安装在居民住宅或农民家里并按照住宅电话用户登记注册和收费的电话用户。包括私人付费、单位付费和按规定免费的住宅电话用户。

移动电话用户

指通过移动电话交换机进入移动电话网、占用移动电话号码的各类电话用户。包括签约用户和智能网预付费用户。一个移动电话号码统计为一户。

局用交换机容量

是指安装在电信运营企业内用于接续本地固定电话的电话交换机容量、有倍增设备按倍增后的数量计数。包括现用和备用的人工或自动交换机的全部容量。不包括用户交换机容量。

移动电话交换机容量

指移动电话交换机根据一定话务模型和交换机处理能力计算出来的最大同时服务用户的数量。

Explanatory Notes on Main Statistical Indicators

□ Freight (Passenger) Traffic

Refers to the volume of freight (passenger) transported with various means. Freight transport is calculated in tons and passenger traffic is calculated in the number of persons. Despite the type of freight and traveling distance, the freight transport is calculated in the actual weight of the goods; and despite the traveling distance and ticket price, the passenger traffic is calculated by the principle that one person can be counted only once in one travel. The passenger who travels with a half-price ticket or a child ticket is also calculated as one person. The freight (passenger) traffic provides a quantitative measure to show how the transport industry serves the national economy and people, and is also an important indicator for planning the transport industry and for studying the development scale and speed of the transport industry.

□ Freight Ton-kilometers (Passenger-kilometers)

Refer to the sum of the products of the volume of transported cargo (passengers) multiplying by the transport distance. It is an important indicator to reflect the achievement of transportation industry. Normally, the shortest distance between the departure station and the destination station (i.e., the payable distance) is the basis to calculate the freight ton-kilometers. This is an important indicator to show the total results of the transport industry, to prepare and examine the transport plan and to measure the efficiency, the labour productivity and the unit cost of transport. The formula is as follows:

Freight Ton-kilometers (Passenger-Kilometers) = $\sum$ [Freight (Passenger) Traffic × Distance of Transportation]

□ Length of Highways

Refers to the length of highways which are built in conformity with the grades specified by the highway engineering standard formulated by the Ministry of Communications, and have been formally checked and accepted by the departments of highways and put into use. The length of highways includes that of the suburb highways at large and medium-sized cities, highways passing through streets at small cities and towns, and also the length of bridge and ferries. It does not include the length of streets in big and medium-sized cities and highways built for the production purpose at factories, mines, forest areas and agricultural areas. If two more highways go the same section of the way, the length of the section is only calculated for once and no duplication is allowed. The length of highways is an important indicator to show the development of the highway construction and to provide essential information to calculate the transport network density.

□ Length of Navigable Inland Waterways

An indicator reflecting the size and development of inland water network, it refers to the length of the natural rivers, lakes, reservoirs, canals, and ditches open to navigation during a given period, which enables the transport by ships and rafts. It includes the channels open to navigation for over an accumulative 3 months in a year, yet this does not include the river courses which are only used to float odd logs and bamboo rafts.

□ Possession of Civil Motor Vehicles

Refer to the total numbers of vehicles that are registered and received vehicles' license tags according to the Work Standard for Motor Vehicles Registration formulated by transport management office under department of public security at the end of reference period. They are divided into following categories according to the structure of motor vehicles: passenger vehicles, trucks and others; and private vehicles and vehicles for units use according to ownerships; working vehicles, non-working vehicles and special motor vehicles according to kind of usage; large passenger vehicles, medium passenger vehicles and small passenger vehicles, heavy trucks, light-heavy trucks and light trucks according to sizes of vehicles.

□ Business Volume of Postal and Telecommunication Services

Refers to the total amount of post and telecommunications services, expressed in value terms, provided by the post and telecommunications departments for the society. Postal and telecommunication services can be classified as letters, parcels, remittance, issue of newspapers and magazines, fast mail service, express mail service, saving deposits, stamps for collection, public and individual telegraph service, facsimiles, long-distance telephone service, leasing of telephone lines, urban paging service,

EXPLANATORY NOTES TO MAJOR STATISTICAL INDICATORS

mobile telephone service, data transfer and transmission, etc.. The accounting approach is to multiply the service products of all types with their average unit price (constant price) to get sum of business value, plus income from other services such as leasing of telephone lines and equipment, maintenance of telephone switchboards and lines on behalf of customers. This indicator reflects the overall results of post and telecommunications service during a given period, and is important to study the composition of business service and the development of post and telecommunications service. The formula is as follows:

Business Volume of Postal and Telecommunication Services = ∑ (Transaction of Post and Telecommunication Services × Constant Price) + Income from Leasing, Maintenance and other Services = Business Volume of Postal Services + Business Volume of Telecommunication Services

□ Local Telephone Subscribers

Refer to subscribers that are connected to the local telecommunication service provider through fix line network, including household subscribers, institutional subscribers and public telephones. They are also classified as city subscribers and rural subscribers according to locations. Before 1997, city subscribers referred to those connected to city telephone networks in county towns and cities, while village subscribers referred to those connected to village telephone stations at and below counties. Since 1997, the classification of telephone subscribers was modified on the basis of physical location of the subscribers as urban telephone subscribers and rural telephone subscribers, which is different from the previous classification of categorizing local telephones and rural telephones, while the definition of total subscribers and total number of telephones remain unchanged.

□ Urban Telephone Subscribers

Refer to subscribers telephone subscribers, located at municipalities, cities under the jurisdiction of province, cities at prefectural level, downtown and suburb of city at county level town and county towns (including country towns where county government located, and towns of county level according to the administrative organizational system), that are connected to the public line telephone network, including rural mineral area, forest area, military area.

□ Rural Telephone Subscribers

Refer to telephone subscribers, located at counties (towns) and villages outside the range of cities according to administrative jurisdiction.

□ Household Telephone Subscribers

Refer to telephone sets installed in resident dwellings, including those with telephone charges paid by individuals, by public units and free of charge.

□ Mobile Telephone Subscribers

Refer to the persons who own mobile telephone numbers and are connected with the mobile telephone communication network through the mobile telephone switchboards, including contracted subscribers and pre-paid subscribers for intelligent network. One mobile telephone is taken as a subscriber.

□ Capacity of Office Telephone Exchanges

Refers to the capacity (measured in gate) of telephone exchanges installed in the offices of telecommunication service providers for communication between fixed telephones. It includes the capacity of both manual and automatic exchanges in use and for stand-by purpose, excluding the capacity of subscribers exchanges.

□ Capacity of Mobile Telephone Exchanges

Refers to the capacity of the maximum services provided to subscribers at one time basing on a certain model and transacting capacity of the mobile telephone exchanges.

15

国内贸易

DOMESTIC TRADE

简要说明 Brief Introduction

本章主要内容有社会消费品零售总额，批发和零售业商品销售总额，限额以上批发零售和住宿餐饮业企业财务状况、限额以上住宿业和限额以上餐饮业基本经营情况，以及限额以上批发和零售业、住宿和餐饮业连锁经营情况。本章资料由市统计局贸易外经处提供。

The data in this chapter cover the total sales of the consumer goods, total sales of wholesale and retail trade, the financial indicators of wholesale and retail, hotel and catering enterprises above designated size，the operation of hotels and the enterprises in catering trade above designated size, and the operation of chain enterprises above designated size in wholesale, retail, hotel and catering trade. All the data in this chapter are provided by Division of Trade and External Economic Relations Statistics, Municipal Bureau of Statistics.

表15.1 社会消费品零售总额（1949－2010年）
TOTAL RETAIL SALES OF CONSUMER GOODS (1949-2010)

单位：万元 (10 000 yuan)

年 份 Year	社会消费品零售总额 Total Retail Sales of Consumer Goods	其 中 of which				
		国有经济 State-owned	集体经济 Collective -owned	个体及私营经济 Individual and Private	外资及港澳台经济 Funded by Hong Kong,Macao, Taiwan & Foreign Entrepreneurs	其 他 Others
1949	46167					
1950	50695					
1951	55644					
1952	61973	19332	9941	32009		691
1953	77007	28033	13017	34889		1068
1954	83302	38415	19862	23381		1644
1955	84015	37910	18769	25264		2072
1956	98852	50892	39094	4648		4218
1957	108061	55533	43171	4458		4899
1958	119981	72248	40787	2705		4241
1959	141591	106899	26508	3006		5178
1960	156655	116749	28958	7877		3071
1961	133022	101961	20412	8403		2246
1962	124248	87477	27335	6987		2449
1963	112094	74490	31651	3913		2040
1964	122995	85845	32817	2405		1928
1965	134722	94009	35935	2318		2460
1966	147697	103011	38259	3585		2842
1967	155358	110170	40829	1502		2857
1968	132702	91591	37960	535		2616
1969	152531	110384	38638	638		2871
1970	163612	118044	40460	2120		2988
1971	172626	124688	42034	2739		3165
1972	191113	135637	45994	5863		3619
1973	195825	141100	48694	2376		3655
1974	197474	140839	50050	2682		3903
1975	217537	148811	53318	11876		3532
1976	218022	111129	95330	8200		3363
1977	233979	118830	102849	8402		3898
1978	250188	126981	112537	6599		4071

表15.1 续表 continued

单位：万元 (10 000 yuan)

年 份 Year	社会消费品零售总额 Total Retail Sales of Consumer Goods	其 中 of which				
		国有经济 State-owned	集体经济 Collective -owned	个体及私营经济 Individual and Private	外资及港澳台经济 Funded by Hong Kong,Macao, Taiwan & Foreign Entrepreneurs	其 他 Others
1979	301563	156918	130798	8043		5804
1980	366349	178516	162400	17649		7784
1981	405952	193060	180443	24020		8429
1982	431269	201845	188198	30649		10577
1983	466704	212294	190909	53632		9869
1984	538909	229611	202957	93137		13204
1985	690779	256981	261103	155266		17429
1986	780787	290656	260816	207041		22274
1987	926227	343448	302177	253031		27571
1988	1191747	430347	372593	350032		38775
1989	1332450	445314	380342	344338		162456
1990	1371244	464257	370361	352587		184039
1991	1569138	524150	448634	359098		237256
1992	2031140	661857	554059	494300		320924
1993	2573768	933913	704291	492283	2372	440909
1994	3343325	1079062	664616	880747	3166	715734
1995	4161295	1004126	752266	1223620	23727	1157556
1996	4986299	1106800	792017	1550975	25224	1511283
1997	5681890	1137394	853410	1529836	34914	2126336
1998	6193991	1029384	710562	2103320	82477	2268248
1999	6670104	1129936	643832	2562478	115128	2218730
2000	7199508	1075849	675284	2855855	163455	2429065
2001	7823114	1190283	634269	3243281	205648	2549633
2002	8535962	1166478	544491	3717999	208733	2898261
2003	9346711	1117167	406950	4449249	221716	3151629
2004	10683290	864210	201479	7404246	210630	2002725
2005	12278119	1062661	210209	8242314	266333	2496602
2006	14315133	1741735	235363	9545634	345925	2446476
2007	17111165	1446490	254185	11391396	523912	3495182
2008	21471209	1215973	366449	13829885	751017	5307885
2009	24790110	1113998	310118	16949474	1807967	4608553
2010	29386000	1881433	435520	18017116	835625	8216306

表15.2 社会消费品零售总额（2009－2010年）
TOTAL RETAIL SALES OF CONSUMER GOODS (2009-2010)

单位：万元 (10 000 yuan)

指　标	Item	2009	2010
总　计	**Total**	**24790110**	**29386000**
按销售单位所在地分	**By Location**		
城　镇	City		27769770
其中：城区	County		22226368
乡　村	Under County Level		1616230
按登记注册类型分	**By Type of Registration**		
国有经济	State-owned	1113998	1881433
集体经济	Collective-owned	310118	435520
个体及私营经济	Individual and Private	16949474	18017116
外资及港澳台经济	Funded by Hong Kong, Macao, Taiwan & Foreign Entrepreneurs	1807967	835625
其他经济	Others	4608553	8216306
按行业分	**By Sector**		
批发和零售业	Wholesale and Retail Services	20489576	24307510
住宿和餐饮业	Catering Trade	3812727	4472923
其他行业	Others	487807	605567

注：2010年社零按销售单位所在地分划为城镇和乡村。
Note:The total retail sales of consumer goods in 2010 is divided by the location of the sales departments into urban sales and rural sales.

表15.3 限额以上住宿和餐饮业法人企业基本经营情况（2009－2010年）
BASIC CONDITIONS OF ENTERPRISES ABOVE DESIGNATED SIZE IN HOTELS AND CATERING SERVICES (2009-2010)

单位：万元 (10 000 yuan)

指　标	Item	2009	2010
营业收入	Business Revenue	1123830	1343668
客房收入	From Hotel Rooms	189639	250639
餐费收入	From Meals	842759	979787
商品销售收入	From Commodities	43379	45707
其他收入	Other Income	48053	67535
住宿餐饮设施	Infrastructure of Hotels and Catering Services		
床位数（个）	Number of Beds (unit)	67460	77351
餐位数（位）	Number of Catering Seats (unit)	559282	585061

表15.4 批发和零售业商品销售总额（2010年）
TOTAL SALES OF WHOLESALE AND RETAIL TRADE (2010)

单位：万元 (10 000 yuan)

指 标	Item	销售总额 Total Sales	其中 of which 批发 Wholesale	零售 Retail
总 计	**Total**	**77601803**	**53444269**	**24157534**
限额以上批发和零售业法人企业	**Enterprises above Designated Size in Wholesales and Retail Trade**	**56101192**	**40150871**	**15950321**
按登记注册类型分	**By Type Registration**			
内资企业	Domestic-funded Enterprises	51923211	36701649	15221562
#国有企业	State-owned Enterprises	8738746	7306481	1432265
集体企业	Collective-owned Enterprises	620396	571290	49106
股份合作企业	Cooperative Enterprises	442532	331993	110539
联营企业	Joint-owned Enterprises	208267	82593	125674
有限责任公司	Limited-liability Companies	17701273	10949161	6752112
股份有限公司	Share Holding Corporation Ltd.	6189062	3566376	2622686
私营企业	Private Enterprises	17334372	13567381	3766991
港澳台商投资企业	Enterprises Funded by Hong Kong, Macao and Taiwan	471954	256462	215492
外商投资企业	Foreign-funded Enterprises	3706027	3192760	513267
按行业分	**By Sector**			
农畜产品批发业	Wholesale of Farm Produce and Livestock Products	433553	375098	58455
食品、饮料及烟草制品批发业	Wholesale of Food, Beverages and Tobaccos	5623481	5415081	208400
纺织、服装及日用品批发业	Wholesale of Textiles, Garments and Daily Consumer Articles	528388	448801	79587
文化、体育用品及器材批发业	Wholesale of Culture, Sports Appliances and Equipment	307324	295893	11431
医药及医疗器材批发业	Wholesale of Medicines and Medical Appliances	2460692	2209423	251269
矿产品、建材及化工产品批发业	Wholesale of Mineral Products, Building Materials and Chemical Products	16620482	14995043	1625439
机械设备、五金交电及电子产品批发业	Wholesale of Machinery, Hardware and Electronic Products	14356831	14130922	225909
贸易经纪与代理业	Trade Broker and Agency	33232	33232	
其他批发业	Other Wholesale not Classified Elsewhere	956772	924899	31873
综合零售业	Retail Trade	4429483	77616	4351867
食品、饮料及烟草制品专门零售业	Special Retail of Food, Beverages and Tobaccos	249109	17011	232098
纺织、服装及日用品专门零售业	Special Retail of Textiles, Garments and Daily Consumer Articles	275064	33523	241541
文化、体育用品及器材专门零售业	Retail of Culture, Sports Appliances and Equipment	419648	185985	233663
医药及医疗器材专门零售业	Retail of Medicines and Medical Appliances	1268269	394802	873467
汽车、摩托车、燃料及零配件专门零售业	Retail of Motor Vehicles, Motorcycles, Fuel and Parts	5417138	337133	5080005
家用电器及电子产品专门零售业	Special Retail of Household Electric Appliances and Electronic Products	1398589	238914	1159675
五金、家具及室内装修材料专门零售业	Special Retail of Hardware, Furniture and Decoration Materials	1265548	33063	1232485
无店铺及其他零售业	Non-shop and Other Retails	57589	4432	53157
其他批发零售贸易业	**Other Wholesales and Retail Trade**	**21500611**	**13293398**	**8207213**

表15.5 限额以上批发和零售业主要商品分类销售额（2009－2010年）

SALES OF MAIN COMMODITIES OF THE ENTERPRISES ABOVE DESIGNATED SIZE IN WHOLESALE AND RETAIL TRADE BY CATEGORY (2009-2010)

单位：亿元 (100 million yuan)

指　标	Item	销售额 Total Sales		其中 of which 批发 Wholesale		其中 of which 零售 Retail	
		2009	2010	2009	2010	2009	2010
总　计	**Total**	**3915.43**	**5695.95**	**2809.76**	**4147.70**	**1105.67**	**1548.25**
食品、饮料、烟酒类	Food, Beverages, Tobacco and Liquor	667.49	796.80	502.65	580.17	164.84	216.63
肉禽蛋类	Meat, Poultry and Eggs	28.20	40.85	5.40	19.35	22.80	21.50
其他食品类	Other Food	232.61	323.81	124.70	175.35	107.91	148.46
饮料类	Beverages	23.51	25.97	10.78	9.26	12.73	16.71
烟酒类	Tobacco and Liquor	383.17	406.17	361.77	376.21	21.40	29.96
服装鞋帽、针、纺织品类	Clothing, Shoes, Hats and Textiles	168.87	214.95	23.49	33.45	145.38	181.50
服装类	Clothing	121.58	149.72	13.91	19.33	107.67	130.39
鞋帽类	Shoes and Hats	24.55	38.69	1.56	2.55	22.99	36.14
针、纺织品类	Knitwear and Textiles	22.74	26.54	8.02	11.57	14.72	14.97
化妆品类	Cosmetics	21.96	22.02	3.20	2.71	18.76	19.31
金银珠宝类	Gold, Silver and Jewelry	20.08	36.10	4.37	12.15	15.71	23.95
日用品类	Articles for Daily Use	63.09	80.71	18.37	19.88	44.72	60.83
#洗涤用品类	Washing Articles	19.79	18.33	7.48	7.58	12.31	10.75
儿童玩具类	Children Toys	1.80	2.65	0.14	0.47	1.66	2.18
五金、电料类	Hardware and Electrical Materials	10.61	31.72	5.92	13.50	4.69	18.22
体育、娱乐用品类	Sports and Recreation Articles	5.60	5.81	0.40	0.45	5.20	5.36
书报杂志类	Newspapers and Magazines	28.79	34.29	13.96	18.77	14.83	15.52
电子出版物及音像制品类	E-journal and Video Products	4.18	4.82	2.10	2.10	2.08	2.72
家用电器和音像器材类	Household Appliances and Video Appliances	471.28	1034.42	356.85	896.59	114.43	137.83
中西药品类	Traditional Chinese and Western Medicines	302.37	332.06	211.46	220.99	90.91	111.07
#西　药	Western Medicines	214.76	267.52	142.02	179.91	72.74	87.61
中草药及中成药	Traditional Chinese Medicines	61.31	46.30	49.50	31.58	11.81	14.72
文化办公用品类	Cultural and Office Articles	36.31	43.43	14.24	13.91	22.07	29.52
家具类	Furniture	52.19	93.79	17.82	25.36	34.37	68.43
通讯器材类	Communication Appliances	203.34	48.21	183.67	26.13	19.67	22.08
煤炭及制品类	Coal and Related Products	76.48	157.35	75.39	153.61	1.09	3.74
木材及制品类	Wood and Wooden Products	6.13	9.55	6.13	9.55		
石油及制品类	Petroleum and Related Products	324.69	500.79	222.74	372.59	101.95	128.20
化工材料及制品类	Chemical Materials and Related Products	190.51	269.10	190.51	269.10		
#化肥类	Fertilizer	97.71	108.87	97.71	108.87		
金属材料类	Metal Materials	410.30	623.68	410.30	623.68		
建筑及装潢材料类	Building and Decoration Materials	104.14	266.55	73.47	182.81	30.67	83.74
机电产品设备类	Mechanical and Electrical Products	211.80	287.86	205.52	269.52	6.28	18.34
#农机类	Agricultural Machinery	3.09	4.02	3.09	4.02		
汽车类	Automobiles	427.46	650.00	181.05	273.63	246.41	376.37
种子饲料类	Seed and Feedstuff	2.33	3.70	2.33	3.70		
棉麻类	Cotton, Hemp	3.76	8.24	3.69	8.10	0.07	0.14
其他类	Others	101.67	140.00	80.13	115.25	21.54	24.75

表15.6 限额以上批发业法人企业财务状况（2010年）
FINANCIAL INDICATORS OF WHOLESALE ENTERPRISES ABOVE DESIGNATED SIZE (2010)

指标	Item	企业数（个）Number of Enterprises (unit)	流动资产合计 Total Circulating Assets	固定资产原价 Original Value of Fixed Assets
总计	**Total**	**1341**	**8695617**	**1344905**
#国有控股	State Holding	170	2068901	847803
按登记注册类型分组	**By Type of Registration**			
内资企业	Domestic-funded Enterprises	1321	8319047	1323381
国有企业	State-owned Enterprises	121	1803219	500640
集体企业	Collective-owned Enterprises	24	183039	8357
股份合作企业	Cooperative Enterprises	16	105626	5388
联营企业	Joint-owned Enterprises	2	14513	3052
国有联营企业	State Joint-owned Enterprises	1	4124	800
集体联营企业	Collective Joint-owned Enterprises			
国有与集体联营企业	State-Collective Joint-owned Enterprises			
其他联营企业	Other Joint-owned Enterprises	1	10389	2252
有限责任公司	Limited Liability Corporations	499	3140409	268330
国有独资公司	Solely State-owned Corporations	22	493257	52778
其他有限责任公司	Other Limited Liability Corporations	477	2647152	215551
股份有限公司	Share-holding Corporations Ltd.	47	574090	366913
私营企业	Private Enterprises	595	2469972	165733
私营独资企业	Private-funded Enterprises	92	66361	36815
私营合伙企业	Private Partnership Enterprises	10	14351	3535
私营有限责任公司	Private Limited Liability Corporations	460	2358017	119536
私营股份有限公司	Private Share-holding Corporatinos Ltd.	33	31243	5847
其他企业	Other Enterprises	17	28179	4969
港澳台商投资企业	Enterprises Funded by Hong Kong, Macao and Taiwan	7	70210	8103
合资经营企业	Joint-venture Enterprises	1	613	428
合作经营企业	Cooperative Enterprises			
独资经营企业	Enterprises with Sole Fund	6	69598	7675
投资股份有限公司	Share-holding Corporations Ltd.			
外商投资企业	Foreign-funded Enterprises	13	306360	13421
中外合资经营企业	Joint-venture Enterprises	8	66842	11793
中外合作经营企业	Cooperative Enterprises	1	6126	200
外资企业	Enterprises with Sole Fund	4	233392	1428
外商投资股份有限公司	Share-holding Corporations Ltd.			
按批发行业小类分组	**By Wholesale Sector**			
农畜产品批发	Wholesale of Farm Produce and Livestock Products	28	72750	53353
谷物、豆及薯类批发	Wholesale of Cereal, Bean and Tuber	11	30301	31275
种子、饲料批发	Wholesale of Seed and Feedstuff	4	15192	3363
棉、麻批发	Wholesale of Cotton and Fiber Crops	3	4004	3993
牲畜批发	Wholesale of Livestocks	4	3870	11944
其他农畜产品批发	Wholesale of Other Farm Produce and Livestock Products	6	19384	2778
食品、饮料及烟草制品批发	Wholesale of Food, Beverages and Tobaccos	161	1335944	422067
米、面制品及食用油批发	Wholesale of Rice, Flour and Edible Oil	26	375568	79450
糕点、糖果及糖批发	Wholesale of Cake, Candy and Sugar	8	12660	4038
果品、蔬菜批发	Wholesale of Fruits and Vegetables	27	2924	1470
肉、禽、蛋及水产品批发	Wholesale of Meat, Poultry, Eggs and Aquatic Products	3	10298	3309
盐及调味品批发	Wholesale of Salts and Condiments	8	146949	21191

单位：万元 (10 000 yuan)

累计折旧 Total Depreciation	资产总计 Total Assets	负债合计 Total Liabilities	实收资本 Paid-in Capital	主营业务收入 Revenue of Principal Business	主营业务成本 Cost of Principal Business	主营业务税金及附加 Taxes and Extra Charges on Principal Business	主营业务利润 Profits from Principal Business
442836	**12154792**	**9204709**	**1585350**	**37401578**	**33746413**	**288028**	**2341493**
300387	3296544	1897240	668467	10485324	9515874	174085	919551
438749	11711527	8820790	1540034	34408619	30824700	287164	2272457
205648	2444574	1358172	276705	6373166	5432773	194469	719242
1897	200849	175238	5961	515829	492926	654	14992
1288	114208	106058	6650	336484	321851	131	12806
678	32375	13085	10875	65297	63749	561	987
394	5569	4975	800	45037	43599	540	897
284	26806	8109	10075	20261	20149	21	90
77164	3681635	2950903	477400	10417282	9793973	32514	562927
12994	655999	492590	115426	1571674	1506637	1583	65489
64170	3025636	2458313	361974	8845608	8287336	30931	497438
107347	1212780	778279	386999	3583860	3479569	4398	259744
43969	3956601	3378796	369409	12787835	10937600	53177	681160
7691	109437	75414	29540	1017357	1010039	17194	67057
574	19653	13604	3415	60474	42583	269	3409
34393	3783501	3256204	326819	11537169	9732797	34192	597277
1311	44011	33574	9635	172835	152181	1522	13417
758	68506	60259	6037	328866	302259	1258	20598
1182	79446	66595	6543	212837	191018	194	21625
193	848	524	280	2495	2437		59
990	78598	66072	6263	210342	188581	194	21567
2905	363819	317323	38772	2780122	2730695	671	47410
2548	116840	76240	36298	200327	176342	310	22328
131	6431	8227	415	9372	8915	9	448
225	240549	232856	2060	2570424	2545438	352	24634
11794	139171	64496	48075	415222	356924	5006	28441
9193	68931	28665	24321	124696	113448	1174	5166
665	20946	12023	6011	12819	7006	1496	2285
456	7541	1685	2467	36638	32806	71	2746
801	15029	2338	10400	130167	98992	2219	14061
679	26724	19785	4875	110902	104673	45	4184
177644	1963999	917518	228540	4958764	3955795	197711	724573
23175	522715	297029	46362	395906	361919	1126	25643
960	21447	15103	3064	79060	73162	809	4770
186	96083	76699	19216	422763	323473	1799	21855
1989	12308	4137	2652	59229	52543	550	6135
8560	222869	137017	55850	193561	168244	284	25582

表15.6 续表1 continued1

指　标	Item	企业数（个）Number of Enterprises (unit)	流动资产合计 Total Circulating Assets	固定资产原价 Original Value of Fixed Assets
饮料及茶叶批发	Wholesale of Beverages and Tea	14	16378	2573
烟草制品批发	Wholesale of Tobaccos	39	684935	299343
其他食品批发	Wholesale of other Food	36	86232	10692
纺织、服装及日用品批发	Wholesale of Textiles, Garments and Daily Consumer Articles	39	97146	16488
纺织品、针织品及原料批发	Wholesale of Textiles, Knitwear and Raw Materials	9	27938	1063
服装批发	Wholesale of Garments	12	39858	3443
鞋帽批发	Wholesale of Shoes and Hats			
厨房、卫生间用具及日用杂货批发	Wholesale of Kitchen Utensils, Toilet Ware and Daily Consumer Articles Sundry Goods	3	6337	9852
化妆品及卫生用品批发	Wholesale of Cosmetics and Sanitary Articles	2	2116	177
其他日用品批发	Wholesale of Other Daily Consumer Articles	13	20896	1953
文化、体育用品及器材批发	Wholesale of Cultural and Sports Articles and Equipment	16	161242	10366
文具用品批发	Wholesale of Cultural Articles	4	46602	495
体育用品批发	Wholesale of Sports Articles			
图书批发	Wholesale of Books	2	24975	506
报刊批发	Wholesale of Newspapers and Magazines	1	5368	398
音像制品及电子出版物批发	Wholesale of E-journals and Video Products			
首饰、工艺品及收藏品批发	Wholesale of Jewelry, Handicrafts and Collections	6	80726	7898
其他文化用品批发	Wholesale of Other Cultural Goods	3	3571	1069
医药及医疗器材批发	Wholesale of Medicines and Medical Appliances	116	858484	74345
西药批发业	Wholesale of Western Medicines	90	457917	34715
中药材及中成药批发	Wholesale of Traditional Chinese Medicines	16	108387	31351
医疗用品及器材批发	Wholesale of Medical Articles and Appliances	10	292180	8279
矿产品、建材及化工产品批发	Wholesale of Mineral Products, Building Materials and Chemical Products	619	3233272	655971
煤炭及制品批发	Wholesale of Coal and Related Products	101	545439	48043
石油及制品批发	Wholesale of Petroleum and Related Products	71	331547	462702
非金属矿及制品批发	Wholesale of Nonmetal Mineral and Related Products	9	105858	10088
金属及金属矿批发	Wholesale of Metal and Metal Mineral	117	819925	48037
建材批发	Wholesale of Building Materials	184	802612	37934
化肥批发	Wholesale of Fertilizers	58	219739	26617
农药批发	Wholesale of Pesticides	1	1135	12
农用薄膜批发	Wholesale of Films for Agriculture	2	2327	121
其他化工产品批发	Wholesale of Other Chemical Products	76	404688	22416
机械设备、五金交电及电子产品批发	Wholesale of Machinery, Hardware and Electronic Products	277	2837664	86973
农业机械批发	Wholesale of Agricultural Machinery	9	22028	935
汽车、摩托车及零配件批发	Wholesale of Automobiles, Motorcycles and Parts	148	1124457	34615
五金、交电批发	Wholesale of Hardware	20	27489	4219
家用电器批发	Wholesale of Household Electric Appliances	33	1419957	7934
计算机、软件及辅助设备批发	Wholesale of Computers, Software and Assistant Equipment	9	20199	3451
通讯及广播电视设备批发	Wholesale of Communication, Broadcast and TV Equipment	14	54129	13225
其他机械设备及电子产品批发	Wholesale of Other Machinery and Electronic Products	44	169406	22594
贸易经纪与代理	Trade Broker and Agency	3	8825	111
其他批发业	Other Wholesales	82	90291	25233
再生物资回收与批发	Wholesale of Recycled Materials	62	57513	14089
其他未列明的批发	Other Wholesale not Classified Elsewhere	20	32777	11144

单位：万元 (10 000 yuan)

累计折旧 Total Depreciation	资产总计 Total Assets	负债合计 Total Liabilities	实收资本 Paid-in Capital	主营业务收入 Revenue of Principal Business	主营业务成本 Cost of Principal Business	主营业务税金及附加 Taxes and Extra Charges on Principal Business	主营业务利润 Profits from Principal Business
770	19177	14500	3726	111913	99917	527	9627
139338	955259	295706	85127	3370156	2597672	191093	596425
2668	114142	77327	12543	326176	278865	1523	34537
4257	118015	91899	22389	481976	507485	791	50602
410	33987	27860	3524	85162	82292	56	2688
1453	43236	39939	5815	140977	117900	246	19834
1584	14633	6428	7350	27255	105113	348	2919
65	2507	2170	430	7060	6490	38	532
745	23652	15502	5270	221524	195690	103	24629
1374	173658	143674	13391	290617	238399	1788	49045
192	48369	42278	1648	95370	89474	191	4320
64	25678	18429	5398	25298	14369	104	10824
134	5765	6282	2000	23133	14930	1157	7047
708	89020	72928	3747	132989	107332	306	25351
276	4825	3757	598	13826	12294	30	1503
24067	1055385	709472	157466	2175085	2075790	4214	107523
10416	505065	417643	68452	1531392	1482110	2596	59614
11327	174514	128131	36511	381714	362830	690	18144
2324	375807	163698	52503	261978	230851	928	29765
190876	5508540	4367929	909382	15461358	13782355	61308	743229
14129	653829	506940	94568	1540118	1390710	5464	103939
138631	1015652	541816	443808	3951121	3766019	5300	306144
2559	148122	122443	19842	226251	214502	2839	7319
12347	1014381	843484	114694	3486884	3333808	15733	87621
8531	1887227	1748347	130928	3860474	2745688	28580	126312
6752	278422	184944	52519	979328	1002145	1287	35768
2	2062	1259	336	3248	3169		79
48	2461	1673	600	11213	10905	52	256
7878	506385	417022	52087	1402721	1315408	2055	75794
27747	3050547	2809657	172935	12706771	12015639	12751	607898
387	24619	19634	2958	72732	53851	6	18365
12789	1234461	1095118	97055	3678273	3473758	2215	192856
870	32748	22227	7100	144499	93939	288	4390
1514	1439526	1425454	18255	7776359	7436234	7008	325841
1751	23204	11867	7205	121228	112584	686	5560
4150	73560	54813	18025	219605	209493	300	9362
6286	222429	180544	22338	694076	635780	2247	51525
26	8996	6944	1550	32058	31472	16	571
5053	136482	93119	31622	879727	782554	4444	29610
2513	92191	59472	23679	716413	635712	4001	15128
2540	44291	33647	7943	163314	146842	442	14482

表15.6 续表2 continued2

指　标	Item	其他业务利润 Profits from Other Business	营业费用 Business Cost	管理费用 Overhead
总　计	**Total**	**59161**	**1120215**	**833313**
#国有控股	State Holding	18267	306021	254173
按登记注册类型分组	**By Type of Registration**			
内资企业	Domestic-funded Enterprises	53291	1072453	825021
国有企业	State-owned Enterprises	6922	143941	227490
集体企业	Collective-owned Enterprises	400	8635	2623
股份合作企业	Cooperative Enterprises	109	10484	2550
联营企业	Joint-owned Enterprises		164	257
国有联营企业	State Joint-owned Enterprises		125	224
集体联营企业	Collective Joint-owned Enterprises			
国有与集体联营企业	State-Collective Joint-owned Enterprises			
其他联营企业	Other Joint-owned Enterprises		40	33
有限责任公司	Limited Liability Corporations	22168	321098	113452
国有独资公司	Solely State-owned Corporations	2561	20878	19908
其他有限责任公司	Other Limited Liability Corporations	19607	300220	93544
股份有限公司	Share-holding Corporations Ltd.	2118	136535	47451
私营企业	Private Enterprises	21514	441493	428878
私营独资企业	Private-funded Enterprises	126	21464	17157
私营合伙企业	Private Partnership Enterprises	19	1743	1259
私营有限责任公司	Private Limited Liability Corporations	20902	410844	407339
私营股份有限公司	Private Share-holding Corporatinos Ltd.	467	7443	3125
其他企业	Other Enterprises	60	10103	2319
港澳台商投资企业	Enterprises Funded by Hong Kong, Macao and Taiwan	59	12077	1802
合资经营企业	Joint-venture Enterprises	48	25	146
合作经营企业	Cooperative Enterprises			
独资经营企业	Enterprises with Sole Fund	11	12052	1656
投资股份有限公司	Share-holding Corporations Ltd.			
外商投资企业	Foreign-funded Enterprises	5811	35685	6490
中外合资经营企业	Joint-venture Enterprises	449	9167	5648
中外合作经营企业	Cooperative Enterprises			345
外资企业	Enterprises with Sole Fund	5362	26519	497
外商投资股份有限公司	Share-holding Corporations Ltd.			
按批发行业小类分组	**By Wholesale Sector**			
农畜产品批发	Wholesale of Farm Produce and Livestock Products	203	7452	6976
谷物、豆及薯类批发	Wholesale of Cereal, Bean and Tuber	107	2446	2925
种子、饲料批发	Wholesale of Seed and Feedstuff		991	804
棉、麻批发	Wholesale of Cotton and Fiber Crops	45	394	384
牲畜批发	Wholesale of Livestocks	51	2744	2149
其他农畜产品批发	Wholesale of Other Farm Produce and Livestock Products		877	714
食品、饮料及烟草制品批发	Wholesale of Food, Beverages and Tobaccos	17545	146786	227220
米、面制品及食用油批发	Wholesale of Rice, Flour and Edible Oil	2684	12702	9403
糕点、糖果及糖批发	Wholesale of Cake, Candy and Sugar	741	3105	1895
果品、蔬菜批发	Wholesale of Fruits and Vegetables		1430	2121
肉、禽、蛋及水产品批发	Wholesale of Meat, Poultry, Eggs and Aquatic Products		690	1787
盐及调味品批发	Wholesale of Salts and Condiments	611	12263	10349

单位：万元 (10 000 yuan)

营业利润 Business Profit	利润总额 Total Profits	应交所得税 Payable Income Tax	劳动、失业保险费 Insurance of Labor and Unemployment	应付工资 Payable Wages	应付福利费 Payable Welfare Funds	本年应交增值税 Payable VAT	从业人员年平均人数（人） Average Employment (person)
863319	**832615**	**124684**	**5835**	**359563**	**33861**	**587118**	**101663**
408233	390614	71002	2358	181899	19097	252934	34342
840550	816708	121475	5477	350566	33723	556233	98674
357951	369486	66507	1939	149090	20384	165329	22958
3983	4075	233	26	2275	239	2726	1543
1547	1282	102	84	1048	95	826	1820
400	5482	684	27	343	43	140	85
405	385			79	10	49	47
-5	5097	684	27	264	33	92	38
137824	174968	24614	1296	86541	4647	132928	30116
19166	18146	1264	304	11450	663	3549	3017
118658	156823	23350	992	75091	3983	129379	27099
119043	48878	3683	507	44929	4392	101160	13075
207142	200895	25084	1569	64099	3880	151867	27999
33891	46864	11100	67	6225	702	8956	2928
1166	1175	117	17	1270	83	3318	833
168641	149119	13516	1371	54510	2710	137362	23004
3445	3738	351	113	2095	385	2230	1234
12660	11642	568	29	2241	45	1257	1078
7794	7650	1085	61	5300	1	1129	1691
-73	-72			56		34	25
7866	7722	1085	60	5244	1	1095	1666
14975	8257	2125	298	3697	137	29756	1298
11929	5248	2025	287	1899	124	9463	715
64	51		9	1176	1	1632	489
2982	2958	99	1	622	12	18661	94
12996	14166	2693	631	4379	411	5182	2593
-670	4164	117	37	1560	77	751	846
258	656	397	94	562	11	165	325
2582	547	40	13	457	49	221	551
8463	7903	2012	484	1377	193	345	725
2363	896	127	3	423	81	3700	146
361903	373422	63692	2081	148630	16071	126594	24320
946	14660	437	294	5995	764	1553	2418
526	732	114	68	1010	41	787	393
18154	16671	24	2	2421	29	1130	984
3640	3720	2	2	525	28	114	241
2255	5581	329	81	6806	271	606	1975

表15.6 续表3 continued3

指　标	Item	其他业务利润 Profits from Other Business	营业费用 Business Cost	管理费用 Overhead
饮料及茶叶批发	Wholesale of Beverages and Tea	7	4679	1523
烟草制品批发	Wholesale of Tobaccos	3803	82828	194887
其他食品批发	Wholesale of other Food	9700	29089	5256
纺织、服装及日用品批发	Wholesale of Textiles, Garments and Daily Consumer Articles	495	18147	10485
纺织品、针织品及原料批发	Wholesale of Textiles, Knitwear and Raw Materials	256	999	1520
服装批发	Wholesale of Garments	140	11689	6900
鞋帽批发	Wholesale of Shoes and Hats			
厨房、卫生间用具及日用杂货批发	Wholesale of Kitchen Utensils, Toilet Ware and Daily Consumer Articles Sundry Goods		2008	990
化妆品及卫生用品批发	Wholesale of Cosmetics and Sanitary Articles		941	168
其他日用品批发	Wholesale of Other Daily Consumer Articles	99	2509	908
文化、体育用品及器材批发	Wholesale of Cultural and Sports Articles and Equipment	757	25979	6169
文具用品批发	Wholesale of Cultural Articles	231	841	1283
体育用品批发	Wholesale of Sports Articles			
图书批发	Wholesale of Books	11	5482	2124
报刊批发	Wholesale of Newspapers and Magazines	170	7200	662
音像制品及电子出版物批发	Wholesale of E-journals and Video Products			
首饰、工艺品及收藏品批发	Wholesale of Jewelry, Handicrafts and Collections	12	11488	1235
其他文化用品批发	Wholesale of Other Cultural Goods	335	968	864
医药及医疗器材批发	Wholesale of Medicines and Medical Appliances	9716	52709	36205
西药批发业	Wholesale of Western Medicines	1667	27102	24505
中药材及中成药批发	Wholesale of Traditional Chinese Medicines	780	8447	6319
医疗用品及器材批发	Wholesale of Medical Articles and Appliances	7269	17160	5381
矿产品、建材及化工产品批发	Wholesale of Mineral Products, Building Materials and Chemical Products	7421	388186	461327
煤炭及制品批发	Wholesale of Coal and Related Products	1025	69048	20190
石油及制品批发	Wholesale of Petroleum and Related Products	1649	158343	41655
非金属矿及制品批发	Wholesale of Nonmetal Mineral and Related Products	430	6686	3706
金属及金属矿批发	Wholesale of Metal and Metal Mineral	1713	42291	18979
建材批发	Wholesale of Building Materials	959	61140	344455
化肥批发	Wholesale of Fertilizers	602	20383	13461
农药批发	Wholesale of Pesticides		59	22
农用薄膜批发	Wholesale of Films for Agriculture		133	67
其他化工产品批发	Wholesale of Other Chemical Products	1042	30103	18793
机械设备、五金交电及电子产品批发	Wholesale of Machinery, Hardware and Electronic Products	16740	464141	77317
农业机械批发	Wholesale of Agricultural Machinery	11	9088	1411
汽车、摩托车及零配件批发	Wholesale of Automobiles, Motorcycles and Parts	2699	101443	25677
五金、交电批发	Wholesale of Hardware	64	2324	1980
家用电器批发	Wholesale of Household Electric Appliances	12001	322742	29207
计算机、软件及辅助设备批发	Wholesale of Computers, Software and Assistant Equipment		1830	3246
通讯及广播电视设备批发	Wholesale of Communication, Broadcast and TV Equipment	839	2595	3978
其他机械设备及电子产品批发	Wholesale of Other Machinery and Electronic Products	1126	24120	11819
贸易经纪与代理	Trade Broker and Agency	22	314	295
其他批发业	Other Wholesales	6261	16502	7320
再生物资回收与批发	Wholesale of Recycled Materials	5590	5298	5088
其他未列明的批发	Other Wholesale not Classified Elsewhere	671	11204	2232

单位：万元 (10 000 yuan)

营业利润 Business Profit	利润总额 Total Profits	应交所得税 Payable Income Tax	劳动、失业保险费 Insurance of Labor and Unemployment	应付工资 Payable Wages	应付福利费 Payable Welfare Funds	本年应交增值税 Payable VAT	从业人员年平均人数（人） Average Employment (person)
3155	996	154	62	2753	70	661	954
322459	319560	61115	1541	124341	14601	118140	15130
10768	11503	1517	31	4779	267	3604	2225
25127	24964	914	103	10046	70	8056	5238
105	416	69	41	671	12	229	549
2404	1233	330	45	6265	18	3132	2804
490	490	87	4	1930	3	136	1158
-577	-5	4	2	240		58	126
22705	22829	425	12	939	36	4500	601
17080	17547	2090	122	14203	370	3618	4429
2019	2161	143	7	685	23	1971	296
3193	3193		6	1137	43	1034	227
-604	-322		22	4909	168	366	1812
12488	12573	1945	77	6818	1	127	1771
-15	-58	2	11	654	135	119	323
30714	27988	4822	323	25692	1150	13989	10095
12019	10409	1910	260	16493	513	8448	7216
2758	2857	343	45	5185	533	1976	1988
15937	14721	2569	17	4014	104	3565	891
279856	233498	37183	2002	99965	9273	269361	34935
17652	22582	3028	300	8747	714	59832	3990
150425	72846	7039	756	49275	6299	43835	14524
-1348	7085	1565	350	886	65	28987	510
29337	23973	2911	74	9925	429	15494	2862
42152	68113	17803	53	12131	712	25498	5234
11786	9362	1223	179	9014	429	64019	5266
-8	-8		1	39		130	12
18	105	16		39		174	13
29844	29440	3597	290	9909	626	31391	2524
124808	119677	12101	496	48683	6172	113809	16181
8474	10054	217	3	946	16	119	442
65770	61072	9560	197	17566	4630	33501	5007
992	440	175	6	1500	46	1287	659
27815	34582	384	104	17412	930	71992	5970
1626	1652	232	9	3920	216	768	1261
3714	3390	216	75	2205	91	878	1031
16417	8487	1317	103	5135	244	5265	1811
28	34	7	3	104	5	19	24
10807	21320	1182	74	7862	340	46492	3848
9465	18863	830	38	4173	220	35648	2484
1342	2457	352	36	3689	120	10844	1364

表15.7 限额以上零售业法人企业财务状况（2010年）

FINANCIAL INDICATORS OF RETAIL ENTERPRISES ABOVE DESIGNATED SIZE (2010)

指 标	Item	企业数（个）Number of Enterprises (unit)	流动资产合计 Total Circulating Assets	固定资产原价 Original Value of Fixed Assets
总 计	**Total**	**1244**	**3377798**	**1147763**
#国有控股	State Holding	77	722039	262030
按登记注册类型分	**By Type of Registration**			
内资企业	Domestic-funded Enterprises	1221	3138081	1052447
国有企业	State-owned Enterprises	38	338250	229240
集体企业	Collective-owned Enterprises	24	4451	6315
股份合作企业	Cooperative Enterprises	22	24095	12176
联营企业	Joint-owned Enterprises	5	17549	9370
国有联营企业	State Joint-owned Enterprises	2	16076	8463
集体联营企业	Collective Joint-owned Enterprises	1	250	132
国有与集体联营企业	State-Collective Joint-owned Enterprises	1	684	748
其他联营企业	Other Joint-owned Enterprises	1	538	27
有限责任公司	Limited Liability Corporations	379	1455335	454219
国有独资公司	Solely State-owned Corporations	4	9182	6245
其他有限责任公司	Other Limited Liability Corporations	375	1446153	447974
股份有限公司	Share-holding Corporations Ltd.	50	592604	50453
私营企业	Private Enterprises	681	675709	287272
私营独资企业	Private-funded Enterprises	137	43820	21525
私营合伙企业	Private Partnership Enterprises	31	11287	3607
私营有限责任公司	Private Limited Liability Corporations	469	589187	247941
私营股份有限公司	Private Share-holding Corporatinos Ltd.	44	31414	14199
其他企业	Other Enterprises	22	30089	3403
港澳台商投资企业	Enterprises Funded by Hong Kong, Macao and Taiwa	11	100463	33289
合资经营企业	Joint-venture Enterprises	3	52040	9419
合作经营企业	Cooperative Enterprises	1	27021	158
独资经营企业	Enterprises with Sole Fund	7	21402	23712
投资股份有限公司	Share-holding Corporations Ltd.			
外商投资企业	Foreign-funded Enterprises	12	139254	62027
中外合资经营企业	Joint-venture Enterprises	2	7884	4239
中外合作经营企业	Cooperative Enterprises	1	24503	38991
外资企业	Enterprises with Sole Fund	9	106867	18797
外商投资股份有限公司	Share-holding Corporations Ltd.			
按零售行业小类分	**By Retail Sector**			
综合零售	Comprehensive Retails	159	960638	365454
百货零售	Department Stores	69	780160	257740
超级市场零售	Supermarkets	52	161735	92965
其他综合零售	Other Comprehensive Retails	38	18744	14750
食品、饮料及烟草制品专门零售	Special Retail of Food, Beverages and Tobaccos	78	58595	47782
粮油零售	Retail of Grains and Edible Oil	20	27406	22797
糕点、面包零售	Retail of Cakes and Bread	4	475	1597
果品、蔬菜零售	Retail of Fruits and Vegetables	4	9315	7483
肉、禽、蛋及水产品零售	Retail of Meat, Poultry, Eggs and Aquatic Products	21	8103	8283
饮料及茶叶零售	Retail of Beverages and Tea	9	8429	2280
烟草制品零售	Retail of Tobaccos	1	189	21
其他食品零售	Retail of Other Food	19	4680	5322

单位：万元 (10 000 yuan)

累计折旧 Total Depreciation	资产总计 Total Assets	负债合计 Total Liabilities	实收资本 Paid-in Capital	主营业务收入 Revenue of Principal Business	主营业务成本 Cost of Principal Business	主营业务税金及附加 Taxes and Extra Charges on Principal Business	主营业务利润 Profits from Principal Business
314649	**5103472**	**3471108**	**1871204**	**13397160**	**11980372**	**105308**	**1273347**
62859	1141041	776185	202132	3173792	2832670	17870	342505
275031	4779081	3269892	1780477	12759506	11452290	102695	1172200
70103	578235	408905	110658	1281556	1148254	4472	125930
2229	9459	5371	3092	33215	29017	487	3711
3019	150548	90478	36595	105194	92779	853	11130
2459	26535	15961	5734	121980	112568	398	9014
2205	24403	15753	4350	109370	100808	381	8182
24	358	158	100	1221	1098	1	122
217	1221	51	731	7678	7074	14	590
13	553		553	3711	3589	1	120
109557	2073875	1446607	1337461	5858210	5326477	49978	477523
1824	17711	10871	1435	17847	16523	13	254
107733	2056164	1435737	1336026	5840363	5309954	49966	477268
15606	804087	572865	59373	1915738	1745780	9328	183271
70786	1102952	708249	217946	3091904	2660211	36460	352102
4667	70090	34804	25901	482149	414990	15337	48735
963	17191	10646	5862	85892	74367	1088	9338
62508	956147	641882	171267	2366791	2049503	17148	265122
2649	59525	20918	14916	157072	121352	2888	28908
1272	33390	21455	9619	351709	337203	719	9521
6638	138021	94574	38606	187400	157965	1871	27836
5724	58972	42346	5483	73620	55839	799	16982
110	27509	22915	3886	24612	20433	73	4106
804	51540	29313	29237	89168	81694	998	6748
32980	186370	106642	52121	450255	370117	742	73311
4131	13603	8647	3000	32930	27204	158	2408
20618	50342	23515	24251	105104	90271		14833
8231	122426	74480	24870	312221	252642	584	56071
107624	1488606	1057522	231815	3852553	3341824	24164	495271
77894	1150976	799185	176491	2706547	2354388	18160	350687
25264	303174	241563	41540	940992	805930	4328	125230
4466	34456	16774	13784	205014	181506	1676	19354
11015	107726	57013	27069	240583	198686	1705	35788
7259	47774	29189	8106	77214	64446	323	9811
593	1605	406	321	5241	3764	54	1649
1276	17026	8100	2176	13672	11700	25	1947
938	18398	9698	7223	38063	33450	507	4106
517	10255	4588	2595	31888	21398	208	9912
10	294	242	50	676	550	2	124
423	12375	4790	6599	73829	63378	586	8239

表15.7 续表1 continued1

指 标	Item	企业数（个） Number of Enterprises (unit)	流动资产合计 Total Circulating Assets	固定资产原价 Original Value of Fixed Assets
纺织、服装及日用品专门零售	Special Retail of Textile, Garments and Daily Consumer Articles	52	72164	14108
纺织品及针织品零售	Retail of Textiles and Knitwear	6	1414	1105
服装零售	Retail of Garments	21	42347	3839
鞋帽零售	Retail of Shoes and Hats	8	3313	1839
钟表、眼镜零售	Retail of Clocks, Watches and Glasses	6	14189	5974
化妆品及卫生用品零售	Retail of Cosmetics and Sanitary Articles	2	7125	996
其他日用品零售	Retail of Other General Merchandise	9	3777	356
文化、体育用品及器材专门零售	Special Retail of Cultural and Sports Articles	33	170590	136700
文具用品零售	Retail of Cultural Articles	13	142571	132061
体育用品零售	Retail of Sports Articles			
图书零售	Retail of Books	6	10632	1637
报刊零售	Retail of Newspapers and Magazines			
音像制品及电子出版物零售	Retail of Video Products and E-journals			
珠宝首饰零售	Retail of Jewelry	10	15704	2988
工艺美术品及收藏品零售	Retail of Handicrafts and Collections	1		
照相器材零售	Retail of Cameras	1	548	2
其他文化用品零售	Retail of Other Cultural Goods	2	1135	11
医药及医疗器材专门零售	Special Retail of Medicine and Medical Appliances	102	316614	70869
药品零售	Retail of Medicine	100	315834	70742
医疗用品及器材零售	Retail of Medical Articles and Appliances	2	780	127
汽车、摩托车、燃料及零配件专门零售	Special Retail of Automobiles, Motorcycles, Fuel and Spare Parts	482	1153020	272875
汽车零售	Retail of Automobiles	305	1022151	183585
汽车零配件零售	Retail of Automobile Fittings	13	30137	4722
摩托车及零配件零售业	Retail of Motorcycles and Parts	107	23372	7451
机动车燃料零售	Retail of Motor Fuel	57	77360	77118
家用电器及电子产品专门零售	Special Retail of Household Electric Appliances and Electronic Products	191	455716	72466
家用电器零售业	Retail of Household Electric Appliances	116	355686	57541
计算机、软件及辅助设备零售	Retail of Computers, Software and Assistant Equipment	44	75499	6803
通信设备零售	Retail of Communication Equipment	26	19787	7825
其他电子产品零售	Retail of Other Electronic Products	5	4744	297
五金、家具及室内装修材料专门零售	Special Retail of Hardware, Furniture and Decoration Materials	124	172538	158260
五金零售	Retail of Hardware	21	37327	14267
家具零售	Retail of Furniture	33	57803	48089
涂料零售	Retail of Paint	3	940	522
其他室内装修材料零售	Retail of Other Indoor Decoration Materials	67	76469	95382
无店铺及其他零售业	Non-shop and Other Retails	23	17922	9248
流动货摊零售	Retail by Mobile Stalls			
邮购及电子销售	Distribution of Post and E-commerce			
生活用燃料零售	Retail of Fuel for Daily Use	10	8064	2082
花卉零售	Retail of Flowers	4	4285	3245
旧货零售	Retail of Used Goods	1	436	74
其他未列明的零售	Other Retails not Classified Elsewhere	8	5138	3848

单位：万元 (10 000 yuan)

累计折旧 Total Depreciation	资产总计 Total Assets	负债合计 Total Liabilities	实收资本 Paid-in Capital	主营业务收入 Revenue of Principal Business	主营业务成本 Cost of Principal Business	主营业务税金及附加 Taxes and Extra Charges on Principal Business	主营业务利润 Profits from Principal Business
4828	96943	72735	16302	261021	210559	2236	45965
187	2376	1309	650	7476	6192	36	1053
1010	56669	45745	8550	128230	103288	777	24426
776	4537	918	2127	31271	20150	361	8434
2224	21048	14935	2701	16732	9475	481	6776
447	7715	7538	500	6816	5288	30	1498
185	4598	2290	1775	70496	66167	550	3778
48096	296328	202658	20950	303146	238205	1265	62871
47346	261452	179007	14136	244191	192793	616	50783
249	12172	7081	1570	15726	12050	67	3554
495	18936	13075	4416	36181	27483	578	8292
	200		100	750			
1	550	487	10	4192	3955	2	63
6	3018	3009	718	2106	1926	2	179
22180	518862	383502	73634	1127115	1018136	8143	93242
22120	517594	382789	73134	1124911	1017552	8134	92031
60	1269	713	500	2204	584	8	1211
61263	1633726	1112295	1371485	5099651	4658788	14185	325044
41277	1367685	988551	1255355	3986783	3640074	11372	248763
1383	35852	24486	3557	107164	97011	301	9793
1748	34322	20901	10107	147717	117705	1296	21886
16856	195867	78358	102467	857988	803998	1216	44602
12508	543284	410161	46466	1211028	1080629	7642	114214
9257	417947	308673	23275	920199	829719	4441	87002
1602	87866	76619	13369	207098	185178	1199	13584
1512	31561	20908	8822	69887	55807	1930	12330
137	5910	3962	1000	13845	9925	73	1299
44686	391064	160128	74181	1245932	1184595	45451	94307
2632	50967	33911	16114	192650	166346	5868	15835
16296	137997	38432	14473	761165	767251	33640	58826
89	1373	193	1180	31886	28335	1100	2451
25670	200727	87593	42414	260230	222663	4843	17195
2450	26932	15093	9302	56132	48949	517	6646
514	10175	6943	2376	19601	18050	51	1815
269	7981	3095	4516	15949	13847	295	1807
30	1141	380	500	3814	3321	125	88
1637	7636	4674	1910	16768	13730	46	2935

表15.7 续表2 continued2

指 标	Item	其他业务利润 Profits from Other Business	营业费用 Business Cost	管理费用 Overhead
总 计	**Total**	**133842**	**672013**	**305057**
#国有控股	State Holding	56634	235650	76445
按登记注册类型分	**By Type of Registration**			
内资企业	Domestic-funded Enterprises	123169	613842	284740
国有企业	State-owned Enterprises	13853	72362	35924
集体企业	Collective-owned Enterprises	198	1197	1239
股份合作企业	Cooperative Enterprises	114	4369	2932
联营企业	Joint-owned Enterprises	234	3727	2322
国有联营企业	State Joint-owned Enterprises	227	3436	1974
集体联营企业	Collective Joint-owned Enterprises		67	48
国有与集体联营企业	State-Collective Joint-owned Enterprises	7	224	192
其他联营企业	Other Joint-owned Enterprises			109
有限责任公司	Limited Liability Corporations	41319	248742	95532
国有独资公司	Solely State-owned Corporations	685	401	682
其他有限责任公司	Other Limited Liability Corporations	40634	248341	94850
股份有限公司	Share-holding Corporations Ltd.	46056	111804	58656
私营企业	Private Enterprises	21089	166565	84760
私营独资企业	Private-funded Enterprises	512	16746	12745
私营合伙企业	Private Partnership Enterprises	414	3717	2271
私营有限责任公司	Private Limited Liability Corporations	19847	137690	64994
私营股份有限公司	Private Share-holding Corporatinos Ltd.	317	8412	4750
其他企业	Other Enterprises	307	5077	3377
港澳台商投资企业	Enterprises Funded by Hong Kong, Macao and Taiwan	6405	17320	5120
合资经营企业	Joint-venture Enterprises	4564	9168	1412
合作经营企业	Cooperative Enterprises	1535	4170	1022
独资经营企业	Enterprises with Sole Fund	307	3982	2686
投资股份有限公司	Share-holding Corporations Ltd.			
外商投资企业	Foreign-funded Enterprises	4268	40850	15197
中外合资经营企业	Joint-venture Enterprises	522	4252	1944
中外合作经营企业	Cooperative Enterprises		15421	4700
外资企业	Enterprises with Sole Fund	3746	21177	8553
外商投资股份有限公司	Share-holding Corporations Ltd.			
按零售行业小类分	**By Retail Sector**			
综合零售	Comprehensive Retails	90961	360547	119317
百货零售	Department Stores	65762	255842	80376
超级市场零售	Supermarkets	24957	100928	35444
其他综合零售	Other Comprehensive Retails	241	3777	3497
食品、饮料及烟草制品专门零售	Special Retail of Food, Beverages and Tobaccos	1457	9987	7676
粮油零售	Retail of Grains and Edible Oil	1126	3242	3346
糕点、面包零售	Retail of Cakes and Bread	10	439	393
果品、蔬菜零售	Retail of Fruits and Vegetables	8	101	291
肉、禽、蛋及水产品零售	Retail of Meat, Poultry, Eggs and Aquatic Products	196	1622	1532
饮料及茶叶零售	Retail of Beverages and Tea	1	2821	918
烟草制品零售	Retail of Tobaccos		72	34
其他食品零售	Retail of Other Food	116	1690	1162

单位：万元 (10 000 yuan)

营业利润 Business Profit	利润总额 Total Profits	应交所得税 Payable Income Tax	劳动、失业保险费 Insurance of Labor and Unemployment	应付工资 Payable Wages	应付福利费 Payable Welfare Funds	本年应交增值税 Payable VAT	从业人员年平均人数（人） Average Employment (person)
421877	**396678**	**57868**	**5241**	**242308**	**13667**	**247102**	**119233**
80496	84919	11049	1562	59816	2589	52162	28909
377663	362423	50436	5149	231895	12972	230693	114678
24561	29946	838	385	25361	2163	27736	11021
1227	769	70	4	973	58	729	566
3171	2577	355	487	2028	72	919	1493
2793	2817	461	45	2352	124	1423	467
2225	2251	322	45	2182	114	898	368
8	8	2		65	1	13	55
559	559	137		84	10	141	26
1				20		371	18
166821	157172	22764	2161	103348	5139	100511	38389
-217	360	78	2	1050	47	88	694
167038	156812	22686	2159	102298	5092	100423	37695
50832	50989	6497	435	16415	401	13201	14453
121611	112756	18704	1578	79608	4827	39799	47104
20090	24513	5705	251	7540	981	7155	4458
3858	3084	270	57	1942	175	1368	1269
81549	72980	10290	963	66642	3538	28410	38427
16114	12179	2439	307	3485	133	2865	2950
6647	5395	748	54	1810	188	46374	1185
10129	10256	1437	43	3573	41	7221	1357
9679	9878	1425	30	1836	30	6534	825
303	80	13	3	255		-566	74
147	298		10	1481	10	1252	458
34085	23999	5994	49	6840	655	9187	3198
773	831	229	10	767	6	364	323
	1885	364		1350		10	1350
33312	21283	5401	39	4723	648	8813	1525
117242	120043	16685	2409	99139	3260	50357	59701
85916	96380	13540	1720	54907	2314	36435	30161
18841	19027	2936	447	40907	857	12609	26546
12485	4636	208	243	3325	88	1312	2994
16942	14968	1493	186	6857	372	3764	4464
5366	4233	532	115	2828	116	1791	1758
821	534	82	20	327	2	10	260
1022	1107	7	2	128	4	202	175
1005	1447	123	18	1400	127	687	784
3454	4065	644	23	1148	43	467	846
15	15	5		78	11	12	25
5258	3566	100	9	949	69	595	616

表15.7 续表3 continued3

指　标	Item	其他业务利润 Profits from Other Business	营业费用 Business Cost	管理费用 Overhead
纺织、服装及日用品专门零售	Special Retail of Textile, Garments and Daily Consumer Articles	968	20824	14455
纺织品及针织品零售	Retail of Textiles and Knitwear		585	260
服装零售	Retail of Garments	308	13506	9035
鞋帽零售	Retail of Shoes and Hats		1864	2088
钟表、眼镜零售	Retail of Clocks, Watches and Glasses	661	4028	1587
化妆品及卫生用品零售	Retail of Cosmetics and Sanitary Articles		431	930
其他日用品零售	Retail of Other General Merchandise		411	555
文化、体育用品及器材专门零售	Special Retail of Cultural and Sports Articles	2939	24744	16152
文具用品零售	Retail of Cultural Articles	2899	19250	14565
体育用品零售	Retail of Sports Articles			
图书零售	Retail of Books	28	597	479
报刊零售	Retail of Newspapers and Magazines			
音像制品及电子出版物零售	Retail of Video Products and E-journals			
珠宝首饰零售	Retail of Jewelry	12	4568	927
工艺美术品及收藏品零售	Retail of Handicrafts and Collections			50
照相器材零售	Retail of Cameras		172	66
其他文化用品零售	Retail of Other Cultural Goods		157	66
医药及医疗器材专门零售	Special Retail of Medicine and Medical Appliances	2964	31930	24965
药品零售	Retail of Medicine	2964	31638	24869
医疗用品及器材零售	Retail of Medical Articles and Appliances		293	96
汽车、摩托车、燃料及零配件专门零售	Special Retail of Automobiles, Motorcycles, Fuel and Spare Parts	9798	117587	72628
汽车零售	Retail of Automobiles	9072	79142	58265
汽车零配件零售	Retail of Automobile Fittings	133	2350	1416
摩托车及零配件零售业	Retail of Motorcycles and Parts	394	5465	5015
机动车燃料零售	Retail of Motor Fuel	199	30630	7932
家用电器及电子产品专门零售	Special Retail of Household Electric Appliances and Electronic Products	23652	73903	21072
家用电器零售业	Retail of Household Electric Appliances	20476	63016	12741
计算机、软件及辅助设备零售	Retail of Computers, Software and Assistant Equipment	1890	5588	4277
通信设备零售	Retail of Communication Equipment	897	4390	3453
其他电子产品零售	Retail of Other Electronic Products	389	908	603
五金、家具及室内装修材料专门零售	Special Retail of Hardware, Furniture and Decoration Materials	1028	29817	26560
五金零售	Retail of Hardware	202	5420	4889
家具零售	Retail of Furniture	632	13955	14798
涂料零售	Retail of Paint	0	981	785
其他室内装修材料零售	Retail of Other Indoor Decoration Materials	194	9461	6088
无店铺及其他零售业	Non-shop and Other Retails	76	2674	2233
流动货摊零售	Retail by Mobile Stalls			
邮购及电子销售	Distribution of Post and E-commerce			
生活用燃料零售	Retail of Fuel for Daily Use	16	639	362
花卉零售	Retail of Flowers		434	799
旧货零售	Retail of Used Goods		280	91
其他未列明的零售	Other Retails not Classified Elsewhere	60	1321	981

单位：万元 (10 000 yuan)

营业利润 Business Profit	利润总额 Total Profits	应交所得税 Payable Income Tax	劳动、失业保险费 Insurance of Labor and Unemployment	应付工资 Payable Wages	应付福利费 Payable Welfare Funds	本年应交增值税 Payable VAT	从业人员年平均人数（人） Average Employment (person)
11202	9869	1347	124	10051	233	10085	5919
343	306	64	14	240	2	87	378
3672	3361	661	73	4935	172	3581	2072
3074	3125	302	1	1472	32	400	1086
1287	1282	272	32	1371	11	5261	745
76	79	8	2	292	15	436	126
2750	1716	40	2	1740	1	320	1512
22031	26283	724	157	12068	1499	4622	3693
17693	22335	19	142	10390	1452	3755	2921
2304	2287	578	4	392	12	142	266
2081	1718	125	8	1027	36	592	383
				10		50	15
7	6	2	2	99		20	66
-54	-63		1	150		63	42
30476	24363	3961	568	19471	948	11977	9309
29652	24299	3948	568	19260	948	11741	9261
824	64	13		211		236	48
137951	127599	17888	1044	54895	4324	124664	18931
109071	104077	15205	846	43685	3137	54972	14116
5898	5368	827	9	1852	127	1473	461
11378	6861	725	98	2992	356	1685	1688
11606	11294	1131	91	6365	704	66533	2666
40771	21545	3288	574	24506	439	14835	9602
29538	14864	2010	342	16917	290	10020	5831
6499	3885	634	57	3694	66	1227	1774
4549	2601	632	168	3065	70	3486	1694
186	195	12	6	831	13	102	303
42944	50380	12310	175	13044	2498	25299	6497
4356	10392	3355	27	1580	338	1525	729
29932	24485	5535	69	3950	218	17661	2918
686	2451	809	4	346	141	316	82
7970	13052	2611	75	7169	1801	5797	2768
2318	1630	173	5	2278	94	1501	1117
961	1005	59	3	497	12	324	307
415	243	44		979	65	82	386
201	88			117		868	92
741	294	70	2	685	17	227	332

表15.8 限额以上住宿业法人企业财务状况（2010年）

FINANCIAL INDICATORS OF HOTELS ABOVE DESIGNATED SIZE (2010)

指 标	Item	企业数（个）Number of Enterprises (unit)	流动资产合计 Total Circulating Assets	固定资产原价 Original Value of Fixed Assets
总 计	**Total**	**279**	**501015**	**831789**
#国有控股	State Holding	43	39161	175250
按住宿行业小类分组	**By Classification of Hotels**			
旅游饭店	Tourist Hotels	184	441894	738375
一般旅店	General Hotels	77	55380	89997
其他住宿服务	Other Accommodation Services	18	3741	3417
按登记注册类型分	**By Type of Registration**			
内资企业	Domestic-funded Enterprises	268	401358	623760
国有企业	State-owned Enterprises	35	26465	128509
集体企业	Collective-owned Enterprises	10	4297	10906
股份合作企业	Cooperative Enterprises	1	600	1700
联营企业	Joint-owned Enterprises			
有限责任公司	Limited Liability Corporations	80	165054	279798
国有独资公司	Solely State-owned Corporations	4	4479	22281
其他有限责任公司	Other Limited Liability Corporations	76	160575	257517
股份有限公司	Share-holding Corporations Ltd.	15	11752	16514
私营企业	Private Enterprises	119	192100	179748
私营独资企业	Private-funded Enterprises	22	10046	22847
私营合伙企业	Private Partnership Enterprises	13	926	12287
私营有限责任公司	Private Limited Liability Corporations	75	170271	123915
私营股份有限公司	Private Share-holding Corporatinos Ltd.	9	10857	20700
其他企业	Other Enterprises	8	1091	6586
港澳台商投资企业	Enterprises Funded by Hong Kong, Macao and Taiwan	3	32769	82406
合资经营企业	Joint-venture Enterprises	2	778	4065
合作经营企业	Cooperative Enterprises			
独资经营企业	Enterprises with Sole Fund	1	31991	78342
投资股份有限公司	Share-holding Corporations Ltd.			
外商投资企业	Foreign-funded Enterprises	8	66888	125623
中外合资经营企业	Joint-venture Enterprises	2	5150	25
中外合作经营企业	Cooperative Enterprises			
外资企业	Enterprises with Sole Fund	6	61738	125598
外商投资股份有限公司	Share-holding Corporations Ltd.			

单位：万元 (10 000 yuan)

累计折旧 Total Depreciation	其 中 of which 本年折旧 Depreciation in Current Year	资产总计 Total Assets	负债合计 Total Liabilities	实收资本 Paid-in Capital	主营业务收入 Revenue of Principal Business	主营业务成本 Cost of Principal Business	主营业务税金及附加 Taxes and Extra Charges on Principal Business
290244	**36558**	**1335053**	**952006**	**424100**	**496674**	**215810**	**21295**
59624	6436	250653	108435	134413	84214	37470	3925
265328	32182	1162949	820209	383180	387587	164641	17019
24126	4152	163339	124701	36243	96082	44573	3879
790	224	8765	7096	4677	13005	6596	397
185155	27694	1094720	787019	364056	435485	200160	18308
49868	4129	118861	71293	55126	59042	25532	2673
4570	629	12921	13306	2042	10422	3627	577
500	11	1800	800	350	298	185	8
83974	13239	489608	373382	195078	189881	89241	8103
9663	1234	27434	22262	12823	7932	3122	424
74311	12005	462174	351120	182255	181949	86119	7679
6159	703	35853	12920	10023	15154	6628	578
38203	8662	427484	312720	97418	152493	70675	6182
3594	728	33067	13398	11290	18902	10962	554
1358	396	12436	4743	4286	10786	6106	179
29319	7187	346645	273994	65251	106535	48189	4662
3932	352	35336	20585	16591	16269	5417	786
1882	322	8194	2599	4019	8195	4271	187
41281	3654	86274	46840	27089	13259	2900	638
2345	95	4958	1540	3525	2748	372	124
38936	3559	81316	45300	23564	10511	2528	515
63807	5210	154059	118146	32955	47930	12750	2349
1		5182	1169	161	8649	1383	414
63806	5210	148877	116977	32794	39281	11367	1935

表15.8 续表 continued

指　标	Item	主营业务利润 Profits from Principal Business	其他业务利润 Profits from Other Business	营业费用 Business Cost
总　计	**Total**	**237071**	**1640**	**129107**
#国有控股	State Holding	36654	213	21444
按住宿行业小类分组	**By Classification of Hotels**			
旅游饭店	Tourist Hotels	192180	1484	100304
一般旅店	General Hotels	40364	156	19847
其他住宿服务	Other Accommodation Services	4527		8956
按登记注册类型分	**By Type of Registration**			
内资企业	Domestic-funded Enterprises	194806	1593	111629
国有企业	State-owned Enterprises	24638	384	14823
集体企业	Collective-owned Enterprises	6018		3178
股份合作企业	Cooperative Enterprises	63		15
联营企业	Joint-owned Enterprises			
有限责任公司	Limited Liability Corporations	91223	418	48063
国有独资公司	Solely State-owned Corporations	4511	22	2021
其他有限责任公司	Other Limited Liability Corporations	86712	396	46042
股份有限公司	Share-holding Corporations Ltd.	7776	26	2848
私营企业	Private Enterprises	61594	747	41725
私营独资企业	Private-funded Enterprises	5978	47	9516
私营合伙企业	Private Partnership Enterprises	4501	5	1009
私营有限责任公司	Private Limited Liability Corporations	41098	678	26513
私营股份有限公司	Private Share-holding Corporatinos Ltd.	10016	17	4687
其他企业	Other Enterprises	3493	18	977
港澳台商投资企业	Enterprises Funded by Hong Kong, Macao and Taiwan	9720		2964
合资经营企业	Joint-venture Enterprises	2253		1316
合作经营企业	Cooperative Enterprises			
独资经营企业	Enterprises with Sole Fund	7468		1648
投资股份有限公司	Share-holding Corporations Ltd.			
外商投资企业	Foreign-funded Enterprises	32544	47	14514
中外合资经营企业	Joint-venture Enterprises	6651		3352
中外合作经营企业	Cooperative Enterprises			
外资企业	Enterprises with Sole Fund	25893	47	11162
外商投资股份有限公司	Share-holding Corporations Ltd.			

单位：万元 (10 000 yuan)

管理费用 Overhead	营业利润 Business Profit	利润总额 Total Profits	应交所得税 Payable Income Tax	劳动、失业保险费 Insurance of Labor and Unemployment	应付工资 Payable Wages	应付福利费 Payable Welfare Funds	从业人员年平均人数（人） Average Employment (person)
115251	**3266**	**-2398**	**4726**	**881**	**77983**	**6346**	**39565**
23116	-5390	-6391	183	133	17076	1368	7720
91600	-3409	-7516	4179	791	63029	4079	31277
21845	4736	3556	473	80	13449	2244	7331
1806	1939	1562	74	10	1505	23	957
98355	-1444	-7928	2191	763	68267	4694	36348
14668	-896	-595	70	73	11079	784	5281
2316	260	310	65	12	1947	171	986
2	35	35	9		10		15
48235	-11823	-12084	839	502	30737	2489	15451
4847	-2498	-2427	22	70	2236	207	1004
43388	-9325	-9657	817	432	28501	2282	14447
2399	2687	1278	137	22	2091	257	1458
30071	6304	1536	1030	152	21374	933	12553
2151	1913	1774	39	9	1902	60	1429
485	2827	896	85	4	1183	28	596
22545	1522	-706	896	128	15960	774	8923
4890	41	-428	9	12	2328	71	1605
665	1990	1592	41	2	1029	60	604
11067	-7083	-7093		54	2713	512	809
1183	-326	-296		12	647		304
9884	-6757	-6797		42	2066	512	505
5829	11793	12623	2536	65	7003	1141	2408
1097	2125	2124		17	1206	558	543
4732	9668	10499	2536	48	5797	583	1865

表15.9 限额以上餐饮业法人企业财务状况（2010年）

FINANCIAL INDICATORS OF CATERING ENTERPRISES ABOVE DESIGNATED SIZE (2010)

指　标	Item	企业数（个）Number of Enterprises (unit)	流动资产合计 Total Circulating Assets	固定资产原价 Original Value of Fixed Assets
总　计	**Total**	**554**	**191526**	**258470**
#国有控股	State Holding	14	3778	5195
按登记注册类型分组	**By Type of Registration**			
内资企业	Domestic-funded Enterprises	545	177398	247123
国有企业	State-owned Enterprises	8	3080	4481
集体企业	Collective-owned Enterprises	23	3515	4415
股份合作企业	Cooperative Enterprises	8	670	791
联营企业	Joint-owned Enterprises			
有限责任公司	Limited Liability Corporations	96	40250	53947
国有独资公司	Solely State-owned Corporations	1	134	1082
其他有限责任公司	Other Limited Liability Corporations	95	40116	52865
股份有限公司	Share-holding Corporations Ltd.	14	48165	51376
私营企业	Private Enterprises	369	78336	124082
私营独资企业	Private-funded Enterprises	125	18732	33481
私营合伙企业	Private Partnership Enterprises	36	3603	7681
私营有限责任公司	Private Limited Liability Corporations	180	51221	76930
私营股份有限公司	Private Share-holding Corporatinos Ltd.	28	4780	5990
其他企业	Other Enterprises	27	3383	8031
港澳台商投资企业	Enterprises Funded by Hong Kong, Macao and Taiwan	4	2455	4683
合资经营企业	Joint-venture Enterprises	1	24	146
合作经营企业	Cooperative Enterprises			
独资经营企业	Enterprises with Sole Fund	3	2431	4537
投资股份有限公司	Share-holding Corporations Ltd.			
外商投资企业	Foreign-funded Enterprises	5	11672	6664
中外合资经营企业	Joint-venture Enterprises			
中外合作经营企业	Cooperative Enterprises			
外资企业	Enterprises with Sole Fund	5	11672	6664
外商投资股份有限公司	Share-holding Corporations Ltd.			
按餐饮行业中类分组	**By Sector**			
正餐服务	Dinner Services	501	166910	214866
快餐服务	Fast Food Services	12	17859	36664
饮料及冷饮服务业	Beverage and Cold Beverage Services	1		
其他餐饮服务	Other Catering Services	40	6757	6940

单位：万元 (10 000 yuan)

累计折旧 Total Depreciation	其 中 of which 本年折旧 Depreciation in Current Year	资产总计 Total Assets	负债合计 Total Liabilities	实收资本 Paid-in Capital	主营业务收入 Revenue of Principal Business	主营业务成本 Cost of Principal Business	主营业务税金及附加 Taxes and Extra Charges on Principal Business
63442	**12150**	**660682**	**363643**	**194203**	**816158**	**512601**	**27748**
1554	295	37120	22606	14488	13724	8396	445
59507	11003	609361	339758	172577	753505	485843	24740
489	56	7822	4979	4580	7991	4106	205
1422	154	7589	1929	4890	11253	8434	168
200	22	2243	1591	761	4935	3717	124
15214	2845	220223	139819	51168	154258	87074	5310
270	114	1229	669	1300	978	835	11
14944	2731	218994	139150	49868	153280	86239	5299
15122	2443	122100	71131	5864	111641	68125	3415
25048	5043	216959	116158	78640	442127	299739	14889
6392	1417	51494	21744	21782	107570	69797	3633
1719	495	16253	4385	6886	38420	25324	1172
15353	2611	137519	82543	46311	271907	189803	9042
1584	520	11691	7486	3661	24230	14815	1042
2012	439	32425	4152	26673	21300	14649	631
1155	155	24221	13403	8436	6820	3596	266
21	8	16000	7800	4500	2200	2041	29
1134	147	8221	5603	3936	4620	1555	237
2780	992	27101	10482	13190	55833	23161	2743
2780	992	27101	10482	13190	55833	23161	2743
56407	10986	519103	282198	150800	694333	434841	22734
4695	627	63683	40753	23021	90305	54158	4455
		100	50	60	300	220	
2340	537	77796	40642	20322	31220	23382	559

表15.9 续表 continued

指 标	Item	主营业务利润 Profits from Principal Business	其他业务利润 Profits from Other Business	营业费用 Business Cost
总 计	**Total**	**243629**	**3909**	**112666**
#国有控股	State Holding	4882	41	1573
按登记注册类型分组	**By Type of Registration**			
内资企业	Domestic-funded Enterprises	209223	1955	85701
国有企业	State-owned Enterprises	3681	22	1100
集体企业	Collective-owned Enterprises	2073	59	544
股份合作企业	Cooperative Enterprises	1100		888
联营企业	Joint-owned Enterprises			
有限责任公司	Limited Liability Corporations	52138	227	24976
国有独资公司	Solely State-owned Corporations	132	3	203
其他有限责任公司	Other Limited Liability Corporations	52006	224	24773
股份有限公司	Share-holding Corporations Ltd.	37256	38	4529
私营企业	Private Enterprises	107929	1088	52029
私营独资企业	Private-funded Enterprises	29742	734	11825
私营合伙企业	Private Partnership Enterprises	10364	171	4310
私营有限责任公司	Private Limited Liability Corporations	60293	183	30849
私营股份有限公司	Private Share-holding Corporatinos Ltd.	7530		5045
其他企业	Other Enterprises	5047	522	1636
港澳台商投资企业	Enterprises Funded by Hong Kong, Macao and Taiwan	2958	1864	2637
合资经营企业	Joint-venture Enterprises	130		157
合作经营企业	Cooperative Enterprises			
独资经营企业	Enterprises with Sole Fund	2828	1864	2480
投资股份有限公司	Share-holding Corporations Ltd.			
外商投资企业	Foreign-funded Enterprises	31448	90	24328
中外合资经营企业	Joint-venture Enterprises			
中外合作经营企业	Cooperative Enterprises			
外资企业	Enterprises with Sole Fund	31448	90	24328
外商投资股份有限公司	Share-holding Corporations Ltd.			
按餐饮行业中类分组	**By Sector**			
正餐服务	Dinner Services	208574	2046	97638
快餐服务	Fast Food Services	29522	1765	13852
饮料及冷饮服务业	Beverage and Cold Beverage Services			
其他餐饮服务	Other Catering Services	5533	98	1176

单位：万元 (10 000 yuan)

管理费用 Overhead	营业利润 Business Profit	利润总额 Total Profits	应交所得税 Payable Income Tax	劳动、失业保险费 Insurance of Labor and Unemployment	应付工资 Payable Wages	应付福利费 Payable Welfare Funds	从业人员年平均人数（人） Average Employment (person)
49654	**85728**	**77042**	**7002**	**677**	**100522**	**3749**	**62138**
1132	592	789	42	28	2137	123	1307
44685	81060	72726	5952	637	91169	2962	55829
704	909	1009	20	25	1471	84	957
1182	789	744	2	14	1059	81	964
152	59	44	16	1	662	3	446
10568	15470	10880	772	84	26022	594	14701
94	-162	-162		2	96		50
10474	15632	11042	772	82	25926	594	14651
4387	26045	26367	2552	70	16118	103	7561
26656	35522	31899	2477	391	43978	2008	30038
7232	11538	9368	569	89	9476	439	6162
2650	3576	2023	234	49	3034	313	2152
15322	19317	19576	1517	247	28789	1163	19572
1452	1091	932	157	6	2679	93	2152
1036	2266	1783	112	53	1860	88	1162
1430	751	714	186	15	1522	54	707
91	-118	29			218		300
1339	870	685	186	15	1304	54	407
3540	3917	3602	865	25	7832	733	5602
3540	3917	3602	865	25	7832	733	5602
41485	69613	64516	4922	511	83768	2768	51322
5010	14565	11741	1963	102	13319	700	8398
2					60		42
3157	1550	785	117	64	3375	281	2376

表15.10 限额以上批发和零售业、餐饮业连锁经营情况（2009－2010年）

OPERATION OF CHAIN ENTERPRISES ABOVE DESIGNATED SIZE IN WHOLESALE, RETAIL AND CATERING TRADE (2009-2010)

单位：万元 (10 000 yuan)

指　标	Item	合 计 Total		其 中 of which #直营店 Regular Chain	
		2009	2010	2009	2010
门店总数（个）	Number of Stores (unit)	11702	12710	2713	2834
#百货店	Department Stores	252	254	247	254
超级市场	Supermarkets	2377	3510	569	451
营业面积（平方米）	Business Areas (sq.m)	4252492	4159270	2863207	2596985
#百货店	Department Stores	1051011	1207668	1050491	1207668
超级市场	Supermarkets	748908	779990	663660	418087
从业人数（人）	Employment (person)	183913	195557	74035	69659
#百货店	Department Stores	18738	19161	18687	19161
超级市场	Supermarkets	20607	28107	17534	12660
商品购进总额	Total Purchases	4441499	5947592	3985134	5026650
#百货店	Department Stores	1549789	1848916	1549331	1848916
超级市场	Supermarkets	623696	906257	597386	423814
统一配送商品购进额	Purchases of Centralized Delivery	2919012	2630932	2716734	2407638
#百货店	Department Stores	1540550	1163728	1540550	1163728
超级市场	Supermarkets	590311	347079	565209	311291
自有配送中心配送商品购进额	Purchases of Self-owned Delivery Center	2213052	1824205	2067835	1660855
#百货店	Department Stores	1237617	816598	1237617	816598
超级市场	Supermarkets	259306	287682	236628	256902
非自有配送中心配送商品购进额	Purchases of Non-self-owned Delivery Center	326513	393955	306612	366549
#百货店	Department Stores	301090	347131	301090	347131
超级市场	Supermarkets	1706	5252		780
营业收入（餐饮业）	Business Revenue (Catering Trade)	906975	989912	196211	240935
#正　餐	Restaurant	718747	1574517	119685	331212
快　餐	Fast Food	60470	332072	60470	151885
销售总额（批发和零售业）	Total Sales (Wholesale & Retail)	4837750	6148367	4711787	5486378
#百货店	Department Stores	1984919	2278672	1984333	2278672
超级市场	Supermarkets	640543	993156	611081	435427
#零售额	Retail	3535788	4053419	3469470	3958926
#百货店	Department Stores	1933715	2231707	1933715	2231707
超级市场	Supermarkets	587454	481450	557993	434275

重/庆/统/计/年/鉴

主要统计指标解释

■ 社会消费品零售总额

指批发和零售业、餐饮业、新闻出版业、邮政业和其他服务业等，售予城乡居民用于生活消费的商品和社会集团用于公共消费的商品之总量。社会消费品零售总额包括：

一、批发和零售业企业（单位）售予城乡居民用于生活消费和社会集团用于公共消费的商品。包括：

1. 售予城乡居民的各种生活消费品；

2. 售予入境旅游的外国人、华侨、港澳台同胞的各类商品；

3. 售予行政事业单位、社会团体、军队和武警等机构的商品，以及以零售方式售予各类企业的商品。具体包括：用于非生产和社会交往的办公用品，如通讯设备、计算器具和设备、电讯网络设备、文印设备、音像视听器材和设备、纸张、本册、文具及装订文印材料、家具、日用电器、针纺织品、清洁卫生用品、文体用品、奖品、纪念品、礼品等；供内部人员乘坐的交通工具和燃料；用于办公设施修缮的各类配件、材料、工具等；用于取暖和防暑降温的设备、燃料、材料及食品等；专用于教学的用品和设备；非营利医疗机构的中、西药品、中药材和医疗设备器材；非专用的劳动保护用品；不对外营业的内部食堂用的餐具、炊具、设备、清洁卫生工具和食品、燃料等；军队、武警用于其人员生活的衣着品和个人用品；其他各类非生产性设备和用品。

二、餐饮业出售的主食、菜肴、烟酒饮料和其他商品。

三、新闻出版业、邮政业售予城乡居民、企事业单位、军队和武警等机构的书报杂志、音像制品、邮品等。

四、其他服务业出售的食品、烟酒饮料、服装鞋帽、日常生活用品、医药保健用品、艺术品、工艺美术品、玩具、殡葬用品以及其他消费品。

■ 批发和零售业商品购进、销售、库存总额

指各种登记注册类型的批发和零售业企业(单位)以本企业(单位)为总体的，从国内、国外市场购进的商品总量，销售和出口的商品总量、库存的商品总量等情况。该指标可以反映商品流转过程中商品的购进、销售、库存之间的比例关系和存在的问题。

■ 销售总额

指对本企业(单位)以外的单位和个人出售(包括对境外直接出口)的商品总额。它反映批发和零售业在国内市场上销售商品以及出口商品的总量。商品销售包括：(1)售给城乡居民和社会集团消费用的商品；(2)售给工业、农业、建筑业、运输邮电业、批发和零售业、住宿和餐饮业、其他服务业等作为生产、经营使用的商品；(3)售给批发和零售业作为转卖或加工后转卖的商品；(4)对国(境)外直接出口的商品。不包括出售本企业(单位)自用的废旧包装用品，未通过买卖行为付出的商品，经本单位介绍、由买卖双方直接结算、本单位只收取手续费的业务，购货退出的商品以及商品损耗和损失等。

■ 住宿和餐饮业营业额

指住宿和餐饮业法人企业（单位）在经营活动中因提供服务或销售商品等取得的收入。包括：客房收入、餐费收入、商品销售额和其他收入。客房收入指住宿和餐饮业法人企业（单位）在经营活动中因提供住宿服务取得的收入。餐费收入指住宿和餐饮业法人企业、（单位）因为顾客提供就餐服务取得的收入，包括经烹饪、调制加工后出售的各种食品，如主食、炒菜、凉拌菜等的收入。商品销售额指住宿和餐饮业法人企业（单位）伴随服务而出售商品所取得的收入（含增值税）。其他收入指营业收入中除客房收入、餐费收入、商品销售额以外的其他收入，包括娱乐、健身和商务服务等。

■ 连锁企业（或称连锁店、连锁公司）

指在核心企业或总店的领导下，由分散的、经营同类商品或服务的企业或活动单位，采取共同方针，实行集中采购和分散销售的有机结合，通过规范化经营，实现规模效益的经济联合组织形式。一般连锁店应由若干个分店组成。其经营特征：(1)经营同类商品；(2)使用统一商号；(3)统一采购配送，采购与销

主要统计指标解释

售相分离（部分商品可根据物流合理和保质保鲜原则，由供应商直接送货到门店，其余均由总部统一配送）。

连锁门店的形式分为直营连锁和加盟连锁。

直营连锁也叫正规连锁。指连锁门店均由总部独资或控股开设，在总部的直接领导下统一经营。总部采取纵深似的管理方式，直接下令掌管所有的零售门店，零售门店也必须完全接受总部指挥。这是大型垄断商业资本通过吞并、兼并或独资、控股等途径，发展壮大自身实力和规模的一种形式。

加盟连锁包括特许连锁和自由连锁两种形式。

特许连锁指各连锁门店（被特许人）通过合同形式，取得使用总部（特许人）商标、商号、经营技术和销售总部开发的商品的特许权，各加盟连锁门店为独立法人，在总部指导下统一经营。

自由连锁也称自愿连锁。指连锁公司的门店均为独立法人，各自的资产所有权关系不变，在公司总部的指导下共同经营。各成员店使用共同的店名，与总部订阅有关购、销、宣传等方面的合同，并按合同开展经营活动。在合同规定的范围之外，各成员店可以自由活动。根据自愿原则，各成员店可自由加入连锁体系，也可自由退出。

CHONGQING STATISTICAL YEARBOOK

Explanatory Notes on Main Statistical Indicators

□ Total Retail Sales of Consumer Goods

Refer to the sum of retail sales of commodities sold by wholesale and retail trades, catering services, publishing, post and telecommunications and other service industries to urban and rural households for household consumption and to social institutions for public consumption. Retail sales of consumer goods include:

1) Sales sold by wholesale and retail trades to urban and rural households for household consumption and to social institutions for public consumption.

a) of commodities to urban and rural households;

b) of commodities to foreigners, overseas Chinese and Chinese compatriots from Hong Kong, Macao and Taiwan visiting China;

c) of commodities to government agencies, institutions, social organizations, military and armed police units, and commodities to enterprises in the form of retail sales. More specifically, they include: office facilities and articles for non-production purposes such as communications equipment, computing equipment and instruments, TV and network equipment, printing and copying equipment, audio-visual equipment and instruments, paper, notebooks, stationeries, furniture, electric appliances, knitwear, sanitation and cleaning articles, cultural and sport articles, articles for prizes, souvenirs, etc.; transport vehicles and fuels for employees; materials, spare parts and tools for the maintenance of office facilities; equipment, fuels, materials and food for winter heating or summer cooling purposes; articles and equipment for teaching purpose; Chinese and western medicines and medical equipment and facilities purchased by non profit-making medical institutes; non-specialized work safety articles; cooking utensils, tableware, equipment, cleaning articles, food and fuels purchased by in-house cafeterias; clothes and personal articles purchased by military or armed police units for their officials and soldiers; and other equipment and articles for non-production purposes.

2) Sales of stable food, cooked dishes, beverages, tobaccos and other articles by catering units.

3) Sales of books, newspapers, magazines, audiovisual products and post products by publishing, post and telecommunications departments to urban and rural households and to enterprises, institutions, military and armed police units.

4) Sales of food, beverages, tobaccos, clothing, hats, footwear, articles for daily use, medicines, medical and health articles, work of art, handicrafts, toys, funeral articles and other articles by other service industries.

□ Purchase, Sales and Stock of Commodities by Wholesale and Retail Trades

Refer to the total volume of commodities purchased, total volume of sales and exports, and the stock of commodities by wholesale and retail enterprises (establishments) of different status of registration from domestic and overseas markets. This indicator reflects the relationship among purchase, sales and stock of commodities in the circulation of goods and reveals the existing problems.

□ Total Sales of Commodities

Refer to value of commodities sold by the establishments to other establishments and individuals (including direct export to abroad). This indicator is used to show the total value of sales of commodities at domestic markets and export. The sales include: (1) commodities sold to urban and rural residents and social groups for their consumption; (2) commodities sold to establishments in industry, agriculture, construction, transportation, post and telecommunications, wholesale and retail trades, hotels and catering services, and public utility for their production and operation; (3) commodities sold to wholesale and retail establishments for re-selling, with or without further processing; and (4) commodities for direct export to abroad. Excluded are selling of waste packaging materials used by the establishments (units) themselves, commodities transferred without buying or selling procedures, commission income from brokerage in transactions for which settlement is directly handled by buyers and sellers, rejected commodities in the purchase, loss in commodities, etc.

□ Business Revenue of Hotels and Catering Services

Refers to revenue received from providing services or selling commodities by corporate enterprises and establishments engaged in hotels and catering services, including income from hotels, from catering services, from selling of commodities

EXPLANATORY NOTES TO MAJOR STATISTICAL INDICATORS

and from other services. Income from hotels refers to income of corporate enterprises and establishments engaged in hotels and catering services by providing lodging services. Income from catering services refers to income of corporate enterprises and establishments engaged in hotels and catering services by providing catering services, including selling of cooked or prepared foods such as staple food, cooked dishes or cold dishes. Income from selling of commodities refers to income of corporate enterprises and establishments engaged in hotels and catering services by selling commodities (including value-added tax) that accompany the services they provide. Income from other activities refers to income received other than income from hotels, catering services or selling of commodities, such as income from providing recreation, fitness or business services.

□ Chain Enterprises (also called chain stores or chain corporations)

Refer to a form of joint economic entities under which scattered enterprises or establishments engaged in providing homogeneous commodities or services, with the central leadership of core enterprise or headquarters and guided by common policies, conduct centralized purchase and distributed selling of commodities, in order to gain better efficiency through standardized operation. Consisting of a number of branch stores, the chain stores have in general the following features: 1) homogeneous commodities, 2) unique name of stores, 3) centralized purchase and delivery which is separated from distributed selling operation (most commodities are delivered from the headquarters except some items which, for logistics, quality or freshness considerations, might be delivered by suppliers directly).

The modes of chain operation include Regular Chain and Franchise Operation.

Regular Chain: refers to chain that are invested or controlled by the headquarters. They operate under direct and unified management from the headquarters. Adopting a direct management approach, the headquarters gives orders and controls all retail stores, which follow completely the directives from the headquarters. Large monopolized commercial companies develop and expand their business through purchasing, merging, direct investment and controlling of shares.

Franchise Operation includes Franchise Chain and Voluntary Chain.

Franchise Chain: Through contracts, chain stores (or their owners) obtain licenses from the headquarters (franchisee) to use designated trade marks, names, operation know-how, and to sell commodities developed by the headquarters. Under this arrangement, each store in the chain is an independent legal entity and operates under the guidance from the headquarters.

Voluntary Chain: Under this arrangement, all stores operate together under the guidance of the headquarters, while maintaining their status of independent legal entities with full ownership of their assets. They use the same store name and sign contracts with the headquarters concerning purchase, sale, and promotion. They will operate under the contracts. They are free to engage in other activities which are not bounded in the contract. They are free to join in or leave the chain.

16

对外经济贸易和旅游业

FOREIGN ECONOMIC RELATIONS,
TRADE AND TOURISM

简要说明 Brief Introduction

本章内容包括全市进出口、利用外资、对外承包工程和劳务合作、旅游情况，以及利用内资方面的资料。进出口、利用外资、国外友好城市交流和旅游资料由市统计局贸易外经处分别根据重庆海关、市对外贸易经济委员会、市政府外事办公室和市旅游局的有关资料加工整理，利用内资数据由市统计局贸易外经处提供，外商投资企业生产经营和财务情况由国家统计局重庆调查总队提供，风景名胜区和重点文物由市统计局社会科技处根据市园林局和市文化局的资料整理编辑。

The data in this chapter include the statistics on imports & exports, utilization of foreign capital, contracted projects and labor cooperation with foreign countries (territories) and tourism as well as the utilization of domestic capital. The data of imports & exports, utilization of foreign capital, communications with foreign twin cities and tourism are provided by Chongqing Customs, Chongqing Foreign Trade and Economic Relations Commission, Foreign Affairs Office of Chongqing Municipal Government and Chongqing Tourism Administration, and sorted and compiled by Division of Trade and External Economic Relations Statistics, Chongqing Municipal Bureau of Statistics. The data of utilization of domestic capital are provided by Division of Trade and External Economic Relations Statistics of Municipal Bureau of Statistics; the statistics on production, business and finance of foreign-funded enterprises are provided by NBS Survey Office in Chongqing; the scenic spots and main cultural relics are provided by Municipal Bureau of Landscaping and Municipal Bureau of Culture and sorted and compiled by Division of Social and Technology Statistics of Chongqing Municipal Bureau of Statistics.

表16.1 进出口总值（1987－2010年）

TOTAL VALUE OF IMPORTS AND EXPORTS (1987-2010)

单位：万美元 (USD 10 000)

年 份 Year	进出口总值 Total Imports and Exports	其 中 of which		进出口差额 Balance of Imports and Exports
		进 口 Imports	出 口 Exports	
1987	29681	12235	17446	5211
1988	41078	18907	22171	3264
1989	60299	31247	29052	-2195
1990	68095	35366	32729	-2637
1991	61950	22701	39249	16548
1992	74244	33377	40867	7490
1993	85470	44310	41160	-3150
1994	123957	52430	71527	19097
1995	141859	57126	84733	27607
1996	158543	99178	59365	-39813
1997	167843	89828	78015	-11813
1998	103386	51975	51411	-564
1999	121044	72005	49039	-22966
2000	178547	79025	99522	20497
2001	183384	73136	110248	37112
2002	179401	70282	109119	38837
2003	259488	100979	158509	57530
2004	385735	176616	209119	32503
2005	429283	177229	252054	74825
2006	547013	211821	335192	123371
2007	744546	293774	450772	156998
2008	952121	379939	572182	192243
2009	770859	342851	428008	85157
2010	1242634	493759	748875	255116

表16.2 利用外资基本情况（1985－2010年）

BASIC STATISTICS ON UTILIZATION OF FOREIGN CAPITAL (1985-2010)

单位：万美元 (USD 10 000)

年份 Year	新签利用外资协议（合同）数(个) Number of Newly Signed Agreements (Contracts) of Foreign Capital Utilization（unit)	其中 of which #外商直接投资 Foreign Direct Investment	协议合同金额 Value of Agreements and Contracts	其中 of which #外商直接投资 Foreign Direct Investment	实际利用外资额 Foreign Capital Actually Utilized	其中 of which #外商直接投资 Foreign Direct Investment
1985	28		3991		2499	427
1986	21	6	2957	1528	3596	790
1987	31	10	3320	774	4509	1924
1988	72	18	54862	1913	13153	2069
1989	39	15	3887	7141	22479	756
1990	81	55	19133	6245	14489	332
1991	110	80	12074	4252	16143	977
1992	516	443	59665	37919	29745	10247
1993	795	681	106629	72892	41970	25915
1994	453	364	65266	47932	65644	44953
1995	341	280	112473	74567	61554	37926
1996	233	160	35873	24232	44151	21878
1997	289	229	77109	46017	98208	38466
1998	263	222	75099	47577	55163	43107
1999	199	169	70115	50688	32699	23893
2000	237	190	86888	35716	34532	24436
2001	191	172	71884	44261	42442	25649
2002	169	148	64824	50215	45034	28089
2003	218	187	71397	55301	56654	31112
2004	281	258	66621	66315	40752	40508
2005	266	208	81877	80213	52127	51575
2006	252	223	112960	111558	70217	69595
2007	263	240	407369	406799	108912	108534
2008	197	135	283124	279513	273735	272913
2009	220	161	379861	371427	404383	401643
2010	261	232	628902	625891	636956	634397

注：1. 2004年及以后年份均不包括对外借款。
　　2. 2010年“外商直接投资”的数据口径为“外商投资”。

Note:a)The indices of newly signed agreements (contracts) of foreign capital utilization and value of agreements & contracts have excluded foreign loans since 2004.
　　b)The statistical scope of “Foreign Direct Investment” in 2010 equals to “Foreign Investment”.

表16.3 国际旅游人数和外汇收入（1983－2010年）
NUMBER OF INTERNATIONAL TOURISTS AND FOREIGN EXCHANGE EARNINGS (1983-2010)

年 份 Year	接待旅游人数（人次） Number of Tourists (person-time)	其 中 of which #外国人 Foreigners	#港澳台同胞 Compatriots from Hong Kong, Macao and Taiwan	旅游外汇收入（万美元） Foreign Exchange Earnings from Tourism (USD 10 000)	平均每人逗留天数（天） Average Staying Period Per Capita (day)
1983	23032	18706	3997	26	1.3
1984	28094	21110	6505	259	1.7
1985	49508	40460	8370	527	2.1
1986	55152	44290	8904	860	1.7
1987	60894	52177	8253	1063	1.5
1988	64181	45193	18711	1281	1.5
1989	41248	21454	19595	1027	1.6
1990	69609	19913	49570	1823	1.3
1991	81745	29625	51950	2354	1.6
1992	141165	52949	88050	3997	1.3
1993	135596	59140	76025	4819	1.4
1994	138593	93408	44180	5432	1.5
1995	142892	93625	48942	6333	2.0
1996	161761	108163	53238	7090	2.3
1997	259414	154919	103720	10548	2.7
1998	163738	116288	47211	8837	3.2
1999	184936	133629	51173	9726	3.2
2000	266081	192863	73218	13837	3.2
2001	313254	219214	94040	16341	3.1
2002	461484	310934	150550	21802	2.7
2003	234521	181744	52777	11323	2.8
2004	434423	338892	95531	20308	2.7
2005	523872	418076	105796	26436	3.0
2006	603239	488249	114990	30872	3.2
2007	761676	622427	139249	38231	3.2
2008	871907	742792	129115	44977	3.0
2009	1048125	847967	200158	53721	3.0
2010	1370231	1039598	330633	70320	3.4

表16.4 对外承包工程和劳务合作（1985－2010年）

CONTRACTED PROJECTS AND LABOR COOPERATION WITH FOREIGN COUNTRIES AND TERRITORIES (1985-2010)

单位：万美元 (USD 10 000)

年份 Year	签订合同数（个） Number of Contracts (unit)	合同金额 Value of Contracts	实际完成营业额 Value of Turnover Fulfilled
1985	9	2109	572
1986	18	1571	337
1987	15	1540	572
1988	13	2640	2683
1989	27	2605	2574
1990	14	2971	2189
1991	16	4329	2436
1992	19	3765	2896
1993	13	9440	2704
1994	45	4106	4132
1995	33	4032	3757
1996	35	6654	3160
1997	22	2607	2725
1998	24	1969	3203
1999	235	4591	3842
2000	231	9232	5806
2001	232	11590	6700
2002	117	12200	7959
2003	94	13450	8810
2004	81	14805	10078
2005	70	18498	12138
2006	72	21447	16050
2007	67	30714	20585
2008	55	86398	30673
2009	80	104463	36885
2010	48	81560	45074

表16.5 按商品类别分的进出口总值（2009－2010年）

TOTAL IMPORTS AND EXPORTS BY COMMODITY CATEGORY (2009-2010)

单位：万美元 (USD 10 000)

商品类别	Categories of Commodities	进口 Imports		出口 Exports	
		2009	2010	2009	2010
总　值	**Total Value**	**342851**	**493759**	**428008**	**748875**
初级产品	Primary Goods	67108	80261	14999	16685
活动物、动物产品	Live Animals and Animal Products	136	152	8480	9233
植物产品	Vegetable Products	26007	22294	1757	2023
动植物油脂及分解产品、精制食用油脂，动植物蜡	Animal or Vegetable Fats and Oils and Their Cleavage Products, Prepared Edible Fats, Animal or Vegetable Waxes	94	1232	167	168
食品、饮料、酒及醋；烟草及烟草代用品的制品	Prepared Foodstuffs; Beverages, Spirits and Vinegar; Tobacco and Manufactured Tobacco Substitutes	515	1333	3485	3788
矿产品	Mineral Products	40356	55250	1110	1473
工业制成品	Mamufactured Goods	275743	413498	413009	732190
化学工业及其相关工业的产品	Products of the Chemical or Industries Allied	16891	48755	45996	70820
塑料及其制品、橡胶及其制品	Plastics and Articles Thereof Rubber and Articles Thereof	26363	23561	7726	15637
生皮、皮革、毛皮及制品；鞍具及挽具；旅行用品、手提包及类似品；动物肠线（蚕胶丝除外）制品	Raw Hides and Skins, Leather, Fur Skins and Articles Thereof; Saddlery and Harness; Travel Goods, Handbags and Similar Containers; Articles of Animal Gut (Other Than Silk-Worm Gut)	215	483	718	16184
木及木制品；木炭；软木及软木制品；稻草、秸杆、针茅或其他编结材料制品；蓝筐及柳条编结品	Wood and Articles of Wood; Wood Charcoal; Cork and Articles of Cork; Manufactures of Straw, of Esparto or of Other Plaiting Materials; Basket Ware and Wickerwork	87	352	408	413
木浆及其他纤维状纤维素浆；回收（废碎）纸或纸板；纸、纸板及其制品	Pulp of Wood or of Other Fibrous Cellulosic Material; Waste and Scrap of Paper or Paperboard; Paper and Paperboard and Articles Thereof	11769	7146	219	3109

表16.5 续表 continued

单位：万美元 (USD 10 000)

商品类别	Categories of Commodities	进口 Imports		出口 Exports	
		2009	2010	2009	2010
纺织原料及纺织制品	Textiles and Textile Articles	1893	3930	23989	45520
鞋、帽、伞、杖、鞭及其零件；已加工的羽毛及其制品；人造花；人发制品	Footwear, Headgear, Umbrellas, Sun Umbrellas, Walking-Sticks, Seat-Sticks, Whips, Riding-Crops and Parts Thereof; Prepared Feathers and Articles Made Therewith; Artificial Flowers; Articles of Human Hair	10	42	2503	7750
石料、石膏、水泥、石棉、云母及类似材料的制品；陶瓷产品；玻璃及其制品	Articles of Stone, Plaster, Cement, Asbestos, Mica or Similar Materials; Ceramic Products; Glass and Glassware	1009	1306	19826	35621
天然或养殖珍珠、宝石或半宝石、贵金属、包贵金属	Natural or Cultured Pearls, Precious or Semi-Precious Stones, Precious Metals, Metals Clad With Precious Metal	136	278	3212	1026
贱金属及其制品	Base Metals and Articles of Base Metal	34300	44262	24860	51441
机器、机械器具、电气设备及其零件；录音机及放声机、电视图象、声音的录制和重放设备及其零件、附件	Machinery and Mechanical Appliances; Electrical Equipment; Parts Thereof; Sound Recorders and Reproducers, Television Image and Sound Recorders and Reproducers; and Parts and Accessories of Such Articles	96078	163148	136774	234860
车辆、航空器、船舶及运输设备	Vehicles, Aircraft, Vessels and Associated Transport Equipment	54252	77265	135515	226173
光学、照相、电影、计量、检验、医疗或外科用仪器及设备、精密仪器及设备；钟表；乐器；上述物品的零件、附件	Optical, Photographic, Cinematographic, Measuring, Checking, Precision, Medical or Surgical Instruments and Apparatus; Clocks And Watches; Musical Instruments; Parts and Accessories Thereof	31842	41897	8133	12330
武器、弹药及其零件、附件	Arms and Ammunition; Parts and Accessories Thereof				1
杂项制品	Miscellaneous Manufactured Articles	896	1072	3087	11040
艺术品、收藏品及古玩	Works of Art, Collectors' Pieces and Antiques		1	1	216
特殊交易品及未分类商品	Commodities and Transactions not Classified According to Kind	2		42	48

表16.6 按贸易方式分的进出口总值（2009－2010年）

TOTAL VALUE OF IMPORTS AND EXPORTS BY CUSTOMS REGIME (2009-2010)

单位：万美元 (USD 10 000)

指　标	Item	进出口总值 Total Imports and Exports		其　中 of which 进　口 Imports		其　中 of which 出　口 Exports	
		2009	2010	2009	2010	2009	2010
总　计	**Total**	**770859**	**1242634**	**342851**	**493759**	**428008**	**748875**
一般贸易	Ordinary Trade	676439	1017609	312170	431408	364269	586201
国家间国际组织无偿援助和赠送的物资	Donations by Foreign Countries and International Associations	213	197	10		203	197
其他境外捐赠物资	Other Donations from Abroad	35	37	27	37	8	
补偿贸易	Compensation Trade						
来料加工装配贸易	Processing and Assembling Trade	3146	2833	407	268	2739	2565
进料加工贸易	Feeding Processing Trade	68158	155823	12888	38306	55270	117517
加工贸易进口设备	Equipment Importation for Processing Trade	35	57	35	57		
寄售代销贸易	Consignment Trade	13				13	
边境小额贸易	Petty Trade in Border Areas		3				3
对外承包工程出口货物	Goods Exportation for Contracted Projects with Foreign Countries	446	151			446	151
租赁贸易	Leasing Trade	257	23	257			23
外商投资企业作为投资进口的设备物品	Imported Equipment and Materials as Investment of Foreign-Funded Enterprises	9096	4320	9096	4320		
出料加工	Outward Processing Trade						
易货贸易	Barter Trade						
免税外汇商品	Tax-Free Commodities on Foreign Exchange						
保税仓库进出境货物	Inbound and Outbound Goods in Bonded Warehouses	9947	5568	7344	4311	2603	1257
保税区仓储转口货物	Storage of Transit Goods in Bonded Warehouses		31777		14242		17535
出口加工区进口设备	Imported Equipment for Export Processing Zone	81	153	81	153		
其　他	Others	2993	24083	536	657	2457	23426

表16.7 按国别（地区）分的进出口总值（2009－2010年）
IMPORTS AND EXPORTS BY COUNTRY OR REGION (2009-2010)

单位：万美元 (USD 10 000)

国别（地区）	Country(Region)	进出口总值 Total Imports and Exports		其中 of which 进口 Imports		其中 of which 出口 Exports	
		2009	2010	2009	2010	2009	2010
总　计	**Total**	**770859**	**1242634**	**342851**	**493759**	**428008**	**748875**
亚　洲	**Asia**	**321880**	**552273**	**132228**	**250167**	**189652**	**302106**
#孟加拉国	Bangladesh	1405	2743	88	120	1317	2623
缅　甸	Burma	13247	23122			13247	23122
柬埔寨	Cambodia	887	1937		2	887	1934
香　港	Hong Kong	18854	23530	217	332	18637	23198
印　度	India	19657	33552	3304	4471	16353	29081
印度尼西亚	Indonesia	11139	21396	993	8380	10146	13016
伊　朗	Iran	13429	22178	2282	1771	11147	20407
伊拉克	Iraq	459	2895			459	2895
以色列	Israel	832	2298	233	664	599	1633
日　本	Japan	94117	164033	74482	126511	19635	37522
约　旦	Jordan	4638	650			4638	650
科威特	Kuwait	1591	1849	74	467	1517	1382
老　挝	Laos	2009	3590			2009	3590
黎巴嫩	Lebanon	320	602			320	602
澳　门	Macao	300	189			300	189
马来西亚	Malaysia	10124	27152	4983	17544	5141	9608
蒙　古	Mongolia	352	1172			352	1172
阿　曼	Oman	93	4896		4803	93	93
巴基斯坦	Pakistan	12839	17965	34	13	12805	17952
菲律宾	Philippines	7184	13187	158	1837	7026	11349
卡塔尔	Qatar	1669	1461	336	512	1333	949
沙特阿拉伯	Saudi Arabia	3007	6503	643	2691	2364	3812
新加坡	Singapore	15972	10822	12477	5120	3495	5701
韩　国	South Korea	27802	52270	15945	33416	11857	18854
斯里兰卡	Sri Lanka	590	2134			590	2134
叙利亚	Syria	3568	3510			3568	3510
泰　国	Thailand	11977	22076	4825	9836	7152	12240
土耳其	Turkey	4741	9917	947	1596	3794	8321
阿拉伯联合酋长国	United Arab Emirates	5487	11073	492	23	4995	11051
也门共和国	Yemen	671	1145			671	1145
越　南	Vietnam	13083	22499	568	1245	12515	21253
中华人民共和国	PRC	2452	19254	2452	19254		
台湾省	Taiwan	13805	17102	5696	9020	8109	8082
非　洲	**Africa**	**44435**	**62841**	**499**	**1354**	**43936**	**61487**
#阿尔及利亚	Algeria	5571	7449			5571	7449
安哥拉	Angola	2637	3055			2637	3055
埃　及	Egypt	3149	4072	74	163	3075	3909
贝　宁	Benin	478	425		62	478	363
喀麦隆	Cameroon	624	482		3	624	480

表16.7 续表1 continued1

单位：万美元 (USD 10 000)

国别（地区）	Country(Region)	进出口总值 Total Imports and Exports		其中 of which 进口 Imports		出口 Exports	
		2009	2010	2009	2010	2009	2010
吉布提	Djibouti	91	213			91	213
埃塞俄比亚	Ethiopia	511	935			511	935
加　纳	Ghana	830	2062		2	830	2060
几内亚	Guinea	318	751			318	751
科特迪瓦共和国	Cote d'ivoire	141	372			141	372
肯尼亚	Kenya	2250	3184	12	23	2238	3161
利比里亚	Liberia	244	443			244	443
利比亚	Libya	493	594		39	493	556
马达加斯加	Madagascar	229	343		1	229	342
毛里求斯	Mauritius	188	239			188	239
摩洛哥	Morocco	1556	2320		27	1556	2293
莫桑比克	Mozambique	1225	2125			1225	2125
尼日利亚	Nigeria	10740	13046	5	85	10735	12961
塞内加尔	Senegal	92	354			92	354
南　非	South Africa	3541	7032	319	811	3222	6221
苏　丹	Sudan	1424	1172			1424	1172
坦桑尼亚	Tanzania	878	2486			878	2486
多　哥	Togo	4365	5645			4365	5645
突尼斯	Tunisia	586	1161		13	586	1148
乌干达	Uganda	659	268			659	268
布基纳法索	Burkina Faso	489	545			489	545
津巴布韦	Zimbabwe	129	606			129	606
欧　洲	**Europe**	**186254**	**266469**	**105097**	**108121**	**81157**	**158348**
#比利时	Belgium	9040	11205	2150	779	6890	10426
丹　麦	Danmark	2453	2120	1530	1108	923	1012
英　国	UK	11434	17829	7255	8599	4179	9230
德　国	Germany	59366	77529	40174	46277	19192	31252
法　国	France	8898	16019	5038	5558	3860	10461
爱尔兰	Ireland	359	873	33	415	326	458
意大利	Italy	19189	19605	7836	4932	11353	14673
荷　兰	Netherlands	20988	43396	15658	13525	5330	29871
希　腊	Greece	2920	2478	1	134	2919	2345
葡萄牙	Portugal	832	1230	82	83	750	1146
西班牙	Spain	11592	15510	7662	9652	3930	5858
奥地利	Austria	3182	3044	1180	1227	2002	1818
芬　兰	Finland	2221	2593	820	807	1401	1787
匈牙利	Hungary	1147	1897	650	943	497	953
马耳他	Malta	189	3360	5	2	184	3358
挪　威	Norway	1644	3022	709	1328	935	1694
波　兰	Poland	6716	6556	1986	910	4730	5647
罗马尼亚	Romania	908	1278	371	519	537	759

表16.7 续表2 continued2

单位：万美元 (USD 10 000)

国别（地区）	Country(Region)	进出口总值 Total Imports and Exports		其中 of which 进口 Imports		其中 of which 出口 Exports	
		2009	2010	2009	2010	2009	2010
瑞　典	Sweden	7986	7726	6282	5077	1704	2649
瑞　士	Switzerland	3111	3486	2425	2522	686	964
俄罗斯联邦	Russia	8151	15956	2941	1324	5210	14632
乌克兰	Ukraine	1132	3235		253	1132	2982
斯洛文尼亚	Slovenia	251	724	39	50	212	674
克罗地亚	Croatia	385	879	2	3	383	876
捷　克	Czech	664	1719	168	891	496	827
拉丁美洲	**Latin America**	**82849**	**139074**	**31291**	**31379**	**51558**	**107695**
#阿根廷	Argentina	9828	28115	241	5634	9587	22481
玻利维亚	Bolivia	148	262	4		144	262
巴　西	Brazil	33219	35506	25574	18825	7645	16681
智　利	Chile	6222	7558	4109	823	2113	6735
哥伦比亚	Columbia	2764	5507	16	181	2748	5325
哥斯达黎加	Costarica	236	2666	18	2340	218	327
多米尼加共和国	Dominica	879	1926		80	879	1846
厄瓜多尔	Ecuador	2102	3651	21	32	2081	3618
危地马拉	Guatemala	593	1706	2	47	591	1659
圭亚那	Guyana	197	263		3	197	259
海　地	Haiti	305	639			305	639
洪都拉斯	Honduras	428	664		26	428	638
墨西哥	Mexico	11473	19642	1219	3112	10254	16530
尼加拉瓜	Nicaragua	283	505		13	283	493
巴拿马	Panama	1805	4487	5	14	1800	4473
巴拉圭	Paraguay	3064	7282			3064	7282
秘　鲁	Peru	4400	7401	10	35	4390	7366
萨尔瓦多	El Salvador	137	254	5	38	132	216
苏里南	Suriname	129	156			129	156
乌拉圭	Uruguay	3208	8240	10		3198	8240
委内瑞拉	Venezuela	1214	2032		32	1214	2001
北美洲	**North America**	**116619**	**184945**	**58397**	**73141**	**58222**	**111804**
#加拿大	Canada	7533	13076	2521	6112	5012	6964
美　国	U.S.A.	109081	171868	55877	67029	53204	104839
大洋洲	**Oceania**	**18759**	**37031**	**15276**	**29597**	**3482**	**7435**
#澳大利亚	Australia	18060	35598	15246	29529	2814	6069
新西兰	New Zealand	429	1020	31	68	398	953
巴布亚新几内亚	Papua New Guinea	156	249			156	249

表16.8 出口主要商品数量和金额（2009－2010年）
MAIN EXPORT COMMODITIES IN VOLUME AND VALUE (2009-2010)

单位：万美元 (USD 10 000)

品　名	Name	数　量 Volume		金　额 Value	
		2009	2010	2009	2010
活猪(种猪除外)（吨）	Live Hogs (excluding boar hog)(ton)	453	324	83	64
粮　食（吨）	Cereals (ton)	348	574	66	146
蔬　菜（吨）	Vegetables (ton)	4388	17999	743	1945
鲜、干水果及坚果（吨）	Fresh and Dried Fruits and Nuts (ton)	59	105	3	11
茶　叶（吨）	Tea (ton)	11512	6210	896	548
辣椒干（吨）	Dried Capsicum (ton)	19	10	4	2
猪肉罐头（吨）	Canned Pork (ton)	3432	3980	686	734
蘑菇罐头（吨）	Canned Mushroom (ton)	1408	1365	165	201
肠　衣（吨）	Casings (ton)	2857	2859	3925	3015
填充用羽毛；羽绒（吨）	Feathers and Down for Stuffing (ton)	603	610	1545	1907
药　材（吨）	Medical Materials (ton)	65	118	33	380
肥　料（吨）	Fertilizer (ton)	36072	100813	1426	3492
生　丝（吨）	Raw Silk (ton)	676	366	1735	1448
黏土及其他耐火矿物（吨）	Clay and Other Fire-resisting Minerals (ton)	38050	38929	1050	877
天然硫酸钡（重晶石）(吨）	Barite (ton)	345	1474	5	17
钨　品（吨）	Tungsten (ton)	92	34	196	73
碳酸钠(纯碱)（吨）	Sodium Carbonate (ton)	130136	96915	2278	1771
合成有机染料（吨）	Synthetic Organic Dyestuffs (ton)	205	286	133	196
医药品（吨）	Medical and Pharmaceutical Products (ton)	2486	3666	9773	13626
农　药（吨）	Pesticide (ton)	2627	2062	1020	1009
新的充气橡胶轮胎（吨）	Rubber Tyres (ton)	6710	7356	1658	1962
纸及纸板(未切成形的)（吨）	Paper and Paperboard(Unchopped in shape)(ton)	124	416	17	170
纺织纱线. 织物及制品	Yarn, Textile and Products			26035	37904
水泥及水泥熟料（吨）	Cement and Cement Clinker (ton)	3500	18435	19	96
花岗岩石材及制品（吨）	Granite and Products (ton)	3	128		199
玻璃制品（吨）	Glass Products(ton)	15037	19977	1312	3832
家用陶瓷器皿（吨）	Porcelain and Pottery Ware for Household Use (ton)	4751	4187	911	1076
铁合金（吨）	Ferro-Alloys (ton)	10732	8575	915	1058
钢　材（吨）	Rolled Steel (ton)	16972	15742	1874	1848
未锻造的铜及铜材（吨）	Unwrought Copper and Rolled Copper (ton)	205	300	126	266
未锻造的铝及铝材（吨）	Unwrought Aluminum and Rolled Aluminum (ton)	37509	76280	8603	20489
未锻造的锰（吨）	Unwrought Manganese (ton)	6311	16644	1642	4845
钢铁或铜制标准紧固件（吨）	Iron or Copper Nails, Bolts, etc. (ton)	1127	1879	280	663
不锈钢厨具、餐具等家用器具（吨）	Household Utensils like Stainless Steel Cookers and Tableware (ton)	1505	1606	464	547
手用或机用工具（吨）	Tools for Manual or Mechanical Use (ton)	4556	8640	1332	3117
纺织机械及零件	Textile Machinery			366	420

表16.8 续表 continued

单位：万美元 (USD 10 000)

品　名	Name	数　量 Volume		金　额 Value	
		2009	2010	2009	2010
金属加工机床（台）	Machine Tools (set)	261366	337115	1150	877
自动数据处理设备及其部件（千台）	Automatic Data Processing Machines and Components (1000 sets)	217	2313	86	52539
自动数据处理设备的零件（吨）	Parts for Auto Data Processing Equipment (ton)	26	34	162	333
电动机及发电机（万台）	Electric Motors and Generators (10 000 sets)	367	256	2970	1914
变压器（万个）	Transformer (10 000 units)	8244	9444	1910	3528
静止式变流器（万个）	Static Converters (10 000 units)	159	219	427	915
原电池（万个）	Primary Cells and Batteries (10 000 units)	9377	12394	635	728
电话机（万台）	Telephone (10,000 sets)	3	5	135	512
收音设备(包括收录音机及散件)（百台）	Radio Sets (including Sound Recording Apparatus) (100 sets)	638	4445	232	309
电视. 收音机及电讯设备零附件（吨）	Parts of TV sets, Radio Sets and Telecommunication Equipment (ton)	180	130	216	238
通断保护电路装置及零件	Electrical Apparatus for Switching or Protecting Electrical Circuits			450	1016
二极管及类似半导体器件（百万个）	Diode and Semi Conductors (1 million pcs)	231	708	333	829
集成电路（百万个）	IC (1 million pcs)	5	28	554	1377
电线和电缆（吨）	Insulated Wire or Cable (ton)	1019	3036	657	1453
汽　车(包括整套散件)（辆）	Motor Vehicles (including parts) (unit)	28180	56258	16548	30882
汽车零件	Parts of Motor Vehicles			10519	15663
摩托车（万辆）	Motorcycles (unit)	216	366	81613	141208
摩托车及自行车的零件	Parts of Motorcycles and Bicycles			12532	18318
船　舶（艘）	Ships (unit)	38	99	8975	12844
医疗仪器及器械	Medical Instruments and Appliances			604	1073
手　表（万只）	Watch (10 000 pcs)	20	214	23	640
日用钟（万只）	Clocks (10 000 sets)	146	281	378	661
家具及其零件	Furniture			1176	4137
灯具、照明装置及类似品	Lights, Illumination Devices and Similar Products			509	1246
箱包及类似容器	Suitcases, Bags and Similar Containers			649	16008
体育用具及设备	Sports Appliances and Equipment			187	1180
服装及衣着附件	Garments and Accessories			9613	24699
鞋　类	Footwear			2088	5453
塑料制品（吨）	Plastic Articles (ton)	3144	9267	696	5649
玩　具	Toys			209	652
游戏机（万台）	Video Game Consoles (10 000 sets)	4	34	14	300
圣诞用品	Articles for Christmas			94	344
机电产品	Mechanical and Electrical Products			293328	500229
高新技术产品	High and New-tech Products			17719	79487

表16.9 进口主要商品数量和金额（2009－2010年）

MAIN IMPORT COMMODITIES IN VOLUME AND VALUE (2009-2010)

单位：万美元 (USD 10 000)

品　名	Name	数　量 Volume		金　额 Value	
		2009	2010	2009	2010
大　豆（吨）	Soybean (ton)	587361	477554	25951	22237
食用植物油（吨）	Edible Vegetable Oil (ton)	3	12079	2	1111
酒　类（千升）	Liquor (1000 liter)	192	317	61	105
饲料用鱼粉（吨）	Fish Meal as Feedstuff (ton)	4436	4113	403	517
天然橡胶(包括胶乳)（吨）	Natural Rubber (including Latex) (ton)	2419	2680	409	876
合成橡胶(包括胶乳)（吨）	Synthetic Rubber (including Latex) (ton)	17838	9216	3798	2917
纸　浆（吨）	Paper Pulp (ton)	3914	3968	158	388
棉　花（吨）	Cotton (ton)	4399	11082	737	2660
铁矿砂及其精矿（万吨）	Iron Ore (10 000 tons)	305	274	26494	35531
锰矿砂及其精矿（吨）	Manganese Ores (10 000 tons)	9198	6826	179	165
铬矿砂及其精矿（吨）	Chrome Ore and Its Concentrate (ton)		30975		916
成品油（吨）	Petroleum Products Refined (ton)	402	567	214	256
二甲苯（吨）	Xylene (ton)	38559	324091	3988	34556
医药品（吨）	Pharmaceutical Products (ton)	30	33	1296	1775
聚合物油漆及清漆（吨）	Polymer Paint and Varnish (ton)	705	723	205	213
初级形状的塑料（吨）	Primary-Shaped Plastics (ton)	88755	55915	12017	9390
非泡沫塑料的板. 片. 膜. 箔（吨）	Non-Foam-Plastic Plates, Sheets, Films and Foils (ton)	1134	1668	351	691
废塑料（吨）	Waste Plastics (ton)	4499	90	215	7
废　纸（吨）	Waste Paper (ton)	646055	217350	9726	5345
纸及纸板(未切成形的)（吨）	Paper and Paperboard (Unchopped in Shape) (ton)	4412	2938	1557	1069
纺织纱线. 织物及制品	Yarn, Textile and Products			960	879
服装及衣着附件	Garment and Accessories			134	398
废金属（吨）	Waste Metal (ton)	61687	96571	7610	19119
钢　材（吨）	Rolled Steel (ton)	93708	92462	9198	9490
钢铁制标准坚固件（吨）	Iron Nails, Bolts, etc. (ton)	6057	6913	4432	5051
未锻造的铜及铜材（吨）	Unwrought Copper and Rolled Copper (ton)	5138	1319	2521	1017
未锻造的铝及铝材（吨）	Unwrought Aluminum and Rolled Aluminum (ton)	12212	366	1921	153
活塞式内燃机的零件（吨）	Parts of Piston Combustion Engines (ton)	7094	10616	12734	18917
液泵及液体提升机（台）	Liquid Pump and Liquid Lifter (unit)	634020	805587	6601	9143
制冷设备用压缩机（台）	Compressors for Refrigeration (unit)	19773	21756	440	293
空气调节器（台）	Air Conditioners (unit)	5412	11036	182	376
非家用型水的过滤. 净化机器（台）	Water Filter and Purification Machines Not for Home Use (unit)	156	60	212	151
饮料及液体食品灌装设备（台）	Beverage and Liquid Food Filling Equipment (set)	5	3	676	135

表16.9 续表 continued

单位：万美元 (USD 10 000)

品　名	Name	数　量 Volume		金　额 Value	
		2009	2010	2009	2010
机械提升搬运装卸设备及零件	Mechanical Lifting, Handling, Loading and Unloading Equipment and Parts			509	1521
建筑及采矿用机械及零件	Building and Mining Machinery and Parts			573	1020
制造纸及纸制品用机械及零件	Paper and Paper Products Manufacture Machinery and Parts			286	653
印刷. 装订机械及零件	Printing and Binding Machinery and Parts			597	903
纺织机械及零件	Textile Machinery			67	822
金属加工机床（台）	Machine Tools (set)	155	358	6749	10783
金属轧机及零件	Rolling Mill and Parts			2406	233
橡胶或塑料加工机械及零件	Rubber or Plastic Processing Machinery and Parts			743	1834
型模及金属铸造用型箱	Dies and Boxes for Metal Casting			619	786
阀　门（万套）	Valves (10 000 sets)	159	286	1724	3988
自动数据处理设备及其部件（千台）	Automatic Data Processing Machines and Components (1000 sets)	21	2546	747	6409
自动数据处理设备的零件（吨）	Parts for Auto Data Processing Equipment (ton)	2	66	93	9323
制造单晶柱或晶圆用的机器及装置（台）	Crystal Column or Wafer Manufacturing Machines and Devices (set)	16	37	824	1865
制造半导体器件或集成电路用的机器及装置（台）	Machines and Devices for the Manufacture of Semiconductor Devices and IC (sets)	6	150	53	1324
电动机及发电机（万台）	Electric Motors and Generators (10 000 sets)	559	508	1344	1613
发电机组及旋转式变流机（台）	Generating Units and Rotary Converters (set)	137	166	116	195
变压、整流、电感器及零件	Transformers, Rectifiers, Inductors and Parts			2803	828
无线电导航雷达及遥控设备（台）	Radio Navigation Radars and Remote Control Equipment (set)	206147	196301	591	589
收音设备(包括收录音机及散件)（百台）	Radio Sets (including Sound Recording Apparatus) (100 sets)	59	165	95	343
电视. 收音机及电讯设备的零附件（吨）	Parts of TV sets, Radio Sets and Telecommunication Equipment (ton)	38	36	478	238
电容器（吨）	Capacitors (ton)	7	18	106	488
印刷电路（万块）	Printed Circuit (10 000 units)	3744	3398	261	452
通断保护电路装置及零件	Electrical Apparatus for Switching or Protecting Electrical Circuits			3877	5280
二极管及类似半导体器件（百万个）	Diode and Semi Conductors (1 million pcs)	169	239	296	697
集成电路（百万个）	IC (1 million pcs)	32	61	1927	23077
电线和电缆（吨）	Insulated Wire or Cable (ton)	243	448	602	872
汽　车(包括整套散件)（辆）	Motor Vehicles (including parts) (unit)	269	10414	945	15230
汽车零件	Parts of Motor Vehicles			55117	64348
液晶显示板（万个）	LCD (10 000 units)	17	16	72	135
医疗仪器及器械	Medical Instruments and Appliances			4306	7492
计量检测分析自控仪器及器具	Metering, Testing, Analyzing and Auto Controlling Instruments and Appliances			24569	31535
塑料制品（吨）	Plastic Articles (ton)	1445	1545	2188	2366
机电产品	Mechanical and Electrical Products			193038	294611
高新技术产品	High and New-tech Products			43111	96603

表16.10 利用外资情况（2009－2010年）
UTILIZATION OF FOREIGN CAPITAL (2009-2010)

单位：万美元 (USD 10 000)

指　标	Item	2009	2010
新签利用外资协议（合同）数(个)	**Number of Newly Signed Agreements (Contracts) of Foreign Capital Utilization (unit)**	**220**	**261**
外商直接投资	Foreign Direct Investment	161	232
外商其他投资	Other Foreign Investment	59	29
协议（合同）额	**Value of Agreements (Contracts)**	**379861**	**628902**
外商直接投资	Foreign Direct Investment	371427	625891
外商其他投资	Other Foreign Investment	8434	3011
实际利用外资额	**Foreign Capital Actually Utilized**	**404383**	**636956**
外商直接投资	Foreign Direct Investment	401643	634397
外商其他投资	Other Foreign Investment	2740	2559

注：2010年“外商直接投资”的数据口径为“外商投资”。
Note:The statistical scope of “Foreign Direct Investment” in 2010 equals to “Foreign Investment”.

表16.11 对外承包工程、劳务合作和设计咨询（2009－2010年）
CONTRACTED PROJECTS, LABOR SERVICES AND DESIGN & CONSULTATION WITH FOREIGN COUNTRIES AND TERRITORIES (2009-2010)

指　标	Item	2009	2010
签订合同数（个）	**Number of Contracts (unit)**	**80**	**48**
对外承包工程	Contracted Projects	37	29
对外劳务合作	Labor Services	31	14
设计咨询	Design and Consultation	12	5
合同金额（万美元）	**Value of Contracts (USD 10 000)**	**104463**	**81560**
对外承包工程	Contracted Projects	101176	80504
对外劳务合作	Labor Services	1452	700
设计咨询	Design and Consultation	1835	356
实际完成营业额（万美元）	**Value of Turnover Fulfilled (USD 10 000)**	**36885**	**45074**
对外承包工程	Contracted Projects	30092	38951
对外劳务合作	Labor Services	6010	6016
设计咨询	Design and Consultation	783	107
劳务输出（人）	**Labor Exported (person)**	**9942**	**12092**

表16.12 外商直接投资项目（企业）数和投资额（2009－2010年）

NUMBER AND VALUE OF FOREIGN DIRECT INVESTMENT PROJECTS (ENTERPRISES) (2009-2010)

指　标	Item	签定项目（合同）数(个) Number of Projects (Contracts) Signed (unit)		
		2009	2010	至当年底累计 Year-end Accumulation
总　计	**Total**	**161**	**232**	**4947**
按投资方式分	**By Investment Mode**			
合资经营	Joint Venture	64	77	2490
合作经营	Cooperative Operation	5	5	287
独资经营	Solely Foreign-Funded	90	146	2159
股份制	Share Holding	2	2	9
合作开发	Cooperative Operation		1	1
其　他	Others		1	1
按行业分	**By Sector**			
第一产业	Primary Industry	11	11	127
第二产业	Secondary Industry	68	107	3010
工　业	Industry	64	105	2788
建筑业	Construction	4	2	222
第三产业	Tertiary Industry	82	114	1810
交通运输、仓储及邮电通讯业	Transport, Storage, Post and Communication	2	9	96
信息传输、计算机服务和软件业	Information Transmission, Computer Services and Softwares	7	9	50
批发和零售业	Wholesale and Retail Trades	17	25	115
住宿和餐饮业	Hotels and Catering Services	1	4	219
金融业	Financial Intermediation	3	2	7
房地产业	Real Estate	11	13	602
租赁和商务服务业	Leasing and Business Services	27	42	627
科学研究、技术服务和地质勘测业	Scientific Research, Technical Service and Geologic Prospecting	3		19
水利、环境和公共设施管理业	Management of Water Conservancy, Environment and Public Facilities	5	4	19
居民服务和其他服务业	Services to Households and Other Services	3	4	18
教　育	Education	1	1	21
文化、体育与娱乐业	Culture, Sports and Entertainment	2	1	11
其　他	Others			6
按主要国别（地区）分	**By Country (Region)**			
澳　门	Macao	3	2	49
台　湾	Taiwan	17	22	803
日　本	Japan	7	12	236
美　国	USA	8	10	508
加拿大	Canada	1	4	108
香　港	Hong Kong	81	108	2199
新西兰	New Zealand	1		17
新加坡	Singapore	7	14	176
马来西亚	Malaysia	3	1	57
澳大利亚	Australia	3	5	66
法　国	France	2	4	33
英　国	UK	2	2	63
瑞　典	Sweden		1	9
韩　国	South Korea	2	4	92
印度尼西亚	Indonesia			14
泰　国	Thailand	1	1	48
比利时	Belgium			4
瑞　士	Switzerland			6

注：1. 本表当年底累计数据除实际利用外资累计数按行业分组和按主要国别分组为1998年开始的累计数外，其余均为1979年开始的累计数。
2. 2010年数据口径为“外商投资”。

单位：万美元 (USD 10 000)

外商协议投资额 Contracted Foreign Investment			实际利用外资额 Foreign Capital Actually Utilized		
2009	2010	至当年底累计 Year-end Accumulation	2009	2010	至当年底累计 Year-end Accumulation
371427	**625891**	**2559492**	**401643**	**634397**	**1907312**
187439	159904	926098	181594	184758	754978
14119	6865	197156	9852	4241	91618
153037	267962	1209748	186998	254325	838736
16832	37026	68656	23199	36939	63993
	6334	6334		6334	6334
	147800	151500		147800	151653
9869	571	45482	1001	827	6152
148111	225344	1067309	147233	190635	631442
142722	218357	1010313	143324	189349	622441
5389	6987	56996	3909	1286	9001
213447	399976	1446701	253409	442935	1117857
1845	4114	37917	414	1536	10950
35	768	4750	77	474	1840
9113	-1708	58479	14698	8109	34014
122	7233	44840	1036	7200	25075
33097	149676	198529	24864	156075	199391
87076	186704	883985	144357	239887	722859
64314	43476	172455	53832	24116	96287
259		1149		4	126
12944	5200	24356	10018	4638	16150
400	5007	10893	2322	596	3905
1699	1	6237	1785		6045
2543	-495	2346		300	550
		765	6		665
-1079	367	8143	152	199	1764
1679	410	82628	1614	990	29625
2379	7689	92259	7472	8615	65947
8410	7118	98096	9933	7817	50376
274	829	11092	3076	348	7751
258300	529730	1651999	249505	544495	1154946
		2449			198
12949	9427	69622	24542	2799	44785
71	57	9927	565	22	2881
287	3840	13019	569	3961	7372
25	3498	7965	11	3000	5623
3760	1113	26973	3542	58	17309
	-61	2422			1516
-251	11663	24246	556	2150	6514
		1051		116	191
1705	7	8671	206		1325
	69	239			107
200		1070	200		4540

Note: a)All data of year-end accumulation are summed from 1979 except foreign capital actually utilized classified by sector and by country (region) which are summed from 1998.
b)The statistical scope of 2010 in the table above is "Foreign Investment".

表16.13 实际利用内资项目资金来源情况（2009－2010年）
ACTUAL UTILIZATION OF DOMESTIC CAPITAL BY SOURCE (2009-2010)

单位：万元 (10 000 yuan)

项　目	Item	2009	2010
总　计	**Total**	**14680196**	**26382949**
按资金来源分组	**By Source of Domestic Capital**		
#北　京	Beijing	2660875	5666209
天　津	Tianjin	166070	138789
河　北	Hebei	106250	209983
山　西	Shanxi	141816	204947
内蒙古	Inner Mongolia	33747	46046
辽　宁	Liaoning	206644	282247
吉　林	Jilin	16304	28939
黑龙江	Heilongjiang	51186	231505
上　海	Shanghai	1864409	2603960
江　苏	Jiangsu	789267	1652952
浙　江	Zhejiang	1734985	3040140
安　徽	Anhui	183336	287623
福　建	Fujian	807726	1543318
江　西	Jiangxi	46098	124069
山　东	Shandong	265637	661351
河　南	Henan	69946	151409
湖　北	Hubei	387883	662246
湖　南	Hunan	120520	384901
广　东	Guangdong	2806125	4304826
广　西	Guangxi	52629	29213
海　南	Hainan	24668	49016
四　川	Sichuan	1648097	2888314
贵　州	Guizhou	153286	238482
云　南	Yunnan	185573	596516
西　藏	Tibet	52618	13803
陕　西	Shaanxi	33269	196234
甘　肃	Gansu	17385	40440
青　海	Qinghai	1398	3180
宁　夏	Ningxia	245	1083
新　疆	Xinjiang	52204	101208
#东部地区	Eastern Region	11432656	20152791
中部地区	Middle Region	1017089	2075639
西部地区	Western Region	2230451	4154519

表16.14 实际利用内资项目资金行业分布情况（2009－2010年）
ACTUAL UTILIZATION OF DOMESTIC CAPITAL BY SECTOR (2009-2010)

单位：万元 (10 000 yuan)

项　目	Item	2009	2010
总　计	**Total**	**14680196**	**26382949**
按行业分	**By Sector**		
第一产业	Primary Industry	334215	730882
第二产业	Secondary Industry	7069998	11385667
采矿业	Mining and Quarrying	677736	774522
制造业	Manufacturing	4755830	7699978
电力、燃气及水的生产和供应业	Production and Supply of Electricity, Gas and Water	798351	1035409
建筑业	Construction	838081	1875758
第三产业	Tertiary Industry	7275983	14266400
交通运输、仓储及邮政业	Transport, Storage and Post	369552	1199475
信息传输、计算机服务和软件业	Information Transmission, Computer Services and Software	145429	84075
批发与零售业	Wholesale and Retail Trades	392329	1194332
住宿和餐饮业	Hotels and Catering Services	179094	297677
金融业	Financial Intermediation	87109	413079
房地产业	Real Estate	5314916	9838473
租赁与商务服务业	Leasing and Business Services	67649	291226
科学研究、技术服务与地质勘查业	Scientific Research, Technical Service and Geologic Prospecting	13125	72193
水利、环境和公共设施管理业	Management of Water Conservancy, Environment and Public Facilities	321637	331735
居民服务和其他服务业	Services to Households and Other Services	35926	80235
教　育	Education	166468	153214
卫生、社会保障和社会福利业	Health, Social Security and Social Welfare	27835	53532
文化、体育与娱乐业	Culture, Sports and Entertainment	154914	257154
公共管理与社会组织	Public Administration and Social Organizations		

表16.15 1000万元以上利用内资项目合同（协议、计划）资金来源情况（2009－2010年）

UTILIZATION OF CONTRACTED (AGREED, PLANNED) DOMESTIC CAPITAL ABOVE 10 MILLION YUAN BY SOURCE (2009-2010)

单位：万元 (10 000 yuan)

项　目	Item	项目合同（协议、计划）总资金 Total Contracted (Agreed, Planned) Capital		其 中 of which #外省投入 From OutsideChongqing	
		2009	2010	2009	2010
总　计	**Total**	**64226015**	**109302362**	**56950620**	**98649723**
按资金来源分	**By Source of Domestic Capital**				
#北　京	Beijing	13390175	27709031	11094514	23229127
天　津	Tianjin	279117	751536	285680	866861
河　北	Hebei	349588	618989	266892	520116
山　西	Shanxi	1462900	1639400	1460600	1636400
内蒙古	Inner Mongolia	63000	72500	58000	66000
辽　宁	Liaoning	816800	1198803	787900	1067903
吉　林	Jilin	38558	53558	33658	48658
黑龙江	Heilongjiang	109300	307879	101420	288509
上　海	Shanghai	6714394	10210779	6246370	9356161
江　苏	Jiangsu	3089116	6463645	2173720	5655089
浙　江	Zhejiang	8095071	11801888	7455602	10952344
安　徽	Anhui	574487	890787	567787	857087
福　建	Fujian	3700001	5080724	3563651	4868974
江　西	Jiangxi	82400	236978	82400	236198
山　东	Shandong	1432465	2422221	1179613	2014819
河　南	Henan	361044	493329	338894	476179
湖　北	Hubei	2167817	2327187	2049630	2317838
湖　南	Hunan	178826	656010	178771	801185
广　东	Guangdong	12171281	17990935	10463993	16108035
广　西	Guangxi	73300	81800	73300	81800
海　南	Hainan	253000	110500	248000	102500
四　川	Sichuan	5956769	12950664	5062007	12049832
贵　州	Guizhou	292950	535100	556970	801720
云　南	Yunnan	2162800	2946942	2203200	2994339
西　藏	Tibet	78400	20866	73600	13559
陕　西	Shaanxi	156556	783356	156556	684645
甘　肃	Gansu	25700	627355	25700	228453
青　海	Qinghai	3000	6900	13992	17692
宁　夏	Ningxia	2000	3500	2000	3000
新　疆	Xinjiang	145200	309200	146200	304700
#东部地区	Eastern Region	50291008	84359051	44030867	75253508
中部地区	Middle Region	4975332	6605128	4806815	6463909
西部地区	Western Region	8959675	18338183	8112938	16932306

表16.16 1000万元以上实际利用内资项目资金来源情况（2009－2010年）
ACTUALLY UTILIZATION OF DOMESTIC CAPITAL ABOVE 10 MILLION YUAN BY SOURCE (2009-2010)

单位：万元 (10 000 yuan)

项　目	Item	实际利用内资 Domestic Capital Actually Utilized	
		2009	2010
总　计	**Total**	**13760177**	**24678441**
按资金来源分	**By Source of Domestic Capital**		
#北　京	Beijing	2619829	5594926
天　津	Tianjin	141037	122010
河　北	Hebei	83180	180342
山　西	Shanxi	108727	190140
内蒙古	Inner Mongolia	32200	43440
辽　宁	Liaoning	200226	271207
吉　林	Jilin	15000	26800
黑龙江	Heilongjiang	48327	205695
上　海	Shanghai	1795513	2513937
江　苏	Jiangsu	751884	1581319
浙　江	Zhejiang	1604530	2722424
安　徽	Anhui	177134	261424
福　建	Fujian	747519	1307565
江　西	Jiangxi	26941	102664
山　东	Shandong	239637	628486
河　南	Henan	55891	124292
湖　北	Hubei	358033	597380
湖　南	Hunan	60883	337447
广　东	Guangdong	2724150	4143656
广　西	Guangxi	44600	25160
海　南	Hainan	18800	40740
四　川	Sichuan	1458012	2562542
贵　州	Guizhou	126210	190670
云　南	Yunnan	179666	572326
西　藏	Tibet	51400	11959
陕　西	Shaanxi	24936	185241
甘　肃	Gansu	16525	38189
青　海	Qinghai	1013	2518
宁　夏	Ningxia	242	933
新　疆	Xinjiang	48132	93009
#东部地区	Eastern Region	10926305	19106612
中部地区	Middle Region	850936	1845842
西部地区	Western Region	1982936	3725987

表16.17 1000万元以上利用内资项目合同（协议、计划）资金行业分布及登记注册类型情况（2009－2010年）

UTILIZATION OF CONTRACTED (AGREED, PLANNED) DOMESTIC CAPITAL ABOVE 10 MILLION YUAN BY SECTOR AND BY REGISTRATION (2009-2010)

单位：万元 (10 000 yuan)

项　目	Item	项目合同（协议、计划）总资金 Total Contracted (Agreed, Planned) Capital		其 中 of which #外省投入 From OutsideChongqing	
		2009	2010	2009	2010
总　计	**Total**	**64226015**	**109302362**	**56950620**	**98649723**
按行业分	**By Sector**				
第一产业	Primary Industry	1020274	2438754	998859	2340077
第二产业	Secondary Industry	29600233	51419756	26390473	47418487
采矿业	Mining and Quarrying	1977670	2342454	1961770	2326254
制造业	Manufacturing	19279431	35465700	17970030	33907588
电力、燃气及水的生产和供应业	Production and Supply of Electricity, Gas and Water	5678516	5964906	4192888	4548054
建筑业	Construction	2664616	7646696	2265785	6636591
第三产业	Tertiary Industry	33605508	55443852	29561288	48891159
交通运输、仓储及邮政业	Transport, Storage and Post	1764541	5451012	1506483	4681567
信息传输、计算机服务和软件业	Information Transmission, Computer Services and Software	279036	153510	273036	148510
批发与零售业	Wholesale and Retail Trades	805168	2495217	803168	2435217
住宿和餐饮业	Hotels and Catering Services	630350	1673050	595550	1631750
金融业	Financial Intermediation	154361	942302	128734	487232
房地产业	Real Estate	26272598	40029717	22673271	35328914
租赁与商务服务业	Leasing and Business Services	85800	470380	55800	470380
科学研究、技术服务与地质勘查业	Scientific Research, Technical Service and Geologic Prospecting	28200	136000	24700	125900
水利、环境和公共设施管理业	Management of Water Conservancy, Environment and Public Facilities	866654	2302500	784946	1869900
居民服务和其他服务业	Services to Households and Other Services	32500	264700	31500	194700
教　育	Education	517200	476700	516700	470200
卫生、社会保障和社会福利业	Health, Social Security and Social Welfare	1114200	57492	1113200	56492
文化、体育与娱乐业	Culture, Sports and Entertainment	1054900	991272	1054200	990397
公共管理与社会组织	Public Administration and Social Organizations				
按登记注册类型分	**By Registration**				
国有企业	State-owned Enterprises	3155565	4353105	2577754	3843911
集体企业	Collective-owned Enterprises	41100	33360	40900	33360
股份合作企业	Cooperative Enterprises	62900	89366	55150	81309
联营企业	Joint-owned Enterprises	36558	41418	31658	35978
有限责任公司	Limited Liabilities Corporation	34707860	57500332	31495734	51713182
股份有限公司	Share-holding Ltd.	17342312	35665554	15966369	33377294
私营企业	Private Enterprises	4773110	7432829	4382113	7043898
其他企业	Other Enterprises	399590	506300	385085	506300
港、澳、台商投资企业	Enterprises Funded by Hong Kong, Macao and Taiwan	2903227	3032607	1351964	1485424
外商投资企业	Foreign-funded Enterprises	295973	239421	169543	141267
个　人	Individual	41050	123200	41050	123200
其　他	Others	466770	284870	453300	264600

表16.18 1000万元以上利用内资项目资金行业分布及登记注册类型情况（2009－2010年）

UTILIZATION OF DOMESTIC CAPITAL ABOVE 10 MILLION YUAN BY SECTOR AND BY REGISTRATION (2009-2010)

单位：万元 (10 000 yuan)

项　目	Item	实际利用内资 Domestic Capital Actually Utilized	
		2009	2010
总　计	**Total**	**13760177**	**24678441**
按行业分	**By Sector**		
第一产业	Primary Industry	247343	541444
第二产业	Secondary Industry	6655839	10836278
采矿业	Mining and Quarrying	615492	715551
制造业	Manufacturing	4494586	7348903
电力、燃气及水的生产和供应业	Production and Supply of Electricity, Gas and Water	782740	1003787
建筑业	Construction	763021	1768037
第三产业	Tertiary Industry	6856995	13300719
交通运输、仓储及邮政业	Transport, Storage and Post	342366	1164542
信息传输、计算机服务和软件业	Information Transmission, Computer Services and Software	118036	53010
批发与零售业	Wholesale and Retail Trades	232468	660325
住宿和餐饮业	Hotels and Catering Services	145208	217440
金融业	Financial Intermediation	81554	409927
房地产业	Real Estate	5245293	9711724
租赁与商务服务业	Leasing and Business Services	23970	226938
科学研究、技术服务与地质勘查业	Scientific Research, Technical Service and Geologic Prospecting	8198	65171
水利、环境和公共设施管理业	Management of Water Conservancy, Environment and Public Facilities	315601	319989
居民服务和其他服务业	Services to Households and Other Services	17050	43790
教　育	Education	161508	148449
卫生、社会保障和社会福利业	Health, Social Security and Social Welfare	23341	47422
文化、体育与娱乐业	Culture, Sports and Entertainment	142402	231992
公共管理与社会组织	Public Administration and Social Organizations		
按登记注册类型分	**By Registration**		
国有企业	State-owned Enterprises	985157	1029110
集体企业	Collective-owned Enterprises	26500	12784
股份合作企业	Cooperative Enterprises	22910	44221
联营企业	Joint-owned Enterprises	15000	14920
有限责任公司	Limited Liabilities Corporation	6855259	13304921
股份有限公司	Share-holding Ltd.	3712290	7202892
私营企业	Private Enterprises	1300621	2294543
其他企业	Other Enterprises	114894	34303
港、澳、台商投资企业	Enterprises Funded by Hong Kong, Macao and Taiwan	448162	479752
外商投资企业	Foreign-funded Enterprises	145019	76103
个　人	Individual	25640	86296
其　他	Others	108725	98596

表16.19 旅游基本情况（2009－2010年）
BASIC STATISTICS ON TOURISM (2009-2010)

指　标	Item	2009	2010
国际旅游者人数（人次）	**International Tourists (person-time)**	**1048125**	**1370231**
外国人	Foreigners	847967	1039598
#日　本	Japan	97866	142581
新加坡	Singapore	34406	70639
泰　国	Thailand	5757	43307
美　国	United States	250671	192408
加拿大	Canada	24887	47158
法　国	France	23973	17139
英　国	United Kingdom	52445	34476
德　国	Germany	78418	102841
意大利	Italy	14041	7261
澳大利亚	Australia	29008	28213
香港同胞	Compatriots from Hong Kong	118512	175091
澳门同胞	Compatriots from Macao	2431	4565
台湾同胞	Compatriots from Taiwan	79215	150977
来渝旅游者平均逗留天数（天）	Average Period Tourists Staying in Chongqing (day)	3.0	3.4
旅行社组织国内居民出境旅游人数（万人天）	**Number of Outbound Chinese Tourists Organized by Travel Agencies (10 000 person-days)**	**123.37**	**113.26**
国内旅游者人数（万人次）	**Domestic Tourists (10 000 person-times)**	**12191.03**	**16036.57**
旅游收入	**Earnings from Tourism**		
国际旅游外汇收入（万美元）	Foreign Exchange Earnings from International Tourism (USD 10 000)	53721	70320
国内旅游收入（亿元）	Earnings from Domestic Tourism (100 million yuan)	666.34	868.36
星级饭店数（个）	**Number of Star-Rated Hotel (unit)**	**266**	**271**
年末旅行社数（个）	**Number of Travel Agencies at Year-end (unit)**	**353**	**406**
出境旅行社	International Travel Agencies	20	24
一般旅行社	Domestic Travel Agencies	333	382
年末旅行社从业人员（人）	**Number of Employees of Travel Agencies at Year-end (person)**	**6813**	**7123**
出境旅行社	International Travel Agencies	2445	2521
一般旅行社	Domestic Travel Agencies	4368	4602

表16.20 星级饭店基本情况（2009－2010年）
BASIC STATISTICS ON STAR-RATED HOTELS (2009-2010)

指 标	Item	2009	2010
星级饭店数（个）	**Number of Star-rated Hotels (unit)**	**266**	**271**
按星级分	By Star Level		
#五星级	5-star	11	14
四星级	4-star	53	60
三星级	3-star	123	128
按注册类型分	By Registration		
内 资	Domestic Funded	255	261
#国 有	State-owned	80	81
集 体	Collective-owned	18	17
私 营	Private	95	100
股份制	Share-holding	25	28
外商及港澳台投资	Foreign-funded and Funded by Hong Kong, Macao and Taiwan	11	10
按饭店客房规模分	By Capacity		
300间以上	With 300 Rooms and Above	11	12
200-299间	With 200-299 Rooms	19	21
100-199间	With 100-199 Rooms	87	91
99间以下	With Less Than 100 Rooms	149	147
星级饭店客房数（间）	**Number of Rooms in Star-rated Hotels (unit)**	**29873**	**31242**
#五星级	5-star	4125	4713
四星级	4-star	8812	9911
三星级	3-star	12241	12264
星级饭店床位数（张）	**Number of Beds in Star-rated Hotels (unit)**	**51738**	**53578**
#五星级	5-star	5573	6989
四星级	4-star	14464	16240
三星级	3-star	22300	22236

表16.21 重庆与国外友好城市交流（2009－2010年）
COMMUNICATIONS WITH FOREIGN TWIN CITIES (2009-2010)

指 标	Item	2009	2010
与国外结成友好城市累计数（个）	**Total Number of Foreign Twin Cities with Chongqing (unit)**	**21**	**23**
出访交流考查	**People Sent for Study Tour**		
批 数（批）	Number of Groups (group)	35	36
人（人次）	Number of People (person-time)	191	284
派出进修生	**People Sent Abroad for Further Studies**		
批 数（批）	Number of Groups (group)	3	2
人（人次）	Number of People (person-time)	27	4
接待来访团组	**Visitor Groups Received**		
批 数（批）	Number of Groups (group)	17	18
人（人次）	Number of People (person-time)	93	183

重/庆/统/计/年/鉴

主要统计指标解释

■ 进出口总额

指实际进出我国国境的货物总金额。包括对外贸易实际进出口货物，来料加工装配进出口货物，国家间、联合国及国际组织无偿援助物资和赠送品，华侨、港澳台同胞和外籍华人捐赠品，租赁期满归承租人所有的租赁货物，进料加工进出口货物，边境地方贸易及边境地区小额贸易进出口货物(边民互市贸易除外)，中外合资企业、中外合作经营企业、外商独资经营企业进出口货物和公用物品，到、离岸价格在规定限额以上的进出口货样和广告品(无商业价值、无使用价值和免费提供出口的除外)，从保税仓库提取在中国境内销售的进口货物，以及其他进出口货物。该指标可以观察一个国家在对外贸易方面的总规模。我国规定出口货物按离岸价格统计，进口货物按到岸价格统计。

■ 商品经营单位所在地进、出口额

指在所在地海关注册登记的有进出口经营权的企业实际进、出口额。

■ 利用外资

指我国各级政府、部门、企业和其他经济组织通过对外借款、吸收外商直接投资以及用其他方式筹措的境外现汇、设备、技术等。

■ 对外借款

指通过对外正式签订借款协议，从境外筹措的资金，包括外国政府贷款、国际金融组织贷款、外国银行商业贷款、出口信贷以及对外发行债券等。1996年及以前还包括对外发行股票。该指标是我国利用外资的重要部分。

■ 外商直接投资

指外国企业和经济组织或个人(包括华侨、港澳台胞以及我国在境外注册的企业)按我国有关政策、法规，用现汇、实物、技术等在我国境内开办外商独资企业、与我国境内的企业或经济组织共同举办中外合资经营企业、合作经营企业或合作开发资源的投资(包括外商投资收益的再投资)，以及经政府有关部门批准的项目投资总额内企业从境外借入的资金。

■ 外商其他投资

指除对外借款和外商直接投资以外的各种利用外资的形式。包括企业在境内外股票市场公开发行的以外币计价的股票（目前主要是在香港证券市场发行的H股和在境内证券市场发行的B股）发行价总额，国际租赁进口设备的应付款，补偿贸易中外商提供的进口设备、技术、物料的价款，加工装配贸易中外商提供的进口设备、物料的价款。

■ 入境游客

指来中国（大陆）观光、度假、探亲访友、就医疗养、购物、参加会议或从事经济、文化、体育、宗教活动的外国人、港澳台同胞等游客（即入境旅游人数）。统计时，入境游客按每入境一次统计。

■ 旅游外汇收入

指入境旅游者在中国（大陆）境内旅行、游览过程中用于交通、参观展览、住宿、餐饮、购物、娱乐等全部花费。

■ 对外承包工程

指各对外承包公司以招标议标承包方式承揽的下列业务：(1)承包国外工程建设项目；(2)承包我国对外经援项目；(3)承包我国驻外机构的工程建设项目；(4)承包我国境内利用外资进行建设的工程项目；(5)与外国承包公司合营或联合承包工程项目时我国公司分包部分；(6)对外承包兼营的房屋开发业务。对外承包工程的营业额是以货币表现的本期内完成的对外承包工程的工作量，包括以前年度签订的合同和本年度新签订的合同在报告期内完成的工作量。

■ 对外劳务合作

指以收取工资的形式向业主或承包商提供技术和劳动服务的活动。我国对外承包公司在境外开办的合营企业，中国公司同时又提供劳务的，其劳务部分也纳入劳务合作统计。劳务合作营业额按报告期内向雇

主要统计指标解释

主提交的结算数(包括工资、加班费和奖金等)统计。

■ 对外设计咨询

指以服务成果向业主收费的技术服务项目。包括承担地形地貌测绘，地质资源勘探与普查，建设区域规划，提供设计文件、图纸、生产工艺技术资料和工程技术经济咨询，工程项目的可行性考察、研究和评估，进行技术指导和培训人员等；也包括承担国(境)内利用外资建设工程项目中的设计咨询项目内收取外币部分。

■ 内资

指重庆市以外中华人民共和国境内（不包括港、澳、台地区）的企、事业单位、社会团体及其他投资者，来渝以从事经济社会活动为主要目的，遵循市场机制法则，本着互利互惠的原则进行的独资、合资、参股合作等而流入的资金。它不包括中央和各级政府无偿捐赠等。

Explanatory Notes on Main Statistical Indicators

□ Total Imports and Exports at Customs

Refer to the real value of commodities imported and exported across the border of China. They include the actual imports and exports through foreign trade, imported and exported goods under the processing and assembling trades and materials, supplies and gifts as aid given gratis between governments and by the United Nations and other international organizations, and contributions donated by overseas Chinese, compatriots in Hong Kong and Macao and Chinese with foreign citizenship, leasing commodities owned by tenant at the expiration of leasing period, the imported and exported commodities processed with imported materials, commodities trading in border areas (excluding mutual exchange goods), the imported and exported commodities and articles for public use of the Sino-foreign joint ventures, cooperative enterprises and ventures with sole foreign investment. Also included is import or export of samples and advertising goods for which CIF or FOB value are beyond the permitted ceiling (excluding goods of no trading or use value and free commodities for export), imported goods sold in China from bonded warehouses and other imported or exported goods. The indicator of the total imports and exports at customs can be used to observe the total size of external trade in a country. In accordance with the stipulation of the Chinese government, imports are calculated at CIF, while exports are calculated at FOB.

□ Import Export Value by Location of China's Foreign Trade Managing Units

Refers to actual value of imports and exports carried out by corporations which have been registered by the local Customs house and are vested with right to run import export business.

□ Utilization of Foreign Capital

Refers to remittance, equipment and technology financed from abroad, by loans, foreign direct investment and other forms undertaken by the Chins governments at all levels, by various departments, enterprises and other economic units.

□ Foreign Loans

Refer to funds borrowed from abroad through formal signing of borrowing agreements with foreign institutions, including loans of foreign governments, loans of international financial institutions, commercial loans of foreign banks, export credit, and funds raised by Chinese bonds (and shares before 1996) issued abroad.It is an important part of China's utilization of foreign capital.

□ Foreign Direct Investment

Refers to the investments inside China by foreign enterprises and economic organizations or individuals (including overseas Chinese, compatriots from Hong Kong and Macao, and Chinese enterprises registered abroad), following the relevant policies and laws of China, for the establishment of ventures exclusively with foreign own investment, Sino-foreign joint ventures and cooperative enterprises or for co-operative exploration of resources with enterprises or economic organizations in China. It includes the re-investment of the foreign entrepreneurs with the profits gained from the investment and the funds that enterprises borrow from abroad in the total investment of projects which are approved by the relevant department of the government.

□ Other Foreign Investment

Refers to all forms of utilization of foreign capitals other than foreign borrowings and foreign direct investment. It includes the total value of stock shares in foreign currencies issued by enterprises at domestic or foreign stock exchanges (now mainly consisting of K shares issued at Hong Kong Security Market and B shares issued at domestic security markets), rent payable for the imported equipment through international leasing arrangement, cost of imported equipment, technology and materials provided by foreign counterparts in compensation trade and processing and assembly trade.

□ Visitor arrivals

Refer to the number of foreigners, Chinese compatriots from Hong Kong, Macao and Taiwan Chinese (mainland) who come to China (mainland) for sight-seeing, vacation, visiting relatives, medical treatment, shopping, attending conference, or to engage in economic, cultural, sports and religious activities. In compiling statistics, each time of entering China is counted as one person-time.

EXPLANATORY NOTES TO MAJOR STATISTICAL INDICATORS

□ Foreign Exchange Earnings from Tourism

Refer to the total expenditures cost in the process of foreigners' tourism in the mainland of China, including traffic, visit, accommodation, table, shopping and amusement expenditures.

□ Overseas Contracted Project

Refers to projects undertaken by Chinese contractors (project contracting companies) through bidding process. They include: (1) overseas civil engineering construction projects financed by foreign investors; (2) overseas projects financed by the Chinese government through its foreign aid programs; (3) construction projects of Chinese diplomatic missions, trade offices and other institutions stationed abroad; (4) construction projects in China financed by foreign investment; (5) sub-contracted projects to be taken by Chinese contractors through a joint umbrella project with foreign contractor(s); (6) housing development projects. The business income from international contracted projects is the work volume of contracted projects completed during the reference period, expressed in monetary terms, including completed work on projects signed in previous years.

□ Overseas Labour Services

Refer to the activities of providing technology and labour services to employers or contractors in the forms of receiving salaries and wages. Labour services providing by contractual joint ventures of Chinese international contracting corporations should be included in the statistics of service co-operation with foreign countries. The business income of labour service cooperation is the income in the form of wages and salaries, overtime pay, bonuses and other remuneration received from the employers during the reference period.

□ Overseas Design and Consultation Services

Refer to projects with income for technical services provided to overseas operators. It includes geographic and topographic mapping, geological resource prospecting and survey, planning of construction areas, provision of design documents, blueprints, materials on production process and techniques, as well as engineering, technical and economic consultation, and feasibility study, research and evaluation of projects. Also included under this category are the above-mentioned services of foreign-financed projects in China that are paid in foreign currencies.

□ Domestic Capital

Refers to capital inpoured by the way of sole investment, joint venture and cooperative operation from the corporations, social unions and other investors within China boundaries but outside Chongqing municipality (excluding Hong Kong, Macao, Taiwan) who consider engaging economic and social activities as their main destination in Chongqing, and follow the market system on behalf of equality. It excludes the subscription for no payment of central and local governments.

17

金融业

FINANCIAL STATISTICS

简要说明 Brief Introduction

本章资料包括全市金融机构信贷收支、证券和保险业情况，由市统计局综合处根据有关部门资料整理编辑。资料分别来源于中国人民银行重庆营业部、重庆市发展和改革委员会、重庆证监局、重庆保监局和重庆保险行业协会。

The data in this chapter include the statistics on credit funds balance of financial institutions, securities and insurance, which are sorted and compiled by Division of Comprehensive Statistics, Chongqing Municipal Bureau of Statistics. The data are provided by Chongqing Business Department of the People's Bank of China, Chongqing Development and Reform Commission, China Securities Regulatory Commission Chongqing Bureau, China Insurance Regulatory Commission Chongqing Bureau and Insurance Association of Chongqing.

表17.1 主要金融机构数（2009－2010年）
NUMBER OF MAIN FINANCIAL INSTITUTIONS (2009-2010)

单位:个 (unit)

指　标	Item	2009	2010
银行机构	**Banks**		
内资银行	Dometic-funded Banks		
省（市）级分行/市联社会	Branches / Rural Credit Cooperative at Provincial (Municipal) Level	23	27
一级支行/地（区）级联合社	Sub-branches at 1st Level / Rural Credit Cooperative at District Level	369	524
二级支行/信用社	Sub-branches at 2nd Level / Credit Cooperative	1499	1410
分理处（分社）	Banking Offices (Credit Cooperative Branches)	2195	2139
储蓄所	Saving Offices	88	73
中外合资、外资银行分行	Branches of Joint-venture Banks with Foreign Investment and Wholly Foreign-owned Banks	8	8
保险机构	**Insurance Institutions**		
保险公司法人机构	Corporate Entity of Insurance Companies	3	3
内资保险公司	Dometic-funded Insurance Companies		
省（市）级分公司	Branches at Provincial (Municipal) Level	27	30
中心支公司	Central Sub-branches	39	45
支公司	Sub-branches	253	310
营销服务部	Marketing & Service Departments	776	791
中外合资、外资保险公司	Insurance Joint-venturse with Foreign Investment and Wholly Foreign-owned Insurance Companies	5	5
外资保险公司代表处	Agencies of Foreign-funded Insurance Companies	1	1
专业保险中介机构	Professional Insurance Intermediary Institutions		
保险代理公司	Insurance Agent Companies	26	25
保险公估公司	Insurance Assessment Companies	8	9
保险经纪公司	Insurance Broker Companies	14	14
证券机构	**Security Institutions**		
内资证券公司	Dometic-funded Security Companies		
法人机构	Corporate Entity	1	1
营业部	Business Departments	81	96
服务部	Service Departments	11	
中外合资、外资证券公司分公司	Security Branches of Joint-ventures with Foreign Investment and Wholly Foreign-owned Security Companies		

注：1）中外合资、外资金融机构数只统计到省（市）级。
2）保险机构数不含中国出口信用保险公司重庆营业管理部。

Note: a) Joint-venture financial institutions with foreign investment and wholly foreign-owned financial institutions are accounted up to provincial(municipal) level only.
b) Chongqing Business Department of China Export & Credit Insurance Corporation is not incuded in the number of insurance institutions.

表17.2 金融机构（含外资）存贷款年末余额（1980－2010年）

YEAR-END DEPOSIT AND LOAN BALANCE OF FINANCIAL INSTITUTIONS (INCLUDING FOREIGN-FUNDED INSTITUTIONS) (1980-2010)

单位：亿元 (100 million yuan)

年份 Year	本外币存款余额 Total Deposit Balance of RMB and Foreign Currencies	人民币存款余额 Total Deposit Balance of RMB	其中 of which		本外币贷款余额 Total Loan Balance of RMB and Foreign Currencies	人民币贷款余额 Total Loan Balance of RMB	其中 of which	
			#企业存款 Enterprise Deposits	#储蓄存款 Urban and Rural Saving Deposits			短期贷款 Short-term Loans	中长期贷款 Medium & Long-term Loans
1980		29.15	11.32	6.22		42.19	40.96	1.23
1981		33.98	11.86	8.35		50.29	47.69	2.21
1982		38.66	12.44	10.56		55.30	51.50	3.05
1983		45.22	15.29	13.34		63.25	58.14	4.32
1984		70.86	25.40	18.39		84.53	70.42	11.76
1985		62.38	22.87	25.41		101.56	84.85	14.89
1986		84.57	27.94	34.79		131.70	110.61	18.86
1987		110.37	31.84	44.46		163.63	125.85	22.99
1988		123.47	38.22	50.50		183.32	141.01	25.90
1989		146.71	39.27	68.17		214.41	167.66	29.65
1990		198.00	48.51	92.17		268.40	205.63	38.30
1991		253.57	63.76	121.95		336.85	249.51	58.82
1992		315.70	83.75	154.45		408.64	294.63	78.75
1993		386.86	89.57	198.05		495.71	357.59	98.88
1994		518.27	143.26	285.40		596.96	409.16	136.46
1995		676.70	193.38	401.45		755.39	501.66	185.89
1996	885.91	846.43	266.42	500.71	968.71	913.93	601.10	219.05
1997	1147.92	1098.67	429.42	580.67	1224.01	1156.13	873.14	248.06
1998	1359.52	1306.04	483.80	724.54	1443.65	1358.61	978.51	299.59
1999	1638.21	1580.80	544.00	909.10	1693.64	1611.68	1093.09	398.22
2000	1982.21	1904.71	645.54	1085.36	1966.40	1881.29	1246.81	470.70
2001	2377.99	2294.05	750.81	1317.17	1969.97	1871.98	1043.84	631.26
2002	2903.42	2821.04	909.43	1595.01	2338.17	2244.72	1191.70	754.57
2003	3512.82	3438.61	1098.15	1896.56	2976.67	2774.81	1378.85	1010.69
2004	4105.09	4039.61	1230.85	2189.73	3309.13	3246.28	1362.75	1346.91
2005	4784.76	4727.72	1337.05	2545.85	3779.28	3719.52	1471.86	1810.83
2006	5587.50	5519.75	1551.98	2949.05	4443.84	4388.28	1510.73	2392.26
2007	6662.36	6576.68	1997.71	3228.15	5197.08	5131.69	1597.12	3220.70
2008	8102.00	8021.95	2377.48	3988.96	6384.03	6320.81	1617.52	4093.50
2009	11084.82	10933.00	3770.43	4908.68	8856.56	8766.06	1499.85	6563.63
2010	13613.97	13454.98	4666.88	5839.66	10999.87	10888.15	1686.11	8705.32

表17.3 金融机构（含外资）本外币信贷资金平衡表（2009－2010年）

BALANCE SHEET OF RMB AND FOREIGN CURRENCIES CREDIT FUNDS OF FINANCIAL INSTITUTIONS (INCLUDING FOREIGN-FUNDED INSTITUTIONS) (2009-2010)

单位：亿元 (100 million yuan)

项　目	Item	2009	2010
各项存款余额	Total Deposit Balance	11084.82	13613.97
企事业单位存款	Deposits of Enterprises and Public Institutions	3886.59	4794.18
活期存款	Demand Deposits	3082.96	3739.11
定期存款	Fixed Deposits	803.63	1055.07
储蓄存款	Urban and Rural Saving Deposits	4937.49	5863.07
活期存款	Demand Deposits	1857.24	2373.15
定期存款	Fixed Deposits	3080.25	3489.92
各项贷款余额	Total Loan Balance	8856.56	10999.87
短期贷款	Short-term Loans	1508.48	1693.48
中长期贷款	Medium & Long-term Loans	6599.88	8738.47
有价证券及投资	Securities and Investment	606.79	1070.65

注：外币折本币所用汇率为当年最后一个交易日的中间汇率。
Note: The exchange rates between foreign currencies and RMB are the middle rates on the last trading day in current year.

表17.4 金融机构（含外资）人民币信贷资金平衡表（2009－2010年）

BALANCE SHEET OF RMB CREDIT FUNDS OF FINANCIAL INSTITUTIONS (INCLUDING FOREIGN-FUNDED INSTITUTIONS) (2009-2010)

单位:亿元 (100 million yuan)

项　目	Item	2009	2010
各项存款余额	Total Deposit Balance	10933.00	13454.98
#企业存款	Enterprise Deposits	3770.43	4666.88
#定期存款	Fixed Deposits	790.84	1032.10
财政存款	Fiscal Deposits	227.25	174.44
机关团体存款	Deposits of Government Departments and Organizations	650.76	1184.08
储蓄存款	Urban and Rural Savings Deposits	4908.68	5839.66
#定期储蓄	Fixed Deposits	3060.01	3475.19
农业存款	Agricultural Deposits	290.98	482.96
信托及委托存款	Trusted Deposits	58.44	
金融债券	Financial Bonds		33.00
同业往来	Inter-bank Deposits	120.22	174.65
各项准备	Various Reserves	121.71	144.72
#贷款损失准备金	Reserve for Loan Losses	112.40	132.75
各项贷款余额	Total Loan Balance	8766.06	10888.15
#短期贷款	Short-term Loans	1499.85	1686.11
#个人短期消费贷款	Personal Short-term Consumer Loans	37.20	72.53
中期流动资金贷款	Medium-term Circulating Capital Loans		
中长期贷款	Medium & Long-term Loans	6563.63	8705.32
#个人中长期消费贷款	Personal Medium & Long-term Consumer Loans	1438.10	2142.69
委托贷款	Trusted Loans		
票据融资	Bill Financing	701.07	423.24
#贴　现	Discount	701.07	423.24
有价证券及投资	Securities and Investment	813.26	1070.06
同业往来	Inter-bank Loans	245.07	33.66
外汇占款	Purchase of Foreign Exchanges	1.79	-1.05
固定资产	Fixed Assets	118.85	142.83
库存现金	Cash on Hand	73.14	86.94

表17.5 金融机构人民币现金收入和支出（2009－2010年）
RMB CASH INCOME AND EXPENDITURES OF FINANCIAL INSTITUTIONS (2009-2010)

单位:亿元 (100 million yuan)

项　目	Item	2009	2010
现金收入合计	**Total Cash Income**	**14537.79**	**16988.37**
商品销售收入	Income from Commodity Sales	1121.08	1187.19
服务事业收入	Income from Service Trade	540.01	596.53
税款收入	Income from Taxes	118.95	117.67
城乡个体经营收入	Income from Urban and Rural Individual Business	233.45	274.46
储蓄存款收入	Income from Saving Deposits	11096.76	13052.69
其他金融机构收入	Income from Other Financial Institutions	12.75	17.97
居民归还贷款收入	Income from Repayment of Loans by Residents	132.41	113.49
汇兑收入	Income from Remittances	83.27	88.40
有价证券收入	Income from Securities	7.76	13.66
其他收入	Other Income	1191.34	1526.32
#兑换外币收入	Income from Foreign Currency Exchanges	7.03	7.60
现金回笼	**Cash Withdrawn**	**84.22**	**57.71**
现金支出合计	**Total Cash Expenditures**	**14453.56**	**16930.66**
工资性支出	Wages	902.45	939.11
农副产品采购支出	Purchases of Agricultural and Sideline Products	163.49	168.94
工矿及其他产品采购支出	Purchases of Industrial & Mineral Products and Other Products	117.72	133.00
行政事业管理费支出	Government and Enterprises Overhead	566.86	579.27
城乡个体经营支出	Expenditure for Individual Business	246.77	292.01
储蓄存款支出	Expenditure for Saving Deposits	11227.02	13211.05
其他金融机构支出	Expenditure for Other Financial Institutions	14.47	45.60
居民提取贷款支出	Expenditure for Loans by Residents	40.20	27.48
汇兑支出	Expenditure for Remittances	55.88	47.88
有价证券支出	Expenditure for Securities	4.94	4.82
其他支出	Other Expenditure	1113.76	1481.50
#兑换外币支出	Expenditure for Foreign Currency Exchanges	2.52	4.51
现金投放	**Currency Issuance**	**-84.22**	

表17.6 按行业分金融机构（不含外资）本外币贷款结构（2009－2010年）

LOAN COMPOSITION OF RMB AND FOREIGN CURRENCIES OF FINANCIAL INSTITUTIONS (EXCLUDING FOREIGN-FUNDED INSTITUTIONS) (BY SECTOR) (2009-2010)

单位:亿元 (100 million yuan)

项　目	Item	2009	2010
贷款总计	**Total Loans**	**8107.98**	**10509.25**
按行业分	**By Sector**		
#农、林、牧、渔业	Farming, Forestry, Animal Husbandry and Fishery	168.69	209.14
采矿业	Mining and Quarrying	31.62	69.48
制造业	Manufacturing	1084.43	1323.99
电力、燃气及水的生产和供应业	Production and Supply of Electricpower,Gas & Water	444.46	416.58
建筑业	Construction	324.21	479.47
交通运输、仓储和邮政业	Transport, Storage and Post	948.41	1180.28
信息传输、计算机服务和软件业	Data Transmission, Computer Services and Software	29.11	25.28
批发和零售业	Wholesale and Retail Trades	257.17	370.48
住宿和餐饮业	Hotels and Catering Services	39.61	49.68
金融业	Financial Intermediation	13.36	5.55
房地产业	Real Estate	872.47	1087.51
租赁和商务服务业	Leasing and Business Services	560.09	751.56
科学研究、技术服务和地质勘查业	Scientific Research, Technical Services and Geological Prospecting	6.03	10.16
水利、环境和公共设施管理业	Administration of Water Conservancy, Environment and Public Utilities	1327.04	1658.33
居民服务和其他服务业	Household Services and Other Services	27.25	41.31
教　育	Education	122.23	135.43
卫生、社会保障和社会福利业	Public Health, Social Security and Social Welfare	30.32	34.29
文化、体育和娱乐业	Culture, Sports and Entertainment	28.67	34.30
公共管理和社会组织	Public Administration and Social Organizations	61.47	53.56
国际组织	International Organizations	3.89	
对境外贷款	Loans Abroad		0.35
个人贷款	Individual Loans	1727.46	2572.52
#农户贷款	Loans to farmers		290.08

注：1）委托贷款与信托贷款为金融机构的表外业务，因此，金融机构一般不对此类贷款进行细分。
2）2010年统计制度调整，新增“农户贷款”项目。

Note: a) Entrusted loans and trusted loans are the off-balance-sheet business of financial institutions, so those loans will not be further classified.
b) Due to the modification of the statistic standard in 2010, the item of "Farmer Loan" is added.

表17.7 上市公司情况（1993－2010年）
STATISTICS ON LISTED COMPANIES (1993-2010)

单位:个 (unit)

年份 Year	全市总计 Total	其中 of which					
		上交所 Shanghai Stock Exchange	深交所 Shenzhen Stock Exchange	仅发A股公司 A Share Only	发A、B股公司 A&B Shares	仅发B股公司 B Share Only	发A、H股公司 A&H Shares
1993	3	1	2	3			
1994	5	2	3	5			
1995	7	3	4	6		1	
1996	11	4	7	10		1	
1997	19	8	11	17	1	1	
1998	19	8	11	17	1	1	
1999	22	9	13	20	1	1	
2000	25	11	14	23	1	1	
2001	26	12	14	24	1	1	
2002	27	13	14	25	1	1	
2003	27	13	14	25	1	1	
2004	29	14	15	27	1	1	
2005	29	14	15	27	1	1	
2006	29	14	15	27	1	1	
2007	30	15	15	27	1	1	1
2008	31	15	16	28	1	1	1
2009	31	15	16	28	1	1	1
2010	34	16	18	31	1	1	1

注：本表不包括仅发H股的公司。
Note: Companies with H share only are not included in this tables.

表17.8 有价证券发行情况（1981－2010年）
ISSUANCE OF SECURITIES (1981-2010)

单位:亿元 (100 million yuan)

年 份 Year	企业债券发行额 Issued Value of Corporate Bonds	股票发行量（万股）Amount of Issued Shares（10 000shares）	其 中 of which A 股 A Shares	B 股 B Shares	股票筹资额 Raised Capital	其 中 of which A 股 A Shares	B 股 B Shares
1981							
1982							
1983							
1984							
1985							
1986	1.50						
1987	0.59						
1988	1.85						
1989	0.39						
1990	1.95						
1991	3.90						
1992	5.45						
1993	4.18	7220	7220		2.08	2.08	
1994	1.17	3000	3000		1.13	1.13	
1995		17200	5200	12000	5.30	0.52	4.78
1996	3.60	50610	15610	35000	10.41	4.56	5.85
1997	4.85	42039	42039		26.76	26.76	
1998	3.40	5000	5000		3.75	3.75	
1999	4.10	10000	10000		7.21	7.21	
2000		29600	29600		22.63	22.63	
2001		3108	3108		4.73	4.73	
2002	15.00	2000	2000		3.16	3.16	
2003		3275	3275		3.74	3.74	
2004		22285	22285		15.65	15.65	
2005	17.00						
2006	30.00	31133	31133		14.63	14.63	
2007	20.00	51929	51929		26.37	26.37	
2008	45.00	22062	22062		12.73	12.73	
2009	105.00	237708	237708		17.56	17.56	
2010	74.00	809055	809055		149.00	149.00	

注：股票发行量和筹资额均不含H股。
Note: The amount of issued shares and raised capital don't include H share.

表17.9 保险业务基本情况（1996－2010年）
BASIC STATISTICS ON INSURANCE BUSINESS (1996-2010)

单位：亿元 (100 million yuan)

年 份 Year	保费收入 Premium	其中 of which 财产保险 Property Insurance	人身保险 Life Insurance	赔款及给付 Claim and Payments	其中 of which 财产保险 Property Insurance	人身保险 Life Insurance
1996	12.82	8.05	4.77	6.48	4.44	2.04
1997	19.52	9.03	10.49	7.18	4.39	2.79
1998	22.77	9.31	13.46	10.64	6.55	4.09
1999	25.39	10.04	15.35	8.91	4.96	3.95
2000	27.71	10.72	16.99	8.27	5.28	2.99
2001	33.72	11.32	22.40	11.25	5.91	5.34
2002	46.17	13.31	32.86	14.20	7.57	6.63
2003	57.93	15.24	42.69	14.53	8.56	5.97
2004	66.51	17.45	49.06	16.25	9.43	6.82
2005	73.10	19.46	53.64	17.59	10.54	7.05
2006	93.24	24.17	69.07	20.51	12.08	8.43
2007	124.68	33.10	91.58	35.25	18.44	16.81
2008	200.55	37.76	162.80	45.64	22.59	23.05
2009	244.70	47.05	197.65	56.63	28.88	27.75
2010	321.08	65.96	255.12	62.10	32.05	30.05

表17.10 按险种分的保险业务指标（2009－2010年）
STATISTICS ON INSURANCE BUSINESS BY CLASSIFICATION (2009-2010)

单位：万元 (10 000 yuan)

项 目	Item	保 费 Premium 2009	2010	赔款及给付 Claim and Payment 2009	2010
合 计	**Total**	**2447045**	**3210769**	**566316**	**621013**
财产保险	**Property Insurance**	**470584**	**659596**	**288774**	**320496**
企业财产保险	Enterprise Property Insurance	26678	33060	10265	14740
家庭财产保险	Family Property Insurance	1021	972	348	312
机动车辆保险	Motor Vehicle Insurance	374722	539316	233692	268410
工程保险	Engineering Insurance	13002	18610	4560	4380
责任保险	Liability Insurance	19920	25406	11522	12418
信用保险	Export Credit Insurance	3640	5699	4935	1325
保证保险	Guarantee Insurance	2155	5953	2468	960
船舶保险	Ship Insurance	9780	10382	6466	6490
货物运输保险	Freight Transport Insurance	9760	13045	5242	5810
特殊风险保险	Special Risks Insurance	258	420	8	74
农业保险	Agriculture Insurance	9604	6712	9270	5578
其他保险	Other Insurances	46	21	-4	
人身保险	**Life Insurance**	**1976461**	**2551173**	**277543**	**300518**
人寿保险	Life Insurance	1815985	2357666	204823	219349
健康保险	Health Insurance	99946	116345	49996	55707
意外伤害保险	Personal Accident Insurance	60531	77163	22724	25462

重/庆/统/计/年/鉴

主要统计指标解释

信贷资金

指金融机构以信用方式积聚和分配的货币资金。金融机构信贷资金的来源有各项存款、金融债券发行、应付及暂收款、对国际金融机构负债、流通中货币、各项准备、所有者权益和其他项目等；信贷资金的运用有各项贷款、有价证券及投资、应收及预付款、委托投资、金银占款、外汇占款、库存现金、财政借款及在国际金融机构中的资产等。

存款

指企业、机关、团体或居民根据资金必须收回的原则，把货币资金存入银行或其他信贷机构保管并取得一定利息的一种信用活动形式。根据存款对象或性质的不同可划分为企业存款、财政存款、机关团体存款、基本建设存款、储蓄存款、农村存款、委托存款、其他存款等科目。它是银行信贷资金的主要来源。

贷款

指银行或其他信贷机构根据资金必须归还的原则，按一定利率，为企业、个人等提供资金的一种信用活动形式。我国银行贷款分为短期贷款、委托及信托类贷款、其他类贷款等。

金融机构往来

指各金融机构之间的资金往来，包括同业存放款和同业拆借款。

准备金

指各金融机构在中央银行的存款及缴存中央银行的法定准备金。

证券

由债券购买者承购的或因销售产品而拥有的，可在金融市场上交易并代表一定债权的书面证明。包括政府债券、金融债券、企业债券、商业票据、股票、支付固定收入但不提供法人企业残余价值分享权的优先股等。

股票

指股票购买者及直接投资者对其投资企业净资产所拥有的权益。股票是股份公司签发的证明股东投资并按其所持股份享有权益和承担义务的权益性证券。

保险公司

在中国境内的、经过保险监督部门批准设立，并依法登记注册的各类商业保险公司。

保费

指投保人为取得保险人在约定范围内所承担赔偿责任而支付给保险人的费用。

赔款

指保险人根据保险合同的规定，向被保险人支付的赔偿保险责任损失的金额。

给付

包括死伤医疗给付和满期给付。死伤医疗给付是指保险人根据人寿保险及长期健康保险合同的规定，因被保险人在保险期内发生保险责任范围内的保险事故支付给被保险人（或受益人）的金额。满期给付是指被保险人生存期满，保险人按人寿保险合同规定支付给被保险人的满期保险金额。

CHONGQING STATISTICAL YEARBOOK

Explanatory Notes on Main Statistical Indicators

□ Credit Funds

Refer to the funds issued as loans by banking institutions. The sources of credit funds of the banking institutions included deposits, issue of financial bonds, account-payable and temporary gathering, liabilities to international financial institutions, currency in circulation, various reserves, owners rights and interests and other items. The credit funds can be used in forms of loans, securities and investment, account receivable and advance payment, entrusted investment, gold, foreign exchange, cash on hand, government debt and assets in the international financial institutions.

□ Deposit

Is a form of credit by which enterprises, institutions, organizations or households can put money into banks and other credit institutions for safekeeping and interest earning under the principle of free withdrawal. According to different depositors, deposits are divided into enterprise deposits, treasury deposits, deposits of government agencies and organizations, capital construction deposits, savings deposits, rural saving deposits, entrusted deposits and other deposits. Deposits are major sources of the credit funds of banks.

□ Loan

Is a form of credit by which banks and other credit institutions provide funds at certain interest rate to enterprises and individuals in the light of the principle of unconditional repayment. Loans from Chinese banks include short-term loan, medium-term and long-term loans, entrusted loans, and other loans.

□ Transactions between Financial Institutions

Refer to flow of capital between financial institutions, including inter-bank deposits and loans.

□ Reserve Funds

Refer to savings of financial institutions in the central bank and designated reserves to the central bank.

□ Securities

Refer to written certificates representing creditors' rights, purchased by bond holders or owned by selling products, which can be transacted at the financial markets. They include government bonds, financial bonds, corporation bonds, commercial drafts, stocks, preferential stocks that provide fixed income without the right to share the residual value of corporations, etc.

□ Stocks

Refer to the rights by stockholders and direct investors on the net assets of corporations they invested in. Stocks refer to negotiable securities on creditor's rights, issued by stock companies certifying the investment by stockholders and their rights and duties depending on their stocks.

□ Insurance Companies

Refer to commercial insurance companies of various forms registered by law and established in China with the approval of insurance regulatory agencies.

□ Premium

Is the fee paid by the insurant based on a proportion of the benefit he or she may get from the insurance plus the insurance value. It includes the income from the deposit of property insurance and personal insurance.

□ Settled Claim

Is the compensation paid by the insurer to the insurant in accordance with the insurance contract.

□ Payment

Includes payment for death, injury or medical treatment and mature payment. Payment for death, injury or medical treatment refers to the money paid to the insurant (of the beneficiary) in accordance with the life of health insurance contract when the insurant encounters accidents within the insured period covered in the contract. Mature payment refers to the mature payment to the insurant in accordance with the life insurance contract at the end of the insured period for the loss which has been checked and found to be in the range of liability of the insurance after an accident has happened to the insured property or to a person who has insured his life. It is further divided into settled and unsettled claim.

18

教育、科技和文化业

EDUCATION, SCIENCE, TECHNOLOGY AND CULTURE

简要说明 Brief Introduction

本章资料主要包括全市教育事业、科学技术活动和文化事业的基本情况，由市统计局社会科技统计处根据调查资料和有关部门资料整理编辑。

教育部分包括各类教育的学校、教师和学生情况，由市教育委员会提供；专利资料由市知识产权局提供；商标申请注册来源于市工商行政管理局；产品质量监督抽查由市质量技术监督局提供；文化部分主要包括图书馆、文物、群众艺术文化、广播电视、新闻出版等情况，资料主要来自市文化广播电视局、市新闻出版局。

由于国家开展全国第二次R&D资源清查工作，为确保清查数据的准确性和权威性，在国家清查数据审核工作全部完成前，各地区不得对外发布或提供本地区有关清查数据。根据国家要求2009年科学技术部分包括的科技机构、大中型工业企业和高等学校科技活动情况的数据未能编撰入2010年年鉴，2009年科学技术部分资料将补充编辑入2011年年鉴。

The data in this chapter include the basic statistics on education, scientific & technological activities and culture undertakings. All the data are compiled by Division of Social and Technology Statistics, Chongqing Municipal Bureau of Statistics on the basis of the data from survey and related departments.

The statistics of education cover the data of schools, teachers and students of various kinds, which were provided by Chongqing Education Commission. The data of patent are provided by Chongqing Intellectual Property Office. The data of trademark application and registration are provided by Chongqing Administration for Industry and Commerce. The data of sampling supervision & check on quality of products are provided by Chongqing Bureau of Quality and Technical Supervision. The data of culture mainly include public libraries, cultural relics, mass arts & culture, radio and television, and press and publication, which are provided by Chongqing Administration of Culture, Radio and Television and Chongqing Press and Publication Bureau.

Due to the 2nd National Investigation of R&D Resources, to ensure the accuracy and authority of the data of investigation, any region is not allowed to release or provide the related data to the public before the investigation data review work is completed. In accordance with the requirement of the state, the data like number of science and technology institutions and the scientific and technological activities of the medium-large industrial enterprises and universities included in the chapter of science and technology in 2009 were not included in the yearbook of 2010. The related data of 2009 will be covered in the yearbook of 2011.

表18.1 主要年份各级各类学校数
NUMBER OF SCHOOLS BY LEVEL AND TYPE IN MAJOR YEARS

单位：所 (unit)

年 份 Year	普通高等学校 Regular Institutions of Higher Education	普通中等专业学校 Specialized Secondary Schools	普通中学 Regular Secondary Schools	小 学 Primary Schools	特殊教育学校 Special Schools	幼儿园 Kindergartens
1952	7	50	128	12920		
1957	9	43	249	16201		
1962	10	14	402	14148		
1965	11	52	696	31503		
1970	11	22	1700	21253		
1975	8	72	1366	25465		
1978	13	76	2948	25002		
1980	16	73	1989	25120		
1985	18	74	1788	22793	7	5800
1986	19	77	1739	22486	19	5230
1987	19	81	1759	22094	18	5542
1988	20	82	1753	21629	20	5009
1989	20	82	1751	20972	23	4726
1990	20	82	1753	20248	24	5232
1991	20	82	1762	19829	29	4486
1992	20	82	1766	19496	32	4814
1993	20	82	1746	18849	30	4061
1994	20	83	1725	18175	31	4094
1995	22	83	1638	19637	30	6046
1996	22	81	1651	16779	36	5538
1997	22	81	1606	16261	37	5741
1998	22	81	1555	15737	37	5412
1999	23	78	1552	15223	42	6007
2000	22	62	1568	14730	42	6659
2001	29	52	1607	13076	44	3726
2002	29	47	1574	12031	38	3477
2003	33	39	1564	10966	41	3093
2004	34	38	1511	10409	43	3408
2005	35	37	1414	9558	43	3287
2006	38	30	1373	8754	44	3376
2007	38	28	1361	7990	43	3351
2008	47	25	1325	7575	41	3582
2009	51	24	1304	7096	36	3700
2010	53	23	1273	5544	36	4105

注：1）2001年起幼儿园资料按教育部对幼儿园数的认定标准统计，与以往年数不可比（下表同）。
2）2008年学校数含"独立学院"数。

Note: a) The data of kindergartens have been in accordance with the definition by Ministry of Education since 2001, not comparable with that of previous years (the same below).
b) Number of schools in 2008 includes the number of "non-university tertiary".

表18.2 主要年份各级各类学校在校学生数
NUMBER OF STUDENTS ENROLLMENT BY LEVEL AND TYPE IN MAJOR YEARS

单位：人 (person)

年 份 Year	普通高等学校 Regular Institutions of Higher Education	普通中等专业学校 Specialized Secondary Schools	普通中学 Regular Secondary Schools	小 学 Primary Schools	特殊教育学校 Special Schools	幼儿园 Kindergartens
1952	6437	20712	61345	1524145		
1957	15211	29238	181423	1539805		
1962	21173		163628	1640036		
1965	17408	19715	266504	1967997		
1970	4235		651232	2130534		
1975	10194	18901	963304	3415196		
1978	16357	25626	1631581	4035934		
1980	25349	33954	1323181	4316902		
1985	39871	31952	1102702	3857331	418	296336
1986	44454	34591	1107545	3610433	543	306591
1987	47644	36894	1122462	3279059	571	409209
1988	49981	38580	1124510	2858642	669	389185
1989	48449	40719	1111706	2581889	831	351175
1990	49331	40820	1080755	2393235	803	413552
1991	49964	41100	978204	2314986	1179	505799
1992	54121	44023	868431	2361261	1966	549271
1993	63795	53031	790396	2500362	1850	445940
1994	71118	52795	876008	2595400	1415	534177
1995	73398	62734	977079	2638555	1783	577162
1996	79929	69491	1012654	2737051	1832	588854
1997	83764	78800	1002915	2854307	1706	590464
1998	86913	91479	1083691	2884385	2325	613298
1999	101601	91954	1282599	2802741	9007	625666
2000	132512	84524	1477861	2761308	21160	640804
2001	170006	77056	1540317	2777859	18383	599282
2002	211221	86046	1574357	2797557	17199	587645
2003	255266	95057	1663728	2779441	14483	572538
2004	303913	99541	1707489	2718999	15973	544759
2005	357926	96883	1735166	2609754	12463	536266
2006	405118	106736	1794129	2523824	12151	530842
2007	445800	106960	1834364	2384527	11773	535457
2008	485013	113853	1907856	2243916	12172	574187
2009	523279	110553	1920158	2081367	13189	632170
2010	565868	103157	1908158	1999407	14618	708711

注：本章普通高等学校数据均含研究生（以下各表同）。
Note: The data of regular institutions of higher education in this chapter include the postgraduates (the same applies to the following tables).

表18.3 主要年份各级各类学校专任教师数
NUMBER OF FULL-TIME TEACHERS BY LEVEL AND TYPE IN MAJOR YEARS

单位：人 (person)

年 份 Year	普通高等学校 Regular Institutions of Higher Education	普通中等专业学校 Specialized Secondary Schools	普通中学 Regular Secondary Schools	小 学 Primary Schools	特殊教育学校 Special Schools	幼儿园 Kindergartens
1952	839	1090	3385	41698		
1957	2193	2446	7940	52530		
1962	3297			55213		
1965	3336	2336		78503		
1970	3177		24970	73695		
1975	3574	2659	42893			
1978	3914					
1980	5025	3944	60953	125304		
1985	8061	4443	58886	119119	74	11937
1986	8236		55071	113724	101	12054
1987	8622		57044	112163	113	15090
1988	8823	4665	60450	111596	145	15873
1989	8726	4745	61938	109691	186	15898
1990	8677	4726	64056	110580	186	17443
1991	8596	4786	64934	111305	277	19313
1992	8696	4502	65030	111667	321	19244
1993	8777	4663	63555	113834	326	18388
1994	9186	4664	65316	116603	360	19729
1995	9409	4542	67498	117497	353	19948
1996	9400	4505	69503	117711	383	20111
1997	9432	4538	70661	119881	411	20665
1998	9498	4615	72333	121062	400	20962
1999	9987	4791	76158	120229	469	21088
2000	10449	4125	81766	119014	569	22598
2001	12125	3248	85030	118623	474	12067
2002	13954	2953	87427	117543	510	11666
2003	16013	2656	89560	115212	543	12141
2004	18214	2821	92051	114007	541	12351
2005	20184	2333	93997	114326	556	13220
2006	23717	1888	95782	113724	584	13615
2007	26089	2036	99807	119831	652	14270
2008	28398	2105	103111	119161	670	15507
2009	29883	2035	106544	117460	699	16579
2010	31070	2179	109303	116057	715	19966

表18.4 研究生基本情况（1996－2010年）
BASIC STATISTICS ON POSTGRADUATES (1996-2010)

单位：人 (person)

年 份 Year	在校学生数 Total Enrollment	招生数 New Enrollment	毕业生数 Graduates
1996	2953	1052	762
1997	3199	1108	847
1998	3726	1389	862
1999	5032	2132	991
2000	6233	2686	1084
2001	8358	3410	1401
2002	11110	4423	1616
2003	14763	6392	2715
2004	19367	8202	3426
2005	24363	9436	4193
2006	29000	10475	5492
2007	32145	11312	7483
2008	35005	12376	8925
2009	39080	14159	9759
2010	43149	14851	10347

表18.5 主要年份文化机构数
NUMBER OF CULTURAL INSTITUTIONS IN MAJOR YEARS

单位：个 (unit)

年　份 Year	专业剧团 Specialized Troupes	文化馆、艺术馆 Cultural Centers and Art Centers	图书馆 Libraries
1975	54	33	10
1978	54	36	10
1980	55	35	21
1985	54	35	25
1986	52	35	26
1987	51	35	26
1988	45	35	27
1989	44	35	35
1990	42	39	36
1991	42	39	38
1992	42	39	38
1993	41	39	41
1994	36	40	41
1995	36	40	42
1996	39	46	42
1997	39	47	42
1998	39	47	42
1999	36	46	42
2000	35	44	42
2001	36	44	42
2002	32	44	43
2003	32	44	44
2004	29	44	44
2005	29	42	43
2006	78	41	43
2007	84	41	43
2008	177	41	43
2009	160	41	43
2010	381	41	43

注：专业剧团数据2006年起统计口径调整为含系统内、系统外两部分。
Note: The data of specialized troupes has included the units either inside or outside the public-owned system since 2006.

表18.6 教育事业基本情况（2009－2010年）

BASIC STATISTICS ON EDUCATION (2009-2010)

单位：人、所 (person，unit)

指 标	Item	2009	2010
学校数	**Number of Schools**		
高等学校	Higher Education	57	58
普通高等学校	Regular Institutions of Higher Education	51	53
本科院校	Universities with Full Undergraduate Courses	22	22
#独立学院	Non-university Tertiary	7	7
专科院校	Colleges with Specialized Courses	29	31
成人高等学校	Institutions of Higher Education for Adult	6	5
高中阶段学校	Senior Secondary Education	538	516
普通高中	Regular Senior Secondary Schools	267	268
中等职业学校	Vocational Secondary Schools	271	248
义务教育学校	Compulsory Education	8133	6549
普通初中	Regular Jnior Secondary Schools	1037	1005
普通小学	Regular Primary Schools	7096	5544
特殊教育学校	Special Education	36	36
幼儿园	Kindergartens	3700	4105
工读学校	Schools for Juvenile Delinquents	5	5
成人中学	Secondary Schools for Adult	77	103
成人小学	Primary Schools for Adult	771	684
#扫盲班	Literacy Courses	279	222
在校学生数	**Total Enrollment**		
高等教育	Higher Education	753163	805291
研究生	Postgraduates	39080	43149
博 士	Doctor's Degree	4737	5024
硕 士	Master's Degree	34343	38125
普通本专科	Regular Undergraduates and College Students	484199	522719
本 科	Enrolled in Full Undergraduate Courses	301780	328741
专 科	Enrolled in Specialized Courses	182419	193978
成人本专科	Adult Undergraduates and College Students	134644	124068
本 科	Enrolled in Full Undergraduate Courses	39043	31741
专 科	Enrolled in Specialized Courses	95601	92327
在职人员攻读博硕士学位	Employees Enrolled in Graduate Programs Leading to Doctor and Master Degree	10370	11418
网络本专科	Students Enrolled in Internet-based Courses	84870	103937
本 科	Enrolled in Full Undergraduate Courses	47808	52237
专 科	Enrolled in Specialized Courses	37062	51700
高中阶段教育	Senior Secondary Education	1137253	1141729
普通高中	Regular Senior Secondary Schools	591983	626434

表18.6 续表1 continued1 单位：人、所 (person，unit)

指 标	Item	2009	2010
中等职业教育	Vocational Secondary Education	545270	515295
义务教育	Compulsory Education	3409542	3281131
普通初中	Regular Jnior Secondary Schools	1328175	1281724
普通小学	Regular Primary Schools	2081367	1999407
特殊教育	Special Education	13189	14618
学前教育	Pre-school Education	632170	708711
工读学校	Schools for Juvenile Delinquents	114	111
成人中学	Secondary Schools for Adult	11550	74705
成人小学	Primary Schools for Adult	15793	63985
#扫盲班	Literacy Courses	1688	9174
招生数	**New Enrollment**		
高等教育	Higher Education	266915	181073
研究生	Postgraduates	14159	14851
博 士	Doctor's Degree	1147	1175
硕 士	Master's Degree	13012	13676
普通本专科	Regular Undergraduates and College Students	152176	166222
本 科	Enrolled in Full Undergraduate Courses	85176	96434
专 科	Enrolled in Specialized Courses	67000	69788
成人本专科	Adult Undergraduates and College Students	50970	49728
本 科	Enrolled in Full Undergraduate Courses	11729	12625
专 科	Enrolled in Specialized Courses	39241	37103
在职人员攻读博硕士学位	Employees Enrolled in Graduate Programs Leading to Doctor and Master Degree	3174	3792
网络本专科	Students Enrolled in Internet-based Courses	46436	50707
本 科	Enrolled in Full Undergraduate Courses	22234	23246
专 科	Enrolled in Specialized Courses	24202	27461
高中阶段教育	Senior Secondary Education	417802	393269
普通高中	Regular Senior Secondary Schools	220899	227567
中等职业教育	Vocational Secondary Education	196903	165702
义务教育	Compulsory Education	761312	738264
普通初中	Regular Jnior Secondary Schools	439979	408525
普通小学	Regular Primary Schools	321333	329739
特殊教育	Special Education	1482	2348
学前教育	Pre-school Education	412453	455958
工读学校	Schools for Juvenile Delinquents	74	64
成人中学	Secondary Schools for Adult		
成人小学	Primary Schools for Adult		
#扫盲班	Literacy Courses		

表18.6 续表2 continued2

单位：人 (person)

指　标	Item	2009	2010
毕业生数	**Graduates**		
高等教育	Higher Education	201327	220026
研究生	Postgraduates	9759	10347
博　士	Doctor's Degree	668	779
硕　士	Master's Degree	9091	9568
普通本专科	Regular Undergraduates and College Students	114515	122811
本　科	Enrolled in Full Undergraduate Courses	61175	66490
专　科	Enrolled in Specialized Courses	53340	56321
成人本专科	Adult Undergraduates and College Students	46327	55109
本　科	Enrolled in Full Undergraduate Courses	20188	19411
专　科	Enrolled in Specialized Courses	26139	35698
在职人员攻读博硕士学位	Employees Enrolled in Graduate Programs Leading to Doctor and Master Degree		
网络本专科	Students Enrolled in Internet-based Courses	30726	31759
本　科	Enrolled in Full Undergraduate Courses	18047	17080
专　科	Enrolled in Specialized Courses	12679	14679
高中阶段教育	Senior Secondary Education	311580	327598
普通高中	Regular Senior Secondary Schools	161360	169522
中等职业教育	Vocational Secondary Education	150220	158076
义务教育	Compulsory Education	838529	814953
普通初中	Regular Jnior Secondary Schools	407488	416604
普通小学	Regular Primary Schools	431041	398349
特殊教育	Special Education	1581	2426
学前教育	Pre-school Education	233671	242987
工读学校	Schools for Juvenile Delinquents	103	67
成人中学	Secondary Schools for Adult	21887	75284
成人小学	Primary Schools for Adult	18241	80408
#扫盲班	Literacy Courses	1584	6693
教职工数	**Teachers and Staff**		
高等学校	Higher Education	49095	50140
普通高等学校	Regular Institutions of Higher Education	47173	48356
本科院校	Universities with Full Undergraduate Courses	35238	35399
#独立学院	Non-university Tertiary	5776	5688
专科院校	Colleges with Specialized Courses	11935	12957
成人高等学校	Institutions of Higher Education for Adult	1922	1784
高中阶段、义务教育学校	Senior Secondary Education and Compulsory Education	273021	274557
普通中学	Regular Secondary Schools	122328	124404
中等职业	Vocational Secondary Schools	22575	24294

表18.6 续表3 continued3

单位：人 (person)

指　标	Item	2009	2010
普通小学	Regular Primary Schools	128118	125859
特殊教育学校	Special Education	837	846
幼儿园	Pre-school Education	27656	35701
工读学校	Schools for Juvenile Delinquents	76	75
成人中学	Secondary Schools for Adult	254	289
成人小学	Primary Schools for Adult	1103	1004
#扫盲班	Literacy Courses	581	407
专任教师数	**Full-time Teachers**		
高等学校	Higher Education	31037	32147
普通高等学校	Regular Institutions of Higher Education	29883	31070
本科院校	Universities with Full Undergraduate Courses	22065	22420
#独立学院	Non-university Tertiary	3718	3732
专科院校	Colleges with Specialized Courses	7818	8650
成人高等学校	Institutions of Higher Education for Adult	1154	1077
高中阶段学校	Senior Secondary Education	46746	50343
普通高中	Regular Senior Secondary Schools	30093	32214
中等职业教育	Vocational Secondary Schools	16653	18129
义务教育	Compulsory Education	193911	193146
普通初中	Regular Jnior Secondary Schools	76451	77089
普通小学	Regular Primary Schools	117460	116057
特殊教育学校	Special Education	699	715
幼儿园	Kindergartens	16579	19966
工读学校	Schools for Juvenile Delinquents	53	54
成人中学	Secondary Schools for Adult	172	138
成人小学	Primary Schools for Adult	536	476
#扫盲班	Literacy Courses	344	242
每一教师负担学生数	**Student-Teacher Ratio**		
小　学	Primary Schools	17.7	17.2
普通初中	Regular Jnior Secondary Schools	17.4	16.6
普通高中	Regular Senior Secondary Schools	19.7	19.4
中　职（不含技工校）	Secondary Vocational Schools (not including technical schools)	32.8	30.7
普通高等学校	Regular Institutions of Higher Education	16.2	16.8
每十万人口在校学生数	**Student Enrollment per 100 000 population**		
高等教育	Higher Education	2317	2817
高中阶段	Senior Secondary Education	4006	3993
初中阶段	Jnior Secondary Education	4678	4483
小　学	Primary Education	7331	6993
幼儿园	Kindergartens	2227	2479

表18.7 各级学校入学率及升学率（2009－2010年）
NET ENROLLMENT RATIO AND PROMOTION RATE OF SCHOOLS BY LEVEL (2009-2010)

单位：%(%)

指 标	Item	2009	2010
小学学龄儿童入学率	Net Enrollment Ratio of Primary Schools	99.93	99.94
初中适龄人口入学率	Net Enrollment Ratio of Junior Secondary Schools	98.8	99.1
高中阶段毛入学率	Gross Enrollment Ratio of Senior Secondary Schools	75.8	80.0
高等教育毛入学率	Gross Enrollment Ratio of Higher Education	27.0	30.0
初中毕业生升学率	Promotion Rate of Junior Secondary School Graduates	88.2	90.3
#升普通高中	To Regular Senior Secondary Schools	54.2	54.6
小学毕业生升学率	Promotion Rate of Primary School Graduates	102.1	102.6

表18.8 普通高等学校分科学生数（2010年）
STUDENT ENROLLMENT IN REGULAR INSTITUTIONS OF HIGHER EDUCATION BY FIELD OF STUDY (2010)

单位：人(person)

项 目	Item	在校学生数 Total Enrollment	其 中 of which #本 科 Undergratudat Courses	招生数 New Enrollment	其 中 of which #本 科 Undergratudat Courses	毕业生数 Graduates	其 中 of which #本 科 Undergratudat Courses
总 计	**Total**	**565868**	**328741**	**181073**	**96434**	**133158**	**66490**
哲 学	Philosophy	587	109	218	66	150	16
经济学	Economics	26242	18553	8046	5215	6086	3778
法 学	Law	27390	20288	7823	5987	7137	4227
教育学	Education	17335	8771	5128	2627	6086	2072
文 学	Literature	101601	77847	30167	22650	23604	16189
历史学	History	2054	1771	581	487	539	467
理 学	Science	32896	29374	9355	8144	7841	6991
工 学	Engineering	187251	89322	61751	26390	44255	16873
农 学	Agriculture	9540	6505	3002	1875	2517	1692
医 学	Medicine	35325	15398	11569	4007	7102	2262
管理学	Management	119302	60803	40177	18986	27206	11923
专业学位	Special Degrees	6345		3256		635	

表18.9 普通中等专业学校分类情况（2010年）

STUDENTS IN REGULAR VOCATIONAL SECONDARY SCHOOLS BY FIELD OF STUDY (2010)

单位：人 (person)

项　目	Item	毕业生数 Graduates	招生数 New Enrollment	在校学生数 Total Enrollment
总　计	**Total**	**30875**	**36883**	**103157**
农林类	Agriculture and Forestry	498	4572	6464
资源与环境类	Resources and Environment	68		
能源类	Energy	35	29	134
土木水利工程类	Civil and Hydraulic Engineering	745	1755	3419
加工制造类	Manufacturing	8626	5275	20665
石油化工类	Petroleum and Chemicals	326	324	751
轻纺食品类	Textile & Light and Food	874	1259	2672
交通运输类	Communication & Transportation	194	1793	3991
信息技术类	Information Technology	5083	3521	12446
医药卫生类	Medicine and Health	6523	8675	27644
旅游类	Tourism	290	247	991
财经商贸类	Finance, Economy and Trade	4226	2335	7306
文化艺术与体育类	Culture, Arts and Physical Education	1085	1398	4252
社会公共事务类	Public Affairs	418	193	1124
教育类	Education	1884	5507	11298
其　他	Others			

表18.10 各级学校女学生和女专任教师数（2009－2010年）

NUMBER OF FEMALE STUDENTS AND FEMALE FULL-TIME TEACHERS BY SCHOOL LEVEL (2009-2010)

单位：人 (person)

项　目	Item	2009	2010
女学生数	**Number of Female Students**		
普通高等学校	Institutions of Higher Education	258393	287019
普通中等专业学校	Regular Vocational Secondary Schools	64099	59231
普通中学	Regular Secondary Schools	935003	932001
职业中学	Vocational Secondary Schools	125133	115730
小　学	Primary Schools	979471	939747
女学生占学生总数的百分比(%)	**Percentage of Female Students to Total Students(%)**		
普通高等学校	Institutions of Higher Education	50.2	50.7
普通中等专业学校	Regular Vocational Secondary Schools	58.0	57.4
普通中学	Regular Secondary Schools	48.7	48.8
职业中学	Vocational Secondary Schools	47.4	46.0
小　学	Primary Schools	47.1	47.0
女专任教师数	**Number of Female Full-time Teachers**		
普通高等学校	Institutions of Higher Education	13017	13700
普通中等专业学校	Regular Vocational Secondary Schools	909	1010
普通中学	Regular Secondary Schools	46608	48638
职业中学	Vocational Secondary Schools	3991	4220
小　学	Primary Schools	62080	61673
女专任教师占专任教师总数的百分比(%)	**Percentage of Female Full-time Teachers to Total Full-time Teachers(%)**		
普通高等学校	Institutions of Higher Education	43.6	44.1
普通中等专业学校	Regular Vocational Secondary Schools	44.7	46.4
普通中学	Regular Secondary Schools	43.7	44.5
职业中学	Vocational Secondary Schools	46.6	47.9
小　学	Primary Schools	52.9	53.1

表18.11 科技经费、科技奖励情况（2009－2010年）
FUNDS AND REWARDS FOR SCIENTIFIC AND TECHNOLOGICAL RESEARCH (2009-2010)

单位：项(item)

指 标	Item	2009	2010
科学支出(万元)	**Expenditure of Scientific Research (10 000 yuan)**	**155544**	**178968**
市 级	Municipal	65003	64560
区 县	District and Country	90541	114408
科技奖励情况	**Rewards for Scientific and Technological Research**		
科技进步奖	Award for Science and Technology Progress	137	169
国家级	National	12	14
一等奖	1st Prize		1
二等奖	2nd Prize	12	13
市 级	Municipal	125	155
一等奖	1st Prize	11	12
二等奖	2nd Prize	38	49
三等奖	3rd Prize	76	94
自然科学奖	Award for Natural Sciences	17	21
市 级	Municipal	17	21
一等奖	1st Prize	2	4
二等奖	2nd Prize	5	6
三等奖	3rd Prize	10	11
技术发明奖	Award for Technological Invention	9	4
市 级	Municipal	8	4
一等奖	1st Prize	2	1
二等奖	2nd Prize	1	
三等奖	3rd Prize	5	3

表18.12 科学技术协会活动情况（2010年）
ACTIVITIES OF SCIENCE AND TECHNOLOGY ASSOCIATIONS (2010)

指标	Item	合计 Total	其中 of which 市级科协 Science and Technology Associations at Municipal Level	市级学会 Learned Societies at Municipal Level	区县科协 Science and Technology Associations below Municipal Level
国内学术会议	**Domestic Academic Meetings**				
举办次数（次）	Number of Meetings (time)	870	38	591	241
参加人数（人次）	Number of Participants (person-times)	88058	8780	50454	28824
交流论文数（篇）	Number of Theses Presented (piece)	19643	8320	11323	
国际学术会议	**International Academic Conference**				
在国内举行的国际学术会议（次）	Number of Conferences Held in China (time)	53	10	43	
中方参加人数（人次）	Number of Chinese Participants (person-time)	4205	1430	2775	
中方交流论文（篇）	Number of Chinese Theses Presented (piece)	1640	940	700	
外方参加人数（人次）	Number of Foreign Participants (person-times)	759	70	689	
外方交流论文（篇）	Number of Foreign Theses Presented (piece)	539	70	469	
科普活动	**Science Popularization Activities**				
举办科普讲座次数（次）	Number of Lectures (time)	1801	39	1050	712
科普讲座受众人数（人次）	Number of Audience (person-time)	940998	14380	236744	689874
举办科普展览次数（次）	Number of Exhibitions (time)	775	14	169	592
科普展览受众人数（人次）	Number of Participants (person-times)	2907769	440450	343527	2123792
举办科技夏（冬）令营次数（次）	Number of Summer (Winter) Camps with the Theme of Science and Technology (time)	39	5	10	24
举办青少年科技竞赛次数（次）	Number of Teenagers Science and Technology Competitions (time)	7027	1050	2570	3407
科学考察	**Scientific Study Tour**				
外派科技团组个数（个）	Number of Scientific Groups Sent Abroad (unit)	79	7	72	
外派总人次（人次）	Number of Person-times Sent Abroad (person-times)	140	35	105	
咨 询	**Consultancy**				
完成技术咨询合同数（项）	Number of Technological Consultancy Contracts Completed (item)	311	120	137	54
技术咨询合同实现金额（万元）	Actually Received Contract Amount of Technological Consultancy (10 000 yuan)	25180	17740	788	6651
#技术交易额（万元）	Technology Transaction Value (10 000 yuan)	21409	17740	236	3433

表18.13 研究与试验发展（R&D）活动基本情况（2009年）
BASIC STATISTICS ON R&D ACTIVITIES (2009)

指 标	Item	合 计 Total	科研机构 Research Institutes	高等院校 Colleges & Universities
有R&D活动的单位数（个）	Units Engaged in R&D Activities (unit)	686	22	33
R&D经费内部支出（万元）	Inner Expenditure of R&D Funds (10 000 yuan)	794599	67547	107880
#基础研究	Basic Research	43473	13224	29850
应用研究	Application Research	128007	43927	45397
试验发展	Testing Development	623119	10396	32633
#日常性支出	Daily Expenditure	605928	36340	74494
#人员劳务费	Remuneration for Personnel	173388	10781	22445
#资产性支出	Expenditure for Assets	188671	31207	33386
#仪器和设备	Facilities	140906	23259	15270
#政府资金	Funds from Government	153117	56918	54175
企业资金	Funds from Enterprises	613388	583	44823
国外资金	Foreign Funds	3518	46	937
其他资金	Others	24576	10000	7946
R&D人员（人）	R&D Personnel (person)	53359	3114	12471
#女 性	Female	13851	1021	4066
#全时人员	Full-time Employees	31617	2186	5572
#博士毕业	With Doctor's Degree	2960	88	2467
硕士毕业	With Master's Degree	8582	691	5239
本科毕业	With Bachelor's Degree	15199	1613	3064
R&D人员全时当量（人年）	Full-time Personnel (person.year)	35005	2470	6489
#研究人员	Researchers	20067	1571	5432
#基础研究	Personnel of Basic Research	3352	601	2717
应用研究	Personnel of Application Research	5410	1297	2751
试验发展	Personnel of Testing Development	26243	572	1021
R&D项目（课题）数（项）	Number of R&D Projects (Topics)	16140	553	11333
R&D项目（课题）人员全时当量（人年）	Number of Full-time Persons for Each R&D Project (Topic) (person-year)	29554	2322	6482
R&D项目（课题）经费支出（万元）	Expenditure for R&D Projects (Topics) (RMB 10 000)	615756	33576	92744
研究机构机构数（个）	Number of Research Institutions (unit)	745	29	244
研究机构R&D人员（人）	R&D Personnel in Research Institutions (person)	20025	3114	2998
#博士和硕士	With Doctor's Degree and Master's Degree	4404	806	2100
研究机构R&D经费支出（万元）	Research Institutions' Expenditure for R&D (RMB 10 000)	367763	67547	30805
研究机构仪器设备原价（万元）	Original Price of Instruments and Equipment in Research Institutions (RMB 10 000)	1172523	88090	129154
#进 口	Imported	549140	61851	29531
专利申请数（件）	Number of Patent Applications (pcs)	7464	84	1413
#发明申请	Invention Patent	2418	48	980
有效发明专利数（件）	Number of Effective Invention Patents (pcs)	3573	58	1864
专利所有权转让及许可数（件）	Number of Patent Right Transfers and Permissions (pcs)	199	1	71
专利所有权转让及许可收入（万元）	Income from Patent Right Transfers and Permissions (RMB 10,000)	2933	10	1291
形成国家或行业标准数（项）	Number of National or Industrial Standards Newly Formed (items)	378	22	6
发表科技论文（篇）	Number of Scientific and Technical Theses Published (theses)	30339	1109	24903
出版科技著作（种）	Scientific and Technical Works Published (kind)	889	35	821

表18.13 续表 continued

指　标	Item	企　业 Enterprises	其中 of which #工业企业 Industrial Enterprises	其　他 Others
有R&D活动的单位数（个）	Units Engaged in R&D Activities (unit)	573	549	58
R&D经费内部支出（万元）	Inner Expenditure of R&D Funds (10 000 yuan)	606379	564856	12793
#基础研究	Basic Research	165		235
应用研究	Application Research	33270	2347	5412
试验发展	Testing Development	572944	562509	7146
#日常性支出	Daily Expenditure	484254	458212	10841
#人员劳务费	Remuneration for Personnel	133858	126539	6304
#资产性支出	Expenditure for Assets	122125	106644	1953
#仪器和设备	Facilities	100502	97409	1876
#政府资金	Funds from Government	33236	30852	8788
企业资金	Funds from Enterprises	565747	526845	2234
国外资金	Foreign Funds	2536	2536	
其他资金	Others	4859	4623	1771
R&D人员（人）	R&D Personnel (person)	35111	33065	2663
#女　性	Female	7826	7352	938
#全时人员	Full-time Employees	23180	22551	679
#博士毕业	With Doctor's Degree	276	200	129
硕士毕业	With Master's Degree	2083	1401	569
本科毕业	With Bachelor's Degree	9879	9444	643
R&D人员全时当量（人年）	Full-time Personnel (person.year)	24764	23279	1282
#研究人员	Researchers	12255	11949	809
#基础研究	Personnel of Basic Research	8		26
应用研究	Personnel of Application Research	887	121	475
试验发展	Personnel of Testing Development	23869	23158	781
R&D项目（课题）数（项）	Number of R&D Projects (Topics)	4109	3726	383
R&D项目（课题）人员全时当量（人年）	Number of Full-time Persons for Each R&D Project (Topic) (person-year)	19377	18261	1116
R&D项目（课题）经费支出（万元）	Expenditure for R&D Projects (Topics) (RMB 10 000)	464175	455834	8341
研究机构机构数（个）	Number of Research Institutions (unit)	625	436	23
研究机构R&D人员（人）	R&D Personnel in Research Institutions (person)	18450	13209	539
#博士和硕士	With Doctor's Degree and Master's Degree	6973	1241	189
研究机构R&D经费支出（万元）	Research Institutions' Expenditure for R&D (RMB 10 000)	264853	262186	5241
研究机构仪器设备原价（万元）	Original Price of Instruments and Equipment in Research Institutions (RMB 10 000)	939783	939728	5732
#进　口	Imported	454810	454789	2667
专利申请数（件）	Number of Patent Applications (pcs)	5567	5567	55
#发明申请	Invention Patent	1221	1217	21
有效发明专利数（件）	Number of Effective Invention Patents (pcs)	3630	1584	
专利所有权转让及许可数（件）	Number of Patent Right Transfers and Permissions (pcs)	139	112	
专利所有权转让及许可收入（万元）	Income from Patent Right Transfers and Permissions (RMB 10,000)	1312	1312	
形成国家或行业标准数（项）	Number of National or Industrial Standards Newly Formed (items)	318	318	4
发表科技论文（篇）	Number of Scientific and Technical Theses Published (theses)	1422	1422	2046
出版科技著作（种）	Scientific and Technical Works Published (kind)			27

表18.14 研究与试验发展（R&D）活动基本情况（2010年）
BASIC STATISTICS ON R&D ACTIVITIES (2010)

指 标	Item	合 计 Total	科研机构 Research Institutes	高等院校 Colleges & Universities
有R&D活动的单位数（个）	Units Engaged in R&D Activities (unit)	591	25	33
R&D经费内部支出（万元）	Inner Expenditure of R&D Funds (10 000 yuan)	1002663	90612	143385
#基础研究	Basic Research	64984	15528	48835
应用研究	Application Research	131763	59277	53474
试验发展	Testing Development	805917	15807	41077
#日常性支出	Daily Expenditure	778744	48698	105559
#人员劳务费	Remuneration for Personnel	218186	19475	29903
#资产性支出	Expenditure for Assets	223920	41914	37828
#仪器和设备	Facilities	191782	36563	23390
#政府资金	Funds from Government	208184	68740	75947
企业资金	Funds from Enterprises	755313	1207	58278
国外资金	Foreign Funds	3095	50	1308
其他资金	Others	36077	20615	7853
R&D人员（人）	R&D Personnel (person)	58886	3633	15904
#女　性	Female	15774	1207	5405
#全时人员	Full-time Employees	34608	2519	6203
#博士毕业	With Doctor's Degree	3973	107	3407
硕士毕业	With Master's Degree	9636	821	6147
本科毕业	With Bachelor's Degree	18949	1890	4733
R&D人员全时当量（人年）	Full-time Personnel (person.year)	37078	2804	7131
#研究人员	Researchers	19676	1795	6018
#基础研究	Personnel of Basic Research	3634	499	3087
应用研究	Personnel of Application Research	6049	1710	3234
试验发展	Personnel of Testing Development	27396	595	812
R&D项目（课题）数（项）	Number of R&D Projects (Topics)	18545	868	13415
R&D项目（课题）人员全时当量（人年）	Number of Full-time Persons for Each R&D Project (Topic) (person-year)	32676	2504	7126
R&D项目（课题）经费支出（万元）	Expenditure for R&D Projects (Topics) (RMB 10 000)	755744	42767	110126
研究机构机构数（个）	Number of Research Institutions (unit)	764	28	294
研究机构R&D人员（人）	R&D Personnel in Research Institutions (person)	23566	3633	3670
#博士和硕士	With Doctor's Degree and Master's Degree	5664	928	2968
研究机构R&D经费支出（万元）	Research Institutions' Expenditure for R&D (RMB 10 000)	516547	90612	50086
研究机构仪器设备原价（万元）	Original Price of Instruments and Equipment in Research Institutions (RMB 10 000)	702405	81962	148582
#进　口	Imported	235888	38925	36964
专利申请数（件）	Number of Patent Applications (pcs)	7580	154	1529
#发明申请	Invention Patent	2722	93	1056
有效发明专利数（件）	Number of Effective Invention Patents (pcs)	5109	134	2708
专利所有权转让及许可数（件）	Number of Patent Right Transfers and Permissions (pcs)	250	4	115
专利所有权转让及许可收入（万元）	Income from Patent Right Transfers and Permissions (RMB 10,000)	7465	57	1389
形成国家或行业标准数（项）	Number of National or Industrial Standards Newly Formed (items)	445	31	
发表科技论文（篇）	Number of Scientific and Technical Theses Published (theses)	32924	1301	27482
出版科技著作（种）	Scientific and Technical Works Published (kind)	1068	41	990

表18.14 续表 continued

指 标	Item	企 业 Enterprises	其 中 of which #工业企业 Industrial Enterprises	其 他 Others
有R&D活动的单位数（个）	Units Engaged in R&D Activities (unit)	478	453	55
R&D经费内部支出（万元）	Inner Expenditure of R&D Funds (10 000 yuan)	755588	712718	13078
#基础研究	Basic Research	360	360	261
应用研究	Application Research	13939	12971	5073
试验发展	Testing Development	741289	699387	7744
#日常性支出	Daily Expenditure	613888	583448	10599
#人员劳务费	Remuneration for Personnel	162168	149242	6640
#资产性支出	Expenditure for Assets	141700	129270	2479
#仪器和设备	Facilities	129897	123543	1932
#政府资金	Funds from Government	54126	45041	9371
企业资金	Funds from Enterprises	693228	661679	2600
国外资金	Foreign Funds	1736	1736	1
其他资金	Others	6498	4262	1110
R&D人员（人）	R&D Personnel (person)	36586	34269	2763
#女 性	Female	8190	7554	972
#全时人员	Full-time Employees	25041	23692	845
#博士毕业	With Doctor's Degree	322	237	137
硕士毕业	With Master's Degree	2054	1582	614
本科毕业	With Bachelor's Degree	11641	10843	685
R&D人员全时当量（人年）	Full-time Personnel (person.year)	25699	23770	1444
#研究人员	Researchers	10987	10275	876
#基础研究	Personnel of Basic Research	14	14	35
应用研究	Personnel of Application Research	508	460	598
试验发展	Personnel of Testing Development	25177	23296	811
R&D项目（课题）数（项）	Number of R&D Projects (Topics)	3858	3697	404
R&D项目（课题）人员全时当量（人年）	Number of Full-time Persons for Each R&D Project (Topic) (person-year)	21902	20077	1144
R&D项目（课题）经费支出（万元）	Expenditure for R&D Projects (Topics) (RMB 10 000)	594172	564982	8680
研究机构机构数（个）	Number of Research Institutions (unit)	418	405	24
研究机构R&D人员（人）	R&D Personnel in Research Institutions (person)	15673	15497	590
#博士和硕士	With Doctor's Degree and Master's Degree	1531	1458	237
研究机构R&D经费支出（万元）	Research Institutions' Expenditure for R&D (RMB 10 000)	370294	365199	5555
研究机构仪器设备原价（万元）	Original Price of Instruments and Equipment in Research Institutions (RMB 10 000)	466129	455605	5732
#进 口	Imported	157333	152291	2666
专利申请数（件）	Number of Patent Applications (pcs)	5846	5552	51
#发明申请	Invention Patent	1552	1445	21
有效发明专利数（件）	Number of Effective Invention Patents (pcs)	2266	2179	1
专利所有权转让及许可数（件）	Number of Patent Right Transfers and Permissions (pcs)	131	125	
专利所有权转让及许可收入（万元）	Income from Patent Right Transfers and Permissions (RMB 10,000)	6019	6000	
形成国家或行业标准数（项）	Number of National or Industrial Standards Newly Formed (items)	410	391	4
发表科技论文（篇）	Number of Scientific and Technical Theses Published (theses)	2147	1321	1994
出版科技著作（种）	Scientific and Technical Works Published (kind)	5		32

表18.15 普通高等学校教学和科研人员（2009年）
PERSONNEL OF TEACHING AND RESEARCH IN REGULAR INSTITUTIONS OF HIGHER EDUCATION (2009)

单位：人 (person)

项 目	Item	合 计 Total	其中 of which 自然科学 Natural Sciences	工程与技术 Engineering and Technology	医学科学 Medical Sciences	农业科学 Agricultural Sciences	其 他 Other
总 计	**Total**	**16315**	**2645**	**7454**	**4298**	**762**	**1156**
按职称分	**By Title**						
#高 级	Senior	5987	1263	2800	1224	415	285
中 级	Medium	6448	1035	3170	1502	269	472
初 级	Junior	2968	282	1050	1379	49	208
按技术等级分	**By Technical Grade**						
#科学家和工程师	Scientists and Engineers	15403	2580	7020	4105	733	965
技术员	Technical Personnel	430	29	164	185	7	45

表18.16 普通高等学校教学和科研人员（2010年）
PERSONNEL OF TEACHING AND RESEARCH IN REGULAR INSTITUTIONS OF HIGHER EDUCATION (2010)

单位：人 (person)

项 目	Item	合 计 Total	其中 of which 自然科学 Natural Sciences	工程与技术 Engineering and Technology	医学科学 Medical Sciences	农业科学 Agricultural Sciences	其 他 Other
总 计	**Total**	**16529**	**2922**	**7875**	**3960**	**930**	**842**
按职称分	**By Title**						
#高 级	Senior	5900	1331	2620	1326	443	180
中 级	Medium	6961	1147	3479	1638	384	313
初 级	Junior	2729	373	1327	795	85	149
按技术等级分	**By Technical Grade**						
#科学家和工程师	Scientists and Engineers	15590	2851	7426	3759	912	642
技术员	Technical Personnel	381	30	140	164	11	36

表18.17 普通高等学校科技项目情况（2009年）

SCIENTIFIC AND TECHNOLOGICAL PROJECTS OF REGULAR INSTITUTIONS OF HIGHER EDUCATION (2009)

项　目	Item	课题数（项）Number of Projects (unit)	当年投入经费（万元）Funds of Projects (10 000 yuan)	当年支出经费（万元）Expenditures for Projects (10 000 yuan)	当年投入人员（人年）Personnel Engaged in Projects (person-year)	其　中 of which #科学家和工程师（理工农医类项目）Scientists and Engineers (Science, Industry, Agriculture and Medical Fields)
总　计	**Total**	**8454**	**139795**	**121309**	**5674**	**5443**
R&D项目	R&D Projects	7238	110398	95791	4892	4705
基础研究	Basic Research	2809	39154	34692	2026	1939
应用研究	Application Research	3058	33838	27323	2086	2027
试验发展	Testing Development	1376	37406	33776	779	878
非R&D项目	Non-R&D Projects					
R&D成果应用	Application of R&D Achievements	878	22492	19947	533	511
科技服务	Technological Services	333	6905	5571	250	226

表18.18 普通高等学校科技项目情况（2010年）

SCIENTIFIC AND TECHNOLOGICAL PROJECTS OF REGULAR INSTITUTIONS OF HIGHER EDUCATION (2010)

项　目	Item	课题数（项）Number of Projects (unit)	当年投入经费（万元）Funds of Projects (10 000 yuan)	当年支出经费（万元）Expenditures for Projects (10 000 yuan)	当年投入人员（人年）Personnel Engaged in Projects (person-year)	其　中 of which #科学家和工程师（理工农医类项目）Scientists and Engineers (Science, Industry, Agriculture and Medical Fields)
总　计	**Total**	**7173**	**112776**	**100033**	**5367**	**5142**
R&D项目	R&D Projects	6071	85160	75420	4423	4239
基础研究	Basic Research	2032	26230	21633	1800	1697
应用研究	Application Research	2585	26121	23750	1670	1610
试验发展	Testing Development	1454	32810	30037	953	932
非R&D项目	Non-R&D Projects					
R&D成果应用	Application of R&D Achievements	599	17033	15682	566	544
科技服务	Technological Services	503	10583	8931	378	359

表18.19 大中型工业企业科技机构情况（2009年）
SCIENTIFIC AND TECHNOLOGICAL INSTITUTIONS OF LARGE & MEDIUM-SIZED INDUSTRIAL ENTERPRISES (2009)

项 目	Item	科技机构数（个）Number of Institutions (unit)	科技机构科技活动人数（人）Personnel of Institutions (person)	科技机构经费内部支出（万元）Inner Expenditures for Science and Technology (10 000 yuan)
总 计	**Total**	**267**	**21090**	**458419**
按隶属关系分	**By Relationship**			
中 央	Central	46	7948	183713
地 方	Local	227	13142	274706
按登记注册类型分	**By Registration**			
内资企业	Domestic-funded	237	18415	367544
国有企业	State-owned	33	1776	30457
集体企业	Collective-owned			
股份合作企业	Cooperative Enterprise			
联营企业	Joint Ownership Enterprises			
有限责任公司	Limited Liability Corporations	84	7346	128685
股份有限公司	Share Holding Limited Corporations	36	4851	121961
私营企业	Private Enterprises	84	4442	86441
其他企业	Private Limited Liability Corporations			
港、澳、台商投资企业	Enterprises Funded by Hong Kong, Macao and Taiwan	10	664	5245
合资经营企业	Joint-venture Enterprises	5	206	1961
合作经营企业	Cooperative Enterprises	1	40	345
独资经营企业	Enterprises with Sole Funded from Hong Kong,Macao and Taiwan	2	258	1904
投资股份有限公司	Share-holding Corporations Ltd. with Investment from Hong Kong, Macao and Taiwan	2	160	1036
外商投资企业	Foreign Funded Enterprises	26	2011	85630
中外合资经营企业	Joint-venture Enterprises	22	1687	74423
中外合作经营企业	Cooperation Enterprises			
外资企业	Enterprises with Sole Fund	3	162	9906
外商投资股份有限公司	Share-holding Corporations Ltd.	1	162	1300
按行业分	**By Industrial Sector**			
采矿业	Mining and Quarrying	3	32	9944
煤炭开采和洗选业	Coal Mining and Dressing	1	20	48
石油和天然气开采业	Petroleum and Natural Gas Extraction	1	8	40
黑色金属矿采选业	Ferrous Metals Mining and Dressing			
有色金属矿采选业	Nonferrous Metals Mining and Dressing			
非金属矿采选业	Nonmetal Minerals Mining and Dressing	1	4	9856
其他采矿业	Other Minerals Mining			
制造业	Manufacturing	267	20805	446857
农副食品加工业	Farm Products and By-food Processing	7	246	2547
食品制造业	Food Production	6	147	1305
饮料制造业	Beverage Production	4	340	1465

表18.19 续表 continued

项　目	Item	科技机构数（个） Number of Institutions (unit)	科技机构科技活动人数（人） Personnel of Institutions (person)	科技机构经费内部支出（万元） Inner Expenditures for Science and Technology (10 000 yuan)
烟草制品业	Tobacco Products			
纺织业	Textile Industry	2	56	1177
纺织服装、鞋、帽制造业	Garments, Shoes and Hats Production			
皮革、毛皮、羽毛（绒）及其制品业	Leather, Furs, Down and Related Products			
木材加工及木竹藤棕草制品业	Timber Processing,Bamboo,Cane,Palm, Straw Products			
家具制造业	Furniture Manufacturing	1	17	470
造纸及纸制品业	Papermaking and Paper Products	1	7	100
印刷业、记录媒介的复制	Printing and Record Medium Reproduction	6	42	443
文教体育用品制造业	Cultural Educational and Sports Goods			
石油加工、炼焦及核燃料加工业	Petroleum, Coking and Nuclear Fuel Processing	2	110	1553
化学原料及化学制品制造业	Raw Chemical Materials and Chemical Products	32	1826	50255
医药制造业	Medical and Pharmaceutical Products	23	1120	17795
化学纤维制造业	Chemical Fiber			
橡胶制品业	Rubber Products	2	61	328
塑料制品业	Plastic Products	2	39	38
非金属矿物制品业	Nonmetal Mineral Products	12	538	4067
黑色金属冶炼及压延加工业	Smelting and Pressing of Ferrous Metals	6	219	3186
有色金属冶炼及压延加工业	Smelting and Pressing of Nonferrous Metals	5	625	13851
金属制品业	Metal Products	4	244	1869
通用设备制造业	Ordinary Equipment	25	1528	45692
专用设备制造业	Special Equipment	12	1592	10299
交通运输设备制造业	Transportation Equipment	74	9754	264055
电气机械及器材制造业	Electric Equipment and Machinery	12	531	7351
通信设备、计算机及其他电子设备制造业	Communication, Computers and Other Electronic Equipment	8	817	7603
仪器仪表及文化、办公用机械制造业	Instruments, Meters,Cultural and Office Machinery	19	878	11094
工艺品及其他制造业	Handicraft and Other Production	2	68	315
废弃资源和废旧材料回收加工业	Recovery and Processing of Waste Resources and Materials			
电力、燃气及水的生产和供应业	Electricpower, Gas & Water Production and Supply	3	253	1618
电力、热力的生产和供应业	Electricpower and Hot Power Production and Supply	3	253	1618
燃气生产和供应业	Gas Production and Supply			
水的生产和供应业	Water Production and Supply			

表18.20 大中型工业企业科技机构情况（2010年）
SCIENTIFIC AND TECHNOLOGICAL INSTITUTIONS OF LARGE & MEDIUM-SIZED INDUSTRIAL ENTERPRISES (2010)

项 目	Item	科技机构数（个）Number of Institutions (unit)	科技机构科技活动人数（人）Personnel of Institutions (person)	科技机构经费内部支出（万元）Inner Expenditures for Science and Technology (10 000 yuan)
总 计	**Total**	**289**	**23761**	**610006**
按隶属关系分	**By Relationship**			
中 央	Central	60	9289	274946
地 方	Local	229	14472	335060
按登记注册类型分	**By Registration**			
内资企业	Domestic-funded	241	20796	494486
国有企业	State-owned	37	2022	39914
集体企业	Collective-owned			
股份合作企业	Cooperative Enterprise	1	11	100
联营企业	Joint Ownership Enterprises			
有限责任公司	Limited Liability Corporations	102	7989	179600
股份有限公司	Share Holding Limited Corporations	35	5787	148424
私营企业	Private Enterprises	65	4969	126218
其他企业	Private Limited Liability Corporations	1	18	229
港、澳、台商投资企业	Enterprises Funded by Hong Kong, Macao and Taiwan	14	691	9441
合资经营企业	Joint-venture Enterprises	9	245	5550
合作经营企业	Cooperative Enterprises	1	38	385
独资经营企业	Enterprises with Sole Funded from Hong Kong,Macao and Taiwan	3	252	2548
投资股份有限公司	Share-holding Corporations Ltd. with Investment from Hong Kong, Macao and Taiwan	1	156	958
外商投资企业	Foreign Funded Enterprises	34	2274	106080
中外合资经营企业	Joint-venture Enterprises	26	1682	100512
中外合作经营企业	Cooperation Enterprises			
外资企业	Enterprises with Sole Fund	3	149	1867
外商投资股份有限公司	Share-holding Corporations Ltd.	5	443	3701
按行业分	**By Industrial Sector**			
采矿业	Mining and Quarrying	3	20	7331
煤炭开采和洗选业	Coal Mining and Dressing	2	15	520
石油和天然气开采业	Petroleum and Natural Gas Extraction			
黑色金属矿采选业	Ferrous Metals Mining and Dressing			
有色金属矿采选业	Nonferrous Metals Mining and Dressing			
非金属矿采选业	Nonmetal Minerals Mining and Dressing	1	5	6811
其他采矿业	Other Minerals Mining			
制造业	Manufacturing	281	23345	600473
农副食品加工业	Farm Products and By-food Processing	6	265	2854
食品制造业	Food Production	3	92	2200
饮料制造业	Beverage Production	4	347	1663

表18.20 续表 continued

项　目	Item	科技机构数（个） Number of Institutions (unit)	科技机构科技活动人数（人） Personnel of Institutions (person)	科技机构经费内部支出（万元） Inner Expenditures for Science and Technology (10 000 yuan)
烟草制品业	Tobacco Products			
纺织业	Textile Industry	5	97	3223
纺织服装、鞋、帽制造业	Garments, Shoes and Hats Production	2	59	241
皮革、毛皮、羽毛（绒）及其制品业	Leather, Furs, Down and Related Products			
木材加工及木竹藤棕草制品业	Timber Processing,Bamboo,Cane,Palm, Straw Products			
家具制造业	Furniture Manufacturing			
造纸及纸制品业	Papermaking and Paper Products	1	5	120
印刷业、记录媒介的复制	Printing and Record Medium Reproduction	1	15	10
文教体育用品制造业	Cultural Educational and Sports Goods			
石油加工、炼焦及核燃料加工业	Petroleum, Coking and Nuclear Fuel Processing	1	86	881
化学原料及化学制品制造业	Raw Chemical Materials and Chemical Products	30	1522	50730
医药制造业	Medical and Pharmaceutical Products	24	1281	18487
化学纤维制造业	Chemical Fiber			
橡胶制品业	Rubber Products	2	63	273
塑料制品业	Plastic Products	1	6	125
非金属矿物制品业	Nonmetal Mineral Products	7	400	3538
黑色金属冶炼及压延加工业	Smelting and Pressing of Ferrous Metals	7	245	2430
有色金属冶炼及压延加工业	Smelting and Pressing of Nonferrous Metals	4	576	29220
金属制品业	Metal Products	2	158	2734
通用设备制造业	Ordinary Equipment	31	1878	53089
专用设备制造业	Special Equipment	17	1587	17416
交通运输设备制造业	Transportation Equipment	83	12173	373462
电气机械及器材制造业	Electric Equipment and Machinery	15	900	16340
通信设备、计算机及其他电子设备制造业	Communication, Computers and Other Electronic Equipment	11	634	6216
仪器仪表及文化、办公用机械制造业	Instruments, Meters,Cultural and Office Machinery	22	890	14721
工艺品及其他制造业	Handicraft and Other Production	2	66	501
废弃资源和废旧材料回收加工业	Recovery and Processing of Waste Resources and Materials			
电力、燃气及水的生产和供应业	Electricpower, Gas & Water Production and Supply	5	396	2203
电力、热力的生产和供应业	Electricpower and Hot Power Production and Supply	5	396	2203
燃气生产和供应业	Gas Production and Supply			
水的生产和供应业	Water Production and Supply			

表18.21 大中型工业企业R&D人员情况（2009年）

BASIC STATISTICS ON R&D PERSONNEL IN LARGE & MEDIUM-SIZED INDUSTRIAL ENTERPRISES (2009)

项　目	Item	R&D人员数（人） R&D Personnel (person)	其　中 of which #参加项目人员 Researchers	#R&D全时人员 Full-time Employees	R&D人员折合全时当量（人年） Full-time Personnel (person-year)	其　中 of which #试验发展人员 Personnel of Testing Development
总　计	**Total**	**28958**	**21665**	**20439**	**20692**	**20570**
按隶属关系分	**By Relationship**					
中　央	Central	9785	7144	7702	7829	7722
地　方	Local	19173	14521	12737	12863	12849
按登记注册类型分	**By Registration**					
内资企业	Domestic-funded	25859	19245	18272	18386	18264
国有企业	State-owned	3095	2196	2101	2452	2449
集体企业	Collective-owned	20	18		5	5
股份合作企业	Cooperative Enterprise	82	78	78	53	53
联营企业	Joint Ownership Enterprises					
有限责任公司	Limited Liability Corporations	12145	8499	8579	8344	8255
股份有限公司	Share Holding Limited Corporations	4694	3711	3748	3614	3585
私营企业	Private Enterprises	5823	4743	3766	3918	3918
其他企业	Private Limited Liability Corporations					
港、澳、台商投资企业	Enterprises Funded by Hong Kong, Macao and Taiwan	650	542	330	510	510
合资经营企业	Joint-venture Enterprises	169	119	126	85	85
合作经营企业	Cooperative Enterprises	91	80	32	91	91
独资经营企业	Enterprises with Sole Funded from Hong Kong,Macao and Taiwan	265	227	165	214	214
投资股份有限公司	Share-holding Corporations Ltd. with Investment from Hong Kong, Macao and Taiwan	125	116	7	119	119
外商投资企业	Foreign Funded Enterprises	2449	1878	1837	1797	1797
中外合资经营企业	Joint-venture Enterprises	2063	1599	1533	1512	1512
中外合作经营企业	Cooperation Enterprises					
外资企业	Enterprises with Sole Fund	218	178	212	182	182
外商投资股份有限公司	Share-holding Corporations Ltd.	168	101	92	102	102
按行业分	**By Sector**					
采矿业	Mining and Quarrying	1117	894	684	646	635
煤炭开采和洗选业	Coal Mining and Dressing	722	684	360	251	240
石油和天然气开采业	Petroleum and Natural Gas Extraction					
黑色金属矿采选业	Ferrous Metals Mining and Dressing	395	210	324	395	395
有色金属矿采选业	Nonferrous Metals Mining and Dressing					
非金属矿采选业	Nonmetal Minerals Mining and Dressing					
其他采矿业	Other Minerals Mining					

表18.21 续表 continued

项目	Item	R&D人员数（人） R&D Personnel (person)	其中 of which #参加项目人员 Researchers	#R&D全时人员 Full-time Employees	R&D人员折合全时当量（人年） Full-time Personnel (person-year)	其中 of which #试验发展人员 Personnel of Testing Development
制造业	Manufacturing	27412	20473	19630	19868	19764
农副食品加工业	Farm Products and By-food Processing	211	177	117	167	167
食品制造业	Food Production	299	220	147	129	129
饮料制造业	Beverage Production	245	171	141	128	128
烟草制品业	Tobacco Products	32	13		16	16
纺织业	Textile Industry	274	218	173	171	171
纺织服装、鞋、帽制造业	Garments, Shoes and Hats Production					
皮革毛皮羽毛（绒）及其制品业	Leather, Furs, Down and Related Products					
木材加工及木竹藤棕草制品业	Timber Processing,Bamboo, Cane,Palm,Straw Products					
家具制造业	Furniture Manufacturing	56	27	31	24	24
造纸及纸制品业	Papermaking and Paper Products	6	4	6	4	4
印刷业、记录媒介的复制	Printing and Record Medium Reproduction	48	41	30	39	39
文教体育用品制造业	Cultural Educational and Sports Goods					
石油加工、炼焦及核燃料加工业	Petroleum, Coking and Nuclear Fuel Processing	97	50	38	33	33
化学原料及化学制品制造业	Raw Chemical Materials and Chemical Products	1991	1513	1170	1069	1066
医药制造业	Medical and Pharmaceutical Products	1286	1061	1162	1072	1072
化学纤维制造业	Chemical Fiber					
橡胶制品业	Rubber Products	68	50	61	5	5
塑料制品业	Plastic Products	43	32	43	30	30
非金属矿物制品业	Nonmetal Mineral Products	747	606	389	532	532
黑色金属冶炼及压延加工业	Smelting and Pressing of Ferrous Metals	214	192	30	182	182
有色金属冶炼及压延加工业	Smelting and Pressing of Nonferrous Metals	1029	631	354	565	565
金属制品业	Metal Products	804	645	499	399	399
通用设备制造业	Ordinary Equipment	2999	2246	2129	2222	2222
专用设备制造业	Special Equipment	3561	2389	3314	2843	2772
交通运输设备制造业	Transportation Equipment	10628	8248	7598	8092	8063
电气机械及器材制造业	Electric Equipment and Machinery	573	468	381	344	344
通信设备、计算机及其他电子设备制造业	Communication, Computers and Other Electronic Equipment	786	548	697	648	648
仪器仪表及文化、办公用机械制造业	Instruments, Meters,Cultural and Office Machinery	1315	838	1054	1086	1086
工艺品及其他制造业	Handicraft and Other Production	100	85	66	68	68
废弃资源和废旧材料回收加工业	Recovery and Processing of Waste Resources and Materials					
电力、燃气及水的生产和供应业	Electricpower, Gas & Water Production and Supply	429	298	125	178	171
电力、热力的生产和供应业	Electricpower and Hot Power Production and Supply	407	281	125	162	155
燃气生产和供应业	Gas Production and Supply	22	17		16	16
水的生产和供应业	Water Production and Supply					

表18.22 大中型工业企业R&D人员情况（2010年）

BASIC STATISTICS ON R&D PERSONNEL IN LARGE & MEDIUM-SIZED INDUSTRIAL ENTERPRISES (2010)

项目	Item	R&D人员数（人） R&D Personnel (person)	其中 of which #参加项目人员 Researchers	#R&D全时人员 Full-time Employees	R&D人员折合全时当量（人年） Full-time Personnel (person-year)	其中 of which #试验发展人员 Personnel of Testing Development
总计	**Total**	**30984**	**26526**	**21659**	**21662**	**21228**
按隶属关系分	**By Relationship**					
中央	Central	9049	7622	6929	7477	7250
地方	Local	21935	18904	14730	14185	13979
按登记注册类型分	**By Registration**					
内资企业	Domestic-funded	27155	23088	19333	18854	18420
国有企业	State-owned	4660	3696	3200	3538	3466
集体企业	Collective-owned	45	39	7	25	25
股份合作企业	Cooperative Enterprise	7	2	1	3	3
联营企业	Joint Ownership Enterprises					
有限责任公司	Limited Liability Corporations	11864	9887	8644	7442	7214
股份有限公司	Share Holding Limited Corporations	4330	3841	3882	4051	3936
私营企业	Private Enterprises	6182	5559	3532	3727	3710
其他企业	Private Limited Liability Corporations	67	64	67	67	67
港、澳、台商投资企业	Enterprises Funded by Hong Kong, Macao and Taiwan	1054	942	518	915	915
合资经营企业	Joint-venture Enterprises	305	229	252	256	256
合作经营企业	Cooperative Enterprises	102	95	35	102	102
独资经营企业	Enterprises with Sole Funded from Hong Kong,Macao and Taiwan	258	240	214	243	243
投资股份有限公司	Share-holding Corporations Ltd. with Investment from Hong Kong, Macao and Taiwan	389	378	17	314	314
外商投资企业	Foreign Funded Enterprises	2775	2496	1808	1893	1893
中外合资经营企业	Joint-venture Enterprises	2200	1965	1335	1414	1414
中外合作经营企业	Cooperation Enterprises					
外资企业	Enterprises with Sole Fund	107	98	42	41	41
外商投资股份有限公司	Share-holding Corporations Ltd.	468	433	431	438	438
按行业分	**By Sector**					
采矿业	Mining and Quarrying	869	672	522	562	502
煤炭开采和洗选业	Coal Mining and Dressing	478	460	175	186	186
石油和天然气开采业	Petroleum and Natural Gas Extraction					
黑色金属矿采选业	Ferrous Metals Mining and Dressing	391	212	347	376	316
有色金属矿采选业	Nonferrous Metals Mining and Dressing					
非金属矿采选业	Nonmetal Minerals Mining and Dressing					
其他采矿业	Other Minerals Mining					

表18.22 续表 continued

项　目	Item	R&D人员数（人） R&D Personnel (person)	其中 of which #参加项目人员 Researchers	#R&D全时人员 Full-time Employees	R&D人员折合全时当量（人年） Full-time Personnel (person-year)	其中 of which #试验发展人员 Personnel of Testing Development
制造业	Manufacturing	29574	25363	21040	20852	20487
农副食品加工业	Farm Products and By-food Processing	282	262	131	262	253
食品制造业	Food Production	126	108		54	54
饮料制造业	Beverage Production	436	405	220	230	230
烟草制品业	Tobacco Products	32	18	32	14	14
纺织业	Textile Industry	389	365	307	199	199
纺织服装、鞋、帽制造业	Garments, Shoes and Hats Production	83	80	24	17	17
皮革毛皮羽毛（绒）及其制品业	Leather, Furs, Down and Related Products					
木材加工及木竹藤棕草制品业	Timber Processing,Bamboo, Cane,Palm,Straw Products	13	10	7	4	4
家具制造业	Furniture Manufacturing	118	118	11	24	24
造纸及纸制品业	Papermaking and Paper Products					
印刷业、记录媒介的复制	Printing and Record Medium Reproduction					
文教体育用品制造业	Cultural Educational and Sports Goods					
石油加工、炼焦及核燃料加工业	Petroleum, Coking and Nuclear Fuel Processing	45	38	28	45	45
化学原料及化学制品制造业	Raw Chemical Materials and Chemical Products	2535	2085	1598	1347	1322
医药制造业	Medical and Pharmaceutical Products	1740	1540	1352	1507	1464
化学纤维制造业	Chemical Fiber					
橡胶制品业	Rubber Products	131	120	71	11	10
塑料制品业	Plastic Products	16	16	16	16	16
非金属矿物制品业	Nonmetal Mineral Products	900	769	245	409	409
黑色金属冶炼及压延加工业	Smelting and Pressing of Ferrous Metals	496	475	77	398	398
有色金属冶炼及压延加工业	Smelting and Pressing of Nonferrous Metals	690	522	282	510	507
金属制品业	Metal Products	203	193	156	166	166
通用设备制造业	Ordinary Equipment	3323	2919	2431	2293	2289
专用设备制造业	Special Equipment	2732	2067	2414	2255	2232
交通运输设备制造业	Transportation Equipment	11674	10220	8932	8274	8032
电气机械及器材制造业	Electric Equipment and Machinery	1014	893	594	611	605
通信设备、计算机及其他电子设备制造业	Communication, Computers and Other Electronic Equipment	872	693	745	741	741
仪器仪表及文化、办公用机械制造业	Instruments, Meters,Cultural and Office Machinery	1651	1378	1316	1421	1417
工艺品及其他制造业	Handicraft and Other Production	73	69	51	47	43
废弃资源和废旧材料回收加工业	Recovery and Processing of Waste Resources and Materials					
电力、燃气及水的生产和供应业	Electricpower, Gas & Water Production and Supply	541	491	97	248	239
电力、热力的生产和供应业	Electricpower and Hot Power Production and Supply	541	491	97	248	239
燃气生产和供应业	Gas Production and Supply					
水的生产和供应业	Water Production and Supply					

表18.23 大中型工业企业R&D活动经费支出与项目情况（2009年）

EXPENDITURES AND PROJECTS OF SCIENTIFIC & TECHNOLOGICAL ACTIVITIES OF LARGE & MEDIUM-SIZED INDUSTRIAL ENTERPRISES (2009)

单位：万元 (10 000 yuan)

项　目	Item	R&D项目数（项） Projects (unit)	研究与发展经费内部支出 Internal Expenses for R&D	技术改造经费支出 Expendi-tures for Technical Transfor -mation	技术引进经费支出 Expendi-tures for Technical Recom-mendation	购买国内技术用款 Purchases of Civil Techno -logy
总　计	**Total**	**3120**	**521899**	**577274**	**18598**	**46852**
按隶属关系分	**By Relationship**					
中　央	Central	988	174010	194631	258	13604
地　方	Local	2132	347890	382643	18340	33248
按登记注册类型分	**By Registration**					
内资企业	Domestic-funded	2819	474122	391077	17450	24114
国有企业	State-owned	455	49133	37971	1828	1699
集体企业	Collective-owned	6	25	66		
股份合作企业	Cooperative Enterprise	19	554	581		
联营企业	Joint Ownership Enterprises					
有限责任公司	Limited Liability Corporations	1204	217078	215056	12965	16813
股份有限公司	Share Holding Limited Corporations	481	75836	34815	502	1454
私营企业	Private Enterprises	654	131495	102588	2156	4148
其他企业	Private Limited Liability Corporations					
港、澳、台商投资企业	Enterprises Funded by Hong Kong, Macao and Taiwan	50	8642	38397	145	9494
合资经营企业	Joint-venture Enterprises	14	2176	15273	10	9035
合作经营企业	Cooperative Enterprises	11	1354			
独资经营企业	Enterprises with Sole Funded from Hong Kong,Macao and Taiwan	13	2611	2713		
投资股份有限公司	Share-holding Corporations Ltd. with Investment from Hong Kong, Macao and Taiwan	12	2502	20411	135	459
外商投资企业	Foreign Funded Enterprises	251	39135	147800	1003	13245
中外合资经营企业	Joint-venture Enterprises	200	31940	103973	796	6375
中外合作经营企业	Cooperation Enterprises					
外资企业	Enterprises with Sole Fund	31	4483	35416	207	98
外商投资股份有限公司	Share-holding Corporations Ltd.	20	2712	8411		6772
按行业分	**By Sector**					
采矿业	Mining and Quarrying	127	4911	43012		1145
煤炭开采和洗选业	Coal Mining and Dressing	119	2565	41931		1140
石油和天然气开采业	Petroleum and Natural Gas Extraction			20		5
黑色金属矿采选业	Ferrous Metals Mining and Dressing	8	2346			
有色金属矿采选业	Nonferrous Metals Mining and Dressing					
非金属矿采选业	Nonmetal Minerals Mining and Dressing			1061		
其他采矿业	Other Minerals Mining					

表18.23 续表 continued

单位：万元 (10 000 yuan)

项　目	Item	R&D项目数（项） Projects (unit)	研究与发展经费内部支出 Internal Expenses for R&D	技术改造经费支出 Expendi-tures for Technical Transfor -mation	技术引进经费支出 Expendi-tures for Technical Recom-mendation	购买国内技术用款 Purchases of Civil Techno -logy
制造业	Manufacturing	2965	514630	511492	18598	45366
农副食品加工业	Farm Products and By-food Processing	16	2915	1886	3	10
食品制造业	Food Production	32	3398	995	60	75
饮料制造业	Beverage Production	22	4538	2058		6772
烟草制品业	Tobacco Products	12	73	168		
纺织业	Textile Industry	15	2437	1213	360	744
纺织服装、鞋、帽制造业	Garments, Shoes and Hats Production					
皮革毛皮羽毛（绒）及其制品业	Leather, Furs, Down and Related Products			200		
木材加工及木竹藤棕草制品业	Timber Processing,Bamboo, Cane,Palm,Straw Products			18		
家具制造业	Furniture Manufacturing	3	884			
造纸及纸制品业	Papermaking and Paper Products	1	327	3075		252
印刷业、记录媒介的复制	Printing and Record Medium Reproduction	8	462	2800		78
文教体育用品制造业	Cultural Educational and Sports Goods					
石油加工、炼焦及核燃料加工业	Petroleum, Coking and Nuclear Fuel Processing	21	3239	1696		
化学原料及化学制品制造业	Raw Chemical Materials and Chemical Products	141	44794	99016	7443	10409
医药制造业	Medical and Pharmaceutical Products	259	20845	17535	125	2146
化学纤维制造业	Chemical Fiber					
橡胶制品业	Rubber Products	9	349	895		1087
塑料制品业	Plastic Products	3	119			
非金属矿物制品业	Nonmetal Mineral Products	54	7565	71243		3060
黑色金属冶炼及压延加工业	Smelting and Pressing of Ferrous Metals	7	6743	23615	135	864
有色金属冶炼及压延加工业	Smelting and Pressing of Nonferrous Metals	92	22321	62178		
金属制品业	Metal Products	28	6277	2180		
通用设备制造业	Ordinary Equipment	456	64642	43931	409	3505
专用设备制造业	Special Equipment	349	75239	10783	322	13296
交通运输设备制造业	Transportation Equipment	1135	212743	136391	8947	2729
电气机械及器材制造业	Electric Equipment and Machinery	57	14551	3981	455	165
通信设备、计算机及其他电子设备制造业	Communication, Computers and Other Electronic Equipment	35	9028	21228		162
仪器仪表及文化、办公用机械制造业	Instruments, Meters,Cultural and Office Machinery	201	10347	4351	339	12
工艺品及其他制造业	Handicraft and Other Production	9	795	55		
废弃资源和废旧材料回收加工业	Recovery and Processing of Waste Resources and Materials					
电力、燃气及水的生产和供应业	Electricpower, Gas & Water Production and Supply	28	2358	22770		342
电力、热力的生产和供应业	Electricpower and Hot Power Production and Supply	26	2291	22770		342
燃气生产和供应业	Gas Production and Supply	2	68			
水的生产和供应业	Water Production and Supply					

表18.24 大中型工业企业R&D活动经费支出与项目情况（2010年）

EXPENDITURES AND PROJECTS OF SCIENTIFIC & TECHNOLOGICAL ACTIVITIES OF LARGE & MEDIUM-SIZED INDUSTRIAL ENTERPRISES (2010)

单位：万元 (10 000 yuan)

项 目	Item	R&D项目数（项） Projects (unit)	研究与发展经费内部支出 Internal Expenses for R&D	技术改造经费支出 Expendi-tures for Technical Transfor -mation	技术引进经费支出 Expendi-tures for Technical Recom-mendation	购买国内技术用款 Purchases of Civil Techno -logy
总 计	**Total**	**3230**	**672418**	**551117**	**141710**	**38040**
按隶属关系分	**By Relationship**					
中 央	Central	1097	238104	275159	125897	20741
地 方	Local	2133	434314	275958	15814	17299
按登记注册类型分	**By Registration**					
内资企业	Domestic-funded	2863	577730	315967	29125	29785
国有企业	State-owned	474	67299	23547	217	1356
集体企业	Collective-owned	7	140	7		
股份合作企业	Cooperative Enterprise	1	100			
联营企业	Joint Ownership Enterprises					
有限责任公司	Limited Liability Corporations	1369	243171	218929	9310	6562
股份有限公司	Share Holding Limited Corporations	557	116446	16105	17479	18749
私营企业	Private Enterprises	453	149768	55315	2119	3117
其他企业	Private Limited Liability Corporations	2	805	2064		
港、澳、台商投资企业	Enterprises Funded by Hong Kong, Macao and Taiwan	66	20928	18627	3256	3371
合资经营企业	Joint-venture Enterprises	24	5671	4035	3256	1628
合作经营企业	Cooperative Enterprises	16	732	6889		
独资经营企业	Enterprises with Sole Funded from Hong Kong,Macao and Taiwan	10	2830	715		
投资股份有限公司	Share-holding Corporations Ltd. with Investment from Hong Kong, Macao and Taiwan	16	11695	6987		1743
外商投资企业	Foreign Funded Enterprises	301	73761	216524	109329	4885
中外合资经营企业	Joint-venture Enterprises	189	63369	211651	108953	2891
中外合作经营企业	Cooperation Enterprises					
外资企业	Enterprises with Sole Fund	10	4613	3682	102	
外商投资股份有限公司	Share-holding Corporations Ltd.	102	5779	1192	275	1994
按行业分	**By Sector**					
采矿业	Mining and Quarrying	141	5432	50314		40
煤炭开采和洗选业	Coal Mining and Dressing	133	1762	49526		40
石油和天然气开采业	Petroleum and Natural Gas Extraction					
黑色金属矿采选业	Ferrous Metals Mining and Dressing	8	3670			
有色金属矿采选业	Nonferrous Metals Mining and Dressing					
非金属矿采选业	Nonmetal Minerals Mining and Dressing			788		
其他采矿业	Other Minerals Mining					

表18.24 续表 continued

单位：万元 (10 000 yuan)

项　目	Item	R&D项目数（项） Projects (unit)	研究与发展经费内部支出 Internal Expenses for R&D	技术改造经费支出 Expendi-tures for Technical Transfor -mation	技术引进经费支出 Expendi-tures for Technical Recom-mendation	购买国内技术用款 Purchases of Civil Techno -logy
制造业	Manufacturing	3054	664571	477792	141710	38000
农副食品加工业	Farm Products and By-food Processing	22	2963	2296	264	150
食品制造业	Food Production	10	1586	89		18
饮料制造业	Beverage Production	18	5621	1402	242	1989
烟草制品业	Tobacco Products	12	303	188		
纺织业	Textile Industry	14	2638	17283	150	132
纺织服装、鞋、帽制造业	Garments, Shoes and Hats Production	1	1574			
皮革毛皮羽毛（绒）及其制品业	Leather, Furs, Down and Related Products					
木材加工及木竹藤棕草制品业	Timber Processing,Bamboo, Cane,Palm,Straw Products	3	27	7		
家具制造业	Furniture Manufacturing	3	1320			
造纸及纸制品业	Papermaking and Paper Products			59		
印刷业、记录媒介的复制	Printing and Record Medium Reproduction			5705		
文教体育用品制造业	Cultural Educational and Sports Goods					
石油加工、炼焦及核燃料加工业	Petroleum, Coking and Nuclear Fuel Processing	3	1892	670		
化学原料及化学制品制造业	Raw Chemical Materials and Chemical Products	143	56170	29404	3044	2237
医药制造业	Medical and Pharmaceutical Products	405	27537	15149		1940
化学纤维制造业	Chemical Fiber					
橡胶制品业	Rubber Products	17	1250	1510		1937
塑料制品业	Plastic Products	3	2152			279
非金属矿物制品业	Nonmetal Mineral Products	50	30252	27085	328	1025
黑色金属冶炼及压延加工业	Smelting and Pressing of Ferrous Metals	26	14574	8455		1743
有色金属冶炼及压延加工业	Smelting and Pressing of Nonferrous Metals	93	16507	41943	5216	
金属制品业	Metal Products	11	2704	383		
通用设备制造业	Ordinary Equipment	422	60294	58538	4136	1854
专用设备制造业	Special Equipment	351	69958	12246	1313	1637
交通运输设备制造业	Transportation Equipment	1122	302776	221252	125973	22191
电气机械及器材制造业	Electric Equipment and Machinery	86	27491	6092	1044	90
通信设备、计算机及其他电子设备制造业	Communication, Computers and Other Electronic Equipment	57	10681	250		757
仪器仪表及文化、办公用机械制造业	Instruments, Meters,Cultural and Office Machinery	175	23738	27787		20
工艺品及其他制造业	Handicraft and Other Production	7	564			
废弃资源和废旧材料回收加工业	Recovery and Processing of Waste Resources and Materials					
电力、燃气及水的生产和供应业	Electricpower, Gas & Water Production and Supply	35	2415	23012		
电力、热力的生产和供应业	Electricpower and Hot Power Production and Supply	35	2415	22977		
燃气生产和供应业	Gas Production and Supply					
水的生产和供应业	Water Production and Supply			35		

表18.25 大中型工业企业新产品开发情况（2009年）

NEW PRODUCTS DEVELOPMENT OF LARGE & MEDIUM-SIZED INDUSTRIAL ENTERPRISES (2009)

单位：万元 (10 000 yuan)

项 目	Item	新产品项目数（项） Projects of New Products (unit)	新产品开发经费支出 Development fund of New Products	新产品销售收入 Sales Revenue of New Products	其 中 of which #新产品出口 Exports of New Products
总 计	**Total**	**3342**	**673318**	**16889747**	**994832**
按隶属关系分	**By Relationship**				
中 央	Central	1065	267084	7390914	213870
地 方	Local	2277	406234	9498834	780962
按登记注册类型分	**By Registration**				
内资企业	Domestic-funded	2971	572487	10670143	826962
国有企业	State-owned	447	52026	628480	53965
集体企业	Collective-owned	10	67	3534	
股份合作企业	Cooperative Enterprise	16	462	1649	31
联营企业	Joint Ownership Enterprises				
有限责任公司	Limited Liability Corporations	1238	257426	3069254	199270
股份有限公司	Share Holding Limited Corporations	488	97127	2636587	128600
私营企业	Private Enterprises	772	165379	4330640	445096
其他企业	Private Limited Liability Corporations				
港、澳、台商投资企业	Enterprises Funded by Hong Kong, Macao and Taiwan	68	16687	730380	1719
合资经营企业	Joint-venture Enterprises	13	1464	48876	57
合作经营企业	Cooperative Enterprises	14	1605	21753	1502
独资经营企业	Enterprises with Sole Funded from Hong Kong,Macao and Taiwan	10	2157	369907	161
投资股份有限公司	Share-holding Corporations Ltd. with Investment from Hong Kong, Macao and Taiwan	31	11461	289844	
外商投资企业	Foreign Funded Enterprises	303	84144	5489224	166152
中外合资经营企业	Joint-venture Enterprises	248	72798	5243923	154466
中外合作经营企业	Cooperation Enterprises				
外资企业	Enterprises with Sole Fund	44	8528	194748	11686
外商投资股份有限公司	Share-holding Corporations Ltd.	11	2819	50554	
按行业分	**By Sector**				
采矿业	Mining and Quarrying	26	2558	76	
煤炭开采和洗选业	Coal Mining and Dressing	21	830	76	
石油和天然气开采业	Petroleum and Natural Gas Extraction				
黑色金属矿采选业	Ferrous Metals Mining and Dressing	5	1728		
有色金属矿采选业	Nonferrous Metals Mining and Dressing				
非金属矿采选业	Nonmetal Minerals Mining and Dressing				
其他采矿业	Other Minerals Mining				

表18.25 续表 continued

单位：万元 (10 000 yuan)

项 目	Item	新产品项目数（项） Projects of New Products (unit)	新产品开发经费支出 Development fund of New Products	新产品销售收入 Sales Revenue of New Products	其 中 of which #新产品出口 Exports of New Products
制造业	Manufacturing	3280	666939	16888066	994832
木材及竹材采运业	Logging and Transport of Timber and Bamboo	20	2793	26709	4453
农副食品加工业	Farm Products and By-food Processing	28	3519	107252	600
食品制造业	Food Production	14	4285	143566	
饮料制造业	Beverage Production	10	69	191293	
烟草加工业	Tobacco Processing	16	3991	103552	19972
纺织业	Textile Industry				
服装及其他纤维制品制造业	Garments and other Fiber Products				
皮革、毛皮、羽绒及其制品业	Leather, Furs, Down and Related Products	3	24	51	
木材加工及竹、藤、棕、草制品业	Timber Processing, Bamboo, Cane, Palm Fiber and Straw Products	3	884	863	
家具制造业	Furniture Manufacturing	3	422	145793	
造纸及纸制品业	Papermaking and Paper Products	11	523	2100	
印刷业、记录媒介的复制	Printing and Record Medium Reproduction				
文教体育用品制造业	Cultural Educational and Sports Goods	19	2603	20773	
石油加工及炼焦业	Petroleum Refining and Coking	103	35642	860539	73878
化学原料及化学制品制造业	Raw Chemical Materials and Chemical Products	283	21610	691366	66228
医药制造业	Medical and Pharmaceutical Products				
化学纤维制造业	Chemical Fiber	7	302	20994	
橡胶制品业	Rubber Products	6	556	22334	
塑料制品业	Plastic Products	65	20517	315199	82962
非金属矿物制品业	Nonmetal Mineral Products	27	21368	319012	
黑色金属冶炼及压延加工业	Smelting and Pressing of Ferrous Metals	98	36567	624671	7172
有色金属冶炼及压延加工业	Smelting and Pressing of Nonferrous Metals	29	6753	190809	28663
金属制品业	Metal Products	534	76612	947558	177435
通用设备制造业	Odinary Equipment	313	75456	265893	33427
专用设备制造业	Special Purpose Equipment	1319	307706	10829328	478433
交通运输设备制造业	Transport Equipment	75	19528	422854	4487
电气机械及器材制造业	Electric Equipment and Machinery	59	10154	471820	59
电子及通信设备制造业	Electronic and Telecommunication Equipment	229	14790	144545	16619
仪器仪表及文化、办公用机械制造业	Instruments Meters Cultural and Clerical Machinery	6	266	19194	444
其他制造业	Other Manufacturing				
电力、蒸汽、热水的生产和供应业	Electricity Steam & Hot Water Production and Supply	36	3821	1605	
煤气生产和供应业	Gas Production and Supply	33	3678	1605	
自来水的生产和供应业	Tap Water Production and Supply	3	143		
水的生产和供应业	Water Production and Supply				

表18.26 大中型工业企业新产品开发情况（2010年）

NEW PRODUCTS DEVELOPMENT OF LARGE & MEDIUM-SIZED INDUSTRIAL ENTERPRISES (2010)

单位：万元 (10 000 yuan)

项目	Item	新产品项目数（项） Projects of New Products (unit)	新产品开发经费支出 Development fund of New Products	新产品销售收入 Sales Revenue of New Products	其中 of which #新产品出口 Exports of New Products
总计	**Total**	**2294**	**515534**	**24780319**	**1208114**
按隶属关系分	**By Relationship**				
中央	Central	833	201791	8820165	107664
地方	Local	1461	313744	15960154	1100450
按登记注册类型分	**By Registration**				
内资企业	Domestic-funded	2058	447019	16748734	1014615
国有企业	State-owned	284	40558	988277	26289
集体企业	Collective-owned	6	81	947443	
股份合作企业	Cooperative Enterprise			9929	
联营企业	Joint Ownership Enterprises			83510	
有限责任公司	Limited Liability Corporations	948	184453	5837001	297065
股份有限公司	Share Holding Limited Corporations	426	97883	3188247	30201
私营企业	Private Enterprises	394	124045	5692927	659661
其他企业	Private Limited Liability Corporations			1400	1400
港、澳、台商投资企业	Enterprises Funded by Hong Kong, Macao and Taiwan	47	9487	976084	63255
合资经营企业	Joint-venture Enterprises	17	2944	364865	62825
合作经营企业	Cooperative Enterprises	16	732	29488	274
独资经营企业	Enterprises with Sole Funded from Hong Kong,Macao and Taiwan	7	2400	282633	155
投资股份有限公司	Share-holding Corporations Ltd. with Investment from Hong Kong, Macao and Taiwan	7	3411	299098	
外商投资企业	Foreign Funded Enterprises	189	59029	7055501	130244
中外合资经营企业	Joint-venture Enterprises	170	54680	6326333	123155
中外合作经营企业	Cooperation Enterprises				
外资企业	Enterprises with Sole Fund	9	1834	657535	6672
外商投资股份有限公司	Share-holding Corporations Ltd.	10	2515	71633	417
按行业分	**By Sector**				
采矿业	Mining and Quarrying	15	1362		
煤炭开采和洗选业	Coal Mining and Dressing	13	150		
石油和天然气开采业	Petroleum and Natural Gas Extraction				
黑色金属矿采选业	Ferrous Metals Mining and Dressing	2	1212		
有色金属矿采选业	Nonferrous Metals Mining and Dressing				
非金属矿采选业	Nonmetal Minerals Mining and Dressing				
其他采矿业	Other Minerals Mining				

表18.26 续表 continued

单位：万元 (10 000 yuan)

项　目	Item	新产品项目数（项） Projects of New Products (unit)	新产品开发经费支出 Development fund of New Products	新产品销售收入 Sales Revenue of New Products	其　中 of which #新产品出口 Exports of New Products
制造业	Manufacturing	2268	512908	24780319	1208114
木材及竹材采运业	Logging and Transport of Timber and Bamboo	14	1947	118024	3169
农副食品加工业	Farm Products and By-food Processing	8	1369	20225	
食品制造业	Food Production	12	4183	125803	
饮料制造业	Beverage Production	12	303	270071	
烟草加工业	Tobacco Processing	13	1791	346163	6522
纺织业	Textile Industry	1	1574	10378	
服装及其他纤维制品制造业	Garments and other Fiber Products			31336	
皮革、毛皮、羽绒及其制品业	Leather, Furs, Down and Related Products	3	27		
木材加工及竹、藤、棕、草制品业	Timber Processing, Bamboo, Cane, Palm Fiber and Straw Products	3	1320	686	
家具制造业	Furniture Manufacturing			154009	
造纸及纸制品业	Papermaking and Paper Products			21853	
印刷业、记录媒介的复制	Printing and Record Medium Reproduction			4323	
文教体育用品制造业	Cultural Educational and Sports Goods	3	1892	21501	
石油加工及炼焦业	Petroleum Refining and Coking	108	31252	1422793	28596
化学原料及化学制品制造业	Raw Chemical Materials and Chemical Products	300	18740	433671	13842
医药制造业	Medical and Pharmaceutical Products				
化学纤维制造业	Chemical Fiber	12	854	26613	
橡胶制品业	Rubber Products	1	759	35186	
塑料制品业	Plastic Products	41	22769	457323	94018
非金属矿物制品业	Nonmetal Mineral Products	11	3969	1215722	
黑色金属冶炼及压延加工业	Smelting and Pressing of Ferrous Metals	61	6018	748626	28160
有色金属冶炼及压延加工业	Smelting and Pressing of Nonferrous Metals	11	2704	237127	34583
金属制品业	Metal Products	383	52444	1493687	78050
通用设备制造业	Odinary Equipment	176	44478	222748	7047
专用设备制造业	Special Purpose Equipment	809	262965	14093558	829544
交通运输设备制造业	Transport Equipment	75	25326	2208769	44277
电气机械及器材制造业	Electric Equipment and Machinery	51	8025	736296	912
电子及通信设备制造业	Electronic and Telecommunication Equipment	159	18093	299533	38804
仪器仪表及文化、办公用机械制造业	Instruments Meters Cultural and Clerical Machinery	1	106	24296	591
其他制造业	Other Manufacturing				
电力、蒸汽、热水的生产和供应业	Electricity Steam & Hot Water Production and Supply	11	1265		
煤气生产和供应业	Gas Production and Supply	11	1265		
自来水的生产和供应业	Tap Water Production and Supply				
水的生产和供应业	Water Production and Supply				

表18.27 新闻出版机构和人员数（2009－2010年）
NUMBER OF INSTITUTIONS AND PERSONS ENGAGED IN PRESS AND PUBLICATION(2009-2010)

单位：个、人 (unit，person)

指　标	Item	2009	2010
书刊出版社	**Publishing Houses**		
机构数	Institutions	3	3
从业人员	Personnel	1123	1098
书刊印刷厂	**Printing Houses**		
机构数	Institutions	45	41
从业人员	Personnel	5126	4758
国有书店	**State-owned Book Stores**		
机构数	Institutions	265	271
从业人员	Personnel	3075	2439

表18.28 专利申请受理量及专利授权量（2009－2010年）
PATENT APPLICATIONS ACCEPTED AND GRANTED (2009-2010)

单位：件 (pcs)

项　目	Item	申请受理量 Applications Accepted		专利授权量 Applications Granted	
		2009	2010	2009	2010
总　计	**Total**	**13482**	**22825**	**7501**	**12080**
按种类分	**By Type**				
发　明	Inventions	3845	5150	834	1143
实用新型	Utility Models	5503	11985	3274	6704
外观设计	Designs	4134	5690	3393	4233
按对象分	**By Applicant**				
个　人	Individuals	4855	12371	2395	4242
大专院校	Universities and Colleges	1272	1501	638	825
科研单位	Research Institutions	185	413	123	170
工矿企业	Industrial and Mineral Enterprises	6886	8094	4227	6517
机关团体	Government Agencies and Organizations	284	446	118	326

表18.29 规模以上工业企业专利主要指标（2009－2010年）
MAJOR INDICATORS ON THE PATENTS OF INDUSTRIAL ENTERPRISES ABOVE DESIGNATED SIZE (2009-2010)

指　标	Item	2009	2010
有专利申请的企业数（个）	Number of Enterprises with Patent Application (unit)	351	414
有专利授权的企业数（个）	Number of Enterprises with Patent Granted (unit)	330	384
拥有有效专利的企业数（累计值）（个）	Number of Enterprises with Valid Patent (cumulative value) (unit)	434	498
专利产品产值（万元）	Output Value of Patented Products (10 000 yuan)	7692484	12198168
专利产品销售收入（万元）	Sales Revenue of Patented Products (10 000 yuan)	7156088	11709728

表18.30 图书发行流转及销售情况（2009－2010年）
STATISTICS ON PUBLICATION, CIRCULATION AND SALES OF BOOKS (2009-2010)

单位：万册、万元 (10 000 copies, 10 000 yuan)

指　标	Item	册 数 Number of Books		金 额 Value	
		2009	2010	2009	2010
购　进	**Purchases**	**61982**	**90719**	**400268**	**438290**
销　售	**Sales**	**60120**	**91587**	**432163**	**516429**
零　售	Retail	24561	33036	185621	191924
区　县	Districts and Counties	18690	21069	149854	114278
县以下	Below Counties	5871	11967	35767	77646
批　发	Wholesale	34559	58550	282309	324505
区　县	Districts and Counties	33692	38783	271236	252679
县以下	Below Counties	867	19767	11073	71826
库　存	**Inventory**	**10920**	**8170**	**129865**	**88498**

表18.31 各类技术合同签定及执行情况（2010年）
SIGNING AND IMPLEMENTATION OF TECHNICAL CONTRACTS BY TYPE (2010)

项　目	Item	合同数（项） Number of Contracts (item)	合同成交金额（万元） Value of Contracts (10 000 yuan)	其中 of which: #技术交易额（万元） Technology Transaction Value (10 000 yuan)	技术交易额比重（%） As Percentage of Contract Value (%)
总　计	**Total**	**2222**	**1475256**	**1426700**	**96.7**
技术开发	Technical Development	1564	299966	255112	85.0
技术转让	Technical Transfer	115	849310	846541	99.7
技术咨询	Technical Consultation	174	219091	218786	99.9
技术服务	Technical Services	369	106889	106261	99.4

表18.32 图书、杂志和报纸出版情况（2009－2010年）
PUBLICATION OF BOOKS, MAGAZINES AND NEWSPAPERS (2009-2010)

指　标	Item	2009	2010
图　书	**Books Published**		
种　数（种）	Number of Publications (kind)	3476	4691
总印数（万册、万张）	Printed Copies (10 000 copies)	13185	15694
总印张数（万印张）	Printed Sheets (10 000 sheets)	92169	103442
期　刊	**Magazines Published**		
种　数（种）	Number of Publications (kind)	135	135
每期平均印数（万册）	Average Printed Copies Per Issue (10 000 copies)	338	271
总印数（万册）	Printed Copies (10 000 copies)	6356	5409
总印张数（万印张）	Printed Sheets (10 000 sheets)	41563	36068
报　纸	**Newspapers Published**		
种　数（种）	Number of Publications (kind)	45	26
每期平均印数（万份）	Average Printed Copies Per Issue (10 000 copies)	280	300
总印数（万份）	Printed Copies (10 000 copies)	59862	76484
总印张数（万印张）	Printed Sheets (10 000 sheets)	315698	427185

注：报纸发行总数去除了19种校报。
Note:19 kinds of school newspaper are removed from the total newspaper publications.

表18.33 产品质量监督抽查情况（2010年）

RESULTS OF SAMPLING CHECK AND SUPERVISION ON QUALITY OF PRODUCTS (2010)

产品名称	Name of Product	监督检验企业数（个） Number of Enterprises Supervised & Checked (unit)	检验批次（批次） Number of Batches Checked (batch-time)	合格批次（批次） Number of Conforming Batches (batch-time)	批次合格率（%） Rate of Conforming Batches (%)
总　计	**Total**	**17660**	**35047**	**31889**	**91.0**
化　肥	Fertilizers	194	600	510	85.0
农　药	Pesticides	12	32	25	78.1
饲　料	Feed	3	3	3	100.0
农业机械	Farm Machinery	134	320	292	91.3
农用薄膜	Agricultural Films	9	22	22	100.0
土壤改良剂	Soil Conditioner	1	2	1	50.0
其他农业生产资料	Agricultural Means of Production	1	1	1	100.0
小麦粉、大米	Wheat Powder and Rice	647	710	666	93.8
肉制品	Meat Products	604	753	700	93.0
调味品	Condiments	1068	1245	1119	89.9
乳制品	Milk and Products	85	366	366	100.0
食用植物油	Edible Vegetable Oil	460	484	425	87.8
糕　点	Cake	1957	2080	1773	85.2
饮　料	Beverage	949	1030	885	85.9
方便面	Instant Noodles	7	7	7	100.0
罐　头	Canned Food	19	22	22	100.0
冷冻饮品	Frozen Beverage	36	48	42	87.5
糖果制品	Candy Products	152	159	150	94.3
白　酒	Distilled Spirit	1362	1548	1352	87.3
啤　酒	Beer	33	57	57	100.0
黄酒、果酒	Rice Wine and Fruit Wine	25	26	23	88.5
化妆品	Cosmetic	9	26	22	84.6
纺织品	Textile	249	562	435	77.4
服　装	Garments	165	500	431	86.2
鞋　类	Shoes	493	599	591	98.7
家用纸制品	Paper Products for Home Use	130	237	206	86.9
家用和类似用途电器	Electric Appliances for Home and Similar Use	59	250	234	93.6
燃气用具	Gas Appliances	40	103	95	92.2
日用电器	Electric Appliances for Daily Use	41	66	60	90.9
眼　镜	Spectacles (glass & frame)	429	729	704	96.6
日用化工品	Chemicals for Daily Use	31	105	102	97.1
通用电器产品	General Electric Appliances	56	86	85	98.8
文艺体育用品	Products for Cultural, Art and Sports Use	1	1	1	100.0
皮革制品	Leather Products	11	44	44	100.0
家　具	Furniture	526	808	656	81.2
其它日用消费品	Other Consumer Goods for Daily Use	208	369	353	95.7
铝合金建筑型材	Aluminum Alloy Building Profiles	61	137	117	85.4
塑料型材	Plastic Profiles	57	134	124	92.5
水　泥	Cement	226	551	529	96.0
水泥制品、混凝土制品	Cement and Concrete Products	1392	2118	2053	96.9
墙体材料	Wall Materials	1485	2556	2315	90.6
建筑防水材料	Water-proof Building Materials	37	90	75	83.3
建筑钢材	Building Steel Products	472	2017	1667	82.6
人造板	Artificial Board	139	213	188	88.3
电缆电线	Electric Wires	101	463	438	94.6
胶粘剂	Adhesive	20	33	31	93.9
油漆涂料	Paint	159	447	423	94.6

表18.33 续表1 continued1

产品名称	Name of Product	监督检验企业数（个） Number of Enterprises Supervised & Checked (unit)	检验批次（批次） Number of Batches Checked (batch-time)	合格批次（批次） Number of Conforming Batches (batch-time)	批次合格率（%） Rate of Conforming Batches (%)
塑料管材及管件	Plastic Pipes and Joints	57	234	202	86.3
建筑门窗	Doors and Windows	254	484	456	94.2
建筑保温材料	Building Thermal Insulation Materials	77	334	308	92.2
建筑脚手架钢管扣件	Scaffold Fasteners	3	22	15	68.2
其他建筑装修材料	Other Building Materials	94	135	126	93.3
包装产品（不含食品包装物、危化品包装物）	Packages (excluding food packages and packages for dangerous products)	206	340	303	89.1
电工器材及电力设备	Electric Tools and Equipment	123	317	309	97.5
电子元器件及产品	Electtronic Components and Products	1	2	2	100.0
工业用化工产品	Chemicals for Industrial Use	97	279	260	93.2
机械电子产品	Mechanical and Electronic Products	150	282	275	97.5
矿用产品	Products for Mining Use	83	175	175	100.0
能源产品	Products for Energy Use	721	6110	5910	96.7
消防器材	Fire-fighting Apparatus	2	2	2	100.0
劳动防护用品	Labor Protection Products	8	16	16	100.0
救生设备	Life-saving Equipment	3	4		
冶金产品	Metallurgic Products	58	121	119	98.3
工业用橡胶制品	Rubber Products for Industrial Use	34	70	70	100.0
工业用塑料制品	Plastic Products for Industrial Use	26	42	41	97.6
工业用玻璃制品	Glass Products for Industrial Use	35	85	57	67.1
安全防范产品	Products for Safety	13	28	28	100.0
广播电视传输设备	Radio and TV Transmission Equipment	2	4	4	100.0
通用设备	Universal Equipment	54	130	130	100.0
其它工业生产资料	Other Means for Industrial Production	20	29	29	100.0
汽车、摩托车轮胎	Automobile and Motorcycle Tires	2	7	7	100.0
机动车灯具	Lights of Motor Vehicles	16	56	56	100.0

表18.33 续表2 continued2

产品名称	Name of Product	监督检验企业数（个） Number of Enterprises Supervised & Checked (unit)	检验批次（批次） Number of Batches Checked (batch-time)	合格批次（批次） Number of Conforming Batches (batch-time)	批次合格率（%） Rate of Conforming Batches (%)
汽车摩托车用制动器衬片	Brake Lining for Automobile and Motorcycle	12	14	14	100.0
汽车摩托车液压制动软管总成	Hydraulic Brake Hose Assembly for Automobile and Motorcycle	2	3	3	100.0
汽车及摩托车低压线及线束	Low-Voltage Wires for Automobile and Motorcycle	14	29	28	96.6
汽车内饰件	Automobile Interior Decorative Parts	40	101	94	93.1
汽　车	Automobiles	1	3	3	100.0
摩托车	Motorcycles	31	147	117	79.6
发动机	Engines	40	63	63	100.0
汽车、摩托车的其他零部件和附件（摩托车发动机、汽车安全带、机动车后视镜、机动车用喇叭、汽车门锁及汽车门铰链、机动车燃油箱、汽车座椅及座椅头枕、机动车回复反射器等）	Automobiles, Motorcycles and Other Parts and Fittings (Motorcycle Engine, Safety Belt, Rearview Mirror, Horn, Automobile Door Lock and Hinge, Fuel Tank, Automobile Seat and Headrest and Reflex Reflector	154	249	249	100.0
电信终端设备	Telecommunication Terminal Equipment	1	1	1	100.0
信息技术设备	IT Equipment	3	6	6	100.0
包装桶（袋）	Packing Barrel (Bag)	7	9	9	100.0
玻璃钢罐体	FRP Tanks	2	2	2	100.0
烟花爆竹	Fireworks	65	228	189	82.9
其他危化品	Other Dangerous Chemicals	33	62	61	98.4
力学计量器具	Mechanic Measuring Instrument	18	38	38	100.0
热学计量器具	Thermal Measuring Instrument	1	1	1	100.0
电磁计量器具	Electromagnetic Measuring Instrument	11	14	14	100.0
其他计量器具	Other Measuring Instrument	51	96	96	100.0
条码印刷产品	Barcode Printing Products	680	1914	1581	82.6

表18.34 文化机构和人员数（2009－2010年）
NUMBER OF INSTITUTIONS AND PERSONNEL IN CULTURE (2009-2010)

项　目	Item	2009	2010
机构数(个)	**Number of Institutions (unit)**	**1428**	**1656**
艺术业	Art	203	427
#艺术表演团体	Art Performance Troupes	160	381
艺术表演场所	Art Performance Places	42	46
文物业	Cultural Relics	89	89
图书馆业	Public Libraries	43	43
群众文化服务业	Mass Culture	1035	1041
艺术教育业	Art Education	1	1
文艺科研	Art Research Institutions	1	1
其　他	Others	56	54
从业人员数(人)	**Number of Employed Persons (person)**	**11114**	**13115**
艺术业	Art	3485	5248
#艺术表演团体	Art Performance Troupes	2813	4423
艺术表演场所	Art Performance Places	662	825
文物业	Cultural Relics	1785	1895
图书馆业	Public Libraries	805	854
群众文化服务业	Mass Culture	3574	3726
艺术教育业	Art Education	178	241
文艺科研	Art Research Institutions	30	29
其　他	Others	1257	1122

注：艺术教育机构统计口径为含教育部门和文化部门的艺术教育机构。
Note:The scope of art education institutions include the institutions in educational sector and cultural sector.

表18.35 公共图书馆情况（2009－2010年）
PUBLIC LIBRARIES (2009-2010)

项　目	Item	总　计 Total		其　中 of which #市　级 At Municipal Level	
		2009	2010	2009	2010
总藏量（万册、件）	Total Collections (10 000 volumes)	988	1031	346	369
书架总长度（万米）	Total Monolayer Length of Bookshelves (10 000 meters)	12	13	4	4
发放借书证数（万个）	Number of Library Cards Distributed (10 000 units)	20	16	10	4
图书流通情况	Circulation of Books				
总流通人次（万人次）	Total Number of Circulation (10 000 person-times)	588	621	190	150
书刊外借册次（万册次）	Number of Books Borrowed by Readers (10 000 volume-times)	760	705	310	132
为读者举办各种活动服务次数（次）	Number of Service Activities Provided for Readers (time)	1268	1471	423	397
总支出（万元）	Total Expenditures (10 000 yuan)	9123	9335	4659	4943
#藏量购置费	Purchase Expenses	1461	1626	916	1010
本年新购藏量（万册）	Number of Books Purchased During Current Year (10 000 volumes)	58	52	22	22
公用房屋建筑面积（万平方米）	Floor Space of Public Buildings (10 000 sq.m)	17	20	5	5
#书　库	Stack Rooms	4	5	1	1
阅览室座席（个）	Seating Capacity of Reading Rooms (seat)	10308	13568	2482	2482

表18.36 文物业情况（2010年）
STATISTICS ON CULTURAL RELICS (2010)

项　目	Item	文物业 Cultural Relics	其　中 of which #博物馆 Museums	#文物保护管理机构 Protection and Management Agencies
藏　品(件)	Number of Collections (pcs)	754363	488955	77865
#一级品	Grade One	1094	1078	16
经费支出（万元）	Total Expenditure(10 000 yuan)	32239	25865	1735

表18.37 群众艺术馆和文化馆（站）情况（2010年）
MASS ART CENTERS AND CULTURAL CENTERS (2010)

项　目	Item	合　计 Total	其　中 of which 群众艺术馆 Mass Art Centers	文化馆 Cultural Centers	文化站 Cultural Stations
单位数（个）	Number of Units (unit)	1041	1	40	1000
举办展览个数（个）	Conducting Exhibitions (unit)	3717		343	3374
组织文艺活动次数（次）	Art Performances (time)	15840	23	2193	13624
举办培训班班次(次)	Training Courses (time)	7285	15	1511	5759

表18.38 艺术表演团体演出情况（2010年）
BASIC STATISTICS ON PERFORMANCE OF ART TROUPES (2010)

种　类	Item	国内演出场数（场） Number of Performances in China (show)	国内演出观众人数(千人次) Number of Spectators of the Performances in China (1000 person-times)
总　计	**Total**	**52780**	**20968**
按登记注册类型分	**By Registration**		
国　有	State-owned	2580	2521
集　体	Collective-owned	120	23
其　他	Others	50080	18424
按剧种分	**By Art Troupes**		
话剧、儿童剧、滑稽剧团	Drama, Plays for Children and Comedy Troupes	240	144
歌剧、舞剧、歌舞剧团	Opera, Dance Drama and Song and Dance Drama Troupes	780	1209
歌舞团、轻音乐团	Song and Dance Troupes, Light Music Troupes	3080	1751
文工团、宣传队、乌兰牧骑	Cultural and Performance Troupes and Ulanmuchi (equestrian art troupes)	360	367
乐团、合唱团	Philharmonic and Chorus Troupes	240	321
戏曲剧团	Local Opera Troupes	640	853
#京　剧	Beijing Opera Troupes	70	66
曲艺、杂技、木偶、皮影团	Recitation and Ballad Troupes, Acrobatics and Circus Troupes, Puppet Show Troupes, and Shadow Play Troupes	750	664
综合性艺术表演团体	General Art Performing Troupes	46690	15659

注：艺术表演团体统计口径调整为含系统内、系统外两部分。
Note:The scope of art performance troupes includes the troupes either inside or outside the public-owned system.

表18.39 广播电台、电视台情况（2009－2010年）
STATISTICS ON RADIO AND TV STATIONS (2009-2010)

项　目	Item	2009	2010
广播电台情况	**Statistics on Radio Stations**		
广播节目套数（套）	Number of Programs (set)	26	26
广播人口覆盖率（%）	Radio Coverage of Population (%)	92.89	95.71
中短波转播发射台（座）	Transmission and Relaying Stations of of Medium and Short Wave Broadcast(unit)	5	5
中短波广播发射功率（千瓦）	Power of Transmitters of Medium and Short Wave Broadcast (kw)	120	120
调频转播发射台（座）	Number of Transmission and Relaying Stations of Frequency Modulation Broadcast (unit)	57	61
调频发射功率（千瓦）	Power of Transmitters of Frequency Modulation Broadcast (kw)	152	155
全年公共广播节目播出时间（小时）	Public Programs Broadcasting Hours of the Year (hour)	105741	108811
#新闻资讯	News	26905	30522
专题服务	Special Subject	26992	25936
综　艺	General Entertainment	25699	23360
广播剧	Radio Drama	7354	9011
广　告	Advertising	7095	6303
电视台情况	**Statistics on TV Stations**		
电视节目套数（套）	Number of Programs (unit)	45	45
电视人口覆盖率（%）	TV Coverage of Population (%)	96.46	97.39
电视转播发射台（座）	Number of Broadcast-Television Stations (unit)	45	47
电视发射功率（千瓦）	Power of Television Transmitters (kw)	98	100
全年公共电视节目播出时间（小时）	Public Programs Broadcasting Hours of the Year (hour)	244384	250503
#新闻资讯	News	30167	31632
专题服务	Special Subject	38751	44115
综艺益智	General Entertainment	36204	32586
影视剧	Films and TV plays	92550	93129
广　告	Advertising	34626	33565

重/庆/统/计/年/鉴

主要统计指标解释

■ 普通高等学校

指按照国家规定的设置标准和审批程序批准举办的，通过全国普通高等学校统一招生考试，招收高中毕业生为主要培养对象，实施高等教育的全日制大学、独立设置的学院和高等专科学校、高等职业学校和其他机构。

大学、独立设置的学院主要实施本科层次以上教育，高等专科学校、高等职业学校实施专科层次教育，其他机构是承担国家普通招生计划任务不计校数的机构。包括普通高等学校分校和批准筹建的普通高等学校等。

■ 成人高等学校

指按照国家规定的设置标准和审批程序批准举办的，通过全国成人高等学校统一招生考试，招收具有高中毕业或同等学历的在职从业人员为主要培养对象，利用函授、业余、脱产等多种形式对其实施高等学历教育的学校。包括职工高等学校、农民高等学校、管理干部学院、教育学院、独立函授学院、广播电视大学、其他机构等。其他机构是承担国家成人招生计划任务不计校数的机构。

■ 小学学龄儿童入学率

指调查范围内已入小学学习的学龄儿童占校内外学龄儿童总数（包括弱智儿童在内，但不包括盲聋哑儿童）的比重。计算公式：

小学学龄儿童入学率＝已入学的小学学龄儿童数/校内外小学学龄儿童总数×100％

■ 专利

是专利权的简称，是对发明人的发明创造经审查合格后，由专利局依据专利法授予发明人和设计人对该项发明创造享有的专有权。包括发明、实用新型和外观设计。反映拥有自主知识产权的科技和设计成果情况。

■ 有专利申请的企业

指在报告年内向国家知识产权局或中国以外的国家知识产权局（地区专利组织）提交专利申请，并收到《专利申请受理通知书》和缴纳相关费用的工业企业。

■ 有专利授权的企业

指报告年内获得国家知识产权局或中国以外的国家知识产权局（地区专利组织）《专利授权通知书》并缴纳相关费用的工业企业。

■ 拥有有效专利的企业（累计值）

指截至报告年末，有专利权处于维持状态的工业企业。

■ 专利产品产值（当年价格）

工业企业在报告年度内生产的以货币形式表现的工业最终专利产品的总价值量。专利产品产值计算参照国家关于“工业总产值”的计算方法。

■ 专利产品销售收入

工业企业在报告期内销售专利产品的货币收入总额。

■ 发明

指对产品、方法或其改进所提出的新的技术方案。是国际通行的反映拥有自主知识产权技术的核心指标。

■ 实用新型

指对产品的形状、构造或者其结合所提出的适于实用的新的技术方案。反映具有一定技术含量的技术成果情况。

■ 外观设计

指对产品的形状、图案、色彩或者其结合所做出的富有美感并适于工业上应用的新设计。反映拥有自主知识产权的外观设计成果情况。

■ 驰名商标

是指在市场上享有较高声誉并为相关公众所熟知

主要统计指标解释

的注册商标，也是一种法律保护手段。

■ 著名商标

著名商标的知名度介于驰名商标和普通商标之间的商标群落，是驰名商标坚实的后备力量。

■ 文化事业机构

指从事专业文化工作和为专业文化工作服务的独立建制的单位。不包括这些单位另外举办独立核算的其他机构和各部门的业余文化组织。

■ 艺术表演团体

指从事戏曲、音乐、舞蹈、杂技等专业艺术表演，有独立帐户。不包括半工半艺、半农半艺和民间职业剧团。

■ 艺术表演观众人数（人次）

指售票、包场演出或民族地区免费演出的艺术表演观众人次数，不包括彩排审查和内部观摩演出的观看人次数。

CHONGQING STATISTICAL YEARBOOK

Explanatory Notes on Main Statistical Indicators

□ Regular Institutions of Higher Education

Refer to educational establishments set up according to the government evaluation and approval procedures, enrolling graduates from senior secondary schools and providing higher education courses and training for senior professionals. They include full-time universities, colleges, high professional schools, high professional vocational schools and others.

Universities and colleges are mainly providing undergraduate courses; those high professional schools and high professional vocational schools are mainly providing professional trainings; and others refer to educational establishments, which are responsible for enrolling students but not covered in the total number of schools, including: branch schools of universities and colleges, and universities and colleges that have been proved and prepared to construct.

□ Institutions of Higher Learning for Adults

Refer to educational establishments, set up in line with relevant rules approved by the government, enrolling staff and workers with senior secondary school or equivalent education, and providing higher education courses in many forms of correspondence, spare time, or full time for adults. Professionals thus trained receive a qualification equivalent to graduates studying regular courses at regular universities, colleges and professional colleges. Institutions of higher learning for adults include schools of high education for staff and workers, schools of high education for peasants, colleges for management cadres, pedagogical colleges, independent correspondence colleges, Radio and TV universities and other educational establishments. Other educational establishments are responsible for enrolling adult students but not covered in the number of schools.

□ Enrollment Rate of Primary School-aged Children

Refers to the proportion of school-aged children enrolled at schools to the total number of school-age children both in and outside schools (including retarded children, but excluding blind, deaf and mute children). The formula is:

Enrollment Rate of Primary School-aged Children =Total Primary School-aged Children at Schools/Total Primary School-age Children Both at and Outside Schools×100%

□ Patent

Is an abbreviation for the patent right and refers to the exclusive right of ownership by the inventors or designers for the creation or inventions, given from the patent offices after due process of assessment and approval in accordance with the Patent Law. Patents are granted for inventions, utility models and designs. This indicator reflects the achievements of S&T and design with independent intellectual property.

□ Enterprise with Patent Application

Refers to the industrial enterprise which has submitted patent application to the State Intellectual Property Office or the national intellectual property administration outside China (regional patent organization), received the "Notification of Patent Application Acceptance" and paid off the related fees within the year of report.

□ Enterprise with Patent Granted

Refers to the industrial enterprise which has received the "Notification of Patent Granted" from the State Intellectual Property Office or the national intellectual property administration outside China (regional patent organization) and paid off the related fees within the year of report.

□ Enterprise with Valid Patents (Cumulative Value)

Refers to the industrial enterprise with patents in the status of maintenance by the end of the year of report.

□ Output Value of Patented Products (Current Price)

Refers to the total value of the final patented industrial products produced by the industrial enterprises in the year of report in the form of currency. Refer to the calculation method of "gross industrial output value" stipulated by the state for the calculation of the output value of patented products

EXPLANATORY NOTES TO MAJOR STATISTICAL INDICATORS

□ Sales Revenue of Patented Products

Refers to the total revenue of currency from the sales of the patented products by the industrial enterprises within the year of report.

□ Inventions

Refer to the new technical proposals to the products or methods or their modifications. This is universal core indicator reflecting the technologies with independent intellectual property.

□ Utility Models

Refer to the practical and new technical proposals on the shape and structure of the product or the combination of both. This indicator reflects the condition of technological results with certain technical content.

□ Designs

Refer to the aesthetics and industrially applicable new designs for the shape, pattern and color of the product, or their combinations. This indicator reflects the appearance design achievements with independent intellectual property.

□ Famous Trade Marks

Refer to trade marks publicly known with higher honors. It is also a legal protection.

□ Well-known Trade Marks

Their fames are between famous trade marks and ordinary trade marks. And they are tough reserve force of famous trade marks.

□ Cultural Institutions

Refer to units which have their own organizational system and independent accounting system and specialize in or serve cultural development. They exclude other establishments run by these cultural institutions and amateur cultural groups established by various departments.

□ Art Troupe

Refers to the troupe who is engaged in drama, opera, music, dance, acrobatics or other art performance, opens independent accounts with banks and has self-supporting accounting system; excluding the troupes who are engaged partly in industrial or agricultural activities, partly in art performance and the professional troupes organized by the people.

□ Number of Spectators at Art Performance

Refers to the number of attendants at commercial shows, completely booked shows of free shows given in minority national areas, and does not include the number of spectators at rehearsals for examination and internal shows for study.

19

卫生、体育和其他社会活动

PUBLIC HEALTH, SPORTS AND OTHER SOCIAL ACTIVITIES

简要说明 Brief Introduction

本章资料主要包括卫生事业、体育事业、民政事业、劳动和社会保障事业、公检法司情况、安全生产情况、火灾事故和道路交通事故等内容，由市统计局社会科技统计处根据有关部门资料整理提供。

卫生资料来自市卫生局，体育资料来源于市体育局，民政和劳动社会保障有关资料分别由市民政局、市人力资源和社会保障局提供，公检法司资料分别由市公安局、市人民检察院、市高级人民法院和市司法局提供，安全生产情况来自于市安全生产监督管理局，火灾事故和道路交通事故分别由市消防总队和市公安交通管理局提供。

The data in this chapter mainly cover public health, sports, civil affairs, labor & social securities, public security, procuratorial, legal & judicial affairs, work safety, and fires & highway traffic accidents. The data are sorted and compiled by Division of Social and Technology Statistics, Chongqing Municipal Bureau of Statistics on the basis of the data provided by other related departments.

The data on public health are provided by Chongqing Municipal Health Bureau; the data on sports are provided by Chongqing Administration of Sports; the data on civil affairs and labor & social securities are provided by Chongqing Civil Affairs Bureau and Chongqing Administration of Labor and Social Security; the data on public security, procuratorial and legal affairs are provided by Chongqing Public Security Bureau, Chongqing People's Procuratorate, Higher People's Court and Chongqing Justice Bureau; the data on work safety are provided by Chongqing Administration of Work Safety; and the data on fires & highway traffic accidents are provided by Chongqing Fire Brigade and Chongqing Bureau of Traffic Administration.

表19.1 主要年份卫生事业情况
STATISTICS ON PUBLIC HEALTH CARE IN MAJOR YEARS

年 份 Year	机构数（个） Number of Institutions (unit)	其中 of which #医院、卫生院 Hospitals and Health Centers	床位数（张） Number of Beds in Health Care Institutions(bed)	卫生技术人员（人） Medical Technical Personnel (person)	其中 of which #执业（助理）医师 Licensed(Assistant) Doctors	#注册护士 Registered Nurses
1952	742		5031	19807		
1957	2185		10255	30290		
1962	3591		22971	35681		
1965	3938		20314	36762	10234	
1970	3579	2183	25038	39813	10475	
1975	4221	2286	37300	51536	12442	
1978	4789	2294	48948	59934	12870	
1980	4686	2316	51194	65441	12806	
1985	4796	2170	54054	76486	12577	11724
1986	5095	2140	54801	77437	12895	11921
1987	5136	2136	57178	78382	13201	12156
1988	5148	2151	59514	80153	21004	13688
1989	5229	2152	61912	81219	27789	16027
1990	5248	2154	62568	82690	28824	16929
1991	5326	2153	64057	83973	28652	17163
1992	5328	2160	64978	85204	28643	17557
1993	4807	2114	65859	84125	29516	17714
1994	4795	2590	66891	85586	30915	18298
1995	4801	2505	67243	86041	31169	18692
1996	4777	2567	66339	87542	30733	19289
1997	4743	2553	69591	88423	43178	19593
1998	4643	2438	65934	83696	43423	19804
1999	4552	2351	66003	88569	44453	20263
2000	4382	2250	65666	88619	44940	20773
2001	4151	2020	64981	86430	44666	20533
2002	2725	1717	61875	79850	37873	20729
2003	2705	1682	63287	78628	37122	20629
2004	2539	1574	63899	77516	36603	20249
2005	2447	1463	64674	78780	37321	20842
2006	2478	1450	68298	79805	37511	21269
2007	2410	1447	74785	83736	38739	23972
2008	2258	1396	81950	88746	39417	26799
2009	2425	1404	92689	97199	41943	31756
2010	2693	1449	103624	107805	44844	37462

注：1）本表机构数不含个体办诊所。
2）2002年起卫生统计制度变更，其指标名称和统计口径变化，与往年不可比：从2002年起卫生机构、床位、卫生技术人员统计范围均不含“医学院校”、“卫生学校”和“计生站”。卫生技术人员中，2002年前为医生和护师（士），2002年后改为执业(助理)医师和注册护士(表18-1至18-5同）。

Note: a) The number of institutions in this table exclude individual-run clinics.
b) Due to the change of health care statistic system in 2002, the indicators and statistic scopes were changed, not comparable with the previous years: since 2002, the scope of the number of health care institutions, the number of beds and the number of medial technical personnel has not included the data of “medical universities”, “health schools” and “amily plan service stations” The indicators of “doctor” and “nurse” before 2002 have been replaced by “licensed (assistant) doctors” and “egistered nurses” since 2002 (the same applies to the tables from 18-1 to 18-5).

表19.2 卫生事业情况（2009－2010年）
STATISTICS ON PUBLIC HEALTH CARE (2009-2010)

指 标	Item	2009	2010
执业（助理）医师数（人）	Number of Licensed (Assistant) Doctors (person)	41943	44844
医院床位数（张）	Number of Beds in Hospitals (bed)	58403	64827
孕产妇死亡率（1/10万）	Mortality Rate of Pregnant Women (per 100 000 persons)	30.1	23.0
新生儿死亡率（‰）	Mortality Rate of New Infants (‰)	4.9	5.2
婴儿死亡率（‰）	Mortality Rate of Infants (‰)	7.1	7.6
甲乙类传染病发病率（1/10万）	Incidence Disease Rate of Class A and B Infections Diseases (per 100 000 persons)	275.3	240.8
农村自来水普及率（%）	Rate of Access to Tap Water in Rural Area (%)	80.9	87.5

表19.3 医院、卫生院诊疗情况（2010年）
STATISTICS ON VISITS AND INPATIENTS IN MEDICAL INSTITUTIONS (2010)

机构类别	Type of Institution	诊疗人次（万人次）Number of Visits (10 000 person-times)	其中of which #门诊急诊 Outpatients and Emergency Treatment	健康检查人数（万人）Medical Examination (10 000 patients)	住院人数（万人）Number of Inpatients (10 000 patients)	每百门急诊次的入院人数（人）Number of Inpatents per 100 Visits (person)	治愈率（%）Rate of Fully Recovery (%)	好转率（%）Rate of Improvement (%)	病死率（%）Rate of Mortality (%)
医 院	**Hospitals**	**3403.57**	**3334.71**	**232.15**	**178.14**	**5.30**	**49.82**	**46.42**	**0.98**
#综合医院	General Hospitals	2408.65	2358.40	191.07	134.28	5.70	49.59	46.37	1.06
中医医院	Hospitals Specialized in Traditional Chinese Medicine	481.19	475.01	24.05	24.52	5.20	45.29	51.75	0.71
中西医结合医院	Hospitals of Traditional Chinese and Western Medicine	77.89	77.80	0.98	2.33	3.00	46.31	51.03	1.34
口腔医院	Stomatological Hospitals	39.62	39.62		0.11	0.30	95.90	3.74	
肿瘤医院	Cancer Hospitals	13.64	13.65	1.52	1.68	12.40	30.93	59.53	1.75
胸科医院	Chest Hospitals	7.12	7.12	0.65	0.37	5.20	5.60	86.32	2.18
妇产（科）医院	OB/GYN Hospitals	12.34	11.21	2.41	0.47	4.30	92.96	6.93	
儿科医院	Children's Hospital	130.12	130.12		5.21	4.00	69.13	29.56	0.33
精神病院	Mental Hospitals	96.05	89.17	2.41	3.45	3.90	46.38	50.20	0.58
传染病院	Hospitals for Infectious Diseases	0.16	0.17		0.10	60.60	15.47	81.97	1.23
卫生院	**Health Centers**	**2750.20**	**2697.73**	**185.60**	**134.01**	**5.00**	**76.45**	**21.62**	**0.13**
#乡镇卫生院	Township Health Centers	2700.50	2648.21	184.20	132.89	5.00	76.56	21.53	0.12

表19.4 卫生机构、床位、人员数（2010年）

NUMBER OF HEALTH CARE INSTITUTIONS, BEDS AND PERSONNEL (2010)

机构类别	Type of Institutions	机构数（个）Health Care Institutions (unit)	床位数（张）Beds (bed)	人员合计（人）Total Personnel (person)	其　中 of which			
					卫生技术人员 Medical Technical Personnel	其他技术人员 Other Technical Personnel	管理人员 Managem-ent Personnel	工勤人员 Logistic Workers
总　计	**Total**	**6898**	**103624**	**132171**	**107805**	**4277**	**7886**	**12203**
医院、卫生院	Total Number of Hospitals	1449	96327	106266	85710	3667	6525	10364
医　院	Hospitals	417	64827	75405	60294	2636	5142	7333
#综合医院	General Hospitals	296	45427	53901	43578	1794	3629	4900
中医医院	Hospitals Specialized in Traditional Chinese Medicine	44	8181	10345	8420	336	526	1063
中西医结合医院	Hospitals of Traditional Chinese And Western Medicine	8	824	1089	906	34	48	101
口腔医院	Stomatological Hospitals	1	44	471	369	25	49	28
肿瘤医院	Cancer Hospitals	1	479	764	595	34	73	62
胸科医院	Chest Hospitals	1	300	375	270	25	21	59
妇产（科）医院	OB/GYN Hospitals	7	195	670	369	16	75	210
儿科医院	Children's Hospital	1	1061	1558	1266	90	111	91
精神病院	Mental Hospitals	19	5480	2383	1817	51	179	336
传染病院	Hospitals for Infectious Diseases	2	220	88	68		9	11
卫生院	Health Centers	1032	31500	30861	25416	1031	1383	3031
城市街道卫生院	Urban Subdistrict Health Centers	10	716	479	370	3	37	69
乡镇卫生院	Township Health Centers	1022	30784	30382	25046	1028	1346	2962
门诊部	Outpatient Department	101	321	892	723	39	69	61
采供血机构	Blood Centers	11		458	331	23	43	61
妇幼保健院（所、站）	Women and Children Care Centers	41	2355	3810	3111	102	299	298
专科疾病防治院（所）	Specialized Disease Prevention & Treatment Institutions	16	144	320	228	10	31	51
疾病预防控制中心	CDC (Epidemic Preventation Stations)	43		2446	1799	120	272	255
医学科学研究机构	Research Institutes of Medical Sciences	1		60	7	37	12	4
医学在职培训机构	Training Institutes for Medical Staff and Workers	7		135	85	15	21	14
健康教育所（中心）	Health Care Training Centers	2		38	9	14	9	6
疗养院	Sanatoriums	4	920	194	100	13	32	49
社区卫生服务中心(站)	Community Health Service Centers	450	3557	5617	4610	174	324	509
卫生监督所	Health Supervision Institutes	42		1236	991	9	206	30
其他卫生机构	Other Health Care Institutions	11		277	60	54	43	120
诊所、卫生保健所、室	Clinics and Hygienic Centers	4720		10422	10041			381

注：本表机构数包含个体办诊所。
Note: The number of institutions in this table includes individual-run clinics.

表19.5 卫生机构各类人员数（2009－2010年）

NUMBER OF EMPLOYED PERSONS IN HEALTH INSTITUTIONS (2009-2010)

单位：人、% (person, %)

人员分类	Type of Personnel	人　数 Personnel		构　成 Composition	
		2009	2010	2009	2010
总　计	**Total**	**119561**	**132171**	**100.0**	**100.0**
卫生技术人员	Medical Technical Personnel	97199	107805	81.3	81.6
执业医师	Licensed Doctors	31738	34297	26.5	25.9
执业助理医师	Licensed Assistant Doctors	10205	10547	8.5	8.0
注册护士	Registered Nurses	31756	37462	26.6	28.3
药剂人员	Pharmacists	5911	6267	4.9	4.7
技师（士）	Technical Workers	5052	5433	4.2	4.1
其他人员	Others	12537	13799	10.5	10.4
其他技术人员	Other Technical Personnel	3544	4277	3.0	3.2
管理人员	Management Personnel	7600	7886	6.4	6.0
工勤人员	Logistics Workers	11218	12203	9.4	9.2
每万人口拥有卫生技术人员	**Number of Medical Technical Personnel per 10 000 Population**	**29.7**	**32.6**		
#执业（助理）医师	Licensed (Assistant) Doctors	12.8	13.6		

表19.6 结婚登记和离婚登记情况（2009－2010年）

STATISTICS ON MARRIAGES AND DIVORCES (2009-2010)

项　目	Item	2009	2010
结婚登记对数（对）	Number of Registered Marriages (couple)	301071	313393
内地居民	Registered Marriages in Mainland	300102	312517
涉外及华侨、港澳台居民	Registered Marriages with Foreigner or Citizen of Hong Kong, Macao and Taiwan	969	876
结婚登记人数（人）	Number of Persons of Registered Marriages (person)	602142	626786
初　婚	First Marriages	450674	475845
再　婚	Remarriages	151468	150941
离婚登记数（对）	Registered Divorces (couple)	83183	95052
#内地居民	Registered Divorces in Mainland	83091	94919
离婚率（‰）	Divorce Rate (‰)	2.5	2.9

表19.7 民政事业情况（2009－2010年）
STATISTICS ON CIVIL AFFAIRS (2009-2010)

指 标	Item	2009	2010
民政经费支出（万元）	Expenditure for Civil Affairs (10 000 yuan)	514480	674873
城市居民最低生活保障人数（万人）	Number of Persons Receiving Minimum Living Allowance in Urban Areas (10 000 persons)	70.41	60.77
农村居民最低生活保障人数（万人）	Number of Persons Receiving Minimum Living Allowance in Rural Areas (10000 persons)	116.63	116.88
农村五保供养人数（万人）	Number of Persons Receiving Livelihood Guaranteed in Five Aspects in Rural Areas (10 000person)	15.80	15.92
享受城镇居民最低生活保障人数占非农业人口比重（%）	Number of Persons Receiving Minimum Living Allowance in Urban Areas as Percentage to Total Non-agricultural Population (%)	7.4	5.5
各种收养性单位床位数（张）	Number of Beds in Various Social Welfare Institutions (bed)	80685	90139
福利企业职工人数（人）	Number of Staff and Workers in Welfare Enterprises (person)	57747	59211
#残疾职工	Disabled Staff and Workers	27123	25421
城镇社区服务设施数（个）	Number of Urban Welfare Facilities (unit)	2710	2749
城镇便民、利民服务网点（个）	Number of Service Stations for Urban Residents (unit)	7532	9668
福利彩票销售额（万元）	Sales of Welfare Lotteries (10 000 yuan)	140283	218965

注：农村居民最低生活保障人数无同期数可比。
Note: There are not data in the previous years of the number of persons receiving minimum living allowance in rural areas.

表19.8 优抚对象基本情况（2009－2010年）
STATISTICS ON SPECIAL CARES FOR SERVICEMEN (2009-2010)

单位：人 (person)

项 目	Item	2009	2010
优抚对象	**Residents Receiving Special Cares for Serviceman**	**223712**	**224105**
享受定期抚恤金人数	Persons Receiving Regular Pensions	6408	6282
享受定期补助人数	Persons Receiving Regular Subvention	196263	196583
#在乡复员军人	Demobilized Soldiers in the Countryside	45225	41234
在乡退伍军人	Veterans in the Country	64478	69246
红军失散人员	Scattered Red Army Soldiers	6	4
伤残人员	Wounded and Disabled Servicemen	21041	21240

表19.9 社会福利事业、企业单位数和工作人员数（2009－2010年）
NUMBER OF SOCIAL WELFARE INSTITUTIONS & ENTERPRISES AND EMPLOYED PERSONS (2009-2010)

单位：个、人 (unit, person)

项　目	Item	机　构 Number of Institutions and Enterprises		工作人员 Number of Personnel	
		2009	2010	2009	2010
收养性单位	Residential Institutions	2414	2196	6313	6366
优抚类	For Servicemen	12	11	201	174
福利类	For Welfares	2402	2185	6112	6192
社会福利企业单位	Social Welfare Enterprises	764	748	57747	59211
福利工厂	Welfare Factories	445	429	32497	30020
假肢厂	Prosthesis Factories				
其他福利企业	Others	319	319	25250	29191
优抚事业单位	Agencies for Servicemen	67	63	436	438
救助管理站	Salvation Management Stations	44	44	363	333
殡葬事业单位	Funeral and Interment Institutions	113	114	1832	1810
福利彩票发行单位	Welfare Lottery Issuing Units	1	1	132	124
募捐单位	Donation Soliciting Units				
社区服务单位	Community Service Institutions	157	232	824	1199

表19.10 收养性单位基本情况（2010年）
BASIC STATISTICS ON RESIDENTIAL SOCIAL WELFARE INSTITUTIONS (2010)

项　目	Item	院　数（个） Number of Institutions (unit)	工作人员（人） Number of Staff and Workers (person)	床位数（张） Number of Beds (bed)	年末收养人数（人） Number of Residents at Year-end (person)
收养性单位	**Residential Institutions**	**2196**	**6366**	**90139**	**64688**
优抚类	For Servicemen	11	174	656	441
荣誉军人康复医院	Convalescent Hospitals for Honorable Servicemen	2	137	260	200
复退军人精神病院	Mental Hospitals for Ex-servicemen				
光荣院	Homes for Disabled Veterans	9	37	396	241
福利类	For Welfares	2185	6192	89483	64247
社会福利院	Social Welfare Homes	43	1012	8952	6520
儿童福利院	Baby Welfare Homes	6	172	1501	1375
社会福利医院	Social Welfare Hospitals	12	502	1754	1664
城镇老年性福利机构	Urban Welfare Homes for the Aged Persons	110	1219	10827	7454
农村五保供养服务机构	Welfare Homes for Rural Households with Livelihood Guaranteed in Five Aspects	2010	3239	66169	47035
其它福利机构	Others	4	48	280	199

表19.11 社会活动参与情况（2009－2010年）
PARTICIPATION IN SOCIAL ACTIVITIES (2009-2010)

单位：人、个 (person, unit)

指　标	Item	2009	2010
省级人大代表人数	Number of Municipal Deputies of People's Congress	866	867
#女　性	Female	199	200
省级政协委员人数	Number of Municipal Deputies of People's Political Consultative Conferences	866	869
#女　性	Female	173	173
基层地方妇联组织数	Number of Local Women's Federation Unions	11452	11911
工会基层组织数	Number of Grassroots Trade Unions	30447	32885
工会会员人数	Membership of Trade Unions	4895000	5230353

表19.12 基本养老保险情况（2009－2010年）
STATISTICS ON BASIC PENSION INSURANCE (2009-2010)

单位：万元、万人 (10 000 yuan, 10 000 persons)

指　标	Item	2009	2010
城镇企业基本养老保险参保人数	Number of Contributors to Urban Enterprise Basic Pension Insurance	520.25	569.77
#参保职工	Employees	347.00	380.54
#企　业	Enterprises	232.49	266.96
城镇企业基本养老保险实际缴纳保险金	Actually Received Premium of Urban Enterprise Basic Pension Insurance	2540081	2251429
城镇企业基本养老保险实际支付人数	Number of Beneficiaries of Urban Enterprise Basic Pension Insurance	173.25	189.23
城镇企业基本养老保险金当年支出额	Expenditure of Urban Enterprise Basic Pension Insurance	2309442	2608512
城镇企业基本养老保险当年末结余额	Year-end Balance of Urban Enterprise Basic Pension Insurance	2010833	2472918
应发养老金额	Pension Payable	2309442	2608512
实发养老金额	Pension Actually Paid	2309442	2608512
社会化发放人数	Number of Social Beneficiaries	173.25	189.23
社会化发放养老金额	Actually Paid Social Pension	2309442	2608512
离休、退休、退职人员年末人数	Number of Retires at Year-end	173.25	189.23
机关事业单位社会养老保险参保人数	Number of Contributors to Social Pension Insurance in Government and Public Institutions	14.58	14.59
城乡居民社会养老保险参保人数	Number of Urban and Rural Residents Participating in Social Pension Insurance	268.00	807.36

注：1）城镇企业基本养老保险统计口径发生变化。农民工养老保险整体并入城镇企业职工养老保险。
2）机关事业单位社会养老保险参保人数含市级、区县级机关事业单位参保人数。

Note:a)The statistical scope of urban enterprise basic pension insurance is changed, so that the off-farm workers pension insurance is merged into urban enterprise workers pension insurance.
b)The number of contributors to social pension insurance in government and public institutions includes the number of contributors in the government and public institutions at municipal, district and county levels.

表19.13 失业保险基本情况（2009－2010年）
STATISTICS ON UNEMPLOYMENT INSURANCE (2009-2010)

指 标	Item	2009	2010
年末失业保险参保人数（万人）	Unemployment Insurance Contributors at Year-end (10 000 persons)	215.91	237.37
企 业	Enterprises	174.65	192.45
#国有企业	State-owned	71.66	44.01
集体企业	Collective-owned	14.63	44.89
事业单位	Institutions	35.30	36.54
其 他	Others	5.96	8.38
失业保险当年实际缴纳保险金（万元）	Actual Received Premium of Unemployment Insurance in Current Year (10 000 yuan)	104632.90	91037.25
失业保险实际支付人数（万人）	Actual Beneficiaries of Unemployment Insurance (10 000 persons)	10.33	8.82
失业保险基金当年支出额（万元）	Expenses of Unemployment Insurance in Current Year (10 000 yuan)	48565.69	49537.10
失业保险基金当年末结余额（万元）	Year-end Balance of Unemployment Insurance (10 000 yuan)	233822.31	276907.41
年末城镇登记失业人员数（人）	Year-end Registered Urban Unemployment (person)	134412	130166
年末企业实有下岗职工人数（人）	Actual Laid-off Staff and Workers of Enterprises at Year-end (person)	1187	926
安置城镇登记失业人员就业人数（人）	Reemployment of the Registered Urban Unemployment (person)	175333	195804
本年企业下岗职工再就业人数（人）	Reemployment of Laid-off Staff and Workers of Enterprises in Current Year (person)	798	140
本年领取失业保险金人次数（万人次）	Person-times of Reception of Unemployment Insurance in Current Year (10 000 person-times)	57.64	53.60
领取失业保险金人数（万人）	Beneficiaries of Unemployment Insurance in Current Year (10 000 persons)	10.33	8.82

表19.14 基本医疗保险情况（2009－2010年）
STATISTICS ON BASIC MEDICAL CARE INSURANCE (2009-2010)

单位：万元、万人 (10 000 yuan, 10 000 persons)

指 标	Item	2009	2010
城镇职工基本医疗保险参保人数	Basic Urban Workers Medical Care Insurance Contributors at Year-end	362.46	406.21
在职职工	Staff and Workers	241.67	280.60
退休人员	Retirees	120.79	125.61
城镇职工基本医疗保险基金总收入	Total Revenue of Urban Workers Basic Medical Care Insurance	558616.66	691176.70
城镇职工基本医疗保险基金总支出	Total Expenses of Urban Workers Basic Medical Care Insurance	412566.73	552431.00
农民工大病医疗保险参保人数	Off-Farm Workers Major Disease Medical Care Insurance Contributors	16.24	22.73
农民工大病医疗保险基金总收入	Total Revenue of Off-Farm Workers Major Disease Medical Care Insurance	6315.25	9564.42
农民工大病医疗保险基金总支出	Total Expenses of Off-Farm Workers Major Disease Medical Care Insurance	391.40	890.93

表19.15 体育事业基本情况（2009－2010年）

STATISTICS ON MASS SPORTS (2009-2010)

项　目	Item	2009	2010
体育经费（万元）	Sports Expenditures (10 000 yuan)	40534	55595.6
体育彩票销售额（万元）	Sales Value of Sports Lotteries (10 000 yuan)	63885	101410
体育场地数（个）	Stadiums and Gymnasiums (unit)	17351	17351
#体育场	Stadiums	69	73
体育馆	Gymnasiums	35	39
游泳馆	Natatoriums	7	8
室内外游泳池	Indoor and Outdoor Swimming Pools	122	122
有固定看台的灯光球场	Illuminated Fields with Fixed Seating	70	70
当年新增等级运动员（人）	Number of Newly Added Graded Athletes (person)		
国际级运动健将	International Masters of Sports	1	
运动健将	Masters of Sports	6	
一级运动员	First Grade	65	145
二级运动员	Second Grade	686	885
当年新增等级裁判员（人）	Number of Newly Added Graded Referees (person)		
国际裁判	International Referees		
国家级裁判	National Referees		
一级裁判	First Grade Referees	345	477

注：1）体育经费包括体育事业费和体育基建支出。
　　2）体育场地数为2003年普查数。

Note: a) Sports expenditures include sports funds and expenditure for sports infrastructure.
　　b) The number of stadiums and gyms are the data in the census in 2003.

表19.16 律师、公证、调解工作基本情况（2009－2010年）

STATISTICS ON LAWYERS, NOTARIZATION AND MEDIATION (2009-2010)

项 目	Item	2009	2010
律师工作	**Lawyers**		
律师事务所（所）	Number of Law Offices (unit)	418	453
律师工作者（人）	Number of Lawyers (person)	4311	4834
#专 职	Full-time Lawyers	3882	4338
聘请担任法律顾问单位（处）	Number of Units with Permanent Legal Advisors (unit)	7859	8665
民事诉讼代理（件）	Agent of Civil Cases (case)	34440	36329
刑事辩护（件）	Defender of Criminal Cases (case)	9430	7794
行政诉讼代理（件）	Agent of Administrative Action (case)	1223	766
非诉讼法律事务（件）	Cases of Non-litigious Legal Affairs (case)	6443	7011
解答法律询问（件）	Advisory Services of Legal Affairs (case)	172572	180224
代写法律事务文书（件）	Legal Documents Written on Behalf of Clients (case)	10928	19536
公证工作	**Notarization**		
公证处（个）	Number of Notarial Offices (unit)	41	41
公证员（人）	Public Notaries (person)	184	189
办理公证书（件）	Notarized Documents (case)	174078	193629
人民调解工作	**Number of People's Mediation**		
专职司法助理员（人）	Number of Full-time Judicial Assistants (person)	3025	3023
人民调解委员会（个）	Number of People's Mediation Committees (unit)	13151	13340
调解员（人）	Number of Mediators (person)	112606	116026
调解纠纷（件）	Number of Disputes Mediated (case)	377287	416417
婚姻家庭	Family Disputes	72743	76645
房屋、宅基地	Housing and Housing Sites	11734	16230
合 同	Contract Disputes	12892	14186
劳 动	Labor Disputes	9986	13625
邻 里	Neighbor Disputes	109707	123441
赔 偿	Compensation Disputes	41694	37085
其 他	Others	118531	135205

表19.17 国内外公证文书（2009－2010年）
DOMESTIC AND FOREIGN-RELATED NOTARIAL DOCUMENTS (2009-2010)

单位：件、% (case, %)

项 目	Item	国内公证文书 Domestic Notarial Documents			
		办证件数 Number of Notarial Documents Issued		比 重 Percentage	
		2009	2010	2009	2010
经济公证合计	**Total Notarized Documents on Economic Affairs**	**23725**	**21255**	**100.0**	**100.0**
#购 销	Purchases and Sales of Products	595	1031	2.5	4.9
建筑工程承包	Construction Project Contracts	200	213	0.8	1.0
农林牧渔承包	Farming, Forestry, Animal Husbandry and Fishery Contracts	28	17	0.1	0.1
财产租赁	Property Leasing	8	16		0.1
劳务合同	Labor Contracts	3	5		
贷款合同	Loan Contracts	13503	13232	56.9	62.3
民事公证合计	**Total Notarized Documents on Civil Affairs**	**116275**	**135325**	**100.0**	**100.0**
#收 养	Child Adoption	142	164	0.1	0.1
继承权	Right of Inheritance	13146	14744	11.3	10.9
遗 嘱	Testament	1143	1160	1.0	0.9
房屋买卖	Purchases and Sales of Houses	1145	1004	1.0	0.7
产 权	Property Right	58	28		
民事协议	Civil Agreements	2017	2201	1.7	1.6

项 目	Item	涉外公证文书 Foreign-related Notarial Documents			
		办证件数 Number of Notarial Documents Issued		比 重 Percentage	
		2009	2010	2009	2010
合 计	**Total**	**29741**	**32864**	**100.0**	**100.0**
#出 生	Births	4718	4747	15.9	14.4
学 历	Schooling	2472	1206	8.3	3.7
死 亡	Deaths	53	71	0.2	0.2
婚姻状况	Marital Status	1099	434	3.7	1.3
亲属关系	Kinship Confirmation	2503	3076	8.4	9.4
受刑事处分	Criminal Records	3247	3537	10.9	10.8
委托书	Proxy	132	295	0.4	0.9
声明书	Announcement	937	1077	3.2	3.3
经 历	Personal Histories	58	44	0.2	0.1
副本与原本相符	Conformation of Copies and Photo-offset Copies to Originals	8921	13547	30.0	41.2
商标注册	Trademark Registrations				
其他经济合同	Other Business Contracts	13	4		

表19.18 公安机关受理查处治安案件情况（2010年）
OFFENSE CASES AGAINST PUBLIC ORDER HANDLED BY PUBLIC SECURITY ORGANS (2010)

单位：起 (case)

案件类别	Category of Cases	受 理 Number of Cases Accepted to be Treated	查 处 Number of Cases Investigated and Treated
合 计	**Total**	**516802**	**508672**
扰乱公共秩序	**Disturbing Public Order**	**101602**	**101230**
#扰乱公共场所秩序	Disturbing the Orders in Public Places	65874	65851
寻衅滋事	Causing Quarrels and Making Troubles	2396	2345
利用邪教、会道门、迷信或冒用宗教气功名义危害社会	Imperil the Society through Evil Cult and Superstition or in the name of Religion and *Qigong*	106	100
妨害公共安全	**Disturbing Public Safety**	**30035**	**29865**
#违反危险物质管理规定	Violation of Explosives Control Regulations	1541	1499
非法携带枪支、弹药及管制刀具	Violation of Firearms Control Regulations	5669	5613
盗窃损毁公共设施	Stealing and Damaging Public Facilities	496	466
侵犯他人人身权利、财产权利	**Infringing the Personal Right and Property Right of Others**	**140454**	**134212**
#殴打他人	Battering Other Persons	64908	62081
故意伤害	Willfully Injuring Others	5553	5126
盗 窃	Stealing Property	13844	12410
诈 骗	Swindling, Seizing and Extorting Property	1729	1500
抢 夺	Robbery and Snatch	163	147
敲诈勒索	Extortion and Blackmail	333	317
妨害社会管理秩序	**Disturbing Order Social Administration**	**244711**	**243365**
#违反旅店业管理	Violating the Hotel Management Regulations	9819	9819
卖淫、嫖娼	Prostitution or Soliciting Prostitutes	3451	3443
赌博或为赌博提供条件	Gambling or Offering Conditions for Gambling	2594	2585
毒品违法案件	Illegal Drug Related Action	9399	9354

表19.19 公安机关立案的刑事案件情况（2010年）
CRIMINAL CASES REGISTERED IN PUBLIC SECURITY ORGANS (2010)

指　标	Item	2010
人民警察数（人）	**Number of Police (person)**	**34356**
刑事案件立案数（起）	**Total Registered Criminal Cases (case)**	**204531**
杀　人	Homicide	320
伤　害	Injury	2507
抢　劫	Robbery	7156
强　奸	Rape	1188
拐卖妇女儿童	Abducting Women or Children	1519
盗　窃	Larceny	133988
诈　骗	Fraud	22631
走　私	Smuggling	
伪造、变造货币，出售、购买、运输、持有、使用假币	Forging Currency, Selling, Buying, Transporting, Holding and Using Counterfeit Currency	45
其　他	Others	35222
刑事案件破案率（%）	**Rate of Solved Criminal Cases (%)**	**27.6**

表19.20 检察机关直接立案侦查案件情况（2010年）
CASES UNDER DIRECT INVESTIGATION BY PEOPLE'S PROCURATORATE (2010)

案件分类	Category of Cases	受案（件）Cases Accepted (case)	立案件数（件）Registered Cases (case)	其中of which #大案 Large Cases	立案人数（人）Person of Cases Registered (person)	其中of which #要案 Key Cases	结案合计 Total Settled Cases 件 (case)	结案合计 Total Settled Cases 人 (person)
合　计	**Total**	**1557**	**874**	**623**	**1153**	**250**	**931**	**1217**
贪污贿赂案件	**Cases on Corruption and Bribery**	**1340**	**721**	**554**	**976**	**217**	**755**	**1013**
贪　污	Corruption	490	155	115	350	26	166	369
贿　赂	Bribery	812	548	427	602	187	567	617
挪用公款	Misappropriation of Public Funds	19	13	10	16	2	15	17
集体私分	Collective Illegal Possession of Public Funds	8	5	2	8	2	5	8
巨额财产来源不明	Unstated Source of Large Amount of Properties	1						
其　他	Others						2	2
渎职案件	**Cases on Abuse and Dereliction of Duty**	**217**	**153**	**69**	**177**	**33**	**176**	**204**
滥用职权	Abuse of Power	68	46	33	51	14	54	60
玩忽职守	Dereliction of Duty	88	66	29	73	10	73	79
徇私舞弊	Fraudulent Practice	54	37	7	49	9	46	62
其　他	Others	7	4		4		3	3

表19.21 检察机关审查批准、决定逮捕犯罪嫌疑人和提起公诉被告人情况（2010年）
ARRESTS OF CRIMINAL SUSPECTS AND DEFENDANTS UNDER PUBLIC PROSECUTION APPROVED BY PEOPLE'S PROCURATORATE (2010)

案件类别	Category of Cases	批捕、决定逮捕合计 Total Arrests		决定起诉合计 Total Public Prosecutions	
		件 (case)	人 (person)	件 (case)	人 (person)
合 计	**Total**	**17158**	**23023**	**23203**	**32539**
公安、安全、监狱机关侦查	**Handled by Departments of State, Public Security and Prisons**	**16675**	**22467**	**22373**	**31423**
危害国家安全案	Offences Against State Security	4	4	3	4
危害公共安全案	Offences Against Public Security	867	938	4166	4419
破坏社会主义市场经济秩序案	Offences Against Socialist Economic Order	571	853	581	1004
侵犯公民人身、民主权利案	Offences Against Citizens' Personal and Democratic Rights	2904	3583	4056	5563
侵犯财产案	Offences Against Properties	6461	9298	7416	10923
妨害社会管理秩序案	Offences Against Social Management of Order	5865	7788	6142	9500
危害国防利益案	Offences Against National Defense	3	3	9	10
军人违反职责案	Offences on Dereliction of Duty by Servicemen				
检察机关侦查	**Handled by Procuratorates**	**483**	**556**	**830**	**1116**
贪污贿赂案	Offences on Corruption and Bribery	457	528	718	978
渎职案	Offences on Abuse and Dereliction of Duty	26	28	112	138

表19.22 人民法院刑事一审案件收结案情况（2009－2010年）
FIRST TRIAL CRIMINAL CASES ACCEPTED AND SETTLED BY COURTS (2009-2010)

单位：件 (case)

类 别	Category of Cases	收 案 Accepted Cases		结 案 Settled Cases	
		2009	2010	2009	2010
合 计	**Total**	**21672**	**20942**	**19972**	**21964**
#自诉案件	Private Prosecution	352	221	238	259
危害公共安全罪	Offences against Public Security	4072	3858	3961	3940
破坏社会主义市场经济秩序罪	Offences against Socialist Economic Order	441	468	394	491
侵犯公民人身权利、民主权利罪	Offences against Citizens' Personal and Democratic Rights	4432	3903	3861	4244
侵犯财产罪	Offences against Properties	7979	6651	7440	7036
妨害社会管理秩序罪	Offences against social Management of Order	3996	5306	3678	5481
危害国防利益罪	Offences against National Defense	6	7	6	7
贪污贿赂罪	Offences on Corruption and Bribery	645	656	546	683
渎职罪	Offences on Dereliction of Duty	97	83	82	73
危害国家安全罪	Offences against Country Safety	3	3	3	2
其 它	Others	1	7	1	7

注：收结案中含上年结转。
Note: The numbers of accepted and settled cases include the cases turned over from the previous year.

表19.23 人民法院民事、行政一审案件收结案情况（2009－2010年）

FIRST TRIAL CIVIL AND ADMINISTRATIVE CASES ACCEPTED AND SETTLED BY COURTS (2009-2010)

单位：件 (case)

类　别	Category of Cases	收　案 Accepted Cases		结　案 Settled Cases	
		2009	2010	2009	2010
民事一审案件	**First Trial of Civil Cases**	**163654**	**166570**	**136518**	**179199**
婚姻家庭纠纷案件	Disputes of Marriages and Family Affairs	41339	36754	36912	39959
继承纠纷案件	Disputes of Inheritance	1367	1698	1135	1790
合同纠纷案件	Disputes of Contracts	87643	95280	71760	102245
权属、侵权纠纷案件	Disputes of Ownership and Infrigement of Right	33305	32838	26711	35205
行政一审案件	**First Trial of Administrative Cases**	**4377**	**4590**	**3686**	**5134**

注：收案中含上年结转。
Note: The number of accepted cases includes the cases turned over from the previous year.

表19.24 安全生产情况（2002－2010年）

BASIC STATISTICS ON WORK SAFETY (2002-2010)

年　份 Year	亿元地区生产总值生产安全事故死亡率 Mortality Rate of Work Safety Accident per 100 Billion Yuan GDP	工矿商贸企业从业人员十万人生产安全事故死亡率 Mortality Rate of Work Safety Accident per 100 000 Employees of Enterprises	煤炭生产百万吨死亡率 Mortality Rate per 1 Million Tons of Coal Procuction	道路交通万车死亡率 Mortality Rate of Highway Traffic Accident per 10 000 Vehicles
2002	1.44	9.90	21.08	37.50
2003	1.41	13.43	17.82	30.70
2004	0.89	10.24	12.24	18.30
2005	0.75	10.62	13.73	14.51
2006	0.61	8.49	9.30	10.83
2007	0.47	8.05	7.64	9.26
2008	0.34	7.13	6.82	7.60
2009	0.30	6.39	5.44	6.00
2010	0.23	5.05	4.00	4.45

表19.25 安全生产事故死亡情况（2001－2010年）
BASIC STATISTICS ON DEATH TOLL OF WORK SAFETY ACCIDENTS (2001-2010)

年 份 Year	生产安全事故死亡起数（起）Safety Accidents with Death Toll (case)	其 中 of which 道路交通事故 Traffic Accidents	煤矿事故 Coal Mine Accidents	火灾事故 Fires	生产安全事故死亡人数（人）Death Toll in Safety Accidents (person)	其 中 of which 道路交通事故 Traffic Accidents	煤矿事故 Coal Mine Accidents	火灾事故 Fires
2001	2225	1767	241	44	2794	2083	309	53
2002	2535	1872	323	39	3208	2245	460	43
2003	2732	1989	315	44	3613	2317	446	56
2004	2237	1434	342	56	2694	1707	419	63
2005	2117	1333	349	54	2596	1616	455	57
2006	2002	1175	288	42	2381	1424	357	44
2007	1813	1105	257	35	2197	1331	321	40
2008	1681	1063	212	35	1982	1219	280	39
2009	1679	1109	160	35	1928	1209	234	43
2010	1576	1079	136	22	1793	1215	174	28

表19.26 火灾事故情况（2010年）
BASIC STATISTICS ON FIRES (2010)

项 目	Item	合 计 Total	按事故发生程度分 By Serious Degree of Fires 特 大 Extra-Serious	重 大 Serious	较 大 Large	一 般 Ordinary
发 生（起）	Fires (case)	5040		1	1	5038
死 亡（人）	Deaths (person)	34			3	31
受 伤（人）	Injuries (person)	24			8	16
损失折款（万元）	Losses Converted into Cash (10 000 yuan)	13689.60		9800.00	212.60	3677.00
平均每起事故损失（万元）	Average Loss per Fire (10 000 yuan)	2.72		9800.00	212.60	0.73

注：损失折款指直接经济损失（下表同）。
Note: Losses converted into cash refer to direct losses (the same below).

表19.27 道路交通事故情况（2010年）
BASIC STATISTICS ON TRAFFIC ACCIDENTS (2010)

类 别	Type	发生数（起）Number of Traffic Accidents (case)	死亡人数（人）Number of Deaths (person)	受伤人数（人）Number of Injuries (person)	损失折款（万元）Losses Converted into Cash (10 000 yuan)
总 计	**Total**	**5926**	**1039**	**8765**	**1320.76**
其中：死亡事故	In Which: Deaths	947	1039	711	325.91
伤人事故	Injuries	4757		8054	722.54
财产损失事故	Assets Losses	222			272.30
#机动车	Motor Vehicles	5617	997	8394	1300.35
#汽 车	Automobiles	3338	643	4964	1115.12
摩托车	Motorcycles	2107	311	3198	159.86
拖拉机	Tractors	93	26	122	7.47
非机动车	Non-motor-driven Vehicles	73	8	96	3.51
#自行车	Bicycles	26	3	32	1.25
行人乘车人	Pedestrians and Passengers	55	16	41	1.33

注：本表数据不含高速公路交通事故。
Note: The data in this table excludes traffic accidents on expressway.

重/庆/统/计/年/鉴

主要统计指标解释

■ 等级运动员人数

指经考核正式批准授予等级运动员称号的人数。运动员等级分为国际级运动健将、运动健将、一级运动员、二级运动员、三级运动员、少年级运动员。

■ 等级裁判员人数

指经考核正式批准授予等级裁判员称号的人数。裁判员等级分为国际裁判、国家级裁判、一级裁判、二级裁判、三级裁判。

■ 体育场

指有400米跑道（中心含足球场），有固定道牙，跑道6条以上，并有固定看台的室外田径场地。体育场按看台容纳观众人数分为：甲级25000人以上，乙级15000-25000人，、丙级5000-15000人，丁级5000人以下。

■ 体育馆

指有固定看台，可供篮球、排球、羽毛球、乒乓球、体操等项目训练比赛活动用的室内运动场地。体育馆按看台容纳观众人数分为：甲级6000人以上，乙级4000-6000人，丙级2000-4000人，丁级2000人以下。

■ 卫生机构

包括医疗机构、疾病预防控制中心（防疫站）、采供血机构、卫生监督及监测（检验）机构、医学科研和在职培训机构、健康教育所等。

■ 医疗机构

包括医院、社区卫生服务中心（站）、疗养院、卫生院、门诊部、诊所（卫生所、医务室）、妇幼保健院（所、站）、专科疾病防治院（所、站）、急救中心（站）和临床检验中心。医疗机构分为非赢利性医疗机构和赢利性医疗机构。

■ 医院

包括综合医院、中医医院、中西医结合医院、民族医院、各类专科医院和护理院。

■ 卫生技术人员

指卫生机构中医生、护理人员 、药剂人员、检验人员等卫生技术人员。

■ 医生

指在医疗、预防保健机构工作且取得《执业医师证书》的执业医师和执业助理医师。

■ 社会福利企业单位

指以安置城镇有一定劳动能力的盲、聋、哑和肢体残疾人员就业为目的，享受国家减免税待遇的国有或集体企业。包括福利工厂、福利商业和服务业、假肢厂和安置农场等单位。该指标主要反映我国对残疾人照顾的特殊政策。

■ 基本养老保险

（1）参加保险人数：指报告期末按照国家法律、法规和有关政策规定参加基本养老保险的职工人数。包括不能正常缴费、已中断缴费但未终止保险关系的职工人数。

（2）社会统筹基金收入：指根据国家规定，由纳入基本养老保险范围的单位，按照国家规定的缴费基数和缴费比例缴纳的社会统筹基金，以及通过其他方式取得的形成基金来源的收入，包括：单位缴纳的社会统筹基金收入、财政补贴收入、利息收入、其他收入。

（3）社会统筹基金支出：指按照国家政策规定的开支范围和开支标准从社会统筹基金中支付给参加基本养老保险的离休、退休、退职人员个人的养老金、丧葬抚恤补助，以及由于保险关系转移、上下级之间调剂资金等原因而发生的支出。包括：基础性养老金、过渡性养老金、离休金、退休金、退职金、补贴、丧葬抚恤补助、其他支出。

（4）社会统筹基金结余：指截止报告期末基本养老保险的社会统筹基金结余金额。包括银行存款、财政专户、债券投资和其他。

主要统计指标解释

离休、退休、退职人员

指正式办理了离休、退休、退职手续，并享受相应的离休、退休、退职待遇的人员。

失业保险

（1）参加保险人数：指报告期末按照国家法律、法规和有关政策规定参加了失业保险的城镇企业事业单位的职工及地方政府规定参加失业保险的其他人员的人数。

（2）失业保险金：指为保障失业人员的基本生活而按规定支付的失业保险金金额。

基本医疗保险

（1）参加保险人数：指报告期末按国家有关规定参加基本医疗保险的人数。包括参加保险的职工人数和退休人员人数。

（2）社会统筹基金收入：指根据国家有关规定，由纳入基本医疗保险范围的缴费单位，按国家规定的缴费基数和缴费比例缴纳的社会统筹基金，以及通过其他方式取得的形成基金来源的款项，包括：单位缴纳的社会统筹基金收入、财政补贴收入、利息收入、其他收入。

（3）社会统筹基金支出：指按照国家政策规定的开支范围和开支标准从社会统筹基金中支付给参加基本医疗保险的职工和退休人员的医疗保险待遇支出及其他支出。包括：住院医疗费用支出、门急诊医疗费用支出、其他支出。

（4）社会统筹基金结余：指截止报告期末基本医疗保险的社会统筹基金结余金额。包括银行存款、财政专户、债券投资和其他。

律师

指依法取得律师执业证书，担任法律顾问，民事（刑事、行政）案件代理人、刑事案件辩护人、办理非诉讼业务，解答法律询问，代写法律事务文书等，为社会提供法律服务的人员。

公证人员

指在公证处工作的人员总称，包括公证处主任、副主任、公证员、公证员助理（助理公证员）和其他从事辅助性工作的人员。

公证文书

指公证处根据当事人申请，依照事实和法律，按照法定程序制作的，具有法律效力的司法证明文书。

调解员

指在人民调解委员会担负调解民间纠纷工作的人员，包括调解委员会的委员和调解小组的调解员。

调解民间纠纷

指调解委员会按照法律规定，根据自愿原则，用说服教育的方法调解民间发生的有关民事权利和义务争执的件数，包括调解成功数和调解未成功数。

立案

指人民检察院对受理的报案、控告、举报或自首及自行发现的犯罪线索、犯罪嫌疑人进行初步调查后，认为存在职务犯罪事实和应追究刑事责任，并决定作为刑事案件进行侦查的诉讼活动，是追究犯罪的开始。该指标主要反映人民检察院依法将职务犯罪线索作为刑事案件进行侦查的诉讼活动。

大案

指贪污、贿赂案数额在5万元以上，挪用公款案数额在10万元以上，集体私分、巨额财产来源不明、隐瞒境外存款案数额在50万元以上以及按照《人民检察院直接受理的渎职、侵权重、特大案件标准（试行）》认定的案件。该指标主要反映人民检察院立案查办的职务犯罪案件中经济损失大、社会危害严重的案件。

要案

指县、处级以上干部的犯罪案件。该指标主要反映国家工作人员中县、处级以上干部因职务犯罪被人民检察院依法立案侦查的情况。

决定逮捕

指人民检察机关对直接受理、自行侦查的案件，认为需要逮捕犯罪嫌疑人时，依据法律作出的逮捕决定。

批准逮捕

指人民检察机关对公安机关、国家安全机关、监

主要统计指标解释

狱管理机关提出逮捕的犯罪嫌疑人进行审查，根据事实，依法作出逮捕决定。

■ 决定起诉

指人民检察机关对公安机关、国家安全机关、监狱管理机关和检察机关内设机构反贪污贿赂部门移送起诉的刑事犯罪嫌疑人进行审查，根据事实，依法向人民法院提起公诉。

Explanatory Notes on Main Statistical Indicators

Number of Athletes in Grades

Refers to the number of athletes who have been given titles through examination. The titles of athletes include international masters of sports, masters of sports, first-grade, second-grade and third-grade sportsmen and young athletes.

Number of Referees in Grades

Refers to the number of referees who have been given titles after examination. They are classified as international referees, national referees and referees of the first, second and third grades.

Stadiums

Refer to stadiums for track and field events with six lane 400-meter tracks around soccer fields, permanent track marks and permanent bleachers. Stadiums are classified according to seating capacity. They include: Class A stadiums seating 25000 people each, Class B stadiums seating 15000 to 25000 people each, Class C stadiums seating 5000 to 15000 people each, and Class D stadiums seating fewer than 5000 people.

Gymnasiums

Refer to indoor sports grounds with permanent seats in which basketball, volleyball, badminton, table tennis and gymnastics competitions can be held. Gymnasiums are classified according to seating capacity. They include Class A gymnasiums seating over 6000 people, Class B gymnasiums seating 4000 to 6000 people, Class C gymnasiums seating 2000 to 4000 people, and Class D gymnasiums seating fewer than 2000 people.

Health Care Institutions

Include medical institutions, disease prevention and control centers (epidemic prevention stations), blood gathering and supplying institutions, health supervision and inspection (check up) institutions, medicinal scientific research and on-job training institutions, health education and so on.

Medical Organizations

Include hospitals, health service centers (stations) of communities, nursing homes, health centers, clinics, clinics (health stations and infirmaries), maternity and child care agencies (centers and stations), special disease prevention and curing agencies (centers and stations), first aid centers (stations) and clinical inspection centers. Medical organizations are grouped by two types: profit-making and non-profit-making medical organizations.

Hospitals

Include polyclinics, traditional Chinese medical hospitals, hospitals integrated with traditional Chinese therapeutics and western therapeutics, ethical hospitals, various specialties hospitals and nursing hospitals.

Medical Technical Personnel

Refers to doctors, assistant nurses, pharmacists, and laboratory technicians working in medical institutions.

Doctors

Refer to certified physicians and certified assistant physicians with certifications working in medical and health care and prevention agencies.

Social Welfare Enterprises

Ae collective owned enterprises which employ the blind, deaf-mute, and other handicapped people who are able to work in cities and towns and enjoy exemption from state taxes, including welfare plants, welfare commercial services, artificial limb plants and farms, etc. This indicator reflects the preferential policies toward disabled persons.

Basic Endowment Insurance

(I) Number of people participating in the insurance program: by the end of reference period, number of staff and workers participating in the insurance program in line with national laws, regulations and related policies, including those who can not make regular payment or interrupt payment but not terminate the insurance program.

(II) Revenue of social comprehensive funds: according to national provision, payments made by units covered in basic endowment insurance program, and income from other resources, including: income of social comprehensive funds paid by unites, financial subsidies, interest income and others.

EXPLANATORY NOTES TO MAJOR STATISTICAL INDICATORS

(Ⅲ) Expenditure of social comprehensive funds: refer to payment made to those retired and resigned people covered in endowment insurance program in terms of pension or compensation within the expenditure scope and standards according to related national policies, and the expenditure occurred due to shift of the insurance relationship or adjustment funds among agencies, including: basic pension, transitional pension, pension for resigned people, pension for retired people, pension for people quitting jobs, subsidies, funeral subsidies and other expenditure.

(Ⅳ) Balance of social comprehensive funds: refer to the balance of basic endowment insurance of social comprehensive funds at the end of the reference period, including: bank savings, special fiscal account, investment in bonds and others.

□ Retired or Resigned Personnel

refers to people who have formally gone through the formalities for their retirement or quitting work and enjoy the corresponding treatments.

□ Unemployment Insurance

(Ⅰ) Number of people participated in unemployment insurance program: number of staff and workers in urban enterprises or institutions and other people according to local government regulations participated in unemployment insurance program in line with national law, regulations and related policies by the end of the reference period.

(Ⅱ) Sum of Unemployment Insurance: refer to total amount of insurance paid to un-employees to guarantee their basic lives according to related regulations.

□ Basic Medical Care Insurance

(Ⅰ) Number of people participated in the insurance program: refer to number of people participated in the basic medical care insurance program according to related regulation by the end of reference period, including: number of staff and workers and retired persons participated in this insurance program.

(Ⅱ) Revenue of social comprehensive funds: according to national provision, payments made by units covered in basic medical care insurance program, and income from other resources, including: income of social comprehensive funds paid by unites, financial subsidies, interest income and others.

(Ⅲ) Expenditure of social comprehensive funds: refer to payment made to those retired and resigned people covered in basic medical care insurance within the expenditure scope and standards according to related national policies, including: expenditure on fee-for-service in hospital, expenditure on fee-for-service in clinic and other expenditure.

(Ⅳ) Balance of social comprehensive funds: refer to the balance of medical care insurance of social comprehensive funds at the end of the reference period, including: bank savings, special fiscal account, investment in bonds and others.

□ Lawyers

Are certified legal workers according to law, and who are employed by legal counseling firms to act as legal advisers, agents in criminal or civil lawsuits, or defenders in criminal lawsuits, or to handle non-litigious legal affairs, to advise on matters of law or to write legal papers for others, and provide service to the public.

□ Notary Personnel

Refers to people working for notary offices including: directors, deputy director, notaries, assistant notaries, and other people providing assistance.

□ Notary Documents

Refer to the judicatory notary documents drawn up by the request of the party and are in accordance with facts and laws and following certain legal proceedings.

□ Mediators

Refer to workers on people mediation committees responsible for mediating in civil disputes and cases of slight infraction of the law. They include members of the mediation committees and mediators of mediation groups.

□ Mediation of Civil Disputes

Refers to number of cases made by mediation committees in mediating in civil disputes concerning civil rights and duties through persuasion and education in accordance with the provisions of law on a voluntary basis, so as to solve disputes by helping the parties involved come to an agreement and understanding, including those unsuccessful ones.

□ Acceptance of Case

Refers to the decision made by the people's procuratorate office on reported cases, prosecution, impeachment, surrender, self-found criminal clues or suspects after initial investigation to confirm the act of crime and to start legal proceedings of the case as criminal case.

EXPLANATORY NOTES TO MAJOR STATISTICAL INDICATORS

□ Large Cases

Refer to cases involving a corruption or bribery of over 50,000 yuan, or a misappropriation of over 100,000 yuan, Cases of collectively illegal possession of public funds, unstated sources of large properties, or disguised overseas savings deposits involving 500,000 yuan, or a case that has been defined by Standard on Serious and Large Cases of Misconduct and Tortious that Directly Accepted by People's Procurators Office (trial). This indicator mainly reflects number of accepted cases of job-related criminals that caused serious economic losses or extremely harmful to the society.

□ Key Cases

Refer to cases committed by government officials with a ranking of division director or county administrator. This indicator mainly reflects the recorded and spied on cases by the people's procurators offices toward government official with a ranking of division director or county administrator.

□ Decision of Arrest

Refers to decision made by procurators office, in accordance with laws, to arrest the suspect(s) in the cases that are accepted and to be investigated by procurators office.

□ Approval for Arrest

Refers to the decision made by procurators office, in accordance with laws and relevant facts, to approve the arrest of the suspect(s) that is proposed by the public security departments, state security departments or authority of prisons.

□ Decision on Prosecution

Refers to the decision made by procurators office, in accordance with laws and relevant facts, to institute proceedings to the people court against the suspect(s) of criminal cases handed over by the public security departments, state security departments or authority of prisons, or by the anti-corruption departments within the procurators office.

20

区县

DISTRICTS,COUNTIES

简要说明 Brief Introduction

本章资料分别由市统计局人口就业处、核算处、工业处、服务业处、固定资产投资处、贸易外经处、社会科技处、能源资源统计处、综合处和国家统计局重庆调查总队根据有关专业统计资料、各区县统计局资料和市级有关部门的区县资料整理编辑。

本章资料包括按“都市经济发达圈”和“一圈两翼”分组的全市40个区县（自治县）的主要经济社会统计资料。

“都市经济发达圈”包括渝中区、大渡口区、江北区、沙坪坝区、九龙坡区、南岸区、北碚区、渝北区、巴南区，即主城九区。

“一圈两翼”的多数统计数据经过评估和测算取得，其合计数不等于各区县数据直接相加。

本市自治县包括石柱土家族自治县、秀山土家族苗族自治县、酉阳土家族苗族自治县和彭水苗族土家族自治县。

本章资料分别由市统计局人口就业处、核算处、工业处、服务业处、固定资产投资处、贸易外经处、社会科技处、能源资源统计处、综合处和国家统计局重庆调查总队根据有关专业统计资料、各区县统计局资料和市级有关部门的区县资料整理编辑。

This chapter includes the main economic and social indicators of 40 districts and counties (autonomous counties) grouped by the Metropolitan Developed Economic Circle and the “One Circle and Two Wings”.

The “Metropolitan Developed Economic Circle” covers the 9 central urban districts, namely Yuzhong, Dadukou, Jiangbei, Shapingba, Jiulongpo, Nan’an, Beibei, Yubei and Banan.

The data of the “One Circle and Two Wings” are mostly obtained by evaluation and calculation, which are not equal to the sums of all the districts and counties.

The autonomous counties in Chongqing include Shizhu Tujia Autonomous County, Xiushan Tujia and Miao Autonomous County, Youyang Miao Autonomous County and Pengshui Miao and Tujia Autonomous County.

The data in this chapter are prepared and compiled by Division of Population and Employment Statistics, Division of National Economic Accounting, Division of Industry Statistics, Division of Service Statistics, Division of Statistics of Investment in Fixed Assets, Division of Trade and Foreign Economic Relations Statistics, Division of Social and Technology Statistics, Division of Energy and Natural Resources Statistics, Division of Comprehensive Statistics of Chongqing Municipal Bureau of Statistics as well as the NBS Survey Office in Chongqing on the basis of the data provided by the related divisions of Municipal Bureau of Statistics, the statistical bureaus of districts and counties and the related municipal departments.

表20.1 各区县户数和人口（2010年）
HOUSEHOLDS AND POPULATION BY REGION (2010)

区县	Region	年末总户数（户籍统计）（万户） Year-end Households (registration statistics) (10 000 households)	年末总人口（户籍统计）（万人） Year-end Population (registration statistics) (10 000 persons)	其中 of which #非农业人口 Non-agricultural	#女性 Female	按年龄组分 By Age 0-18岁 Aged 0-18	18-35岁 Aged 18-35	35-60岁 Aged 35-60	60岁以上 Aged 60 and Over
全 市	**Total**	**1154.83**	**3303.45**	**1107.00**	**1594.42**	**661.46**	**721.51**	**1382.37**	**538.11**
#都市发达经济圈	**Metropolitan Developed Economic Circle**	**234.39**	**611.94**	**425.78**	**303.41**	**84.95**	**152.03**	**265.41**	**109.55**
一小时经济圈	**One -Hour Economic Circle**	**676.71**	**1848.77**	**787.21**	**901.16**	**316.11**	**405.48**	**807.54**	**319.64**
渝中区	Yuzhong District	22.34	57.26	57.26	28.87	5.29	15.34	24.90	11.73
大渡口区	Dadukou District	10.09	23.69	19.86	11.89	3.40	5.27	10.79	4.23
江北区	Jiangbei District	22.27	54.61	49.18	27.16	6.74	13.89	23.76	10.22
沙坪坝区	Shapingba District	26.93	79.08	63.44	39.42	10.31	23.71	32.20	12.86
九龙坡区	Jiulongpo District	32.14	82.24	62.48	40.83	11.83	19.72	36.14	14.55
南岸区	Nan'an District	21.82	60.79	51.96	30.33	8.46	16.82	25.43	10.08
北碚区	Beibei District	24.35	63.50	32.24	31.54	8.15	14.68	28.38	12.29
渝北区	Yubei District	39.99	102.47	53.41	50.60	17.78	23.58	44.87	16.24
巴南区	Ba'nan District	34.46	88.30	35.95	42.77	12.99	19.02	38.94	17.35
万盛区	Wansheng District	9.42	26.86	14.23	13.40	4.57	5.79	11.72	4.78
双桥区	Shuangqiao District	1.99	5.09	5.09	2.52	1.14	1.16	2.05	0.74
涪陵区	Fuling District	44.60	115.66	41.42	56.56	22.19	22.46	51.14	19.87
长寿区	Changshou District	35.27	90.21	27.60	44.19	16.73	17.80	39.85	15.83
江津区	Jiangjin District	59.59	149.23	51.81	71.75	26.05	26.83	68.53	27.82
合川区	Hechuan District	57.51	155.26	50.44	74.67	27.06	30.54	70.41	27.25
永川区	Yongchuan District	36.63	112.31	32.39	54.64	21.72	24.35	48.68	17.56
南川区	Nanchuan District	23.71	67.27	15.09	32.80	13.72	11.80	30.81	10.94
綦江县	Qijiang County	32.16	94.52	24.44	45.76	18.14	19.04	40.57	16.77
潼南县	Tongnan County	30.20	93.52	14.33	44.06	18.98	22.68	37.50	14.36
铜梁县	Tongliang County	29.46	83.58	16.71	40.18	15.62	15.78	37.33	14.85
大足县	Dazu County	28.65	96.64	20.80	45.71	18.83	23.19	39.78	14.84
荣昌县	Rongchang County	29.63	83.21	20.73	40.51	14.89	19.43	35.53	13.36
璧山县	Bishan County	23.50	63.47	26.35	31.00	11.52	12.60	28.23	11.12
渝东北翼	**Northeast of Chongqing**	**360.55**	**1089.00**	**232.44**	**520.37**	**246.64**	**237.81**	**438.88**	**165.67**
万州区	Wanzhou District	61.97	173.32	55.95	84.72	31.24	36.32	76.96	28.80
梁平县	Liangping County	30.81	91.11	15.19	43.38	19.02	17.83	40.33	13.93
城口县	Chengkou County	7.69	24.65	3.73	11.50	5.88	6.44	8.92	3.41
丰都县	Fengdu County	26.62	84.29	17.69	40.47	21.46	15.33	34.20	13.30
垫江县	Dianjiang County	30.57	96.37	16.28	46.18	23.26	20.25	38.13	14.73
忠 县	Zhongxian County	33.45	100.41	20.60	48.08	21.61	20.50	41.60	16.70
开 县	Kaixian County	54.28	163.40	45.17	77.39	39.78	37.14	63.14	23.34
云阳县	Yunyang County	42.08	133.56	21.51	63.51	32.28	30.38	51.20	19.70
奉节县	Fengjie County	33.73	105.31	17.05	49.90	25.80	24.68	39.87	14.96
巫山县	Wushan County	21.45	63.17	11.12	29.97	14.49	15.69	23.99	9.00
巫溪县	Wuxi County	17.90	53.41	8.15	25.27	11.82	13.25	20.54	7.80
渝东南翼	**Southeast of Chongqing**	**117.57**	**365.68**	**87.35**	**172.89**	**98.71**	**78.22**	**135.95**	**52.80**
黔江区	Qianjiang District	19.83	53.60	22.35	25.30	14.11	12.45	19.84	7.20
武隆县	Wulong County	13.64	41.27	10.28	19.56	9.45	7.57	17.05	7.20
石柱县	Shizhu County	18.38	53.96	14.08	26.06	13.85	10.71	21.66	7.74
秀山县	Xiushan County	18.35	64.98	11.05	31.14	17.61	15.47	22.89	9.01
酉阳县	Youyang County	26.69	83.59	19.86	39.19	24.79	18.21	29.09	11.50
彭水县	Pengshui County	20.68	68.28	9.73	31.64	18.90	13.81	25.42	10.15

表20.1 续表 continued

区 县	Region	出生（户籍统计）Birth (registration statistics) 人数（万人）Population (10 000 persons)	出生率（‰）Birth Rate (‰)	死亡（户籍统计）Mortality (registration statistics) 人数（万人）Population (10 000 persons)	死亡率（‰）Mortality Rate (‰)	自然增长（户籍统计）Natural Growth (registration statistics) 人数（万人）Population (10 000 persons)	自然增长率（‰）Natural Growth Rate (‰)	常住人口（万人）Resident Popolation (10 000 persons)	其中 of which 城镇人口 Urban (10 000 persons)	城镇化率（%）Urban Rate (%)
全 市	**Total**	**62.83**	**19.10**	**38.97**	**11.85**	**23.86**	**7.25**	**2884.62**	**1529.55**	**53.0**
#都市发达经济圈	**Metropolitan Developed Economic Circle**	**6.31**	**10.41**	**5.50**	**9.07**	**0.81**	**1.34**	**745.76**	**626.37**	**84.0**
一小时经济圈	**One -Hour Economic Circle**	**29.13**	**15.84**	**19.09**	**10.38**	**10.04**	**5.46**	**1764.49**	**1135.56**	**64.4**
渝中区	Yuzhong District	0.31	5.36	0.37	6.39	-0.06	-1.04	63.01	63.01	100.0
大渡口区	Dadukou District	0.24	10.22	0.29	12.35	-0.05	-2.13	30.10	28.05	93.2
江北区	Jiangbei District	0.50	9.25	0.50	9.25			73.80	67.25	91.1
沙坪坝区	Shapingba District	0.77	9.89	0.69	8.86	0.08	1.03	100.00	90.06	90.1
九龙坡区	Jiulongpo District	0.90	11.05	0.81	9.95	0.09	1.11	108.44	93.93	86.6
南岸区	Nan'an District	0.63	10.57	0.52	8.73	0.11	1.85	75.96	68.37	90.0
北碚区	Beibei District	0.59	9.29	0.62	9.76	-0.04	-0.63	68.04	50.18	73.8
渝北区	Yubei District	1.27	12.64	0.78	7.76	0.49	4.88	134.54	98.59	73.3
巴南区	Ba'nan District	1.10	12.51	0.92	10.47	0.19	2.16	91.87	66.93	72.9
万盛区	Wansheng District	0.32	11.90	0.36	13.39	-0.04	-1.49	25.58	18.54	72.5
双桥区	Shuangqiao District	0.09	17.82	0.04	7.92	0.05	9.90	5.01	4.66	93.1
涪陵区	Fuling District	2.24	19.46	1.20	10.43	1.04	9.04	106.67	59.52	55.8
长寿区	Changshou District	1.28	14.20	1.08	11.98	0.21	2.33	77.00	40.83	53.0
江津区	Jiangjin District	2.32	15.55	1.98	13.27	0.34	2.28	123.31	68.62	55.7
合川区	Hechuan District	2.74	17.70	1.84	11.89	0.90	5.82	129.30	72.15	55.8
永川区	Yongchuan District	2.43	21.83	1.13	10.15	1.30	11.68	102.47	58.28	56.9
南川区	Nanchuan District	1.37	20.49	0.57	8.53	0.79	11.82	53.43	25.50	47.7
綦江县	Qijiang County	1.39	14.69	0.91	9.62	0.48	5.07	80.10	32.86	41.0
潼南县	Tongnan County	1.59	17.02	0.80	8.57	0.79	8.46	64.00	24.71	38.6
铜梁县	Tongliang County	1.88	22.61	0.86	10.34	1.02	12.27	60.01	24.90	41.5
大足县	Dazu County	2.38	24.75	1.05	10.92	1.33	13.83	67.12	26.86	40.0
荣昌县	Rongchang County	1.06	12.73	0.93	11.17	0.13	1.56	66.13	27.12	41.0
璧山县	Bishan County	1.73	27.46	0.84	13.33	0.89	14.13	58.60	24.64	42.1
渝东北翼	**Northeast of Chongqing**	**24.37**	**22.43**	**15.13**	**13.93**	**9.26**	**8.52**	**836.54**	**309.03**	**36.9**
万州区	Wanzhou District	2.45	14.16	2.09	12.08	0.38	2.20	156.31	85.97	55.0
梁平县	Liangping County	1.36	14.93	0.92	10.10	0.44	4.83	68.75	23.58	34.3
城口县	Chengkou County	0.80	32.64	0.41	16.73	0.39	15.91	19.30	4.90	25.4
丰都县	Fengdu County	3.57	42.83	1.36	16.31	2.21	26.51	64.92	22.40	34.5
垫江县	Dianjiang County	3.44	36.10	0.72	7.56	2.72	28.54	70.45	24.14	34.3
忠 县	Zhongxian County	2.01	20.02	1.39	13.84	0.62	6.18	75.14	24.74	32.9
开 县	Kaixian County	4.60	28.31	2.33	14.34	2.28	14.03	116.03	41.64	35.9
云阳县	Yunyang County	2.03	15.16	2.09	15.61	-0.06	-0.45	91.29	29.36	32.2
奉节县	Fengjie County	1.87	17.69	2.18	20.62	-0.31	-2.93	83.43	26.93	32.3
巫山县	Wushan County	1.20	19.03	0.76	12.05	0.43	6.82	49.51	14.86	30.0
巫溪县	Wuxi County	1.04	19.43	0.88	16.44	0.16	2.99	41.41	10.51	25.4
渝东南翼	**Southeast of Chongqing**	**9.33**	**25.63**	**4.75**	**13.05**	**4.56**	**12.53**	**283.59**	**84.96**	**30.0**
黔江区	Qianjiang District	1.20	22.58	0.44	8.28	0.75	14.11	44.50	17.40	39.1
武隆县	Wulong County	0.75	18.21	0.38	9.23	0.37	8.99	35.10	11.58	33.0
石柱县	Shizhu County	0.81	15.02	0.42	7.79	0.39	7.23	41.51	13.42	32.3
秀山县	Xiushan County	1.75	27.02	1.08	16.68	0.67	10.35	50.16	15.06	30.0
酉阳县	Youyang County	3.40	41.11	1.33	16.08	2.06	24.91	57.81	13.76	23.8
彭水县	Pengshui County	1.42	20.79	1.10	16.11	0.32	4.69	54.51	13.74	25.2

表20.2 各区县就业（2010年）
EMPLOYMENT BY REGION (2010)

区 县	Region	城镇非私营单位职工人数（万人）Employment of Urban Non-private Units (10 000 persons)	其 中 of which #国 有 State-owned	#集 体 Collective -owned	年末失业人员登记数（人）Year-end Registered Unemployment (person)
全 市	**Total**	**250.22**	**118.76**	**10.26**	**128785**
#都市发达经济圈	**Metropolitan Developed Economic Circle**	**124.64**	**52.62**	**3.24**	**50426**
一小时经济圈	**One -Hour Economic Circle**	**197.53**	**86.23**	**7.71**	**91791**
渝中区	Yuzhong District	28.17	12.38	0.46	8439
大渡口区	Dadukou District	5.74	3.45	0.15	2300
江北区	Jiangbei District	11.33	4.25	0.35	5357
沙坪坝区	Shapingba District	12.20	8.09	0.53	10771
九龙坡区	Jiulongpo District	21.33	6.72	1.04	7926
南岸区	Nan'an District	11.63	3.92	0.12	5708
北碚区	Beibei District	5.88	3.34	0.11	3476
渝北区	Yubei District	16.35	6.38	0.14	3407
巴南区	Ba'nan District	12.01	4.09	0.34	3042
万盛区	Wansheng District	3.33	2.28	0.41	2428
双桥区	Shuangqiao District	1.19	0.21	0.07	475
涪陵区	Fuling District	10.83	4.80	0.78	7038
长寿区	Changshou District	9.06	2.73	0.31	3587
江津区	Jiangjin District	12.25	4.16	0.67	4320
合川区	Hechuan District	6.52	2.87	0.60	2532
永川区	Yongchuan District	6.14	3.66	0.25	3005
南川区	Nanchuan District	2.95	2.09	0.15	2611
綦江县	Qijiang County	4.82	1.94	0.12	4326
潼南县	Tongnan County	2.15	1.74	0.03	1702
铜梁县	Tongliang County	2.53	1.78	0.15	2291
大足县	Dazu County	4.42	1.88	0.42	1819
荣昌县	Rongchang County	2.92	1.85	0.11	2480
璧山县	Bishan County	3.78	1.62	0.40	2751
渝东北翼	**Northeast of Chongqing**	**40.11**	**22.54**	**2.20**	**26311**
万州区	Wanzhou District	12.63	5.27	0.43	3764
梁平县	Liangping County	3.26	1.66	0.58	1719
城口县	Chengkou County	0.98	0.82	0.06	405
丰都县	Fengdu County	2.37	1.56	0.16	2478
垫江县	Dianjiang County	4.22	2.66	0.45	2539
忠 县	Zhongxian County	1.82	1.69	0.06	1693
开 县	Kaixian County	5.27	2.48	0.04	2917
云阳县	Yunyang County	3.18	2.08	0.07	3508
奉节县	Fengjie County	2.58	1.82	0.10	4863
巫山县	Wushan County	1.72	1.28	0.14	1539
巫溪县	Wuxi County	2.08	1.22	0.11	886
渝东南翼	**Southeast of Chongqing**	**12.58**	**9.99**	**0.35**	**10683**
黔江区	Qianjiang District	2.41	1.75	0.06	2091
武隆县	Wulong County	1.74	1.17	0.02	1950
石柱县	Shizhu County	2.46	2.38	0.07	1909
秀山县	Xiushan County	1.65	1.41	0.11	1638
酉阳县	Youyang County	2.26	1.71	0.07	1468
彭水县	Pengshui County	2.06	1.57	0.02	1627

注：都市发达经济圈和一小时经济圈的年末失业人员登记数据包括北部新区，九龙坡、南岸、渝北区数据不含北部新区。
Note: The data of year-end registered unemployment in the Metropolitan Developed Economic Circle and the One-Hour Economic Circle include the data of the New Northern Zone, which are excluded from the data of Jiulongpo, Nan'an and Yubei.

表20.3 各区县生产总值（2010年）
GROSS DOMESTIC PRODUCT BY REGION (2010)

区 县	Region	地区生产总值（万元） Gross Domestic Product (10000 yuan)	其中 of which 第一产业 Primary Industry	第二产业 Secondary Industry	其中 of which #工业 Industry	第三产业 Tertiary Industry
全 市	**Total**	**79255800**	**6853800**	**43591200**	**36978300**	**28810800**
#都市发达经济圈	**Metropolitan Developed Economic Circle**	**34908300**	**751900**	**18706100**	**16364500**	**15450300**
一小时经济圈	**One -Hour Economic Circle**	**61453200**	**4031700**	**34504000**	**29849500**	**22917500**
渝中区	Yuzhong District	5530269		286247	142611	5244022
大渡口区	Dadukou District	1772136	14320	1219516	1118371	538300
江北区	Jiangbei District	3913947	26778	1549581	1310979	2337588
沙坪坝区	Shapingba District	4195406	47793	2153720	1839460	1993893
九龙坡区	Jiulongpo District	5895846	71627	2924487	2687740	2899732
南岸区	Nan'an District	3512280	36365	2167848	1865417	1308067
北碚区	Beibei District	2323726	94727	1470654	1269138	758345
渝北区	Yubei District	5736350	185211	3385053	2851901	2166086
巴南区	Ba'nan District	3087180	275082	1605832	1286984	1206266
万盛区	Wansheng District	492747	48476	272137	218915	172134
双桥区	Shuangqiao District	400262	3023	327030	301813	70209
江津区	Jiangjin District	3029969	459693	1714105	1504623	856171
合川区	Hechuan District	2444920	376625	1102405	795812	965890
永川区	Yongchuan District	3000382	291590	1647967	1291226	1060825
南川区	Nanchuan District	1435465	228436	728964	606370	478065
綦江县	Qijiang County	1672786	258926	761365	666310	652495
潼南县	Tongnan County	1167882	271456	424809	262328	471617
铜梁县	Tongliang County	1501846	213044	830471	699912	458331
大足县	Dazu County	1450067	228902	718784	608415	502381
荣昌县	Rongchang County	1599511	261587	904116	765974	433808
璧山县	Bishan County	1527576	120539	913855	825020	493182
涪陵区	Fuling District	4344866	302485	2562028	2301453	1480353
长寿区	Changshou District	2286417	215076	1248875	995342	822466
渝东北翼	**Northeast of Chongqing**	**13475300**	**2092700**	**6913100**	**5529100**	**4469500**
万州区	Wanzhou District	5001318	338744	2737290	2351435	1925284
梁平县	Liangping County	1111066	194752	455343	375684	460971
城口县	Chengkou County	250064	41451	122819	86892	85794
丰都县	Fengdu County	771182	163638	306984	182714	300560
垫江县	Dianjiang County	1138705	206405	534745	480958	397555
忠 县	Zhongxian County	1094111	208181	451816	339736	434114
开 县	Kaixian County	1492810	301440	646318	479203	545052
云阳县	Yunyang County	857637	228159	260018	168251	369460
奉节县	Fengjie County	1029661	208248	361279	209301	460134
巫山县	Wushan County	503060	114038	186986	119229	202036
巫溪县	Wuxi County	375962	87639	131354	62731	156969
渝东南翼	**Southeast of Chongqing**	**4327300**	**729400**	**2174100**	**1599700**	**1423800**
黔江区	Qianjiang District	1001270	106617	535580	448278	359073
武隆县	Wulong County	724155	107328	266951	132784	349876
石柱县	Shizhu County	648118	133065	263532	182689	251521
秀山县	Xiushan County	759080	111129	389837	337149	258114
酉阳县	Youyang County	581616	139365	227479	126641	214772
彭水县	Pengshui County	663882	131905	264881	177428	267096

表20.3 续表 continued

上年=100 (preceding year=100)

区　县	Region	地区生产总值指数（可比价） Indices of GDP (constant prices)	其　中 of which			
			第一产业 Primary Industry	第二产业 Secondary Industry	其　中 of which #工　业 Industry	第三产业 Tertiary Industry
全　市	**Total**	**117.1**	**106.1**	**122.7**	**122.9**	**112.4**
#都市发达经济圈	**Metropolitan Developed Economic Circle**	**116.3**	**104.8**	**121.3**	**122.0**	**111.5**
一小时经济圈	**One -Hour Economic Circle**	**117.0**	**106.0**	**122.4**	**122.9**	**111.8**
渝中区	Yuzhong District	114.3	100.0	117.8	113.1	114.1
大渡口区	Dadukou District	116.0	82.0	120.7	120.8	107.5
江北区	Jiangbei District	118.7	101.7	123.0	123.6	116.1
沙坪坝区	Shapingba District	117.3	103.5	123.1	122.2	111.9
九龙坡区	Jiulongpo District	115.1	105.2	121.5	122.5	109.6
南岸区	Nan'an District	115.9	103.2	118.3	118.1	112.5
北碚区	Beibei District	117.4	105.5	122.7	123.0	109.8
渝北区	Yubei District	117.2	105.4	122.9	123.8	110.7
巴南区	Ba'nan District	116.3	106.5	121.8	121.4	111.7
万盛区	Wansheng District	114.1	105.3	117.5	115.1	111.8
双桥区	Shuangqiao District	125.0	102.2	127.3	128.5	115.8
江津区	Jiangjin District	117.6	106.3	126.1	127.1	108.5
合川区	Hechuan District	117.1	106.4	124.9	124.8	113.3
永川区	Yongchuan District	119.0	106.2	125.4	126.6	113.8
南川区	Nanchuan District	117.6	106.3	124.1	123.1	114.9
綦江县	Qijiang County	116.9	106.2	122.9	122.3	115.2
潼南县	Tongnan County	114.2	106.8	119.3	117.4	116.0
铜梁县	Tongliang County	117.0	106.5	121.5	118.9	114.8
大足县	Dazu County	116.9	106.0	121.3	120.5	116.2
荣昌县	Rongchang County	115.1	106.0	120.3	118.7	111.2
璧山县	Bishan County	119.4	106.7	124.1	123.9	114.9
涪陵区	Fuling District	119.3	106.8	125.6	125.4	112.3
长寿区	Changshou District	119.3	105.8	125.5	126.2	115.2
渝东北翼	**Northeast of Chongqing**	**117.7**	**106.3**	**123.9**	**122.9**	**114.8**
万州区	Wanzhou District	120.1	106.6	125.0	125.6	116.4
梁平县	Liangping County	116.1	106.4	122.9	120.0	114.1
城口县	Chengkou County	121.7	106.5	134.8	117.7	111.7
丰都县	Fengdu County	117.8	106.6	127.3	120.5	114.2
垫江县	Dianjiang County	116.0	106.3	120.6	121.5	114.9
忠　县	Zhongxian County	116.2	106.4	122.8	122.3	115.4
开　县	Kaixian County	116.6	106.5	125.1	122.0	115.5
云阳县	Yunyang County	115.1	106.1	120.5	117.0	118.1
奉节县	Fengjie County	115.3	106.1	120.5	116.3	115.9
巫山县	Wushan County	116.5	105.8	124.2	117.9	116.1
巫溪县	Wuxi County	117.8	106.2	130.1	118.3	115.3
渝东南翼	**Southeast of Chongqing**	**116.8**	**106.1**	**123.2**	**123.2**	**113.5**
黔江区	Qianjiang District	119.3	106.1	128.9	128.2	111.2
武隆县	Wulong County	117.3	106.7	121.1	122.7	118.4
石柱县	Shizhu County	117.8	106.6	125.9	123.5	116.0
秀山县	Xiushan County	116.2	106.4	122.2	122.6	112.2
酉阳县	Youyang County	115.2	106.0	120.1	117.9	116.8
彭水县	Pengshui County	114.0	105.5	119.0	116.6	113.1

表20.4 各区县农业和农村经济（2010年）

AGRICULTURE AND RURAL ECONOMY BY REGION (2010)

区 县	Region	农林牧渔业总产值（万元） Gross Output Value (10 000 yuan)	其中 of which 农业 Farming	林业 Forestry	牧业 Animal Husbandry	渔业 Fishery	农林牧渔服务业 Farming, Forestry, Animal Husbandry and Fishery Services	农林牧渔业总产值指数（可比价）（上年=100） Indices of Gross Output (constant prices) (preceding year=100)
全 市	**Total**	**10211328**	**6233343**	**304021**	**3265542**	**272083**	**136339**	**105.9**
#都市发达经济圈	**Metropolitan Developed Economic Circle**	**1098770**	**648458**	**18044**	**342988**	**52633**	**36647**	**105.0**
一小时经济圈	**One -Hour Economic Circle**	**5898498**	**3207974**	**183186**	**2141968**	**244800**	**120569**	**105.9**
渝中区	Yuzhong District							
大渡口区	Dadukou District	21050	14270	990	3290	1300	1200	81.9
江北区	Jiangbei District	39360	11678	2053	20563	3955	1111	102.5
沙坪坝区	Shapingba District	66521	35785	758	17763	3353	8862	101.4
九龙坡区	Jiulongpo District	104395	63577	1611	33607	3305	2295	106.5
南岸区	Nan'an District	54525	30550	730	12948	10063	234	102.8
北碚区	Beibei District	137970	89300	1375	37490	6915	2890	106.7
渝北区	Yubei District	271523	164197	5282	84932	6652	10460	105.5
巴南区	Ba'nan District	403426	239101	5245	132395	17090	9595	106.5
万盛区	Wansheng District	74621	41894	11094	18705	2235	693	106.5
双桥区	Shuangqiao District	4706	2066	78	2205	223	134	102.1
涪陵区	Fuling District	449808	260596	20553	126020	19359	23280	106.6
长寿区	Changshou District	318954	130292	4789	156631	20967	6275	105.6
江津区	Jiangjin District	666908	442390	7342	190362	15340	11474	106.1
合川区	Hechuan District	540712	287430	20236	190555	33046	9445	106.2
永川区	Yongchuan District	428840	227915	14739	162808	15646	7732	106.0
南川区	Nanchuan District	335523	149794	30663	141251	9546	4269	106.1
綦江县	Qijiang County	379394	171308	4210	186885	14253	2738	106.0
潼南县	Tongnan County	390199	269524	13266	88366	16682	2361	106.8
铜梁县	Tongliang County	315163	141187	4943	152442	12123	4468	106.3
大足县	Dazu County	337387	179330	13215	129017	10550	5275	105.8
荣昌县	Rongchang County	372990	168060	18316	167804	14543	4267	105.8
璧山县	Bishan County	184522	87730	1698	85929	7654	1511	106.5
渝东北翼	**Northeast of Chongqing**	**3164729**	**1588193**	**144341**	**1280255**	**85178**	**66762**	**106.1**
万州区	Wanzhou District	495084	264156	27915	177201	22047	3765	106.4
梁平县	Liangping County	293729	173509	7969	97517	11409	3325	106.2
城口县	Chengkou County	65353	27856	5692	30534	806	465	106.7
丰都县	Fengdu County	240733	117564	16520	96117	7574	2958	106.4
垫江县	Dianjiang County	313219	139455	4604	140559	11817	16784	106.1
忠 县	Zhongxian County	315405	158352	7953	130764	4183	14153	106.2
开 县	Kaixian County	457590	228987	19336	184568	11861	12838	106.1
云阳县	Yunyang County	345304	149132	20193	165131	7554	3294	105.9
奉节县	Fengjie County	323774	172886	3532	136571	6370	4415	105.9
巫山县	Wushan County	178438	90237	17297	67430	626	2848	105.6
巫溪县	Wuxi County	136100	66059	13330	53863	931	1917	106.0
渝东南翼	**Southeast of Chongqing**	**1148102**	**619175**	**61787**	**444217**	**10691**	**12232**	**105.7**
黔江区	Qianjiang District	168749	75470	10962	78882	1562	1873	106.0
武隆县	Wulong County	169746	95826	6399	63658	3263	600	106.5
石柱县	Shizhu County	204715	110851	6803	82901	2688	1472	104.5
秀山县	Xiushan County	171684	105637	7664	51764	1415	5204	106.2
酉阳县	Youyang County	223928	113310	16923	91349	1282	1064	106.7
彭水县	Pengshui County	209280	118081	13036	75663	481	2019	104.6

表20.4 续表1 continued1

区县	Region	农业商品产值（万元） Output Value of Agricultural Commodities (10 000 yuan)	农业商品率（%） Commercial Rate (%)	乡村从业人员（万人） Rural Employment (10 000 persons)	农作物播种面积（公顷） Sown Areas of Farm Crops (hectare)	其中 of which #粮食 Grain	农用化肥施用量（折纯）（吨） Consumption of Chemical Fertilizer (net) (tons)
全市	**Total**	**6202059**	**60.7**	**1379.35**	**3359388**	**2243888**	**918186**
#都市发达经济圈	**Metropolitan Developed Economic Circle**	**695744**	**63.3**	**122.82**	**235712**	**141902**	**56653**
一小时经济圈	**One -Hour Economic Circle**	**3777114**	**64.0**	**693.86**	**1554343**	**992644**	**441516**
渝中区	Yuzhong District						
大渡口区	Dadukou District	19829	94.2	2.50	2503	58	2558
江北区	Jiangbei District	26647	67.7	3.31	4985	3314	2172
沙坪坝区	Shapingba District	46565	70.0	9.51	10645	4906	7654
九龙坡区	Jiulongpo District	91450	87.6	12.75	14215	6771	3388
南岸区	Nan'an District	43347	79.5	6.17	5240	2249	3455
北碚区	Beibei District	81540	59.1	21.49	33860	16931	8197
渝北区	Yubei District	143907	53.0	31.99	67346	42795	12887
巴南区	Ba'nan District	242459	60.1	35.11	96918	64878	16342
万盛区	Wansheng District	26043	34.9	8.35	20444	12536	9616
双桥区	Shuangqiao District	2664	56.6	1.01	1567	1229	242
涪陵区	Fuling District	283379	63.0	52.98	169139	96828	40929
长寿区	Changshou District	192967	60.5	42.65	85726	67715	21532
江津区	Jiangjin District	472838	70.9	71.69	150711	101078	38809
合川区	Hechuan District	323887	59.9	75.41	160309	119076	30152
永川区	Yongchuan District	283035	66.0	38.47	99057	67799	66297
南川区	Nanchuan District	218426	65.1	34.38	86057	56089	32770
綦江县	Qijiang County	219290	57.8	42.66	104502	69008	29017
潼南县	Tongnan County	277822	71.2	49.10	131003	59720	34318
铜梁县	Tongliang County	213996	67.9	40.43	83289	60121	31616
大足县	Dazu County	231785	68.7	38.98	95877	62055	26173
荣昌县	Rongchang County	205890	55.2	41.93	79962	47929	15742
璧山县	Bishan County	129350	70.1	33.00	50988	29559	7650
渝东北翼	**Northeast of Chongqing**	**1800380**	**56.9**	**490.68**	**1214153**	**871265**	**335253**
万州区	Wanzhou District	295565	59.7	73.15	169059	112356	39221
梁平县	Liangping County	157145	53.5	46.77	95855	73164	37184
城口县	Chengkou County	30520	46.7	11.29	47477	30809	6040
丰都县	Fengdu County	138181	57.4	38.64	108300	74688	22730
垫江县	Dianjiang County	219567	70.1	50.42	81660	63352	52838
忠县	Zhongxian County	205329	65.1	44.10	105916	80808	29823
开县	Kaixian County	259454	56.7	77.60	171239	125153	50766
云阳县	Yunyang County	184047	53.3	53.63	137940	98487	24656
奉节县	Fengjie County	181314	56.0	43.05	126270	90573	24233
巫山县	Wushan County	71554	40.1	28.21	87539	60926	18809
巫溪县	Wuxi County	57706	42.4	23.82	82898	60949	28953
渝东南翼	**Southeast of Chongqing**	**624565**	**54.4**	**194.81**	**590892**	**379979**	**141417**
黔江区	Qianjiang District	110198	65.3	28.41	88623	56871	23512
武隆县	Wulong County	77913	45.9	22.77	80738	48086	17427
石柱县	Shizhu County	119144	58.2	27.57	85764	53875	24456
秀山县	Xiushan County	96315	56.1	35.77	95511	52882	24146
酉阳县	Youyang County	115099	51.4	45.28	127539	86931	24065
彭水县	Pengshui County	105896	50.6	34.99	112717	81334	27811

表20.4 续表2 continued2

区 县	Region	农村用电量（万千瓦时）Electricity Consumption in Rural Areas (10 000 kwh)	农药使用量（吨）Consumption of Chemical Pesticides (ton)	粮食产量（吨）Output of Grain (ton)	油料产量（吨）Output of Oil-bearing Crops (ton)	甘蔗产量（吨）Output of Sugarcane (ton)	烟叶产量（吨）Output of Tobacco (ton)	茶叶产量（吨）Output of Tea (ton)
全 市	**Total**	**647738**	**20854**	**11561300**	**444499**	**116833**	**81030**	**25237**
#都市发达经济圈	**Metropolitan Developed Economic Circle**	**198716**	**1068**	**766630**	**7060**	**856**	**641**	**3124**
一小时经济圈	**One -Hour Economic Circle**	**476213**	**10928**	**5875795**	**179106**	**98673**	**7312**	**17769**
渝中区	Yuzhong District							
大渡口区	Dadukou District	7528	45	410				
江北区	Jiangbei District	1930	27	15116	82			8
沙坪坝区	Shapingba District	63205	100	16490	62			25
九龙坡区	Jiulongpo District	15174	164	35991	846	240		
南岸区	Nan'an District	7667	23	12580				
北碚区	Beibei District	75750	279	93098	1191	126	38	80
渝北区	Yubei District	7406	128	224666	2736	170	80	18
巴南区	Ba'nan District	20056	302	368279	2143	320	523	2993
万盛区	Wansheng District	6836	108	53697	1243		86	682
双桥区	Shuangqiao District	175	10	6322	120			
涪陵区	Fuling District	27668	1060	440348	5500	110	1495	629
长寿区	Changshou District	13422	574	368539	8335	895	192	53
江津区	Jiangjin District	35214	975	663917	10837	70648	1002	1567
合川区	Hechuan District	14085	675	711135	16776	845	130	82
永川区	Yongchuan District	16098	2588	500050	14935	5420	5	2650
南川区	Nanchuan District	19000	450	340889	17905		2785	3080
綦江县	Qijiang County	21588	411	385758	6261	308	729	1395
潼南县	Tongnan County	11932	385	373093	31898	7356	30	198
铜梁县	Tongliang County	11244	495	359682	8981	908	3	207
大足县	Dazu County	19860	762	430418	26122	2400	205	565
荣昌县	Rongchang County	11685	677	300053	19839	8491	8	3000
璧山县	Bishan County	68690	690	175264	3294	436	1	537
渝东北翼	**Northeast of Chongqing**	**120742**	**6771**	**4020914**	**169602**	**17680**	**28661**	**2638**
万州区	Wanzhou District	13168	938	517889	15287	891	3511	150
梁平县	Liangping County	9774	904	381550	13031	7417	65	140
城口县	Chengkou County	2375	30	98039	2800		85	331
丰都县	Fengdu County	14022	311	345904	17321	26	4420	15
垫江县	Dianjiang County	6631	1201	380242	14383	2327	497	82
忠 县	Zhongxian County	6358	781	411041	27502	1660	267	16
开 县	Kaixian County	16788	675	585732	23322	4759	895	650
云阳县	Yunyang County	12158	486	430198	15044	600	850	350
奉节县	Fengjie County	26553	949	440422	18815		5987	285
巫山县	Wushan County	8065	145	227815	13307		6995	231
巫溪县	Wuxi County	4850	351	202082	8790		5089	388
渝东南翼	**Southeast of Chongqing**	**50783**	**3155**	**1664591**	**95791**	**480**	**45057**	**4830**
黔江区	Qianjiang District	2701	671	249984	13517		8091	636
武隆县	Wulong County	12120	267	171691	6045		7487	78
石柱县	Shizhu County	8753	612	259849	9680	312	5160	175
秀山县	Xiushan County	15820	893	312203	26738		1020	2850
酉阳县	Youyang County	7789	311	370709	22132		10799	898
彭水县	Pengshui County	3600	401	300155	17679	168	12500	193

表20.4 续表3 continued3

区　县	Region	水果产量（吨）Output of Fruit (ton)	蔬菜产量（吨）Output of Vegetable (ton)	肉类总产量（吨）Output of Meat (ton)	其　中 of which		水产品产量（吨）Output of Aquatic Products (ton)
					#猪　肉 Output of Pork	#牛　肉 Output of Beef	
全　市	**Total**	**2384711**	**13095385**	**1924588**	**1475548**	**62721**	**224300**
#都市发达经济圈	**Metropolitan Developed Economic Circle**	**170107**	**1470841**	**125165**	**92912**	**604**	**30923**
一小时经济圈	**One- Hour Economic Circle**	**1047439**	**8666401**	**998895**	**723732**	**8304**	**167250**
渝中区	Yuzhong District						
大渡口区	Dadukou District	671	62230	1552	1203		732
江北区	Jiangbei District	4154	19459	3239	2229	11	740
沙坪坝区	Shapingba District	4819	117148	3123	2156	40	3525
九龙坡区	Jiulongpo District	14957	130324	8210	5599	3	3581
南岸区	Nan'an District	5681	57826	2825	2360	27	3049
北碚区	Beibei District	15346	201805	11824	9306	63	3581
渝北区	Yubei District	85508	416800	37880	24445	226	4973
巴南区	Ba'nan District	38971	465249	56512	45614	234	10742
万盛区	Wansheng District	4113	145295	7443	6093	66	1298
双桥区	Shuangqiao District	663	4135	704	637		159
涪陵区	Fuling District	96400	1526042	68821	56272	1351	12843
长寿区	Changshou District	131661	249140	61583	46774	721	15914
江津区	Jiangjin District	170853	617303	88546	69506	381	12665
合川区	Hechuan District	65751	541986	90286	75472	303	17585
永川区	Yongchuan District	118339	465025	102125	62936	189	19893
南川区	Nanchuan District	45225	305882	61454	47361	1468	6795
綦江县	Qijiang County	24529	472819	60832	50806	1923	5968
潼南县	Tongnan County	50683	1300707	55299	50054	428	8355
铜梁县	Tongliang County	26854	438706	82869	45943	172	10344
大足县	Dazu County	32898	268900	57742	46717	120	8753
荣昌县	Rongchang County	29230	363460	67129	51688	500	6366
璧山县	Bishan County	80133	496160	68897	20561	78	9389
渝东北翼	**Northeast of Chongqing**	**1195212**	**3011842**	**647211**	**524078**	**26296**	**50457**
万州区	Wanzhou District	206935	747956	73610	62762	1665	13925
梁平县	Liangping County	66894	362568	65974	50398	834	5761
城口县	Chengkou County	1851	36310	22153	16044	747	342
丰都县	Fengdu County	30778	239374	56265	33841	12043	4138
垫江县	Dianjiang County	54937	250107	63327	55151	806	7957
忠　县	Zhongxian County	170387	191201	58754	48597	1824	3899
开　县	Kaixian County	277128	311060	93705	73465	1366	9151
云阳县	Yunyang County	109560	320165	72226	59061	3642	2252
奉节县	Fengjie County	227015	211380	58622	51560	2324	1910
巫山县	Wushan County	43430	179021	38108	34558	534	462
巫溪县	Wuxi County	6297	162700	44467	38641	511	660
渝东南翼	**Southeast of Chongqing**	**142060**	**1417142**	**278482**	**227738**	**28121**	**6593**
黔江区	Qianjiang District	37088	150238	61393	55308	4804	995
武隆县	Wulong County	16396	340117	36451	31358	2720	1571
石柱县	Shizhu County	11689	264623	35579	24753	5772	1512
秀山县	Xiushan County	56165	219801	39290	31787	2501	1194
酉阳县	Youyang County	15676	200495	58350	46001	6147	939
彭水县	Pengshui County	5046	241868	47419	38531	6177	382

表20.5 各区县工业（2010年）
INDUSTY BY REGION (2010)

区县	Region	工业总产值（万元） Gross Output Value of Industry (10 000 yuan)	工业总产值指数（上年=100） Index of Gross Output Value of Industry (preceding year=100)	工业企业资产总计（万元） Total Assets of Industrial Enterprises (10 000 yuan)	主营业务收入（万元） Revenue from Principal Business (10 000 yuan)	利润总额（万元） Total Profits (10 000 yuan)
全　市	**Total**	**91435532**	**128.4**	**80990083**	**90390303**	**5185939**
#都市发达经济圈	**Metropolitan Developed Economic Circle**	**48295256**	**125.7**	**40782132**	**48407563**	**2212677**
一小时经济圈	**One -Hour Economic Circle**	**80753301**	**128.2**	**69297100**	**80370553**	**4538739**
渝中区	Yuzhong District	185891	115.6	312918	198412	4504
大渡口区	Dadukou District	2350851	126.8	3222100	2388592	55046
江北区	Jiangbei District	4697134	131.4	4294920	4582214	235827
沙坪坝区	Shapingba District	6200570	129.0	5210605	6323535	267655
九龙坡区	Jiulongpo District	8053908	128.5	7226691	7965877	339275
南岸区	Nan'an District	5900188	122.2	4133915	5828087	222287
北碚区	Beibei District	3796938	128.4	2753353	3717461	154611
渝北区	Yubei District	12130758	129.6	10104714	12229987	690928
巴南区	Ba'nan District	4979018	127.5	3522916	5173398	242544
万盛区	Wansheng District	476675	124.2	1056633	510571	23608
双桥区	Shuangqiao District	948703	139.8	706374	834221	15631
涪陵区	Fuling District	5378454	137.6	5869389	5026872	326800
长寿区	Changshou District	3945541	139.1	4959707	3905433	76838
江津区	Jiangjin District	4565063	136.2	4570179	4493723	387705
合川区	Hechuan District	1894409	135.2	1548778	1871538	260994
永川区	Yongchuan District	3486396	136.5	2265299	3510109	407428
南川区	Nanchuan District	1202164	132.5	1580422	1014190	51122
綦江县	Qijiang County	1588408	135.9	1529420	1606473	146929
潼南县	Tongnan County	456886	126.8	396378	550439	39676
铜梁县	Tongliang County	1552587	132.6	731081	1540067	86856
大足县	Dazu County	1753495	132.6	622073	1754347	179724
荣昌县	Rongchang County	2450498	124.2	1066632	2564149	192009
璧山县	Bishan County	2758766	136.5	1612603	2780858	130742
渝东北翼	**Northeast of Chongqing**	**7990533**	**130.3**	**7324931**	**7482133**	**387077**
万州区	Wanzhou District	3705390	134.8	3048405	3417309	201972
梁平县	Liangping County	855716	131.8	412146	850922	21798
城口县	Chengkou County	198080	126.6	250189	179280	14360
丰都县	Fengdu County	430863	127.2	581340	350192	26269
垫江县	Dianjiang County	836673	128.0	498983	780550	34534
忠　县	Zhongxian County	525401	133.0	688678	496931	44470
开　县	Kaixian County	800417	138.1	631318	782164	23627
云阳县	Yunyang County	185607	133.1	292890	174158	-3411
奉节县	Fengjie County	201777	133.5	197514	206143	15556
巫山县	Wushan County	137772	132.8	172120	125908	2395
巫溪县	Wuxi County	112838	129.0	551348	118576	5507
渝东南翼	**Southeast of Chongqing**	**2691697**	**130.4**	**4368052**	**2537617**	**260123**
黔江区	Qianjiang District	932559	142.9	1022895	842590	108225
武隆县	Wulong County	264280	133.6	345295	256532	15943
石柱县	Shizhu County	357033	133.0	472558	340315	20201
秀山县	Xiushan County	601753	128.2	747212	590743	46775
酉阳县	Youyang County	240107	128.6	398631	241389	29888
彭水县	Pengshui County	295965	119.9	1381461	266048	39091

注：本表为规模以上工业企业统计数。
Note: The data in this table are the data of industrial enterprises above designated size.

表20.5 续表 continued

区　县	Region	经济效益综合指数 Comprehensive Index of Economic Benefit	总资产贡献率（%） Ratio of Total Assets to Industrial Output Value (%)	资产负债率（%） Asset-Liability Ratio (%)	产品销售率（%） Sales as Percentage of Output (%)	全员劳动生产率（元/人年） Overall Labor Productivity (yuan/person-year)
全　市	**Total**	**226.0**	**13.6**	**60.3**	**198.1**	**183031**
#都市发达经济圈	**Metropolitan Developed Economic Circle**	**222.7**	**12.8**	**61.0**	**98.5**	**193626**
一小时经济圈	**One -Hour Economic Circle**	**227.8**	**13.6**	**60.2**	**98.5**	**187478**
渝中区	Yuzhong District	206.5	4.8	59.2	100.2	198842
大渡口区	Dadukou District	169.0	6.2	64.1	99.3	152377
江北区	Jiangbei District	239.5	11.3	56.9	98.7	225781
沙坪坝区	Shapingba District	222.7	11.8	65.0	99.0	193533
九龙坡区	Jiulongpo District	197.3	8.7	55.2	98.2	171929
南岸区	Nan'an District	236.5	14.2	57.0	97.1	209920
北碚区	Beibei District	192.2	12.1	58.8	98.0	141238
渝北区	Yubei District	266.8	18.5	65.6	98.9	242909
巴南区	Ba'nan District	214.8	14.3	62.4	99.0	172566
万盛区	Wansheng District	152.8	7.9	68.9	98.1	98316
双桥区	Shuangqiao District	232.4	8.8	77.7	97.4	237872
涪陵区	Fuling District	299.0	14.9	58.0	99.3	305030
长寿区	Changshou District	205.1	5.5	61.1	97.4	200230
江津区	Jiangjin District	267.3	14.1	61.6	96.6	232868
合川区	Hechuan District	281.9	22.9	56.4	97.9	144660
永川区	Yongchuan District	304.1	24.4	50.9	101.9	174945
南川区	Nanchuan District	193.2	6.6	73.8	94.1	161177
綦江县	Qijiang County	211.0	16.0	60.8	98.8	119534
潼南县	Tongnan County	240.2	16.4	43.0	100.3	122919
铜梁县	Tongliang County	249.1	20.7	50.1	98.7	151203
大足县	Dazu County	354.2	39.9	32.8	98.3	174507
荣昌县	Rongchang County	272.0	27.8	47.2	100.3	154497
璧山县	Bishan County	201.7	13.0	60.2	98.3	145127
渝东北翼	**Northeast of Chongqing**	**217.6**	**12.8**	**56.7**	**94.6**	**164468**
万州区	Wanzhou District	262.4	13.5	59.3	94.1	237676
梁平县	Liangping County	342.0	41.1	46.4	97.7	216733
城口县	Chengkou County	272.4	13.3	47.6	91.2	248581
丰都县	Fengdu County	215.3	7.6	51.6	85.1	158289
垫江县	Dianjiang County	260.4	13.8	48.9	94.7	236780
忠　县	Zhongxian County	232.7	8.5	48.8	94.9	178247
开　县	Kaixian County	177.7	12.2	62.2	96.8	91655
云阳县	Yunyang County	106.6	1.8	50.2	93.9	72206
奉节县	Fengjie County	181.3	17.2	63.6	98.4	62882
巫山县	Wushan County	128.3	10.2	65.6	94.2	60668
巫溪县	Wuxi County	127.6	2.8	68.7	104.9	78793
渝东南翼	**Southeast of Chongqing**	**241.5**	**15.0**	**66.5**	**96.1**	**172612**
黔江区	Qianjiang District	401.0	30.0	52.5	93.6	348693
武隆县	Wulong County	223.8	11.3	60.9	98.7	149853
石柱县	Shizhu County	167.4	10.5	68.9	89.6	97117
秀山县	Xiushan County	199.2	12.3	60.0	100.6	129734
酉阳县	Youyang County	240.0	13.7	54.1	99.3	154648
彭水县	Pengshui County	250.5	8.3	84.4	97.3	179682

表20.6 各区县建筑业（2010年）
CONSTRUCTION BY REGION (2010)

区 县	Region	企业数（个）Number of Construction Enterprises (unit)	年末从业人数（万人）Number of Employed Persons at Year-end (10 000 persons)	总产值（万元）Gross Output Value (10 000 yuan)	房屋建筑施工面积（万平方米）Floor Space under Construction (10 000 sq.m)	房屋建筑竣工面积（万平方米）Floor Space Completed (10 000 sq.m)	其中 of which #住宅 Residential Buildings
全 市	**Total**	**2467**	**139.33**	**25343196**	**19489.39**	**8292.00**	**6239.93**
#都市发达经济圈	**Metropolitan Developed Economic Circle**	**1275**	**58.96**	**13035376**	**9564.30**	**3278.08**	**2466.82**
一小时经济圈	**One -Hour Economic Circle**	**1988**	**106.40**	**20101130**	**15667.77**	**6182.75**	**4621.64**
渝中区	Yuzhong District	196	5.14	1760731	1507.46	438.07	353.07
大渡口区	Dadukou District	76	1.97	545319	257.82	70.50	41.00
江北区	Jiangbei District	125	3.93	948247	841.69	186.24	140.94
沙坪坝区	Shapingba District	125	7.76	1701130	1036.91	259.45	214.21
九龙坡区	Jiulongpo District	212	10.42	2133722	2037.73	687.33	430.61
南岸区	Nan'an District	108	4.37	1229556	818.33	454.17	408.93
北碚区	Beibei District	73	4.71	780510	710.83	244.27	134.21
渝北区	Yubei District	262	13.46	2805174	1280.28	459.85	360.32
巴南区	Ba'nan District	98	7.18	1130986	1073.24	478.21	383.52
万盛区	Wansheng District	24	0.46	77546	48.70	44.98	36.73
双桥区	Shuangqiao District	3	0.05	8618	5.25	5.25	5.24
涪陵区	Fuling District	109	9.67	1508449	1062.29	456.10	320.05
长寿区	Changshou District	47	5.35	830778	985.42	212.09	195.07
江津区	Jiangjin District	88	5.59	678820	912.30	410.75	313.81
合川区	Hechuan District	95	4.21	537819	418.68	235.04	195.95
永川区	Yongchuan District	71	5.87	1114429	619.48	380.09	156.80
南川区	Nanchuan District	39	1.52	292923	87.37	31.92	19.69
綦江县	Qijiang County	50	1.39	164384	168.73	78.04	59.56
潼南县	Tongnan County	33	3.65	711209	489.00	347.17	305.96
铜梁县	Tongliang County	34	3.86	313493	370.03	217.57	175.55
大足县	Dazu County	32	2.15	329232	343.35	205.56	161.76
荣昌县	Rongchang County	41	1.76	265078	270.71	145.53	111.99
璧山县	Bishan County	47	1.93	232977	322.17	134.57	96.66
渝东北翼	**Northeast of Chongqing**	**382**	**29.36**	**4627409**	**3368.89**	**1969.51**	**1536.10**
万州区	Wanzhou District	143	13.08	2181157	1203.04	567.60	422.60
梁平县	Liangping County	20	1.59	208369	168.50	103.09	83.73
城口县	Chengkou County	7	0.14	28327	4.37	3.10	0.00
丰都县	Fengdu County	21	0.92	264883	190.80	34.59	26.90
垫江县	Dianjiang County	38	2.13	233890	316.43	218.19	187.87
忠 县	Zhongxian County	26	2.19	374064	312.60	183.04	136.16
开 县	Kaixian County	42	5.29	601910	387.96	220.47	164.15
云阳县	Yunyang County	32	1.38	199722	173.41	80.33	57.13
奉节县	Fengjie County	29	1.37	349960	482.81	461.64	421.78
巫山县	Wushan County	16	0.25	34035	30.68	10.48	8.17
巫溪县	Wuxi County	8	1.00	151092	98.29	86.98	27.60
渝东南翼	**Southeast of Chongqing**	**97**	**3.57**	**614657**	**452.72**	**139.75**	**82.19**
黔江区	Qianjiang District	32	1.42	196916	196.94	41.81	28.47
武隆县	Wulong County	14	0.21	99714	28.00	22.10	7.00
石柱县	Shizhu County	15	0.75	128867	63.54	38.76	29.25
秀山县	Xiushan County	12	0.48	84664	95.92	10.35	2.52
酉阳县	Youyang County	13	0.46	64466	37.01	8.62	4.05
彭水县	Pengshui County	11	0.26	40031	31.31	18.12	10.90

注：本表数据不包括劳务分包企业。
Note: The data in this table exclude construction enterprises of labor subcontracting.

表20.7 各区县总承包建筑业企业主要经济指标（2010年）

MAIN ECONOMIC INDICATORS ON CONSTRUCTION ENTERPRISES OF GENERAL CONTRACTING BY REGION (2010)

区 县	Region	企业数（个） Number of Enterprises (unit)	年末从业人数（万人） Number of Employed Persons at Year-end (10 000 persons)	总产值（万元） Gross Output Value (10 000 yuan)	利税总额（万元） Total Pre-Tax Profits (10 000 yuan)	按总产值计算的劳动生产率（元/人） Overall Labor Productivity by Gross Output Value (yuan/person)
全 市	**Total**	**1464**	**129.13**	**22987541**	**1841317**	**172214**
#都市发达经济圈	**Metropolitan Developed Economic Circle**	**523**	**51.19**	**11097557**	**657553**	**193696**
一小时经济圈	**One -Hour Economic Circle**	**1055**	**96.98**	**17870705**	**1393427**	**175264**
渝中区	Yuzhong District	55	3.60	1498575	69251	239041
大渡口区	Dadukou District	32	1.38	293131	14675	216317
江北区	Jiangbei District	40	3.05	752868	44157	165161
沙坪坝区	Shapingba District	44	6.66	1432893	62263	231702
九龙坡区	Jiulongpo District	71	8.97	1906180	105636	225987
南岸区	Nan'an District	51	3.76	1012453	61439	250738
北碚区	Beibei District	37	4.42	696948	43726	148803
渝北区	Yubei District	128	12.41	2415760	188447	176583
巴南区	Ba'nan District	65	6.95	1088749	67960	134581
万盛区	Wansheng District	15	0.41	75131	3271	178078
双桥区	Shuangqiao District	2	0.03	6554	295	206097
涪陵区	Fuling District	80	9.48	1475118	174808	164055
长寿区	Changshou District	37	5.21	810329	68193	164384
江津区	Jiangjin District	56	5.44	647973	47793	128755
合川区	Hechuan District	65	4.08	506127	43404	129783
永川区	Yongchuan District	58	5.51	1046565	126068	182774
南川区	Nanchuan District	37	1.51	292722	30823	201572
綦江县	Qijiang County	36	1.34	159771	16974	126652
潼南县	Tongnan County	33	3.65	711209	137539	190275
铜梁县	Tongliang County	25	3.79	302478	17191	83784
大足县	Dazu County	30	1.85	295743	28035	150353
荣昌县	Rongchang County	26	1.64	232388	20952	145872
璧山县	Bishan County	32	1.85	211039	20529	104708
渝东北翼	**Northeast of Chongqing**	**325**	**28.78**	**4548934**	**375785**	**162124**
万州区	Wanzhou District	107	12.72	2134516	139460	175718
梁平县	Liangping County	16	1.52	203245	27328	133723
城口县	Chengkou County	7	0.14	28327	6423	198646
丰都县	Fengdu County	19	0.91	264772	6525	248146
垫江县	Dianjiang County	31	2.10	232370	18593	94605
忠 县	Zhongxian County	22	2.16	360264	28752	170741
开 县	Kaixian County	42	5.29	601910	74401	131287
云阳县	Yunyang County	30	1.33	188774	22056	132968
奉节县	Fengjie County	29	1.37	349960	32778	252460
巫山县	Wushan County	14	0.24	33706	3515	128992
巫溪县	Wuxi County	8	1.00	151092	15957	156848
渝东南翼	**Southeast of Chongqing**	**84**	**3.37**	**567902**	**72105**	**164143**
黔江区	Qianjiang District	27	1.38	189155	32109	147443
武隆县	Wulong County	9	0.16	83071	3750	253731
石柱县	Shizhu County	15	0.75	128867	10381	172052
秀山县	Xiushan County	12	0.48	84664	17053	180596
酉阳县	Youyang County	10	0.35	42114	4240	113453
彭水县	Pengshui County	11	0.26	40031	4572	153671

表20.8 各区县专业承包建筑业企业主要经济指标（2010年）

MAIN ECONOMIC INDICATORS ON CONSTRUCTION ENTERPRISES OF SPECIALIZED CONTRACTING BY REGION (2010)

区 县	Region	企业数（个）Number of Enterprises (unit)	年末从业人数（万人）Number of Employed Persons at Year-end (10 000 persons)	总产值（万元）Gross Output Value (10 000 yuan)	利税总额（万元）Total Pre-Tax Profits (10 000 yuan)	按总产值计算的劳动生产率（元/人）Overall Labor Productivity by Gross Output Value (yuan/person)
全 市	**Total**	**1003**	**10.19**	**2355655**	**245979**	**211249**
#都市发达经济圈	**Metropolitan Developed Economic Circle**	**752**	**7.77**	**1937820**	**198290**	**223692**
一小时经济圈	**One -Hour Economic Circle**	**933**	**9.42**	**2230425**	**232632**	**215396**
渝中区	Yuzhong District	141	1.54	262156	20134	179117
大渡口区	Dadukou District	44	0.60	252189	16421	463327
江北区	Jiangbei District	85	0.88	195379	36057	237600
沙坪坝区	Shapingba District	81	1.11	268237	15510	209970
九龙坡区	Jiulongpo District	141	1.45	227543	14696	156948
南岸区	Nan'an District	57	0.61	217103	36226	327702
北碚区	Beibei District	36	0.29	83562	11934	252301
渝北区	Yubei District	134	1.05	389414	42608	210346
巴南区	Ba'nan District	33	0.24	42237	4705	162200
万盛区	Wansheng District	9	0.04	2415	137	57637
双桥区	Shuangqiao District	1	0.02	2064	118	111568
涪陵区	Fuling District	29	0.20	33331	4904	157295
长寿区	Changshou District	10	0.14	20449	987	146692
江津区	Jiangjin District	32	0.15	30847	4414	181024
合川区	Hechuan District	30	0.13	31692	2635	265868
永川区	Yongchuan District	13	0.36	67864	7264	171982
南川区	Nanchuan District	2	0.01	201	16	29072
綦江县	Qijiang County	14	0.05	4613	254	119508
潼南县	Tongnan County					
铜梁县	Tongliang County	9	0.06	11016	818	170257
大足县	Dazu County	2	0.30	33488	3973	113251
荣昌县	Rongchang County	15	0.11	32690	5517	287255
璧山县	Bishan County	15	0.07	21938	3305	286769
渝东北翼	**Northeast of Chongqing**	**57**	**0.57**	**78475**	**7223**	**143332**
万州区	Wanzhou District	36	0.35	46642	3436	136819
梁平县	Liangping County	4	0.07	5124	810	79808
城口县	Chengkou County					
丰都县	Fengdu County	2	0.01	111		10590
垫江县	Dianjiang County	7	0.03	1520	99	52055
忠 县	Zhongxian County	4	0.04	13800	1383	342442
开 县	Kaixian County					
云阳县	Yunyang County	2	0.05	10948	1428	197617
奉节县	Fengjie County					
巫山县	Wushan County	2	0.01	330	68	47100
巫溪县	Wuxi County					
渝东南翼	**Southeast of Chongqing**	**13**	**0.20**	**46755**	**6123**	**188075**
黔江区	Qianjiang District	5	0.04	7761	1572	187019
武隆县	Wulong County	5	0.05	16642	1487	236393
石柱县	Shizhu County					
秀山县	Xiushan County					
酉阳县	Youyang County	3	0.11	22352	3064	163511
彭水县	Pengshui County					

表20.9 各区县公路交通运输业（2010年）
HIGHWAY TRANSPORTATION BY REGION (2010)

区 县	Region	公路里程（公里） Length of Highways (km)	其中 of which #等级公路 Expressway and Class I-IV Highways	其中 of which 高速公路 Expressway	公路客运量（万人） Passenger Traffic by Highways (10 000 persons)	公路货运量（万吨） Freight Traffic by Highways (10 000 tons)
全 市	**Total**	**116949**	**80006**	**1861**	**122125**	**69438**
#都市发达经济圈	**Metropolitan Advanced Economic Sphere**	**8951**	**6573**	**485**	**29977**	**29354**
一小时经济圈	**One- Hour Economic Sphere**	**44584**	**32944**	**1045**	**81182**	**58177**
渝中区	Yuzhong District				2968	2440
大渡口区	Dadukou District	180.81	171.54	4.63	629	4644
江北区	Jiangbei District	442.04	442.04	44.45	3785	3722
沙坪坝区	Shapingba District	944.92	606.54	61.38	3001	2476
九龙坡区	Jiulongpo District	803.88	719.71	50.23	3516	4473
南岸区	Nan'an District	585.81	491.67	33.31	4094	5593
北碚区	Beibei District	1108.85	820.62	56.53	2484	1424
渝北区	Yubei District	2227.36	1743.11	108.48	3516	2345
巴南区	Ba'nan District	2657.52	1577.87	126.29	5984	2237
万盛区	Wansheng District	1059.86	707.16	6.51	1151	4952
双桥区	Shuangqiao District	102.34	94.12		192	398
涪陵区	Fuling District	4365.43	3219.46	19.60	7137	1731
长寿区	Changshou District	3058.85	2867.70	81.33	5568	3302
江津区	Jiangjin District	4095.12	2752.30	54.28	4919	2473
合川区	Hechuan District	3323.77	2838.53	65.20	4923	2208
永川区	Yongchuan District	2768.54	2098.37	31.53	6129	2904
南川区	Nanchuan District	2989.36	2108.52	56.05	2804	612
綦江县	Qijiang County	3710.33	2936.03	98.86	2364	6745
潼南县	Tongnan County	2037.69	1864.43	28.00	1702	703
铜梁县	Tongliang County	2087.44	1437.62	42.44	2615	464
大足县	Dazu County	2213.94	709.14	6.00	4816	864
荣昌县	Rongchang County	2266.23	1834.88	29.47	3370	504
璧山县	Bishan County	1553.64	902.95	40.34	3515	963
渝东北翼	**Northeast of Chongqing**	**54361**	**32384**	**434**	**33517**	**7125**
万州区	Wanzhou District	5243.46	3208.46	94.25	14959	2242
梁平县	Liangping County	3829.09	2084.76	47.11	3373	1278
城口县	Chengkou County	2587.14	2280.16		233	113
丰都县	Fengdu County	4087.67	1917.49		2627	181
垫江县	Dianjiang County	2379.56	1979.88	76.67	2018	971
忠 县	Zhongxian County	3787.28	2198.79	57.95	2477	292
开 县	Kaixian County	8313.77	3670.49	19.26	1999	764
云阳县	Yunyang County	6879.67	4172.77	41.01	2345	323
奉节县	Fengjie County	9288.61	4032.64	71.36	1590	318
巫山县	Wushan County	4414.07	3656.92	26.16	1334	333
巫溪县	Wuxi County	3551.00	3181.60		562	310
渝东南翼	**Southeast of Chongqing**	**17664**	**14406**	**382**	**6809**	**1955**
黔江区	Qianjiang District	2377.35	1957.18	107.02	2094	322
武隆县	Wulong County	3724.90	2861.24	65.83	641	237
石柱县	Shizhu County	3046.93	2309.63	65.53	637	676
秀山县	Xiushan County	2108.05	1342.66		1125	188
酉阳县	Youyang County	2648.79	2194.49	77.39	985	306
彭水县	Pengshui County	3758.04	3741.07	66.56	1327	226
其 他	**Others**	**339.86**	**271.37**		**617**	**2181**

注：1）2006年起，公路里程包括村道。
2）渝中区公路归为市政道路，不属于本表统计范围。
3）指标“其他”为市直管企业、经开区及高新区合计数。

Note: a) The length of highways has included village roads since 2006.
b) The highways in Yuzhong District are municipal roads, not included in the statistic scope of this table.
c) The index of "others" is the total of the enterprises directly under the municipal government, Chongqing Economic & Technical Development Zone and Chongqing High-Tech Development Zone.

表20.10 各区县固定资产投资（2010年）
INVESTMENT IN FIXED ASSETS BY REGION (2010)

区 县	Region	全社会固定资产投资（万元） Total Investment in Fixed Assets (10 000 yuan)	其中 of which: #建设与改造投资 Construction and Renovation	其中 of which: #工业 Industry	其中 of which: #房地产开发 Real Estate Development	其中 of which: #住宅 Residential Building	全社会固定资产投资指数(上年=100) Index of Total Investment in Fixed Assets (preceding year=100)
全 市	**Total**	**69347966**	**53145395**	**22336924**	**16202571**	**10914854**	**130.4**
#都市发达经济圈	**Metropolitan Developed Economic Circle**	**27601610**	**16486684**	**6136800**	**11114926**	**7182582**	**122.7**
一小时经济圈	**One -Hour Economic Circle**	**51559394**	**37009859**	**16465509**	**14549535**	**9649108**	**129.7**
渝中区	Yuzhong District	1985474	930541	43176	1054933	431355	131.0
大渡口区	Dadukou District	1332505	950421	404715	382084	233799	110.4
江北区	Jiangbei District	3745812	1666851	611240	2078961	1346365	115.2
沙坪坝区	Shapingba District	3450327	2435551	982157	1014776	733609	138.6
九龙坡区	Jiulongpo District	2821851	1436120	549370	1385731	865375	17.5
南岸区	Nan'an District	3527230	1740598	711152	1786632	830629	115.2
北碚区	Beibei District	2805773	2254742	985685	551031	386381	136.1
渝北区	Yubei District	4660038	2686593	965429	1973445	1600252	122.6
巴南区	Ba'nan District	3272600	2385267	883876	887333	754817	120.6
万盛区	Wansheng District	450520	369700	157516	80820	60690	120.0
双桥区	Shuangqiao District	208617	159770	58251	48847	30947	120.6
涪陵区	Fuling District	2454331	2068859	1117795	385472	223398	135.4
长寿区	Changshou District	3101913	2644519	1757448	457394	405866	135.8
江津区	Jiangjin District	2600130	2250339	1120117	349791	231579	132.0
合川区	Hechuan District	2597993	2245584	843830	352409	226082	129.7
永川区	Yongchuan District	3006848	2507108	1368235	499740	439606	130.8
南川区	Nanchuan District	1333288	1080809	603562	252479	74742	144.5
綦江县	Qijiang County	1396792	1187763	532242	209029	175078	158.1
潼南县	Tongnan County	1005330	919698	335438	85632	71213	138.7
铜梁县	Tongliang County	1777297	1613728	724493	163569	140305	160.1
大足县	Dazu County	1292616	1147670	423734	144946	97067	137.1
荣昌县	Rongchang County	1382069	1192565	581287	189504	132938	145.2
璧山县	Bishan County	1350040	1135063	704761	214977	157015	170.1
渝东北翼	**Northeast of Chongqing**	**12578825**	**11512984**	**4275521**	**1065841**	**848933**	**134.1**
万州区	Wanzhou District	3420034	3124450	1470347	295584	247338	125.6
梁平县	Liangping County	875467	815982	237123	59485	55458	147.2
城口县	Chengkou County	393388	383528	134531	9860	5758	134.3
丰都县	Fengdu County	1501826	1447363	524693	54463	40845	146.4
垫江县	Dianjiang County	696606	589706	227095	106900	65225	137.5
忠 县	Zhongxian County	1004419	854755	328665	149664	108881	133.0
开 县	Kaixian County	1212710	1041320	452866	171390	133115	137.0
云阳县	Yunyang County	1152373	1074931	347271	77442	73771	135.4
奉节县	Fengjie County	1183591	1076857	225495	106734	102099	129.9
巫山县	Wushan County	535030	514823	166974	20207	8357	125.4
巫溪县	Wuxi County	603381	589269	160461	14112	8086	148.3
渝东南翼	**Southeast of Chongqing**	**5209747**	**4622552**	**1595894**	**587195**	**416813**	**128.6**
黔江区	Qianjiang District	1007423	906864	357054	100559	78282	141.4
武隆县	Wulong County	904687	770875	309744	133812	118764	114.8
石柱县	Shizhu County	1000588	907071	336273	93517	51473	142.6
秀山县	Xiushan County	607753	517642	136826	90111	58559	128.0
酉阳县	Youyang County	952669	825825	251959	126844	77564	140.8
彭水县	Pengshui County	736627	694275	204038	42352	32171	105.9

表20.10 续表 continued

区　县	Region	商品房竣工面积（平方米） Floor Space Completed of Commercial Buildings (sq.m)	其　中 of which #住　宅 Residential Buildings	商品房销售面积（平方米） Floor Space Sold of Commercial Buildings (sq.m)	其　中 of which #住　宅 Residential Buildings	商品房销售额（万元） Sales Revenue of Commercial Buildings (sq.m)	其　中 of which #住　宅 Residential Buildings
全　市	**Total**	**26265897**	**21798062**	**43143929**	**39863119**	**18469396**	**16106444**
#都市发达经济圈	**Metropolitan Developed Economic Circle**	**14869890**	**11853351**	**20149642**	**18382939**	**11572194**	**10202070**
一小时经济圈	**One -Hour Economic Circle**	**22860167**	**18764535**	**34230746**	**31611063**	**15780172**	**13967614**
渝中区	Yuzhong District	439911	392213	982672	884193	722475	603894
大渡口区	Dadukou District	541940	418977	605851	586830	328088	312107
江北区	Jiangbei District	2055855	1466428	3296445	2822717	2243101	1777894
沙坪坝区	Shapingba District	1376143	1098794	2887948	2790044	1448847	1353686
九龙坡区	Jiulongpo District	2928802	2552682	3091111	2823710	1606852	1442863
南岸区	Nan'an District	2710096	2146685	2238472	1978409	1489573	1305113
北碚区	Beibei District	1207479	1026010	1161125	1023488	420563	377643
渝北区	Yubei District	1968787	1206928	3537695	3199154	2261415	2005677
巴南区	Ba'nan District	1640877	1544634	2348323	2274394	1051280	1023193
万盛区	Wansheng District	86815	80071	381934	366575	105677	97785
双桥区	Shuangqiao District	125064	91039	250403	217982	45169	37857
涪陵区	Fuling District	920963	685662	1072486	1008434	415203	379939
长寿区	Changshou District	1000196	942751	2223768	2184698	484045	464371
江津区	Jiangjin District	1096941	979805	1175406	1087560	374174	335838
合川区	Hechuan District	374015	342843	1535416	1382994	521886	460846
永川区	Yongchuan District	824862	672020	1558154	1459584	568675	465979
南川区	Nanchuan District	191693	174619	534972	478387	178503	146128
綦江县	Qijiang County	1110441	992400	1027701	973374	300168	278943
潼南县	Tongnan County	349085	276785	488282	459045	110802	100739
铜梁县	Tongliang County	460225	410875	1052772	1029348	289414	278386
大足县	Dazu County	720888	612260	720744	681218	187250	168514
荣昌县	Rongchang County	516822	439474	1170771	1073229	323351	273952
璧山县	Bishan County	212267	210580	888295	825696	303661	276267
渝东北翼	**Northeast of Chongqing**	**2875536**	**2623351**	**7400814**	**6835290**	**2238152**	**1730673**
万州区	Wanzhou District	847339	787090	1748861	1652440	583317	542983
梁平县	Liangping County	104864	103534	524481	516283	139273	136752
城口县	Chengkou County	27819	22305	27819	22305	5166	5166
丰都县	Fengdu County	558433	502437	567892	347927	465502	110977
垫江县	Dianjiang County	301737	285004	619089	612372	157881	154341
忠　县	Zhongxian County	213738	191729	1135567	1092071	236428	226568
开　县	Kaixian County	299838	267698	1141759	1004654	337026	255697
云阳县	Yunyang County	133214	117844	453919	448509	101819	100040
奉节县	Fengjie County	241200	211200	1068730	1037615	184897	178494
巫山县	Wushan County	87817	74973	65324	57624	19365	14365
巫溪县	Wuxi County	59537	59537	47373	43490	7478	5290
渝东南翼	**Southeast of Chongqing**	**530194**	**410176**	**1512369**	**1416766**	**451072**	**408157**
黔江区	Qianjiang District	168120	147669	280458	264887	87124	79908
武隆县	Wulong County	100936	99714	394571	380995	145682	143085
石柱县	Shizhu County	0	0	245869	242155	72622	71069
秀山县	Xiushan County	125000	70632	290357	248676	67753	49997
酉阳县	Youyang County	93430	68270	103217	94330	29726	23796
彭水县	Pengshui County	42708	23891	197897	185723	48165	40302

表20.11 各区县社会消费品零售总额（2010年）
TOTAL RETAIL SALES OF CONSUMER GOODS BY REGION (2010)

区 县	Region	社会消费品零售总额（万元）Total Retail Sales of Consumer Goods (10 000 yuan)	社会消费品零售总额指数（上年=100）Index of Total Retail Sales of Consumer Goods (preceding year=100)
全 市	**Total**	**29386000**	**118.5**
#都市发达经济圈	**Metropolitan Developed Economic Circle**	**15819734**	**123.9**
一小时经济圈	**One- Hour Economic Circle**	**23661894**	**121.0**
渝中区	Yuzhong District	3448026	120.2
大渡口区	Dadukou District	263963	123.8
江北区	Jiangbei District	2313463	128.0
沙坪坝区	Shapingba District	2005687	120.2
九龙坡区	Jiulongpo District	2564667	120.2
南岸区	Nan'an District	2068728	128.0
北碚区	Beibei District	828215	123.8
渝北区	Yubei District	2302595	128.0
巴南区	Ba'nan District	1073780	128.0
万盛区	Wansheng District	188209	119.5
双桥区	Shuangqiao District	37722	119.5
涪陵区	Fuling District	1057078	122.0
长寿区	Changshou District	555261	121.1
江津区	Jiangjin District	1073706	121.1
合川区	Hechuan District	1025053	122.0
永川区	Yongchuan District	1120569	122.0
南川区	Nanchuan District	486670	121.1
綦江县	Qijiang County	551535	119.0
潼南县	Tongnan County	400884	119.0
铜梁县	Tongliang County	468369	120.0
大足县	Dazu County	463995	120.0
荣昌县	Rongchang County	441616	119.0
璧山县	Bishan County	491695	120.0
渝东北翼	**Northeast of Chongqing**	**4194081**	**118.5**
万州区	Wanzhou District	1297432	122.0
梁平县	Liangping County	370806	119.0
城口县	Chengkou County	65792	117.3
丰都县	Fengdu County	310236	119.0
垫江县	Dianjiang County	390497	119.0
忠 县	Zhongxian County	340888	120.5
开 县	Kaixian County	679252	120.0
云阳县	Yunyang County	401233	118.0
奉节县	Fengjie County	295945	118.6
巫山县	Wushan County	185280	118.0
巫溪县	Wuxi County	134932	118.6
渝东南翼	**Southeast of Chongqing**	**1530025**	**118.3**
黔江区	Qianjiang District	362369	121.1
武隆县	Wulong County	224198	120.0
石柱县	Shizhu County	250187	120.0
秀山县	Xiushan County	265228	119.0
酉阳县	Youyang County	251502	118.6
彭水县	Pengshui County	278036	118.0

注：各区县社会消费品零售总额增速采用年度评审数，未按国家口径调整。
Note: The growth rate of the total retail sales of consumer goods by region is the data from the annual review, not modified according to the national scope.

表20.12 各区县财政收支（2010年）

GOVERNMENT REVENUE AND EXPENDITURES BY REGION (2010)

单位：万元 (10 000 yuan)

区县	Region	区县级地方财政收入 Revenue of Governments at District (county) Level	其中 of which #一般预算收入 General Budgetary Revenue	其中 of which #增值税 Value-added Tax	#营业税 Business Tax	#企业所得税 Corporate Income Tax	#个人所得税 Individual Income Tax
全　市	**Total**	**10258560**	**5867066**	**458989**	**1082481**	**339036**	**122858**
#都市发达经济圈	**Metropolitan Developed Economic Circle**	**3169376**	**2449704**	**140638**	**546020**	**140805**	**64657**
一小时经济圈	**One -Hour Economic Circle**	**7124787**	**4321844**	**319432**	**821609**	**230517**	**94215**
渝中区	Yuzhong District	392013	389550	13357	117984	38151	19985
大渡口区	Dadukou District	85679	85231	11013	14207	3912	1827
江北区	Jiangbei District	520086	368800	20573	81929	29195	9685
沙坪坝区	Shapingba District	447014	293193	14892	53880	11091	5172
九龙坡区	Jiulongpo District	433853	318881	26620	70054	19819	8087
南岸区	Nan'an District	431008	285075	16689	73451	14003	6304
北碚区	Beibei District	202926	135680	8293	22573	4029	2842
渝北区	Yubei District	456170	373843	14735	77624	16223	8667
巴南区	Ba'nan District	200627	199451	14466	34318	4382	2088
万盛区	Wansheng District	53293	40146	9764	7809	2021	697
双桥区	Shuangqiao District	61114	25760	2441	3280	1208	238
涪陵区	Fuling District	472907	229024	26997	37203	14991	5048
长寿区	Changshou District	413204	190923	21190	35253	6922	3801
江津区	Jiangjin District	400989	195903	29272	36022	13708	4343
合川区	Hechuan District	406981	180827	10736	25953	6352	2190
永川区	Yongchuan District	402666	202663	20118	31553	10532	3296
南川区	Nanchuan District	257341	95266	5946	14671	4670	925
綦江县	Qijiang County	288754	120183	13089	18410	6021	1795
潼南县	Tongnan County	113542	60800	5178	10032	1725	821
铜梁县	Tongliang County	236789	117342	5527	13824	5056	1234
大足县	Dazu County	238259	103104	4830	9964	2828	1150
荣昌县	Rongchang County	300177	157787	9551	16250	6108	1958
璧山县	Bishan County	309395	152412	14155	15365	7570	2062
渝东北翼	**Northeast of Chongqing**	**1122491**	**670840**	**61647**	**113341**	**42417**	**13307**
万州区	Wanzhou District	336002	204002	19559	33752	18879	3911
梁平县	Liangping County	101663	67150	4604	7762	1760	1208
城口县	Chengkou County	25569	19046	3202	3269	960	723
丰都县	Fengdu County	85046	45134	2419	8587	1952	1161
垫江县	Dianjiang County	152944	64222	5124	9604	4348	1096
忠　县	Zhongxian County	100185	60127	2965	10975	3403	902
开　县	Kaixian County	103516	63020	7947	11575	3440	1172
云阳县	Yunyang County	60573	40625	3323	9006	2468	1009
奉节县	Fengjie County	75388	54074	6389	9581	2148	835
巫山县	Wushan County	41581	33418	3911	5620	1697	797
巫溪县	Wuxi County	40024	20022	2204	3610	1362	493
渝东南翼	**Southeast of Chongqing**	**568253**	**342755**	**36156**	**78003**	**16349**	**7809**
黔江区	Qianjiang District	151831	90514	12256	16918	3812	1745
武隆县	Wulong County	71004	47075	3468	11601	2409	613
石柱县	Shizhu County	82080	39005	3855	12737	2708	1311
秀山县	Xiushan County	100709	77014	8451	13241	3670	1749
酉阳县	Youyang County	76596	44437	4766	11129	1512	1069
彭水县	Pengshui County	86033	44710	3360	12377	2238	1322

注：都市发达经济圈和一小时经济圈的财政收支数据包括北部新区，九龙坡、南岸、渝北区数据不含北部新区。

Note: The data of government revenue and expenditure in the Metropolitan Developed Economic Circle and the One-Hour Economic Circle include the data of the New Northern Zone, which are excluded from the data of Jiulongpo, Nan'an and Yubei.

表20.12 续表 continued

单位：万元 (10 000 yuan)

区县	Region	区县级地方财政支出 Expenditure of Governments at District (county) Level	其中 of which #一般预算支出 General Budgetary Expenditures	其中 of which #农林水支出 Expenditure for Agriculture, Forestry and Water Conservancy	#教育支出 Expenditure for Education	#卫生支出 Expenditure of Public Health	#社会保障和就业支出 Expenditure for Social Security and Employment Effort
全市	**Total**	**17134463**	**12346872**	**1278978**	**2004342**	**810110**	**1495389**
#都市发达经济圈	**Metropolitan Developed Economic Circle**	**4751620**	**3624527**	**162070**	**584369**	**169248**	**437364**
一小时经济圈	**One -Hour Economic Circle**	**10759123**	**7507744**	**614686**	**1282297**	**490810**	**954454**
渝中区	Yuzhong District	535777	514625	223	67757	17528	66787
大渡口区	Dadukou District	171246	155297	3465	27051	6350	22682
江北区	Jiangbei District	711326	452136	17350	88737	18106	43968
沙坪坝区	Shapingba District	578354	385287	14210	65798	20660	63883
九龙坡区	Jiulongpo District	575598	443928	12143	73788	24415	54570
南岸区	Nan'an District	681626	432507	13663	71943	23056	46560
北碚区	Beibei District	380632	280185	21107	47855	17031	40698
渝北区	Yubei District	706168	565447	30511	65558	25233	47204
巴南区	Ba'nan District	410893	395115	49398	75882	16869	51012
万盛区	Wansheng District	143897	129311	10669	17200	7149	19306
双桥区	Shuangqiao District	94239	58471	4152	5761	2751	4680
涪陵区	Fuling District	692859	446703	40862	72936	32475	53720
长寿区	Changshou District	602000	344135	32881	66441	25285	51147
江津区	Jiangjin District	654497	442701	48699	73480	41516	60480
合川区	Hechuan District	590087	354777	40241	65322	44088	65355
永川区	Yongchuan District	595617	397429	42441	87133	32155	48648
南川区	Nanchuan District	394792	230872	32278	36831	16299	23521
綦江县	Qijiang County	455700	285355	35855	51647	19198	38622
潼南县	Tongnan County	272390	213937	31355	46539	19499	31927
铜梁县	Tongliang County	356182	234520	38972	41921	29687	31482
大足县	Dazu County	369322	226637	30062	40208	17181	29672
荣昌县	Rongchang County	412429	280132	37478	58888	18849	31051
璧山县	Bishan County	373492	238237	26671	33621	15430	27479
渝东北翼	**Northeast of Chongqing**	**3317207**	**2718944**	**409522**	**472688**	**226074**	**388297**
万州区	Wanzhou District	714521	536029	46653	82237	38371	87214
梁平县	Liangping County	286979	238318	37840	37178	17240	28228
城口县	Chengkou County	110236	103955	16964	13453	5688	13348
丰都县	Fengdu County	231666	189324	30000	32115	15935	31259
垫江县	Dianjiang County	289333	209946	33210	40925	20714	30615
忠县	Zhongxian County	287582	233030	42290	37232	22049	32362
开县	Kaixian County	404283	337629	54212	69701	32266	52085
云阳县	Yunyang County	333865	292845	52455	53724	25092	38868
奉节县	Fengjie County	278045	231792	35134	48636	23059	30303
巫山县	Wushan County	191673	176702	28752	30919	14450	25031
巫溪县	Wuxi County	189024	169374	32012	26568	11210	18984
渝东南翼	**Southeast of Chongqing**	**1552326**	**1295397**	**238494**	**223510**	**87520**	**139550**
黔江区	Qianjiang District	352226	288518	53628	45245	16612	28477
武隆县	Wulong County	227230	190393	38106	22703	10268	20938
石柱县	Shizhu County	230948	179868	26597	35185	12853	13559
秀山县	Xiushan County	245591	218533	39278	42501	15845	26932
酉阳县	Youyang County	256296	222677	38984	39596	17184	26799
彭水县	Pengshui County	240035	195408	41901	38280	14758	22845

表20.13 各区县金融机构存贷款、人民生活和社会福利（2010年）

DEPOSIT AND LOAN OF FINANCIAL INSTITUTIONS,PEOPLE'S LIVELIHOOD AND SOCIAL WELFARE BY REGION (2010)

区县	Region	金融机构人民币存款余额（万元）Total Deposit Balance of RMB of Financial Institutions (10 000 yuan)	其中 of which #城乡居民储蓄 Saving Deposits of Urban and Rural Residents	金融机构人民币贷款余额（万元）Total Loan Balance of RMB of Financial Institutions (10 000 yuan)	城镇非私营单位职工年平均工资（元）Average Salaries of Employees of Urban Non-private Units (yuan)	城镇居民人均可支配收入（元）Per Capita Disposable Income of Urban Residents (yuan)
全 市	**Total**	**134549805**	**58396576**	**108881549**	**35326**	**17532**
#都市发达经济圈	**Metropolitan Developed Economic Circle**	**86951341**	**27548573**	**85203913**	**40637**	**19100**
一小时经济圈	**One -Hour Economic Circle**	**112685189**	**44351115**	**99755029**	**36709**	
渝中区	Yuzhong District	30124703	4790848	38734511	45760	20050
大渡口区	Dadukou District	2068427	993386	2194370	40969	19091
江北区	Jiangbei District	12861514	3214521	11488810	43084	19181
沙坪坝区	Shapingba District	7371545	3773896	5381341	39988	19288
九龙坡区	Jiulongpo District	10116719	4421842	8260490	40123	19115
南岸区	Nan'an District	6276426	2704043	4495028	37740	19115
北碚区	Beibei District	3087582	1807258	2254660	36121	19092
渝北区	Yubei District	11887935	4002668	9704254	40561	19093
巴南区	Ba'nan District	3156491	1840110	2690449	32343	19090
万盛区	Wansheng District	623125	342847	354232	28862	12545
双桥区	Shuangqiao District	168059	86294	113938	32911	19089
涪陵区	Fuling District	3602099	1794508	2644630	33303	16844
长寿区	Changshou District	2540441	1548297	1528140	32263	16636
江津区	Jiangjin District	3015491	2160937	1555326	27497	16645
合川区	Hechuan District	3117991	2268854	1585932	27467	16586
永川区	Yongchuan District	2769167	1776347	1427112	29165	16879
南川区	Nanchuan District	1235685	744192	965224	26100	16263
綦江县	Qijiang County	1690387	1134194	938099	29717	16100
潼南县	Tongnan County	1083797	830746	414706	30718	15546
铜梁县	Tongliang County	1625095	1231927	680589	28452	17255
大足县	Dazu County	1137841	768803	530536	30258	16397
荣昌县	Rongchang County	1315720	902015	705132	29801	16619
璧山县	Bishan County	1808951	1212582	1107519	32274	17702
渝东北翼	**Northeast of Chongqing**	**16749278**	**11238798**	**5665566**	**29830**	
万州区	Wanzhou District	4677683	2873317	2149906	30326	16633
梁平县	Liangping County	1444983	1102341	298804	28979	15612
城口县	Chengkou County	404955	201671	180327	27938	12307
丰都县	Fengdu County	1184573	857888	448618	29136	13558
垫江县	Dianjiang County	1340909	956874	486446	33186	15821
忠 县	Zhongxian County	1651009	1182789	403714	30469	15496
开 县	Kaixian County	2110630	1577384	496498	30078	13795
云阳县	Yunyang County	1598813	1065979	424641	29909	12520
奉节县	Fengjie County	1031351	641252	294817	26351	12539
巫山县	Wushan County	735507	421350	267873	28134	13696
巫溪县	Wuxi County	568864	357953	213924	27560	11478
渝东南翼	**Southeast of Chongqing**	**4600557**	**2770384**	**3253049**	**31174**	
黔江区	Qianjiang District	939326	480788	652414	35265	13797
武隆县	Wulong County	685757	425457	807194	31939	15553
石柱县	Shizhu County	850552	543519	303099	28807	14336
秀山县	Xiushan County	685151	403540	459564	31057	14578
酉阳县	Youyang County	795871	508380	322904	28540	11629
彭水县	Pengshui County	643900	408700	707874	31402	12754

表20.13 续表1 continued1

区　县	Region	农村居民人均纯收入（元） Per Capita Net Income of Rural Residents (yuan)	农村居民人均生活消费支出（元） Per Capita Living Consumption of Rural Residents (yuan)	其　中 of which #食品支出 Expenditure for Food	农村居民人均住房面积（平方米） Per Capita Residential Floor Space of Rural Residents (sq.m)	城市居民最低生活保障人数（人） Number of Persons Receiving Minimum Living Allowance in Rural Areas (person)
全　市	**Total**	**5276.66**	**3624.62**	**1750.01**	**37.56**	**607672**
#都市发达经济圈	**Metropolitan Developed Economic Circle**					**111316**
一小时经济圈	**One -Hour Economic Circle**	**6786.04**	**4438.90**	**2126.00**	**39.55**	**272077**
渝中区	Yuzhong District					18660
大渡口区	Dadukou District	8837.16	4779.36	2228.95	44.63	5888
江北区	Jiangbei District	8687.15	5529.21	2574.29	37.08	17165
沙坪坝区	Shapingba District	8638.10	6630.69	2803.44	53.55	13767
九龙坡区	Jiulongpo District	8648.26	6760.84	2832.75	33.01	16934
南岸区	Nan'an District	9235.99	7498.64	2771.46	50.11	16049
北碚区	Beibei District	7204.93	5722.48	2535.89	44.37	10521
渝北区	Yubei District	6774.24	4762.97	2434.58	42.92	2493
巴南区	Ba'nan District	6740.60	4482.73	2162.42	36.05	8258
万盛区	Wansheng District	5917.55	3816.00	1762.56	48.42	12272
双桥区	Shuangqiao District	6965.31	4357.16	2253.46	33.08	1328
涪陵区	Fuling District	5548.79	3679.77	1831.94	36.65	28093
长寿区	Changshou District	6410.24	3749.42	2095.79	35.50	5655
江津区	Jiangjin District	7074.06	4525.58	2166.30	40.89	20413
合川区	Hechuan District	6929.38	4712.07	2342.94	40.45	15981
永川区	Yongchuan District	7058.56	4300.27	1967.26	38.19	13841
南川区	Nanchuan District	5943.82	3626.60	1701.71	37.12	5403
綦江县	Qijiang County	6158.71	5251.78	2603.10	37.93	14473
潼南县	Tongnan County	5889.44	3479.44	1712.89	32.96	8417
铜梁县	Tongliang County	7019.24	3982.30	1903.99	42.96	6204
大足县	Dazu County	6612.76	3600.12	1788.00	39.98	8624
荣昌县	Rongchang County	6754.79	3769.48	1770.56	35.28	12542
璧山县	Bishan County	7141.64	4912.21	2369.58	48.34	7515
渝东北翼	**Northeast of Chongqing**	**4801.98**	**3481.89**	**1718.53**	**39.15**	**259583**
万州区	Wanzhou District	5332.48	4279.40	1849.52	41.69	77081
梁平县	Liangping County	5527.86	4425.10	2049.75	45.92	5656
城口县	Chengkou County	3681.27	2703.13	1438.65	31.67	2844
丰都县	Fengdu County	4766.45	2575.21	1285.64	35.91	26083
垫江县	Dianjiang County	5662.30	4257.60	2057.86	41.86	9834
忠　县	Zhongxian County	5396.69	3957.69	2122.80	45.22	23135
开　县	Kaixian County	5078.65	2904.36	1483.84	46.93	28645
云阳县	Yunyang County	4418.05	2806.17	1382.99	33.42	27452
奉节县	Fengjie County	4153.39	2980.81	1615.64	29.23	22605
巫山县	Wushan County	3925.37	3035.26	1623.09	30.67	26115
巫溪县	Wuxi County	3647.43	3454.67	1872.95	40.76	10133
渝东南翼	**Southeast of Chongqing**	**4284.74**	**3520.24**	**1709.34**	**38.63**	**76012**
黔江区	Qianjiang District	4417.83	4022.14	1925.83	38.35	12947
武隆县	Wulong County	4604.33	3534.84	1705.00	37.59	9677
石柱县	Shizhu County	4765.38	4213.98	2044.43	43.67	10590
秀山县	Xiushan County	4088.15	2792.17	1375.06	39.33	12463
酉阳县	Youyang County	3654.88	3288.08	1554.02	39.29	17765
彭水县	Pengshui County	4181.73	3399.44	1732.55	33.23	12570

表20.13 续表2 continued2

区 县	Region	社会福利收养单位（个）Residential Social Welfare Institutions (unit)	社会福利收养单位床位数（张）Beds in Residential Social Welfare Institutions (bed)	城镇社区服务设施数（个）Number of Urban Welfare Facilities (unit)	城镇便民利民服务网点（个）Number of Service Stations for Urban Residents (unit)
全 市	**Total**	**2196**	**90139**	**2749**	**9688**
#都市发达经济圈	**Metropolitan Developed Economic Circle**	**267**	**22537**	**938**	**4313**
一小时经济圈	**One -Hour Economic Circle**	**1181**	**54305**	**1657**	**8354**
渝中区	Yuzhong District	14	1056	167	260
大渡口区	Dadukou District	2	230	103	267
江北区	Jiangbei District	9	761	157	450
沙坪坝区	Shapingba District	47	4188	72	
九龙坡区	Jiulongpo District	15	1754	86	450
南岸区	Nan'an District	19	2032	56	1468
北碚区	Beibei District	54	2800	89	1200
渝北区	Yubei District	61	3915	108	212
巴南区	Ba'nan District	38	2246	94	
万盛区	Wansheng District	14	509	33	58
双桥区	Shuangqiao District	2	80	20	1
涪陵区	Fuling District	50	2769	132	2473
长寿区	Changshou District	101	1920	47	
江津区	Jiangjin District	56	4661	65	710
合川区	Hechuan District	54	4717	58	54
永川区	Yongchuan District	122	2976	35	550
南川区	Nanchuan District	91	1950	11	46
綦江县	Qijiang County	28	2236	82	6
潼南县	Tongnan County	93	1766	40	86
铜梁县	Tongliang County	82	2890	47	
大足县	Dazu County	95	2365	65	49
荣昌县	Rongchang County	101	1844	33	7
璧山县	Bishan County	25	1285	51	1
渝东北翼	**Northeast of Chongqing**	**723**	**26214**	**901**	**823**
万州区	Wanzhou District	166	6758	499	441
梁平县	Liangping County	32	1187	26	20
城口县	Chengkou County	36	930	9	
丰都县	Fengdu County	29	1548	23	152
垫江县	Dianjiang County	27	1683	26	22
忠 县	Zhongxian County	40	2206	132	92
开 县	Kaixian County	164	3006	64	39
云阳县	Yunyang County	60	3817	22	1
奉节县	Fengjie County	83	2620	22	
巫山县	Wushan County	26	950	29	51
巫溪县	Wuxi County	60	1509	49	5
渝东南翼	**Southeast of Chongqing**	**292**	**9420**	**191**	**491**
黔江区	Qianjiang District	75	1375	49	420
武隆县	Wulong County	26	1430	13	1
石柱县	Shizhu County	30	1284	29	39
秀山县	Xiushan County	55	2152	29	
酉阳县	Youyang County	42	1101	44	5
彭水县	Pengshui County	64	2078	27	26

注：都市发达经济圈和一小时经济圈的社会福利收养单位及床位数包含重庆市本级数据。
Note: The number of residential social welfare institutions and the number of beds in the Metropolitan Developed Economic Circle and the One-Hour Economic Circle include the data of institutions at municipal level.

表20.14 各区县教育和文化（2010年）
EDUCATION AND CULTURE BY REGION (2010)

区　县	Region	学校数（所）Number of Schools (unit)	其中 of which #普通中学 Regular Secondary Schools	其中 of which #小　学 Primary Schools	专任教师数（人）Full-time Teachers (person)	其中 of which #普通中学 Regular Secondary Schools	其中 of which #小　学 Primary Schools
全　市	**Total**	**11184**	**1273**	**5544**	**291040**	**109303**	**116057**
#都市发达经济圈	**Metropolitan Developed Economic Circle**	**1712**	**243**	**473**	**79015**	**24073**	**20490**
一小时经济圈	**One -Hour Economic Circle**	**5769**	**720**	**2009**	**177003**	**63246**	**59848**
渝中区	Yuzhong District	126	15	34	7226	2477	2184
大渡口区	Dadukou District	69	6	21	2421	946	867
江北区	Jiangbei District	152	20	41	5899	2293	1827
沙坪坝区	Shapingba District	286	34	54	17894	3495	2538
九龙坡区	Jiulongpo District	251	34	49	9929	3885	2816
南岸区	Nan'an District	147	23	35	9037	2172	1795
北碚区	Beibei District	132	22	60	7990	2285	2098
渝北区	Yubei District	344	46	118	10744	3806	3694
巴南区	Ba'nan District	205	43	61	7875	2714	2617
万盛区	Wansheng District	86	13	35	2427	1079	1069
双桥区	Shuangqiao District	23	3	8	559	274	203
涪陵区	Fuling District	314	57	108	10795	4252	4150
长寿区	Changshou District	172	28	74	6719	3041	3145
江津区	Jiangjin District	558	54	211	10741	4229	4129
合川区	Hechuan District	418	37	127	11222	3990	3931
永川区	Yongchuan District	582	43	218	12133	3521	3654
南川区	Nanchuan District	193	37	66	5392	2070	2596
綦江县	Qijiang County	164	59	55	7296	3376	3333
潼南县	Tongnan County	234	34	157	5980	2683	2835
铜梁县	Tongliang County	213	25	64	6088	2841	2389
大足县	Dazu County	538	28	208	7730	3444	3285
荣昌县	Rongchang County	395	35	159	6061	2408	2806
璧山县	Bishan County	167	24	46	4845	1965	1887
渝东北翼	**Northeast of Chongqing**	**3994**	**401**	**2543**	**81011**	**33631**	**38217**
万州区	Wanzhou District	445	60	186	14720	5422	5124
梁平县	Liangping County	146	34	62	5978	2640	2845
城口县	Chengkou County	186	8	168	2135	721	1198
丰都县	Fengdu County	299	45	164	6064	2596	3064
垫江县	Dianjiang County	281	36	136	6802	2739	3452
忠　县	Zhongxian County	327	30	226	6525	3059	3053
开　县	Kaixian County	709	59	438	12555	5308	6049
云阳县	Yunyang County	537	56	395	8839	3870	4486
奉节县	Fengjie County	521	34	310	7677	3272	3785
巫山县	Wushan County	296	20	240	5000	2181	2495
巫溪县	Wuxi County	247	19	218	4716	1823	2666
渝东南翼	**Southeast of Chongqing**	**1421**	**152**	**992**	**33026**	**12426**	**17992**
黔江区	Qianjiang District	199	23	148	5399	2319	2549
武隆县	Wulong County	133	12	84	3565	1292	1920
石柱县	Shizhu County	250	21	181	4941	1807	2736
秀山县	Xiushan County	364	28	231	6001	2243	3100
酉阳县	Youyang County	244	38	179	6822	2520	3879
彭水县	Pengshui County	231	30	169	6298	2245	3808

注：本表教育数据统计口径包括普通高校、普通中专、职业中学、成人中专、普通中学、小学、幼儿园和特殊教育及工读学校（下表同）。
Note: Data of education in this table include regular institutions of higher education, specialized secondary schools, vocational senior schools,regular secondary schools, primary schools, kindergartens, schools of special educations and reformatory schools (the same below).

表20.14 续表 continued

区县	Region	在校学生数（人）Total Enrollment (person)	其中 of which #普通中学 Regular Secondary Schools	#小学 Primary Schools	广播覆盖率（%）Radio Coverage of Population (%)	电视覆盖率（%）Television Coverage of Population (%)	公共图书馆（个）Number of Public Libraries (unit)	公共图书馆藏书（万册）Number of Books in Public Libraries (10 000 volumes)
全市	**Total**	**5588474**	**1908158**	**1999407**	**95.71**	**97.39**	**43**	**1030.77**
#都市发达经济圈	**Metropolitan Developed Economic Circle**	**1369178**	**343002**	**334115**				
一小时经济圈	**One -Hour Economic Circle**	**3187528**	**995003**	**971478**			**26**	**908.56**
渝中区	Yuzhong District	109781	27099	33599	100.00	100.00	2	30.81
大渡口区	Dadukou District	46945	15503	16793	100.00	100.00	1	16.00
江北区	Jiangbei District	98947	36537	29027	100.00	100.00	1	7.13
沙坪坝区	Shapingba District	318767	45513	44828	100.00	100.00	2	33.45
九龙坡区	Jiulongpo District	171295	52252	51507	100.00	100.00	1	13.74
南岸区	Nan'an District	177767	36780	35419	100.00	100.00	1	21.52
北碚区	Beibei District	132444	34570	25650	100.00	100.00	1	89.53
渝北区	Yubei District	174173	52884	58268	100.00	99.12	1	35.93
巴南区	Ba'nan District	139059	41864	39024	98.58	99.17	1	15.71
万盛区	Wansheng District	37319	15705	13640	97.03	97.03	1	4.10
双桥区	Shuangqiao District	9429	4138	3504	100.00	100.00	1	5.24
涪陵区	Fuling District	191151	69074	56352	99.00	97.00	2	71.96
长寿区	Changshou District	112909	46759	44301	99.82	97.04	1	59.65
江津区	Jiangjin District	207086	67410	74880	99.44	99.80	1	26.80
合川区	Hechuan District	224313	76743	64411	97.36	97.23	1	21.79
永川区	Yongchuan District	228115	51631	62351	97.27	96.90	1	10.70
南川区	Nanchuan District	97098	37607	37168	96.70	95.60	1	6.80
綦江县	Qijiang County	127468	53938	51071	95.15	93.05	1	7.00
潼南县	Tongnan County	132891	52348	64807	96.41	98.98	1	11.50
铜梁县	Tongliang County	115790	51130	36166	100.00	100.00	1	22.00
大足县	Dazu County	128902	52351	45583	96.19	96.80	1	9.60
荣昌县	Rongchang County	114778	39782	48966	99.96	100.00	1	9.45
璧山县	Bishan County	91101	33385	34163	99.95	93.30	1	9.12
渝东北翼	**Northeast of Chongqing**	**1748960**	**665332**	**735716**			**11**	**84.17**
万州区	Wanzhou District	305088	104912	93556	95.50	96.57	1	25.60
梁平县	Liangping County	124441	51724	51778	96.12	90.25	1	2.15
城口县	Chengkou County	37762	12277	18676	76.69	93.19	1	4.30
丰都县	Fengdu County	132515	47467	62467	96.99	97.10	1	4.18
垫江县	Dianjiang County	165969	56610	71474	99.24	100.00	1	3.03
忠县	Zhongxian County	132381	54787	53852	98.51	98.52	1	3.90
开县	Kaixian County	274526	104258	123223	96.00	98.00	1	20.14
云阳县	Yunyang County	217416	92495	96137	95.30	98.00	1	3.57
奉节县	Fengjie County	176752	70867	77561	89.01	97.00	1	6.32
巫山县	Wushan County	108111	39094	53638	93.00	96.41	1	7.00
巫溪县	Wuxi County	73999	30841	33354	87.99	94.48	1	3.98
渝东南翼	**Southeast of Chongqing**	**651986**	**247823**	**292213**			**6**	**38.05**
黔江区	Qianjiang District	114825	43945	46297	96.75	96.96	1	9.30
武隆县	Wulong County	64925	23986	25648	98.00	100.00	1	9.29
石柱县	Shizhu County	97172	36972	41142	92.10	92.30	1	4.70
秀山县	Xiushan County	103798	39863	47265	63.00	91.00	1	5.19
酉阳县	Youyang County	146286	56306	69560	94.99	98.00	1	6.25
彭水县	Pengshui County	124980	46751	62301	65.34	94.86	1	3.32

表20.15 各区县卫生（2010年）
PUBLIC HEALTH CARE BY REGION (2010)

区　县	Region	卫生机构数（个） Number of Health Care Institutions (unit)	其　中 of which #医院、卫生院 Number of Hospitals and Health Centers	卫生机构床位数（张） Hospital Beds in Health Care Institutions (bed)	卫生技术人员（人） Medical Technical Personnel (person)	其　中 of which # 执业（助理）医师 Licensed (Assistant) Doctors	#注册护士 Registered Nurses
全　市	**Total**	**6898**	**1449**	**103624**	**107805**	**44844**	**37462**
#都市发达经济圈	**Metropolitan Developed Economic Circle**	**2545**	**278**	**33699**	**41895**	**17083**	**16082**
一小时经济圈	**One -Hour Economic Circle**	**4471**	**742**	**69750**	**75135**	**30740**	**27230**
渝中区	Yuzhong District	344	21	8112	10555	4047	4525
大渡口区	Dadukou District	159	16	1092	1457	640	546
江北区	Jiangbei District	322	27	3966	4330	1760	1578
沙坪坝区	Shapingba District	234	32	3779	4460	1831	1739
九龙坡区	Jiulongpo District	415	48	4594	5796	2450	2200
南岸区	Nan'an District	264	30	2321	3505	1461	1269
北碚区	Beibei District	247	33	3172	4203	1841	1478
渝北区	Yubei District	253	42	3270	4011	1630	1299
巴南区	Ba'nan District	307	29	3393	3578	1423	1448
万盛区	Wansheng District	48	16	1404	1309	389	508
双桥区	Shuangqiao District	15	4	227	186	70	68
涪陵区	Fuling District	240	56	4206	4294	1875	1412
长寿区	Changshou District	176	45	2981	2737	1091	985
江津区	Jiangjin District	174	36	4369	3348	1500	1009
合川区	Hechuan District	208	41	3422	3560	1410	1109
永川区	Yongchuan District	195	41	4345	3721	1424	1434
南川区	Nanchuan District	78	43	2449	1750	721	711
綦江县	Qijiang County	134	39	2783	2790	999	1059
潼南县	Tongnan County	135	29	1521	1516	730	492
铜梁县	Tongliang County	145	31	2127	2359	1017	747
大足县	Dazu County	113	41	2356	1667	681	382
荣昌县	Rongchang County	128	20	2201	2214	944	663
璧山县	Bishan County	137	22	1660	1789	806	569
渝东北翼	**Northeast of Chongqing**	**1926**	**493**	**25738**	**25164**	**10986**	**7990**
万州区	Wanzhou District	712	69	5694	7236	2984	2815
梁平县	Liangping County	124	37	1928	1882	810	636
城口县	Chengkou County	58	26	669	549	217	77
丰都县	Fengdu County	131	35	1970	1628	627	565
垫江县	Dianjiang County	109	29	2529	2134	960	657
忠　县	Zhongxian County	176	50	2463	2125	901	650
开　县	Kaixian County	169	40	3446	3088	1411	1007
云阳县	Yunyang County	126	68	2906	2470	1305	578
奉节县	Fengjie County	122	52	2276	1754	823	422
巫山县	Wushan County	68	27	1021	1201	450	369
巫溪县	Wuxi County	131	60	836	1097	498	214
渝东南翼	**Southeast of Chongqing**	**501**	**214**	**8136**	**7506**	**3118**	**2242**
黔江区	Qianjiang District	75	31	2132	2024	773	761
武隆县	Wulong County	103	30	926	797	363	201
石柱县	Shizhu County	70	34	1346	1241	604	396
秀山县	Xiushan County	63	35	1102	1203	385	310
酉阳县	Youyang County	85	41	1492	1096	495	254
彭水县	Pengshui County	105	43	1138	1145	498	320

注：卫生机构数含个体诊所。

Note: The number of health care institutions include individual-run clinics.

表20.16 各区县高技术产业（2010年）
HIGH-TECH INDUSTRY BY REGION (2010)

区县	Region	高技术制造业产值（万元）Gross Output Value of High-Tech Manufacturing (10 000 yuan)	高技术制造业销售收入（万元）Sales Revenue of High-Tech Manufacturing (10 000 yuan)	软件业销售收入（万元）Sales Revenue of Software Industry (10 000 yuan)
全市	**Total**	**13170490**	**12596546**	**1156719**
#都市发达经济圈	**Metropolitan Advanced Economic Sphere**	**7816111**	**7521134**	**1155789**
一小时经济圈	**One -Hour Economic Sphere**	**11568381**	**11104317**	**1156495**
渝中区	Yuzhong District	2712	2807	877948
大渡口区	Dadukou District	189038	208521	228
江北区	Jiangbei District	1335161	1304482	6202
沙坪坝区	Shapingba District	945801	923250	15270
九龙坡区	Jiulongpo District	1323381	1203220	100850
南岸区	Nan'an District	1645482	1547697	5852
北碚区	Beibei District	926290	889066	533
渝北区	Yubei District	1252270	1246384	148555
巴南区	Ba'nan District	195976	195707	350
万盛区	Wansheng District	13466	12372	25
双桥区	Shuangqiao District	2344	2303	
涪陵区	Fuling District	1115022	1107866	582
长寿区	Changshou District	857771	858038	
江津区	Jiangjin District	722708	620303	
合川区	Hechuan District	139262	136594	
永川区	Yongchuan District	148909	139359	59
南川区	Nanchuan District	213035	162367	
綦江县	Qijiang County	23856	27343	
潼南县	Tongnan County	17262	19866	
铜梁县	Tongliang County	111089	108169	
大足县	Dazu County	81792	82651	
荣昌县	Rongchang County	216731	220697	
璧山县	Bishan County	89023	85256	41
渝东北翼	**Northeast of Chongqing**	**1469415**	**1365932**	
万州区	Wanzhou District	984731	928830	
梁平县	Liangping County	82720	74406	
城口县	Chengkou County			
丰都县	Fengdu County	63863	50667	
垫江县	Dianjiang County	213672	197350	
忠县	Zhongxian County	41138	37731	
开县	Kaixian County	33160	30061	
云阳县	Yunyang County	40588	37308	
奉节县	Fengjie County	2531	2990	
巫山县	Wushan County	2568	2285	
巫溪县	Wuxi County	4444	4304	
渝东南翼	**Southeast of Chongqing**	**132694**	**126297**	**223**
黔江区	Qianjiang District	17774	11798	
武隆县	Wulong County	30308	30628	
石柱县	Shizhu County	67456	67528	223
秀山县	Xiushan County	3031	2681	
酉阳县	Youyang County	14125	13662	
彭水县	Pengshui County			

注：表中的软件业销售收入不含嵌入软件类产品。
Note: The sales revenue of software industry hereof does not include the data of embedded software products.

表20.17 各区县对外经济贸易（2010年）
FOREIGN ECONOMIC RELATIONS AND TRADE BY REGION (2010)

区　县	Region	进出口总值（万美元） Total Imports and Exports (US$ 10 000)	其中 of which 出口 Imports	进口 Exports	实际利用内资（万元） Domestic Capital Actually Utilized (10 000 yuan)
全　市	**Total**	**1242634**	**748875**	**493759**	**26382949**
#都市发达经济圈	**Metropolitan Developed Economic Circle**	**996107**	**612819**	**383288**	**12425444**
一小时经济圈	**One -Hour Economic Circle**	**1186242**	**700721**	**485521**	**21079610**
渝中区	Yuzhong District	63680	36307	27373	1132191
大渡口区	Dadukou District	64876	21397	43479	884263
江北区	Jiangbei District	150683	99143	51540	2025021
沙坪坝区	Shapingba District	172073	120337	51736	1544033
九龙坡区	Jiulongpo District	112434	93499	18935	1269145
南岸区	Nan'an District	51406	42098	9308	1478971
北碚区	Beibei District	22051	20698	1353	1043634
渝北区	Yubei District	244662	93272	151390	1727260
巴南区	Ba'nan District	114242	86068	28174	1320926
万盛区	Wansheng District	520	262	258	59933
双桥区	Shuangqiao District	16	6	10	66752
涪陵区	Fuling District	79962	14294	65668	884133
长寿区	Changshou District	17871	7675	10197	1068004
江津区	Jiangjin District	18527	10254	8273	1175739
合川区	Hechuan District	10521	10504	17	1207970
永川区	Yongchuan District	19730	14005	5725	1607483
南川区	Nanchuan District	6698	4707	1991	632077
綦江县	Qijiang County	4583	734	3849	145643
潼南县	Tongnan County	1678	1677	1	88164
铜梁县	Tongliang County	1412	1198	214	522103
大足县	Dazu County	1801	1799	2	380491
荣昌县	Rongchang County	12448	12408	40	386986
璧山县	Bishan County	14366	8381	5985	428688
渝东北翼	**Northeast of Chongqing**	**27125**	**19482**	**7643**	**3415737**
万州区	Wanzhou District	14050	8038	6012	499557
梁平县	Liangping County	672	613	59	53071
城口县	Chengkou County	130	130		45263
丰都县	Fengdu County	1110	1072	37	634330
垫江县	Dianjiang County	4086	4086		190819
忠　县	Zhongxian County	3239	3236	3	570684
开　县	Kaixian County	1431	1431		511478
云阳县	Yunyang County	1683	151	1532	375345
奉节县	Fengjie County	51	51		263407
巫山县	Wushan County	50	50		119520
巫溪县	Wuxi County	624	624		152263
渝东南翼	**Southeast of Chongqing**	**29267**	**28672**	**595**	**1887602**
黔江区	Qianjiang District	864	471	393	394878
武隆县	Wulong County	2401	2367	34	295099
石柱县	Shizhu County	2465	2464	1	525614
秀山县	Xiushan County	2166	1999	166	200060
酉阳县	Youyang County	20706	20705	1	151706
彭水县	Pengshui County	666	666		320245

表20.18 各区县法人、产业活动单位数（2010年）
NUMBER OF CORPORATE UNITS AND ESTABLISHMENTS BY REGION (2010)

区 县	Region	法人单位（个） Number of Corporate Units (unit)	其中 of which #企 业 Enterprises	产业活动单位（个） Number of Establishments (unit)
全 市	**Total**	**177916**	**132548**	**223968**
#都市发达经济圈	**Metropolitan Developed Economic Circle**	**77610**	**68049**	**90696**
一小时经济圈	**One -Hour Economic Circle**	**130407**	**104857**	**162054**
渝中区	Yuzhong District	12492	11210	14964
大渡口区	Dadukou District	3695	3195	4193
江北区	Jiangbei District	8445	7453	9614
沙坪坝区	Shapingba District	10161	9047	11577
九龙坡区	Jiulongpo District	17596	16247	20389
南岸区	Nan'an District	6355	5623	7731
北碚区	Beibei District	5103	4151	6369
渝北区	Yubei District	7851	6423	8966
巴南区	Ba'nan District	5912	4700	6893
万盛区	Wansheng District	1436	919	1879
双桥区	Shuangqiao District	716	482	760
涪陵区	Fuling District	6585	4631	9005
长寿区	Changshou District	4995	3470	5894
江津区	Jiangjin District	4533	3381	6663
合川区	Hechuan District	5612	4118	8224
永川区	Yongchuan District	5961	4818	8365
南川区	Nanchuan District	2750	1698	3698
綦江县	Qijiang County	3499	2326	4451
潼南县	Tongnan County	2827	1524	3383
铜梁县	Tongliang County	3335	2162	5026
大足县	Dazu County	3795	2595	4890
荣昌县	Rongchang County	3240	2210	4055
璧山县	Bishan County	3513	2474	5065
渝东北翼	**Northeast of Chongqing**	**35700**	**20854**	**45877**
万州区	Wanzhou District	6232	4136	8129
梁平县	Liangping County	2193	1017	3285
城口县	Chengkou County	1317	595	1642
丰都县	Fengdu County	2810	1545	3647
垫江县	Dianjiang County	3351	2193	4128
忠 县	Zhongxian County	5032	2765	6791
开 县	Kaixian County	4026	2493	4471
云阳县	Yunyang County	3012	1519	3994
奉节县	Fengjie County	4116	2797	4518
巫山县	Wushan County	1671	959	2387
巫溪县	Wuxi County	1940	835	2885
渝东南翼	**Southeast of Chongqing**	**11809**	**6837**	**16037**
黔江区	Qianjiang District	1997	1345	2794
武隆县	Wulong County	1987	1158	2569
石柱县	Shizhu County	1500	867	2285
秀山县	Xiushan County	1940	1097	2586
酉阳县	Youyang County	2426	1482	3252
彭水县	Pengshui County	1959	888	2551

注：本表数据未经国家最终认定。
Note:The data hereinabove has not been finally verified by the state .

21

三峡工程重庆库区移民情况

RESETTLEMENT OF THE RESIDENTS IN CHONGQING RESERVOIR AREA OF THREE GORGES PROJECT

简要说明 Brief Introduction

本章资料包括三峡工程重庆库区经济和社会发展情况、移民工程投资完成情况、移民迁移情况及农村移民生产安置情况，由市统计局综合处根据市移民局资料整理编辑。

库区指库区15区县，包括万州区、涪陵区、渝北区、巴南区、长寿区、江津区、丰都县、武隆县、忠县、开县、云阳县、奉节县、巫山县、巫溪县、石柱县。重点库区指8个重点移民区县，包括万州区、涪陵区、丰都县、忠县、开县、云阳县、奉节县、巫山县。

This chapter includes the economic and social development of the reservoir area of Three Gorges Project in Chongqing, the statistics on the completed investment in Three Gorges Resettlement, the resettlement of residents and the resettlement of rural residents for production in Chongqing Reservoir Area of Three Gorges Projects. The data here are provided by Chongqing Migration Bureau and sorted and compiled by Division of Comprehensive Statistics of Chongqing Municipal Bureau of Statistics.

The Reservoir Area refers to 15 districts and counties, namely Wanzhou, Fuling, Yubei, Ba'nan, Changshou, Jiangjin, Fengdu, Wulong, Zhongxian, Kaixian, Yunyang, Fengjie, Wushan, Wuxi and Shizhu. The Key Reservoir Area refers to 8 key districts and counties of migration, namely Wanzhou, Fuling, Fengdu, Zhongxian, Kaixian, Yunyang, Fengjie and Wushan.

表21.1 三峡工程重庆库区经济和社会发展情况（2009－2010年）
ECONOMIC AND SOCIAL DEVELOPMENT OF THE RESERVOIR AREA OF THREE GORGES PROJECT IN CHONGQING (2009-2010)

指 标	Item	2009		2010	
		库区合计 Total of Reservoir Area	其 中 of which 重点库区 Key Area	库区合计 Total of Reservoir Area	其 中 of which 重点库区 Key Area
人 口	**Population**				
户籍总户数（万户）	Total Number of Households (10 000 households)	515.18	306.23	537.41	318.18
户籍人口（万人）	Total Household Populaion (10 000 persons)	1508.92	935.04	1517.97	939.12
非农业	Non-agriculture	356.08	190.82	431.79	230.51
农 业	Agriculture	1152.84	744.22	1086.18	708.61
男 性	Male	783.71	487.18	787.17	488.52
女 性	Female	725.21	447.86	730.80	450.60
年末常住人口	Year-end Permanent Residents (10 000 persons)	1262.64	747.92	1288.04	743.30
城 镇	Urban	562.32	289.04	615.90	305.42
乡 村	Rural	700.32	458.88	672.14	437.88
城镇化率（%）	Urbanization Rate (%)	44.54	38.65	47.82	41.09
工资和收入	**Wages and Income**				
城镇非私营单位职工人数（万人）	Staff and Workers of Urban Non-private Units (10 000 persons)	88.30	38.63	96.36	40.4
城镇非私营单位职工工资总额（万元）	Total Wages of Staff and Workers of Urban Non-private Unit (10 000 yuan)	2431009	1018855	3008629	1205771
城镇非私营单位在岗职工平均工资（元）	Average Wages of Staff and Workers of Urban Non-private Units (yuan)	28058	26691	32200	30628
农民人均纯收入（元）	Per Capita Net Income of Rural Households (yuan)	4461.99	4093.79	5284.68	4872.33
工资性收入	Income from Wages and Salaries	1973.45	1817.75	2351.82	2162.26
家庭经营收入	Income from Household Business Operation	2069.42	1901.01	2381.05	2209.12
转移收入	Income from Transfer	334.42	329.12	432.45	427.18
财产收入	Income from Property	84.70	45.92	119.37	73.76
农民人均消费支出（元）	Per Capita Expenditure of Rural Households (yuan)	3235.27	2904.38	3685.26	3341.59
食 品	Food	1644.80	1481.80	1833.31	1660.89
衣 着	Clothing	171.50	153.73	209.42	187.35
居 住	Residence	468.36	410.52	514.47	458.20
设备用品	Appliances and Articles	207.07	187.55	283.18	258.04
医 疗	Medical Services	227.02	206.81	255.97	234.45
交通通讯	Transport and Communications	242.56	212.08	286.21	264.75
文教娱乐	Culure, Education and Entertainment	230.74	212.44	249.88	226.60
其 他	Others	43.23	39.44	52.83	51.30
国民经济核算	**National Economic Accounting**				
地区生产总值（亿元）	Gross Domestic Product (100 million yuan)	2498.37	1222.63	3097.72	1503.54
第一产业	Primary Industry	295.56	165.08	332.80	186.49
第二产业	Secondary Industry	1379.03	651.39	1799.80	838.36
#工 业	Industry	1159.13	543.11	1499.34	700.38
建筑业	Construction	219.90	108.28	300.46	137.98
第三产业	Tertiary Industry	823.78	406.16	965.12	478.69
公有制经济	Public-owned Economy	1031.83	541.63	1229.79	613.44
非公有制经济	Non-public-owned Economy	1466.54	681.00	1867.93	890.10
地区生产总值结构（%）	Composition of Gross Domestic Product（%）	100.0	100.0	100.0	100.0
第一产业	Primary Industry	11.8	13.5	10.7	12.4
第二产业	Secondary Industry	55.2	53.3	58.1	55.8
#工 业	Industry	46.4	44.4	48.4	46.6
建筑业	Construction	8.8	8.9	9.7	9.2
第三产业	Tertiary Industry	33.0	33.2	31.2	31.8
公有制经济	Public-owned Economy	41.3	44.3	39.7	40.8
非公有制经济	Non-public-owned Economy	58.7	55.7	60.3	59.2

表21.1 续表1 continued1

指 标	Item	2009 库区合计 Total of Reservoir Area	2009 其中 of which 重点库区 Key Area	2010 库区合计 Total of Reservoir Area	2010 其中 of which 重点库区 Key Area
固定资产投资（万元）	**Investment in Fixed Assets (10 000 yuan)**				
全社会固定资产投资总额	Total Investment in Fixed Assets	22057696	9392046	28607651	12464314
#基础设施	Infrastructure	6820765	2870959	8756224	3585160
工业投资	Industry	8514449	3825033	10167454	4634106
城 镇	Urban	20533621	8525378	26285416	11098698
#房地产开发	Real Estate Development	4001687	837276	5170360	1260956
#住 宅	Residential Bulidings	3061242	630143	4108641	937804
农 村	Rural	1524075	866668	2322235	1365616
房地产开发（万平方米）	**Construction (10 000 sq.m)**				
房地产施工面积	Floor Space under Construction	4732.51	1398.02	6407.85	1891.13
#住 宅	Residential Bulidings	4101.78	1200.98	5456.18	1618.05
#经济适用房	Economically Affordable Housing	133.09	5.01	154.78	5.82
房地产竣工面积	Floor Space Completed	838.55	271.00	916.98	330.25
#住 宅	Residential Bulidings	706.78	230.58	767.20	283.86
#经济适用房	Economically Affordable Housing	16.25	4.00	37.04	4.27
财 政（万元）	**Government Finance (10 000 yuan)**				
区县级地方财政收入	Local Government Revenue	1774747	772152	2939296	1275198
#一般预算收入	General Budgetary Revenue	1241422	496967	1795646	729424
区县级地方财政支出	Local Government Expenditure	4318245	2317924	6155254	3134494
#一般预算支出	General Budgetary Expenditure	3553970	1890982	4731087	2444054
农 业	**Agriculture**				
农林牧渔业总产值（万元）	Gross Output Value of Farming, Forestry, Animal Husbandry and Fishery (10 000 yuan)	4468072	2510502	4977507	2806135
#农 业	Farming	2235734	1239916	2690626	1441910
牧 业	Animal Husbandry	1739275	1014661	1848543	1083801
农林牧渔业增加值（万元）	Value-added of Farming, Forestry, Animal Husbandry and Fishery (10 000 yuan)	2955642	1650784	3328027	1864932
#农 业	Farming	1649773	901589	1999819	1050300
牧 业	Animal Husbandry	919235	543210	989896	587492
蔬菜总播种面积（万亩）	Sown Areas of Vegetables (10 000 mu)	430.36	257.67	414.02	125.61
蔬菜总产量（万吨）	Gross Output of Vegestables (10 000 tons)	570.58	343.88	563.45	185.92
肉类总产量（万吨）	Gross Output of Meat (10 000 tons)	86.06	51.13	88.11	52.01
#猪 肉	Pork	69.99	42.06	70.12	42.01
禽 肉	Meat of Poultry	9.11	4.09	10.20	4.52
猪出栏量（万头）	Slaughtered Hogs (10 000 heads)	951.04	570.79	955.43	572.43
禽出栏量（万只）	Slaughtered Poultry (10 000 heads)	5885.32	2611.03	6481.03	2869.75
牛奶产量（万吨）	Output of Milk (10 000 tons)	3.51	1.05	3.55	1.06
禽蛋产量（万吨）	Output of Poultry Eggs (10 000 tons)	19.06	10.04	19.83	10.44
粮食播种面积（万亩）	Sown Areas of Grain (10 000 mu)	1752.50	1095.80	1768.79	1109.73
夏 粮	Grain Crops Harvested in Summer	448.38	295.52	451.37	297.23
秋 粮	Grain Crops Harvested in Aulture	1304.12	800.28	1317.42	812.50
#水 稻	Rice	459.06	270.98	460.64	272.83
玉 米	Corn	366.75	213.62	369.65	215.94
薯 类	Tuber	616.39	409.13	630.75	419.78
粮食总产量（万吨）	Gross Output of Grain (10 000 tons)	555.56	333.50	699.70	264.85
夏 粮	Grain Crops Harvested in Summer	88.80	62.11	89.83	62.84
秋 粮	Grain Crops Harvested in Aulture	466.76	271.39	609.87	202.01
#水 稻	Rice	220.95	122.44	273.79	87.45
玉 米	Corn	126.84	73.13	172.92	64.81
薯 类	Tuber	159.24	105.55	202.97	88.69

表21.1 续表2 continued2

指 标	Item	2009 库区合计 Total of Reservoir Area	2009 其中 of which 重点库区 Key Area	2010 库区合计 Total of Reservoir Area	2010 其中 of which 重点库区 Key Area
工 业（规模以上）	**Industry (above Desingated Size)**				
企业数（个）	Number of Enterprises (unit)	2018	791	2298	896
工业总产值（万元）	Gross Output Value of Industry (10 000 yuan)	26396902	8120709	38652771	11365682
新产品产值（万元）	Output Value of New Products (10 000 yuan)	11539470	2178960		
出口交货值（万元）	Sales of Exported Products (10 000 yuan)	1049644	137218	1697245	258608
工业增加值（万元）	Value-added of Industry (10 000 yuan)	8748416	3249407	11276811	3753350
资产总计（万元）	Total Assets (10 000 yuan)	26900777	8809766	36008372	11481655
主营业务收入（万元）	Revenue from Principal Business (10 000 yuan)	25638451	7634843	37097640	10579677
利润总额（万元）	Total After-tax Profits (10 000 yuan)	1398031	384555	2077344	637679
利税总额（万元）	Total Pre-tax Profits (10 000 yuan)	3051868	912522	4510153	1349028
全部从业人员平均数（万人）	Average Emloyment (10 000 persons)	48.51	18.51	53.05	19.01
经济效益综合指数 (%)	Comprehensive Index of Economic Benefits (%)	217.0	212.1	241.0	233.9
总资产贡献率 (%)	Ratio of Total Assets to Industrial Output Value (%)	12.7	12.0	13.7	13.3
资本保值增值率 (%)	Ratio of Assets Appreciation YOY (%)	122.9	122.1	127.9	130.6
资产负债率 (%)	Asset-Liability Ratio (%)	62.1	62.0	61.7	57.7
流动资产周转率(次)	Turnover Ratio of Circulating Assets(time)	2.16	2.26	2.3	2.36
成本费用利润率 (%)	Ratio of Profits to Cost (%)	5.73	5.35	5.88	6.26
全员劳动生产率（元/人年）	Overall Labor Productivity (yuan/person-year)	180343	175549	212553	197468
产品销售率 (%)	Sales as Percentage of Output (%)	97.6	96.3	97.7	96.5
国内贸易	**Domestic Trade**				
社会消费品零售总额（万元）	Total Retail Sales (10 000 yuan)	7970795	3663208	9548604	4283220
限额以上法人企业数（个）	Number of Corporate Enterprises above Designated Size (unit)	900	436	1098	516
批发业	Wholesale	314	144	398	181
零售业	Retail	333	168	439	203
住宿业	Hotel	88	43	98	44
餐饮业	Catering	165	81	163	88
实际利用内资（亿元）	Domestic Capital Actually Utilized (100 million yuan)	570.87	243.26	1012.34	385.85
教 育	**Education**				
学校数（所）	Number of Schools(unit)	6084	3841	5341	3440
#普通高等学校	Regular Institutions of Higher Education	13	6	14	6
普通中学	Regular Secondary Schools	599	367	584	361
小 学	Primary Schools	4052	2665	3014	2067
专任教师数（人）	Number of Full-time Teachers (person)	118489	71028	125901	74817
#普通高等学校	Regular Institutions of Higher Education	5858	3144	6516	3202
普通中学	Regular Secondary Schools	47612	29174	48672	29960
小 学	Primary Schools	53441	32545	53113	32206
在校学生数（人）	Student Enrollment (person)	2408056	1551693	2565003	1624232
#研究生	Postgraduates	697		840	
普通高等学校	Regular Institutions of Higher Education	88507	49519	104759	52893
普通中学	Regular Secondary Schools	884829	578279	883670	582954
小 学	Primary Schools	977667	650755	933403	616786
卫 生	**Public Health**				
卫生机构数（个）	Number of Health Institutions (unit)	2669	1598	2958	1744
卫生机构床位数（张）	Number of Hospital Beds (bed)	34545	18023	401103	23982
卫生技术人员（人）	Medical Technological Personnel (person)	35977	18989	40605	23796
基本单位	**Basic Units**				
法人单位数（个）	Number of Corporate Units(unit)	53962	28406	62202	33484
产业活动单位数(个)	Number of Establishments (unit)	71088	38138	79097	42942

表21.2 三峡移民工程移民投资完成情况综合表（2010年底止）

COMPREHENSIVE STATISTICS ON THE COMPLETED INVESTMENT IN THREE GORGES RESETTLEMENT (END OF 2010)

指　标	Item	移民投资累计计划 Cumulative Investment in Resettlement Planned					
		小　计 Total	原概算投资 Originally Estimated Investment	规划调整新增投资 Additional Investment by Adjustment of Plan	政策性新增投资 Additional Investment by Policies	一次性补助投资 Lump-sum Subsidy Investment	派生资金 Derived Funds
项目直接费合计	**Total of Direct Cost**	**6194573**	**4274766**	**1159287**	**343977**	**167254**	**249288**
农村移民安置	Resettlement of Rural Residents	1817151	891313	653592	145722	76729	49795
城市(县城)迁建	Resettlement and Reconstruction of Cities	2056371	1493000	258616	97038	28608	179109
集镇迁建	Resettlement and Reconstruction of Towns	438204	289635	113654	17396	5289	12229
工矿企业迁建	Resettlement and Reconstruction of Industrial and Mineral Enterprises	883017	826453	3702	3476	48515	872
专业项目复建	Reconstruction of Special Establishment	675749	513945	74124	78127	7251	2301
环境保护	Environmental Protection	43140	40615	2525			
勘测设计费	Survey and Design Expense	114487	75389	33387	2033	111	3567
监理费	Supervision Expense	49078	38444	10626	7		
滑坡治理	Landslide Control	72725	71941	130			654
其　他	Others	44651	34032	8931	178	751	760

表21.2 续表 continued

指　标	Item	移民投资本年计划 Investment in Resettlement Planned in Current Year					
		小　计 Total	原概算投资 Originally Estimated Investment	规划调整新增投资 Additional Investment by Adjustment of Plan	政策性新增投资 Additional Investment by Policies	一次性补助投资 Lump-sum Subsidy Investment	派生资金 Derived Funds
项目直接费合计	**Total of Direct Cost**	**256351**	**12147**	**216285**	**8596**		**19323**
农村移民安置	Resettlement of Rural Residents	116191		113096	15		3080
城市(县城)迁建	Resettlement and Reconstruction of Cities	79712		67070			12642
集镇迁建	Resettlement and Reconstruction of Towns	21337		17886			3451
工矿企业迁建	Resettlement and Reconstruction of Industrial and Mineral Enterprises	91		91			
专业项目复建	Reconstruction of Special Establishment	15457		6876	8581		
环境保护	Environmental Protection	2500		2500			
勘测设计费	Survey and Design Expense	8529		8379			150
监理费	Supervision Expense	56		56			
滑坡治理	Landslide Control	12167	12147	20			
其　他	Others	312		312			

注：本表中本年计划包含结算资金计划，不含2010年下达往年的移民计划，本年完成不含往年结转投资。

Note: The plan of this year in the table above includes the fund settlement plan, not including the resettlement plan of previous years issued in 2010. The investment completed in this year doesn' t include The investment carried over from the previous years

单位：万元、% (10 000 yuan, %)

移民资金累计完成 Cumulative Investment in Resettlement Completed											
小计 Total		原概算投资 Originally Estimated Investment		规划调整新增投资 Additional Investment by Adjustment of Plan		政策性新增投资 Additional Investment by Policies		一次性补助投资 Lump-sum Subsidy Investment		派生资金 Derived Funds	
金额 Sum	比例 Proportion	金额 Sum	比例 Proportion	金额 Sum	比例 Proportion	金额 Sum	比例 Proportion	金额 Sum	比例 Proportion	金额 Sum	比例 Proportion
5905845	**95.3**	**4233976**	**99.0**	**946194**	**81.6**	**326707**	**95.0**	**157580**	**94.2**	**241389**	**96.8**
1680761	92.5	883202	99.1	535721	82.0	146265	100.4	69341	90.4	46232	92.8
2011640	97.8	1501581	100.6	211185	81.7	94998	97.9	27136	94.9	176739	98.7
407956	93.1	289090	99.8	88122	77.5	15584	89.6	4785	90.5	10375	84.8
874184	99.0	819342	99.1	3487	94.2	2568	73.9	47915	98.8	872	100.0
645424	95.5	503777	98.0	66348	89.5	65715	84.1	7601	104.8	1984	86.2
38093	88.3	34093	83.9	4000	158.4						
97313	85.0	70446	93.4	21612	64.7	1577	77.6	111	100.0	3567	100.0
39080	79.6	34624	90.1	4457	41.9						
64827	89.1	64068	89.1	105	80.7					654	100.0
46566	104.3	33752	99.2	11157	124.9			691	92.1	965	126.9

单位：万元、% (10 000 yuan, %)

移民资金本年完成 Investment in Resettlement Completed in Current Year											
小计 Total		原概算投资 Originally Estimated Investment		规划调整新增投资 Additional Investment by Adjustment of Plan		政策性新增投资 Additional Investment by Policies		一次性补助投资 Lump-sum Subsidy Investment		派生资金 Derived Funds	
金额 Sum	比例 Proportion	金额 Sum	比例 Proportion	金额 Sum	比例 Proportion	金额 Sum	比例 Proportion	金额 Sum	比例 Proportion	金额 Sum	比例 Proportion
163456	**63.8**	**9329**	**76.8**	**135852**	**62.8**	**1100**	**12.8**			**17175**	**88.9**
80330	69.1			78598	69.5					1732	56.2
51205	64.2			38563	57.5					12642	100.0
12344	57.9			9693	54.2					2651	76.8
5	5.9			5	5.9						
4416	28.6			3316	48.2	1100	12.8				
2500	100.0			2500	100.0						
3214	37.7			3064	36.6					150	100.0
15	27.4			15	27.4						
9329	76.7	9329	76.8								
310	99.4			310	99.4						

表21.3 三峡移民工程结转项目完成情况表（2010年）
COMPLETED INVESTMENT IN THREE GORGES RESETTLEMENT (2010)

区 县	Region	规划内工程建设项目 Engineering Projects within Plan			农村库周交通 Transport aroung Rural Reservoir Area		
		任务量 Planned	完成量 Completed	完成比例 Completion Rate	任务量 Planned	完成量 Completed	完成比例 Completion Rate
重庆合计	Total	105	102	97.14	95	92	96.84
#巫山县	Wushan Country	6	6	100.00	6	6	100.00
巫溪县	Wuxi Country	2	2	100.00			
奉节县	Fengjie Country	4	4	100.00	4	4	100.00
云阳县	Yunyang Country	13	13	100.00	12	12	100.00
万州区	Wangzhou District	5	4	80.00	4	3	75.00
开 县	Kaixian Country	6	5	83.33	4	3	75.00
忠 县	Zhongxian Country	16	16	100.00	15	15	100.00
石柱县	Shizhu Country	8	8	100.00	8	8	100.00
丰都县	Fengdu Country	9	9	100.00	8	8	100.00
涪陵区	Fuling District	13	13	100.00	13	13	100.00
武隆县	Wulong Country	1	1	100.00	1	1	100.00
长寿区	Changshou District	1	1	100.00			
渝北区	Yubei District						
巴南区	Ba'nan District	9	9	100.00	8	8	100.00
江津区	Jiangjin District						
江北区	Jiangbei District	3	3	100.00	3	3	100.00
南岸区	Nan'an District	9	8	88.89	9	8	88.89

单位：个，%（unit,%）

专业项目 Specific Projects			孤岛功能恢复 Function Recovery for Isolated Island			农村居民点 Rural Residential Areas		
任务量 Planned	完成量 Completed	完成比例 Completion Rate	任务量 Planned	完成量 Completed	完成比例 Completion Rate	任务量 Planned	完成量 Completed	完成比例 Completion Rate
4	4	100.00	3	3	100.00	3	3	100.00
1	1	100.00				1	1	100.00
			1	1	100.00			
						1	1	100.00
2	2	100.00						
			1	1	100.00			
1	1	100.00						
						1	1	100.00
			1	1	100.00			

22

基本单位名录库

STATISTICS ON BASIC UNITS

简要说明 Brief Introduction

本章资料包括按行业分的法人、产业活动单位数，按机构类型和登记注册类型分的法人单位数，按行业分的企业法人单位数以及按登记注册类型分的企业法人单位数，由市统计局普查中心根据基本单位统计年报资料整理编辑。

This chapter includes the number of corporate units and establishments by sector, the number of corporate units by institutional type and status of registration, the number of enterprises as corporate units by sector and the number of enterprises as corporate units by status of registration. The data are prepared and compiled by Census Centre of Chongqing Municipal Bureau of Statistics on the basis of the data of the annual statistic report of the basic units.

表22.1 按行业分的法人、产业活动单位数（2009－2010年）

NUMBER OF CORPORATE UNITS AND ESTABLISHMENTS BY SECTOR (2009-2010)

单位：个 (unit)

指 标	Item	2009 法人单位 Corporate Units	2009 产业活动单位 Establishments	2010 法人单位 Corporate Units	2010 产业活动单位 Establishments
总 计	**Total**	**156513**	**201362**	**177916**	**223968**
第一产业	Primary Industry	6862	7640	13101	13877
第二产业	Secondary Industry	40946	43562	43737	46481
工 业	Industry	34612	36740	36800	39002
采矿业	Mining and Quarrying	3380	3660	3101	3414
制造业	Manufacturing	29265	30420	31731	32939
电力、燃气及水的生产和供应业	Production and Supply of Electricity,Gas & Water	1967	2660	1968	2649
建筑业	Construction	6334	6822	6937	7479
第三产业	Tertiary Industry	108705	150160	121078	163610
交通运输、仓储和邮政业	Transport, Storage and Post	4149	6686	4529	7209
信息传输、计算机服务和软件业	Data Transmission, Computer Services and Software	3668	5337	4053	5836
批发和零售业	Wholesale and Retail Trades	31092	42655	37345	49709
住宿和餐饮业	Hotels and Catering Services	4408	6665	4794	6979
金融业	Financial Intermediation	1053	5891	1173	6038
房地产业	Real Estate	6024	7271	7138	8780
租赁和商务服务业	Leasing and Business Services	10629	11795	12981	14473
科学研究、技术服务与地质勘查业	Scientific Research, Technical Services and Geological Prospecting	3741	4241	4026	4580
水利、环境和公共设施管理业	Administration of Water Conservancy, Environment and Public Utilities	1337	1712	1506	1862
居民服务和其他服务业	Household Services and Other Services	2862	3297	3408	3897
教 育	Education	7612	10834	7762	10929
卫生、社会保障和社会福利业	Public Health, Social Security and Social Welfare	5880	12091	5897	11691
文化、体育和娱乐业	Culture, Sports and Entertainment	2050	2594	2128	2669
公共管理和社会组织	Public Administration and Social Organizations	24200	29091	24338	28958

注：本表数据未经国家最终认定（以下各表同）。
Note:The data hereinabove has not been finally verified by the state (same to the tables hereunder).

表22.2 按机构类型和登记注册类型分的法人单位数（2009－2010年）

NUMBER OF CORPORATE UNITS BY INSTITUTIONAL TYPE AND STATUS OF REGISTRATION(2009-2010)

单位：个 (unit)

指　标	Item	2009	2010
总　计	**Total**	**156513**	**177916**
按机构类型分组	**By Institutional Type**		
企　业	Enterprises	112514	132548
事业单位	Public Institutions	16921	16764
机　关	Governmental Agencies	4539	4468
社会团体	Social Organizations	3925	4196
其他组织机构	Others	18614	19940
按登记注册类型分组	**By Status of Registration**		
内　资	Domestic-funded Enterprises	155345	176647
国　有	State-owned	24220	23998
集　体	Collective-owned	4733	4551
股份合作	Cooperative Share-holding	1257	1332
联　营	Joint Ownership	335	359
国有联营	State-owned	54	60
集体联营	Collective-owned	118	125
国有与集体联营	Joint State-Collective-owned	33	40
其他联营	Others	130	134
有限责任公司	Limited-liability Corporations	14584	17161
国有独资公司	Soly State-owned	497	548
其他有限责任公司	Other Limited-liability Corporations	14087	16613
股份有限公司	Share-holding Limited Companies	3327	3572
私　营	Private	79753	93769
私营独资	Soly Private-funded Enterprises	34290	37649
私营合伙	Private Partnership Enterprises	6640	7509
私营有限责任公司	Private Limited Liability Corporations	34707	43299
私营股份有限公司	Private Share-holding Limited Companies	4116	5312
其　他	Others	27136	31905
港、澳、台商投资	Enterprises with Funds from Hong Kong, Macao and Tainwan	503	553
合资经营	Joint-venture Enterprises	186	199
合作经营	Cooperative Enterprises	16	16
独资经营	Soly-funded Enterprises	254	294
投资股份有限公司	Share-holding Limited Companies	47	44
外商投资	Foreign-funded Enterprises	665	716
中外合资经营	Joint-venture Enterprises	298	317
中外合作经营	Cooperative Enterprises	26	27
外资企业	Soly-funded Enterprises	303	329
外商投资股份有限公司	Share-holding Limited Companies	38	43

表22.3 按行业分的企业法人单位数（2009－2010年）

NUMBER OF ENTERPRISES AS CORPORATE UNITS BY SECTOR (2009-2010)

单位：个 (unit)

指 标	Item	2009	2010
总 计	**Total**	**112514**	**132548**
第一产业	Primary Industry	5364	10674
第二产业	Secondary Industry	40932	43719
工 业	Industry	34599	36783
采矿业	Mining and Quarrying	3380	3101
制造业	Manufacturing	29265	31730
电力、燃气及水的生产和供应业	Production and Supply of Electricity,Gas & Water	1954	1952
建筑业	Construction	6333	6936
第三产业	Tertiary Industry	66218	78155
交通运输、仓储和邮政业	Transport, Storage and Post	4001	4368
信息传输、计算机服务和软件业	Data Transmission, Computer Services and Software	3477	3834
批发和零售业	Wholesale and Retail Trades	31092	37345
住宿和餐饮业	Hotels and Catering Services	4313	4673
金融业	Financial Intermediation	983	1090
房地产业	Real Estate	5897	6986
租赁和商务服务业	Leasing and Business Services	9544	11798
科学研究、技术服务和地质勘查业	Scientific Research, Technical Services and Geological Prospecting	1969	2249
水利、环境和公共设施管理业	Administration of Water Conservancy, Environment and Public Utilities	711	876
居民服务和其他服务业	Household Services and Other Services	2499	2992
教 育	Education	548	665
卫生、社会保障和社会福利业	Public Health, Social Security and Social Welfare	215	226
文化、体育和娱乐业	Culture, Sports and Entertainment	969	1053
公共管理和社会组织	Public Administration and Social Organizations		

表22.4 按登记注册类型分的企业法人单位数（2009－2010年）
NUMBER OF ENTERPRISES AS CORPORATE UNITS BY STATUS OF REGISTRATION (2009-2010)

单位：个 (unit)

指 标	Item	2009	2010
总 计	**Total**	**112514**	**132548**
内 资	Domestic-funded Enterprises	111375	131305
国 有	State-owned	2930	2974
集 体	Collective-owned	3109	2928
股份合作	Cooperative Share-holding	1186	1258
联 营	Joint Ownership	274	294
国有联营	State-owned	49	55
集体联营	Collective-owned	99	104
国有与集体联营	Joint State-Collective-owned	27	33
其他联营	Others	99	102
有限责任公司	Limited-liability Corporations	14439	16981
国有独资公司	Soly State-owned	491	543
其他有限责任公司	Other Limited-liability Corporations	13948	16438
股份有限公司	Share-holding Limited Companies	3296	3525
私 营	Private	77503	91280
私营独资	Soly Private-funded Enterprises	32690	35972
私营合伙	Private Partnership Enterprises	6271	7106
私营有限责任公司	Private Limited Liability Corporations	34473	42973
私营股份有限公司	Private Share-holding Limited Companies	4069	5229
其 他	Others	8638	12065
港、澳、台商投资	Enterprises with Funds from Hong Kong, Macao and Tainwan	489	539
合资经营	Joint-venture Enterprises	180	193
合作经营	Cooperative Enterprises	16	16
独资经营	Soly-funded Enterprises	248	288
投资股份有限公司	Share-holding Limited Companies	45	42
外商投资	Foreign-funded Enterprises	650	704
中外合资经营	Joint-venture Enterprises	295	314
中外合作经营	Cooperative Enterprises	22	23
外资企业	Soly-funded Enterprises	295	324
外商投资股份有限公司	Share-holding Limited Companies	38	43

附录

APPENDIX

附录1 重庆市国民经济主要指标占全国的比重（2010年）

APPENDIX I: CHONGQING'S MAIN INDICATORS OF NATIONALECONOMY AS PERCENTAGE OF WHOLE NATION (2010)

指　标	Item	全　国 Whole Nation	重　庆 Chongqing	重庆占全国的比重（%） Chongqing as Percentage of Whole Nation (%)
土地面积（万平方公里）	Land Area (10 000 sq. km)	960	8	0.83
年底总人口（万人）	Year-end Population (10 000 persons)	133972	3303.45	0.02
国内（地区）生产总值（亿元）	Gross Domestic Product (100 million yuan)	397983	7925.58	1.99
第一产业	Primary Industry	40497	685.38	1.69
第二产业	Secondary Industry	186481	4359.12	2.34
第三产业	Tertiary Industry	171005	2881.08	1.68
主要农业、工业产品产量(万吨)	Output of Major Agricultural and Industrial Products (10 000 tons)			
粮　食	Gain	54648	1156.13	2.12
油　料	Oil-bearing Crops	3230	44.45	1.38
肉　类	Meat	7926	192.46	2.43
原　煤(亿吨)	Coal (100 million tons)	32	0.45	1.39
发电量(亿千瓦小时)	Electricity (100 million kwh)	42065	456.71	1.09
货运量（万吨）	Freight Traffic (10 000 tons)	3241807	81385.00	2.51
客运量（万人次）	Passenger Traffic (10 000 person-times)	3269508	126804.00	3.88
邮电业务总量（亿元）	Total Business Volume of Postal and Telecommunication Services (100 million yuan)	32940	590.50	1.79
社会消费品零售总额（亿元）	Retail Sales of Consumer Goods (100 million yuan)	156998	2938.60	1.87
全社会固定资产投资额（亿元）	Investment in Fixed Assets (100 million yuan)	278140	6934.80	2.49
#房地产开发投资	Real Estate Development	48267	1997.84	4.14
财政收入（亿元）	Revenue of Government (100 million yuan)	83080	2975.12	3.58
财政支出（亿元）	Expenditure of Government (100 million yuan)	89575	2746.79	3.07
金融机构人民币各项存款余额（亿元）	Deposit Balance of RMB of Financial Institutions (100 million yuan)	718238	13454.98	1.87
金融机构人民币各项贷款余额（亿元）	Loan Balance of RMB of Financial Institutions (100 million yuan)	479196	10888.15	2.27
货物进出口总额（亿美元）	Total Imports and Exports (USD 100 million)	29728	124.26	0.42
出口额	Exports	15779	74.89	0.47
进口额	Imports	13948	49.37	0.35
外商直接投资	Foreign Direct Investment	1057	63.44	6.00
建筑业总产值（亿元）	Gross Output Value of Construction (100 million yuan)	95206	2534.32	2.66
在校学生数（万人）	Student Enrollment (10 000 persons)			
#普通高等学校	Regular Institutions of Higher Education	2232	56.59	2.54
普通中学	Secondary Schools	7703	190.82	2.48
普通小学	Primary Schools	9941	199.94	2.01
图书总印数（亿册(张)）	Printed Copies of Books (100 million copies)	74	1.57	2.12
报纸总印数（亿份）	Printed Copies of Newspaper (100 million copies)	448	7.65	1.71
医院、卫生院数（个）	Number of Hospitals and Health Centers (unit)	59681	1449	2.43
执业(助理)医师（万人）	Licensed (Assistant) Doctors (10 000 persons)	241	4.48	1.86
医院、卫生院床位数（万张）	Number of Beds in Hospitals and Health Centers (10 000 units)	440	9.63	2.19

注：1）本表中全国数据摘自2011年《中国统计摘要》，部分数据为初步统计数，正式统计数据以《中国统计年鉴—2011》为准(以下各表同）。
2）工业部分为规模以上工业企业数。

Note: a) The data of the whole nation in this table are extracted from China Statistical Abstract—2010, and some of the data are primary statistics. See China Statistical Yearbook—2010 for the official data (the same applies to the following tables).
b) The data of industry refers to the industrial enterprises above designated size.

附录2 全国国民经济与社会发展速度指标

APPENDIX II: INDICATORS ON THE GROWTH RATE OF NATIONAL ECONOMIC AND SOCIAL DEVELOPMENT

指 标	Item	2010年为下列各年（%） 2010 as Percentage of the Following Years (%)				平均每年增长（%） Average Annual Growth Rate (%)		
		1978年	1990年	2000年	2009年	1979-2010	1991-2010	2001-2010
人 口	**Population**							
年末总人口（万人）	Year-end Population (10 000 persons)	139.2	117.2	105.7	100.4	1.0	0.8	0.6
城镇人口	Urban Population	386.0	220.4	145.0	107.0	4.3	4.0	3.8
乡村人口	Rural Population	85.3	80.1	83.4	94.6	-0.5	-1.1	-1.8
就业和失业	**Employment and Unemployment**							
城镇登记失业人员	Registered Unemployment in Urban Areas	171.3	237.1	152.6	98.6	1.7	4.4	4.3
国民经济核算	**National Accounting**							
国内生产总值（亿元）	Gross Domestic Product (100 million yuan)	2056.8	730.1	270.7	110.3	9.9	10.5	10.5
第一产业	Primary Industry	419.1	219.8	151.3	104.3	4.6	4.0	4.2
第二产业	Secondary Industry	3196.4	1051.1	295.5	112.2	11.4	12.5	11.4
第三产业	Tertiary Industry	2762.3	762.9	288.9	109.5	10.9	10.7	11.2
固定资产投资	**Investment in Fixed Assets**							
全社会固定资产投资总额（亿元）	Total Investment in Fixed Assets (100 million yuan)		6157.6	845.0	123.8		22.6	23.0
城 镇	Urban		7372.8	920.7	124.5		23.8	24.2
#房地产开发	Real Estate Development		19059.1	968.4	133.2		31.2	25.5
农 村	Rural		2955.5	548.5	119.7		18.3	17.3
对外贸易和实际利用外资	**Foreign Trade and Foreign Capital Actually Utilized**							
货物进出口总额（亿美元）	Total Imports and Exports (USD 100 million)	14402.9	2575.2	626.8	134.7	16.8	17.6	20.1
出口额	Exports	16183.9	2541.4	633.2	131.3	17.2	17.6	20.3
进口额	Imports	12808.3	2614.5	619.7	138.7	16.4	17.7	20.0
外商直接投资	Foreign Direct Investment		3032.1	259.7	117.4		18.6	10.0
外商其他投资	Other Foreign Investment		1153.0	35.8	174.5		13.0	-9.8
财政和金融	**Government Finance and Financial Intermediation**							
国家财政收入(亿元)	Government Finance Revenue (100 million yuan)	7337.6	2828.7	620.2	121.3	14.4	18.2	20.0
国家财政支出	Government Finance Expenditures	7982.9	2904.9	563.8	117.4	14.7	18.3	18.9

注:1)本表国内生产总值、邮电业务总量按可比价格计算。
2)平均每年增长速度除固定资产投资按累计法计算。
3)2006年起，外商直接投资包括银行、证券、保险部门数据。外商直接投资按可比口径计算。
4)邮电业务总量指标2000年及以前按1990年不变价格计算，2001年及以后按2000年不变价格计算。
5)社会消费品零售总额1978年为社会商品零售总额，即包括农业生产资料零售额在内（下表同）。

Note: a) The data of GDP and the business volume of postal and telecommunication services and average wages in value terms in this table are calculated at constant prices.
b) The data of average annual growth rate are calculated by cumulative-sum method except the investment in fixed assets.
c) Since 2006, the foreign direct investment has included the data from banks, securities institutions and insurance companies. It is calculated in comparable scope.
d) The data of total business volume of postal and telecommunication services of 2000 and before are calculated at the constant price of 1990, while the data of 2001 and after are calculated at the constant price of 2000.
e) The retail sales of consumer goods in 1978 refers to the total sales of commodities, which includes the retail sales of agricultural means of production (the same below).

附录2 续表 continued

指　标	Item	2010年为下列各年（%） 2010 as Percentage of the Following Years (%)				平均每年增长（%） Average Annual Growth Rate (%)		
		1978年	1990年	2000年	2009年	1979-2010	1991-2010	2001-2010
金融机构人民币各项存款余额	Deposit Balance of Financial Institutions	62185.1	5151.3	580.1	120.2	22.3	21.8	19.2
金融机构人民币各项贷款余额	Loan Balance of Financial Institutions	25348.9	2736.5	482.2	119.9	18.9	18.0	17.0
主要产品产量	**Output of Major Products**							
粮　食(万吨)	Gain（10 000 tons)	179.3	122.5	118.2	102.9	1.8	1.0	1.7
棉　花(万吨)	Cotton（10 000 tons)	275.1	132.2	134.9	93.5	3.2	1.4	3.0
油　料(万吨)	Oil-bearing Crops（10 000 tons)	619.0	200.2	109.3	102.4	5.9	3.5	0.9
肉　类(万吨)	Meat（10 000 tons)			131.8	103.6			2.8
原　煤(亿吨)	Coal（100 million tons)	524.3	300.0	234.1	109.0	5.3	5.6	8.9
原　油(万吨)	Oil（10 000 tons)	195.1	146.8	124.5	107.1	2.1	1.9	2.2
发电量（亿千瓦小时）	Electricity（100 million kwh)	1639.3	677.2	310.3	113.2	9.1	10.0	12.0
粗　钢(万吨)	Steel（10 000 tons)	1972.8	944.9	487.9	109.6	9.8	11.9	17.2
水　泥(万吨)	Cement（10 000 tons)	2881.7	896.5	314.9	114.4	11.1	11.6	12.2
建筑业	**Construction**							
建筑业企业从业人员（万人）	Number of Persons Employed (10 000 persons)		400.1	202.7	110.1		7.2	7.3
建筑业总产值（亿元）	Gross Output Value of Construction (100 million yuan)		7078.4	761.8	124.0		23.7	22.5
交　通	**Transportation**							
客运量（万人）	Passenger Traffic (10 000 persons)	1287.2	423.1	221.1	109.8	8.3	7.5	8.3
货物量（万吨）	Freight Traffic (10 000 tons)	1302.2	334.0	238.6	114.7	8.4	6.2	9.1
沿海主要港口货物吞吐量（万吨）	Cargo Throughput of Major Sea Ports(10 000 tons)	2764.7	1134.8	436.6	115.3	10.9	12.9	15.9
邮电通信业	**Telecommunications and Postal Services**							
邮电业务总量（亿元）	Total Business Volume (100 million yuan)	129688.9	28422.6	922.4	121.1	25.1	32.6	24.9
移动电话用户（万户）	Mobile Telephone Subscribers (10 000 subscribers)		4694005	1016.2	115.0		71.2	26.1
固定电话年末用户（万户）	Fixed Telephone Subscribers (10 000 subscribers)	15289.1	4297.4	203.3	93.8	17.0	20.7	7.4
国内贸易和对外贸易	**Domestic Trade and Foreign Trade**							
社会消费品零售总额（亿元）	Retail Sales of Consumer Goods (100 million yuan)	10073.0	1891.5	401.5	118.3	15.5	15.8	14.9
国际旅游	**International Tourism**							
入境过夜旅游者人数（万人次）	Inbound Tourists Staying Overnight (10 000 person-times)	7774.4	530.9	178.2	109.4	14.6	8.7	6.0
国际旅游收入（亿美元）	Foreign Exchange Earnings from International Tourism (USD 100 million)	17418.3	2065.4	282.4	115.5	17.5	16.3	10.9

附录3 全国各省（自治区、直辖市）国民经济主要指标（2010年）

APPENDIX III: MAIN INDICATORS OF NATIONAL ECONOMY BY PROVINCE, MUNICIPALITY AND AUTONOMOUS REGION (2010)

地　区	Region	地区生产总值指数（可比价） Indices of GDP (constant prices)	其　中 of which				地区生产总值指数（上年=100） Indices of Gross Domestic Product (Preceding Year=100)
			第一产业 Primary Industry	第二产业 Secondary Industry	其　中 of which #工　业 Industry	第三产业 Tertiary Industry	
东部地区	**Eastern Region**						
北　京	Beijing	13777.9	124.4	3323.1	2701.6	10330.5	110.2
天　津	Tianjin	9108.8	149.5	4837.6	4410.7	4121.8	117.4
河　北	Hebei	20197.1	2562.8	10705.7	9554.0	6928.6	112.2
辽　宁	Liaoning	18278.3	1631.1	9872.3	8684.7	6774.9	114.1
上　海	Shanghai	16872.4	114.2	7140.0	6456.8	9618.3	109.9
江　苏	Jiangsu	40903.3	2539.6	21753.9	19266.9	16609.8	112.6
浙　江	Zhejiang	27226.8	1360.7	14121.3	12488.6	11744.8	111.8
福　建	Fujian	14357.1	1363.7	7365.5	6242.3	5628.0	113.8
山　东	Shandong	39416.2	3588.3	21398.9	19026.1	14429.0	112.5
广　东	Guangdong	45472.8	2286.9	22918.1	21374.8	20267.9	112.2
海　南	Hainan	2052.1	539.3	566.6	380.8	946.3	115.8
中部地区	**Central Region**						
山　西	Shanxi	9088.1	563.5	5161.2	4586.4	3363.4	113.9
吉　林	Jilin	8577.1	1050.2	4417.4	3833.5	3109.5	113.7
黑龙江	Heilongjiang	10235.0	1302.3	5100.1	4505.0	3832.6	112.6
安　徽	Anhui	12263.4	1729.0	6391.0	5364.5	4143.3	114.5
江　西	Jiangxi	9435.0	1205.9	5194.7	4359.2	3034.4	114.0
河　南	Henan	22942.7	3263.2	13226.8	11950.8	6452.6	112.2
湖　北	Hubei	15806.1	2147.0	7764.7	6726.5	5894.4	114.8
湖　南	Hunan	15902.1	2339.4	7313.6	6275.1	6249.1	114.5
西部地区	**Western Region**						
重　庆	Chongqing	7894.2	685.4	4356.4	3697.8	2852.4	117.1
四　川	Sichuan	16898.6	2483.0	8565.2	7326.4	5850.4	115.1
贵　州	Guizhou	4594.0	630.3	1800.1	1516.9	2163.6	112.8
云　南	Yunnan	7220.1	1105.8	3223.9	2606.0	2890.4	112.3
西　藏	Tibet	507.5	68.1	163.9	39.7	275.4	112.3
陕　西	Shaanxi	10021.5	988.5	5403.5	4516.4	3629.6	114.5
甘　肃	Gansu	4119.5	599.0	1985.0	1602.9	1535.5	111.7
青　海	Qinghai	1350.4	134.9	744.6	613.7	470.9	115.3
宁　夏	Ningxia	1643.4	160.3	833.2	648.5	650.0	113.4
新　疆	Xinjiang	5418.8	1078.6	2533.7	2105.0	1806.5	110.6
内蒙古	Inner Mongolia	11655.0	1101.4	6365.8	5618.4	4187.8	114.9
广　西	Guangxi	9502.4	1670.4	4510.8	3860.5	3321.2	114.2

注：本表绝对数按当年价计算。
Note: The values in this table are calculated at current prices.

附录3 续表1 continued1

地 区	Region	年末总人口（万人） Year-end Total Pupulation (10 000 persons)	客运量（万人） Passenger Traffic (10 000 persons)	货运量（万吨） Freight Traffic (10 000 tons)	金融机构本外币存款余额（亿元） Total Deposit Balance of RMB and Foreign Currencies of Financial Institutions (100 million yuan)	其 中 of which #城乡居民储蓄 Saving Deposits of Urban and Rural Residents
东部地区	**Eastern Region**					
北 京	Beijing	1961	135045	21762	66584.60	17585.22
天 津	Tianjin	1294	24525	40014	16499.25	5634.34
河 北	Hebei	7185	90847	156596	26270.58	15678.43
辽 宁	Liaoning	4375	101525	158485	18753.23	8101.02
上 海	Shanghai	2302	10233	87256	52190.04	16249.29
江 苏	Jiangsu	7866	226073	179013	60583.07	23533.13
浙 江	Zhejiang	5443	226945	171037		
福 建	Fujian	3689	75798	66083	18753.23	8101.02
山 东	Shandong	9579	249358	301313	41653.72	19773.29
广 东	Guangdong	10430	456138	192344	82019.40	36965.75
海 南	Hainan	867	44209	22455	4217.30	1679.85
中部地区	**Central Region**					
山 西	Shanxi	3571	38423	124367	18639.77	9259.44
吉 林	Jilin	2746	64486	40728	9702.55	5203.16
黑龙江	Heilongjiang	3831	46895	59314	12835.67	7254.70
安 徽	Anhui	5950	159388	228104	16366.10	7788.50
江 西	Jiangxi	4457	76447	100635	11907.79	6139.59
河 南	Henan	9402	167223	202962	23148.83	12883.70
湖 北	Hubei	5724	103268	93422	21769.00	9851.00
湖 南	Hunan	6568	156404	149540	16643.27	9060.04
西部地区	**Western Region**					
重 庆	Chongqing	2885	126066	81377	13613.97	5839.66
四 川	Sichuan	8042	241868	134306	30504.05	13703.62
贵 州	Guizhou	3475	70819	39735	5898.26	2676.09
云 南	Yunnan	4597	39407	51564	11119.64	4668.61
西 藏	Tibet	300	8165	982	1296.73	267.60
陕 西	Shaanxi	3733	93171	104414	16386.18	7941.81
甘 肃	Gansu	2558	53771	30270	7146.66	3598.24
青 海	Qinghai	563	10951	11057	2326.96	871.00
宁 夏	Ningxia	630	13560	32325	2586.66	1174.02
新 疆	Xinjiang	2181	31937	48459	8898.57	3726.06
内蒙古	Inner Mongolia	2471	24043	137231	10278.69	4618.11
广 西	Guangxi	4603	75751	115475	9638.89	4715.35

注：本表年末金融机构人民币存款余额和城乡居民储蓄数据摘自《领导查询快速反应系统-2010》。
Note:The data of year-end deposit balance of RMB of financial institutions and saving deposits of urban and rural residents are extracted from Quick Response System for Leadership-2009.

附录3 续表2 continued2

地 区	Region	固定资产投资额（亿元）Investment in Fixed Assets (100 million yuan)	社会消费品零售总额（亿元）Total Retail Sales of Consumer Goods (100 million yuan)	农林牧渔总产值（亿元）Gross Output Value of Farming, Forestry, Animal Husbandry and Fishery (100 million yuan)	进出口总额(按经营单位所在地分)（亿美元）Total Imports and Exports (by location of operation units) (USD 100 million)
东部地区	**Eastern Region**				
北 京	Beijing	5403.0	6229.3	328.0	3014.8
天 津	Tianjin	6278.6	2902.6	317.3	822.0
河 北	Hebei	15082.5	6821.8	4309.4	419.3
辽 宁	Liaoning	16043.0	6887.6	3106.5	806.7
上 海	Shanghai	5108.9	6070.5	287.0	3688.9
江 苏	Jiangsu	23186.8	13606.8	4297.1	4657.9
浙 江	Zhejiang	12488.1	10245.4	2172.9	2534.7
福 建	Fujian	8198.5	5310.0	2307.1	1087.8
山 东	Shandong	23282.9	14620.3	6650.9	1889.5
广 东	Guangdong	15624.0	17458.4	3754.9	7846.6
海 南	Hainan	1317.0	639.3	821.3	86.3
中部地区	**Central Region**				
山 西	Shanxi	6063.2	3318.2	1047.8	125.8
吉 林	Jilin	7870.4	3504.9	1850.3	168.5
黑龙江	Heilongjiang	6812.6	4039.2	2536.3	255.0
安 徽	Anhui	11543.4	4197.7	2955.4	242.8
江 西	Jiangxi	8775.5	2956.2	1900.6	214.7
河 南	Henan	16585.9	8004.2	5734.2	177.9
湖 北	Hubei	10262.7	7013.9	3502.0	259.1
湖 南	Hunan	9663.8	5839.5	3787.5	146.7
西部地区	**Western Region**				
重 庆	Chongqing	6692.4	2938.6	1021.1	124.3
四 川	Sichuan	13119.5	6810.1	4081.8	327.8
贵 州	Guizhou	3104.9	1482.7	997.8	31.4
云 南	Yunnan	5528.7	2500.1	1810.5	133.7
西 藏	Tibet	463.3	185.3	100.8	8.4
陕 西	Shaanxi	7964.4	3195.7	1666.1	120.8
甘 肃	Gansu	3158.3	1394.5	1057.0	73.3
青 海	Qinghai	1018.7	350.8	201.3	7.9
宁 夏	Ningxia	1444.2	403.6	305.9	19.6
新 疆	Xinjiang	3392.7	1375.1	1846.2	171.3
内蒙古	Inner Mongolia	8929.9	3384.0	1843.6	87.2
广 西	Guangxi	7057.6	3312.0	2721.0	177.0

注：本表各省、市固定资产投资数据不含跨区投资部分。
Note: The data of investment in fixed assets in this table excludes trans-regional investment.

附录3 续表3 continued3

地 区	Region	地方财政一般预算收入（亿元） General Budgetary Revenue of Local Government (100 million yuan)	地方财政一般预算支出（亿元） General Budgetary Expenditure of Local Government (100 million yuan)	城镇居民人均可支配收入（元） Per Capita Disposable Income of Urban Residents (yuan)	农村居民人均纯收入（元） Per Capita Net Income of Rural Households (yuan)	居民消费价格指数（上年=100） General Consumer Price Index (preceding year=100)
东部地区	**Eastern Region**					
北 京	Beijing	2353.9	2717.3	29072.9	13262.3	102.4
天 津	Tianjin	1068.8	1376.8	24292.6	10074.9	103.5
河 北	Hebei	1330.8	2820.2	16263.4	5958.0	103.1
辽 宁	Liaoning	2004.8	3195.8	17712.6	6907.9	103.0
上 海	Shanghai	2873.6	3302.9	31838.1	13978.0	103.1
江 苏	Jiangsu	4079.9	4914.1	22944.3	9118.2	103.8
浙 江	Zhejiang	2608.5	3207.9	27359.0	11302.6	103.8
福 建	Fujian	1151.5	1695.1	21781.3	7426.9	103.2
山 东	Shandong	2749.3	4145.0	19945.8	6990.3	102.9
广 东	Guangdong	4515.7	5421.5	23897.8	7890.3	103.1
海 南	Hainan	271.1	581.3	15581.1	5275.4	104.8
中部地区	**Central Region**					
山 西	Shanxi	969.7	1931.4	15647.7	4736.3	103.0
吉 林	Jilin	602.4	1787.2	15411.5	6237.4	103.7
黑龙江	Heilongjiang	755.6	2253.3	13856.5	6210.7	103.9
安 徽	Anhui	1149.4	2587.6	15788.2	5285.2	103.1
江 西	Jiangxi	777.9	1923.3	15481.1	5788.6	103.0
河 南	Henan	1381.0	3416.1	15930.3	5523.7	103.5
湖 北	Hubei	1011.3	2501.4	16058.4	5832.3	102.9
湖 南	Hunan	1081.7	2702.5	16565.7	5622.0	103.1
西部地区	**Western Region**					
重 庆	Chongqing	1018.3	1769.1	17532.4	5276.7	103.2
四 川	Sichuan	1561.0	4258.0	15461.2	5086.9	103.2
贵 州	Guizhou	533.9	1631.5	14142.7	3471.9	102.9
云 南	Yunnan	871.2	2285.7	16064.5	3952.0	103.7
西 藏	Tibet	36.7	551.0	14980.5	4138.7	102.2
陕 西	Shaanxi	957.9	2218.8	15695.2	4105.0	104.0
甘 肃	Gansu	353.6	1468.6	13188.6	3424.7	104.1
青 海	Qinghai	110.2	743.4	13855.0	3862.7	105.4
宁 夏	Ningxia	153.6	557.5	15344.5	4674.9	104.1
新 疆	Xinjiang	500.6	1698.9	13643.8	4642.7	104.3
内蒙古	Inner Mongolia	1070.0	2273.5	17698.2	5529.6	103.2
广 西	Guangxi	772.3	2007.6	17063.9	4543.4	103.0

中国统计出版社最新图书简目

(仅供参考,以最后出书为准)

统计资料

中国统计年鉴-2011
2011中国发展报告
中国劳动统计年鉴-2011
中国建筑业统计年鉴-2011
中国商品交易市场统计年鉴-2011
中国民政统计年鉴-2011
中国科技统计年鉴-2011
中国高技术产业统计年鉴-2011
全国农产品成本收益资料汇编-2011
大中型批发零售和住宿餐饮企业统计年鉴-2011
中国县（市）社会经济统计年鉴-2011
第二次全国R&D资源清查资料汇编一综合卷

中国统计摘要-2011
中国第三产业统计年鉴-2011
中国社会统计年鉴-2011
中国人口和就业统计年鉴-2011
中国房地产统计年鉴-2011
中国贸易外经统计年鉴-2011
中国农村统计年鉴-2011
中国教育经费统计年鉴-2010
中国科学技术协会统计年鉴-2011
中国农村住户调查年鉴-2011（中、英文）
第二次全国R&D资源清查资料汇编一工业企业卷

国际统计年鉴-2011
中国区域经济统计年鉴-2011
中国城市统计年鉴-2009
中国工业经济统计年鉴-2011
中国能源统计年鉴-2011
2011中国地区经济监测报告
中国农产品价格调查年鉴-2011
中国农村贫困监测报告-2011
工业企业科技活动资料-2011
中国城市(镇)生活与价格年鉴-2011
中国农村全面建设小康监测报告-2011
中国零售和餐饮连锁企业统计年鉴-2011
2010年中国第六次人口普查公报

2011年省级综合统计年鉴系列

北京 天津 河北 山西 内蒙古
河南 湖北 湖南 广东 广西
新疆 新疆 生产建设兵团
辽宁 吉林 黑龙江 上海 江苏
海南 重庆 四川 贵州 云南
浙江 安徽 福建 江西 山东
西藏 陕西 甘肃 青海 宁夏

2011年市(县)级综合统计年鉴系列

天津滨海新区
运城 忻州 临汾 呼和浩特
上海 浦东新区
杭州 宁波 绍兴 台州 温州
厦门经济特区 南昌 上饶
十堰 荆州 咸宁 长沙 广州
贵阳 昆明 庆阳 西安
石家庄 唐山 邯郸 太原 大同
包头 沈阳 大连 长春 吉林市
苏州 无锡 常州 徐州 南通
金华 嘉兴 衢州 福州
济南 青岛 潍坊 郑州
东莞 惠州 深圳 桂林 南宁
兰州 银川 乌鲁 木齐 绵阳
长治 阳泉 晋城 朔州 晋中
四平 哈尔滨 黑龙江 垦区
盐城镇江江阴丹阳
福州经济技术开发区
洛阳 三门峡 南阳 武汉 宜昌
柳州 来宾 河池 海口 成都

“十一五”规划教材

非参数统计　医学统计学
多元统计分析经济计量学教程
统计数据处理概论
企业经营管理统计
统计学:从数据到结论
概率论与数理统计 统计学
应用时间序列分析
质量管理统计方法 社会统计学
市场调查与预测
国民经济核算教程(国民经济统计学)
现代金融投资统计分析
统计指数理论及应用
多元统计分析实验
统计学原理（非统计专业使用）
概率论与数理统计(经济、管理类专业使用)

重点图书

挑大学选专业2011—高考志愿填报指南
挑大学选专业2011—考研择校指南

如何使用年鉴浏览

请在阅读光盘前，请选择IE选项/高级/“允许来自CD的活动内容在我的计算机上运行”。

三种浏览方式：为方便用户浏览和使用年鉴，本书提供了超文本（网面格式）、EXCEL电子表格和PDF（电子阅读）三种浏览方式。默认为超文本格式，方便查阅。同时提供安装AcrobatReader软件，方便阅读PDF文书。

How to use the yearbook to browse

Please choose"contents of CD are permitted on my computer"of IE/senior.Three modes to browse:In order to browse and use the yearbook easily,three modes-HTML,EXCEL and PDF form are offered. HTML mode is acquiescent,which provides more convenient consultation and temporary calculation. Acrobat Reader is provided to read PDF.

重庆市统计局　国家统计局重庆调查总队　编

CHONGQING MUNICIPAL BUREAU OF STATISTICS
NBS SURVEY OFFICE IN CHONGQING